ADEL IM WANDEL
OBERSCHWABEN VON DER FRÜHEN NEUZEIT BIS ZUR GEGENWART
BAND 2

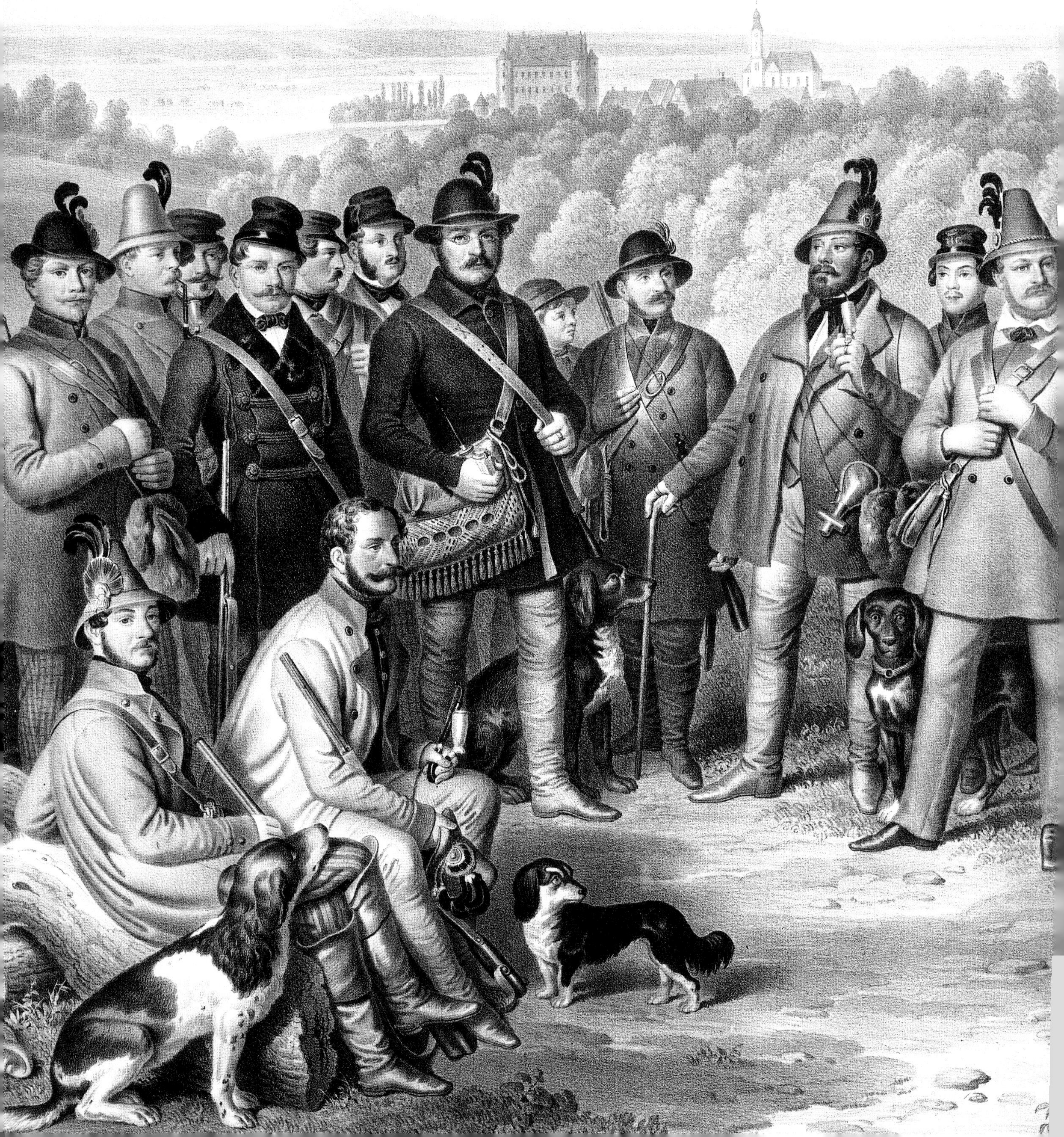

ADEL IM WANDEL OBERSCHWABEN
VON DER FRÜHEN NEUZEIT BIS ZUR GEGENWART

Herausgegeben
im Auftrag der Gesellschaft Oberschwaben

von Mark Hengerer und Elmar L. Kuhn
in Verbindung mit Peter Blickle

Band 2

THORBECKE

Gesellschaft Oberschwaben
für Geschichte und Kultur

Wir danken für die finanzielle Unterstützung
von Druck und Gestaltung dieses Bandes
der Landesbank Baden-Württemberg,

LB≡BW
Landesbank Baden-Württemberg

der Stiftung Oberschwaben
und den oberschwäbischen Adelshäusern.

Frontispiz: Adlige Jagdgesellschaft vor Schloss Erbach.
Ausschnitt aus einer Lithographie von Eberhard Emminger
nach F. Müller, um 1845.
Kreisarchiv Bodenseekreis, Friedrichshafen.
In der Mitte Jäger Weber, rechts von ihm Baron Max von Ulm-Erbach, sein Leibjäger Weil, Constantin Fürst von Waldburg-Zeil-Trauchburg, links von Jäger Weber Friedrich Fürst von Waldburg-Wolfegg-Waldsee, im Vordergrund Baron von Freyberg-Allmendingen. Vgl. die Bildbeschreibung S. 38, Bd. 1.

Bibliographische Information der Deutschen Bibliothek.
Die Deutsche Bibliothek verzeichnet diese Publikation in der
Deutschen Nationalbibliographie. Detaillierte bibliographische
Daten sind im Internet abrufbar über http://dnb.ddb.de

© 2006 Gesellschaft Oberschwaben für Geschichte und Kultur e.V.
www.gesellschaft-oberschwaben.de
kulturamt@bodenseekreis.de
www.thorbecke.de info@thorbecke.de

Alle Rechte vorbehalten. Ohne schriftliche Genehmigung der
Gesellschaft Oberschwaben ist es nicht gestattet, das Werk unter
Verwendung mechanischer, elektronischer und anderer Systeme
in irgendeiner Weise zu verarbeiten und zu verbreiten. Insbesondere sind vorbehalten die Rechte der Vervielfältigung – auch von
Teilen des Werkes – auf photomechanischem, digitalem oder
ähnlichem Weg, der tontechnischen Wiedergabe, des Vortrags,
der Funk- und Fernsehsendung, der Speicherung in Datenverarbeitungsanlagen, der Übersetzung und der literarischen oder
anderweitigen Bearbeitung.

Gestaltung: Bel Design, Überlingen
Umschlag: Müller x Hocke x Abele x Abele GbR, Bad Saulgau
Satz: Corinna Jung, Bodensee Medienzentrum, Tettnang
Druck: Bodensee Medienzentrum, Tettnang
Buchbinder: Siegloch Edition Buchbinderei, Blaufelden
Verlag: Jan Thorbecke Verlag, Ostfildern

Dieses Buch ist aus alterungsbeständigem Papier
nach DIN-ISO 9706 hergestellt.

Printed in Germany
Verlagsausgabe
ISBN 10: 3-7995-0216-5 ISBN 13: 978-3-7995-0216-0
Ausstellungsausgabe
ISBN 10: 3-7995-0219-X ISBN 13: 978-3-7995-0219-1

Inhalt

Band 1

Mark Hengerer und Elmar L. Kuhn
Zur Einführung — 11

Ewald Frie
Regionale Adelsforschung in internationaler Perspektive.
Traditionale Eliten auf dem Weg ins Europa der Moderne. — 17

Rudolf Endres
Oberschwäbischer Adel vom 17. bis zum 20. Jahrhundert. Der Kampf ums „Oben bleiben". — 31

Adel in Oberschwaben: Politik- und Sozialgeschichte

Alteuropa 1300 – 1800

Peter Blickle
Die Herrschaft des Adels 1300 – 1800. Gefährdung – Stabilisierung – Konsolidierung. — 45

Hartmut Zückert
Zweierlei Repräsentation. Barock-absolutistische Selbstdarstellung und landschaftliche Vertretung. — 57

Bernd Wunder
Zur politischen Geographie Oberschwabens. Die Reise des französischen Gesandten Bourgeauville
in den Süden des Schwäbischen Kreises 1682. — 73

Georg Schmidt
Adel und Reich. Publizistische Kritik und Perspektiven. — 85

Angela Kulenkampff
Wer schützt das Reich? Südwestdeutschland im Ringen zwischen Österreich, Bayern und Frankreich 1803 – 1805. — 99

Moderne 1800 – 2000

Eckart Conze
Totgesagte leben länger. Adel in Deutschland im 19. und 20. Jahrhundert. — 107

Andreas Dornheim
Die zweite Aristokratisierung Oberschwabens. Mediatisierung und Modernisierung. — 123

Friedrich Bratvogel
‚Berufsbilder' des Adels in Oberschwaben im 19. Jahrhundert. Zwischen Standesinteressen und ausdifferenziertem Wirtschaftssystem. 137

Wolfgang Wüst
Adliges Gestalten in schwieriger Zeit. Patrimoniale Guts- und Gerichtsherrschaften 1806 – 1848 in Süddeutschland. 153

Hans-Georg Wehling
Der oberschwäbische Adel in der Kommunalpolitik. Auf dem Weg zur Demokratie. 169

Familien des Hochadels: Untergehen – Oben bleiben – Aufsteigen

Sulz: Herrschaftsgefährdung und Herrschaftsstabilisierung durch Untertanen

Monika Baumann
„Widerwerttigkheit und Aufruor" im Klettgau. Die Herrschaftskrise der Grafen von Sulz an der Schwelle des 17. Jahrhunderts. 183

Montfort: Die gefällte Zeder

Clemens Joos
Im Schatten der Montforter Zeder. Beobachtungen zur Historiographie des oberschwäbischen Adels am Beispiel der Grafen von Montfort. 193

Elmar L. Kuhn
„Das Augenmerk auf die Erlangung der ganzen Grafschaft Montfort zu richten".
Das Ende der Grafen von Montfort. 213

Königsegg: Von Schwaben nach Ungarn und zurück

Horst Boxler
Die Reichsgrafen zu Königsegg. Im Dienst von Kaiser und Kirche – Territorialherren, Landvögte und Grundbesitzer. 229

Waldburg: Prekärer Reichsstand, Phönixe der Mediatisierung

Martin Zürn
Stillstand im Wandel oder Wandel im Stillstand? Waldburg und Habsburg im 18. Jahrhundert. 241

Bernd Mayer
„Gott zur Ehre und dem Haus Waldburg zum Ruhm". Die Vollendung der idealen oberschwäbischen Adelsresidenz Wolfegg im 18. Jahrhundert. 255

Rudolf Beck
„...als unschuldiges Staatsopfer hingeschlachtet..." Die Mediatisierung des Hauses Waldburg. — 265

Walter-Siegfried Kircher
„Katholisch vor allem"? Das Haus Waldburg und die katholische Kirche vom 19. ins 20. Jahrhundert. — 287

Manfred Thierer
Neutrauchburg im Allgäu. Eine fürstliche Domäne wird Zentrum der Rehabilitation. — 309

Fürstenberg: Vom zweitwichtigsten Territorium in Schwaben zum ersten Standesherrn in Baden

Esteban Mauerer
Das Haus Fürstenberg im späten 17. und im 18. Jahrhundert. Karrierewege, Fürstenstand und Staatlichkeit. — 319

Andreas Wilts
„Ausgelöscht aus der Zahl der Immediaten Reichsfürsten". Die Mediatisierung und Neupositionierung des Fürstentums Fürstenberg 1806. — 333

Armin Heim
Zerrütteter Glanz. Schloss Meßkirch nach dem Verlust der Residenz 1744. — 349

Erno Seifriz
„Des Jubels klare Welle in der Stadt der Donauquelle". Musik am Hofe der Fürsten von Fürstenberg in Donaueschingen im 18. und 19. Jahrhundert. — 363

Hohenzollern: Besitzsicherung durch Selbstmediatisierung

Andreas Zekorn
Geschichtsbild im Wandel. Das Verschwinden der österreichischen Vergangenheit Hohenzollern-Sigmaringens aus dem hohenzollerischen Geschichtsbewusstsein nach 1806. — 377

Edwin Ernst Weber
Adlige Modernisierungsstrategien im 19. Jahrhundert. Die Fürsten Anton Aloys, Karl und Karl Anton von Hohenzollern-Sigmaringen. — 399

Otto H. Becker
Vom See zum Meer. Zur Geschichte des Grundbesitzes des Fürstlichen Hauses Hohenzollern-Sigmaringen im 19. und 20. Jahrhundert. — 415

Karl Werner Steim
„Durch ehrenvolle Belohnung die Erinnerung ihrer Verdienste der Nachwelt zu hinterlassen". Die Nobilitierungen durch die Fürsten von Hohenzollern. — 427

Franz-Severin Gäßler
Sigmaringen – fürstliche Präsenz im Stadtbild. Der Ausbau zur Residenz- und Landeshauptstadt im 19. Jahrhundert. — 439

Karen A. Kuehl
„Vom königlichen Kabinett zur Weltausstellungsware". Das Weltbild der Hohenzollern im Spiegel
der fürstlichen Wohnkultur 1785 – 1914. ... 461

Baden und Württemberg: Die neuen Herren

Konrad Krimm
Das Haus Baden am Bodensee. Residenzen und Rückzugsorte. ... 475

Eberhard Fritz
Das Haus Württemberg in Oberschwaben. Landschloss – Mustergüter – Sommerresidenz. ... 487

BAND 2
STÄNDISCHE LEBENSFORMEN – AUFGEHEN IM BÜRGERTUM

Reichskirche 1200 – 1800

Klaus Schreiner
„Spital des Adels". Die Fürstabtei Kempten in der Frühen Neuzeit: Adliges Standesdenken und
benediktinisches Reformstreben im Widerstreit. ... 497

Kurt Diemer
Reichsritterschaft und Reichskirche im 17. und 18. Jahrhundert. Die Freiherren von Hornstein-Göffingen. ... 515

Bernhard Theil
Das Damenstift als adlige Lebensform der Frühen Neuzeit. Beobachtungen am Beispiel des
Stifts Buchau am Federsee. ... 529

Ritter 1600 – 1918

Sylvia Schraut
Die feinen Unterschiede. Die soziale Stellung der schwäbischen Reichsritter im Gefüge des Reichsadels. ... 545

Wolfgang Kramer
„in den Schranken der Gebühr zu erhalten". Zum Verhältnis zwischen Untertanen und Obrigkeit in
ritterschaftlichen Herrschaften des Hegau. ... 561

Ludwig Ohngemach
Ehingen als Sitz des Ritterkantons Donau. Reichsunmittelbare Adelskorporation und österreichische Landstadt. ... 573

Michael Puchta
„Indessen tritt hier der Fall ein, wo Gewalt vor Recht gehet." Die Mediatisierung der schwäbischen Reichsritterschaft
am Beispiel des Bezirks Allgäu-Bodensee. — 591

Frank Raberg
Für „die wohlerworbenen Rechte des Adels". Die Vertretung der Ritterschaft des Donaukreises
im Württembergischen Landtag. — 605

Militär im 18. Jahrhundert

Peter-Christoph Storm
Adel und Kreismiliz. Bemerkungen zur Führerschaft der Truppen des Schwäbischen Kreises im 18. Jahrhundert. — 619

Patriziat 1550 – 1850

Oliver Fieg
Das Ulmer Patriziat. Zwischen Zunftbürgertum und Landadel. — 631

Simon Palaoro
Politische Identitäten des Ulmer Patriziats. Zwischen dem Ende der reichsstädtischen Epoche und dem Neubeginn im
Kurfürstentum Bayern. — 643

Alfred Lutz
Das Ravensburger Patriziat 1750 – 1818. Niedergang und Ende eines privilegierten Standes. — 657

ADLIGE IDENTITÄT: AUSDRUCKSFORMEN UND ANFECHTUNGEN

Repräsentation und Kunst 1500 – 2000

Ulrich Knapp
Schlossbauten des oberschwäbischen Adels im 18. Jahrhundert. Heimische Baumeister
und „welsche Manier". — 677

Andrea Dippel
Festsäle in oberschwäbischen Schlössern. Symbolischer Ausdruck von Rang und Stand. — 701

Hubert Hosch
Adel, Künstler und Kunst zwischen Tradition und Fortschritt. Mentalitätsgeschichtliche
Streifzüge im Schwäbischen Kreis am Ende des „Alten Reiches". — 715

Bernd Konrad
Die Kunstsammlungen der Adelshäuser. Erwerb – Bestand – Verlust. — 735

Klaus Graf
Oberschwäbische Adelsbibliotheken. Zeugnisse der geistigen Welt ihrer Besitzer. 751

Berthold Büchele
Musik an Adelshöfen. Die Mediatisierung und ihre Auswirkungen auf die
oberschwäbische Musikgeschichte. 763

Mark Hengerer
Grabmäler des oberschwäbischen Adels 1500 – 2000. Entwicklungspfade – Familie und Individualität. 775

Irritationen der Moderne 1850 –1950

Barbara Waibel
Ferdinand Graf von Zeppelin. Ein adliger Unternehmer aus verletzter Ehre. 793

Trygve Has-Ellision
The Noble as Nietzschian-inspired Artist. The Conceptual Work of Emanuel Freiherr von Bodman. 805

Doris Muth
„Es wird Zeit, daß ich das Reich rette!" Vom Anhänger zum Attentäter – Stauffenbergs Weg in den Widerstand. 817

ADEL HEUTE: LUST UND LAST DER TRADITION

Timo John und Siegmund Kopitzki
Interviews mit SKH Friedrich Herzog von Württemberg, SD Karl Friedrich Erbprinz von Hohenzollern,
SD Heinrich Fürst zu Fürstenberg und SD Christian Erbprinz zu Fürstenberg, SD Johannes
Fürst von Waldburg-Wolfegg, Bettina Bernadotte Gräfin af Wisborg und Björn Bernadotte Graf af Wisborg. 831

Anhang

Autorinnen und Autoren 850
Bildnachweis 852
Ortsregister 855
Personenregister 866
Karten 884
Gesellschaft Oberschwaben 886

„SPITAL DES ADELS" DIE FÜRSTABTEI KEMPTEN IN DER FRÜHEN NEUZEIT: ADLIGES STANDESDENKEN UND BENEDIKTINISCHES REFORMSTREBEN IM WIDERSTREIT

Klaus Schreiner

Kopfstück eines Kemptener Hochstiftskalenders mit Darstellungen der Patrone des Hochstifts, Wappen der Hofämter und einer Ansicht der Fürstabtei. Links von Maria der Märtyrer Epimachus, Kaiser Ludwig der Fromme, der Ordensstifter Benedikt, Kaiser Karl der Große, rechts von Maria die angebliche Stifterin der Abtei, die Kaiserin Hildegard und die Märtyrer Castulus, Gordianus und Marina. Kupferstich von Georg Andreas Wolfgang nach Franz Hermann, 1678. Stadtarchiv Kempten.

Der Thomasiusschüler Johann Michael von Loen veröffentlichte 1752 in Ulm ein umfängliches Buch mit dem lapidaren Titel „Der Adel". In diesem breit angelegten Adelstraktat suchte er seine Leser auch davon zu überzeugen, dass es einem Mann von adligem Geblüt durchaus zur Ehre gereiche, wenn er willens und entschlossen sei, sich in den „geistlichen Stand" zu begeben. Einem Adeligen katholischen Glaubens eröffne der geistliche Beruf vielversprechende Berufs- und Karrierechancen. „Ist ein Edelmann röemisch Catholischer Religion", so sein Argument, „so stehen ihm alle geistlichen Ehren-Stellen offen. Er kann Dom-Herr und Churfuerst werden". Dergleichen Vorteile habe der protestantische Adel nicht. „Die Canzel, so erhaben sie ist, wird dennoch bey uns insgemein nur mit geringer Leute Kinder besetzt, welche sich selten in diese ihren Stand so weit uebersteigende Hoheit schicken können". „Geistliche von Adel" könnten viel zur inneren Befriedung der von Streit und Gezänk heimgesuchten protestantischen Kirche beitragen[1].

Für den evangelischen und katholischen Edelmann, der als Pastor oder Kleriker seiner Kirche dient und es bis zum Domherrn, Abt oder Bischof bringt, entwirft Loen folgenden Adelsspiegel: Er „muß zufoerderst seine Absichten auf die Ausbreitung des christlichen Glaubens und auf den Frieden richten. Er muß nach seinem edlen Hertzen sich selbst zum Exempel seiner Gemeine darstellen und so sehr durch seine Tugenden als durch seine Lehren erbauen. Er muß seinen Stand mit Gottseligkeit fuehren und nicht den mindesten Hochmut zeigen, wann er auch zu den höchsten Würden gelangen sollte"[2]. Johann Michael von Loen beschreibt in hellen Farben das Verhältnis zwischen Kirche und Adel. Er bringt Karrierechancen zur Sprache, von denen der Adel profitiert; er verweist auf innerkirchliche Probleme, die seines Erachtens von Edelleuten am besten gelöst werden können.

Das Beispiel Kempten zeigt jedoch, wie weit Ideal und Wirklichkeit auseinanderliegen können. Im Falle Kemptens war der Adel nicht willens, sich Reformen zu öffnen, die den verderblichen Einfluss der im Kloster herrschenden Versorgungsmentalität beseitigen wollten, um theologische Reflexion, meditative Spiritualität und brüderliche Gemeinsamkeit zu unverzichtbaren Elementen klösterlichen Gemeinschaftslebens zu machen. Auch im Ordenshabit hielten sich die Kemptener Stiftsherren an die Wertvorstellungen und Verhaltensweisen ihres Geburtsstandes. Wie ihre weltlichen Standesgenossen strebten sie nach Ehre und Sozialprestige, nach „Wuerde, Glantz und Hoheit"[3].

Spätmittelalterliche Klosterreformer beklagten, dass Adelige ihre Söhne und Töchter „nit in rechter meinung, aber von des zeitlichen guotes wegen" Klöstern übergeben, um sich von eigenen Versorgungs- und Erziehungspflichten zu entlasten. Als „Hospitäler des Adels" kritisierten sie Klöster, in denen sich edelgeborene Mönche nicht an die Regel halten, sondern so leben, wie es Herren von Stand und vornehmer Geburt zu tun pflegen. Ohne kritische Vorbehalte betonten Wortführer adliger Interessen, die Reichskirche sei das „hospitale nobilium", das Hospital des Adels, in dem Edelleute ein standesgemäßes Auskommen finden; die Reichsritterschaft hingegen sei die „Pflanzschule der Reichsstifter"[4].

ADEL UND MÖNCHTUM: HISTORISCHE PERSPEKTIVEN

Adelige, die im hohen Mittelalter benediktinische, zisterziensische und prämonstratensische Reformbewegungen unterstützten, bewährten sich als Träger und Wegbereiter klösterlicher Erneuerung. Weitreichende verwandtschaftliche Beziehungen führender Hochadelsgeschlechter bahnten Wege der Reform. Die Stiftungswilligkeit des Adels sicherte reformwilligen Konventen die für ihren Lebensunterhalt erforderlichen wirtschaftlichen Grundlagen. Adelige gründeten Klöster und ließen sich in diesen begraben, um durch das fürbittende Gebet und die liturgischen Dienste der Mönche ihres Heiles gewiß zu sein. Klösterliche Gemeinschaften sicherten ihren adligen Stiftern und Wohltätern generationenübergreifendes Gedenken. Totengedenken, das Leben und Wirken von Vorfahren ins Gedächtnis zurückrief, vermittelte adligen Geschlechtern ein Bewußtsein der Zusammengehörigkeit.

Die Kemptener Stiftsherren des 16., 17. und 18. Jahrhunderts interessierten sich nicht mehr für Reformen, nicht mehr für strenge Observanz und brüderliche Gemeinsamkeit, für asketische Weltdistanz, Meditation und Mystik. Ihre Herkunftsfamilien waren nicht mehr von dem Wunsch beseelt, die Sorge für das eigene Seelenheil einer regelbewußten Gemeinschaft anzuvertrauen, von deren fürbittendem Gebet erwartet werden konnte, dass es von Gott erhört wird. Die Kemptener Stiftsherren und ihre Familien im Laienstand kämpften für die Wahrung handfester Standesinteressen. Akzeptabel war für sie nur ein Versorgungskloster, das Möglichkeiten und Mittel bereitstellte, um ein Leben zu führen, das ihren Ansprüchen und Erwartungen entsprach. Das Leitbild des Mönchs, der betet, Gottesdienst feiert und mit Gleichgesinnten ein gemeinsames Leben führt, hatte seine Prägekraft eingebüßt. Unterstützung bei der Wahrung und Durchsetzung ihrer Interessen erfuhren die Kemptener Stiftsherren von der schwäbischen Reichsritterschaft, die sich mit ungewöhnlichem Eifer und bemerkenswertem Erfolg darum bemühte, den Mönchsberuf zu einem Privileg ihrer Söhne zu machen.

Adlige Exklusivität bestimmte nicht die Sozialverfassung des Gründungsklosters. Erst seit der Mitte des 13. Jahrhunderts setzte sich der Konvent des Klosters bzw. das Kapitel des Stifts nachweislich nur noch aus Mönchen adliger Herkunft zusammen. Seit dem Jahre 1269, in dem aus Anlass einer Abtswahl alle Kemptener Kapitulare in ihrer Eigenschaft als Wähler aufgelistet wurden, gab es keinen namentlich bekannten Kapitular, der bäuerlicher oder bürgerlicher Abkunft war. Gegenüber gesellschaftlichen Umschichtungen und reformerischen Impulsen, die in anderen Benediktinerklöstern des Alten Reichs eine Abschaffung des Adelsprivilegs bewirkten, konnte das Stift Kempten die Standesinteressen seiner Kapitulare und seiner adligen Umwelt hartnäckig behaupten. Dies blieb so bis zur Aufhebung des Klosters in der Säkularisation.

Diese Exklusivität, die den Mönchsberuf zu einem Vorrecht des Adels machte, hat sich ‚via facti' herausgebildet. Klösterliche Chronisten, die immer wieder behaupteten, das Kloster Kempten sei ausschließlich für Mönche von adligem Stand und Herkommen gegründet worden, geben keine Auskunft darüber, wie es eigentlich gewesen ist. Ihre Behauptungen informieren über das Geschichtsbild Kemptener Klosterherren und deren Bemühen, den adligen Zuschnitt des Stifts historisch zu begründen, nicht über die tatsächlichen Verhältnisse. Eine echte frühmittelalterliche Urkunde, die verbrieft, was sich im späten Mittelalter und in der frühen Neuzeit klösterliche Geschichtsschreiber als gründerzeitliche soziale Norm ausdachten, hat sich nicht erhalten und wird es auch nie gegeben haben. Der in der Gründungstradition des Klosters Kempten verankerte normative Anspruch auf adlige Ausschließlichkeit beruhte auf einer interessengeleiteten Fiktion.

Wohlmeinende Ratschläge von Amtsbrüdern vermochten verhärtete Strukturen nicht aufzubrechen. Abt Georg Wegelin von Weingarten (1586 – 1627) hatte dem Kemptener Abt Johann Euchar eindringlich empfohlen, neben adligen Novizen auch solche bürgerlicher und bäuerlicher Herkunft in den Konvent aufzunehmen, um die Reform voranzubringen und die klösterliche Gemeinschaft mit religiösem Leben zu erfüllen. Der Abt von Weingarten traute Mönchen bürgerlicher und bäuerlicher Abkunft zu, dass sie das erforderliche Maß an Reformbereitschaft aufbringen, um in Kempten Lebensformen zu pflegen, die sich an der Regel des hl. Benedikt orientieren und nicht an den Versorgungsinteressen der schwäbischen Ritterschaft. Deren Repräsentanten fürchteten jedoch, dass durch eine solche soziale Öffnung das Stift Kempten von einfachen Leuten („plebeis") und von Menschen niederen Standes („humilis conditionis hominibus") in Beschlag genommen werde[5].

GESCHEITERTE REFORMVERSUCHE

Reformen abzublocken, die dem Lebensstil der Kemptener Kapitularen einen Hauch von benediktinischer Regeltreue hätten geben können, hatte in der schwäbischen Reichsritterschaft Tradition. Im Jahre 1594[6] kam der in Luzern residierende päpstliche Nuntius Graf von Portia, eigens nach Kempten, um die Abtei zu visitieren. Bereits im Vorfeld, noch ehe die Visitation begonnen hatte, meldete sich die schwäbische Reichsritterschaft zu Wort, um gegen denkbare Reformmaßnahmen Einspruch einzulegen, welche die seitherigen klösterlichen Lebensgewohnheiten zu ihrem Nachteil und zum Schaden ihrer Söhne veränderten. An den Abt schrieb sie einen geharnischten Brief, weil sie befürchtete, dass bei der anstehenden Visitation eine „Newerung oder sollliche Enderung" vorgenommen werde, die einer ganzen „Adelichen Loblichen Ritterschaft", insbesondere deren Söhnen und Nachkommen zum Schaden gereiche.

Der päpstliche Visitator gab sich der Hoffnung hin, lustbetontes Welt- und Wohlleben durch asketische Disziplin überwinden zu können. Abgeschafft wissen wollte er die von den Kapitularen gepflegte Jagd, ihre Tanzereien, ungebührliches Spiel, dann vor allem persönliches Eigentum und eigene Einkünfte. Die Konventsherren sollten einen geistlichen Habit tragen, auf goldene Ringe, Ketten sowie auf Korallen und silberne Knöpfe verzichten. Frauen sollte der Zugang ins Konventsgebäude verboten werden. Bei gelehrten und angesehenen Männern sollten sich Abt und Konvent unterrichten lassen. Wären sie nämlich besser „berichtet und informirt", dann würden sie auch „leichtich und freywillig" die Reformation annehmen.

Abt und Konvent von Kempten waren jedoch nicht gewillt, sich den Reformmaßnahmen des päpstlichen Nuntius zu beugen. Die Reichsritterschaft leistete Widerstand. Kaiser Rudolf II. ergriff Partei für die Interessen der Reichsritter. Die Konventualen der Fürstabtei baten die freie Reichsritterschaft und den Adel in Schwaben um Rat und Hilfe. Sie wandten sich gegen die „beschwerliche Newerung", die der päpstliche Nuntius gegen des „Adelichen Convents uralt hergebrachte Freyheitten" verordnet habe. Zu befürchten sei, dass durch die Einführung der Reform das Stift „dem Adel gentzlich entzogen würde".

Im Januar 1595 wandte sich die freie Reichsritterschaft an den Kaiser. Sie teilte ihm entrüstet mit, dass sich der päpstliche Nuntius Graf von Portia herausgenommen habe, den Stiftsherren von Kempten eine „newe Regulam Vitae et observationem Ordinis wider uralth Herkhommen, auch der Teutschen vnd Schwaben gewohnheit" vorzuschreiben. Aus dieser traditionswidrigen Neuerung folge zwangsläufig, dass Kempten und andere adlige Stifte, die von ihren Vorfahren dotiert und erhalten worden seien, in Abgang geraten würden und kein Edelherr mehr in der Lage sei, eines seiner Kinder dem Stift zu versprechen. Auf diese Weise bringe man die Ritterschaft „consequenter" um die adligen Gotteshäuser, „dahin sie von wegen devotion vnd anderer Ursachen iro Zuflucht" seither genommen haben. Dies gereiche der freien Reichsritterschaft zu „allgemeiner unleidenlicher Beschwärenuß", den uralten adligen Stiften zu merklicher „Verringerung und Abgang". Der Kaiser möge darauf drängen, dass dergleichen Beschwerden, unter denen derzeit die adligen Stifte und Gotteshäuser in Schwaben zu leiden hätten, abgestellt würden.

Der Kaiser tat, was von ihm erwartet wurde. Er wandte sich im Februar 1598 an Kardinal Ludowico Madruzzo, den Kardinalprotektor der deutschen Nation in Rom, um ihm seinen Unwillen darüber zu bekunden, dass päpstliche Legaten sich anmaßen, in „Teutschen Landen und sonderlich daselbst in Schwaben, ettliche adenliche Gotzheuser" durch die Einführung neuer Lebensordnungen zu „beschwären". Der Kardinal möge deshalb als „Protector Germaniae" bei Seiner päpstlichen Heiligkeit intervenieren, dass solche „newerliche Beschwerden bei den adellichen Stifften und Gotzheusern in Schwaben abgestellt wörden". Im September 1598 wandte sich der Kaiser an Kardinal Andreas, den Bischof von

Konstanz, um ihn wissen zu lassen, dass man in Rom Schritte unternehme, um in den Gotteshäusern Gutenzell, Heiligkreuztal, Baindt und Wald dieselben Neuerungen wie in Kempten einzuführen. Er habe deshalb den kaiserlichen Protektor in Rom beauftragt, die erwähnten Gotteshäuser bei ihrem „alten Wesen und Herbringen" zu belassen. Auch die Intervention im Interesse der adligen Frauenklöster Oberschwabens geht auf einen Protest der Reichsritterschaft zurück. Diese hatte auf ihrem Rittertag des Jahres 1598 dem Abt von Salem vorgeworfen, „er wolle die auf den Adel gestifteten Abteien dem Adel entreißen und den geringen Ständen öffnen. Der Unterschied der Stände aber dürfe nicht verwischt werden, weil sonst, wie sich bereits jetzt abzeichne, der Adel und andere vornehme und vermögende Familien diese Klöster meiden würden, was zu ihrer Verarmung führen müsse".

Seine Heiligkeit, Papst Clemens VIII., reagierte auf die Intervention des Kaisers im Januar 1599. Inständig beschwor er den Kaiser: „Du siehst nicht, in welche Beleidigung Gottes du dich verrennst. Du durchschaust nicht die Verführungskünste des Teufels. Du richtest Hindernisse auf, dass zerrüttete Klöster von Grund auf erneuert werden und eine gänzlich zusammengebrochene Zucht wiederhergestellt wird." Kaiser und Adel kämpften für die Rechtmäßigkeit von Traditionen, das vermeintliche Recht der Geschichte, die Reformer für die Geltungskraft einer Ordensregel, von Ordensstatuten und Reformdekreten, die das Konzil von Trient beschlossen hatte. Die Kontroverse verhärtete die Fronten. In Kempten blieb alles beim Alten ungeachtet mannigfacher Reformversuche. Bewegt und verändert hat sich nichts.

Der 1607 zum Abt gewählte Heinrich von Ulm zu Erbach signalisierte dem in Luzern ansässigen päpstlichen Nuntius begrenzte Reformbereitschaft. Der Kemptener Fürstabt teilte aber dem apostolischen Nuntius in Luzern unmißverständlich mit, dass die Kemptener Kapitulare nach wie vor nicht gesinnt seien, als Mönche nach der Regel zu leben. Die eigenen Wohnungen der Stiftsherren, die Beschränkung des Kapitels auf Adelige und die abgesonderten, den Kapitularen zur Nutzung überlassenen Pfründen seien durch die Gründungsurkunde als rechtens anerkannt. „Karl der Große selbst habe die Oblei, aus der die Stiftsherren ihre Einkünfte erhielten, mit Gütern ausgestattet. Wenn man diese Zustände ändere, müsse, wie Beispiele lehrten, das Stift seinen adeligen Charakter verlieren"[7]. Der Bericht endet mit der Bitte, nicht „ungestüm" („intempestive") das Klöster zu einer strengen Befolgung der Benediktregel zu zwingen. Die Sprache der Kapitulare ist eindeutig: Adlige Exklusivität und eigenes Einkommen bildeten für sie unverzichtbare Grundlagen ihrer Lebensführung, die sie auf Grund ihrer vornehmen Abkunft beanspruchen können.

Der 1617 zum Fürstabt gewählte Johann Euchar von Wolfurt, Nachfahre eines bei Bregenz beheimateten Adelsgeschlechtes, bemühte sich von neuem, dem Lebensstil der Kemptener Kapitulare ein geistliches Gepräge zu geben[8]. „Wie es für Soldaten gefährlich ist", schrieb ihm 1622 Papst Gregor XV., „wenn sie nicht Disziplin halten, so auch für die Kirche Christi, wenn sie von den alten Einrichtungen abweicht. Wir empfinden es immer schmerzlich, wenn wir hören, daß dieses oder jenes Kloster in die Irre gegangen ist. Von Dir allein hängt es ab, das Kloster wieder auf den rechten Weg zu führen. Wir ermahnen dich dazu und glauben, daß du unser Lob dir wirst verdienen wollen; dann wird dereinst auch der Lohn in der Ewigkeit nicht ausbleiben".

Fürstabt Johann Euchar war durchaus gewillt, die vom Papst angemahnten Reformen in die Wege zu leiten. In einem Brief an Gregor XV. von Anfang Januar 1623 bat er allerdings den römischen Oberhirten, dass „der Nuntius den Handel nicht gar zu grob mache und zwischen einem Fürstentum des Reiches und einem gemeinen Kloster etwas Unterschied gehalten werde, damit dem adeligen collegio kein Nachteil entstehe". Der Abt bat um Rücksicht auf die Interessen des Adels. Als der päpstliche Nuntius im Sommer 1623 nach Kempten kam, um die dortigen Kapitularen auf

Roman Giel von Gielsberg, Fürstabt von Kempten 1639 – 1673. Ölbild von Franz Georg Hermann, Fürstensaal der Residenz Kempten.

Die vom Nuntius verordneten Reformmaßnahmen, die Abt und Kapitel als „eiserne Rute" empfanden, waren – bei Lichte betrachtet – nichts anderes als Grundsätze monastischer Lebensführung, die Benedikt in seiner Regel festgeschrieben hatte. „Die Stiftsherren wurden verpflichtet, die Gelübde des Gehorsams, der Keuschheit und der Armut zu halten, kein bewegliches Gut zu haben" und auch nicht „solches als Eigentum zu erwerben, sondern alles gemeinsam zu besitzen". Pünktlich sollen sie im Chor erscheinen, um selber die Tagzeiten zu beten. Sie sollen gemeinsam Tisch halten, wobei etwas Erbauliches vorgelesen werden soll.

Die schwäbische Reichsritterschaft legte, wie nicht anders zu erwarten, Einspruch ein. Ihr engerer Ausschuss, der im Dezember 1623 in Ulm tagte, wandte sich an den Kaiser und bat diesen um Intervention. „Kempten", so heißt es in diesem Schreiben, „sei stets von Adelspersonen besetzt und regiert gewesen, wobei sich aber niemand an die strenge Ordensregel gehalten habe; zwischen Kempten und den Stiften, in denen Nichtadelige aufgenommen würden, sei doch ein Unterschied und wenn in den adligen Stiften die strenge Ordensregel nicht eingeführt werde, so geschehe das nur deshalb, damit den Adeligen der Eintritt nicht unmöglich gemacht werde". Die adligen Briefschreiber unterstellten, dass durch eine strenge Beobachtung der Regel das Stift Kempten dem Adel entfremdet werde. „Man könne", so ihr Einwand, „von Kapitularen nicht verlangen, daß sie in den gewöhnlichen Bürger- und Bauernkleidern ausgingen, ohne daß nicht der ganze Adel an Achtung einbüße, die er nun einmal in geistlichen und weltlichen Dingen beanspruchen dürfe. Die Folge wäre, daß der Adel dieses Gotteshaus künftig ganz meiden würde und auch der Kaiser mit einem Fürsten, der nicht von Adel und höherem Geschlechte geboren, bedient werden müßte". Der Kaiser möge deshalb Einspruch einlegen und darauf hinwirken, „daß das Stift bei der bereits vorgenommenen Reformation ruhig gelassen und, da der Bogen allzu hart gespannt, zu dessen gänzlichem Untergange nicht Anlaß gegeben werde". An den päpstlichen Nun-

neue Statuten zu verpflichten, meinten Abt und Kapitel, man solle „nicht gleich in einem Anlauf die letzte Umgestaltung vornehmen, weil sich nicht zieme, Ordensleute so mit eiserner Rute zu lenken, dass ihre Gebrechen den Weltleuten bekannt würden".

tius in Luzern richteten die schwäbischen Reichsritter folgendes Schreiben: Die Reichsritterschaft sei „nicht gewillt, etwas zuzulassen, was zu ihrem Nachteil sei". Sie hoffe, dass die Reformation „bei ihrem jetzigen Stand gelassen werde; wenn der Nuntius aber noch etwas unternehme, was den Privilegien der Reichsritterschaft zuwiderlaufe, dann wollte sie dagegen protestiert haben, nicht zweifelnd, der Papst werde dieses Geschäft mit mehr Billigkeit entscheiden und der Kaiser nicht zulassen, daß dergleichen Neuerungen durch dieses Stift aus ihren Händen entzogen werde".

Bedenken gegen die vom päpstlichen Nuntius dekretierte Reform hatte auch der Fürstabt selber. Er fürchtete, dass dann, wenn die „Obleien" aufgehoben würden, der Adel seine Söhne nicht mehr nach Kempten schicken würde. Die Oblei, eine aus Abgaben, Zinsen und Renten gespeiste Vermögensmasse, bildete den finanziellen Grundstock, aus dem die Kapitulare persönliche Einnahmen bezogen. Beim „Genuß dieser Obleien", bemerkte der Fürstabt als Kenner der Verhältnisse, „konnten die Herren des Konventes ihren bedürftigen adeligen Befreundeten etwas Handreichung tun, was ihnen aber in Zukunft versagt bleiben wird". Solche Handreichungen waren mitunter ganz erheblich. Wolf Heinrich von Stein, der Dekan des Klosters, konnte im Jahre 1617 seiner Schwester immerhin ein Geschenk in Höhe von 5 000 Gulden vermachen, die er in wenigen Jahren aus seiner Pfründe hatte erübrigen können. Die Reform, die aus dem adligen Stift ein Kloster machen wollte, dessen Mitglieder sich an die Regel Benedikts halten, scheiterte. Der reformerische Wille, gemeinsames Leben einzurichten, das dazu verpflichtete, auf persönliches Eigentum und private Einnahmen zu verzichten, gemeinsam zu essen und zu beten, brach sich an den Lebensgewohnheiten und Standesinteressen der adligen Stiftsherren.

Einen umfassend angelegten Reformversuch unternahm Roman Abt Giel von Gielsberg (1639 – 1673), ein hartnäckiger Vorkämpfer für die Sache der Reform[9]. Als er, der Nachfahre eines in der Schweiz ansässigen Adelsgeschlechtes, 1639 zum Abt von Kempten gewählt wurde, war er gerade 26 Jahre alt. Die Reform des Klosters voranzutreiben, empfand er als eine ihm von Gott persönlich auferlegte Pflicht. Auf der stiftkemptischen Burg Liebenthann bei Obergünzburg ist es dem Abt im Jahre 1644 gelungen, seinem Konvent ein Reformprogramm abzutrotzen, das eine strenge Befolgung der Benediktregel vorsah. Neben Novizen adliger Herkunft sollten fürderhin auch nichtadlige Novizen aus gutem Elternhaus und guter Vorbildung ins Kloster aufgenommen werden. Das passive Wahlrecht sollte ihnen versagt bleiben, damit das Kloster „altem Herkommen gemäß nach außen hin in aller Zukunft stets unter adeliger Leitung auftrete". Von frommen, gebildeten nichtadligen Novizen und Mönchen erhoffte sich Abt Roman eine Verbesserung der Disziplin. Für das zerrüttete, in Trümmern liegende Kloster, beteuerte er, sei die „Aufnahme von Nicht-Adeligen" das einzige Heilmittel[10].

Als Abt Roman damit begann, die vereinbarte Klosterreform in die Tat umzusetzen, regte sich Widerstand innerhalb des Konvents. Der vereinbarte Konsens zerbrach. Zwei Konventualen verließen das Kloster, um im adligen Stift Murbach eine neue Bleibe zu finden. Drei Konventualen kündigten in aller Form die getroffene Vereinbarung auf. Um abzuwehren, was sich Abt Roman vorgenommen hatte, schaltete sich auch die schwäbische Reichsritterschaft ein. Sie belehrte den Abt, dass der Wortlaut der Kemptener Stiftungsurkunde auf ewige Zeiten nur Adelige als Mönche zulasse. Zu behaupten, argumentierten die Reichsritter, „das Kemptener Adelsprivileg könne sich nur auf Gewohnheiten („consuetudines"), nicht aber auf die Stiftungsurkunde berufen", sei falsch: „Wenn Seine Fürstliche Gnaden die Stiftungsurkunde mit rechtem Verstand lese, werde er finden, daß es die Meinung und feste Absicht der heiligen Stifterin Hildegard gewesen sei, dieses Kloster edlen und angesehenen Mönchen und Gelehrten Deutschlands zu Nutzen zu widmen und zu stiften"[11].

An den Kaiserhof in Wien schrieben die Ritter, es sei zu befürchten, dass der Adel durch die Reformmaßnahmen des Kemptener Abtes ganz aus dem Stift gedrängt werde. Das Ergebnis eines solchen Rechtsbruches sei evident: Zum Studieren müsse der Adel seine Kinder in die Ferne schicken oder in Ermangelung der erforderlichen Mittel zu Hause verkümmern und verderben lassen[12]. Mit den großherzigen Stiftungen, mit denen Adelige ehedem die Klöster bedachten, hätten die adligen Stifter die Absicht verbunden, dass die Nachkommen ihrer Familien daraus Nutzen ziehen können[13]. Von adligen Stiftsherren könne man nicht verlangen, dass sie gewöhnliche Bürger- oder Bauernkleider tragen. „Schließlich müsse der Unterschied zwischen adeligen und nichtadeligen Benediktinerklöstern gewahrt bleiben"[14]. Auf sichtbare Differenz zu beharren, entsprach adligem Lebensgefühl. Dem Adel komme es zu, schrieb Johann Michael von Loen in seinem 1752 in Ulm erschienenen Buch über den Adel, sich „auf eine vornehme und ausgezeichnete Art" zu kleiden und dadurch seinen Stand von dem anderer Gruppen und Stände öffentlich unterscheidbar zu machen[15]. Aus solchen Überzeugungen leitete die schwäbische Reichsritterschaft den Anspruch ab, dass ohne ihre Zustimmung die Sozialverfassung der Fürstabtei nicht verändert werden dürfe.

Um sein Reformvorhaben weiterzubringen, suchte Abt Roman in den späten vierziger Jahren des 17. Jahrhunderts Verbindungen zur schwäbischen Benediktinerkongregation. Sich einer Kongregation anzuschließen, entsprach den Vorschriften des in Trient erlassenen Ordensdekrets. Die von Abt Roman angestrebte, vom apostolischen Nuntius in Luzern vorangetriebene Einbindung Kemptens in die schwäbische Benediktinerkongregation provozierte von neuem den Einspruch der Reichsritterschaft. In einem Brief vom 17. Juni 1647 warfen sie dem Abt von Kempten vor, er wolle im Widerspruch zu den seitherigen Lebensgewohnheiten nicht nur eine strenge Observanz der Regel einführen, er nehme sich auch heraus, das in Kempten geltende Adelsprivileg allein aus dem seitherigen Brauch und nicht aus dem bei der Gründung des Klosters verbrieften Stiftungszweck („ex consuetudine et non ex fundatione") abzuleiten. Würde der Abt die „fundation" mit dem richtigen Verständnis lesen, würde er zu der Einsicht gelangen, „dass der haylig Hildegardis alls fundatricis mainung unnd pura Intention gewesen", das von ihr errichtete Kloster ausschließlich „Viris nobilibus et Illustribus Germaniae religiosis ac litteratis" (adligen Männern und erlauchten Geistlichen und Gelehrten Deutschlands) zu widmen[16]. Die Reichsritterschaft reagierte mit Argwohn. Sie unterstellte dem Abt, dass er durch den Anschluss an die schwäbische Benediktinerkongregation das Adelsprivileg unterlaufen und abschaffen wolle.

Im September 1649 kam Abt Roman mit dem Abt von Weingarten und dem Administrator von Murbach überein, dass in Kempten fürderhin ohne jedwede Vorbehalte die Gebräuche der schwäbischen Kongregation gelten sollen. Die Gebräuche der schwäbischen Benediktinerkongregation sahen jedoch vor, dass Nicht-Adeligen der Eintritt ins Kloster nicht verwehrt werden dürfe, wenn sie die für den Mönchsberuf erforderlichen geistigen und sittlichen Fähigkeiten besitzen. Mönche aus der schwäbischen Kongregation sollten nach Kempten geschickt werden, um den Reformprozess voranzubringen. Durch ein solches Vorhaben war der nächste Konflikt vorprogrammiert. Die ritterschaftlichen Familien waren nicht bereit, die von Abt Roman Giel angestrebte soziale Öffnung Kemptens wortlos hinzunehmen. Sie konnten den Kaiser bewegen, eine Verordnung zu erlassen, welche die Einführung von Neuerungen verbot. Sie wandten sich an den Bischof von Konstanz mit der Bitte um Vermittlung[17].

Die von der Reichsritterschaft erzwungenen Verhandlungen kamen im April 1650 zustande. Der Konstanzer Bischof vermittelte. Er brachte eine Vereinbarung zustande, die den Konflikt lösen sollte[18]. Die Adelsfrage, das Grundproblem der Reform, entschied er im Interesse der Reichsritterschaft. Auch fürderhin durfte der Abt von Kempten nur Novizen adliger Geburt ins Kloster aufnehmen. In den Verhandlungen hatte der „Ritterstandt" geltend gemacht, dass er sich ausnehmend beschwert fühle, wenn fürderhin, wie es die mit der Schwäbischen Benediktinerkongregation getroffene Vereinbarung vorsieht, neben „denen vom Adel" ohne Unterschied Personen von „gemeines vnd schlechtes Herkhomenß" zum Noviziat im Fürststift Kempten zugelassen werden. Man kam deshalb überein, es bei der seitherigen Regelung zu belassen und keine Bewerber ins Noviziat aufzunehmen, es sei denn, sie seien von „adenlichen Eltern gebohren, den Statuten vnd gewohnheiten deß Ritterstandts vnd Closters gemeß"[19].

Als Reformer, der aus der Fürstabtei Kempten ein regeltreues Benediktinerkloster machen wollte, ist Abt Roman Giel von Gielsberg gescheitert. Im Jahre 1678 haben der damals neu gewählte Abt Rupert von Bodman und sein Kapitel neue Statuten ausgearbeitet und verabschiedet. In deren zweitem Artikel wurde festgelegt, dass das Kapitel des Stifts aus 24 adligen Mönchen bestehen soll. Artikel drei bestimmte den Umfang der jeweils zu erbringenden Ahnenprobe: „jeder Kandidat", so heißt es da, „müsse in väterlicher und mütterlicher Linie jeweils vier adelige Ahnen nachweisen können, was durch Stammbäume zu belegen sei". Deren Richtigkeit musste von zwei Mitgliedern der Reichsritterschaft beschworen werden. Dies bedeutete in der Praxis, dass ein Stiftsherr in Kempten bis zur Generation seiner Urgroßeltern seine adlige Abkunft unter Beweis stellen mußte. Immerhin bestimmte Artikel vier, „daß die Kandidaten auch die nötigen persönlichen Qualitäten für den geistlichen Stand besitzen müßten, was dadurch gesichert werden sollte, dass der Fürstabt keinen Novizen ohne Zustimmung des Kapitels aufnehmen durfte". Artikel acht dekretierte, „dass die Ämter der Wirtschaftsverwaltung mit Mönchen zu besetzen seien, da man bei weltlichen Dienern Unterschlagung befürchten müsse". Um den grassierenden Nepotismus der Kontrolle des Kapitels zu unterwerfen, wurde festgelegt, „daß die Anstellung von Verwandten des Abts als Beamte in jedem Falle der Zustimmung des Kapitels bedürfe". Symptomatisch für das Standesbewusstsein der Stiftsherren ist deren Bemühen, durch unterschiedliche Kleidung deutlich erkennbare Distanz zu den nicht-adligen, körperlich arbeitenden Laienbrüdern zu wahren. Einer der Stiftsherren schlug vor, dass die Laienbrüder nicht nur anders geschnittene Kutten, sondern auch schwarze, nicht mehr wie bisher weiße Kniestrümpfe tragen sollen. Selbst ihre Hosen, die sie unter ihrer Kutte trugen und die überhaupt nicht sichtbar waren, sollten sich von denen der Mönche unterscheiden. Was ihre Schuhe anbetrifft, sollten sie „keine ‚auf mody oder herren manier mit überflissig hochen stollen oder stotzen' tragen"[20].

Die Verfasser der Statuten suchten adlig-höfische Lebensformen mit benediktinischem Geist zu verbinden. Benediktinisch gedacht war die Vorschrift, wonach die Stiftsherren ihr Chorgebet selber beten und nicht durch Kapläne verrichten lassen sollten. Adlig-höfisch mutet es an, wenn Stiftsherren eingeräumt wurde, auf die Jagd zu gehen, Karten zu spielen, Verwandtschaftsbesuche zu machen und Fastnacht zu feiern. Adlige Kapitulare fühlten sich nicht verpflichtet und waren nicht gehalten, sich mit Pfarrseelsorge zu befassen. Sich mit einfachen Leuten abzugeben, widersprach offenkundig ihrem Ehr- und Würdegefühl.

WIDERSPRÜCHE: FÜRSTENMÄSSIGE REPRÄSENTATION UND MONASTISCHE NORM

Kemptens Fürstäbte des 17. und 18. Jahrhunderts waren darauf bedacht, durch ihre Bautätigkeit und die Art und Weise ihrer öffentlichen Selbstdarstellung den Herrschaftsanspruch und kirchlichen Rang ihrer Fürstabtei zur Anschauung und zur Geltung zu bringen. In der barocken Architektur und Kunst spiegelte sich nicht nur der Herrschafts- und Repräsentationswille einer adligen Gesellschaft, die den Abt stellte und aus der sich das Kapitel rekrutierte; architektonische und künstlerische Pracht sollten auch das gestärkte Selbstbewusstsein der gegenreformatorischen „Ecclesia triumphans" zum Ausdruck bringen.

Als leidenschaftlicher Reformer hat sich Abt Roman Giel von Gielsberg (1639 – 1673) nicht nur

Rupert von Bodman, Fürstabt von Kempten 1678 – 1728. Ölgemälde von Franz Georg Hermann. Fürstensaal der Residenz Kempten.

einen Namen, sondern auch viele Feinde gemacht. Es ist ihm nicht gelungen, die Kemptener Stiftsherren für eine Lebensführung nach der Regel des hl. Benedikt zu gewinnen und auf diese Weise klösterliche Norm und adliges Selbstgefühl miteinander zu versöhnen. Sein Reformkonzept blieb unerfüllter Anspruch. Abt Roman Giel von Gielsberg konnte und wollte sich nicht mit dem Gedanken abfinden, dass adlige Abstammung ein triftiger Grund sein kann, sich als Mitglied einer klösterlichen Gemeinschaft nicht an die Regel zu halten. Er konnte und wollte auch nicht wahrhaben, dass adligen Mönchen Unrecht widerfahre, wenn geistig aufgeschlossene und sittlich inte-

gre Mönche bürgerlicher und bäuerlicher Herkunft in den Konvent aufgenommen werden.

Bewundernswerte Leistungen von bleibender Dauer vollbrachte Abt Roman auf dem Gebiet der Kunst und Architektur. Mit Kunstverstand und visionärer Kraft plante und verwirklichte er den Neubau der Kirche, des Stifts und der Residenz. Stift und Residenz, welche die mit der Stadt Kempten verbündeten Schweden zwischen 1632 und 1634 zerstört hatten, baute er von neuem wieder auf. Im Stil des Barock, der Architektur und Stuckdekoration, Werke der Malerei und der Bildhauerei zu einem glanzvollen Gesamtkunstwerk zu verbinden suchte, erneuerte er die schwer beschädigte Pfarr- und Klosterkirche St. Lorenz[21]. Im Zeitalter des Barock eine Kirche zu errichten, kam dem Bemühen gleich, durch architektonische und bildhafte Pracht und Herrlichkeit ein „Haus der Weisheit" zu erbauen, das von Gottes Klarheit erleuchtet wird und seinen Besuchern einen „Vorgeschmack des Himmels" vermittelt. Barocke Klosterarchitektur machte überdies sinn- und augenfällig, dass Gott die Prälaten und Mönche zur Herrschaft über Land und Leute, das einfache Laienvolk hingegen zum Gehorsam berufen hat. Die nach dem Dreißigjährigen Krieg errichtete Kemptener Stiftskirche ließ nicht nur Andacht und Festfreude aufkommen, sie brachte auch den geistlichen Rang und weltlichen Herrschaftsanspruch einer Fürstabtei zum Ausdruck. Das Bildprogramm der Stiftskirche dokumentiert den ungebrochenen Reformwillen Abt Romans. Es gelang ihm, durch die Wahl und Anordnung ausgewählter Bildthemen „sein Reformanliegen eines Lebens nach der Regel des hl. Benedikt mit der biblischen Heilsgeschichte zu verbinden"[22].

Finanziert wurden die Neubauten nicht durch Ersparnisse und Verzichtleistungen des Kemptener Abtes und seines Kapitels, sondern durch Steuern und Fronen der Untertanen. Diese fragten zu Recht, ob sie gehalten seien, durch ihr hart verdientes bares Geld und durch körperliche Arbeit „zu den unnützlichen, großen, kostbaren Gebäuden" beizutragen. Abt Roman reagierte pragmatisch. Um den Kostenaufwand zu rechtfertigen, berief er sich auf die Geschichte, den Rang und die Bedeutung des Stifts. Wenn die Hintersassen des Klosters der Auffassung seien, dass durch den angeblich übertriebenen Aufwand Steuergelder verschleudert würden, sollten sie bedenken, dass Kempten ein „altes und fürstliches Stift" sei, weswegen es billig und rechtens erscheine, wenn „etwas Köstlicheres gebaut" werde[23].

Abt Rupert von Bodman (1678 – 1728) suchte und fand fürstliche Repräsentation nicht nur in der Baukunst, sondern auch und vor allem in der Hofhaltung. Als leidenschaftlicher Bauherr beschäftigte er eine Vielzahl von Malern und Bildhauern, die gehalten waren, nach seinem Geschmack Kirche und Residenz auszuschmücken. Er habe, berichtet ein zeitgenössischer Chronist, „ein grosse hoffhaltung angericht, prächtiger dan alle andere fürsten"[24]. Nichts habe er unterlassen, „waß zue Freüden, Wollust und Herrlichkhait dienet"[25].

Der Pflege eines fürstenmäßigen Lebensstils diente das ausnehmend schön gelegene Schloss Wagegg, das Abt Rupert 1715 errichten ließ. In Grüneck baute er ein Jagdhaus, in Grönenbach ein weiteres Schloss. Wenn er sich portraitieren ließ, gab er durch die Art seiner Darstellung deutlich zu erkennen, dass ihm die Würde, die ihm als Reichsfürst zukam, mehr bedeutete und wichtiger war, als das mit geistlichen Pflichten verbundene Amt des Abtes. Mitra und Abtsstab liegen auf dem Bild hinter ihm; vor ihm auf einem Tisch sind Fürstenhut, Szepter und Schwert zu sehen. Mit seinem linken Arm zeigt er ausdrücklich auf seine weltlichen Insignien[26]. Den Vorrang der Fürstenwürde brachte auch der von ihm geführte Titel zum Ausdruck. Er nannte sich „Hochwürdigster, des Heiligen Römischen Reiches Fürst und Herr, Abt des hochfürstlichen Stiftes Kempten, Ihrer Majestät der regierenden Kaiserin ständiger Erzmarschall".

Auf Kritik stieß seine Begünstigung von Verwandten, die er mit Stellen und Ämter im Stift versorgte. Der Verfasser eines nach seinem Tod verfassten Berichtes über den Zustand des Stifts beklagte den im Fürststift Kempten „in usu gewesnen Nepotismus", der in den zurückliegenden dreißig Jahren immer stärker zugenommen habe. Was die Reisen adliger Nepoten und ihre Teilnahme an Feldzügen gekostet hätten, würde „eine gross Summa" ausmachen. Dies vor allem deshalb, weil sich diese „yber ihren standt undt Vermögen excessive aufgeführt haben"[27]. Des Abtes Begünstigung von Verwandten bei der Vergabe von einträglichen und prestigeträchtigen Ämtern hatte das Kemptener Kapitel bereits am Ende seiner langen Regierungszeit kritisiert. Johann Franz von Bodman, sein Bruder, war stiftkemptischer

Johann Franz Joseph Leopold Freiherr von Bodman zu Wiechs (1675 – 1733), Bruder des Fürstabts Rupert von Bodman, Geheimer Rat und Pfleger zu Sulzberg, Wolkenberg und Thingau. Ölbild, Anfang 18. Jahrhundert. Privatbesitz.

Die Fürstabtei Kempten in der Frühen Neuzeit

Anselm von Reichlin-Meldegg,
Fürstabt von Kempten 1728 – 1747.
Ölgemälde von Franz Georg Hermann, 1744.
Fürstensaal der Residenz Kempten.

vatgemächer ausgestalten. Seine Hofhaltung sollte hinter dem Glanz und Zeremoniell weltlicher Höfe nicht zurückstehen. Vier Adelige übten am fürstabteilichen Hof von Kempten als Truchseß, Schenk, Marschall und Kämmerer die traditionellen vier Ehrenämter aus. Im Jahre 1742 begab er sich nach Frankfurt zur Krönung Karls VII. und seiner Gemahlin Maria Amalia[29]. Er tat dies mit einem Gefolge von 83 Personen. Für diese hatte er im „Roten Mennigen" nicht weniger als zweiundfünfzig Räume einrichten lassen. Seine Verbundenheit mit der höfisch-aristokratischen Welt bewies er durch „offene Tafeln", zu denen er seine geistlichen und weltlichen Standesgenossen einlud, um sie fürstlich zu bewirten. Die Kosten für einen solchen Aufwand waren beträchtlich. Um sie zu bestreiten, sah er sich genötigt, Kredite aufzunehmen.

Den Höhepunkt seiner Reise nach Frankfurt bildete die Ausübung des Erzmarschallamtes bei der Krönung Maria Amalias zur Kaiserin. Ihre Krönung fand gleich der ihres Mannes in der prachtvoll geschmückten Bartholomäuskirche statt. Gegen den Einspruch der Kurfürsten von Köln und Trier konnte der Abt von Kempten durchsetzen, im Rahmen des Krönungszeremoniells der Kaiserin das Szepter und den Reichsapfel zu übergeben. Auf dem Zug vom Dom zum Römer, in dem das Krönungsmahl stattfand, begleitete der Fürstabt von Kempten die Kaiserin. Beim Krönungsmahl, einem glanzvollen Akt in der Abfolge der Krönungsfeierlichkeiten, sprach er zusammen mit dem Fürstabt von Fulda das Tisch- und Dankgebet.

Kemptens Fürstäbte suchten repräsentative Pracht, wie es sich für machtbegabte Herren ziemte. Sie hielten weder Predigten, noch fühlten sie sich zu asketischer Enthaltsamkeit und freiwilliger Armut verpflichtet. Mit theologischen Kennt-

Geheimer Rat und Pfleger zu Sulzberg, Wolkenberg und Thingau. Drei seiner Söhne fanden durch ihre Tätigkeit im Stift ihr Auskommen. Johann Baptist, der sich für den geistlichen Beruf entschieden hatte, lebte von dem Einkommen und der Pfründe eines Kapitulars. Johann Rupert Landolin war Vizemarschall und Pfleger zu Kemnat. Johann Franz, der zunächst eine militärische Laufbahn gewählt hatte und kaiserlicher Hauptmann war, begegnet nach 1715 in verschiedenen stiftkemptischen Hof- und Verwaltungsämtern[28].

Fürstabt Anselm von Reichlin-Meldegg ließ in der Residenz im Stil des Rokoko Prunkräume und Pri-

nissen waren sie dürftig ausgestattet. Als Vorsteher einer reichsunmittelbaren Abtei waren sie eingebunden in den politischen Betrieb des Reichs und dessen zeremonielle Handlungen. In der Außendarstellung des Stifts besaß der Hof des Stiftes ein ungleich stärkeres Gewicht als das Kapitel der Kapitulare. Der klösterliche Hofstaat zählte bei der Aufhebung des Klosters im Jahre 1803 nicht weniger als 232 Personen. Das Kapitel der Kapitulare bestand aus 18 Personen, 1587 und 1594 waren es nur drei, 1669 immerhin zwölf und 1678 insgesamt 14.

Die Statutengebung des 18. Jahrhunderts gibt eine zunehmende Lockerung und „Aufweichung des klösterlichen Lebens" zu erkennen[30]. Kempten war nur seiner Rechtsform nach noch ein Kloster. Die Kapitulare fühlten sich nicht als Mönche, deren Profess zu einem regelgebundenen Leben verpflichtete. Ihr Lebensstil war identisch mit dem von Chorherren weltlicher Säkularstifte. Ihr von adligen Wertvorstellungen und ständischen Interessen geprägtes Selbstverständnis, das keine Zweifel an der Legitimität ihrer Lebensführung aufkommen ließ, bestimmte die Auslegung der Regel Benedikts. Dass deren Weisungen wörtlich genommen und als Herausforderung begriffen wurden, blieb Ausnahme. Aber auch solche Ausnahmen waren nicht in der Lage, Reformbereitschaft zu wecken, von der eine Kraft der Veränderung ausging.

Aus handschriftlich überlieferten Kommentaren zur Regel des hl. Benedikt geht hervor, dass zu Anfang der zwanziger Jahre des 18. Jahrhunderts im Konvent darüber nachgedacht wurde, ob die im Kloster geübte Lebenspraxis mit den Normen der Benediktregel noch übereinstimme oder nicht. Aus den kommentierenden Texten geht hervor, dass auf diese Grundsatzfrage keine einhelligen Antworten gegeben wurden. Ein Autor beantwortet die vom hl. Benedikt im 33. Kapitel seiner Regel aufgeworfene Frage, ob Mönche Eigentum besitzen dürfen, folgendermaßen: Armut

Fürstabt Anselm von Reichlin-Meldegg mit seinem Hofstaat. Ausschnitt aus dem Deckengemälde von Franz Georg Hermann im Thronsaal der Residenz Kempten, 1740/42.

Ahnennachweis von Aemilianus Freiherr von Trazberg. Aufschwörbuch der Fürstabtei Kempten angelegt um 1760. Bayerisches Hauptstaatsarchiv München.

Zum 59. Kapitel der Regel, in dem es um die Söhne von Adeligen und von Armen geht, die von ihren Eltern dem Kloster dargebracht werden, bemerkt der Autor: Der Brauch der Oblation sei schon außer Übung gekommen. Das Trienter Konzil habe ihn nicht verworfen. Die Konzilsväter hätten nur das Professalter der Novizen festgelegt[32]. Der Reformwille des Autors stieß offenkundig an Grenzen. Die naheliegende Grundsatzfrage, ob die Regel Benedikts nicht ausdrücklich gebiete, dass die „Söhne von Armen" („filii pauperum") aus klösterlichen Gemeinschaften nicht ausgeschlossen werden dürfen, hat er nicht gestellt. Das in Kempten gehandhabte Adelsprivileg wollte er offenkundig nicht in Frage stellen und außer Kraft gesetzt wissen.

Ein anderer Autor, der noch erheblich entschiedener den Standesverhältnissen in Kempten Rechnung trägt, bemerkt in seinem Kommentar zum 59. Kapitel der Regel: Söhne von Adeligen müssen, wenn sie dem Kloster dargebracht werden, mindestens zwölf Jahre alt sein; sie müssen auch lesen und schreiben können. Die Söhne der Armen, die „filii pauperum", erwähnte er mit keiner Silbe[33]. Benedikts Wille, auch Söhne armer Leute ins Kloster aufzunehmen, hatte für den anonymen Kommentator seine Verbindlichkeit eingebüßt. Eingehend befasst er sich mit dem „Verfahren bei der Aufnahme der Brüder" (Reg. S. Ben c. 58)[34]. Die Mönche, die er im Auge hat, sind ausschließlich adliger Abkunft. Über die Intentionen Benedikts macht er sich keine Gedanken, sondern gibt der in Kempten praktizierten adligexklusiven Aufnahmepraxis den Charakter einer benediktinischen Norm. Benedikts Regel sah vor, dass ein Novize, der Mönch werden will, über sein Versprechen der Beständigkeit, des Gehorsams und des regeltreuen klösterlichen Lebens eigenhändig eine Urkunde ausstellt und diese auf

sei ein Wesensmoment des Ordensstandes („essentia religionis"). Diejenigen, die sich gegen dieses Essentiale monastischer Lebensführung versündigen und dem „Laster des Eigentums" („vitium proprietatis") frönen, seien hart zu bestrafen[31]. Auf fruchtbaren Boden fiel diese Forderung nicht. In Kempten blieb alles so, wie es immer war. Dass Mönche Eigentum besitzen und über persönliche Einkünfte verfügen, hatte in Kempten Tradition. Diese außer Kraft zu setzen, hätte wesentlich dazu beigetragen, dem Stiftskapitel den Charakter einer Mönchsgemeinschaft zu geben, die gemeinsam lebt, betet und Gottesdienst feiert.

den Altar legt. Der anonyme Kommentator ersetzt die urkundlich verbriefte Profess durch die Ahnenprobe („scheda pergamena majorum tabula"), aus welcher hervorgehe, dass der künftige Mönch von erlauchten Männern („a viris illustribus") abstamme. Das Kloster Kempten sei nämlich deshalb gegründet und mit Gütern ausgestattet worden, dass die Mönche ausreichend ernährt und versorgt werden können, aber auch „zum Trost und zur Hilfe des angestammten Adels" („in solatium ac sublevamen avite nobilitatis"), der in seiner Entwicklung gemeinhin zum Niedergang tendiere.

Feierlich beschwören sollte der aufzunehmende Stiftsherr acht adlige Vorfahren in der Generation seiner Urgroßeltern. Ihre Wappen sollten auf dem Pergament, auf dem durch eine Ahnentafel der Nachweis adliger Abstammung geführt wird, abgebildet werden. Der Nachweis der geforderten Adelsqualität sollte als erbracht gelten, wenn Verwandte des Aufzunehmenden als Mitglieder von Domkapiteln in Metropolitan- und Kathedralkirchen sowie von ritterschaftlichen Kollegiatkirchen nachgewiesen werden können. Als Beispiele nannte er die Chorherrenstifte Comburg, St. Alban in Mainz und St. Burkard in Würzburg. Beweiskraft sollte auch der Mitgliedschaft in einem Ritterkanton oder im Deutschen Orden zukommen. Ein solches Verfahren gab Nichtadligen keine Chance, in Kempten, einer fürstlichen Kirche („ducalis ecclesia"), Mönch zu werden.

Dass die Kemptener Stiftsherren so unnachgiebig auf der adligen Exklusivität ihres Kapitels beharrten, ist in der frühneuzeitlichen Kirchengeschichte alles andere als ein spektakulärer Einzelfall. Personen bürgerlichen Standes aus kirchlichen Stellen zu verdrängen, um auf diese Weise sozial homogene, d.h. ausschließlich vom Adel besetzte Gremien und Körperschaften zu bilden, ist eine in der Reichskirche des 17. und 18. Jahrhunderts kaum übersehbare Tendenz. Symptomatisch hierfür ist das Domkapitel von Konstanz, das im 18. Jahrhundert bürgerliche Anwärter definitiv ausschloss. Noch im frühen 17. Jahrhundert war ein Viertel der Pfründen im Besitz bürgerlicher Domkapitulare[35]. Im Jahre 1662 erklärte jedoch das „schwäbische Ritterdirektorium, ‚seit etlichen hundert Jahren sei die Reichsnoblesse in ruhiger Poseß' der Konstanzer Dompfründen"[36]. Auch das Stift Ellwangen war in der zweiten Hälfte des 18. Jahrhunderts ein rein adliges Kapitel. Unter den zwölf Stellen waren drei für Graduierte reserviert, die regulär studiert und als Abschluss ihrer Studien einen akademischen Grad erworben hatten. Die für Graduierte vorgesehenen Stellen wurden im 18. Jahrhundert nicht mehr von Kapitularen besetzt, die an einer Universität einen akademischen Grad erworben hatten, sondern von Altadligen, die sich, ohne regulär studiert zu haben, irgendwo mit einem akademischen Grad hatten auszeichnen lassen[37].

TAUSENDJÄHRIGES KLOSTERJUBILÄUM (777 – 1777): SELBSTFEIER DER KLÖSTERLICHEN ADELSGESELLSCHAFT

Im Mai 1777 feierte das Hochstift Kempten sein Tausendjähriges Bestehen. Die aus diesem Anlass begangene „Jubel-Feyer" kam einer Selbstfeier des Adels gleich[38]. Was die Durchsetzung seiner Interessen anbetrifft, hatte der schwäbische Adel fürwahr Grund genug, seine diesbezügliche Erfolgsgeschichte im Lichte des Festglanzes zum Leuchten zu bringen. War es ihm doch gelungen, im 17. und 18. Jahrhundert Kapitulare bürgerlicher Herkunft vom Fürststift fernzuhalten und adlige Geburt, die durch eine Ahnenprobe nachgewiesen werden musste, zur unabdingbaren Voraussetzung für die Aufnahme in das Stiftskapitel zu machen.

Die Festprediger geizten nicht mit Eloquenz und Phantasie, um klösterlichen Untertanen klarzumachen, dass die aristokratische Rechts- und Sozialverfassung Kemptens im Willen der Stifterin, der mit Karl dem Großen verehelichten Königin Hildegard, begründet sei. Hildegard, „jene gesegnete aus dem Schwäbisch Herzoglichen Geblüte abstammenden Princessin", habe im Jahre 777 „den großmütigen Entschluß gefasset, in Kempten zu der Ehre des Allerhöchsten eine dauerhafte Pflanz-Schule für die adeliche[n] Männer zu errichten". Dass in Kempten niedriggeborenen Männern der Zutritt zum Konvent verwehrt wird, entspreche dem authentischen Willen Hildegards. Ihr gesamtes Erbe in der Grafschaft Kempten und in der Herrschaft Illergau habe Hildegard „nur für solche Ordens-Maenner gewiedmet, die, aus dem Kerne des deutschen hohen Adels entsprossen, den Schild eines geistlichen Heldenmuthes auf ihrer christlichen Adler-Brust trugen". Hildegard habe sich zu dieser sozialen Begrenzung deshalb entschieden, weil es ein „adelicher Ritter war" war, der sie in einer lebensbedrohenden Situation vor dem Tod bewahrt habe[39]. Überdies sei sie sich bewusst gewesen, dass die Geburt aus einem adligen Schoß das wirksamste Bollwerk gegen sittlichen Zerfall sei; denn „edlen Rittern" sei es „ohnehin eigenthumlich, dass bey ihnen der feuerige Trieb zur Tugend und die innerliche Regung zu herrlichen Thaten in der Natur eingeflößt ist". Der Prediger wollte sagen: Adlige Abstammung verbürgt sittliche Integrität.

Je stärker auf dem Stiftskapitel der Druck lastete, sich gegen unbequeme Kritik an dem in Kempten praktizierten Adelsprivileg zu behaupten, desto unglaubwürdiger wurde die Instrumentalisierung von Frömmigkeit und Geschichte im Interesse adliger Statussicherung. Die Sorge um den Fortbestand adliger Lebenschancen zählte mehr als theologische, reformgebietende Argumente, mehr als der Hinweis auf die Gottessohnschaft aller Christen, die Unterschiede zwischen hoher und niederer Abstammung nicht kenne, mehr als die Erlösungstat Jesu Christi, die den Unterschied zwischen Sklaven und Freie aufgehoben habe, mehr als die Erinnerung an die Nicht-Edlen und Nicht-Mächtigen, die Jesus zu seinen Aposteln berufen habe – eine Tatsache, die ständische Abschottung in der geistlichen Lebenswelt des Klosters zu einem theologischen Ärgernis machte.

Die Untertanen der Fürstabtei wurden von den Festpredigern aufgefordert, den Stiftsherren unbedingten Gehorsam entgegenzubringen. „Sehet", beteuerte ein Prediger, „dieses sind die Schuldigkeiten, so euch die göttliche Schrift vorschreibet. Jhr[e] Gewalt kommet von Gott, und alles was von Gott kommt, verdienet zu geehret, und geliebt zu erden. Jhr müsset nach der Vorschrift des Apostels [Paulus] die Person des Heylandes in ihnen betrachten". Auflehnung gegen die Obrigkeit sei zugleich Widerstand gegen die göttliche Weltregierung[40]. Die Kempten Fürstäbte wurden in barocker Manier als Regenten geschildert, die als „väterliche, ihre Untertanen ‚zärtlich liebende' Landesfürsten" ihres Amtes walten[41].

Abschließend gibt einer der Prediger zu denken: Angesichts der Tatsache, dass bereits Kaiser Karl der Große dem „neuen adelichen Benediktiner Kloster" Kempten den Rang eines Fürstentums zuerkannte, könnte einer fragen:

„‚O wie hat sich die alte römische Kirche geändert?' Wenn wir unsre Augen auf die Anfänge der Kirche richten, sehen wir nichts als Armuth, den Urheber derselben arm, die Apostel arm, die Bischöfe arm; alles ohne Reichthum, alles ohne Herrschaften, alles ohne Adel. Jetzt aber sehen wir bei dem Nachfolger des heiligen Petrus eine ‚dreyfache Krone auf dem Haupt, an den Kardinälen den Purpur, an den deutschen Fürsten und Bischöfen die Herzogs-Hauben; die Klöster stehen da, wie die Palläste, die hohe[n] Stifteer prangen mit dem fürnehmsten Adel, alle durchgehends versehen mit den fettesten Einkünften; o wie hat sich die Kirche Gottes verändert?'" Dieser Wandel, so der Prediger weiter, sei kein Teufelswerk, sondern beruhe auf dem Willen Gottes. Gott habe es gewollt, „dass seine Kirche auf Erden sollte hell leuchtend seyn, adelich, und in allen Dingen fürtrefflich werden". Durch die sichtliche Bevorzugung des Adels bei der Besetzung der kirchlichen Ämter habe Gott der „ganzen Welt zu verstehen" gegeben, dass es „sein Wille seye, die Kirche auf Erden durch kaiserliches, königliches, herzogliches, fürstliches und gräfliches Geblüt scheinbar und ansehnlich zu machen"[42].

Das Konfliktpotential, das ein solches Geschichtsbild beinhaltet, bringt der Prediger nicht zur Sprache. Der Glaube an einen Gott, der seine Kirche mit Hilfe des Adels angeblich glanz- und ehrenvoller machen wollte, verwandelte Klosterreformen in konfliktträchtige Vorgänge. Der von der schwäbischen Reichsritterschaft erhobene Anspruch auf die Kemptener Pfründen schloss eine Reform schlechterdings aus – sowohl den Verzicht auf adlige Ausschließlichkeit als auch die Wiederherstellung gemeinsamen Lebens.

Einer der Festprediger, der in der Festoktav von 1777 gepredigt hatte, schloss seine Predigt mit der Bitte, „Gott der Herr möge das fürstliche Stift bis zu den Sternen erheben gleich allen von ihm auserwählten Zedern, Lorbeeren und Palmen, gesegnet in den Früchten der Ehren, gesegnet in den Früchten der Reichtümer, gesegnet in all den dauerhaften Früchten des geistlichen und zeitlichen Glückes zum allgemeinen Nutzen des ganzen Kemptischen Landes, von tausend bis wiederum tausend Jahren, ja bis in die glücklichen Jahrhunderte"[43].

Diese enthusiastisch vorgetragene Bitte verfehlte die zeitgenössische Wirklichkeit. 25 Jahre später nahm die Geschichte des Stifts ein Ende. „So blieb das Stift", bemerkte Joseph Rottenkolber, der Altmeister der Kemptener Stadt- und Stiftsgeschichte, am Ende einer Artikelserie über „Das Stift Kempten und der Adel", „bis zu seiner Aufhebung das, was es seit Jahrhunderten war: eine Versorgungsanstalt des zum Teil auch verarmten Adels, der ohne Kempten oft keinen Rat gewusst hätte, wo er seine Söhne standesgemäß hätte unterbringen können, mochten sie nun als Novizen nach Kempten gekommen sein, oder als Beamte am fürstlichen Hof eine gut bezahlte Stelle gefunden haben"[44]. Die Aufhebung der Fürstabtei, so wurde mit guten Gründen gesagt, „sprach nur das längst fällige Schlußurteil" über ein „Stift, das vergessen hatte, sich den neuen Gesellschaftsformen anzupassen und wie ein versteinertes Relikt der Ständeordnung des Mittelalters durch die Jahrhunderte geschritten war". Es „hatte sich überlebt wie das Reich, dessen Glied es gewesen war"[45].

Anmerkungen:

1 *Johann Michael von Loen*: Der Adel. Ulm 1752 (ND Königstein 1982), 305.
2 Ebd.
3 Ebd., 307.
4 *Werner Kundert*: Reichsritterschaft und Reichskirche vornehmlich in Schwaben 1555 – 1803. In: *Franz Quarthal* (Hg.): Zwischen Schwarzwald und Schwäbischer Alb. Sigmaringen 1984, 303-327, 304.
5 *Volker Dotterweich*: Das Fürststift und die katholische Reform in der Barockzeit. In: Ders. u.a. (Hg.): Geschichte der Stadt Kempten. Kempten 1989, 257-273, 266.
6 Vgl. dazu und zum folgenden *Klaus Schreiner*: Vom adligen Hauskloster zum ‚Spital des Adels'. Gesellschaftliche Verflechtungen oberschwäbischer Benediktinerkonvente im Mittelalter und in der frühen Neuzeit. In: Rottenburger Jahrbuch für Kirchengeschichte 9 (1990), 27-54, 44-54.
7 *Gerhard Immler*: Renaissancehof und Benediktinerkloster. Eine kleine Geschichte des Fürststifts Kempten zwischen Bauernkrieg und Dreißigjährigem Krieg. Kempten 1993, 68f.
8 Zu den Reformanstrengungen unter Abt Johann Euchar (1617 – 1631) vgl. *Joseph Rottenkolber*: Geschichte des hochfürstlichen Stiftes Kempten. München 1933, 113-115. Dort auch die folgenden Zitate.
9 Vgl. dazu *Hans Gurski*: Die Reformbemühungen des Kemptener Fürstabts Roman Giel von Gielsberg und die „Historia Monasterii Campidonensis". In: Allgäuer Geschichtsfreund 96 (1996), 5-68; *Hugo Naumann / Markus Naumann*: Fürstabt Roman Giel von Gielsberg (1639 – 1673) und sein Bildprogramm in der Stiftskirche St. Lorenz in Kempten. In: Allgäuer Geschichtsfreund 96 (1996), 60-118; *Markus Naumann*: Erneuerungsbemühungen in den adeligen Benediktinerabteien Kempten und Fulda unter den Fürstäbten Roman Giel von Gielsberg, Joachim von Gravenegg und Bernhard Gustav von Baden-Durlach. In: Allgäuer Geschichtsfreund 97 (1997), 11-55; *Herbert Immenkötter*: Adelsprivileg und Exemtion gegen Benediktinertum und Tridentinum. Zum Selbstverständnis kemptischer Stiftsherren in der frühen Neuzeit. In: *Wolfgang Jahn* u.a. (Hg.): „Bürgerfleiß und Fürstenglanz". Reichsstadt und Fürstabtei Kempten. Augsburg 1998, 47-63, 49-60.

10 *Immenkötter* 1998 (wie Anm. 9), 50.
11 Ebd., 55.
12 Ebd., 56.
13 Ebd., 57.
14 Ebd., 56.
15 *Von Loen* 1752 (wie Anm. 1), 48.
16 *Naumann* 1997 (wie Anm. 9), 24, Anm. 60.
17 *Gurski* 1996 (wie Anm. 9), 48f.
18 Ebd., 54; *Naumann* 1997 (wie Anm. 9), 26; *Immenkötter* 1998 (wie Anm. 9), 57.
19 Staatsarchiv Augsburg, Fürststift Kempten, Konstanzer Vergleich von 1650, A 265.
20 *Gerhard Immler*: Das benediktinische Leben im Stift Kempten. In: Allgäuer Geschichtsfreund 95 (1996), 19-47, 32-35; *Ders.*: *Jahn* u.a. 1998 (wie Anm. 9), 236.
21 Zum Umfang der Zerstörungen vgl. *Jahn* u.a. 1998 (wie Anm. 9), 275: „Am 22. Mai wurden Kirche und Kloster durch die Schweden mit Unterstützung der reichsständischen Bürger geplündert und Heiligtümer entweiht. Einem Ratsbeschluß folgend, wurde im August 1632 sogar der Abbruch der Stiftsgebäude vorgenommen. Die bislang verschont gebliebene Pfarrkirche St. Lorenz, die außerhalb der Klostermauern lag, erlitt im Zuge der Rückeroberung der Stadt durch die kaiserlichen Truppen 1634 schwere Schäden".
22 *Naumann* 1996 (wie Anm. 9), 118.
23 Ebd., 270.
24 *Jahn* u.a. 1998 (wie Anm. 9), 246.
25 *Ingo Seufert*: St. Lorenz und die Residenz von Kempten. In: *Jahn* u.a. 1998 (wie Anm. 9), 272-273, 273.
26 Das Bild ist reproduziert in: *Jahn* u.a. 1998 (wie Anm. 9), 246.
27 Staatsarchiv Augsburg, Fürststift Kempten A 313: Abhandlung über den Zustand des Stifts Kempten und die unter der Regierung des Fürstabtes Rupert eingerissenen Mißbräuche (1678 – 1717), 22f.
28 *Jahn* u.a. 1998 (wie Anm. 9), 266.
29 Vgl. dazu und zum folgenden *Joseph Rottenkolber*: Die Reise des Fürstabtes Anselm Freiherrn von Reichlin-Meldegg zur Wahl und Krönung Karls VII. In: Allgäuer Geschichtsfreund 14 (1917), 15-24; *Ders.*: Der Fürstabt von Kempten bei der Kaiserkrönung in Frankfurt a.M. 1742. In: Allgäuer Geschichtsfreund 38 (1935), 59-60. Vgl. dazu auch die Objektbeschreibungen in *Jahn* u.a. 1998 (wie Anm. 9), 249-255.
30 *Immler* 1996 (wie Anm. 20), 39.
31 Staatsarchiv Augsburg, Fürststift Kempten, Statuta ducalis ecclesiae Campidonensis de anno 1723 B 31, fol. 15v-16r.
32 Ebd. fol. 37v.
33 Staatsarchiv Augsburg, Fürststift Kempten, Statuta ducalis ecclesia Campidonensis de anno 1723 B 33, 63.
34 Ebd., 59-63.
35 *Peter Herrsche*: Adel gegen Bürgertum? Zur Frage der Refeudalisierung der Reichskirche. In: *Friedhelm Jürgensmeier* (Hg.): Weihbischöfe und Stifte. Frankfurt 1995, 195-208, 199.
36 *Kundert* 1984 (wie Anm. 4), 306.
37 *Herrsche* 1995 (wie Anm. 35, 205.
38 Vgl. dazu: Beschreibung der tausendjährigen Jubel-Feyer des fürstlichen Hoch-Stifts Kempten, wie sie unter der Regierung des hochwürdigsten, hochgebohrnen des Heiligen Römischen Reichs Fürsten und Herrn, Herrn Honorius, Abbten [...] im Maii des eintausend, sieben hundert sieben und siebenzigsten Jahrs frohest abgehalten worden, Kempten 1777; *Klaus Schreiner*: „Hildegardis regina". Wirklichkeit und Legende einer karolingischen Herrscherin. In: Archiv für Kulturgeschichte 57 (1975), 1-70, 66-70; *Jahn* u.a. 1998 (wie Anm. 9), 267-269; *Stefan W. Römmelt*: Die Tausendjahrfeier der Fürstabtei Kempten im Jahre 1777 – repräsentative Memoria als Instrument historischer Legitimation. In: Jahrbuch des Vereins für Augsburger Bistumsgeschichte e.V., 33 (1999), 275-316.
39 Vgl. dazu *Schreiner* 1975 (wie Anm. 38), 29.
40 *Römmelt* 1999 (wie Anm. 38), 304f.
41 *Jahn* u.a. 1998 (wie Anm. 9), 269.
42 Beschreibung (wie Anm. 38), 131f.; *Schreiner* 1975 (wie Anm. 38), 69.
43 Zitiert nach *Joseph Rottenkolber*: Die Fürstabtei Kempten am Vorabend der Säkularisation. In: Heimgarten 12 (1927), 74.
44 *Joseph Rottenkolber*: Das Stift Kempten und der Adel. In: Heimgarten 21 (1928), 104.
45 *Hermann Tüchle*: Abtei und hochfürstliches Stift Kempten. In: Studien und Mitteilungen zur Geschichte des Benediktinerordens und seiner Zweige 81 (1970), 406.

Reichsritterschaft und Reichskirche im 17. und 18. Jahrhundert Die Freiherren von Hornstein-Göffingen

Kurt Diemer

In der Reichskirche, der deutschen Kirche vor der Säkularisation, spielten neben den Bischöfen die Domkapitel[1] eine herausragende Rolle; waren sie doch in den geistlichen Staaten eine bestimmende Kraft und erhoben – oft abgesichert durch Wahlkapitulationen – Anspruch auf Mitregierung. Über die Domkapitel erlangten die in ihnen vertretenen Familien, vor allem der Reichsritterschaft, so eine weit über ihren Stand hinausreichende Machtposition: bot sich doch nicht nur durch das Bischofswahlrecht der Domkapitel ihren Mitgliedern die Chance zum Aufstieg in den Reichsfürstenstand, sondern ebenso die Möglichkeit zur Bekleidung der Spitzenstellen der geistlichen wie weltlichen Regierung des Bistums – nicht zum Nachteil auch der Familie. Und denen, die nicht zu hohen Ämtern gelangten, sicherte das eigene Vermögen der vom Bischof ökonomisch unabhängigen Domkapitel auf jeden Fall eine standesgemäße Versorgung.

Peter Hersche, der sich intensiv mit der personellen Zusammensetzung der Domkapitel beschäftigt hat, geht von insgesamt etwa 670 bis 680 adeligen Familien aus, deren Mitglieder in der Reichskirche Kanonikate innehatten. Der schwäbische Adel spielte dabei keine geringe Rolle: Angehörige der schwäbischen Reichsritterschaft besetzten 12 Prozent aller Domherrenstellen im Reich, reichsgräfliche Familien wie die Fürstenberg, die Hohenzollern, die Königsegg – die absolut gesehen unter allen die zweithöchste Zahl bekleideten – und die Waldburg zusammen mit dem allerdings viel geringeren Anteil des niederen Adels weitere 6 Prozent[2]. Von in Schwaben ansässigen reichsritterschaftlichen Familien stellten Bischöfe die Freyberg[3], die Rodt[4], die Schenken von Castell[5], die Schenken von Stauffenberg[6], die Stadion[7] und die Welden[8].

Zu den aus Schwaben stammenden, in der Reichskirche führenden Familien gehörten – ohne Anspruch auf Vollständigkeit – in der Reihenfolge der von ihren Mitgliedern bekleideten Domherrenstellen und Anwartschaften im 17. und 18. Jahrhundert die Königsegg mit 57 Kanonikaten oder Exspektantenstellen, die Truchsessen von Waldburg mit 53, die Stadion mit 47, die Fürstenberg mit 35, die Schenken von Castell mit 31, die Schenken von Stauffenberg mit ebenfalls 31, die Freyberg mit 30, die Ulm ebenfalls mit 30, die Fugger mit 29, die Speth mit 24, die Hohenzollern mit 20, die Hornstein und die Rodt mit ebenfalls 20, die Bodman mit 16, die Westernach mit 15, und schließlich die Welden mit 13.
Von den Augsburger Kanonikaten besetzte die schwäbische Reichsritterschaft 20 Prozent, von den Eichstätter und Konstanzer je rund 15, von den Würzburger 12,5 und von den Bamberger, Basler und Mainzer Domherrenstellen zwischen 6 und 9 Prozent[9].

DIE FREIHERREN VON HORNSTEIN UND DIE REICHSKIRCHE

Erst seit dem 16. Jahrhundert – einzig am Ausgang des 13. Jahrhunderts sind vorher in Chur Gotzwin (1272 – 1290) und Rorwolf (1289) von

Weihbischof
Johann Nepomuk Freiherr von
Hornstein-Weiterdingen.
Kupferstich von J. Mich. Söckler
nach Friedrich Wocher.

Hornstein als Domherren bezeugt[10] – bekleideten Angehörige der Familie Kanonikate an Domstiften. Zwar waren vorher schon Mitglieder in den Deutschen Orden[11], den Benediktiner[12]- und den Franziskanerorden[13] eingetreten, doch nicht in Domkapitel. Als erster Domherr nach der Reformation erscheint Sigmund Friedrich von Hornstein-Hornstein († 1609)[14], der Kanoniker in Konstanz war. Für das 17. und 18. Jahrhundert nennt Hersche insgesamt 14 Angehörige der Familie Hornstein, die Anwartschaften auf Domherrenstellen erlangten[15]; von ihnen verzichteten aber acht wegen Heirat[16] und einer, weil er das Militär vorzog[17]. Von den nur fünf, die schließlich eintraten, wurde Johann Nepomuk von Hornstein-Weiterdingen (1730 – 1805), der 1744 in Konstanz ein Kanonikat erhalten hatte, 1768 Weihbischof und bekam – nachdem er bei der Bischofswahl des Jahres 1775 gegen den verschwägerten Maximilian Christoph von Rodt unterlegen war – 1776 als Entschädigung die reiche Dompropstei[18]. Von den anderen vier wird noch zu sprechen sein.

Für den Adel gab es aber nicht nur den Weg über die Domkapitel, um Macht und Einfluss zu erlangen: auch die beiden Ritterorden, der Deutsche Orden und die Malteser, boten sich dazu an. Eine herausragende Persönlichkeit war dabei Karl Heinrich von Hornstein-Hornstein (1668 – 1745), der – nachdem er als Trappierer, Bau- und Kuchenmeister seit 1694 bereits das Mergentheimer Ordensgebiet verwaltet hatte – 1718 Landkomtur der Ballei Franken mit Sitz in Ellingen und 1733 Premier-Minister und Oberstkämmerer des Hoch- und Deutschmeisters, des Kölner Kurfürsten Clemens August von Bayern, wurde[19].

Für die Frauen der Hornstein boten sich diese Möglichkeiten zwar nicht; sie konnten jedoch in einem Frauenkloster oder Damenstift bis zur Äbtissin aufsteigen. Bevorzugte die Göffinger Linie zunächst das Dominikanerinnenkloster Habstal und die Benediktinerinnenabtei Urspring, später auch die Zisterzienserinnenabtei Heiligkreuztal und das Dominikanerinnenkloster St. Katharina in Augsburg, so begann nach der Erhebung der Familie in den Freiherrenstand 1688 mit Maria Victoria (1685 – 1743) die Reihe der Eintritte in adelige Damenstifte wie St. Stephan in Augsburg, Edelstetten, Säckingen und Schänis[20].

FRANZ MARQUARD VON HORNSTEIN UND SEINE FAMILIE

Als Freiherr Franz Marquard von Hornstein-Göffingen (1683 – 1740) im Alter von 57 Jahren als Augsburgischer Geheimer Rat und Oberhofmarschall zu Dillingen starb, hinterließ er neun Söhne und sechs Töchter im Alter zwischen drei und 23 Jahren[21], von denen die meisten noch keine Versorgung hatten und deren Zukunft unsicher war. Zu diesem Zeitpunkt konnte ja noch niemand wissen, wie entscheidend die Heirat Franz Marquards mit Anna Sophia, der Tochter des Freiherrn Ferdinand Hartmann von Sickingen und der Maria Elisabeth geb. Gräfin von Pappenheim, im Jahre 1716 für die Zukunft des Hauses werden und welche Möglichkeiten der Patronage sie eröffnen sollte: Ferdinand Hartmann war ja nicht nur der Bruder des Konstanzer Bischofs Kasimir Anton von Sickingen (1743 – 1750), sondern durch die Heirat seiner Schwester Theresia Benedicta mit dem Kaiserlichen Feldmarschall Franz Christoph von Rodt (1671 – 1743) auch der Onkel der beiden Konstanzer Bischöfe Franz Conrad Kardinal von Rodt (1706; Bischof 1750 – 1775) und Maximilian Christoph (1717; Bischof 1775 – 1800), von dem im Jahre 1800 die Herrschaft Bußmannshausen-Orsenhausen an die Hornstein kam, die ihre Herrschaft Göffingen 1790 an den Fürsten von Thurn und Taxis verkauft hatten[22].

Wie in einem Brennspiegel zeigen sich bei den Kindern Franz Marquards die Chancen, welche die Kirche dem Adel bot. Von den 15 überlebenden Kindern – nur Marquard Eustach (1722 – 1806)[23], der 1735 bereits eine Exspektanz auf ein Kanonikat in Konstanz erhalten hatte, und vier seiner Schwestern[24], von denen drei bis zu ihrer Verehelichung Stiftsdamen gewesen waren, heirateten – entschieden sich zehn für die Kirche. Von acht Brüdern wurden drei Domherren[25], einer Kanoniker[26], zwei traten in den Deutschen Orden ein[27] und zwei wählten als Jesuit und Benediktiner das Ordensleben[28]; von den zwei ledig bleibenden Töchtern wurde eine Stiftsdame und die andere schließlich Dominikanerin[29]. Drei dieser zehn aber gelangten in führende Positionen der Reichskirche: die beiden Domherren Franz Bernhard (1717 – 1791) und Franz Eustach (1729 – 1805) und die Fürstäbtissin Marianna Franziska (1723 – 1809).

FRANZ BERNHARD VON HORNSTEIN

Durch seinen Vater Franz Marquard[30], der – Kaiserlicher und Augsburger Geheimer Rat, Konferenzminister und Obersthofmarschall in Dillingen unter Bischof Joseph von Hessen sowie Pfleger von Zusmarshausen – am Augsburger Hof eine wichtige Rolle spielte, war der Weg seines ältesten, am 21. Februar 1717 noch in Hornstein geborenen Sohnes Franz Bernhard[31] vorgezeichnet. 1732, als Fünfzehnjährigen, nominierte ihn das Augsburger Domkapitel; 1735 erhielt er die niederen Weihen, 1737 schloss er an der Universität Freiburg das Studium der Rechte ab. 1740 rückte er ins Kapitel ein. 1747 wurde er Geistlicher Rat, 1748 – nachdem er bei der Neubesetzung der von Franz Conrad von Rodt resignierten Domdekan-Stelle unterlegen war – Offizial. Nach dem Empfang der Priesterweihe am 23. Januar 1757 wählte ihn das Domkapitel schon drei Tage später zum Scholasticus[32] und damit verbunden zum Dompfarrer; seine bisherigen Ämter legte er nieder. 1759 schließlich bestellte ihn Bischof Joseph von Hessen „in Rücksicht dero besitzenden grossen Fähigkeit, durchdringenden Begriffs und sonstig besten Eigenschaften" zu seinem Generalvikar, also zum Leiter der Bistumsverwaltung.

Galt noch Ende 1762 der Onkel Hornsteins, der Konstanzer Bischof Franz Conrad Kardinal von Rodt, als Favorit des Wiener Hofes für die Wahl eines Koadjutors für den kränklichen Augsburger Bischof Joseph von Hessen, so willigte Anfang 1763 Maria Theresia dann doch ein, die Wahl des Kurprinzen Clemens Wenzeslaus von Sachsen[33] als „Kriegsentschädigung" – am 15. Februar 1763 hatte der zwischen Österreich, Preußen und Sachsen geschlossene Frieden von Hubertusburg den Siebenjährigen Krieg beendet – zu unterstützen. Der kaiserliche Wahlgesandte Aloys Ernst von Podatzky stufte neben einigen noch Unentschlossenen 11 Domherren als Anhänger Österreichs und ebenfalls 11 als Wähler Kardinal Rodts ein; für diese kam auch der zur Rodt'schen Partei zählende Franz Bernhard als Koadjutor in Frage. Da sich so keine Mehrheit für den Sachsen abzeichnete, griff der Wiener Hof schließlich ganz direkt ein: Anfang Juni 1764 erhielten alle österreichischen Vasallen unter den Domherren, zu denen auch Kardinal Rodt als Inhaber der österreichischen Lehensherrschaft

Dieser Nachweis 16 adeliger Ahnen des Deutschordensritters Franz Constantin von Hornstein-Göffingen (1718 – 1768) steht stellvertretend für die Ahnenproben der Kinder Franz Marquards von Hornstein-Göffingen (1683 – 1740). Kreisarchiv Biberach Familienarchiv Göffingen.

Bußmannshausen-Orsenhausen gehörte, Handschreiben Kaiser Franz I. mit der Aufforderung, „ohnbeschadet der kanonischen Wahl- und Gewissensfreiheit" Clemens Wenzeslaus – der damals bereits Bischof von Freising und Regensburg war – zu wählen. Zudem forderte das Kaiserpaar Kardinal Rodt noch einmal eigens zum Verzicht auf. Die Wahl des Sachsen war deshalb schließlich nur mehr eine Formsache; er erhielt so auch 24 von 28 Stimmen[34].

Schon vor diesen Ereignissen, im Jahre 1760, hatte Franz Bernhard durch seinen Onkel Franz Conrad Kardinal von Rodt mittels päpstlicher

Die Kaiserliche Akademie der Schönen Künste St. Petersburg ernennt Franz Bernhard von Hornstein-Göffingen (1717 – 1791) unter dem Datum des 15. Januar 1787 in Anerkennung seiner Kenntnisse, seiner Liebe und seiner Wertschätzung der Schönen Künste zum Ehrenmitglied.
Kreisarchiv Biberach Familienarchiv Hornstein-Göffingen.

Provision in Ellwangen ein zweites Kanonikat erhalten. Da er angesichts der sich abzeichnenden Koadjutor-Wahl Clemens Wenzeslaus von Sachsen keine Aussicht auf den Augsburger Bischofsstuhl mehr sah, orientierte sich Hornstein nun nach Ellwangen um; am 1. März 1763 verzichtete er – wenn auch unter Beibehaltung der Scholasterie – auf sein Amt als Augsburger Generalvikar, am 2. Oktober 1764 trat er in das Ellwanger Stiftskapitel ein. Als Kardinal Rodt 1764/65 versuchte, Koadjutor des Ellwanger Fürstprobsts zu werden, zeigte sich Franz Bernhard für sein Kanonikat erkenntlich; er galt als einziger Stiftsherr, auf den dieser zählen konnte[35].

Unter Fürstprobst Anton Ignaz Graf Fugger-Glött (1756 – 1787) stieg Franz Bernhard von Hornstein schon bald zum einflussreichsten Ellwanger Stiftsherren auf. Bereits 1765 wurde er Geheimer Rat und Kammerpräsident, 1771 Custos und 1773 Dekan des Stiftskapitels. Als Regierungspräsident und Statthalter vertrat er zudem seit 1773 den Fürstprobst, wenn dieser als Bischof von Regensburg – eine Würde, die Clemens Wenzeslaus von Sachsen 1769 nach seinem Regierungsantritt in Augsburg und Trier niederlegen musste – abwesend war, ein Amt, in dem ihn auch Clemens Wenzeslaus nach seinem Regierungsantritt als Administrator der Fürstprobstei im Jahre 1777 bestätigte. Von Clemens Wenzeslaus, dessen Wahl zum Ellwanger Koadjutor er 1770 befürwortet hatte, erhielt er zum Dank auch den Titel eines Augsburgischen Geheimen Rates. Aus Altersgründen resignierte er 1783 sein Dekanenamt und 1786 sein Ellwanger Kanonikat, das dann durch päpstliche Provision Philipp Lothar von Kerpen (1752 – 1827) erhielt. Die Nichte Franz Bernhards, Maria Antonie von Hornstein (1757 – 1828), hatte sich 1773 mit dem Kurtrierischen Geheimen Rat und Gesandten beim Kreistag in Frankfurt Franz Josef Freiherr von Kerpen, dem Bruder Philipp Lothars, vermählt. Die Augsburger Scholasterie behielt er dagegen bis zu seinem Tode am 20. Oktober 1791.

Gerühmt wurden an Franz Bernhard von Hornstein, der 1762 Mitglied der Münchener Akademie der Wissenschaften und 1787 Ehrenmitglied der Kaiserlich Russischen Akademie der Schönen Künste in St. Petersburg geworden war[36], neben seiner Tätigkeit als Gesandter vor allem seine Kenntnisse und Erfindungen im Bergbau und im Navigationswesen. 1782 veröffentlichte er so sein Buch „Drei wirtschaftliche Fragen", in dem er sich mit Eisenwerken, Hochöfen und dem Holzpreis beschäftigte; als Kammerpräsident war er ja 14 Jahre lang mit der Oberaufsicht über die Ellwanger Eisenwerke betraut. 1746 hatte er einen Anteil an der St. Theresia-Grube in Rhäzüns erworben, 1750 als selbständiger Unternehmer das Eisenwerk in Sonthofen. Nicht zuletzt deswegen stand, als er 1791 starb, seine Hinterlassenschaft vor dem Konkurs.

MARIANNA FRANZISKA VON HORNSTEIN

Geboren am 2. Juli 1723 in Göffingen als zweitälteste Tochter Franz Marquards, erhielt Marianna[37] schon 1730 eine Exspektanz für das Adelige Damenstift Säckingen. 1748 als Kapitulardame installiert, wurde sie bereits sieben Jahre später, mit 32 Jahren, zur Fürstäbtissin gewählt; am 8. Dezember weihte sie ihr Onkel, der Konstanzer Bischof Franz Conrad von Rodt.

Marianna von Hornstein, die letzte Äbtissin des Damenstifts, machte sich nicht nur als Bauherrin – die von ihr erbaute Betkapelle stuckierte 1765 Johann Michael Feuchtmayer – und Auftraggeberin von Künstlern – so für den 1764 geweihten Fridolins-Schrein – einen Namen, sondern vor allem auch als entschiedene Verteidigerin der Rechte ihres Stifts gegenüber der Stadt Säckingen und Österreich. Die von Maria Theresia begonnene und unter Josef II. verstärkte Umgestaltung Österreichs zu einem zentralistischen Staatswesen betraf ja nicht zuletzt auch die Kirche, die als staatsübergreifende und weitgehend eigenständige Kraft ein Hindernis auf dem Weg zum Ausbau des absolutistischen Staates war. Unter den Klöstern waren angesichts der aufklärerischen, vor allem nach ihrer Nützlichkeit fragenden Vorstellungen des Kaisers und seiner Beamten in erster Linie die beschaulichen in Frage gestellt; 1782 wurden in Vorderösterreich so 21 Klöster – bis auf die Freiburger Kartäuser nur Frauenklöster, unter ihnen 17 der Franziskanerinnen – aufgelöst[38]. Am 8. August 1785 hob die Freiburger Regierung schließlich auch das Damenstift Säckingen in seiner bisherigen Ordnung

Marianna Franziska von Hornstein-Göffingen, Fürstäbtissin des Damenstifts Säckingen. Öl auf Leinwand. Ende 18. Jh. Museum Schloss Schönau, Bad Säckingen.

„Ehrbezeugen bey der Ankunft Mariae Annae in Ihr Furstliche Stuft zu Säckingen. Von Ihrem Hochwurdigen Kapitul hier aufgerichtet". Das eingeschriebene Chronogramm ergibt jeweils die Jahreszahl 1785. Die der Fürstäbtissin Marianna Franziska von Hornstein-Göffingen (1723 – 1809) von ihrem Stiftskapitel gewidmete, aufwendig gestaltete Schrift enthält neben der Abbildung der ihr errichteten Ehrenpforte und den Texten der vier Aufschriften (auf der Ehrenpforte mit 1 – 4 markiert) auch das Libretto eines aus diesem Anlass aufgeführten Singspiels. Kreisarchiv Biberach Familienarchiv Hornstein-Göffingen.

auf; den Stiftsdamen wurde befohlen, ihr Leben nach den Statuten des 1755 von Maria Theresia gegründeten Freiweltlichen Adeligen Damenstifts in Prag einzurichten.

Beraten und begleitet von ihrem Vetter Joseph Anton von Hornstein-Binningen[39] reiste Marianna daraufhin im September 1785 nach Wien, wo es ihr – nachdem ihr Vetter durch Verhandlungen und Geschenke[40] den Boden bereitet hatte – in einer Audienz bei Kaiser Josef II. gelang, die Aufhebung ihres Stifts rückgängig zu machen. Am 17. Oktober 1785 dekretierte der Kaiser so die Wiederaufrichtung des Stifts in seiner vormaligen Verfassung; am 23. Dezember bestätigte er die Statuten und erteilte am 12. Januar 1786 einen Schutzbrief. Damit hatte die Fürstäbtissin ihr großes Ziel erreicht: das Stift Säckingen war gerettet. Bei ihrer Rückkehr aus Wien dankte ihr es das Stiftskapitel mit einer Ehrenpforte und einer

„den Umständen angemessenen Freuden-Music". Niemand konnte damals ja wissen, dass es 20 Jahre später endgültig aufgehoben werden würde.

Da ihr Gedächtnis nachzulassen begann, erhielt sie im Jahre 1799, mit 76 Jahren, in der Prinzessin Johanna Karolina von Oettingen-Spielberg eine Koadjutorin. Nach der Aufhebung ihres Stifts, in dem 1803 noch 16 adelige Damen lebten, durch Baden im Jahre 1806 konnte Marianna ihr Leben in Säckingen beschließen; sie starb im hohen Alter von 86 Jahren am 27. Dezember 1809. Aus ihrem Nachlass gelangten 21 Zentner Hausrat und Möbel sowie mehrere Kutschen zur Versteigerung, unter ihnen auch die „Wurst" – eine offene Kutsche, in der alle 16 Stiftsdamen Platz gefunden hatten.

FRANZ EUSTACH VON HORNSTEIN

Unter seinen Brüdern erreichte Franz Eustach[41], der am 29. April 1729 in Göffingen als siebter Sohn Franz Marquards geboren worden war, den höchsten Rang und den größten Einfluss. Im Alter von etwa 17 Jahren kam er als Page an den Hof des Augsburger Fürstbischofs Joseph Prinz von Hessen (1740 – 1768); 1749 ernannte ihn dieser zu seinem Kammerjunker. Seine Ausbildung erhielt er zunächst am Dillinger Jesuitenkolleg und 1752 ein halbes Jahr im Chorherrenstift Polling, einem damals von jungen Adeligen vielbesuchten Erziehungsinstitut; auf seine Lehrer machte er einen hervorragenden Eindruck: „Dignus mille infulis" hieß es.

Nach dem Empfang der Tonsur bekam er 1751 ein Kanonikat in Freising und 1752 durch Nomination des Domkapitels, dem sein ältester Bruder Franz Bernhard damals als Offizial angehörte, ein zweites in Augsburg. Er scheint aber zunächst mehr einer militärischen Laufbahn zugeneigt zu haben; 1755 meldete er sich so zu den Deutschordens-Grenzrittern, einem neuen Orden, der zum Kampf gegen die Türken gegründet worden war. Seit 1759 war er dann aber in Augsburg, seit 1761 in Freising Domherr. Karriere machte er zunächst in Freising. Bereits am 31. August 1761 ernannte ihn der Freisinger Bischof Johann Theodor Kardinal von Bayern (1727 – 1763) wegen seiner vortrefflichen Eigenschaften, seiner Gelehrsamkeit und seines Diensteifers zum Wirklichen Geistlichen Regierungsrat.

Bei der Wahl Clemens Wenzeslaus von Sachsen, der 1763 dem Kardinal als Bischof von Freising und Regensburg nachgefolgt war, zum Koadjutor in Augsburg vermied Franz Eustach anders als 1763 in Freising, wo er zu den Gegnern dieses Wittelsbachisch-Wettinischen Familienprojekts gehört hatte, eine eindeutige Stellungnahme. Im Gegensatz zu seinem Bruder Franz Bernhard gehörte er nicht zu Partei seines Onkels, des Konstanzer Bischofs Franz Conrad Kardinal von Rodt, sondern unterstützte die Wahl des Domdekans Johann Nepomuk Ungelter von Deisenhofen; doch neigte diese nur drei Kapitulare umfassende Gruppierung eher der österreichisch-sächsischen als der Rodt'schen Fraktion zu. Ungelter, der später der wichtigste Vertreter der Interessen Clemens Wenzeslaus in Augsburg werden sollte, erhielt bei der Koadjutorwahl 1764 so drei Stimmen gegenüber 28 für den Sachsenprinzen[42].

Trotz dieser anfänglichen Distanz stieg Franz Eustach im Dienste Clemens „Wenzeslaus" schon bald zu hohen Würden auf. Als Bischof von Freising ernannte ihn dieser 1766 zum Wirklichen Geheimen Rat und Kammerpräsidenten und nach dem Tode des Weihbischofs Werdenstein zum Generalvikar, 1767 zum Bischöflichen Deputierten beim Freisinger Klerikalseminar. Im Vorfeld des Regierungsantritts Clemens Wenzeslaus in Augsburg wurde er dann 1768 noch unter Bischof Joseph von Hessen als Nachfolger Ungelters, der zum Dompropst gewählt worden war, Domdekan und Geheimer Rat. Als Clemens Wenzeslaus nach seinem Regierungsantritt in Augsburg und Trier seine Bistümer Freising und Regensburg wieder abgeben musste, galt Franz Eustach in Freising als Kandidat der kursächsischen Partei. Bischof wurde dann aber nicht er, sondern Ludwig Josef Freiherr von Welden (1768 – 1788).

Nach der Wahl Clemens Wenzeslaus von Sachsen zum Kurfürsten und Erzbischof von Trier im Jahre 1768 verlagerte sich der Schwerpunkt der Tätigkeit Franz Eustachs von Hornstein bald schon in das Kurfürstentum, auch wenn er noch 1770/71 als kursächsischer Interessenvertreter eine Neuwahl in Augsburg nach Freisinger Muster verhinderte. 1770 resignierte er so sein Augsburger Domdekanat. Sein 1771 in Ellwangen erlangtes Kanonikat überließ er 1774 seinem Bruder Johann Baptist, der nach der Aufhebung des Jesuitenordens im Jahre 1773 Zuflucht bei seinen Geschwistern in Göffingen und Säckingen gefunden hatte, um diesem eine standesgemäße Versorgung zu sichern[43].

1769 war Franz Eustach dem Kurfürsten nach Koblenz gefolgt, wo er von Oktober 1770 bis März 1776 das Amt eines Geheimen Rats und Konferenzministers für Finanz-, Commercial- und französische Geschäfte bekleidete. Wegen seiner Annäherung an Frankreich, die zum Abschluss eines Grenzvertrags führte, geriet er in Gegensatz zu dem ehemaligen Staats- und Konferenzminister Johann Georg Freiherr von Spangenberg (1695 – 1779) als dem Vertreter der Wiener Interessen am kurtrierischen Hof. Seine „unglückliche Finanzpolitik" drohte 1773 zum Staatsbankrott zu führen. 1774 gelang ihm dann aber der Erwerb der Herrschaft Oberstein.

Die Kirchenpolitik in den rheinischen Erzbistümern kennzeichnete der sog. Febronianismus. Der Trierer Weihbischof Johann Nikolaus von Hontheim (1701 – 1790) hatte sich in seinem 1763 unter dem Pseudonym Justinus Febronius veröffentlichten Buch „De statu ecclesiae et legitima potestate Romani Pontifici" für eine radikale Einschränkung der päpstlichen Gewalt zugunsten der Bischöfe ausgesprochen. Stand Clemens Wenzeslaus zunächst noch unter dem Einfluss seines Weihbischofs und der Aufklärung, so näherte er sich schließlich Rom wieder an: 1778 musste Hontheim seine Thesen widerrufen.
Hatte man in Franz Eustach von Hornstein, dem Dompropst Christoph Willibald von Hohenfeld und Georg Michael von La Roche – der dem Kurfürsten einst von Hornstein empfohlen worden war[44] – lange die treibende Kraft der Aufklärung am Hofe Clemens Wenzeslaus gesehen, galt Hornstein lange als aufgeklärter liberaler Konferenzminister von entschieden antirömischer Gesinnung, so zeichnen neuere Forschungen ein ganz anderes Bild: Franz Eustach wird als kirchlich denkender Priester geschildert, der als geistlicher Führer des frommen, von mannigfachen Sorgen und Skrupeln gequälten Kurfürsten dessen Frömmigkeit vertiefte und seine Ergebenheit dem Papste gegenüber stärkte. Kurfürst Max Friedrich von Köln schrieb so auch 1773 die von Clemens Wenzeslaus beabsichtigte Trennung von der 1769 in Koblenz aufgerichteten episkopalistischen Union der drei geistlichen Kurfürsten dem Einfluss Franz Eustachs und den Intrigen des päpstlichen Nuntius zu. Unterstrichen wird ebenso die entscheidende Rolle, die Hornstein zusammen mit dem Prinzen Ludwig Eugen von Württemberg bei der Berufung des streng päpstlich ausgerichteten elsässischen Geistlichen Franz Heinrich Beck zum geistlichen Bei- und Gewissensrat Clemens Wenzeslaus als eines Gegengewichtes zu Hontheim gespielt und so mitgeholfen habe, die Voraussetzungen für den Widerruf von dessen Thesen zu schaffen[45].

Trotz eines jährlichen Ruhegehaltes von 5000 Gulden geriet Franz Eustach von Hornstein in Schulden; gewagte Spekulationen verschlangen sein Vermögen. 1778 berichtete von La Roche aus Ehrenbreitstein: „Der Ex Minister v. Hornstein sitzet zwey Stund von hier mit Pferden, Secretairen und Cammerdienern, lediglich um eine neue Sottise zu begehen, das ist: Er pachtet Bauren-Güter, Eisenhämmer, Fayence-Fabriquen und will all dieses mit einer Potasch-Siederey eine Stunde von Simmern verbinden. Seine Leichtgläubigkeit ist zu bedauern." Hornsteins Vermögen musste deshalb im August 1778 unter Sequester gestellt werden[46].

Nach seiner Entlassung als Trierischer Konferenzminister kehrte Hornstein nach Augsburg zurück. 1787 zog er nach Freising um, nachdem er dort – schon 1778 auf Kurtrierer Initiative vom

Heiligen Stuhl zum Koadjutor ernannt – nach dem Tode des Domprobsts Christoph Eckher dessen Nachfolger geworden war. Auf sein Augsburger Kanonikat verzichtete er 1801 zugunsten des aus seiner Diözese vertriebenen Trierer Domdekans Johann Franz Philipp von Kesselstatt. Franz Eustach von Hornstein starb am 18. Januar 1805 im Alter von 76 Jahren in Freising.

MARQUARD EUSTACH VON HORNSTEIN UND SEINE FAMILIE

Waren von den 15 überlebenden Kindern Franz Marquards noch zehn geistlich geworden, so änderte sich dies in der nächsten Generation sehr deutlich: von den 9 ins Erwachsenenalter gelangten Kindern Marquard Eustachs, sechs Söhnen und drei Töchtern, wurde nur mehr einer Domherr; zwei – Friedrich[47] und Adam August[48] – traten in den Deutschen Orden ein. In welchem Maße Domherrenstellen innerhalb einer Familie zur standesgemäßen Versorgung nachgeborener Söhne gehalten und dann weitergegeben wurden, zeigt sich gerade hier sehr deutlich.

Josef Engelbert (1758 – 1800)[49] hatte bereits 1769, mit elf Jahren, von seinem Onkel Franz Xaver dessen Würzburger Kanonikat erhalten; am 6. Juni 1774 nominierte ihn zudem das Augsburger Domkapitel auf Antrag seiner im Kapitel einflussreichen Verwandten. Da sich damals schon seine Neigung zu einer militärischen Laufbahn deutlich abzeichnete, verzichtete er noch vor der Aufschwörung; sein Vater – seit April 1774 Regierungs- und Hofkammer-Präsident in Dillingen[50] – setzte drei Wochen später die Umschreibung des Kanonikats auf seinen jüngeren Bruder Bernhard Josef durch. Seine Würzburger Domherrenstelle trat Josef Engelbert 1775 seinem 1764 geborenen Bruder Carl Alexander ab.

Bernhard Josef (1761 – 1848)[51] erhielt bereits als Neunjähriger eine Domherrenstelle in Konstanz, wo sein Großonkel Franz Conrad Kardinal von Rodt Bischof war, und 1774 durch den Verzicht seines Bruders Johann Engelbert eine zweite in Augsburg. 1782 resignierte er beide, um zu heiraten; das Augsburger Kanonikat erhielt sein jüngerer Bruder Carl Alexander.

Carl Alexander (1764 – 1820)[52] sollte der einzige unter allen seinen Brüdern sein, der auch tatsächlich in ein Domkapitel eintrat. 1776 erhielt er das von seinem Bruder Josef Engelbert resignierte Würzburger Kanonikat, 1782 von seinem Bruder Bernhard Josef dessen Augsburger Domherrenstelle. Nach der Weihe zum Subdiakon im Jahre 1786 wurde er drei Jahre später in das Augsburger, 1797 in das Würzburger Domkapitel aufgenommen. 1820 starb er in Würzburg als pensionierter Domherr.

EPILOG

In den Kindern Franz Marquards von Hornstein-Göffingen zeigt sich beispielhaft, welche Möglichkeiten die Reichskirche dem Adel bot, aber auch, welches Potential ihr aus dem Adel zufloß. Die beiden kirchlich wie politisch herausragendsten Persönlichkeiten unter ihren Geschwistern, die Domherren Franz Bernhard und Franz Eustach, nutzten die Chancen, die ihnen ihre Familienverbindungen boten und gliederten sich in die dadurch geschaffenen Interessengruppen ein, verstanden es aber darüber hinaus, mit Exponenten gegensätzlicher Gruppierungen wie Clemens Wenzeslaus von Sachsen nicht nur zu einem Ausgleich, sondern sogar zu enger Zusammenarbeit, ja Vertrautheit zu gelangen und so zu höchsten Ämtern aufzusteigen. Aber auch andere ihrer Geschwister, so die Fürstäbtissin Marianna und der Jesuit Johann Baptist, erreichten in dem ihnen vorgegebenen Rahmen hohe Stellungen. Es ist erstaunlich, welche Fülle von Begabungen diese eine Generation hervorbrachte.

Wie Kanonikate, die von ihrem Inhalt her ja religiös und kirchlich bestimmt waren, ganz bewusst und überlegt zur Sicherung standesgemäßer Versorgung in der Familie und ihrer Verwandtschaft gehalten und weitergegeben wurden, mag uns heute aus einem anderen Verständnis von Kirche heraus befremden. Und wenn die Reichs-

Ansicht des Schlosses Göffingen. Ausschnitt aus der Landtafel des oberen Donaugebietes von Philipp Renlin, 1589. Württembergisches Landesmuseum Stuttgart.

kirche als Folge der Säkularisation nun auch lange schon Geschichte ist, wenn kirchliche Ämter längst nach anderen Gesichtspunkten als der Abstammung vergeben werden: auch heute noch entscheiden Beziehungen im täglichen Leben vieles.

In dankbarer Erinnerung ist dieser Aufsatz Clemens Franz Freiherr von Hornstein-Bußmannshausen (1914 – 1988) gewidmet, ohne dessen großzügige Schenkung des Familienarchivs der Freiherren von Hornstein-Göffingen und Hornstein-Bußmannshausen an das Kreis-Kultur- und Archivamt Biberach dieser Aufsatz so nicht möglich gewesen wäre.

Anmerkungen:

1. *Peter Hersche:* Die deutschen Domkapitel im 17. und 18. Jahrhundert. Bern 1984 (In den Anmerkungen mit *Hersche,* Band- und Seitenzahl zitiert).
2. *Hersche* Bd. 2, 68, 139.
3. Johann Christoph von Freyberg war 1666 – 1690 Bischof von Augsburg, Johann Anton 1736 – 1757 Bischof von Eichstätt. Mit Johann Christoph II. und Johann Christoph III. stellte die Familie von 1612 – 1621 und 1660 – 1674 auch zwei Ellwanger Fürstpröbste.
4. Drei Rodt wurden Bischöfe von Konstanz: Marquard Rudolf (1689 – 1704), Franz Conrad (1750 – 1775; 1756 Kardinal) und Maximilian Christoph (1775 – 1800).
5. In Eichstätt stellten die Schenken von Castell drei Bischöfe: Marquard (1636 – 1685), Johann Euchar (1685 – 1697) und Franz Ludwig (1725 – 1736).
6. Marquard Sebastian Schenk von Stauffenberg war 1683 – 1693 Bischof von Bamberg, Johann Franz 1704 – 1740 Bischof von Konstanz und – seit 1714 bereits Koadjutor – 1737 – 1740 Bischof von Augsburg.
7. Franz Conrad von Stadion regierte 1753 – 1757 als Bischof in Bamberg.
8. Ludwig Josef von Welden aus der Hochaltinger Linie wurde 1768 (– 1788) Bischof von Freising.
9. *Hersche* Bd. 2, 68 und 139 – 170.
10. *Edward Freiherr von Hornstein-Grüningen:* Die von Hornstein und Hertenstein. Erlebnisse aus 700 Jahren. Konstanz 1911 – 1920, Nr. 9, 6 und Nr. 18, 12 (In den folgenden Anmerkungen stets mit *Hornstein* und Nr. zitiert).
11. Deutschordensritter waren Konrad von Hornstein-Grüningen (1358 – 1370), Rudolf von Hornstein-Heudorf (1374 – 1427), der 1426 wegen Heirat wieder austrat, und Sigmund von Hornstein-Hornstein (1513 – 1577), der – 1530 eingetreten – von 1549 bis zu seinem Tode Landkomtur der Ballei Elsass und Burgund war. *Hornstein* Nr. 127, 99, Nr. 171, 140 und Nr. 241, 214 – 219.
12. Manz von Hornstein-Neufra war 1419 Konventherr in Weingarten, Konrad von Hornstein-Grüningen 1397 Propst in Güterstein und Kaspar von Hornstein-Göffingen (1489 – 1509) Konventherr in Kempten. *Hornstein* Nr. 144, 107, Nr. 177, 142 und Nr. 219, 183.
13. Hug Dietrich von Hornstein-Hornstein starb 1610 als Franziskaner. *Hornstein* Nr. 273, 300.
14. *Hornstein* Nr. 256, 251.
15. *Hersche* Bd. 1, 240.
16. Auf ihre Kanonikate verzichteten wegen Heirat von der Linie Hornstein-Hornstein Sigmund († 1631; Konstanz 1603 – 1616), Johann Heinrich (1630 – 1695; Konstanz 1645 – 1653) und Johann Baptist (1629 – 1675; Konstanz 1653 – 1663), von der Linie Hornstein-Grüningen Franz Ferdinand (1639 – 1703; Eichstätt 1656 – 1672, Basel 1662 – 1671). *Hornstein* Nr. 275, 300 – 302, Nr. 304, 334 – 338, Nr. 303, 332 – 334 (nach *Hornstein* war Johann Baptist auch Exspektant in Eichstätt) und Nr. 336, 401 – 411. Die vier Mitglieder der Göffinger Linie werden im Folgenden behandelt.
17. Ferdinand Franz von Hornstein-Weiterdingen (1716 – 1746; Konstanz 1729 – 1746). *Hornstein* Nr. 400, 591f.
18. *Hornstein* Nr. 408, 606 – 613 und *Konstantin Maier:* Das Domkapitel von Konstanz und seine Wahlkapitulationen. Stuttgart 1990, 255.
19. *Hornstein* Nr. 330, 393 – 399.
20. Die Nachweise bei *Hornstein*.
21. *Hornstein* Nr. 310, 382 – 386 und Nr. 342 – 357, 450 – 493. Als einziges der 16 Kinder war die Tochter Maria Franziska (Nr. 354, 492) verstorben.
22. *Hornstein* 717 und *Joachim Seiler:* Das Augsburger Domkapitel vom Dreißigjährigen Krieg bis zur Säkularisation (1648 – 1802). St. Ottilien 1989, 1051, 1077.
23. *Hersche* Bd. 1, 117. Er verzichtete vor seiner Heirat 1752. – Der Vermerk bei *Hornstein*, S.457, er sei Exspektant in Augsburg gewesen, findet bei *Hersche* und *Seiler* keine Stütze. Es ist wohl eine Verwechslung mit Franz Bernhard.
24. Maria Anna (1721 – 1790), die mit acht Jahren bereits in das Augsburger St. Stephans-Stift eingetreten war, heiratete 1747 Johann Franz von Wolframsdorf; Maria Josepha (1728 – 1805), die zunächst Kapitulardame in Schänis (Kt. St. Gallen) gewesen war, verehelichte sich 1751 mit Karl Dietrich Freiherr von Schrottenberg, Marianna Walburga (1730 – 1757) mit Johann Alexander Freiherr von Riedheim und Marianna Isabella (1736 – 1766), die 1753 zunächst ebenfalls in St. Stephan in Augsburg eingetreten war, 1765 mit Anton Bernhard von Donnersberg. *Hornstein* Nr. 346, 455 – 457, Nr. 351, 484f, Nr. 353, 491f und Nr. 356, 492f.
25. Franz Bernhard (1717 – 1791), Franz Eustach (1729 –1805) und Franz Xaver (1737 – 1776). – Franz Xaver wurde Stiftsherr in St. Burkard in Würzburg, 1754 Domizellar in Würzburg, 1760 durch bischöfliche Nomination (Rodt!) Domherr in Konstanz und 1766 Domherr in Mainz. Auf Würzburg verzichtete er 1768. Er starb am 28. Juli 1776 in Mainz. *Hornstein* Nr. 357, 493; *Hersche* Bd. 1, 240.
26. Josef Friedrich (1719 – 1773) war Kanonikus in St. Alban in Mainz, St. Andreas in Bruchsal und St. Verena in Zurzach im Aargau. *Hornstein* Nr. 344, 454.
27. Franz Konstantin (1718 – 1768) trat, nachdem er – wie im Ordensstatut vorgeschrieben – drei Feldzüge mitgemacht hatte, 1740 in den Deutschen Orden ein; 1742 schwor er in Ellingen auf. 1756 war er Hauskomtur in Mergentheim, später Komtur in Würzburg und Ulm, wo er fünfzigjährig starb. – Anton Fidel (1733 – 1806) trat 1758 in Altshausen in den Deutschen Orden ein. 1784 war er Komtur in Andlau, 1792 Komtur in Freiburg und Ratsgebietiger der Ballei Elsass und Burgund. Als Militär brachte er es 1795 zum Kurpfälzisch-Bayrischen Generalmajor und war zuletzt Königlich Bayrischer General à la suite. *Hornstein* Nr. 343, 453f. und Nr. 355, 492.
28. Josef Ferdinand (1720 – 1795) wurde auf Bitten Franz Marquards aus besonderen Gnaden und wegen der von dessen Vater dem Stift geleisteten

treuen Dienste – Adam Bernhard (1642 – 1722) war Kemptischer Truchsess, Geheimer Rat, Oberstallmeister und Pfleger der Landvogtei diesseits der Iller gewesen – 1736 in die Fürstabtei Kempten aufgenommen, wo er nach dem Studium in Salzburg Vizedekan, Oberkastenherr, Geheimer Rat und Kammerpräsident wurde. *Hornstein* Nr. 345, 454f. – Johann Baptist (1726 – 1788) trat 1744 in die Gesellschaft Jesu ein. Nach der Profess im Jahre 1762 dozierte er von 1765 – 1767 Philosophie in Dillingen; 1767 – 1769 war er Sekretär (amanuensis) des Ordensgenerals in Rom und hatte dann bis zur Aufhebung des Jesuitenordens im Jahre 1773 die Professur für Moraltheologie in Dillingen inne. 1774 verzichtete sein Bruder Franz Eustach zu seinen Gunsten auf sein Ellwanger Kanonikat – zu einem Zeitpunkt, als sein anderer Bruder Franz Bernhard als sog. Turnar das Ernennungsrecht für die Neubesetzung ausübte. Nach seinem Eintritt in das Ellwanger Kapitel im Jahre 1776 wurde er Scholaster. *Raab* 1964 (wie Anm. 41) 123 nennt ihn eines der angesehensten Ordensmitglieder in Deutschland. *Hornstein* Nr. 350, 482 – 484; *Seiler* 1989 (wie Anm. 22), 467. *A. Nägele:* Johann Baptist v. Hornstein, Scholastikus der Fürstprobstei Ellwangen, In: Ellwanger Jahrbuch 12 (1935) 41 – 54. *Eduard Mildner:* Das Ellwanger Stiftskapitel in seiner persönlichen Zusammensetzung. Diss. Phil. Tübingen 1969, Nr. 101, 160f.

29 Marianna Franziska (1723 – 1809) und Marianna Victoria (1724 – 1796). – Marianna Victoria, zunächst Kapitulardame des Stiftes Edelstetten, trat 1748 in das Dominikanerinnenkloster St. Katharina in Augsburg ein. Als Schwester Concordia wurde sie zweimal, 1768 – 1774 und 1780 – 1789, Priorin. *Hornstein* Nr. 349, 482.

30 *Hornstein* Nr. 310, 382 – 386; *Seiler* 1989 (wie Anm. 22) 460.

31 Die Nachweise bei Hornstein Nr. 342, 450 – 453; Seiler 1989 (wie Anm. 22), Nr. 94, 460 – 464; Mildner 1969 (wie Anm. 28), Nr. 99, 159f. Kreisarchiv Biberach Best. Familienarchiv Hornstein Büschel 266. – Zu Philipp Lothar von Kerpen Mildner 1969 (wie Anm. 28), Nr. 115, 166.

32 Dem Scholasticus oblag die Aufsicht über die Schulen in Stadt und Diözese Augsburg; auch unterstanden ihm alle Domherren ohne höhere Weihen. Zuständig war er ebenso für die musikalische Gestaltung der Domgottesdienste. *Seiler* 1989 (wie Anm. 22), 134 – 144.

33 Clemens Wenzeslaus von Sachsen (1739 – 1812), Sohn des Königs von Polen und Kurfürsten von Sachsen Friedrich August III., nahm als Feldmarschall-Leutnant 1760 auf österreichischer Seite an der Schlacht bei Torgau teil, entschied sich dann aber für den geistlichen Stand. 1763 Bischof von Freising und Regensburg, verzichtete er nach seinem Regierungsantritt in Augsburg und der Wahl zum Kur-Erzbischof von Trier (bis 1801) 1768 auf diese beiden Bistümer; 1787 wurde er – seit 1773 Koadjutor – auch Fürstpropst von Ellwangen. Als Bischof von Augsburg starb er 1812 in Marktoberdorf.

34 *Seiler* 1989 (wie Anm. 22), 650 – 652, 663 – 668, 872f.

35 *Rudolf Reinhardt:* Untersuchungen zur Besetzung der Propstei Ellwangen. In: *Hubert Wolf* (Hg.): Rudolf Reinhardt. Reich – Kirche – Politik. Stuttgart 1998, 69 – 72.

36 *Seiler* 1989 (wie Anm. 22), 463. – 1782 war er ebenso Mitglied der Kaiserlich Königlichen Akademien der Wissenschaften zu Augsburg und Laibach. 1749 hatte er ein Gedicht über die Augsburger Hofjagd in lateinischen Hexametern verfasst, 1788 eine asketische Schrift. *Hornstein* 450 – 453, 484. – Das St. Petersburger Diplom findet sich im Kreisarchiv Biberach Familienarchiv Hornstein U 305.

37 Die Nachweise bei Hornstein Nr. 348, 471 – 479; Ingo Gabor: Erinnerungen an eine streitbare Fürstäbtissin: Maria Anna von Hornstein-Göffingen (1755 – 1806). In: *Volker, Himmelein / Hans Ulrich Rudolf* (Hg.), Alte Klöster – Neue Herren. Die Säkularisation im deutschen Südwesten. Ostfildern 2003. Bd. 1, 186f. Kreisarchiv Biberach Best. Familienarchiv Hornstein Büschel 275. Unter den Archivalien findet sich u.a. ein Theaterstück zu Ehren der Fürstäbtissin, die Dankadresse des Stiftskapitels von 1785 mit Abbildung der Ehrenpforte und die von dem Kapuzinerpater Azarius gehaltene Leichenrede.

38 *Ute Ströbele:* Eine große Remedur. Die Klosteraufhebungen Kaiser Joseph II. in den österreichischen Vorlanden. In: *Himmelein / Rudolf* 2003 (wie Anm. 37) Bd. 2/1, 99 – 114.

39 *Hornstein* Nr. 436, 658 – 663; auch 474 – 477.

40 Hofrat Spielmann erhielt per Schiff von Ulm aus sechs Kühe und einen Stier Allgäuer Rasse samt Senn und Sennerin. *Hornstein* 475.

41 Die Nachweise bei Hornstein Nr. 352, 485 – 491; Seiler Nr. 96, 465 – 468; Mildner 1969 (wie Anm. 28), Nr. 100, 160. *Heribert Raab:* Der Augsburger Domdekan und Kurtrierische Konferenzminister Franz Eustach v. Hornstein. In: Historisches Jahrbuch 83 (1964) 113 – 134. Kreisarchiv Biberach Best. Familienarchiv Hornstein Büschel 297.

42 *Seiler* 1989 (wie Anm. 22), 666, 872f.

43 *Hornstein* 482. Vgl. Anm. 28.

44 Hornstein vermittelte 1771 die Bekanntschaft La Roches mit dem Kurfürsten. 1773 ernannte ihn dieser zum Wirklichen Geheimen Staatsrat, 1774 zum Kanzler. Mit Hornstein und Hohenfeld gehörte er zu den entscheidenden Ratgebern Clemens Wenzeslaus. 1775 vom Kaiser geadelt, wurde er 1778 Direktor des Hofkriegsrats. Nach seiner Entlassung 1780 zog er mit Hohenfeld nach Speyer, 1786 dann nach Offenbach, wo er am 21. November 1788 starb. *Gudrun Schönfeld:* Die führenden Mitarbeiter der Trierer Kurfürsten im 18. Jahrhundert. Magisterarbeit Bonn 1998.

45 *Raab* 1964 (wie Anm. 41), 116, 123f.

46 *Raab* 121. – Im Kreisarchiv Biberach Best. Familienarchiv Hornstein finden sich unter den Nr. 278 – 296 19 Büschel Akten über Schuldensachen von 1763 – 1816.

47 *Hornstein* Nr. 375, 558f. – Friedrich von Hornstein (1766 – 1827), 1790 in den Deutschen Orden aufgenommen, war bei der Okkupation des Deutschordensstaates durch Württemberg im Jahre 1809 Kommandant der Stadt Mergentheim. Später war

er in Wien diensttuender Kämmerer des Hochmeisters Erzherzog Anton.
48 *Hornstein* Nr. 376, 564. – Adam August (1768 – 1806) trat 1799 in den Deutschen Orden ein und war Komtur in Sterzing und Mergentheim.
49 *Hornstein* Nr. 368, 545f; *Seiler* 1989 (wie Anm. 22), Nr. 95, 464f.
50 *Hornstein* 458.
51 *Hornstein* Nr. 371, 547 – 557; Seiler 1989 (wie Anm. 22), Nr. 93, 459f. – Nach dem Verkauf von Göffingen an Thurn und Taxis im Jahre 1790 belehnte Österreich Bernhard von Hornstein 1791/92 mit der Rodt'schen Herrschaft Bußmannshausen-Orsenhausen; die förmliche Einweisung fand erst nach dem Tod des letzten Rodt, des Konstanzer Bischofs Maximilian Christoph, im Jahre 1800 statt.
52 *Hornstein* Nr. 373, 557; *Seiler* 1989 (wie Anm. 22), Nr. 97, 469; *Hersche* Bd. 1, 240.

Das Damenstift als adlige Lebensform der frühen Neuzeit BEOBACHTUNGEN AM BEISPIEL DES STIFTS BUCHAU AM FEDERSEE

Bernhard Theil

In seinem großen Altersroman „Der Stechlin" schildert Theodor Fontane einen Besuch Stechlins bei seiner Tante Adelheid, Äbtissin – bei Fontane heißt es „Domina" – von Kloster Wutz – ein fiktiver Name, hinter dem als Vorbild Kloster Lindow bei Neuruppin stand. Mit hintergründigem Humor beschreibt er den Garten seiner Tante: er sei, so heißt es, „etwas primitiv, aber wundervolles Obst. Und hier gleich rechts, da bauen die Stiftsdamen ihren Dill und ihren Meiran." Und weiter heißt es: „Es sind ihrer vier, und wenn welche gestorben sind – aber sie sterben selten –, so sind es noch weniger." Ein wenig später sagt ein Begleiter Stechlins: „Überhaupt Stechlin, das muss wahr sein, Ihre Tante hat so was; man merkt doch, dass sie das Regiment führt. Und wohl schon lange. Wenn ich recht gehört, ist sie älter als Ihr Papa." Höhepunkt des Besuchs ist ein fünfgängiges Abendessen, das der Autor ausführlich schildert. Bei diesem wird ein besonders vornehmer Wein ausgeschenkt mit dem Namen „Lacrimae Christi", der – so die Äbtissin – gut in ein Stift passe. Die Äbtissin fügt hinzu: „[…] und so meine ich denn, der Ort, an dem wir leben, gibt uns doch auch ein Recht und eine Weihe."[1]

In die Nachlese zu den „Wanderungen durch die Mark Brandenburg" fügt derselbe Autor ein liebevolles Porträt des Fräuleins Mathilde von Rohr ein, Offizierstochter aus Mecklenburg, die, nachdem sie viele Jahre in Berlin einen Salon geführt hatte, zu dem auch Fontane mehr als zehn Jahre gehörte, im Jahre 1869 als Stiftsdame oder, wie es heißt, als „Conventualin" in das Kloster Dobbertin in Mecklenburg eintrat, wo sie schon Jahre vorher angemeldet worden war. „Geräumige Wohnung", so fährt der Autor fort, „samt Obst- und Gemüsegarten, Holz, Fisch, Wildpret und wahrscheinlich vieles andere noch gehört zu den Klosterpertinenzien, so dass den in die Stelle einrückenden Damen nicht nur Gelegenheit gegeben ist, die ihnen verbleibende Rente zu gutem Teile zu sparen, sondern sich auch durch Gastlichkeit und Einladungen an arme Verwandte zu wahren Freudenspendern für die ganze Familie zu machen." Mathilde von Rohr selbst schildert er als mutige Adelige, die wegen ihrer Herkunft aus Preußen zunächst allerlei Schwierigkeiten zu erleiden hatte, dann aber anlässlich einer Unkorrektheit im Konvent – eine Mitschwester hatte der Küche eine kranke Kuh verkauft – sich mit einem Mal das Ansehen ihrer Mitkonventualinnen erwarb. „[…] und hier erhob sich nun unser altes Fräulein, um mit siegender Beredsamkeit von Adel und christlicher Frömmigkeit zu sprechen, mit denen es freilich schlecht stehe, wenn dergleichen Ekelhaftes vorkäme, was noch dazu nicht besser sei als Vergiftung. […] Das verletzte Rechtsgefühl war in diesem Augenblick doch so mächtig, dass ein Umschlag zugunsten des Fräuleins eintrat, auch bei ihren ausgesprochenen Feinden." Nach ihrem Tod im Jahre 1889 charakterisiert sie Fontane in bezeichnender Weise: „Ein äußerlich nicht hervorragendes, aber innerlich tüchtiges Leben hatte aufgehört zu sein. Ihre vollste Würdigung hatte sie von der alten Domina von Quitzow erfahren, die von ihr zu sagen

Ansicht der Stiftsgebäude des Damenstifts Buchau vor den Neubauten ab 1767. Ausschnitt aus dem „Hochfürstlich Buchauischen Stiftskalender" 1757.

pflegte: ‚Es gibt nur eine Rohr, und immer voll Anerkennung jener Ungeschminktheit und Einfachheit war, die zuletzt unser Bestes bleibt.'"[2]

Schauen wir ans andere Ende des Reichs: Während in Brandenburg und Mecklenburg, aber auch in anderen norddeutschen Territorien bis ins späte 19. Jahrhundert zahlreiche Damenstifte für unverheiratete Töchter des Adels ihre wichtige Funktion behielten, waren sie in Süddeutschland eher seltener. Zwar gab es auch in Bayern und Württemberg einzelne Einrichtungen, die bis zum Ende der Monarchie ihre Bedeutung behielten – zu nennen sind etwa die königlichen Stifte St. Anna in München und Würzburg – beide erst im 18. Jahrhundert überhaupt errichtet - oder Stift Oberstenfeld in Württemberg[3] –, und es gibt sogar ein Stift in Südwestdeutschland, das bis heute existiert: das Kraichgauer adlige Damenstift[4]. Viele Stifte wurden jedoch von der Säkularisation betroffen und aufgehoben. Dabei wurde einerseits der geistliche Charakter der Stifte ins Feld geführt, nach dem diese zu den im Paragraphen § 35 des Reichsdeputationshauptschlusses genannten aufzuhebenden Instituten gehörten. Andererseits war es aber dann doch meist die weltliche Herrschaft der Stifte, vielfach vor allem ihre Reichsunmittelbarkeit, die letztlich für die Aufhebung ausschlaggebend war[5].

Zu den aufgehobenen Stiften gehörte auch das Damenstift Buchau am Federsee. Dieses war nach § 13 des Reichsdeputationshauptsschlusses dem Fürsten von Thurn und Taxis überlassen worden als Ersatz für den Verlust von Einkünften aus dem Postgeneralat in den an Frankreich gefallenen Gebieten. Die vorläufige Inbesitznahme durch den bevollmächtigten Regierungspräsidenten Graf von Westerholt fand im Oktober 1802 statt. Die damit drohende Aufhebung wollte das schwäbische Reichsgrafenkollegium, das eine Kuriatstimme auf dem Reichstag besaß, jedoch nicht hinnehmen. Unter dem 8. November 1802 reichte der Comitialgesandte Johann Sebastian Freiherr von Zillerberg deshalb ein Promemoria beim Regensburger Reichstag ein, in dem er ausführte: Durch den

Übergang des Damenstifts Buchau „fühlte sich das Kollegium der schwäbischen Reichsgrafen, nebst dem Nachtheile, der ihm durch den Verlust desselben in Hinsicht der Versorgung der Töchter aus den gräflichen Häusern zuwuchs, […] gekränkt." Er wolle daher der Reichsdeputation, die den Entschädigungsplan festlegte, die Rechts- und Sachlage ausführlich darlegen und dartun, „wie wenig es selbst in die Kathegorie geistlicher Stifter und Körperschaften gehöre, wie genau sein Verband mit dem Grafenkollegium sey." Es bediene sich des Titels eines freiweltlichen Damenstifts aus dem Grunde, „weil es schon seit Jahrhunderten säkularisiert sei." Der Gesandte weist außerdem darauf hin, dass die „fürstlichen und gräflichen Häuser Fürstenberg und Königseck den ganz besonderen Vorzug einer eigenen, durch eine ansehnliche Kapitalsumme in den Jahren 1713 und 1717 gestifteten Familienpräbende [haben], deren Verlust ihnen unmöglich gleichgültig seyn kann"[6]. Und die Stiftsdamen selbst? Sie hofften auf eine „neue Schöpfung, die keine andere Tendenz haben werde, als uns ein frohes und ruhiges Dasein zu verschaffen."[7]

Durch zwei Schlaglichter sollte einleitend beleuchtet werden, worum es hier ging: Standesbewusstsein und Herrschaft, Selbstbewusstsein und Selbständigkeit, Beschaulichkeit und Versorgung – dies sind die wesentlichen Kategorien, mit denen die Lebensform eines Damenstifts beschrieben werden kann. Damit erweist sich die Untersuchung von Damenstiften als wichtiger Beitrag zur Geschichte adligen Selbstverständnisses, aber auch zur Geschichte der Frau in der frühen Neuzeit. War es doch fast ein normaler Vorgang, dass in einer adligen Familie wenigstens ein Mitglied einer Generation in ein Damenstift eintrat. Das Leben einer Stiftsdame war – so muss man annehmen – als Alternative zur Ehe außerordentlich beliebt. Die Frauenforschung eröffnet darüber hinaus weitere Zugänge zur Geschichte adliger Damenstifte[8]: Wie emanzipiert war eine Stiftsdame? Welche Handlungsspielräume hatten adlige Frauen überhaupt? Ich nenne nur Selbständigkeit bei der Verfügung über Einkommen und Besitz, die Rolle des eigenen Haushalts – dies alles darf nicht unterschätzt werden.

ZWISCHEN REICHSGRAFEN UND BISCHOF: ZUR GESCHICHTE STIFT BUCHAUS SEIT DEM SPÄTMITTELALTER

Im folgenden sollen nun am Beispiel des Damenstifts Buchau am Federsee Rolle und Selbstverständnis der Stiftsdamen eingehender betrachtet werden, wobei sich immer wieder auch Vergleiche mit anderen Stiften ergeben und Parallelen deutlich werden. Hierfür bietet sich vor allem das Fürststift Essen an, für das eine eingehende Untersuchung vorliegt[9]. Das Fürststift Lindau, das zweite Damenstift in Oberschwaben, muss dagegen außer Acht bleiben, da über seine Geschichte und vor allem seine verfassungs- und sozialgeschichtliche Stellung zu wenig bekannt ist. Es wird zwar wie Buchau in den Staatshandbüchern des Schwäbischen Kreises unter den weltlichen Fürsten genannt und es gibt zweifellos zahlreiche Parallelen, trotzdem scheinen die Mitglieder des Buchauer Konvents wenig Kontakt mit Lindau gehabt zu haben; möglicherweise hat dies ständische Ursachen. Das Selbstverständnis der Stiftsdamen dürfte sich im übrigen aber nicht unterscheiden. Auch nichtfürstliche Stifte wie das bereits genannte Oberstenfeld zeigen ähnliche Verhältnisse. Vorgeschaltet werden soll ein knapper Abriß der wichtigsten Fakten aus der Geschichte Buchaus seit dem Spätmittelalter, die die Rahmenbedingungen für das Leben im Stift abgeben und ohne die dieses nicht verständlich wird[10].

Aus dunklen Anfängen um 770 hat sich Buchau, dessen Status am Anfang ungewiß ist, im 13. Jahrhundert zu einem freiweltlichen semireligiösen Institut entwickelt. Aus dem Jahre 1417 stammt jene Urkunde Papst Martins V., in der die Verfassung des Stifts geregelt wird und auf die sich das Stift bis zu seinem Ende immer wieder beruft[11]. Danach soll der Konvent der „ecclesia saecularis" Buchau aus einer Äbtissin, zwölf Chorfrauen und vier weltlichen Chorherren sowie zwei ständigen Kaplänen bestehen. Buchau war also ein voll ausgebildetes Damenstift. Weitere

Friederike Karolina von Bretzenheim, 1782 – 1796 Fürstäbtissin des Freiweltlichen Damenstifts Lindau. Ölbild, um 1790. Städtisches Museum Lindau.

alter enge Beziehungen zu den schwäbischen Reichsgrafen, deren Kollegium sich dann im 16. Jahrhundert formierte. Die Grafen behaupteten schon seit längerem, nachweisbar erstmals 1485, dass das Stift für die Töchter schwäbischer Grafen gegründet sei[13]. Nach einigem Hin und Her trat das Stift denn auch im Laufe des 16. Jahrhunderts dem neu gebildeten Grafenkollegium bei, woraus die Grafen ihrerseits weitgehende Eingriffsrechte in die innere Verfassung des Stifts ableiteten. Erstmals wird dieses virulent nach dem Amtsantritt der Äbtissin Katharina von Spaur, die, aus einer schon im 12. Jahrhundert belegten Tiroler Familie stammend, offenbar schon 1594 auf Betreiben des Grafen Christoph Truchseß von Waldburg „tamquam extranea" im Stift aufgenommen und 1610 zur Äbtissin gewählt wurde. Katharina war nach allem, was wir wissen, eine selbstbewusste, streitbare Persönlichkeit; sie entwickelte nicht nur nach außen – gegenüber Bischof und Reichsgremien – sondern auch nach innen eigenständige Aktivitäten, die zu einer regelrechten Opposition innerhalb des Stifts führte, die den Kaiser veranlasste, 1614 eine Kommission ins Stift zu entsenden, welche den inneren Frieden im Stift wieder herzustellen versuchte – ohne durchgreifenden Erfolg, so dass weitere Kommissionen nötig waren. Auch Erzherzog Maximilian und eine Abordnung des Reichshofrats aus Wien wurden bemüht; die Äbtissin ihrerseits appellierte an verschiedene geistliche Institutionen bis hinauf zur Kurie. Es gelang ihr zunächst, zwischen den widerstreitenden Parteien eine relativ selbständige Position zu bewahren, wenn auch letztlich das Gewicht des Reichsgrafenkollegiums sich durchsetzte, da die Reichsunmittelbarkeit des Stifts an die Zugehörigkeit zum Reichsgrafenkollegium gebunden wurde. Daher konnten die Reichsgrafen auch den 1688 erfolgenden Austritt des Stifts aus ihrem Kollegium nicht anerkennen.

Belege aus dem 15. Jahrhundert bestätigen den Befund. Die äußere Stellung des Stifts wurde durch Maximilian I. 1495 rechtlich fixiert: Er ernannte zu besonderen Schutzherren den Bischof von Konstanz, den Fürstabt von Kempten sowie die Grafen von Werdenberg und Fürstenberg[12]. Damit war das Beziehungssystem, in dem sich das Stift in den folgenden Jahrhunderten bewegen sollte, im Grunde bereits angedeutet: zu Kempten bestanden traditionsgemäß seit alters her enge Beziehungen, das Stift blieb immer ein dem Bischof von Konstanz unterstelltes geistliches Institut, und es bestanden schon seit dem Spätmittel-

Auch die Beziehungen zum Bischof von Konstanz waren immer wieder gespannt. Streitpunkte waren vor allem die Rechte des Bischofs bei der Äbtissinnenwahl und die Abgrenzung der Jurisdiktionsrechte zwischen der Konstanzer Kurie und der Äbtissin. Die Auseinandersetzungen zogen sich bis in die 1780er Jahre hin und wurden dann mit einem vorläufigen Vergleich beendet. Der Status des Stifts blieb indessen bis zu seinem Ende schwankend: Einerseits hielt der Bischof von Konstanz am geistlichen Charakter des Stifts fest, andererseits betonte die Äbtissin die Weltlichkeit ihres Konvents. Das 18. Jahrhundert brachte im übrigen eine gewisse Konsolidierung, die nicht zuletzt in der Erneuerung und Erweiterung der Stiftsgebäude und der Kirche ihren Ausdruck fand. Die rege Bautätigkeit des 18. Jahrhunderts war aber andererseits auch ein entscheidender Grund für die schlechte finanzielle Lage des Stifts am Ende des Jahrhunderts.

DIE ZUSAMMENSETZUNG DES KONVENTS VON BUCHAU

Was nun die innere Struktur des Stifts und die Zusammensetzung des Konvents betrifft, so sind für das Mittelalter nur wenige Angaben möglich. Es gibt keinerlei Statuten – ganz im Gegensatz zu Stift Oberstenfeld, wo 1262 die ersten Statuten erlassen wurden[14] oder im Unterschied zu Säckingen, wo diese aus dem 15. Jahrhundert stammen[15].

Die Stiftsdamen[16] kommen zunächst vor allem aus Adelsfamilien der Umgebung. An erster Stelle sind die Herren von Gundelfingen zu nennen, die bis zum Ende des 15. Jahrhunderts neun von 25 bekannten Stiftsdamen stellen. Mit ihnen verwandt sind die Grafen von Montfort, die die Gundelfinger gleichsam beerben und auch später noch eine wichtige Rolle im Stift spielen. Aus beiden Familien kommt jeweils auch eine Äbtissin vor 1500. Mit den Montfort verwandt sind auch die Werdenberger und die Herren von Geroldseck, die ebenfalls seit dem 15. Jahrhundert im Stift vertreten sind.

Über die innere Struktur erhalten wir erstmals im 16. Jahrhundert ausführlichere Nachrichten. Aus dem Jahre 1501 datiert eine Urkunde, in der in einer umfassenden Ordnung gemeinsame Wohnung und Verpflegung, Klausur, Aufnahmebedingungen, Personal, Unterhalt der Gäste und anderes mehr geregelt werden[17]. Die ersten – allerdings sehr knappen Statuten – stammen ebenfalls aus der ersten Hälfte des 16. Jahrhunderts. Sie enthalten vor allem in allgemeinen Wendungen Anweisungen über die Pflichten der Konventsmitglieder[18].

Die Zusammensetzung des Konvents differenziert sich. Zu den bisher vertretenen Familien kommen je eine Gräfin von Königsegg, Schwarzenberg und Zollern sowie zwei Gräfinnen von Fürstenberg. Eine Gräfin von Gundelfingen und zwei Gräfinnen von Montfort werden wiederum Äbtissin, ferner eine Gräfin von Schwarzenberg. Gleichzeitig tauchen aber am Ende des Jahrhunderts zwei Damen aus Tirol auf – Katharina Helena von Welsberg, die möglicherweise mit der Gemahlin Christophs von Hohenzollern identisch ist, was ihren Eintritt ins Stift nach dessen Tod im Jahre 1592 erklären würde, ferner die bereits genannte Katharina von Spaur, Plumb und Valor. Weitere Damen aus der Familie Spaur kommen im 17. Jahrhundert vor, die ihrerseits weitere Familien wie die Hohenems empfehlen, mit denen wiederum die weit verzweigte Familie der Grafen von Sulz verwandt ist, die im 17. Jahrhundert immerhin sechs Konventsdamen stellen, wovon eine auch Äbtissin wird. Ferner kommen vor: erstmals die Grafen von Öttingen mit drei Damen und die Fugger, die bereits fünf Damen ins Stift schicken. Es gibt aber auch wieder eine Außenseiterin: Ursula Catharina Colonna von Völs, aus einer alten Tiroler Familie, die sich nach der Burg Völs bei Bozen nennt. Auch sie gehört jedoch in das Netzwerk, das die meisten der bisherigen Stiftsdamen verbindet. Ihre Mutter war eine Maria Eleonora von Mörsberg (aus einer Elsässischen Familie), die selbst einmal Stiftsdame und die Nichte eines Grafen von Waldburg war. Sie selbst gibt an, dass sie aufgenommen worden sei, da ihre Großmutter eine Truchseß von Waldburg-Wolfegg gewesen sei. Im 17. Jahrhundert tauchen denn auch die ersten Angehörigen der verschiedenen Linien der Truchsessen von Waldburg selbst im Stift auf, für die dieses dann zum eigentlichen Hauskloster wird. Insgesamt 29 Angehörige der Familie werden bis zum Ende des Stifts Mitglieder im Konvent. Daneben finden wir im 18. Jahrhundert wiederum die Fugger mit 14, die Hohenzollern mit sechs, die Fürstenberg und Öttingen jeweils mit vier Damen. Auch die Grafen von Königsegg sind wieder vertreten mit fünf Damen, eine davon wird sogar Äbtissin. Zunehmend werden auch Damen außerhalb Schwabens präsentiert – meist allerdings durch einen dem Stift verbundenen Vermittler, selten auch durch kaiserliche Empfehlung wie etwa Carolina von Jörger, Ernestine Liebsteinsky von Kollwrat und Antonia von Kollowrat-Krakowsky aus österreichischem bzw. böhmischem Adel. Auch Theresia von Dietrichstein entstammt einem alten Kärntner Geschlecht – sie wird 1792 aufgenommen – und Theresia Olivier von Wallis kommt gar aus einer schottisch-irischen Familie, die im 17. Jahrhundert nach Österreich eingewandert ist und dort in den gräflichen Adel einheiratete.

Die zunehmende Öffnung des Stifts für Damen aus dem österreichischen Raum ist einerseits Ausdruck der politischen Orientierung des Stifts am Haus Habsburg, andererseits aber auch des endgültigen Einrückens in den Kreis jener Institutionen, die alle in ähnlicher Weise nicht nur dazu dienten, Familienangehörige standesgemäß zu versorgen, sondern diese am Glanz hochadliger alter Exklusivität und sozialer Distinktion teilhaben zu lassen. An erster Stelle ist hier das fürstliche Damenstift Essen zu nennen, daneben aber auch Institute wie die Damenstifte in Thorn (bei Maastricht), Elten (am Niederrhein), Vreden (bei Aahaus) und St. Ursula in Köln. Sie alle verlangen – wie dies auch die Statuten des Stifts Buchau, die für das 18. Jahrhundert immerhin in drei Redaktionen von 1731, 1745 und 1786 vorliegen, forderten – 16 adlige Ahnen – also jeweils acht von väterlicher und mütterlicher Seite. Die Aufnahme in ein solches Stift, – Ute Küppers-Braun hat dies in ihrer Untersuchung über Essen richtigerweise betont –, erhöhen die Chance für ein späteres standesgemäßes Konnubium[19]. Dass hier ein das ganze Reich umspannendes Netzwerk des hohen Adels entstanden war, ergibt sich auch aus einem Vergleich zwischen Essen und Buchau: in Essen waren im 17. und 18. Jahrhundert etwa 100 Mädchen und Frauen aus ca. 30 Familien des fürstlichen und gräflichen Adels präbendiert[20]. In Buchau waren es im gleichen Zeitraum etwa 120 Personen aus ebenfalls rund 30 Familien[21], wobei es sich zum guten Teil um dieselben Familien handelt. Diese hochadligen Familien waren an allen Stiften fast in gleicher Weise interessiert und meldeten ihre Töchter oftmals in mehreren dieser Stifte gleichzeitig an.

Ein schönes Beispiel für diese Zusammenhänge ergibt sich aus der Vita der Maria Franziska Truchseß von Zeil-Wurzach, die aufgrund der Bemühungen ihres Vaters in Essen, in Buchau und in St. Ursula in Köln schon 1648 eine Zusage erhielt[22]. In Buchau wurde sie 1648 auch förmlich aufgenommen, trat aber ihre Präbende nicht an, da sie in Essen inzwischen eine – wohl besser dotierte – Pfründe erhalten hatte. Sie hielt aber an der Zugehörigkeit zu Buchau weiterhin fest, obwohl sie inzwischen auch eine Stelle in Köln erhalten hatte. 1673 in Essen als Dekanin belegt, wollte sie im selben Jahr ihre Pfründe in Buchau endlich wahrnehmen, was ihr zunächst verweigert wurde. Es kam dann aber zu einem Vergleich, nach dem Maria Franziska als nichtresidierende Stiftsdame weiterhin in Buchau geführt wurde, wohin sie bei Wahlen und bei wichtigen Anlässen einzuladen war; ansonsten konnte sie in Essen bleiben, wo sie Pröpstin war und als Äbtissin empfohlen wurde. Unbeschadet ihrer Abwesenheit wurde sie dann 1692, schon 62jährig, trotzdem zur Äbtissin von Buchau gewählt, wo sie aber bereits 1693 starb.

DIE STIFTSDAMEN. MENTALITÄT, SELBSTVERSTÄNDNIS UND VERHALTEN

Das Beispiel der Äbtissin Maria Theresia zeigt in extremer Weise die Möglichkeiten, die sich bei der Kumulierung von Pfründen boten. Obwohl sie ein Verhalten zeigte, das einem Ausspielen der einen Institution gegen die andere bedenklich nahe kam, blieb Maria Theresia eine geachtete Persönlichkeit. Sowohl in Essen als auch in Buchau wurde ihrer gebührend gedacht: so wird in den drei Memorienbüchern des Essener Kanonikerkapitels aus dem 18. Jahrhundert zum 4. November ein Jahrtag für sie erwähnt und in der Buchauer Stiftskirche findet sich ein Epitaph mit einer ehrenden Inschrift. Das Beispiel zeigt aber vor allem auch, welche Handlungsspielräume Stiftsdamen und natürlich vor allem Äbtissinnen hatten.

Das Amt der Äbtissin konnte im Prinzip von jedem Konventsmitglied übernommen werden. Bei der Wahl, die immer durch den Konvent stattfand, spielten sicherlich Fragen der persönlichen Eignung eine gewichtige Rolle, ohne dass wir dies mangels authentischer Zeugnisse genauer beurteilen können. Der geistliche Charakter ihres Amts, der in seinem Kern auf die byzantinisch-altchristliche Diakonissin zurückgeht, ist in Buchau immer erhalten geblieben, während in Essen im 17. und 18. Jahrhundert davon offenbar nicht mehr die Rede ist[23]. Dies bedeutet, dass die Äbtissin von Buchau vom zuständigen Bischof oder seinem Vertreter geweiht wurde – und zwar in den Formen der höheren Prälatenweihe mit Pontifikalamt zum heiligen Geist und Treueid. Dies bedeutet ferner, dass die Äbtissin von Buchau zur Ehelosigkeit verpflichtet ist und auch nicht mehr austreten darf. Im übrigen übte sie Herrschaft aus wie jeder Mann, ist diesem also gleichgestellt. Sie hat das Recht, Ministeriale und Hofämter zu halten – schon 1229 urkundet sie „in palatio nostro", hat also ein regelrechte Residenz[24] – und hat eine mehr oder weniger umfassende Gerichtsbarkeit über ihre Untertanen und über den Stiftsklerus. So behauptete sie etwa 1614, dass ihr Stift in den Temporalien niemandem unterworfen sei außer dem Kaiser und dass sie deshalb alle geistlichen und weltlichen Amtsträger einsetzen und notfalls auch wieder absetzen könne, wenn diese „exorbitant und poenfällig" würden"[25]. Allerdings werden ihre obrigkeitlichen Befugnisse vom zuständigen Bischof von Konstanz immer wieder in Zweifel gezogen. Die Rechtsstellung der Äbtissin eines Damenstifts hängt also ab von der verfassungsrechtlichen Stellung ihres Herrschaftsbereichs. Verfügte sie über reichsunmittelbaren Besitz, dann übt sie auch hoheitliche Rechte aus wie jeder Mann, war sie Vorsteherin einer Kommunität, die mindere Rechte besaß, wie die meisten Frauenklöster, besaß die doch zumindest grundherrliche Rechte. Auch hier gab es keinen Unterschied zwischen Mann und Frau.

Ihre persönliche Selbständigkeit ist im Gegensatz dazu nur schwer zu beurteilen, da dafür kaum Quellen vorliegen. Man wird die Viten der einzelnen Äbtissinnen ingesamt betrachten müssen, und dann feststellen, dass es durchaus außerordentlich selbständige und auch selbstbewusste Äbtissinnen gab – wie etwa die bereits genannte Katharina von Spaur. Im Prinzip aber unterscheidet sich die Selbständigkeit und der Handlungsspielraum einer Äbtissin nicht von der der Stiftsdamen. Auch für Stiftsdamen gilt aber in jedem Fall: ihre Rechtsfähigkeit, ihre eigenständige Vermögens- und – was nicht zu unterschätzen ist – ihre eigene Haushaltsführung, ihr Ansehen als ehrbare Persönlichkeiten – Ausdruck davon ist etwa die Übernahme von Patenschaften[26] – und manches mehr ermöglichen eine Lebensform, die durchaus als attraktive Alternative zur Ehe galt. Auf der anderen Seite aber steht das Beziehungsgeflecht der Familie, die für das Selbstverständnis des Adels immer von herausragender Bedeutung war. Für die Stiftsdame war es nicht zuletzt der älteste Bruder oder der Vater, der eine wichtige Rolle spielte. Letzterer war bei der Entscheidung, ob Ehe oder Stift, ob zuerst Stift und dann Ehe, fast immer beteiligt.

Inwieweit hierbei Gefühle und emotionale Beziehungen beteiligt waren, ist schwer abschätzbar. Immerhin dürften bei den zahlreichen Eheschließungen, die zum Austritt aus dem Stift führten – in Buchau waren es von etwa 170 bekannten Stiftsdamen 25, in Essen von 100 Konventualinnen immerhin 44, die das Stift nach wenigen Jahren wieder verließen[27] – mitunter auch emotionale

Der Damenstift als adlige Lebensform

535

Voraussetzungen im Spiel gewesen sein. Ein Beispiel aus Buchau mag dies verdeutlichen[28]: Maria Anna Fugger von Boos, geboren 1720 als Kind von Graf Johann Jakob Alexander Fugger und der Gräfin Maria Katharina von Törring, trat 1740 ins Stift ein, wurde aber 1748 beurlaubt, da bekannt wurde, dass sie einen Liebhaber hatte. Mit ihm wollte sie offenbar nach Italien fliehen, was aber durch Denunziation bekannt wurde. Ihr Vater schickte sie daraufhin zur geistlichen Korrektion zu den Jesuiten nach Landsberg, wo sie Buße und Einkehr halten sollte. Auch wurden Überlegungen angestellt, sie in ein geschlossenes Kloster zu verbringen. Sie wollte jedoch wieder nach Buchau zurück, wogegen sich das Stift heftig wehrte. Es verlangte ihre Resignation, die sie schließlich 1749 anbot. Kurz darauf, 1752, heiratete sie dann Johann Michael Joseph von Landsee – übrigens einen völlig anderer Partner. Von ihr sind einige Briefe an ihren Vater erhalten, aus denen durch die höfischen Formen hindurch mitunter widerstreitende Gefühle sichtbar werden. Insgesamt gesehen dürfte die Geschichte der Maria Anna jedoch eher ein Ausnahme und die Beziehung einer Stiftsdame zu ihrer Familie einerseits ziemlich locker, andererseits recht formell gewesen sein. Dies wird auch deutlich, wenn man die Testamente der Stiftsdamen näher betrachtet. Vielfach kommen erst im Erbfall die Familien wieder ins Spiel – und nicht an erster Stelle.

Aber auch für Fragen ihres Selbstverständnisses und ihrer Mentalität, sowie für die Untersuchung ihrer persönlichen Lebensumstände sind die Testamente, die von vielen Damen vorliegen, von erstrangiger Bedeutung[29]. Sie sind auch Gradmesser der Autonomie und der Vorstellungen von der eigenen Person[30]. Wichtig ist zunächst einmal der formale Aufbau, der entsprechend dem barocken Stilgefühl großen Raum einnimmt und mit der adligen Exklusivität korrespondiert. Entsprechend dem adligen Selbstverständnis stehen an vorrangiger Stelle die „Legate ad pias causas", die zum großen Teil dem eigenen Jahrtag gewidmet sind und somit dem eigenen Gedächtnis dienen[31]. Die Testamente spiegeln dann das Beziehungsgeflecht, in dem sich eine Stifts-

Maria Maximiliana Gräfin von Stadion, 1754 Stiftsdame, 1775 – 1802 Fürstäbtissin des Freiweltlichen Damenstifts Buchau, mit Stiftsdamen und Ansicht der Stiftsgebäude. Rechts davon die Konservatoren des Stifts: Maximilian Christoph von Rodt, Fürstbischof von Konstanz, Honorius Roth Freiherr von Schreckenstein, Fürstabt von Kempten, und Joseph Wenzel, Fürst zu Fürstenberg. Ausschnitt aus dem Deckengemälde von Andreas Brugger in der Stiftskirche, 1775/1776.

dame bewegt: Einerseits ist hier die eigene Familie zu nennen, andererseits das Stift als Institution – dies ist vor allem für Äbtissinnen von Bedeutung –, ferner die übrigen Konventsmitglieder, schließlich Personen und Institutionen außerhalb des Stifts. Bei den Beziehungen zur Familie gibt es naturgemäß große Unterschiede. Sie reichen von einer lockeren oder nur formalen bis hin zu einer sehr engen Beziehung, bei der das eigene Haus und der Erhalt seiner Herrschaft ganz im Vordergrund steht[32]. Letzteres ist jedoch eher seltener. Einige Beispiele aus Buchau mögen dies erläutern: Ursula Colonna von Völs – sie wurde bereits erwähnt – vermachte in ihrem Testament im Jahre 1707 für die Verschönerung des Hochaltars der Stiftskirche und einer weiteren zum Stift gehörenden Kapelle 1 800 Gulden, außerdem stiftete sie Perlen für das Muttergottesbild der Buchauer Rosenkranzbruderschaft und weitere Gelder für alle möglichen Wohltäter[33]. Maria Theresia von Hohenzollern-Sigmaringen, geboren 1669, vermachte 1721 in ihrem Testament außer einem Betrag für ihren Jahrtag alles dem Hofmeister des Stifts Johann Leopold von Guldinast[34]. Um dieses Testament entstand bezeichnenderweise nach ihrem Tod ein erbitterter Erbstreit mit dem Haus Hohenzollern-Sigmaringen, das dieses nicht anerkennen wollte[35]. Maria Theresia von Montfort, geboren 1663, 1693 zur Äbtissin gewählt, bedenkt 1740 als erstes ihr Kapitel, an zweiter Stelle ihren Jahrtag, an dritter Stelle die Augustiner, die ebenfalls ihr Gedächtnis begehen sollen. Erst an zehnter Stelle steht ihr Vetter Graf Ernst von Montfort³⁶. Maria Anna Elisabeth von Hohenzollern-Sigmaringen, geboren 1707, mit 16 Jahren in das Stift aufgenommen, wo sie 60 Jahre blieb, machte 1780 ihr Testament, in dem sie sich als außerordentlich fromme, sozial eingestellte, aber auch im Stift integrierte Dame zu erkennen gibt. Sie setzte die Normalschulen des Stifts zum Universalerben ein, dafür sollten alle Schulkinder für sie beten. Ihrer Nichte Johanna, ebenfalls Stiftsdame in Buchau von 1740 bis 1789, vermachte sie immerhin einen Teil ihres Schmuckes. Weitere Stücke, ein in Gold gefasster heiliger Nepomuk, ein versilberter und vergoldeter Schokoladenbecher, der Stiftsorden, die beiden großen Breviere, eine silberne Teekanne, ein Porträt Marie Antoinettes und des Bischofs von Konstanz gehen an Familienmitglieder, aber auch an leitende Beamte des Stifts³⁷.

Neben den Testamenten sind es vor allem die „Verlassenschaftsinventare" – also die Besitzaufnahmen nach dem Tod der betreffenden Dame –, die Auskunft über die persönlichen Besitzverhältnisse geben und so die Lebensumstände einer Stiftsdame näher beleuchten. Während in Essen Kleidung offenbar keinen übertriebenen Wert besaß³⁸, machen die von Buchauer Stiftsdamen erhaltenen Inventare vielfach umfangreiche Angaben zu Kleidungsstücken und Schmuck. So führt das älteste erhaltene Inventar – es wurde im September 1669 nach dem Tod der bereits genannten Äbtissin Maria Franziska von Montfort

Der Damenstift als adlige Lebensform

Exlibris von Johanna Katharina Gräfin von Montfort, 1700 – 1701 Stiftsdame des Damenstifts Buchau.

außerdem ein hellblaues Ordensband.[42]. Auch Einrichtungsgegenstände werden in den Inventaren in größerem Umfang beschrieben. So führt das Inventar der Äbtissin Maria Carolina von Königsegg-Rothenfels von 1775 mehrere Kommoden, 24 Lehnsessel, ein Ruhebett, fünf kleine Canapees, mehrere Spiegel, acht Bilder und andere Einrichtungsgegenstände auf[43]. Insgesamt zeigen die Inventare, dass standesgemäßer Komfort, mitunter auch – zumindest bei der Äbtissin – repräsentativer Luxus die Regel waren.

Nicht die gleiche Bedeutung für den Lebensstil einer Stiftsdame kommt dagegen dem Bücherbesitz zu, hier gibt es jedoch erhebliche Unterschiede. Aus Essen ist immerhin ein offenbar vollständiges Bücherverzeichnis bekannt: ein 1691 entstandenes über 100 Titel umfassendes Verzeichnis der Bibliothek der Äbtissin Anna Salome von Manderscheid-Blankenheim[44]. Aus Buchau gibt es dagegen praktisch nur pauschale Erwähnungen. Lediglich die 88 Bücher der ehemaligen Stiftsdame Marie Kunigunde Anna von Zeil-Wurzach werden 1842 einzeln aufgeführt[45]. Vieles davon wurde jedoch erst nach 1802 erworben, als Maria Kunigunde bereits zu ihrer Familie zurückgekehrt war. Sowohl im Verzeichnis der Essener Äbtissin als auch in dem der Maria Kunigunde fällt auf, dass nur wenige religiöse Bücher genannt werden, dafür aber um so mehr literarische, juristische, historische und auch Unterhaltungsliteratur. Im übrigen finden sich Angaben wie „ain Korb voll allerhandt Bücher"[46] (im Inventar der Äbtissin Maria Franziska von Montfort, 1669) oder „groß und kleine Bicher worunder eines mit Silber beschlagen zimlich klein seindt vorhanden 29 stuckh"[47] (im Inventar der Ursula Colonna von Völs, 1707). Aus dem Inventar der Rosina Amalia von Waldburg-Zeil von 1732 geht hervor, dass sie immerhin 80 Bücher besaß, die nach Schloß Zeil zu bringen seien[48].

angelegt – mehrere Mäntel, Unterröcke, Schuhe und Strümpfe sowie goldenen, silbernen und elfenbeinernen Schmuck auf[39], das Inventar der Ursula Colonna von 1707 nennt ebenfalls reichen Schmuck – Ringe, Uhren, Rosenkränze aus Edelsteinen – und allein sieben Röcke, sechs Mäntel sowie fünf Hauben mit Spitzen[40]. Die Kleidung der Stiftdamen scheint im übrigen wie in allen Stiften schwarz gewesen zu sein, wohl eine Reminiszenz an den geistlichen Status, wobei die Äbtissin seidene Spitzen an den Ärmeln trug und offenbar je nach Tag und Anlass zwischen einfachem Tuch und Seide wechselte[41]. Ein besonderes Habit ist aber nicht erkennbar. Wohl aber wird ein Stiftsorden getragen, der teilweise mit Diamanten besetzt und vergoldet ist. Genannt wird

Auch Äbtissin Maria Theresia von Montfort scheint eine größere Bibliothek gehabt zu haben: sie vermacht diese den Priestern von Buchau und bestimmt, dass sie katalogisiert werden sollen[49].

Wichtiger für die Mentalität und das Selbstverständnis der Stiftsdamen waren schließlich die Beisetzungen. Geben Sie doch Gelegenheit, noch einmal den hochadligen Stand der Verstorbenen in repräsentativer Weise herauszustellen und die Erinnerung – bekanntlich eine zentrale Kategorie adligen Selbstverständnisses – zu sichern. Die Feierlichkeiten waren daher genauer Regelung unterworfen. 1610 beschreibt der Stiftssekretär Gabriel Leuthold anlässlich des Todes der Äbtissin Maria Eleonore von Montfort ausführlich, was bei der Beerdigung einer Äbtissin zu beachten ist[50]: Nachdem die Äbtissin vor dem großen Versammlungsraum des „Palatium", – ihrer Residenz – aufgebahrt worden war, wobei die Leiche in einem Sack steckte, der durch ein schwarzes Tuch mit weißem Kreuz bedeckt war (mit Kruzifix, zwei Kerzen und Weihwasserkessel), kamen am anderen Morgen sämtliche Geistliche des Stifts, um dort ihre vorgeschriebenen Gebete zu verrichten, danach wurde die Leiche von sechs Buchauer Ratsmitgliedern in feierlicher Prozession in die Kirche getragen, wobei vor und nach der Leiche je ein schwarz gekleideter „Schuolerbuob" mit Windlicht und „den Montfortisch angehefftem" Wappen ging. Anschließend folgten die Stiftsdamen und anderen Frauen in „Klagkleidern", dann die leitenden Beamten und das Hofgesinde „alle in iren Klagmänteln und Klagbinden". Die Leiche wurde im Chor während des Amts aufgebahrt; gleichzeitig wurden an den anderen Altären Seelenmessen gelesen. Danach wurde die Verstorbene „widerrumb in ordentlicher Procession und Vortragung des Crucifix" durch den Klerus zum Begräbnis getragen und mit den üblichen Gebeten und Zeremonien bestattet. Anschließend wurden allen „armen Leute" gemäß testamentarischer Verfügung der Äbtissin „Spännolt und Allmusen ausgethailt". Gräfin Josepha Fugger von Glött wünschte sich 1701 einen Trauergottesdienst mit zwölf Priestern[51]. Bereits ein Jahr später starb sie. Über ihr Begräbnis liegt ein Bericht des Oberamtsmanns Dr. Johann Georg Bezerini vor. Zunächst wird wie üblich ihr Besitz in einem Raum konzentriert und dieser versiegelt. Die Verstorbene wird unterdessen „mit dem gewohnlichen Habit, wie bey hohen fästtägen die Stifft Dames in die Kirchen zu gehen pflegen" bekleidet und aufgebahrt vor einem Kruzifix mit vier brennenden Kerzen und von vier Dienern des Kapitels bewacht. Am Tag danach wird sie in Begleitung von vier Geistlichen und zwei Choralisten in die St. Anna-Kapelle überführt und am Abend desselben Tages im Beisein von Bürgermeister und Rat der Reichsstadt Buchau beigesetzt. Auch die bereits genannte Ursula Colonna von Völs regelt in ihrem Testament von 1707 ihr Begräbnis genau: statt Leichenpredigten sollen der schmerzhafte Rosenkranz, fünf „Vater Unser" und „Ave Maria" für die armen Seelen sowie die Litanei von der Mutter Gottes und der Psalm „Miserere" gebetet werden. Vom Geld der Verstorbenen werden mehrere Stiftungen für Gedenkgottesdienste gemacht. 1742 hat schließlich Oberamtmann Joseph Martin Grüeb die Feierlichkeiten bei Tod und Begräbnis der Äbtissin Maria Theresia von Montfort minutiös beschrieben, wobei er etwa in allen Einzelheiten (26 Positionen) die Teilnehmer am Begräbniskondukt aufführt[52]. Die Beerdigung selbst wird hier vom Abt des benachbarten Klosters Schussenried vorgenommen. Beschrieben werden auch die Zeremonien am 7. und am 30. Tag nach dem Tod, an dem üblicherweise Gedenkgottesdienste gehalten werden. Die Beschreibung Grübs entspricht der allgemeinen Entwicklung zu immer pompöseren barocken Trauerfeierlichkeiten. Es verwundert daher nicht, dass da und dort übertriebener Luxus bei Begräbnissen seit der zweiten Hälfte des 18. Jahrhunderts eingeschränkt wurde[53]. Die Bestattungsfeierlichkeiten und ihre Beschreibung zeigen in eindrucksvoller Weise das barocke Verständnis von der ständigen Präsenz des Todes, aber auch, welche Bedeutung der „memoria" als kulturelle Leitkategorie zukommt[54], und sie zeigen nicht zuletzt, wie sehr sich Frömmigkeit und standesgemäßes Denken – zentrale Kategorien adligen Verhaltens – gerade in der Lebensform der Stiftsdame verbinden.

Vollends deutlich wird dies, wenn man die Epitaphien und Leichenpredigten hinzunimmt. Sie sind zunächst in besonderer Weise Dokumente jener Erinnerungskultur, in der sich die Vorstellung von der Gegenwart der Toten und die Konstituierung von Adel durch Erinnerung verbinden[55], zweitens aber auch vorzügliche Instrumente zur adligen Selbstrepräsentation und Legitimation. Zwar sind Leichenpredigten im Sinne der Forschungen von Rudolf Lenz[56] in erster Linie ein Produkt der Reformation, die den Trost der Lebenden durch das Wort und die biographischen Elemente betonte, aber auch im katholischen Bereich gab es Leichenpredigten, bei denen allerdings das Biographische zurücktrat und die in der Tradition der antiken Rhetorik stehende Lobesrede im Mittelpunkt stand. Derartige Reden gab es im übrigen fast nur für hochgestellte geistliche und weltliche Würdenträger[57]. Entsprechend selten kommen sie in Damenstiften vor. Aus Essen kennen wir kein, aus Buchau nur ein Beispiel, das zudem wohl nicht ganz typisch ist. Es handelt sich nämlich um eine Trauerrede, die der erste Kanoniker und Stiftspfarrer Dr. Franciscus Quirinus Hummel bei der Abhaltung des „Dreißigsten", – also des am 30. Tag nach dem Tod gefeierten Gedächtnisgottesdienstes – für die am 18. März 1740 verstorbene Maria Karolina von Fürstenberg-Heiligenberg-Werdenberg gehalten hat und die dann, vermutlich kurze Zeit später, im Druck veröffentlicht wurde[58].

Um so häufiger und wichtiger sind Epitaphien, von denen es in der alten Buchauer Stiftskirche immerhin 23 gab. Sie sind uns nur durch eine Darstellung des Stiftssekretärs Johann Heinrich Brauer[59] bekannt, der diese 1773 aufnahm, bevor sie beim Umbau der Stiftskirche vernichtet wurden. Dass sie dem Umbau, der praktisch ein Neubau im klassizistischen Stil darstellte, zum Opfer fielen, ist nicht ganz untypisch. Trat doch unter dem Einfluss der Aufklärung an die Stelle der Erinnerung, die sich an objektiven Monumenten festmachte, vielfach Subjektivität und damit eine gewisse Beliebigkeit[60].

Die Trauerrede auf Maria Karolina von Fürstenberg, im Druck 51 Seiten umfassend, verdient jedoch eine genauere Betrachtung. Sie steht ganz in der Tradition der antiken Laudatio und unter dem Einfluß der Barockdichtung[61]. Dies wird schon allein durch die Formulierung des Titels deutlich: „Dreyfacher / Berg = Schall / Aufruffend / Den Widerhall / Deß Exemplarischen Tugend = Wandels / Weyland / Der Hochwürdigen, und Hochgebohrnen / Reichs=Gräfin und Frau / Frau / Maria Carolina / Gräfin zu Fürstenberg [...]. Dreifacher Berg-Schall" – dies bedeutet, dass die Familiennamen der Verstorbenen, Fürstenberg, Werdenberg und Heiligenberg in kunstvoller Weise zu drei Bergen der Tugend in Beziehung gesetzt werden, die die Verstorbene ersteigt, und zwar mit „schönen Füßen" gemäß der Formulierung des Hohenlieds, die als Leitgedanke über der ganzen Predigt steht: „Wie schön sind deine Schritte, Tochter des Fürsten, hier übersetzt mit Fürstliche Tochter! Wie schön seynd deine Fuß=Tritt." Damit wird zugleich die enge Symbiose zwischen Adel und christlicher Tugendlehre angesprochen, die dann in drei Kapiteln entfaltet wird. Der Verfasser kann sich dabei auf persönliche Aufzeichnungen Maria Carolinas – vielleicht eine Art Tagebuch – stützen, die diese über ihren Tagesablauf und ihre religiösen Übungen geführt hat. Das erste Kapitel gilt der Ersteigung des „Werthenbergs". In ihm stellt der Verfasser die christliche Erziehung der Verstorbenen dar und die Proben ihrer Tugendhaftigkeit, die sie schon in der Jugend gegeben hat, aber nicht nur, weil sie so erzogen wurde, sondern, wie der Verfasser ausdrücklich betont „aus einem weit höheren Antriebe". Maria Carolina wird also zum Beispiel eines christlich-adligen Tugendideals: „Wie schön seynd deine Fuß=Tritt gewesen in deiner Jugend in Übersteigung des ersten Bergs deines Stammes Werthen=Berg! wie angenehm/ und werth bist worden Gott/ und denen menschen! Ein wahrhafftig=würdiges Zweiglein deines Hoch=Fürstlichen Hauses." Im zweiten Teil wird nun mit Zitaten aus der Heiligen Schrift und aus den Kirchenvätern dargelegt, wie Maria Carolina als „Beyspill und Exempel [...] dem hohen Adel" den zweiten Berg, den Fürstenberg überstiegen hat, und dargestellt, dass sie „vollbracht hat/nicht nur ein gemeine/sondern wahrhaft=Fürstliche Tugend". Ausführlich beschreibt Hummel, wie sie ihren Tagesablauf geregelt hat, welche Gebete sie zu welchem Zeitpunkt verrichtete und welche guten Werke sie im Tagesablauf vollbringt. Gleichzeitig führt er sieben Übungen für „geistlich Orden=Personen" auf, die Maria Carolina in vorbildlicher Weise verrichte: 1. die alltägliche morgendliche Betrachtung, 2. das aufmerksame und andächtige Lob Gottes während des Chorgebets, 3. die Anbetung des allerheiligsten Altarsakraments, 4. die tägliche standesgemäße Arbeit, 5. die Lektüre geistlicher Bücher, 6. der häufigere Empfang des Buß- und Altarsakraments sowie schließlich 7. die tägliche Gewissenserforschung. Im dritten Teil geht es um die „Ersteigung des Heiligenbergs", gleichsam als dritte Ebene der Tugendhaftigkeit, auf der die Verstorbene dann alles Belastende ablegt und in die Nähe Gottes gelangt. Ausführlich belegt der Redner aus ihren eigenen Aufzeichnungen, wie sie alles irdische ablegt, wie sie gemäß 1. Corinther 7, Vers 31 „die Welt gebrauchet, als brauche sie sie nicht." So habe sie mit David die Augen zur Höhe erhoben und „nur das einige Zihl der Augen seye Gott/ und dessen Hülff". Durch diesen Kunstgriff wird dann das ideale christliche Sterben der Maria Carolina gleichsam vorbereitet, mit dessen Beschreibung der dritte Teil endet. Es folgt noch ein Lob im Stil der klassischen Rhetorik, und zum Abschluss wendet sich der Redner an die Stiftsangehörigen und tröstet sie, indem er darauf hinweist, dass die Verstorbene ihnen weiter nahe sei und ihr Beispiel die Lebenden ermuntere. So scheint in dieser Trauerrede, wenn auch manches formelhaft ist und das kunstvolle am Namen entwickelte rhetorische Wortspiel dominiert, zweifellos eine außergewöhnliche Persönlichkeit durch – sicherlich erfüllten nicht alle Stiftsdamen dieses Beispiel. Aber es wird doch gleichsam eine idealtypische Tugendlehre für adlige Stiftsdamen entworfen, die für das Verständnis der Lebensform einer Stiftsdame von hoher Bedeutung ist.

Was die Trauerrede des Quirinus Hummel ausführlich rhetorisch entfaltet, bezeugen die Epitaphien, wie sie uns Brauer überliefert, eher in symbolischen Formen. Ihre Aufstellung wurde wohl meist von Familienangehörigen veranlasst, in einigen Fällen wird dies auch erwähnt – etwa im Fall der Maria Theresia Johanna Waldburga von Fürstenberg-Messkirch, die 1721 starb, oder bei Maria Franziska von Montfort, die 1742 als Äbtissin starb. Beide Male ist es der trauernde Bruder, der das Epitaph errichten lässt. Die Epitaphien tragen meist die Wappen der Familien, genügen also damit dem Anspruch auf adligen Repräsentation und dem adligen Denken in Familienzusammenhängen. Sie entsprechen dem in anderen hochadligen Stiften üblichen Brauch, die Wappen einer Stiftsdame nach ihrem Tod eine Zeit lang öffentlich auszustellen[62]. Während also die einzelne Konventualin, solange sie im Stift lebte, wie schon angedeutet, oftmals wenig Kontakt mit ihrer Familie hatte, wird sie im Tod in ihrem und durch ihr Epitaph gleichsam zurückgeholt in den adligen Familienverband. In manchen Fällen berichtet Brauer von figürlichen Darstellungen, die meist in stilisierter Form das Bild einer Klosterfrau mit Schleier und Mantel zeigen, einmal findet sich eine Sanduhr mit einem Totenkopf als Memento-Mori-Motiv, einmal wird das Familienwappen durch drei schwebende Engel verziert und damit die Bedeutung der Herkunft noch einmal unterstrichen. Die Aufschriften reichen von der einfachen Feststellung des Todes und der knappen Angabe der wichtigsten Lebens- und gegebenenfalls der Regierungsdaten bis hin zu allegorischen Beschreibungen der Tugenden und Verdienste, des Lebens und Sterbens der Betreffenden, sind aber eher knapper und aufgrund ihrer mitunter verschlüsselten Formulierungen im einzelnen schwer zu deuten.

Die Epitaphien in ihrer Gesamtheit bestätigen indessen noch einmal in eindrucksvoller Weise die Verbindung von adliger Distinktion, Familienbewusstsein, persönlicher Frömmigkeit und Tugendhaftigkeit, wie sie für Stiftsdamen konstitutiv war. In den Damenstiften wurde in jedem Fall, auch wenn es möglicherweise verschiedene Ausprägungen gab – Küppers-Braun hat deutlich gemacht, dass die Spanne vom Institut „mitten in der Welt" bis zur Einrichtung mit

Maria Karolina Gräfin von Königsegg-Rothenfels, 1729 Stiftsdame, 1742 – 1774 Fürstäbtissin des Freiweltlichen Damenstifts Buchau. Ölbild von Andreas Brugger, um 1775. Schlossmuseum Aulendorf.

semireligiösem Charakter reichte[63] – eine Lebensform gepflegt, die nicht nur Versorgung, sondern auch ständische Legitimation garantierte.

FAZIT: DAS DAMENSTIFT ALS ZEITÜBERGREIFENDE VARIANTE ADLIGER WEIBLICHER EXISTENZ

Kehren wir zurück zu Theodor Fontane: Wie ist es zu erklären, dass bis ins 20. Jahrhundert Damenstifte nicht nur überlebten, sondern auch eine gewisse soziokulturelle Funktion besaßen? Vielleicht deshalb, weil sie eben nicht nur Versorgungsfunktion hatten, sondern Grundkategorien adligen Denkens pflegten, die zum „Obenbleiben" des Adels in einer veränderten Welt erforderlich schienen – Herrschaft und Dienst, Herkunft, Familie, adlige Standesethik und Religion –, und nicht zuletzt auch deshalb, weil sie den Frauen in der bürgerlichen Gesellschaft, die nunmehr in strikter Arbeitsteilung den Männern die äußeren Führungsaufgaben zuwies, eine unvergleichliche Selbständigkeit ermöglichten, aber so, dass sie dennoch getragen waren von einer Gemeinschaft, die ihnen das Gefühl gab, dass sie nicht isoliert agierten, sondern im Gegenteil in ihrem Status einer verheirateten Frau sogar überlegen waren[64]. Die Konfession spielte dabei im Grunde keine Rolle.

Wenn also Damenstifte in der Säkularisation aufgehoben worden waren, dann nicht, weil diese Kategorien nunmehr obsolet geworden waren, im Gegenteil. Die Aufhebung war eher erfolgt aus politischen und verfassungsrechtlichen Gründen. Dies gilt genauso für das eher ländlich kleine Stift Buchau am Federsee wie für die städtisch geprägten großen Stifte Essen und St. Ursula in Köln, aber auch für Ritterstifte. Waren diese Gründe nicht vorhanden, oder waren die Einrichtungen für die neuen Staaten von Nutzen, erfolgte auch keine Aufhebung. Sowohl Stift Oberstenfeld, als auch das Kraichgauer Damenstift sowie andere ländliche Adelsstifte in Brandenburg, Mecklenburg oder Westfalen legen so Zeugnis ab von deinem Ideal, das sich erst im Laufe des 20. Jahrhunderts allmählich verflüchtigte.

Anmerkungen:

1. *Theodor Fontane*: Der Stechlin. München 1969, 81-83, 96
2. *Ders.*: Wanderungen durch die Mark Brandenburg. Dörfer und Flecken im Lande Ruppin. Bd. 1. Berlin 2005, 116, 121
3. Vgl. zu St. Anna in München und Würzburg sowie zu Oberstenfeld *Christa Diemel*: Adelige Frauen im bürgerlichen Jahrhundert. Hofdamen, Stiftsdamen, Salondamen 1800 – 1870. Frankfurt 1998, 57-65. Zu Oberstenfeld eingehender auch *Hermann Ehmer*: Das Stift Oberstenfeld von der Gründung bis zur Gegenwart. In: *Kurt Andermann* (Hg.): Geistliches Leben und standesgemäßes Auskommen. Adlige Damenstifte in Vergangenheit und Gegenwart. Tübingen 1998, 59-90
4. Hierzu *Andermann*: „Zu der Ehre des allmächtigen Gottes und des Nächsten Dienst". Das Kraichgauer adlige Damenstift. In: ebd., 91-106
5. Zur Frage, warum letztlich Stifte mit einem zumindest semireligiösen Charakter der Säkularisation unterworfen wurden, siehe am Beispiel des Stifts Buchau vor allem *Bernhard Theil*: Säkularisation überflüssig? – Zur Aufhebung des adeligen Damenstifts Buchau am Federsee. In: *Volker Himmelein / Hans Ulrich Rudolf* (Hg.): Alte Klöster – Neue Herren. Die Säkularisation im deutschen Südwesten 1803. Bd. 2.1. Stuttgart 2003, 375ff., vor allem 380-382.
6. Beilage CCXXII zu den Verhandlungsprotokollen der außerordentlichen Reichsversammlung (Beilagenband 4). Regensburg 1803, 78ff.
7. Fürst von Waldburg zu Zeil und Trauchburg, Gesamtarchiv Schloß Zeil, Bestand Zeil (=ZAZ) 728.
8. *Ute Braun*: Stiftsdamen in ihren Testamenten. In: Beiträge zur Geschichte von Stadt und Stift Essen 104 (1991/92), 14.
9. *Ute Küppers-Braun*: Frauen des hohen Adels im kaiserlich-freiweltlichen Damenstift Essen (1605 - 1803). Münster 1997.
10. Ich stütze mich dabei im wesentlichen auf die Ergebnisse meines Buches: Das (freiweltliche) Damenstift Buchau am Federsee. Berlin 1994, hier vor allem § 7, sofern keine Einzelbelege angegeben werden.
11. Ebd. Hauptstaatsarchiv Stuttgart (HStAS), B 373 U 24.
12. HstAS, B 373 U 5.
13. Ebd. U 415.
14. *Ehmer* 1998 (wie Anm. 3), 66.
15. Generallandesarchiv Karlsruhe (GLAK) 16 /Konvolut 38.
16. Die nachfolgenden statistischen Angaben über die Mitglieder des Damenkonvents ergeben sich aus den Personallisten in *Theil* 1994 (wie Anm. 10), Kapitel 7, hier § 33 (Äbtissinnen) und § 35 (Kanonikerinnen).
17. Staatsarchiv Sigmaringen (StAS), Dep. 30/14 , T.1, U 669.
18. Fürst Thurn und Taxis Zentralarchiv Regensburg, Schwäbische Akten Nr. 172.
19. *Küppers-Braun* 1997 (wie Anm. 9), 287ff.
20. Ebd., 267
21. *Theil* 1994 (wie Anm. 10) v.a. 247ff.
22. ZAZ 687.
23. Vgl. *Küppers-Braun* 1997 (wie Anm. 9), 103ff.
24. Wirtembergisches Urkundenbuch. Bd. 3. Stuttgart 1871, 262.
25. *Theil* 1994 (wie Anm. 10), 91.
26. Vgl. dazu etwa *Heide Wunder*: Er ist die Sonn, sie ist der Mond. Frauen in der frühen Neuzeit. München 1992, 164.
27. *Küppers-Braun* 1997 (wie Anm. 9), 269.
28. Zum Folgenden vgl. *Theil* 1994 (wie Anm. 10), 282f.
29. Dazu vor allem *Braun* 1991/92 (wie Anm. 8).
30. Vgl. *Natalie Zemon Davis*: Frauen und Gesellschaft am Beginn der Neuzeit. Frankfurt 1989, 16f.
31. Vgl. *Braun* 1991/92 (wie Anm. 8), 21.
32. Ebd., 37.
33. *Theil* 1994 (wie Anm. 10), 112
34. Ebd., 269f.
35. StAS Dep. 39 (FAS) HS R. 53 Nr. 1116, 782.
36. StAS Dep. 30/14 Rep. IX K. 18 F. 3 Nr. 18.
37. Vgl. auch StAS Dep. 39 (FAS) HS R. 53 Nr. 1158.
38. *Braun* 1991/92 (wie Anm. 8), 232.
39. *Theil* 1994 (wie Anm. 10), 99.
40. StAS Dep. 30/14, T. 3, Nr. 125.
41. Siehe Abbildung: Äbtissin Maria Karolina von Königsegg-Rothenfels, entstanden um 1770, Andreas Brugger zugeschrieben, vgl. *Fritz Fischer / Ulrike Weiß*: Kunst des Klassizismus. Schlossmuseum Aulendorf. Stuttgart 1997, 94f.; hier allerdings um 1775/80 datiert, wegen des Todesdatums der Äbtissin unwahrscheinlich.
42. *Theil* 1994 (wie Anm. 10), 113.
43. StAS Dep. 30/14, T. 3 Nr. 118.
44. *Küppers-Braun* 1997 (wie Anm. 9), 237, 416ff.
45. ZAZ Wu 158.
46. *Theil* 1994 (wie Anm. 10), 99.
47. StAS Dep.30/14, T. 3 Nr. 125.
48. Fugger-Archiv Dillingen FA 1.2.136
49. Wie Anm. 45.
50. *Theil* 1994 (wie Anm. 10), 101 nach StAS Dep. 30/14, T. 2, Bd. 1457, Bl. 15r-17v.
51. Ebd., 116 nach StAS Dep. 30/14 Rep. IX K. 18. F. 3 Nr. 15l; danach auch das Folgende.
52. StAS Dep. 30 /14, T. 3, Nr. 1622.
53. Vgl. *Küppers-Braun* 1997 (wie Anm. 9), 253.
54. Vgl. dazu vor allem *Otto Gerhard Oexle* (Hg.): Memoria als Kultur. Göttingen 1995.
55. Ebd. 1995, 37f., 53ff.
56. Zu den protestantischen Leichenpredigten des 16. bis 18. Jahrhunderts siehe vor allem *Rudolf Lenz* (Hg.): Leichenpredigten als Quelle historischer Wissenschaften. 4 Bde. Köln u.a. 1975-1984.

57 Zur katholischen Leichenpredigt siehe vor allem *Birgit Boge / Ralf Georg Bogner* (Hg.): Oratio funebris. Die katholische Leichenpredigt der frühen Neuzeit. Amsterdam 1999.
58 Fürstlich Fürstenbergisches Archiv Donaueschingen, Illustria 14, Fasc. 5a
59 StAS Dep. 30/ 14, T. 3, Nr. 649; vgl. auch *Erich Endrich*: Grabdenkmäler in der alten Stiftskirche zu Buchau. In: Neue Beiträge zur Archäologie und Kunstgeschichte Schwabens 1952, 164-173.
60 Vgl. dazu *Oexle* 1995 (wie Anm. 62), 57ff.
61 Vgl. *Harald Tersch*: Florentinus Schillings „Totengerüst". Zur Konstruktion der Biographie in der katholischen Leichenpredigt. In: *Lenz* (wie Anm. 64), 308ff.
62 *Küppers-Braun* 1997 (wie Anm. 9), 249ff.
63 Vgl. *Küppers-Braun* 1997 (wie Anm. 9), 305
64 Vgl. *Diemel* (wie Anm. 3), v.a. 68.

Die feinen Unterschiede Die soziale Stellung der schwäbischen Reichsritter im Gefüge des Reichsadels

Sylvia Schraut

Folgt man Johann Stephan Burgermeister, dem Verfasser mehrerer Standardwerke zur Reichsritterschaft im frühen 18. Jahrhundert, dann stand unbezweifelbar fest, dass der schwäbische Adel und die Schwaben, „vor all anderen Nationen Teutschlands in der Welt bekannt gewesen / und von dem ersten Römischen Monarchen und unvergleichlichen Helden Cajo Julio Caesare für die streitbarste Nation unter den Teutschen gerühmt worden" seien[1]. Und zur Bekräftigung führte er an, die schwäbische Reichsritterschaft sei vor ihren fränkischen und rheinischen Standesgenossen mit der Gesellschaft St. Jörgenschild „in ein formiertes Corpus zusammengetretten, [das] von solcher älte ist / dass dessen erster Ursprung eigentlich nicht wohl zu erkundigen"[2]. Dass Burgermeister, aus Ulm stammend, die Vorrangstellung des schwäbischen Reichsadels betonte, braucht angesichts seiner zeitweisen Tätigkeit als Syndikus der schwäbischen Reichsritterschaft des Kantons Neckar-Schwarzwald nicht weiter zu verwundern[3]. In seiner Begründung vermischt er geschickt eines der typischen und unbestrittenen Kriterien zeitgenössischer Vorrangdebatten, nämlich die Frage, wie weit ein Geschlecht seine Wurzeln in die Vergangenheit zurückverfolgen konnte, mit dem Merkmal, mit der die Reichsritterschaft ihre gesellschaftliche Stellung historisch wesentlich begründete, nämlich ihrer Wehrhaftigkeit[4]. Sie wird für die schwäbische Reichsritterschaft von dem „unvergleichlichen" und damit überzeitlichen Helden Cäsar bezeugt und entzieht sich folglich der historischen Überprüfung.

In ständigen Wiederholungen berichtete Burgermeister von der großen Vornehmheit der schwäbischen Reichsritterschaft und von der bemerkenswerten, aber sicherlich kaum nachzuweisenden Zahl zugehöriger Familien (2 000 – 3 000) im Mittelalter, die lediglich die Absonderung reichsritterschaftlicher Güter durch Prälaten, weltliche Territorialherren und Patrizier im Laufe der Zeit verringert habe. Seine Beteuerungen lassen freilich auch die Lesart zu, dass das zeitgenössische Ansehen der schwäbischen Ritter, vielleicht auch der schwäbischen Reichsherren und Reichsgrafen zumindest in den Augen des Verfassers gefährdet war und diesem Imageverfall entgegengetreten werden musste.

Ein zweites Beispiel, ein rheinisch-fränkisch-schwäbisches Heiratsprojekt im Adelsverband Schönborn, mag dazu beitragen, das gesellschaftliche Prestige oder den Prestigeverlust des schwäbischen Adels – hier gar auf der Ebene der Grafen – in der Adelslandschaft des 17. und 18. Jahrhunderts zu beleuchten: Dem rheinisch-fränkischen reichsritterschaftlichen Adelsgeschlecht Schönborn hatten zwei hauseigene Mainzer Erzbischöfe, Johann Philipp (1605 – 1673) und Lothar Franz (1655 – 1729) einen bemerkenswerten Aufstieg verschafft, der sich nicht nur in der Erhebung des Gesamthauses in den Reichsfreiherrenstand 1663 und in den Reichsgrafenstand im Jahr 1701, sondern auch in einer beträchtlichen Steigerung des Güterbesitzes vorerst in der Hand der Brüder und Onkel in reichskirchlichen Diensten niederschlug[5]. Zu Beginn des 18. Jahrhunderts war die Familie daran gegangen, die neu erlangte gesellschaftliche Position und die materiellen Erwerbungen des Gesamthauses dauerhaft abzusichern. Der schönbornsche Familienvertrag von 1711 richtete zwei Familienzweige ein und

Johann Stephan Burgermeister: Codex diplomaticus equestris com continuatione, Oder Reichs-Ritter-Archiv... Ulm 1721. Titelkupferstich mit den Wappen der Kantone der Reichsritterschaft. Links die Wappen der Kantone des Schwäbischen Ritterkreises.

verpflichtete eine Linie darauf, sich im Heiratsverhalten an den Familien zu orientieren, die im Bistum Salzburg stiftsfähig waren. Wie sich aber an den zunächst in Angriff genommenen ambitionierten Heiratsprojekten am Wiener Hof zeigte, mochte es nicht an möglichen Partnerinnen mit entsprechend guten verwandtschaftlichen Verbindungen und eigenem Vermögen fehlen, doch die angefragten Familien erwarteten von den Schönborn, dass diese sich entweder in den erblichen Fürstenstand einkauften, oder doch zumindest den Heiratskandidaten mit einem Territorium und einem Einkommen versahen, das der Herkunft der zukünftigen Partnerin entsprach. Das Haus Schönborn stand damit vor der peinlichen Situation, sich einerseits aus guten Gründen für die Errichtung einer zweiten Stammlinie entschieden zu haben, andererseits die standesgemäße Ausstattung dieses Familienzweiges erst beim Eintritt des Tods der bischöflichen Onkel und Brüder in Reichskirchendiensten bereitstellen zu können.

Schließlich begrub der Familienrat alle ehrgeizigen Pläne. Man beschloß, eine Braut aus altem Reichsadel zu suchen, deren Haus unter ständischen genealogischen Gesichtspunkten an Vornehmheit dem schönbornschen Geschlecht leicht überlegen oder zumindest doch adäquat war, dessen Stiftsfähigkeit nicht in Frage stand, dessen aktuelle gesellschaftliche Rangposition aber allzu hohe Ansprüche an die materielle Ausstattung und den Lebensstil des jungen Paares verhinderte. Man fand die passende Braut in Oberschwaben, nämlich im Reichsgrafengeschlecht Montfort, einer schwäbischen altgräflichen Familie, die ihre Vorfahren bis ins Mittelalter zurückverfolgen konnte. Sie war im Besitz der Herrschaften Tettnang und Argen und betrieb zumindest seit Mitte des 17. Jahrhunderts im wesentlichen die hohe Kunst des Schuldenmachens, ohne sonst nennenswert aufzufallen[6]. Die näheren Verhandlungen zu der geplanten Ehe sind hier nicht von Belang. Zu beachten ist jedoch die Wertigkeit dieses Heiratsprojektes und das Image der schwäbischen Adelslandschaft, die sich in den familiären Korrespondenzen niederschlug: Offensichtlich genügte das vom schönbornschen Familienrat anvisierte Haus Montfort den Fideikommißanforderungen. In den schwäbischen und bayerischen Stiftern Augsburg, Konstanz und Passau hatten Familienmitglieder Präbenden innegehabt[7]. Darüber hinaus konnte das Geschlecht Montfort interessante verwandtschaftliche Beziehungen zum österreichischen hohen Adel bieten[8]. Doch Johann Philipp Franz, ältester Bruder des schönbornschen Heiratskandidaten, damals Dompropst und zukünftiger Fürstbischof von Würzburg, vermerkte grollend, für eine Eheallianz mit dem Hause Montfort spräche nichts, weder „ungemeine macht, ansehnlicher reichthum oder sonsten [...] ein anderes vorwiegendes avantage". Und fast beschwörend führte er aus, „er setze als einen beständigen, unleugbaren, und von unserer familie von unerdenklich und entfernesten zeiten hero, heylig verwahrten grundsatz, daß wir die in denen fränkisch- und oberrheinischen kreysen gelegenen hohen Ertz- und dombstifter, insonderheit aber das Ertzstifft Mayntz, und hochstifft Würtzburg [...] bloß und allein als den Ursprung und quell sowohl der familie vormahligen guten fortkommens als auch des dermahlen [...] glückes vor allem billig anzusehen seyen, [...] also seyndt von seithen unserer familie, und von einem jeden in besonders, alle absichten sorgfältig dahinein zu richten, damit durch sichere und unfehlbare mittel [...] die beibehaltung des bishero erworbenen guten nahmens der Nachkommenschaft als ein allschon bewehrtes unterpfand hinterlassen, folgsam von der ersteren quell und grundfeste unserer wohlfahrt nicht möge abgewichen werden."[9]

Freilich machten die konstatierten Mängel das Geschlecht Montfort für die nun nicht mehr ganz so ehrgeizigen schönbornschen Heiratspläne attraktiv, erforderte eine so wenig günstige Eheschließung doch nur einen bescheidenen finanziellen Aufwand. So geringe Achtung die zukünftigen neuen schwäbischen Verwandten im Hause Schönborn genossen, so günstig erschien das Heiratsprojekt dem altgräflichen Geschlecht Montfort. Man reagierte auf die Aufnahme der Werbung prompt und entsprechend geehrt über die „wunderbare consolation und Vergnügung"[10]. Der genauere Ablauf der Heiratsmodalitäten, die Ausarbeitung des Ehevertrags und die Dispositionen über Wohnsitz, Ausstattung usw. des zukünftigen Paares wurden weitgehend dem Hause Schönborn überlassen. Die wenig prestigeträchtige Hochzeit schien dem Mainzer Erzbischof keines besonderen Aufhebens wert. Die Familie entschied, Kosten zu sparen, und wollte die Eheschließung „ohne besondere solemnitäten ganz in der stille vollzogen" wissen[11]. Diskutiert wurde weiterhin darüber, wo die junge Gräfin Schönborn zu wohnen habe, wenn der General wieder ins Feld zog. Eine Wohnung in der Zitadelle in Mainz schien nicht günstig, „weilen dabei weit mehrere gelegenheith seyn würde, zur ausgab als zum erwerben". Überdies sei „diese junge Dame nichts, als eines landslebens gewohnt", so dass sie in der Provinz besser und kostengünstiger untergebracht wäre. Auch im Falle der Hochzeitsgeschenke schien nach Familienmeinung die Gefahr zu drohen, „daß man in dem Schwabenland stattlich und fast zu viel erscheinen werde". Allzu großzügige Geschenke waren mithin für die „brunette Dulcinea" nicht angebracht[12], eine Charakterisierung der zukünftigen Schwägerin, die nicht nur die zeitgenössische weite Verbreitung von Cervantes' Meisterroman dokumentiert. Nach Klärung aller Sachfragen konnte die Eheschließung im April 1717 in Langenargen stattfinden. Die meisten Familienmitglieder vermieden die beschwerliche Reise in die schwäbische Provinz. Die Onkel in Reichskirchendiensten in Mainz und Wien beschränkten ihre Anteilnahme auf wenig fromme briefliche Bemerkungen über den „hengst"[13] und „Hercules Schönbornig"[14], der nun „seine clavam an einem Schwäbisch häsgen"[15] und zum „Vergnüg des schwäbisch Drachens" probieren dürfe[16].

Das Haus Montfort zeigte sich erwartungsgemäß „mit Tränen fließenden Augen" zutiefst berührt von der kurfürstlichen Generosität und Gnade[17]. Die auserwählte Braut versprach ihren hohen Verwandten, dass sie „als eine zwar unwürdige, iedoch in allem eyfer ergebene Tochter [...] mit allem Respect jederzeit verharren werde"[18], und tatsächlich machte Maria Theresia von Montfort als junge Ehefrau und baldige Witwe dem Hause Schönborn vorerst keine Schwierigkeiten; später nötigte sie den bischöflichen Onkeln sogar Respekt ab.

Maria Theresia, geb. Gräfin von Montfort (1698 – 1751), verheiratet 1717 mit Anselm Franz Graf von Schönborn (1681 – 1726).

DIE SOZIALE STELLUNG DES SCHWÄBISCHEN REICHSADELS

Man könnte diese Anekdote um eine Heiratsallianz zwischen den Häusern Schönborn und Montfort als Einzelfall abtun. Doch das Überlegenheitsgefühl der reichskirchlichen Amtsträger nahm in den Briefwechseln nicht Gestalt an als spezifische Herablassung gegenüber dem Haus Montfort. Im Zentrum der abwertenden Einschätzungen standen Schwaben und die schwäbische Adelslandschaft.

Im Schwabenland lebten Adelige nur auf dem Land, schwäbische Adelige waren das Leben in den kulturellen Zentren nicht gewöhnt – was wohl auch als Aussage über ihre Weltgewandtheit und Bildung zu verstehen ist, hier schien der Wohlstand geringer als anderswo und die Stiftsfähigkeit in schwäbischen Stiftern wog sehr viel weniger als die in den fränkischen und rheinischen Bistümern – zumindest nach Meinung der Schönborns.

Lassen sich diese Klischees verallgemeinern? Was ist über die soziale Lage des schwäbischen Reichsadels insgesamt und über die oberschwäbische Reichsritterschaft im besonderen bekannt? Und welche Folgen zeitigten die vermuteten „feinen Unterschiede" im Vergleich zu fränkischer und rheinischer Reichsritterschaft auf Lebensumstände, Plazierungsstrategien und politische Einstellungen in den zwei Jahrhunderten nach dem Ende des 30jährigen Krieges?

Die Klärung dieser Fragen setzt einige knappe Überlegungen zur Zusammensetzung des schwäbischen Reichskreises voraus, handelt es sich doch bei seinen Mitgliedern um diejenigen territorialen Nachbarn, mit denen die schwäbische Reichsritterschaft zu rechnen hatte, auch wenn sie nicht selbst in ihm vertreten war. Der schwäbische Reichskreis war durch „extrem unterschiedliche Strukturverhältnisse", eine „dementsprechend komplizierte Organisation" und ein Kreisterritorium gekennzeichnet, „das keineswegs als homogen anzusprechen" war[19]. Das außerordentlich zersplitterte Gebiet charakterisierte eine hohe Mobilität im Güterbesitz. Aus der Perspektive der kreisständischen Herren und Grafen hatte man es mit den territorialen Gelüsten des Herzogtums Württemberg, der Markgrafschaft Baden oder gar des Hauses Österreich zu tun. Die kreisstandsfreie schwäbische Reichsritterschaft mag auch den Gebietshunger der mit ihr verwandten und verschwägerten Freiherren und Grafen, etwa der Fugger, Königsegg oder Waldburg, als Bedrohung empfunden haben. Inwieweit die zum Kreis gehörigen Bistümer Augsburg und Konstanz dem Reichsadel Karrierewege und Einkommen eröffneten, wird noch zu klären sein.

Der Versuch, die schwäbische Reichsritterschaft, ihre sozialen Verhältnisse und Handlungsspielräume in ihrer Gesamtheit zu beschreiben, muss angesichts des derzeitigen Forschungsstands scheitern[20]. Schon die einigermaßen gesicherte Erfassung des betroffenen Personenkreises fällt schwer. Zwar decken sich im Falle von Schwaben Reichskreis und Ritterkreis weitgehend, doch eine klare Erhebung entweder des ritterschaftlichen Familienkreises oder der ritterschaftlichen Güter, die keinesfalls den gleichen Familienverband betreffen musste, ist bislang für die erste Hälfte des 17. Jahrhunderts nicht publiziert. Christian Lünig veröffentlichte eine Aufstellung der zugehörigen Familien für das Jahr 1712, auf die sich auch noch Johann Jacob Moser ein halbes Jahrhundert später berief[21]. Demnach waren insgesamt 223 Familien zu den schwäbischen Rittergeschlechtern zu zählen[22]. Für die zwei Ritterkantone Donau sowie Hegau-Allgäu-Bodensee, die in ihrem geographischen Zuschnitt in etwa die Region Oberschwaben abdeckten, sind in dieser Liste 53 größtenteils wohl katholische Ritterfamilien namentlich erwähnt[23]. Doch die Fluktuation war groß. Dem historischen Atlas von Baden-Württemberg zufolge waren um 1790 weniger als die Hälfte, lediglich 25 der genannten, noch in Oberschwaben begütert[24]. Dazu waren 17 ‚newcomer' getreten[25]. Die Veränderungen im zugehörigen Familienkreis innerhalb eines Jahrhunderts veranschaulichen nicht nur die Tendenz zum zeitgenössisch schon beobachteten „Schwund". Dass 40% der zugewanderten Geschlechter nicht stiftsfähig waren, verdeutlicht auch die zunehmende und gegen Ende des 18. Jahrhunderts diskutierte gesellschaftliche Öffnung des schwäbischen Ritterkantons gegenüber neuadligen Familien bzw. benachbartem landsässigen Adel.

Drei Handlungsfelder scheinen neben der unmittelbaren Herrschaft über Land und Leute besonders geeignet, die gesellschaftliche Stellung der Reichsritterschaft auszuleuchten: der Zugang zur Welt der reichskirchlichen Stifter, die Stellung auf dem Heiratsmarkt und das Verhältnis zum Kaiserhaus. Was ist über die Positionierung der oberschwäbischen Reichsritterschaft in diesen Aktionsräumen bekannt?

DIE SCHWÄBISCHE REICHSRITTERSCHAFT IN DER WELT DER DOMSTIFTER

Die Forschung hat lange die Bedeutung reichskirchlicher Territorien im frühneuzeitlichen Reich vernachläßigt. Inzwischen ist deutlich geworden, dass es sich nicht um zurückgebliebene und zu marginalisierende Territorien handelte, die in Herrschaftsorganisation und Strukturmaßnahmen den Vergleich mit weltlichen Territorien ähnlicher Größe scheuen mussten[26]. Ein Vorurteil hat sich jedoch noch immer weitgehend gehalten: die Vorstellung nämlich, bei den Ämtern, welche die Bistümer zur Verfügung stellten, habe es sich in erster Linie um Pfründen nicht erbender und damit zu marginalisierender Söhne gehandelt, die nichts Wesentliches zur Besitz- und Statussicherung des gesamten Familienverbandes beizutragen hatten. Dies mag auf die wenigen Beispiele der hochadligen Dynastien, auf die Wittelsbacher und Pfalz-Neuburg, zutreffen, die zeitweise die Bistümer in dieser Weise nutzten.

Das Plazierungsverhalten insbesondere der katholischen Reichsritterschaft ist mit einer solchen Vorstellung jedoch nicht zu charakterisieren. Ihnen boten die Domkapitel die Möglichkeit, Söhne mit einem Einkommen zu versorgen, das häufig den Ertrag der familiären Rittergüter überstieg. Die an der Bistumsregierung beteiligten Domkapitel eröffneten darüber hinaus die Chance zu reichskirchlichen und diplomatischen Laufbahnen im Reich. Es handelte sich um prestigeträchtige Karrieren, die einem Reichsritter ohne Anbindung an die Reichskirche kaum zugänglich gewesen wären. Und nicht zuletzt bot das exklusive Recht der Domkapitel, die Fürstbischöfe zu wählen, nicht nur reiche Belohnung bei adäquatem Wahlverhalten, sondern auch die Aussicht, ein Familienmitglied in den Stand eines regierenden Fürsten oder gar Kurfürsten erhoben zu sehen. Dass dieses anvisierte Karriereergebnis ungeheure Vorteile für die Herkunftsfamilie, für ihren Güterbesitz, ihre Stellung auf dem adligen Heiratsmarkt und die gesellschaftliche Positionierung der Bischofsverwandten versprach, liegt auf der Hand. Entsprechend engagiert bemühten

Maximilian Christoph Freiherr von Rodt (1717 – 1800), Fürstbischof von Konstanz 1775 – 1800, hier dargestellt als Ritter des Malteserordens. Ölbild, Privatbesitz.

sich reichsritterschaftliche Familien um den Erwerb von Kapitelsitzen als Startposition der Karriereleiter. Diejenigen Familien unter ihnen, denen es gelang, das familiäre Heiratsverhalten an dem Erhalt der Stiftsfähigkeit auszurichten, genügend förderungsfähige Söhne und Neffen für den Dienst in der Reichskirche zur Verfügung zu stellen und – abgefedert durch eine umsichtige Netzwerkpflege – die Bistumskarrieren durch gewonnene Bischofswahlen zu krönen, wurden in der Regel durch Standeserhöhungen in den Reichsfreiherren- und Reichsgrafenstand und durch sichtlichen Vermögensgewinn belohnt.

Wie groß waren die Chancen der Reichsritterschaft, Bistumswahlen zu gewinnen und Familienmitglieder in die Kapitel einzuschleusen? Knapp vier von zehn Bischofswahlen entfielen in den letzten 150 Jahren des Alten Reiches auf einen Angehörigen der Reichsritterschaft; sie konkurrierten mit mediatem, reichsgräflichem und fürstlichem Adel um das begehrte Gut Bischofsstuhl[27]. Die Aussichten der einzelnen Adelsgruppen, einen Bischof zu stellen, variierten beträchtlich, und überdies konkurrierten die einzelnen Adelsgruppen im allgemeinen nicht um die gleichen Bistümer: Bei den fränkisch-rheinischen Bischofswahlen dominierte die Reichsritterschaft. Die Bischofswürde der gewichtigen Bistümer Bamberg und Würzburg, aber auch von Konstanz, im Schwäbischen Reichskreis gelegen, besetzte der niedere Reichsadel exklusiv[28]. In anderen, wie im bedeutsamen Mainz und in Worms, musste er nur in seltenen Fällen dem hohen Adel den Vortritt lassen. Speyer, Basel und Eichstätt teilte sich die Reichsritterschaft mit dem landsässigen Adel; sie kam aber dort öfter als letzterer zum Zug. Konkurrierende Ansprüche zwischen Reichsritterschaft und hohem Adel waren bei den Bischofswahlen selten, konnten sich aber gerade im schwäbischen Kreisstand Augsburg entfalten[29]. Dort waren die Kräfteverhältnisse wohl eindeutig zugunsten der Einflussnahme Habsburgs ausgerichtet.

Der knappe Überblick veranschaulicht, dass in der Frage der Bistumsbesetzungen der Markt in unterschiedliche Teilmärkte zerfiel. Entscheidend für die Ausgestaltung der Teilmärkte war die Zusammensetzung der Domkapitel, die in der Regel darum bemüht waren, einen der Ihren zum Fürstbischof zu wählen. Dies lenkt den Blick auf die Zusammensetzung der Domkapitel. Peter Hersche hat in seiner quantifizierenden Studie über die deutschen Domkapitel im 17. und 18. Jahrhundert über 5 000 Aufschwörungen dokumentiert. Von ihnen entfielen rund 50% auf Reichsritter, Reichsfreiherren oder Reichsgrafen[30]. Die Gruppierung der hier besonders interessierenden ca. 260 reichsritterschaftlichen Familien lässt sich jedoch leicht auf einen harten Kern von 50 besonders erfolgreichen Familien reduzieren[31]. Etwa jede fünfte Aufschwörung entfiel auf ein Mitglied dieser Elite. Nahezu sechs von zehn der Reichsritterschaft übertragenen Präbenden und Dignitäten wurde von den ‚oberen' 50 Familien mit ihren knapp 700 Familienmitgliedern besetzt. Wie sehr der gesellschaftliche Aufstieg dieser führenden Familien über die Domstifter hinaus wirksam wurde, veranschaulichen die üblichen Standeserhöhungen. Offenbar war sich die Elite der Reichsritterschaft der eigenen Exklusivität durchaus bewusst, zumindest deutet ihr Heiratsverhalten in diese Richtung. Denn während des 18. Jahrhunderts begannen die ‚oberen' Familien, sich in den Heiratsverbindungen mehr und mehr auf den engen eigenen Zirkel zurückzuziehen.

Wie ist die Stellung der schwäbischen Ritter innerhalb dieses exklusiven Kreises der wichtigsten 50 Ritterfamilien zu bewerten? Die nähere Analyse zeigt, dass die Chancen in den Domstiftern je nach Ritterkreis variierten. Es ergibt sich eine Rangfolge, die von der rheinischen Reichsritterschaft angeführt wurde und an deren Ende die schwäbische Reichsritterschaft positioniert war. 38% der 50 erfolgreichsten Familien waren Angehörige der rheinischen Ritterschaft. Sie konnten überdurchschnittlich viele Aufschwörungen, Dignitäten und Bistümer auf ihre Familienmitglieder vereinen[32]. Auch der Schritt aus den heimatlichen Bistümern in solche, die üblicherweise von den Angehörigen der anderen Ritterkreise beschickt wurden, gelang der rheinischen und fränkischen leichter als der schwäbischen Ritterschaft.

Während Kapitelsitze der fränkischen Bistümer Bamberg und Würzburg sowohl von rheinischen und schwäbischen Rittern angestrebt wurden, zog es die rheinische Reichsritterschaft eher in die niederrheinisch-westfälischen Kapitel als in die meistenteils ärmeren schwäbischen Bistümer. Außer den auch bei Bischofswahlen sehr erfolgreichen Schenk von Castell und den ohnehin auch in der fränkischen und rheinischen Ritterschaft immatrikulierten, aber ursprünglich schwäbischen Rittergeschlechtern Stadion und Sickingen, gelang es keiner schwäbischen Ritterfamilie, in den rheinischen Bistümern dauerhaft Fuß zu fassen[33]. Die insgesamt besonders günstige Lage der führenden rheinischen Ritterfamilien mag auf die exklusive Stellung der Kurbistümer Trier und Mainz zurückzuführen sein. Hier winkten am ehesten diplomatische Karrieren mit reichspolitischer Bedeutung, und die Erzbischofswahlen in den Kurbistümern fanden reichsweites Interesse. Offensichtlich war hier materiell, aber auch immateriell am meisten zu gewinnen und hier errungene Erfolge wirkten sich auch auf die Karrierechancen in den anderen Bistümern aus. Plazierungsmöglichkeiten und -strategien waren insgesamt jedoch nicht nur von der Zugehörigkeit zu den Ritterkreisen abhängig, sie variierten darüber hinaus von Familie zu Familie.

DER ZUGANG DER OBERSCHWÄBISCHEN REICHSRITTERSCHAFT ZU DEN DOMSTIFTERN

Die im Vergleich zur rheinischen und fränkischen Ritterschaft insgesamt ungünstigere Position der schwäbischen Ritter im Karrierekarussell der Domstifter lässt sich auch am Beispiel derjenigen Ritterfamilien aufzeigen, die gegen Ende des Alten Reiches in Oberschwaben im Besitz von Rittergütern waren. Legt man die Aufstellung der Rittergutsbesitzer zugrunde, die der Historische Atlas von Baden-Württemberg für das Jahr 1790 bietet, dann zeigt sich folgendes Bild: Von den 42 genannten Rittergutsbesitzern hatte jede fünfte Familie während der letzten zwei Jahrhunderte des Alten Reiches nie ein Familienmitglied in den Domstiftern unterbringen können. Größtenteils handelte es sich dabei um Geschlechter, die erst im 18. Jahrhundert ihre Güter erwarben, so dass zu vermuten ist, dass der Familienstammbaum den Stiftsanforderungen nicht genügen konnte, wenn nicht schon die Konfession oder die einsetzbaren Ressourcen dagegen standen[34]. Da auch ein Teil der übrigen zumindest im 17. Jahrhundert noch stiftsfähigen Familien im 18. Jahrhundert keine Aufschwörung vorweisen konnte, kann man davon ausgehen, dass vier von zehn oberschwäbischen Ritterfamilien zumindest

Darstellung adligen Selbstverständnisses. Titelkupferstich von Johann Georg Cramer: Commentarii de iuribus et praerogativis nobilitatis avitae ejusque probatione […], Lipsiae 1739.

Die Zusammensetzung der oberschwäbischen Rittergutsbesitzer um 1790
(1) Kantonszugehörigkeit:
D = Donau, H = Hegau-Allgäu-Bodensee;
(2) aufgeführt bei Luenig (1712): ja/nein;
(3) N: Anzahl der in den Domstiftern aufgeschworenen Personen;
(4) Präbenden: Anzahl der Aufschwörungen;
(5) letzte Präbende: letzte Aufschwörung in den Domstiftern;
(6) Domkapitel:
Au = Augsburg, Ba = Bamberg, Bs = Basel, Bx = Brixen, Ch = Chur, Ei = Eichstätt, Fs = Freising, Hi = Hildesheim, Kn = Konstanz, Mz = Mainz, Os = Osnabrück, Pa = Paderborn, Rg = Regensburg, Sa = Salzburg, Sp = Speyer, Tn = Trient, Tr = Trier, Wu = Würzburg;
(7) Bischof: Bischof in;
(8) Stand: Frh. = Freiherr, RG = Reichsgraf;
(9) ursprüngliche ständische Herkunft:
Bürgerl. OS = bürgerliche Oberschicht, L.A. Schwaben = landsässiger Adel, Sch R = schwäbische Ritterschaft.

in der zweiten Hälfte des 18. Jahrhunderts ohne die durch die Domstifte sichergestellten Gewinne an Prestige und Vermögen auskommen mussten. Ihnen stand auf der anderen Seite ein harter Kern von etwa einem Viertel der rittergutsbesitzenden Familien gegenüber, die, in ihrer großen Mehrheit traditionell in den beiden Kantonen Donau sowie Hegau-Allgäu-Bodensee immatrikuliert, 15 und mehr Aufschwörungen in den Domkapiteln für Familienmitglieder hatten durchsetzen können. Sie gehörten zu den erwähnten 50 erfolgreichsten Familien in der Welt der Stifter und stellten die Mehrheit des schwäbischen Anteils an dieser reichsritterschaftlichen Oberschicht. Ihre bevorzugten Bistümer waren Augsburg, Eichstätt, Freising oder Konstanz; insbesondere in Eichstätt gelang den Häusern Eyb, Freyberg und Schenk von Castell des öfteren der Aufstieg zu Bischofswürden. Auch die Schenk von Stauffenberg, die in Bamberg, Augsburg und Konstanz Bischöfe stellten, waren im Kanton Donau begütert.

Das Prestige und der aus Stiftskarrieren zu gewinnende Wohlstand waren innerhalb der oberschwäbischen Reichsritterschaft insgesamt also höchst ungleich verteilt. Ein paar Familien waren offenbar in der Lage gewesen, in der Kon-

Sylvia Schraut

Die Zusammensetzung der oberschwäbischen Rittergutsbesitzer um 1790[35]

	Kant. (1)	1712 (2)	N (3)	Präb. (4)	L. Präb. (5)	Domkapitel (6)	Bisch. (7)	Stand (8)	Ständ. Herkunft (9)
Bemelberg	D	Ja	0					Frh.	Sch R
Bernhausen	D	Ja	6	9	1692	Au Ei Kn		Frh.	Sch R
Beroldingen	H	Nein	13	20	1802	Hi Kn Os Pa Rg Sp Tr		Frh.	L.A. Eidgen.
Bodman	H	Ja	13	16	1802	Au Ei Fs Kn Rg		Frh.	Sch R
Buol	H	Nein	4	4	1781	Bx Ch	Ch		L.A. Drei Bünde
Deuring	H	Nein	1	2	1735	Au Kn		Frh.	Bürgerl. OS Voralberg
Ebinger von der Burg	H	Ja	1	1	1725	Kn		Frh.	Sch R
Enzberg	H	Ja	3	3	1783	Kn		Frh.	L.A. Tirol
Eyb	D	Nein	7	10	1802	Au Ba Ei Wu	Ei	Frh.	Sch R
Freyberg	D H	Ja	21	30	1800	Au Ba Ei Fs Kn Rg	Au Ei	Frh.	Sch R
Hermann	D	Nein	0					Frh.	L.A. Schlesien
Heuß von	D	Nein	0						Reichsadel 1738 nach Gutserwerb
Hornstein	D H	Ja	14	20	1782	Au Bs Fs Kn Mz Wu		Frh.	Sch R
Humpis von Waltrams	H	Ja	8	10	1660	Au Bs Ei Kn		Frh.	Sch R
Humpis von Ratzenried	H	Ja	2	2	1738	Kn		Frh.	Sch R
Lasser von Halden	D	Nein	0					Frh.	?
Lenz von Lenzenfeld	H	Nein	0					Frh.	?
Liebenfels	H	Nein	5	6	1727	Bs Kn Rg		Frh.	Sch R
Liebenstein	D	Nein	0					Frh.	Sch R
Neubronner von Eisenburg Erben	D	Nein	0						Patriziat Sch
Osterberg	D	Nein	0					Frh.	L.A. Böhmen
Pappus von Tratzberg	H	Ja	2	3	1691	Au Kn			L.A. Voralberg
Rassler von Gamerschwang	D	Nein	1	1	1605	Kn		Frh.	Patriziat Sch
Reichlin von Meldegg	D H	Ja	4	4	1796	Au Kn Mz		Frh.	Sch R
Reischach	H	Ja	1	1	1758	Au		Frh.	Sch R
Riedheim	D	Ja	12	21	1802	Au Ba Ei Sa Wü		Frh.	Sch R
Rodt von Bußmannshausen	D	Ja	6	10	1739	Kn	3 Kn	Frh.	Sch R
Roth von Schreckenstein	D H	Ja	4	5	1773	Kn Fs		Frh	Sch R
Schenk von Castell	D	Nein	15	31	1792	Au Ba Ei Mz Rg Tr	3 Ei	RG	Sch R
Schenk von Stauffenberg	D	Ja	15	31	1789	Au Ba Kn Rg Tr Wu	2 Ba Au Kn	RG	Sch R
Speth von Zwiefalten	D	Ja	17	24	1800	Au Ei Fs Kn Mz Rg Tr Wu		RG	Sch R
Stein zu Rechtenstein	D	Ja	1	2	1697	Ei Kn		RG	Sch Fr
Stotzingen	D	Ja	1	2	1616	Au Rg		Frh.	Sch R
Sirg von Sirgenstein	H	Ja	6	7	1705	Au Ei Kn Wu		Frh.	Sch R
Tänzel von Tratzberg	D	Nein	1	1	1784	Rg		Frh.	L.A. Drei Bünden
Ulm	D H	Ja	20	30	1782	Au Bs Ei Kn Sa		RG 1726	Sch R
Ungelter	D	Nein	3	5	1749	Au Rg		Frh.	L.A. Schwaben
Vöhlin von Frickenausen Erben	D	Ja	3	4	1727	Au Ei Rg		Frh.	Sch R
Volmar	D	Ja	0					Frh.	Sch R
Welden	D	Ja	11	13	1800	Au Ei Fs Kn Wu	Fs	Frh.	Sch R
Welsberg	H	Nein	9	13	1792	Au Bx Pa Sa Tn		RG	Tirol
Westernach	D	Ja	8	15	1766	Au Ba Ei Fs Kn		Frh.	Sch R

JOANN. EVANG. PAUL. ANT. COM. de THURN et Valfaßina. ✝ 11. Iuli. 1811.
JOANN. PAUL. Comes de THURN. 1832.

NICOLAUS. CAROLUS. L.B. de ENZBERG. obiit 29 Merz 1822.

JOANN. BAPT. L.B. de REICHLIN. MELD u. VELLHEIM. ✝ 1822

kurrenz um reichskirchliche Ämterpositionen mit landsässigem und dem gerade im Bistum Konstanz gut plazierten reichsgräflichen Adel mitzuhalten. Manche von ihnen verlagerten ihre Interessen zunehmend in die fränkische und rheinische Bistumswelt. Doch die Mehrheit der oberschwäbischen Rittergutsbesitzer zog wenig oder gar keinen Profit aus Reichskirchenämtern[36]. Ohne die Stiftseinnahmen scheint die Finanzdecke der einheimischen Ritterschaft so schwach gewesen zu sein, dass der Erhalt der Ritterherrschaften in den eigenen Reihen mehr und mehr gefährdet wurde.

So nimmt es nicht wunder, dass im Verlaufe des 18. Jahrhunderts landsässige Adelige aus den Eidgenossenschaften, aus Dreibünden, Voralberg oder Tirol reichsritterschaftliche Herrschaften erwerben konnten.

DER OBERSCHWÄBISCHE REICHSADEL UND DER HEIRATSMARKT

Zu den zentralen Säulen einer gelungenen reichsritterschaftlichen Familienabsicherung gehörte eine erfolgreiche Heiratspolitik. Dabei dienten die üblicherweise innerfamiliär viel diskutierten und außerfamiliär genauestens beobachteten Eheanknüpfungsversuche keineswegs nur der Sicherung von erbberechtigten und le-

hensfähigen Nachkommen oder der Aufbesserung des Familieneinkommens, etwa über eine günstige Mitgift. Die ‚richtige' Wahl war entscheidend für die zukünftigen Chancen der Söhne in den Domstiftern. Die hier in erster Linie interessierenden, von der Reichsritterschaft beherrschten Domkapitel von Bamberg, Mainz, Speyer, Trier, Worms und Würzburg setzten neben einem Studium den Nachweis einer geschlossenen Reihe stiftsfähiger ritterlicher Vorfahren in den vorausgegangenen zwei bis drei Generation voraus. Die im Interessengebiet des oberschwäbischen Reichsadels gelegenen Domstifter von Augsburg, Eichstätt oder Konstanz verlangten eine entsprechende Ahnenprobe der Ritterschaft oder des umgebenden landsässigen Adels.

Der Nachweis der Stiftsfähigkeit aber war in männlicher und weiblicher Verwandtschaftslinie zu erbringen. Damit rücken die Mütter der zukünftigen Kapitelkandidaten ins Zentrum der Aufmerksamkeit. Die Eheschließung mit einer Frau ohne ‚lupenreinen' Stammbaum in der Eltern- und Großelterngeneration konnte den Zugang in die Stifter zumindest für die folgenden zwei Generationen verschließen. Überdies bot eine günstige Heirat die Chance, verwandtschaftliche Beziehungen zu einem regierenden Kirchenfürsten aufzubauen, wenn es beispielsweise gelang, die Nichte eines Bischofs als Ehe-

Die Wappen der letzten Mitglieder des Domkapitels Konstanz. Kreuzgang des Münsters Konstanz.

frau für den Sohn zu gewinnen oder eine Tochter in eine bischofsfähige Familie zu verheiraten. Solche Verbindungen eröffneten den männlichen Familienmitgliedern häufig Karrieren im reichskirchlichen diplomatischen Dienst oder etwa in der Verwaltung des Hochstiftsgebiets. Selbst die Aufstiegschancen von Kapitelmitgliedern wurden durch die Ehen ihrer Schwestern und Nichten beeinflusst. Die Heiratschancen ‚überschüssiger' Töchter beispielsweise auf dem regionalen reichsgräflichen Heiratsmarkt markieren zumeist eine gute Position auf der Prestigeskala; die Möglichkeit, Töchter auf dem österreichischen Heiratsmarkt unterzubringen, konnte darüber hinaus verdeutlichen, welche Rolle das Geschlecht am Kaiserhof zu spielen in der Lage war.

Wie ist die Stellung der oberschwäbischen Ritterfamilien auf dem Heiratsmarkt zu bewerten? Der Forschungsstand erlaubt keine differenzierte Analyse der einzelnen Heiratskreise. Doch eine erste Durchsicht macht deutlich, dass in den reichsritterschaftlich beherrschten Domstiftsgebieten vergleichsweise geschlossene Heiratskreise anzutreffen waren. Rheinische, fränkische und schwäbische Ritterschaft heirateten in erster Linie jeweils unter sich. Geheiratet wurde systemkonform in erster Linie in dem Kreis, der die Stiftsfähigkeit im eigenen Interessengebiet sicherte. Ein gewisser Austausch zwischen den rheinischen und fränkischen Familien ist im Heiratsverhalten festzustellen, was wohl als Aussage über die Ebenbürtigkeit der rheinischen und fränkischen Familien und der mit ihnen verknüpften Chancen in der Welt der Stifter zu interpretieren ist. Daneben finden sich nur die Töchter der wenigen schwäbischen Ritterfamilien, die auch in der fränkischen und rheinischen Ritterschaft inkorporiert waren, auch als Ehepartnerinnen von rheinischen und fränkischen Familien. Die schwache Positionierung gerade vieler oberschwäbischer reichsadliger Familien in den Domstiftern zeitigte eindeutige Folgen für ihre Chancen auf dem überregionalen Heiratsmarkt. Oberschwäbische Ritterfamilien blieben bei der Partnersuche zumeist auf den Adel der eigenen Region verwiesen[37]. Folgerichtig ließen sich ihre Chancen zum Erwerb günstiger Startpositionen in den politisch einflussreicheren oder wirtschaftlich potenteren rheinischen und fränkischen Bistümern über eine entsprechende Heiratspolitik nicht verbessern.

Als Beispiel kann das Rittergeschlecht von und zu Bodman dienen. Die Bodmans gehören zweifellos zu den erfolgreichen schwäbischen Familien in der Welt der Domstifter; 13 Familienmitglieder erreichten in den letzten zwei Jahrhunderten immerhin 16 Aufschwörungen in Augsburg, Eichstätt, Freising, Konstanz oder Regensburg. Der Erwerb des besonders prestigeträchtigen und mit

Vermittlung einer Adelshoheit unter Verweis auf den Stammbaum. Titelkupferstich von Johann Maximilian Humbracht: Die höchste Zierde Teusch-Landes und Vortrefflichkeit des Teutschen Adels [...], Frankfurt 1717.

vielen Pfründen versehenen Kapitelamts des Propstes oder gar eines Bischofssitzes gelang ihnen jedoch nicht. Analysiert man ihre Partnerwahl in den letzten zwei Jahrhunderten des Alten Reiches, so zeigt sich, dass die Männer des Geschlechts mit gutem Grund nahezu ausschließlich Frauen wählten, welche die Stiftsfähigkeit des Geschlechts in den schwäbischen Heimatstiftern nicht gefährdeten[38]. In der Regel heirateten sie folglich Töchter stiftsfähiger schwäbischer Reichsritter, doch nur in der ersten Hälfte des 17. Jahrhunderts gelang ihnen auf diese Weise die verwandtschaftliche Verbindung mit besonders erfolgreichen schwäbischen Ritterfamilien wie beispielsweise den Sickingen[39].

Seit der zweiten Hälfte des 17. Jahrhunderts wählten die Bodman ihre Frauen zwar weiterhin aus stiftsfähigen schwäbischen Ritterfamilien, doch aus solchen, die in den Stiftern keine besondere Rolle spielten. Es ist daher davon auszugehen, dass die familiäre Heiratspolitik zwar die Stiftsfähigkeit der Familie gewährleisten konnte, doch die gesellschaftliche Stellung des Geschlechts Bodman scheint nicht so gut gewesen zu sein, dass die Einheirat in karriereträchtige Familien in und außerhalb Oberschwabens möglich war[40]. Ähnlich stellen sich die Chancen der Töchter der Bodmans auf dem Heiratsmarkt dar[41]. Meistens heirateten sie in reichsritterschaftliche und landsässige Familien ein, die in den Stiftern des familiären Interessengebiets beheimatet und stiftsfähig waren. Zu Eheschließungen mit der rheinischen und fränkischen Ritterschaft oder gar zu Heiraten mit dem hohen Adel Schwabens oder Österreichs kam es nicht. Überdies blieb manche Tochter unverheiratet, was angesichts des üblichen ritterschaftlichen Heiratsverhaltens wohl auch als Beleg für den Mangel an passenden Partnern interpretiert werden kann.

Die Heiratsverbindungen des Geschlechts Bodman dürften charakteristisch für die überwiegende Mehrheit der oberschwäbischen Ritterfamilien sein. Schwäbische Geschlechter, die wie die Sickingen schon im 16. Jahrhundert den Sprung nach Franken und an den Rhein geschafft hatten und bereits in dieser Zeit ihre Partnerinnen aus der fränkischen und rheinischen Ritterschaft wählten, stellen die Ausnahme dar. Umgekehrt stifteten rheinische und fränkische reichsadlige Geschlechter nur dann verwandtschaftliche Verbindungen mit standesgleichen schwäbischen Familien, wenn diesen über den Erwerb von entsprechenden Rittergütern der Eintritt in die rheinischen und fränkischen Ritterkantone gelungen war. Auch hier lässt sich anhand ausgewählter Beispiele aufzeigen, dass die Bereitschaft, in Schwaben Partnerinnen zu suchen, im Laufe des 18. Jahrhunderts weiter nachließ[42]. Insgesamt zeigen die oberschwäbischen reichsadligen Heiratskreise zweierlei: die Orientierung an der Welt der Stifter und in Abhängigkeit hiervon die vergleichsweise schlechte Position der (ober-)schwäbischen Ritterschaft im reichsritterschaftlichen Heiratskarussell.

DIE SCHWÄBISCHE RITTERSCHAFT UND DAS KAISERHAUS

Konstitutiv für das Selbstverständnis der Reichsritterschaft war ihre reichsunmittelbare Stellung. Hieraus leitete sie ihre Hoheitsrechte in den eigenen Territorien ab und hieraus begründete sie ihre Vorrangstellung gegenüber landsässigem Adel und ihre weltanschauliche bzw. politische Orientierung am Reich. Gerade letzteres wird in der Forschung gerne mit einem besonderen Loyalitätsverhältnis zum Kaiser bzw. Wien gleichgesetzt. Doch so einfach lagen die Verhältnisse häufig nicht. Kaiserlicher Schutz war immer dann und nur dann zu erwarten, wenn Wien sich von der Stärkung reichsritterschaftlicher Belange eine Schwächung des um sich greifenden Territorialisierungsprozesses versprach und Wien nicht selbst als Territorialherr agierte. Zudem waren die Interessen insbesondere der katholischen Reichsritter intensiv mit den Belangen der Reichsbistümer verwoben. Das Hochstift offerierte Positionen und Pfründen in der Landesverwaltung, die meistens von den landsässigen Adeligen oder Reichsadligen des Einflussbereichs des Bistums besetzt wurden. Der Fürstbischof fungierte auch als Lehnsherr. Er und / oder das Domkapitel entschieden über die Vergabe freiwerdender Lehen und stets war die Nachfrage größer als das Angebot. Saßen Verwandte im Domkapitel, waren sie im diplomatischen Dienst des Bistums beschäftigt oder stellten sie gar den Bischof, dann verbanden sich die hauspolitischen Interessen eines Rittergeschlechts nahezu untrennbar mit denen des Reichsbistums[43].

Zwar war auch für die Reichsbistümer die Orientierung am Reich schon aus Gründen des Selbsterhalts konstitutiv, doch die Kirchenfürsten wussten sehr wohl zwischen den Hausmachtinteressen Habsburgs, den Interessen des Reiches und denen des Bistums oder gar der Herkunftsfamilie zu unterscheiden. Ihre politische Unabhängigkeit stieg mit der politischen Bedeutung bzw. Eigenständigkeit des von ihnen regierten Bistums. Gerade die von der Reichsritterschaft dominierten rheinischen und fränkischen Bistümer konnten bis in die erste Hälfte des 18. Jahrhunderts eine selbstbewusste,

Maria Eva, geb. Freiin von Hacke Schweinspaint (1739 – 1799) und ihr Mann Johann Adam Freiherr von und zu Bodman (1740 – 1816). Ölgemälde von Johann Joseph Kauffmann, 1766. Schloss Bodman.

weitgehend unabhängige Stellung behaupten. Insbesondere manche Mainzer Erzbischöfe mit reichsritterschaftlicher Herkunft verstanden sich eher als ‚Kaisermacher' und Bändiger österreichischer Hausmachtinteressen denn als bedingungslose Gefolgsleute des Kaiserhauses. Bistümer, deren Domkapitel vom landsässigen Adel dominiert wurden oder in denen sich die Reichsritterschaft mit dem landsässigen Adel arrangieren musste, konnten eine derart selbstbewusste Stellung nur selten einnehmen. Hier verbanden sich die Bistumsinteressen häufig mit den Interessen Wittelbachs oder Habsburgs, stellten diese doch auch die Lehnsherren und Arbeitgeber des stiftischen Adels. Zu den vergleichsweise wenig unabhängigen Bistümern sind zum Beispiel mit Eichstätt, Konstanz oder Augsburg auch die reichskirchlichen Territorien zu rechnen, an denen sich die schwäbische Ritterschaft orientierte.

Man kann daher wohl davon ausgehen, dass sich die Reichsritterschaft Schwabens besonders kaisertreu gerierte. Wie Thomas Schulz im Detail aufgezeigt hat, konnte sich die schwäbische Ritterschaft in der Regel nicht mit ihren fränkischen und rheinischen Standesgenossen zu einer gemeinsamen selbständigen politischen Haltung durchringen, und es gab für sie „zur ausschließlichen Bindung an den Kaiser keine wirkliche politische Alternative"[44]. Freilich war eine Loyalität, die nicht stets aufs neue vom Kaiserhaus auch erkauft oder belohnt werden musste, längst nicht so ‚wertvoll' für die betroffenen Familien. Es braucht daher nicht weiter zu verwundern, dass die Familien, die gegen Ende des Alten Reiches in Oberschwaben im Besitz reichsritterschaftlicher Herrschaften waren, nur selten bemerkenswerte Karrieren in Österreich im Umkreis des Kaiserhofes vorzuweisen hatten. So fand nur jede sechste Familie aus diesem Kreis Eingang in den „Wurzbach", das bedeutsamste biographische Lexikon Österreichs aus dem 19. Jahrhundert. Unter den oberschwäbischen Rittergutsbesitzern wurden Mitglieder des Hauses Buol genannt, „einem alten Schweizer Adelsgeschlecht", oder das Tiroler reichsgräfliche Haus Welsberg, das sich offenbar durch seine Einheirat in die „edelsten Geschlechter des Kaiserstaates" hervortat[45]. Aufgeführt wurden aus der oberschwäbischen Reichsritterschaft vor allem das Haus Ulm, „ein altes schwäbisches, vormals reichsritterschaftliches Geschlecht", und das Haus Welden, „eine der ältesten adeligen Familien in Schwaben". Und geradezu ins Schwärmen geriet der Verfasser des Familienartikels Reischach, „eine der ältesten deutschen Familien". Zu erfahren ist: „Seit anderthalb hundert Jahren in österreichischen Diensten stehend, haben sie sich in denselben als erleuchtete Staatsmänner und tapfere Krieger bewährt, gehören zu den Zierden des österreichischen Adels, und haben sich durch unerschütterliche Treue für den Thron, durch Humanität und Urbanität und ausgezeichnete Dienstleistung in amtlicher Sphäre hervorgethan." Diese Beschreibung geriet freilich einer landsässigen Adelsfamilie weit mehr zur Ehre denn einem schwäbischen reichsritterschaftlichen Geschlecht.

FAZIT

Die Unterschiede im Zugang zu Reichskirche, Heiratskreisen und politischen Karrieren weisen der oberschwäbischen Ritterschaft eine vergleichsweise schwache Position im Kreise der eigenen Standesgenossen zu. Dass ihre gesellschaftliche Stellung sichtlich von ihrer Nähe oder Ferne zur Reichskirche abgeleitet werden kann, verweist auf die enge Verzahnung dieser beiden zentralen Säulen des Alten Reiches in den Jahrhunderten vor seinem Untergang. Die den Kirchenkarrieren geschuldeten Besitzvergrößerungen und Standeserhöhungen entschieden schließlich auch über die Zukunft der Geschlechter nach Säkularisation und Mediatisierung. Eröffnete die Zugehörigkeit zu den Standesherren den in den Reichsgrafenstand aufgestiegenen Rittergeschlechtern die Chance, ihre Interessen nach Österreich oder doch zumindest ins katholisch regierte Bayern zu verlagern, so musste sich der niedrige ritterschaftliche Adel in der Regel mit dem neuen württembergischen Landesherren arrangieren. Zur letzteren Gruppe gehörten die oberschwäbischen Rittergutsbesitzer in ihrer Mehrheit. Damit blieb in langer Zeitlinie die untergegangene Reichskirche Basis der „feinen Unterschiede" zwischen oberschwäbischer Ritterschaft und ihren rheinischen und fränkischen Standesgenossen auch im 19. Jahrhundert.

Anmerkungen:

1 *Johann Stephan Burgermeister*: Deß unmittelbahren freyen kayserlichen Reichs-Adels der dreyen Ritter-Crayssen in Schwaben, Francken, und am Rheinstrom sonderlich, aber in Schwaben ursprüngliche Immediatät, Praerogativen, Immunitäten, Antiquitäten [...]. o.O. 1700, 77.
2 Ebd., 78.
3 Vgl. zu Burgermeister: Allgemeine Deutsche Biographie. Bd. 3, 600f.
4 Vgl. zu den zeitgenössischen Debatten um die Kriterien des Vorrangs als Beispiele: *Gottfried Stieve*: Europäisches Hoff-Ceremoniel, Worinnen Nachricht gegeben wird, Was für eine Beschaffenheit es habe, mit der Praerogativ, und dem daraus fliessenden Ceremoniel. Leipzig 1715 oder *Johann Christian Luenig*: Theatrum Ceremoniale Historico-Politicum. 3 Bde. Leipzig 1719/20; dort insbesondere die Herleitung des Zeremoniells in Bd. 1.
5 Zum Haus Schönborn vgl. *Sylvia Schraut*: Das Haus Schönborn. Eine Familienbiographie. Katholischer Reichsadel 1640 – 1840. Paderborn 2005.
6 Vgl. *Johann Nepomuk Vanotti*: Geschichte der Grafen von Montfort und von Werdenberg. Belle-Vue bei Konstanz 1845, ND Bregenz 1988, 191ff.
7 Vgl. zu den Präbenden *Peter Hersche*: Die deutschen Domkapitel im 17. und 18. Jahrhundert. 3. Bde. Ursellen 1984, hier Bd. 1, 255.
8 Die Mutter der anvisierten Braut war Maria Anna von Thun, deren Vater war kaiserlich-österreichischer Kammerherr und Salzburger Oberhofmeister. Die Familie Thun besaß große Ländereien in Böhmen und Österreich; vgl. *Vanotti* 1988 (wie Anm. 6), 199f.
9 Johann Philipp Franz von Schönborn an Melchior Friedrich von Schönborn, 25. April 1716, Staatsarchiv Würzburg (STAW) Schönborn Korrespondenzarchiv (SchKAW) Bestand Johann Philipp Franz Nr. 74.
10 Schreiben Anton von Montforts an Melchior Friedrich von Schönborn, 11. August 1716, STAW Schönborn Hausarchiv II, Nr. III, 3.
11 Schreiben von Lothar Franz von Schönborn an Melchior Friedrich von Schönborn, 6. Januar 1717, StAW Schönborn Hausarchiv II, Nr. III, 3; hieraus auch die folgenden Zitate.
12 Friedrich Karl von Schönborn an Lothar Franz von Schönborn, 26. Dezember 1716, StAW Schönborn Hausarchiv II, Nr. III, 3.
13 Friedrich Karl von Schönborn an Meyenburg, 26. Dezember 1716, StAW Schönborn Hausarchiv II, Nr. III, 3.
14 Meyenburg an Friedrich Karl von Schönborn, 3. Januar 1717, StAW Schönborn Hausarchiv II, Nr. III, 3.
15 Ebd.
16 Friedrich Karl von Schönborn an Meyenburg, 9. Januar 1717, StAW Schönborn Hausarchiv II, Nr. III, 3.
17 Ebd.
18 Maria Theresia von Montfort an die Mutter ihres Mannes, 30. März 1717, StAW Schönborn Hausarchiv II, Nr. III, 3.
19 *Winfried Dotzauer*: Die deutschen Reichskreise (1383 – 1806). Stuttgart 1998, 142.
20 Arbeiten wie beispielsweise die von Thomas Schulz zum Kanton Kocher fehlen für den Kanton Donau bzw. den Kanton Hegau-Allgäu-Bodensee. Vgl. *Thomas Schulz*: Der Kanton Kocher der Schwäbischen Reichsritterschaft. 1542 – 1805, Esslingen 1986.
21 *Johann Jacob Moser*: Neues teutsches Staatsrecht. Band 3.2. Frankfurt – Leipzig 1767. ND Osnabrück 1967, 1259ff.
22 Ungefehrliche Designation der bey der Freyen Reichs-Ritterschaft in Schwaben immatrikulierten Grafen, Frey-Herren und Adelichen Familien den Anno 1712. In: *Johann Christian Luenig*: Des Teutschen Reichs-Archivs Partis Sepzialis Continuatio III, [...] Die Freye Reichs-Ritterschaft in Schwaben, Francken und am Rheinstrom. Leipzig 1713, 626-629.
23 Im Kanton Donau werden 33 Familien genannt, im Kanton Hegau-Allgäu-Bodensee 25; ohne Doppelnennungen und das Grafengeschlecht Öttingen reduziert sich der Kreis auf 53 Familien. In der Schreibweise der Quelle: Kanton Donau: *Bernhausen*, *Bemelberg*, Bissingen, *Freyberg*, Gill von Gillsberg, Haydenhaimb, Halden, *Hornstein*, Kröningen, Meyer, Otten, Rechberg, *Roth*, Rechlinger, *Reichlin*, *Rietheimb*, Rinckinger, Rosky, *Späth*, *Stein*, *Stadion*, *Schenk von Stauffenberg*, Schertel von Burtenbach, *Stozingen*, Trover, *Vöhlin*, *Ulm*, *Vollmar*, Werdenstein, *Welden*, *Westernach* und Zinth. Kanton Hegau, Allgäu, Bodensee: Altmanshausen, *Bodman*, Brasperg, Dancketsweyl, *Ebinger von der Burg*, *Enzberg*, *Freyberg*, Greuth, Gripp, *Hundbiß*, *Hornstein*, Herbstheimb, Haffner von Buttelschieß, Hohenberg, *Pappus von Trazberg*, Pflug, *Reischach*, Razenriedt, Schellenberg, *Sürgenstein*, Stuben, *Schröckenstein*, *Ulm* und Werdenstein. Kursiv sind diejenigen Geschlechter markiert, die auch noch gegen Ende des 18. Jahrhunderts in Oberschwaben begütert waren. Im Fall der Roth ist mit Hilfe der Sekundärliteratur nicht zu klären, ob die 1790 ansässige Familie Roth von Bußmannshausen identisch ist mit den 1712 genannten Roths oder der Familie Rodt, die in Konstanz drei Bischöfe stellte und kurz vor der Säkularisation ausstarb.

24 Die im Historischen Atlas von Baden- Württemberg aufgezählten 49 Geschlechter in den genannten Kantonen reduzieren sich angesichts von Zählfehlern und Doppelnennungen auf 42. Vgl. *Michael Klein:* Beiwort zur Karte VI/13, Herrschaftsgebiet und Ämtergliederung in Südwestdeutschland 1790 (1988). In: Historischer Atlas von Baden-Württemberg. Stuttgart 1972-1988,

25 Ebd.

26 Vgl. *Wolfgang Wüst* (Hg.): Geistliche Staaten in Oberdeutschland im Rahmen der Reichsverfassung. Epfendorf 2002.

27 Zu den folgenden Angaben über die ständische Herkunft der Fürstbischöfe vgl. *Stephan Kremer:* Herkunft und Werdegang geistlicher Führungsschichten in den Reichsbistümern zwischen Westfälischem Frieden und Säkularisation. Freiburg 1992.

28 Ständische Herkunft der Bischöfe in Konstanz: 100% Ritter, ständische Herkunft der Kapitelmitglieder: 47,0% Ritter; berechnet für die Bischöfe nach *Kremer* 1992 (wie Anm. 27), für die Kapitelmitglieder nach *Hersche* 1984 (wie Anm. 7).

29 Ständische Herkunft der Bischöfe in Augsburg: 67% Fürsten, 33% Ritter, ständische Herkunft der Kapitelmitglieder: 47,7% Ritter.

30 Vgl. *Hersche* 1984 (wie Anm. 7). Bd. 3, Tabelle 74, 132f.

31 Zu ihnen rechnen Familien, die in den beiden letzten Jahrhunderten des Alten Reiches 15 und mehr Dompräbenden erwarben oder mit zehn bis 14 Präbenden eine Bischofswürde errangen, berechnet nach *Hersche* 1984 (wie Anm. 7). Bd. 1, 139ff. Vgl. auch *Schraut* 2005 (wie Anm. 5), 33ff.

32 Aufschwörungen pro Person: Franken 1,7 / Rheinland 2,0 / Schwaben 1,6; Dignitäten pro Person: Franken 0,6 / Rheinland 0,7 / Schwaben 0,5; gewonnene Bischofswahlen pro Person: Franken 1,4 / Rheinland 1,9 / Schwaben 0,9.

33 Unter 'Fuß fassen' wird hier verstanden, wenn mehr als zweimal ein Mitglied der Familie in einem Domstift aufgeschworen wurde.

34 Einer Einzelprüfung wäre vorbehalten zu klären, inwieweit es sich bei den „newcomern" um neuadlige Familien handelte oder Familien, die ihr Heiratsverhalten nicht an den Stiftern ausgerichtet hatten.

35 Zusammengestellt nach *Hersche* 1984 (wie Anm. 7) und *Ernst Heinrich Kneschke* (Hg.): Neues allgemeines deutsches Adels-Lexicon. Leipzig 1859-1870.

36 Wenn es überhaupt in diesen Familien zu Kirchenkarrieren kam, dann eher zu mittleren wie beispielsweise die des Johann Nepomuk August Ungelter von Deisenhausen, 1731 geboren, 1741 – 1747 bischöflicher Edelknabe in Dillingen, 1749 Domizellar in Augsburg 1755 Priester, 1760 Domdekan, 1768 Dompropst in Augsburg, seit 1770 Statthalter des Hochstifts Augsburg; vgl. *Erwin Gatz*: Die Bischöfe des Heiligen Römischen Reiches, 1648 – 1803. Berlin 1990, 530.

37 Geschlechter wie die Ulms oder Reischachs, die Töchter auch in den österreichischen Adel verheiraten konnten, waren äußerst selten; vgl. die einschlägigen Stammbäume in: *Constantin Wurzbach*: Biographisches Lexikon des Kaiserthums Osterreich enthaltend die Lebensskizzen der denkwürdigen Personen, welche seit 1750 in den österreichischen Kronländern geboren oder darin gelebt und gewirkt haben. Wien 1856-1891.

38 Vgl. Stammtafeln, 156-164, Bodman. In: *Detlev Schwennicke* (Hg.): Europäische Stammtafeln. Bd. 12. Marburg 1992.

39 Vgl. Stammtafeln, 61-58, Sickingen. In: *Schwennicke* (wie Anm. 38). Bd. 11 (1986).

40 Partnerinnen der Söhne: 1604 von Freyberg (Sch R), 1618 von Bubenhofen (Sch R), 1637 von Sickingen (Sch R), nach 1660 von Leonrod, verwitwete von Humdpiß (Sch R), 1669 Schindelin Vogt von Altensumerau zu Prasberg (Sch R), 1690 von Schellenburg (Sch R), 1700 von Kageneck (Sch R), 1730 von Schauenburg (Sch R), 1739 zu Wiechs (?); 1764 von Hacke/Sturmfelder (Sch R).

41 Partner der Töchter: 1624 von Hallweil (landsäss. Adel Eidgenossenschaft), 1625 von Schönau (Sch R, Familie stellt einen Bischof in Basel), 1629 Stadion (Sch R), 1679 von Ulm (Sch R), 1690 Beding (?), 1691 Vogt von Altensumerau zu Prasberg (Sch R Familie, stellt einen Bischof in Konstanz), 1715 Ebinger (Sch R), 1725 Rassler von Gamerschwang (Patriziat Schwaben), 1726 von Reischach (Sch R), 1736 von Ulm (Sch R), 1749 Rinck zu Baldenstein (landsässiger Adel, Eidgenossenschaft).

42 So wählte beispielsweise das rheinische Rittergeschlecht Greiffenclau zu Vollrads im 17. und frühen 18. Jahrhundert vor allem fränkische und rheinische Partnerinnen und verheiratete seine Töchter in ebensolche. Eheverbindungen mit den schwäbischen Geschlechtern ging das Geschlecht nur mit schwäbischen Familien ein, die in den fränkischen und rheinischen Stiftern stiftsfähig waren (Sickingen, Schenk von Stauffenberg). Im Verlaufe des 18. Jahrhunderts wählten die Greiffenclaus nur noch Partnerinnen aus der rheinischen und fränkischen Ritterschaft. Vgl. Stammtafel Greiffenclau. In: *Schwennicke* 1986 (wie Anm. 39).

43 Beispielsweise listet Wüst als Fürstendiener des Hofstifts Augsburg für die zweite Hälfte des 18. Jahrhunderts Mitglieder folgender reichsritterschaftlicher Familien auf (Familie, Anzahl der Personen): Bernhausen 1; Schenk von Castell 1, Enzberg, 2, Eyb 1, Freyberg 4, Hornstein 8, Reichlin von Meldegg 6, Reischach 1, Speth 1, Stein 1, Schenk von Stauffenberg 2, Ungelter 3, Welden 3, Westernach 1. Vgl. *Wolfgang Wüst*: Geistlicher Staat und Altes Reich: Frühneuzeitliche Herrschaftsformen, Administration und Hofhaltung im Augsburger Fürstbistum. Bd. 2. München 2001, Anhang 4, 777ff.

44 *Thomas Schulz*: Die schwäbische Reichsritterschaft. In: *Heiner Timmermann* (Hg.): Die Bildung des frühmodernen Staates – Stände und Konfessionen. Saarbrücken-Scheidt 1989, 149-174, hier 160.

45 Diese und alle weiteren Zitate aus *Wurzbach* (wie Anm 37).

"IN DEN SCHRANKEN DER GEBÜHR ZU ERHALTEN"
ZUM VERHÄLTNIS ZWISCHEN UNTERTANEN UND OBRIGKEIT IN RITTERSCHAFTLICHEN HERRSCHAFTEN DES HEGAU

Wolfgang Kramer

Fahnenträger aus dem Bauernkrieg auf der Brunnensäule des Zwinghofbrunnens in Hilzingen.

Der Hegau zählt zu den südwestdeutschen Landschaften, die in der Zeit des Alten Reiches besonders stark von der Reichsritterschaft geprägt waren. Die seit 1465 österreichische Landgrafschaft Nellenburg hatte die Landeshoheit und die Hohe Gerichtsbarkeit in diesem Landstrich inne, welcher in der Frühen Neuzeit von der Donau im Norden, dem Rhein im Süden, Überlingen und Konstanz im Osten und Schaffhausen im Westen begrenzt wurde. Erst 1722 konnte Schaffhausen gegen eine horrende Summe von Österreich die Landeshoheit samt Hochgericht und den damit zusammenhängenden Rechten in seinem östlichen Landschaftsteil käuflich erwerben. Österreich mit der Kameralherrschaft Nellenburg und den Städten Aach und Radolfzell sowie das Hochstift Konstanz und seit 1639 bzw. 1660 Fürstenberg mit der Herrschaft Hewen um Engen waren die wichtigsten Territorialherren im Hegau. Die kleine Herrschaft Blumenfeld bei Tengen gehörte zur Deutschordenskommende Mainau und die Festung Hohentwiel samt dem Bruderhof zum Herzogtum Württemberg. Der größte Teil des Hegau mit seinen winzigen Herrschaften – oft nur ein Dorf, manchmal nur ein halbes – waren Bestandteile reichsritterschaftlicher Herrschaften. Die Ritter des Hegau gehörten zum Ritterschaftskanton Hegau-Allgäu-Bodensee, der seinen Sitz in Radolfzell hatte.

Die österreichischen Hegau-Städte Aach und Radolfzell waren die „Adelsstädte" im Hegau, wo die adligen Herrschaften ihre Stadthäuser unterhielten, und sich besonders im Winter, wenn Kälte und Einsamkeit in die unbequemen Hegau-Burgen krochen, zum gesellschaftlichen Zusammensein trafen. Der Zustrom des Adels in die Stadt Radolfzell war zeitweise so groß und die

Kanzleigebäude des Ritterschaftskantons Hegau, Allgäu und am Bodensee in der „Adelsstadt" Radolfzell, die um 1600 ein Verbot über den Verkauf von Häusern an Adelige erließ.

Integration der adligen Gesellschaft so problematisch, dass die Stadt Radolfzell um 1600 eine Art Zuwanderungssperre für den Adel erließ: Es durften seinen Angehörigen keine Häuser mehr verkauft werden[1]. Das Verhältnis zwischen der Ritterschaft und dem Landesherrn Österreich war durch die „Hegauer Verträge" von 1497 mit Erläuterungen und Ergänzungen von 1540, 1583 und 1700 geregelt. Die Reichsritter erkannten das nellenburgisch-österreichische Landgericht für den Hegau und Madach in Stockach an. Die Hochgerichtsbarkeit lag demnach de jure mit den durchaus nicht immer unumstrittenen Ausnahmen Bodman und Heilsberg bei Nellenburg.

Im Folgenden möchte der Verfasser an Hand einiger weniger Fälle versuchen, das Verhältnis zwischen den Untertanen und der Obrigkeit in einzelnen ritterschaftlichen Herrschaften im Hegau zu beschreiben. Der Stand der wissenschaftlichen Forschung lässt einen flächendeckenden fundierten Überblick gegenwärtig nicht zu. Zudem ist die Darstellung des Verhältnisses von Untertanen und Obrigkeit in der regionalgeschichtlichen Literatur höchst unterschiedlich, wobei die Verhältnisse in den einzelnen Orten immer recht typologisch abgehandelt werden: die Gottmadinger immer „renitent", die Bodmaner immer „brav". Zu diesem problematischen Forschungsstand kommt die Archivsituation. Der Verfasser konnte nicht alle Adelsarchive im Hegau, welche zudem einen recht unterschiedlichen Erhaltungs- und Erschließungsgrad besitzen, sichten[2]. Dieser Beitrag bietet daher Beispiele für unterschiedliches Herrschaftsverhalten, die keine abschließende Charakterisierung des Umgangs zwischen ‚Unten' und ‚Oben' in den ritterschaftlichen Dörfern beanspruchen kann. Allerdings: Dem Verfasser ist bei Arbeiten in seinem Beruf als Archivar des Landkreises Konstanz das meist sehr gespannte Verhältnis zwischen Herrschaft und Untertanenschaft in den Kleinstterritorien des Hegau aufgefallen. Die Ursachen dürften naturgemäß sehr vielschichtig sein und könnten einen weiter führenden Forschungsprozess anregen.

Bei der Erforschung dieses Verhältnisses ist hinsichtlich der Quellensituation wichtig, darauf hinzuweisen, dass es sehr schwierig ist, abweichendes Verhalten zu ermitteln, da viele Konflikte unterhalb der Krawall- und Prozessebene abliefen. Deshalb ist man häufig auf subjektive Quellen wie Berichte und Briefe angewiesen, die schwer zu ermitteln sind. Das bedeutet aber auch, dass dort, wo Quellen vorhanden sind, das Verhältnis nicht immer sehr konfliktträchtig gewesen sein muss und umgekehrt. Bei den Quellen gilt es, deren jeweilige Perspektive zu berücksichtigen; Prozessakten dürften wohl am „objektivsten" sein. Hinzu kommt, dass auch nicht alle Quellen vorhanden sein dürften, die

Konflikte belegen. Gerade in Adelsarchiven könnten – das vermutet der Referent als Archivar – zur Verbesserung der Reputation des Adelshauses einschlägige Quellen auch vernichtet worden sein. Die hier dargebotenen Fälle sind als Beispiele und eine Annäherung an das Thema zu verstehen, das eigentlich einer systematischeren und komparatistischen Aufarbeitung bedarf.

HISTORISCHE KONFLIKTFORSCHUNG UND DIE BESONDERHEITEN DES HEGAU

„Hohe Risikobereitschaft und den bemerkenswerten Mut der ländlichen Gesellschaft, für die Verbesserung ihrer Lage einzutreten", bescheinigt Peter Blickle den revoltierenden Bauern in der Frühen Neuzeit[3]. Insgesamt 130 ländliche Revolten zwischen 1300 und 1800 zählt Blickle[4], wobei er als Revolten nur jene „bäuerliche Bewegungen" gelten lässt, die mehrere Dörfer umfassten. Der klein(st)teilige Hegau mit seinen zahlreichen „Ein-Dörfer-Herrschaften" kann nach dieser Definition mit keiner Revolte beitragen. Auch gab es unterhalb der von Blickle mit einem „Fünf-Stufen-Modell" klar definierten „bäuerlichen Revolten" noch Unmutsäußerungen von Untertanen, die weder in eine Huldigungsverweigerung (zweite Blicklesche Stufe) noch in eine militärische Auseinandersetzung mündeten[5].

Es waren Unmutsäußerungen von Untertanen gegen von der Obrigkeit erlassene Anordnungen auf den unterschiedlichsten Gebieten, die der gemeine Mann als ungerecht, als überzogen, als nicht mit dem „alten Recht" vereinbar oder als existenzbedrohend empfand. Im Mittelpunkt stehen da vor allem erhöhte oder neue Formen der Fron, ganz besonders die zu starke Inanspruchnahme durch „ungemessene" Fronleistungen oder zu Zeiten, in denen die Untertanen durch ihre angestammte bäuerliche Arbeit auf dem Feld sehr in Anspruch genommen waren.

Doch das Verhältnis zwischen ‚Unten' und ‚Oben' war nach dem derzeitigen Forschungsstand nicht überall im Hegau gespannt und voller „Irrung und Spenn". Das gute Einvernehmen zwischen Obrigkeit und Untertan etwa in der Herrschaft Bodman ist fast zu einem Stereotyp in der Hegau-Geschichtsschreibung geworden. Auf die möglichen Ursachen wird an entsprechender Stelle noch eingegangen.

Im Folgenden soll nun das Verhältnis zwischen Herren und Untertanen in einzelnen Herrschaften im Hegau dargestellt werden, wobei auch das 17. Jahrhundert in die Betrachtungen mit einbezogen wird. Es soll – das lässt sich im Hegau kaum vermeiden – mit dem Bauernkrieg im 16. Jahrhundert begonnen werden.

HERRSCHAFT STAUFEN-HILZINGEN

In Hilzingen, das immer zu den größten Orten im Hegau zählte, trafen sich an der Kirchweih des Jahres 1524 etwa 800 Bauern aus dem Hegau, die von dort durch diesen Landstrich zogen, um ihren Forderungen Nachdruck zu verschaffen[6]. Zwei Monate später schrieb aus der „Adelsstadt" Aach Hans I. von Schellenberg (oder der Alte von der Randegger Linie, † 1544)[7], der Ortsherr über ein Drittel von Hilzingen war, an seinen Bruder in Hüfingen: „Ich rate, wollen die Bauern nicht Frieden geben, dass wir mit ihnen drauf hauen mit Totschlag, Raub und Brand, so wissen wir, dass wir im Krieg sind. Also auf dem Kropf sitzen [zuwarten], ist nicht gut [...], man fange bei meinen Dörfern an."[8] Mit den „Hilzinger Verträgen" von Anfang Juli 1525, die die Unterwerfung der Hegauer Bauern besiegelten, endete schließlich der Bauernkrieg[9]. Der Name Hilzingen blieb untrennbar mit dem Bauernkrieg verbunden, obwohl sich die Gemeinde Hilzingen selbst eher verhalten bei den Ereignissen engagierte[10].

Doch das Verhältnis zwischen den Hilzingern und ihren Herren blieb auf Jahrhunderte hinaus gespannt. Die Herren von Schellenberg und die Herren von Zimmern waren als Ortsherren harte Verhandlungspartner für die Hilzinger. Gerade im 16. Jahrhundert sind mehrere Ereignisse feststellbar,

Hilzingen – Ort jahrhundertelanger heftiger Auseinandersetzungen zwischen Einwohnern und Ortsherrschaft. Gouache von J. J. Küchlin von 1840/50. Privatbesitz.

die alles andere als eine Resignation oder ein Kleinbeigeben der Hilzinger zeigen. 1538 – 13 Jahre nach dem Bauernkrieg – führte Hans von Schellenberg vor dem Nellenburgischen Landgericht in Stockach einen Prozess gegen den Inhaber des Hilzinger Widumgutes, in dem es offenbar um Fronleistungen ging. Schellenberg verlor ihn und auch die Appellation[11]. Als wieder zehn Jahre später der finanziell klamme Gottfried von Zimmern sein Hilzinger Ortsdrittel an den Mitinhaber Gebhard II. von Schellenberg (†1583) verkaufen wollte, dieser aber zu wenig bot, versuchte der Schellenberger zur Beschleunigung der Verkaufsverhandlungen, die Hilzinger für seine Sache zu instrumentalisieren. Die Zimmersche Chronik schreibt dazu: „Da fing der Schellenberger die Sache ‚mit Listen' an, es gab gleich Zank und Spenn bei den Untertanen. Dadurch wollte er den Zimmern bewegen, doch noch in den Kauf einzuwilligen."[12]

Der Kauf durch den Schellenberger misslang, die Hilzinger ließen sich nicht für die Zwecke des Ortsherrn missbrauchen. Wenige Jahre nach der endgültigen Schlichtung dieses Streits durch Erlass der neuen Gerichtsordnung für Hilzingen von 1569 kam es durch die Huldigungsverweigerung des Hilzingers Hans Baumann erneut zu erheblichen Unruhen. Selbst die Hegau-Ritterschaft befürchtete „einige Empörung und Auflauf" der Hilzinger[13]. Der Inhaftierte rief den Kaiser als den obersten Lehensherrn an, worauf der Schellenberger angewiesen wurde, Hans Baumann freizulassen. Die Akte im Generallandesarchiv Karlsruhe trägt den bezeichnenden Betreff „Die Ungehorsamen zu Hilzingen" und hierin heißt es, dass der Hilzinger Ungehorsam „offenbar und landtskundig und villfältig fürkommen" sei. Was waren die Gründe hierfür? Zum einen war durch den Bauernkrieg der Ortsname Hilzingen schon heftig belastet. Dann galten zum anderen die Hilzinger schon immer als überaus selbstbewusst und „schwierig", die mit ihrer Meinung nicht hinter dem Berg hielten. So heißt es 1796 – der Ort gehörte seit 1659 zum Kloster Petershausen – in einem Memoriale des Klosters: „Die Unterthanen der österr. lehenbaren Herrschaft Hilzingen haben sich durch unruhiges Betragen und aller Gattung zügelloser Ausschweifungen schon von älteren Zeiten her [...] so frevntlich ausgezeichnet und den ihrer Orts Obrigkeit schuldigen Gehorsam und Unterwürfigkeit so sehr auser Augen gesezet, daß alle dagegen angewandte so gütlich als schärfere Erinnerungen und Befehl nicht vermögend waren, dieselben in den Schranken der Gebühr zu erhalten."[14]

Anneliese Müller, die in großem Umfang an der Darstellung der mittelalterlichen und frühneuzeitlichen Geschichte Hilzingens in der dreibändigen Hilzinger Ortsgeschichte mitgearbeitet hat, sieht vor allem in der Zersplitterung der Ortsherrschaft in drei Teile die maßgebliche Ursache der offenbar notorischen Unzufriedenheit. So konnten Mitglieder ein- und derselben Familie Lehen- oder Eigenleute verschiedener Herrschaften sein, was den Untertanen die Möglichkeit des Vergleichs zwischen subjektiv als gerecht und ungerecht eingeschätzten Belastungen eröffnete. Ein gerüttelt Maß an einer – so weit man das sagen kann – strukturellen Konfliktsituation trugen auch die gewalttätigen adligen Ortsherren bei, die etwa im Falle Gebhard von Schellenbergs selbst von der Ritterschaft, also der eigenen Klientel, zur Mäßigung aufgerufen wurden.

HERRSCHAFT HEILSBERG-GOTTMADINGEN

Fast ebenso spannungsgeladen ging es in der benachbarten Herrschaft Heilsberg zu, die ganz im Besitz der Schellenberger war und nach dem Tode Hans II. von Schellenberg (des Gelehrten) im Erbwege an die aus Tirol stammenden Vintler von Plätsch fiel, die 1610 in der Herrschaft Heilsberg aufzogen. Konrad Vintler von Plätsch stand in der Einschätzung der Zeitgenossen in der Kategorie der schlecht regierenden Ortsherren ganz oben. Österreichische Beamte wiesen ihm „Unregelmäßigkeiten" nach, so 1621 beim Verkauf des Herrschaftsdorfes Riedheim an Österreich[15], bei dem Vintler „zu seiner Vorteilhaftigkeit und Erhöhung des Kaufschillings die Intraden [Einkünfte] und Gefälle vor dem Kauf fast um den halben Teil gesteigert" hatte. Seine maßlosen Forderungen, wie tägliche ungemessene Fron, die er forderte, aber nicht bekam, führten zum so genannten Vintlerischen Vertrag von 1624, in dem es heißt, dass sich die Gottmadinger über diesen Ortsherrn Vintler „vielfältig erclagt und beschwert" hätten. Bezeichnend für den ebenfalls in sehr schwierigen finanziellen Verhältnissen agierenden Vintler, der im Diessenhofer Unterhof während des Dreißigjährigen Krieges ein kommodes Domizil im eidgenössischen Thurgau hatte, ist Artikel 14 des Vintlerischen Vertrages[16]. Darin willigten die Gottmadinger Bauern ein, dem Ortsherrn gegen Bezahlung von „Nagel und Eisen" einen Packwagen zu führen, wenn Vintler einer „Badenchur" bedürftig sei, aber nicht zu „ungelegenen unmäßigen Zeiten". Der adlige Ortsherr Vintler wurde durch die „Finkler-Sage" – von der unklar ist, seit wann sie nachweisbar ist – zum Inbegriff des bösen, raffgierigen und uneinsichtigen Herrn, die heute noch in der Gegend um den Gottmadinger Hausberg Heilsberg bekannt ist[17]. Nach dieser Sage soll dieser adlige Unhold mit dem verballhornten Namen „Finkler" wegen seiner Räubereien, denen viele Reisende auf der Straße nach Schaffhausen zum Opfer fielen, immer noch ruhelos umgehen, noch immer Wanderer durch Rufen und Pfeifen erschrecken und manchmal Passanten mit dem Kopf unterm Arm erscheinen.

Das Gottmadinger Schloss – Sitz der von der dortigen Bürgerschaft heftig angegriffenen Verwaltung der kleinen Herrschaft Heilsberg auf einem Plan als „Großherzogliches Landhaus" von 1829. Douglassches Archiv Langenstein.

Nach weiteren Herrschaftswechseln war Gottmadingen unter den vorarlbergischen Deurings angelangt. Der Herrschaftsinhaber Franz Joseph Chrysostomos von Deuring war 1712 als Lehensträger seiner Mutter, Barbara Juliana Sonner von Sonnenberg, zusätzlich noch mit dem Hochgericht in der Herrschaft Heilsberg belehnt worden. Dadurch wurde die Herrschaft vom Landgericht in Nellenburg exempt, doch Ruhe kehrte in diesem winzigen Herrschaftsgebilde nicht ein. Die Gründe für die Unzufriedenheit der Untertanen, die sich mitunter in Handgreiflichkeiten zeigte, waren zahlreich. Die Gottmadinger „Gerechtsame" von 1730 ist voll von Hinweisen auf Zusammenrottungen und heftiges Aufbegehren[18]. Die herrschaftlichen Beamten vor Ort, d.h. in Gottmadingen, zogen die Zügel immer mehr an und verbesserten dadurch die Lage keineswegs, im Gegenteil. Ein Artikel in der „Gerechtsame" mit der bezeichnenden Überschrift „Von Fortpflanzung Fried und Einigkeit in denen Flecken" verbietet heimliche Zusammenkünfte von „übell gesinneten und unruhigen Köpfen" und droht bei Zuwiderhandlung „Leibs- und Lebensstraff" an. Die Herrschaftsvertreter befürchteten „Rottierungen" und „Vergaderungen" – nach dem Schwäbischem Wörterbuch sind dies Zusammenkünfte speziell von Kriegsknechten –, die sich aus den „Wünckhell-Zusammenkünften" ergeben könnten. Vorausgegangen waren Tumulte nach dem Zuzug des Marx Bauhoffer, den der herrschaftliche Obervogt durchgesetzt hatte, wodurch sich die Gottmadinger in ihrem Gemeindenutzen geschmälert sahen. Der Packwagen des Einziehenden wurde gestürmt, dessen schwangere Ehefrau drangsaliert und die Neuankömmlinge wieder aus dem Dorf gezwungen. Eine kaiserliche Kommission mit dem Stockacher Landrichter an der Spitze untersuchte den Tumult. Die Deuringsche Verwaltung zeigte sich gnädig und verzichtete auf angedrohte „empfindliche Leibs- und Gelt-Bußen", weil sich auch die ansonsten renitenten Gottmadinger reumütig zeigten.

Acht Jahre später begehrte eine Hälfte der Gottmadinger Bevölkerung auf: Es waren die Gottmadinger Frauen. Anlass war die Versetzung des beliebten Vikars Neidinger, in dem sie einen „from und exemplarische[n] Gaistliche[n]" sahen, dem die „Weiber als auch die Männer und gesamte Gemeindsleut alles Vertrauen und alle Liebe" entgegengebracht hätten. Mit der Ehefrau des Dorfvogts an der Spitze stürmten die Gottmadinger Weiber – „viehle schwanger unter ihnen gewesen" – in den Pfarrhof, es gab Ohrfeigen und „Erdschollenwürfe". Die Geistlichkeit fürchtete die Plünderung des Pfarrhofs und dem Obervogt wurde angedroht, ihm werde die Perücke vom Kopf gerissen, dem Dorfvogt aber, der

Johann Sigmund Freiherr von und zu Bodman und Familienangehörige von der Jagd zurückkehrend mit dem Schloss Bodman, Frauenberg und Ruine Alt-Bodman im Hintergrund. Er erwog zu Beginn der Revolution 1848 kurzzeitig von Bodman wegzuziehen, nachdem sich seine ansonsten „braven" Bodmaner zu revolutionären Handlungen hinreißen ließen. Ölbild von G. Gutekunst, Schloss Bodman.

keine trug, es werde ihm an den Haaren gerissen. Wieder rückte zur Befriedung eine Kommission an, notierte die „Wundrissigkeiten" und die vielen „derben Scheltworte" der resoluten Gottmadinger Frauen. Die Gründe für diese Unzufriedenheit: Die Herrschaft überging zu häufig die Interessen der Untertanen im Dorf, die angesichts der knappen wirtschaftlichen Ressourcen und damit verbundener Unsicherheit schon bei „Kleinigkeiten", wie der Versetzung eines Vikars, auf bäuerlich derbe Weise gegen die Herrschaft opponierten und die „Einhaltung des Dienstwegs" ignorierten.

Über Jahrzehnte, wenn nicht sogar Jahrhunderte zogen sich die Streitigkeiten um Fronleistungen hin, die auch die vielen hierfür eingesetzten Kommissionen nicht endgültig schlichten konnten. Es waren häufig Ungeschicklichkeiten und auch Peinlichkeiten der Deuringschen Verwaltung und in einem nachweisbaren Fall auch des Barons selbst, wie beim Kauf eines Hochzeitsgeschenks durch den Baron für seinen Sohn mit geliehenem Geld, wofür der adlige Ortsherr eine Obligation auf die Gemeinde ausstellte, die auf Betreiben der Gottmadinger Untertanen jedoch 1777 von der Vorderösterreichischen Regierung in Freiburg gerügt wurde.

Eigenmächtige Beamte verwalteten die Miniherrschaften oft mit reiner Willkür. Auf der anderen Seite muss man sich fragen, ob die Herrschaft solche Maßnahmen ihrer Beamten als Willkür empfunden hat. Im Laufe der Zeit nahm jedoch einerseits die allgemein die Untertanen durchaus schützende Verrechtlichung zu, was an den vielen Prozessen, Appellationen etc. zu sehen ist. Andererseits könnte man die These aufstellen, dass a) fortschreitend Tendenzen zur Verabsolutierung von Herrschaft auftraten, was tatsächlich zu Willkürhandlungen führte, und b) dass wohl auch die ständische Verachtung des immer weni-

Untertanen und Obrigkeit im Hegau

ger landsässigen Adels gegenüber den Bauern zunahm. Die Untertanen hofften, wie im Falle Gottmadingens, auf den Schutz des adligen Ortsherrn vor dessen Beamten; jedoch, wie der Gottmadinger Dorfvogt klagte, sei die „Herrschaft weit entlegen", sie komme „nicht ins Land", weshalb „von derselben auch keine Hilff" zu erwarten sei[19].

Die Herrschaft Heilsberg ist nur eines von vielen Beispielen andauernden bäuerlichen Ungehorsams. In vielen Gemeindearchiven und auch in Adelsarchiven stößt man auf Unmutsäußerungen der Untertanen. Den jüngsten Fund machte der Verfasser bei der Verzeichnung des lange Zeit unzugänglich gewesenen Schlossarchivs von Mühlingen, wo sich die Mühlinger Bauern und Tagelöhner heftigst mit den verschiedenen Herrschaftsinhabern wie den Herren Ebinger von der Burg oder von Buol-Berenberg stritten[20].

HERRSCHAFT BODMAN

Als Paradebeispiel für einen ausgeglichenen Umgang zwischen ‚Oben' und ‚Unten', der über Jahrhunderte zu beobachten ist, steht die Herrschaft Bodman. Natürlich aber gab es auch dort Streitpunkte und Eingaben sowie auch Prozesse. Bezeichnend für die „Anhänglichkeit" der Bodmaner zu ihrem Herrscherhaus ist ihr Verhalten im Bauernkrieg. Während sich damals fast sämtliche Hegau-Dörfer auf die Seite der rebellierenden Bauern schlugen, schlossen sich die Untertanen von Bodman und Espasingen, die Hans Georg von Bodman gehörten, sowie die von Güttingen und Möggingen, die Wolf von Homburg unterstanden, den Aufständischen nicht an, sondern blieben treu bei ihren Herrschaften[21]. Als „Belohnung" für dieses herrschaftsfreundliche Verhalten überfielen und verwüsteten 3 000 aufständische Bauern das kleine Dorf Espasingen. Auch in den Hauptort Bodman drangen die Aufständischen ein, trugen den Hausrat der Bewohner zusammen, zündeten diesen an und bemächtigten sich in den Kellern des Bodmaner Weins. Diese „Anhänglichkeit" belohnte Hans Georg von Bodman, indem er 1529 die noch nicht eingetriebenen Entschädigungsgelder für die Vermögensverluste während des Bauernkriegs seinen Untertanen vorstreckte und in bar ausbezahlen ließ.

Dieses besondere Verhältnis, wenn man es so bezeichnen möchte, zeigte sich wieder auch in der Zeit des Dreißigjährigen Krieges[22]. Angesichts der großen Not durch die Kriegseinwirkungen verzichtete 1637 Johann Evangelist von und zu Bodman zugunsten seines Onkels Johann Adam von Bodman zu Kargegg auf seine Herrschaft Bodman, stattete seine Schwestern mit Immobilien und Geld aus und erließ seinen Untertanen alle Schulden im Gesamtbetrag von 10 000 Gulden, bevor er selbst in das Kloster Weingarten eintrat. Der Herrschaftsnachfolger hatte wenig Glück, er musste noch im gleichen Jahr Konkurs anmelden, die Herrschaft stand zum Verkauf. Ein Kaufangebot von Max Willibald Graf von Wolfegg Freiherr von Waldburg wurde aber als zu gering abgewiesen. Und wieder bewiesen die Bodmaner ihre Treue zu ihrem Herrschaftsinhaber, Johann Adam von Bodman[23]. 1655 weigerten sie sich beharrlich, den Administratoren der sequestrierten Herrschaft zu huldigen, kamen deshalb in Reichsacht, aus der sie ein Jahr später wieder ausgelöst wurden[24].

Ortschronist Franz Götz weist zudem in seinem Beitrag in der Bodmaner Ortsgeschichte auf die Amtsprotokolle hin, in denen sich darüber hinaus mehrfach Hinweise auf einen Nachlass von schuldigen Zahlungen finden ließen, der den Ortsbewohnern gewährt wurde. Auch im 19. Jahrhundert und selbst heutzutage noch kann dieses besondere Verhältnis der Bürgerschaft zum reichsfreiherrlichen und seit 1902 gräflichen Hause in Bodman beobachtet werden. In der Badischen Revolution von 1848/49 kam es in den ersten sechs Wochen der Revolution – man ist fast versucht, es „überraschenderweise" zu nennen – in Bodman zu Spannungen und Beleidigungen, so dass die Grundherrschaft Bodman erwog, ihren Wohnsitz in „andere Landesteile" zu verlegen[25]. Die Gemeinde richtete ein Gesuch mit den

Empfang des Bodmaner Narrenvereins im Schloss Bodman im Jahr 1955.
Vordere Reihe Dritte von links: Leopoldine Freifrau von Bodman, Vierte: Maria Gräfin von Bodman.
Hintere Reihe Fünfter von links: Johannes Graf von Bodman.

Unterschriften der Bürger an Johann Sigmund Freiherr von Bodman, den Inhaber der Grundherrschaft, und bat, doch am angestammten Ort zu bleiben. Die Bodmaner Bürgerschaft räumte in dem Schreiben Fehler ein, bereute diese und bat die Grundherrschaft, ihr zu verzeihen und den Bürgern wieder zu vertrauen. Die Bodmaner schrieben: „Für die Gemeinde bestünde der größte Schmerz darin, in Schande zu geraten und die Achtung zu verlieren, die aus dem hohen Stand und dem Ansehen der Grundherrschaft rührt."

Die Freiherren von Bodman blieben am Ort und verteilen immer noch jedes Jahr am so genannten „Laiblestag" kleine Brotlaibe an die Kirchgänger des großen Jahrtagsamts der Familie[26].

Auch sonst gehen die Uhren in Bodman anders. Stürmen ansonsten im närrischen Hegau die Fastnachtsnarren alljährlich mit allerhand Klamauk und derben Späßen die Rathäuser, so ziehen sie in Bodman gesittet ins Schloss und zelebrieren mit fast höfisch zu nennender Zurückhaltung ein Rügespiel mit der gräflichen Familie.

Doch auch hier ist eine differenzierte Betrachtung notwendig. Ute Planert hat die Verhältnisse in der Herrschaft Bodman „in den Kriegen der Französischen Revolution" untersucht[27]. Sie berichtet von einer beträchtlichen Angst des Hegau-Adels vor einer Revolte der Untertanen anlässlich des Heranrückens französischer Truppen. Die reichsfreiherrliche Familie hatte sich in Bregenz in Sicherheit gebracht. Als im leerstehenden Bodmaner

Untertanen und Obrigkeit im Hegau

Schloss ein Brand ausbrach, wurde sofort die Vermutung laut, „übel gesinnte" Dorfbewohner hätten den herrschaftlichen Wohnsitz in Brand gesteckt. Planert weiter: „Zur Irritation der zurückgebliebenen Verwaltungsbeamten zeigten die Bodmaner Untertanen statt Genugtuung freilich große Hilfsbereitschaft und liefen drei Dörfer weit mit Eimern herbei, um das Feuer zu löschen." Also wieder kein Bodmaner Revolutionsgeist: Ursache des Feuers war das stundenlange Kochen des Proviants der adligen Familie für die Flucht, dadurch hatte sich der Kaminabzug verharzt und fing Feuer. Trotz aller vielgepriesener Harmonie in der Herrschaft Bodman trauten die Reichsfreiherren ihren Untertanen indes doch nicht so recht.

SCHLUSSBETRACHTUNG

Geht man nun trotz aller quellenkritischen Schwierigkeiten davon aus, dass es tatsächlich in unterschiedlichen Orten eine divergierende Tradition widerständigen oder untertänigen Verhaltens von ‚Unten' einerseits und komplementär eines verständnisvolleren bzw. ausbeuterischeren Verhaltens von Seiten der Obrigkeit gegeben hat, bleibt doch zu fragen: Wo liegen die Ursachen für dieses so unterschiedliche Verhalten, für so gänzlich nicht vergleichbare Verhältnisse?

In wirtschaftlicher Hinsicht auffällig zwischen den beiden diametral entgegengesetzten Beispielen Gottmadingen und Bodman ist die recht unterschiedliche Besitzstruktur in den beiden Herrschaftsorten[28]. Während in Bodman 1757 nur 28,5% Eigengüter und 71,5% Lehengüter vorhanden waren, war die Situation in Gottmadingen genau umgekehrt: 70% Eigenbesitz und 30% Lehenbesitz. Die Flächen in Eigenbesitz waren wegen der dort üblichen Realteilung aber flächenmäßig erheblich kleiner. Auch die Häuser waren in Bodman in der Mehrzahl Lehenhäuser (68 zu 35), in Gottmadingen waren 70 in Eigentum und nur drei Lehen. Demgegenüber waren in Gottmadingen aber die Betriebsgrößen sehr klein, nur ein Drittel der Gottmadinger Familien konnte sich die Nahrungsmittelversorgung vollständig durch die eigene Landwirtschaft sichern, die anderen waren auf Zuerwerb angewiesen. Die landwirtschaftlichen Betriebe in Bodman waren größer. Auch mussten sich die Gottmadinger mit sieben unterschiedlichen Grundherren abmühen, während in Bodman das freiherrliche Haus der alleinige Grundherr war. Der Gottmadinger Ortsherr von Deuring verfügte nur über ein Drittel aller Lehenflächen und insgesamt nur über 9% der steuerbaren Fläche insgesamt. Auch beim Gemeindebesitz gab es Unterschiede. In Bodman betrug er stattliche 851 Jauchert (1 Jauchert entspricht 0,337 Hektar), in Gottmadingen dagegen nur kümmerliche 237 Jauchert[29], und dies bei einer etwas höheren Bevölkerungszahl in Bodman (Bodmann, 1807: 731 Einwohner, Gottmadingen, 1812: 667 Einwohner).

Ein weiterer, erheblicher Unterschied liegt in der zeitlichen Kontinuität, Homogenität und Intensität der Herrschaft. In Hilzingen und Gottmadingen wechselte zusätzlich zur Zersplitterung der grundherrlichen Rechte auch die Ortsherrschaft mehrfach[30], so dass sich – ohne dies zunächst qualitativ zu bewerten – offenbar keine kontinuierliche Beziehung zwischen Herrschaft und Untertanen entwickeln konnte. Überdies erzeugten Herrschaftswechsel insofern strukturell Konfliktpotential, als in einer grundsätzlich das „alte Herkommen" als Rechtsbasis anerkennenden Gesellschaftsstruktur zwischen Herrschaft und Untertanen jede Art von Veränderungen von Seiten der Untertanen als unrechtmäßige Verschlechterung und von Seiten der Herrschaft als von andernorts gewohnte Vergünstigung interpretiert wurde. In den dokumentierten Konflikten äußert sich so – über den Einzelfall despotischer Forderungen hinaus – immer auch das Ringen um ein gültiges Verfahren zwischen Obrigkeit und Untertanen. Demgegenüber kann die seit dem 13. Jahrhundert ununterbrochen bestehende und strukturell umfassende Herrschaft Bodman als Paradebeispiel einer kontinuierlichen Herrschaftsausübung zwischen Orts- und Grundherren nebst Funktionsträgern und den Bewohnern gelten. In ihr offenbart sich zumeist ein hohes Maß an gegenseitiger Verständigung oder besser: Klarheit über die Recht- und Unrechtmäßigkeit gegenseitiger Forderungen und Ansprüche. In dieser Konstellation, die sicher auch erheblich dazu beigetragen haben wird, ein – quellenmäßig kaum zu fassendes – Bewusstsein eines gegenseitigen Aufeinanderangewiesenseins beider Seiten zu erzeugen, könnte sich das über einen langen Zeitraum eingeübte Einhalten gewisser Spielregeln als Ursache eines verträglichen Nebeneinanders in Bodman etabliert haben. So hätten weder Obrigkeit noch Untertanen das „Spiel" nie überreizt und wären sich beide Seiten als „Hauptakteure" und „einfache Mitspieler" der solidarischen Verbundenheit bewusst gewesen. Auch die Tatsache, dass die Ortsherrschaft über Jahrhunderte persönlich am Ort präsent war, dazu der Verzicht auf eine allzu prächtige Hofhaltung und Machtausübung könnten zu einem insgesamt konfliktfreieren Klima beigetragen haben. Ein wichtiger Faktor war sicherlich auch die meist glückliche Hand bei der Anstellung tüchtiger Beamter, die mit den Untertanen in der Regel ein Einvernehmen herstellen konnten.

Allerdings sollte man sich davor hüten, aus dem Ausbleiben von Konflikten vorschnell auf bessere Lebensbedingungen an einem Ort oder ein strukturell harmonisches Miteinander zu schließen. Im Falle Bodmans erscheint es ebenso denkbar, in dem weitgehenden Fehlen von Widerstand auch einen – bedingt durch die abgelegene Lage des Ortes – Mangel an Bewusstsein und Artikulationsmöglichkeiten für Kritik gegenüber einer lokal übermächtigen, althergebrachten, ebenso paternalistisch wie flexibel agierenden Obrigkeit zu erkennen. Die Herrschaft scheint es wohl auch verstanden zu haben, bei den Einwohnern ein starkes Gefühl der Bindung zwischen ‚Oben' und ‚Unten' zu erzeugen, während in grundherrlich oder gar ortsherrlich-niedergerichtlich heterogenen Orten zersplitterte Strukturen ein günstigeres Klima boten, Verfahren zu entwickeln, die in Widerstandshandlungen münden konnten.

Die Ursachen für das Fehlen offener Widerständigkeit bei den Untertanen sind zahlreich und höchst unterschiedlich, genauso wie die Ursachen für das Vorhandensein von offener Widerständigkeit: Zeitgeist, Mentalität, Gelegenheit, wirtschaftliche Faktoren und vieles mehr. Gerade das übersichtliche und klar definierbare Gebiet des Hegau bietet sich für weitere Forschungen an.

Anmerkungen:

1 *Franz Götz*: Geschichte der Stadt Radolfzell. Radolfzell 1967, 149.
2 Von den zahlreichen Adelsarchiven des Hegau seien hier einige genannt, die erschlossen sind, wie Bodman, Enzenberg in Singen, Hornstein-Bietingen in Gottmadingen, Langenstein, Mühlingen (zur Zeit in Bearbeitung) oder Stotzingen in Steißlingen (Drucklegung des Repertoriums steht noch aus).
3 *Peter Blickle*: Deutsche Untertanen. Ein Widerspruch. München 1981, 96.
4 Ebd., 93.
5 Ebd., 95.
6 *Casimir Bumiller*: Der Bauernkrieg im Hegau. Rekonstruktion einer revolutionären Bewegung. In: *Wolfgang Kramer* (Hg.): Hilzingen – Geschichte und Geschichten. Bd. 1. Konstanz - Hilzingen 1998, 330ff.
7 *August Vetter*: Hüfingen. Hüfingen 1984, 106.
8 Zitiert nach *Bumiller* 1998 (wie Anm. 6), 351 und modernisiert.
9 Ebd., 411.
10 Ebd., 420.
11 *Anneliese Müller*: Ein Dorf – drei Herren: Skizzen zur mittelalterlichen und frühneuzeitlichen Geschichte von Hilzingen. In: *Kramer* 1998 (wie Anm. 6), 220.
12 Zitiert nach *Müller* 1998 (wie Anm. 11), 222.
13 Generallandesarchiv Karlsruhe 229/43610.
14 Zitiert nach *Müller* 1998 (wie Anm. 12), 220.
15 *Wolfgang Kramer*: Gottmadingen und die Herrschaft Heilsberg. In: *Ders.* (Hg.): Gottmadingen vom Bauerndorf zur Industriegemeinde. Gottmadingen 1997, 80.
16 Gemeindearchiv Gottmadingen U3.
17 *Hermann Abert*: Sagen und Erzählungen. In: *Kramer* 1997 (wie Anm. 15), 431.
18 Dies und im folgenden *Kramer* 1997 (wie Anm. 15), 84ff.

19 Ebd., 87.
20 Das Archiv befindet sich zur Zeit (2005) im Kreisarchiv Konstanz.
21 *Franz Götz*: Zur Geschichte von Dorf und Herrschaft Bodman. In: *Herbert Berner* (Hg.): Bodman – Dorf, Kaiserpfalz, Adel. Bd. 2. Sigmaringen 1985, 66.
22 Ebd., 70.
23 *Johann Leopold Freiherr von und zu Bodman*: Geschichte der Freiherren von Bodman. München 1894, 358 (Nr. 1297).
24 *Götz* 1985 (wie Anm. 21), 73.
25 *Herbert Berner*: Dorf und Gemeinde. In: *Berner* 1985 (wie Anm. 21), 382. Dort auch das folgende Zitat.
26 Freundliche Auskunft von Wilderich Graf von und zu Bodman am 27. Oktober 2005.
27 *Ute Planert*: „Eine Cocarde und ein französisches Maul". Bodman und die Bodensee-Region in den Kriegen der Französischen Revolution. In: Hegau 61 (2004), 229.
28 *Götz* 1985 (wie Anm. 21), 51 und *Christhard Schrenk*: Bauern in Gottmadingen. Struktur des Bauerndorfes Gottmadingen im 18. Jahrhundert. In: *Kramer* 1997 (wie Anm. 15), 124f.
29 *Landesarchivdirektion Baden-Württemberg* (Hg.): Der Landkreis Konstanz. Bd. 3. Sigmaringen 1979, 163 und Bd. 4. Sigmaringen 1984, 501.
30 *Schrenk* 1997 (wie Anm. 28), 124, nennt für die 150 Jahre vor dem im Jahre 1676 erfolgten Aufzug der Deurings fünf verschiedene Ortsherrenfamilien in Gottmadingen.

Ehingen als Sitz des Ritterkantons Donau
Reichsunmittelbare Adelskorporation und österreichische Landstadt

Ludwig Ohngemach

Bereits vor der Wende zum 18. Jahrhundert war die von den Grafen von Berg gegründete Stadt Ehingen, die 1343/46 in den Besitz des Hauses Habsburg gekommen war, gelegentlich Schauplatz von Zusammenkünften des ritterschaftlichen Adels. Dies galt auch für das benachbarte Munderkingen. Weit häufiger trafen sich die Ritter in der nahen Reichsstadt Ulm[1]. Die besondere Beziehung Ehingens zum niederen reichsunmittelbaren Adel beruhte auf dem Umstand, dass die Stadt seit der Wende vom 17. zum 18. Jahrhundert Sitz des Kantons Donau war. Da dieser den ständigen Vorsitz unter den fünf Kantonen des schwäbischen Ritterkreises führte, galt die Stadt an der Donau zudem als Sitz des Ritterkreises[2]. In den wenig mehr als 100 Jahren engen Zusammenlebens spielten die nur dem Kaiser unterstellten Ritter in der schwäbischen-, später vorderösterreichischen Landstadt, in der nach dem Dreißigjährigen Krieg auch die Vertreter der Stände Schwäbisch-Österreichs regelmäßig zusammenkamen und dort ihre Verwaltung ansiedelten, eine wichtige Rolle[3]. Wie zu zeigen sein wird, gilt dies in politischer, aber durchaus auch in wirtschaftlicher und gesellschaftlicher Hinsicht. Im Stadtbild haben beide Institutionen ihre unübersehbaren Spuren hinterlassen[4].

RITTERKANTON DONAU

Dem im deutschen Südwesten ansässigen niederen Ritteradel gelang es, sich den staatlichen Durchdringungsprozessen zu entziehen, so dass die Ausbildung von Flächenstaaten nicht zustande kam. Im Verlauf des 16. Jahrhunderts fanden die Ritter sich zu einer in drei Kreise mit zusammen 14 Kantonen gegliederten Korporation zusammen. Kennzeichnend für diese Organisation war die direkte Verbindung zum Kaiser und damit die reichsunmittelbare Stellung, während der einzelne Ritter weder individuell noch kollektiv über die Reichsstandschaft verfügte. Den größeren Fürsten mussten die ritterschaftlichen Gebiete als lästige Fremdkörper erscheinen, welche die Entwicklung ihrer eigenen Gebiete zu einem modernen Territorialstaat behinderten. Einzelne Fürsten versuchten daher wiederholt, in ihrem Umkreis ansässige Ritter ihrer landesfürstlichen

[...] freyer unmittelbarer Reichsritterschafft in Schwaben Viertls an der Donaw [...] Director, Ausschüss unnd Räthen Siegel. Ehingen 18. Juni 1692. Hauptstaatsarchiv Stuttgart.

Obrigkeit zu unterwerfen. Mit Hilfe des Kaisers, der ein politisches, aber auch finanzielles Interesse am Erhalt einer unmittelbaren Ritterschaft hatte, gelang es, diese Angriffe immer wieder erfolgreich abzuwehren.

Die einzelnen Ritter, die in ihren Herrschaften die Landeshoheit ausübten, wachten argwöhnisch über ihre Unabhängigkeit vom Kanton und überließen diesem nur ein Minimum an Aufgaben, wie die Militär- und Steuerhoheit. So hatten die Kantone bei ihren Mitgliedern insbesondere den Einzug der „Charitativ Subsidien" für den Kaiser zu besorgen. Darüber hinaus war ihnen u.a. die Exekution gegen säumige Mitglieder und die Aufsicht in Vormundschaftsfragen übertragen. Sie hatten zudem das „Jus retractus", das Vorkaufsrecht auf ritterschaftliche Güter wahrzunehmen. Auch setzte der Kaiser die Kantone als Kommissare bei Schuldangelegenheiten ein, die angesichts der Finanzkrise des niederen Adels keine Seltenheit waren[5].

Zur Führung der Geschäfte wurden bereits vor dem Dreißigjährigen Krieg Kanzleien eingerichtet, für den Kanton Donau, der seit 1545 neben den Kantonen Hegau-Allgäu-Bodensee, Neckar-Schwarzwald, Kocher sowie Kraichgau zum Schwäbischen Ritterkreis gehörte, zunächst in der Reichsstadt Ulm. An der Spitze des Kantons stand das Direktorium, dem der jeweilige Direktor, zeitweilig auch Ritterhauptmann genannt, und vier Ritterräte, die mit ihm zusammen den Ausschuss bildeten, angehörten. Wichtigere Gegenstände wurden in Direktorialkonferenzen behandelt und entschieden, Grundsatzentscheidungen und Wahlen, etwa des Direktoriums, waren den seltenen Plenarkonventen vorbehalten. Dem Direktorium arbeiteten eine ganze Reihe von Offizianten zu, welche auch die laufenden Verwaltungsgeschäfte führten. Zu nennen sind für die Ehinger Kanzlei der jeweilige Syndikus, zwei Konsulenten, ein Sekretär, der Registrator, ein bis zwei Kanzlisten und der Rechnungsleger oder Kassier. Hinzu kam das niedere Personal, vom Boten bis zumHausmeister[6]. Der Kanton Donau fungierte für den Schwäbischen Ritterkreis als permanentes Direktorium und führte für diesen die Geschäfte. Daher fanden auch die sogenannten „Fünfortskonvente" üblicherweise in Ulm statt. Neben dem Kanton war der Ritterkreis jedoch nur ergänzend tätig, wobei offenbar das permanente Direktorium durch den Kanton Donau und dessen große Nähe zum Kaiser, die große Stabilität gerade des schwäbischen Ritterkreises bewirkte[7].

Auf der Ebene der Reichsritterschaft vereinbarte man nach einem ersten sogenannten „Generalkorrespondenztag" 1557 in Schwäbisch Gmünd, 1577 die Einrichtung eines Generaldirektoriums für alle drei Ritterkreise. Dieses sollte in jährlichem Turnus wechseln. Bereits 1596 wurden diese Überlegungen wieder aufgegeben, da sie sich als nicht realisierbar erwiesen. Allerdings kam es immer wieder, zuletzt 1790 in Heilbronn, zu Generalkorrespondenztagen, die von den Kreisen im Turnus veranstaltet wurden. Das Generaldirektorium zum jeweils nächsten Treffen übernahm der einladende Ritterkreis, im Falle Schwaben also wiederum der Kanton Donau[8].

EHINGEN WIRD SITZ DES RITTERKANTONS DONAU

Bei der Standortauswahl für die Kanzleien der einzelnen Ritterkantone spielten eine ganze Reihe verschiedener Umstände eine Rolle. Ein wichtiger Gesichtspunkt war die Sicherheit der Archive vor dem Zugriff konkurrierender Mächte. Es überrascht daher nicht, dass sich die meisten Kantone mit ihren Häusern in Reichsstädten ansiedelten. Andererseits gab es im Nahbereich durchaus Interessenkonflikte, so dass eine dem habsburgischen Kaiserhaus verbundene Landstadt vorteilhafter erscheinen konnte. Dies war offenbar im Fall von Ehingen, aber auch etwa bei Radolfzell ausschlaggebend. Hinzu kam, dass sich der schwäbische Adel, insbesondere die Kantone Donau und Hegau-Allgäu-Bodensee durch eine besondere Nähe zum Kaiser bzw. zum Haus Habsburg auszeichneten[9].

Wie erwähnt hatte der Kanton Donau seine Kanzlei und damit seinen Sitz zunächst in der Reichsstadt Ulm. Ende der 1680er Jahre werden Bemühungen erkennbar, die Kanzlei nach Ehingen zu verlagern. Anlass hierfür waren offenbar Spannungen mit dem Schwäbischen Kreis, der seine Zusammenkünfte gleichfalls in Ulm abhielt[10]. Einem Schreiben des damaligen Ritterhauptmanns an den österreichischen Statthalter in Ehingen, Baron Heinrich Eberhard Baron Speidl, aus dem Sommer 1692 ist zu entnehmen, dass man es angesichts „allerhand machinationes", allerhand Ränken und Winkelzügen, die vom Schwäbischen Kreis gegen sie ins Werk gesetzt würden, nicht für tunlich halte, die Kanzlei mit dem Archiv und den dort aufbewahrten Unterlagen weiterhin in Ulm zu belassen. Außerdem bestünde wegen der Kreisversammlung in Ulm keine angemessene Gelegenheit zur Abhaltung der Ritterkonvente[11]. Wenige Tage später äußerte sich derselbe Ritterhauptmann gegenüber dem neu ernannten Vizekanzler der oberösterreichischen Regierung in Innsbruck in ähnlicher Weise[12].

Zu diesem Zeitpunkt, im Sommer 1692, waren die ersten Vorbereitungen für eine Umsiedlung bereits abgeschlossen, hatten die Ritter doch schon im Sommer 1689 auf dem Ehinger Gänsberg die sogenannte „Vitzthumbische Behausung", einen alten Adelshof, erworben. Nun aber ging es darum, hierfür einen angemessenen Rechtsstatus zu erwirken. Als reichsunmittelbare Korporation stellte die Ritterschaft und damit ihre Häuser und ihr Personal in der österreichischen Landstadt Ehingen naturgemäß einen Fremdkörper dar, der zeitweise zu heftigen Auseinandersetzungen Anlass gab. Die letztlich zugestandene Immunität, die die ritterschaftlichen Häuser dem städtischen und landesherrlichen Zugriff entzog, scheint ein, wenn nicht der entscheidende Beweggrund zur Übersiedlung von Ulm nach Ehingen gewesen zu sein. Hinzu kam die Freiheit von landesherrlichen Steuern. Außerdem genoss die Reichsritterschaft Zollfreiheit, sofern es sich um Waren handelte, die auf eigenen Gütern erzeugt und zur eigenen Notdurft in der Stadt benötigt wurden. Wohl 1763 kam das Recht hinzu, „Delinquenten oder sonst ausschweifende Cavalliers" im Ritterhaus in einem entsprechenden Gewahrsam festhalten zu dürfen[13].

Die Versammlungen des schwäbischen Ritterkreises fanden freilich auch nach der Verlagerung der Kanzlei nach Ehingen normalerweise in der Reichsstadt Ulm statt. Dasselbe gilt für die Plenarkonvente oder die „Vierteltage" des Kantons Donau. Dort in Ulm stand die notwendige Infrastruktur zur Verfügung, insbesondere die benötigten Quartiere. Dort befand sich auch weiterhin die Kasse des Ritterkantons. Dagegen wurden die Direktorialkonferenzen, die Sitzungen des Direktors und der vier Ritterräte des Ausschusses, seit der Wende zum 17. Jahrhundert zumeist in Ehingen abgehalten. Hierfür genügten die Räumlichkeiten im Ritterhaus an der oberen Hauptstraße und im Haus auf dem Gänsberg. Die Bediensteten fanden in den örtlichen Gasthöfen Unterkunft.

STREITIGKEITEN MIT DER STADT EHINGEN UND DEN ÖSTERREICHISCHEN LANDESBEHÖRDEN

Bereits in der Umsiedlungsphase der Kanzlei hatten sich die zentralen Konfliktpunkte abgezeichnet, die Verhältnis und Zusammenleben zwischen Stadt und reichsunmittelbarer Ritterschaft über viele Jahre zumindest mitbestimmen sollten. Während die Ritterschaft allergrößten Wert auf ihre Immunität legte, war der Magistrat zunächst nicht bereit, Abstriche an seinen Kompetenzen zu akzeptieren. Bereits 1691, als es um den Erwerb des Bauplatzes für das geplante Kanzleigebäude an der oberen Hauptstraße ging, verwies der Rat auf sein in den „Ehingische[n] Statuten" und durch den Stadtbrauch festgelegtes Recht, dass Grundstücke innerhalb von Zwing und Bann der Stadt nur mit seinem Wissen und seiner Billigung und unter besonderen Konditionen an Fremde verkauft werden durften. Als ehemals adliger Freihof seien die von den Rittern ins Auge gefassten Häuser ursprünglich von bürgerlichen Lasten freigestellt gewesen. Allerdings hafte dieses Vorrecht – so der Rat – nicht auf dem Grund, sondern sei ausschließlich an die Familie des ehemaligen

Aufriss nebst Situationsplan ... des ehemaligen Ritterhauses und späteren Oberamtsgebäudes in Ehingen, 1819. Museum der Stadt Ehingen.

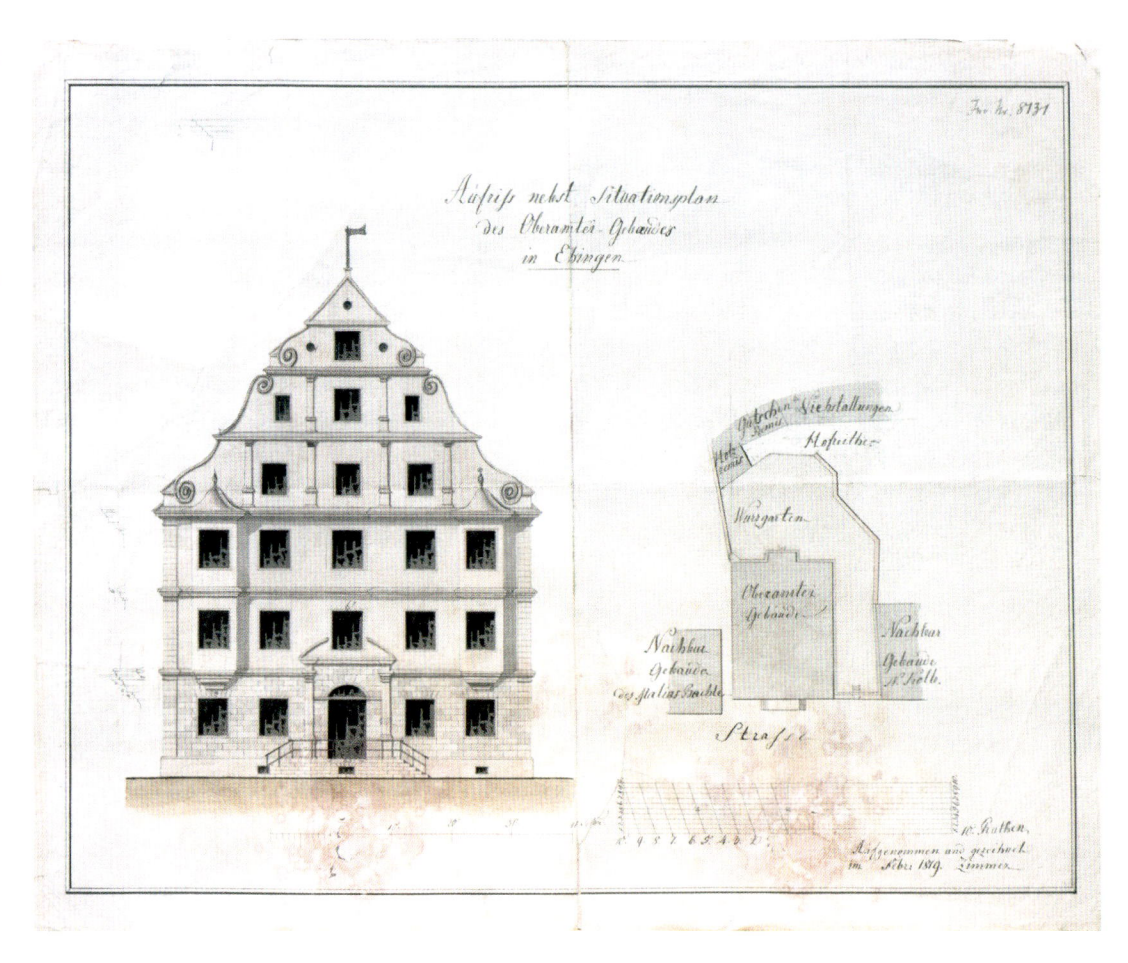

Stadtsyndikus Johann Buechmiller gebunden gewesen. Da der Rat die Häuser möglichst an die Ehinger Bürgerschaft verkauft haben wollte, diese aber erklärtermaßen nicht in der Lage war, sie zu erwerben, wandte er sich schließlich an die vorgesetzten österreichischen Regierungsstellen[14].

Die Ritter machten für die ablehnende Haltung der Stadt insbesondere den damaligen Bürgermeister Christian Mellinger sowie dessen Stadtschreiber Anton Franz Buechmiller verantwortlich, denen sie vorwarfen, bei der Bürgerschaft Stimmung gegen die Ansiedlung ihrer Kanzlei zu machen. Als sie von ihrem Konsulenten Ruösch erfahren hatten, dass der Magistrat in der Sache an die Regierung in Innsbruck berichtet habe, wandten sie sich ihrerseits im Juli 1692 an Baron von Speidl, den österreichischen Statthalter in Ehingen. Ihm gegenüber betonten sie, dass die Stadt und ihre Bürger durch den Umzug der Ritterkanzlei bereits jetzt erhebliche wirtschaftliche Vorteile erfahren hätten. Da in den ritterschaftlichen Häusern keine Gasthäuser und kein Gewerbe betrieben werden solle, der Stadt also kein Verlust an Steuer- oder Umgeldeinnahmen entstehe, die Ritter und Bediensteten sich in den Wirtshäusern verpflegen würden, wäre die Ansiedlung für die Stadt von großem wirtschaftlichen Vorteil. Abschließend wurde Speidl gebeten, seinen Einfluss dahingehend geltend zu machen, dass der Magistrat bezüglich der Erwerbung der „Fintischen Häuser" als auch der Immunität des Hauses auf dem Gänsberg die inzwischen vorliegenden Verträge ratifiziere[15]. Wenige Tage später bat der Direktor zusätzlich den gerade ernannten Vizekanzler der oberösterreichischen Regierung in Innsbruck, die Stadt Ehingen zu bewegen, die getroffenen Vereinbarungen zu ratifizieren. Diese waren bereits im Juni zwischen Direktor und Ausschüssen des Ritterkantons Donau mit den Buechmillerschen Erben abgeschlossen worden und beinhalteten den Kauf der beiden Häuser an der oberen Hauptstraße.

Letzte Versuche der Stadt, die Angelegenheit in der Schwebe zu halten, blieben erfolglos und wenig später, am 25. August 1692, konnte die Einigung mit der Stadt vertraglich fixiert werden. Darin gestanden Bürgermeister und Rat den Verkauf der beiden Häuser an der oberen Hauptstraße an den Ritterkanton zu. Weiterhin bestätigte man diesen sowie dem Haus auf dem Gänsberg die bereits früher gewährte Immunität, solange sie im Besitz der Ritterschaft blieben und deren Direktorium in Ehingen verbliebe. Die genannten Häuser sollten lediglich dem Direktor, den Mitgliedern der Ausschüsse sowie den gewöhnlichen Beamten des reichsritterschaftlichen Corpus als Unterkunft zur Verfügung stehen. Die anderen Ritter („Cavaliers") mit ihren Bediensteten hatten sich in den Gasthäusern einzuquartieren[16]. Für die gewährte Immunität vereinbarte man eine jährliche Rekognitionszahlung in Höhe von 50 Gulden an die Stadtkasse[17]. Im September 1692 wurden dann auf Betreiben der Stadt, ausgehend von der bereits erreichten Einigung, in einem Nebenrezess noch eine ganze Reihe weiterer Einzelvereinbarungen getroffen, die das Bemühen um ein gutnachbarliches Miteinander erkennen lassen[18].

In der Folgezeit gestaltete sich das Verhältnis zwischen Ritterschaft und Stadt offenbar weitgehend reibungslos. 1735 wurden allerdings Auskünfte eingeholt, wie andernorts mit den Nachlässen von Offizianten verfahren werde, die in bürgerlichen Häusern verstorben waren. Dies lässt vermuten, dass bereits damals mit neuen Auseinandersetzungen gerechnet wurde[19]. Tatsächlich entwickelte sich der Rechtsstatus des Kanzleipersonals in den letzten Jahrzehnten des 18. Jahrhunderts zum zentralen Streitpunkt zwischen Ritterschaft, Stadt und österreichischen Landesstellen. Ein erster konkreter Anlass bildete die Missachtung der Sperrstunde in Ehinger Wirtshäusern durch einige – auch ritterschaftliche – Beamte im Juni 1780, an deren Aufdeckung der damalige Bürgermeister Jenko von Jenkesheim persönlich beteiligt war. Hierüber zur Rede gestellt, nahmen die Beamten für sich den Status von Ausländern („peregrini") in Anspruch. Der Magistrat berichtete den Vorfall dem ritterschaftlichen Direktorium und befragte darüber hinaus die vorderösterreichische Regierung in Freiburg, ob ritterschaftliche und landständische Beamte sich bezüglich der „Policey" den einschlägigen Magistratsanordnungen zu fügen hätten oder nicht[20]. Wenig später betonte das ritterschaftliche Direktorium gegenüber der vorderösterreichischen Regierung, dass Räte und Beamte des Ritterkantons Donau bisher noch nie den polizeilichen Anordnungen der hiesigen „Municipalstadt" unterworfen gewesen seien und bat den Ehinger Magistrat entsprechend zu instruieren[21]. Im November 1781 forderte das Direktorium dann gegenüber der vorderösterreichischen Regierung die Exemtion von der städtischen wie von der landesfürstlichen Gerichtsbarkeit für das gesamte in Kantonsdiensten befindliche Kanzleipersonal. Bisher war lediglich den Rittern selbst die Personalexemtion zugestanden worden[22]. In ihrer Antwort riet die vorderösterreichische Regierung dem ritterschaftlichen Direktorium wenig später, sich mit dem Magistrat über die aufgetretenen Streitpunkte ins Benehmen zu setzen[23]. Andererseits erhielt der Ehinger Magistrat, der sich um Verhaltensmaßregeln an Freiburg gewandt hatte, im Dezember desselben Jahres 1781 den Rat, das ritterschaftliche Direktorium um eine Begründung für seine Forderungen zu bitten. Dieses aber reagierte zunächst nicht[24].

Inzwischen aber war die Drohung der Ritter, gegebenenfalls ihre Kanzlei von Ehingen abzuziehen, in Teilen der Bürgerschaft bekannt geworden und hatte offenbar Ängste geweckt. Jedenfalls erboten sich fünf der Zunftmeister gegenüber den Deputierten, sich bei den Rittern für deren Verbleiben in der Stadt einzusetzen[25]. Tatsächlich waren die Kanzlei und die ständig in Ehingen lebenden Offizianten und ihre Familien, es handelte sich um sechs bis acht Familien, die zumindest teilweise zur städtischen Oberschicht zu zählen sind, durchaus ein nicht unerheblicher

Joseph Fidelis Mathias Gronmayer (1735 – 1803), Dr. jur. utr., reichsritterschaftlicher Syndikus. Ölgemälde, Privatbesitz.

Wirtschaftsfaktor. Außerdem waren die Ausgaben anlässlich der Direktorialkonferenzen, die mehrfach im Jahr in Ehingen, gelegentlich auch in Ulm, abgehalten wurden, zu berücksichtigen. Diese dauerten jeweils mehrere Tage, teilweise auch mehrere Wochen, wodurch Diäten, Reisekosten und Kostgelder für das Direktorium, die Offizianten und die Dienerschaft anfielen. Diese gelangten nicht zum geringsten Teil in die Kassen der Ehinger Bürgerschaft[26].

Wenig später veranlasste das wenig sensible Vorgehen des günzburgischen Landschreibers und Kommissars Franz Joseph Adam Karl von Freiherr von Pflummern das ritterschaftliche Direktorium erneut, mit Nachdruck auf die Personalexemtion seiner Beamten zu pochen. Pflummern hatte die Anwendung von Gewalt angedroht, um im Zuge einer Untersuchung die Aushändigung der Korrespondenz zwischen dem Ritterschaftskanzlisten Ruef und dessen Sohn durchzusetzen[27]. Eine weitere Zuspitzung erfuhr die ungelöste Angelegenheit, als am 3. April 1783 die Frau des reichsritterschaftlichen Registrators Kittler verstarb. Diese war mit ihrem Mann zur Miete im Haus eines Ehinger Bürgers untergebracht. Als die städtischen Beamten zur Anfertigung des Inventars eintrafen, fanden sie die Wohnung durch Anordnung des ritterschaftlichen Direktoriums bereits versiegelt vor, worauf der Magistrat umgehend protestierte und die ritterschaftlichen Siegel abnehmen und durch städtische ersetzen ließ[28].

RÜCKKEHR NACH ULM?

Bereits am 15. Mai 1783 legten die beiden Konsulenten Dr. Gronmayer und Gasser dem Direktorium ein erstes Gutachten über diese Vorgänge und die zu ziehenden Konsequenzen vor[29]. Die beiden Autoren waren offenbar aus eigenem Antrieb und nicht nach Aufforderung durch das Direktorium tätig geworden und plädierten entschieden für eine baldmöglichste Verlegung der Kanzlei. Ihre Ausführungen lassen erkennen, wie entscheidend sich das Verhältnis der Reichsritterschaft zu den mächtigeren Reichsständen, zum Kaiser sowie zum Haus Österreich in den vergangenen Jahrzehnten verändert hatte.

Während sich die Reichsritter früher von den mächtigeren Reichsständen existentiell bedroht gefühlt und im Kaiser ihre einzige Stütze gesehen hatten, erlebten sie ihre Situation unter den Nachfolgern Maria Theresias gänzlich verändert[30]. Mit den mächtigeren Reichsständen habe man sich, so Gronmayer und Gasser, größtenteils geeinigt, so dass sie, die Reichsritter, in ihrem Existenzrecht weitgehend akzeptiert seien[31]. Andererseits aber habe sich das Verhältnis zum Haus Habsburg und zu Österreich dramatisch verschlechtert. Von dieser Seite sahen sie sich nun der „härtesten Verfolgung" ausgesetzt und insbesondere durch die neuen österreichischen Grundsätze bezüglich der Territorialhoheit bedroht. Dem Haus Österreich scheine, so Gronmayer und Gasser, die Reichsritterschaft und ihre Erhaltung keine Aufmerksamkeit mehr wert zu sein, vielmehr scheine man die Erweiterung der Vorlande durch Unterjochung der Rittergüter für einen großen Vorteil zu halten. Vor diesem Hintergrund, so die beiden Autoren, könne nichts unvorsichtiger sein, als Kanzlei und Archiv „gleichsam in Feindeslanden" zu belassen: Folglich sei auch die Sicherheit des Kanzleipersonals nicht mehr gegeben[32]. Und folgerichtig maßen sie der Frage, ob eine Verlagerung vom kaiserlichen Hof übel genommen würde, keine größere Bedeutung zu und setzten sich für eine rasche Verlegung der Kanzlei in die nahe Reichsstadt Ulm ein.

Die nachfolgende Korrespondenz folgt dann im wesentlichen den bereits im Gutachten der Konsulenten Dr. Gronmayer und Gasser vorgegebenen Argumentationslinien. So beteuerte das Direktorium in seiner Antwort auf das städtische Protestschreiben, lediglich eine Exemtion seines Personals von der städtischen Jurisdiktion zu beanspruchen. Man habe nicht die Absicht, die ortsobrigkeitlichen Rechte und Befugnisse des Magistrats in Frage zu stellen. In jedem Fall äußerte das Direktorium die Erwartung, dass man in vergleichbaren Fällen von Seiten der Stadt wenigstens gestatte, Akten und Unterlagen des Kantons vom übrigen Nachlass zu separieren und sofort unter Verschluss zu nehmen. Im übrigen ließ das Direktorium keinen Zweifel, dass man entschlossen sei, die Kanzlei von Ehingen weg zu verlegen. Wenig später nahm man Kontakt mit dem Magistrat der nahen Reichsstadt Ulm auf und fragte an, ob man geneigt sei, die Ritterkanzlei in ihren Mauern aufzunehmen. Im sogenannten Grünen Hof in Ulm hatte man auch schon ein geeignetes Anwesen in Aussicht genommen[33].

Trotz des Drängens der beiden Konsulenten Dr. Gronmayer und Gasser kam es bezüglich einer Verlegung der Kanzlei zu keiner raschen Entscheidung. Vielmehr erhielt nun Syndikus von Cotto den Auftrag, ein weiteres Gutachten über diese Frage zu erstellen[34]. Dieser nun plädierte für ein sorgsames Abwägen von Vor- und Nachteilen sowie insgesamt für eine eher vorsichtige Haltung. Da der Vereinbarung zwischen Ritterschaft und Stadt aus dem Jahr 1692 keine einschlägigen Hinweise zu entnehmen seien und vergleichbare Streitigkeiten andernorts keine eindeutigen rechtlichen Regelungen erbracht hätten, schlug von Cotto vor, sich mit dem Magistrat auf einen Vergleich zu verständigen. Als weitere Möglichkeit führte er darüber hinaus den Ankauf eines Rittergutes an, das als Standort für die Kanzlei dienen könnte, wobei diese alle hohe und niedere Gerechtsame selbst ausüben könne[35]. Auf diese Weise sei nicht zu befürchten, dass man nach großen Aufwendungen in einer großen Stadt am Ende doch noch auf ein eigenes Territorium ziehen müsse. Um Misshelligkeiten zu vermeiden, riet Cotto, das Thema auf einer Plenarversammlung zu behandeln.

Das Direktorium folgte diesem Rat und setzte die Standortfrage auf die Tagesordnung der nächsten Plenarversammlung, die für den Herbst des Jahres vorgesehen war. In der Zwischenzeit sollten Ritterrat von Welden und Konsulent Dr. Gronmayer unter der Hand Auskünfte bei den benachbarten Reichsstädten Ulm, Memmingen und Biberach einziehen, welche Vorrechte man insbesondere bezüglich der verlangten gänzlichen Exemtion jeweils bereit wäre, bei einem Umzug einzuräumen[36]. Dabei erkannte man, dass es bisher lediglich zwischen der Reichsstadt Nürnberg und dem Ritterkanton Braunau eine diesbezügliche Vereinbarung gab. Gronmayer unternahm daher den Versuch, selbst ein entsprechendes Regelwerk zu erstellen, das er im Juni 1784 seinen Vorgesetzten vorlegte. Hierin führte er all diejenigen Bedingungen auf, die seiner Ansicht nach für die Ansiedlung des Kantons in einer Reichsstadt erfüllt sein mussten. So forderte er rundweg für das gesamte Personal Gesandtschaftsstatus, den er nachfolgend genau ausführt. Weiterhin stellte er weitgehende Forderungen etwa bezüglich der Religionsausübung, Akzisefreiheit und Einschränkungen bezüglich der Gültigkeit der reichsstädtischen „Polizeyverordnungen"[37].

Das Direktorium wollte sich offenbar nicht ausschließlich auf die Ratschläge Gronmayers verlassen und beauftragte zusätzlich von Cotto, diese durch ein förmliches Gutachten zu überprüfen und zu bewerten. Dieser verwies jedoch auf seine bereits im August 1783 schriftlich vorgelegten Überlegungen und auf Anmerkungen, die er – da sie „sich der Feeder nicht anvertrauen lassen" – bei mehreren Konferenzen mündlich geäußert habe. Anschließend berichtet er von einem unlängst von Seiten der Stadt Ehingen – seiner Vermutung nach auf Betreiben höherer Stellen – gemachten Angebot, die „p[unc]to obsignationis noch vorwaltenden Irrungen auf eine beederseits annehmliche Arth auszugleichen". Sollte dies gelingen, so von Cotto, könne dem Direktorium nicht geraten werden, dasjenige anderwärts mit teurem Geld zu erwerben, was man hier entweder schon besser habe oder mit geringen Kosten – falls nicht umsonst – erhalten könne. Durch einen neuen Vertrag würde man zudem nicht längere Zeit gebunden und könne später immer noch in ein eigenständiges Rittergut übersiedeln. Die Übersiedlung auf eigenes Gebiet könne aber auch an höchsten Orten nicht übel genommen werden. Im anderen Fall aber wäre über kurz oder lang mit empfindlichem Verdruss zu rechnen[38].

Noch immer hatte man sich bei der Ritterschaft zu keiner Entscheidung durchringen können, da verstarb am 27. Juni 1785 der ritterschaftliche Sekretär Ignaz Ostler, wodurch der Konflikt neue Aktualität gewann. Auch Ostler hatte in einem Bürgerhaus gewohnt und erneut legte das Ritterdirektorium eine Sperre an. Die Stadt allerdings verhielt sich nun sehr viel moderater und beschränkte sich auf ein Protestschreiben. Maßgeblich hierfür war, wie den Ratsprotokollen zu entnehmen ist, dass man keinesfalls einen Beitrag zur Verlegung der Kanzlei leisten wollte. Auch das ritterschaftliche Direktorium nahm eine versöhnlichere Haltung ein und beteuerte gegenüber der Stadt, keinen Anspruch auf die Gerichtsbarkeit des Sterbehauses erheben zu wollen. Um dies zu bekräftigen, bat das Direktorium den Magistrat, die Mobilien Ostlers versteigern zu lassen, das eigene Personal sei u. a. wegen einer Direktorialkonferenz in Ulm hierzu nicht in der Lage. Man beanspruche lediglich die Personalexemtion für das Kanzleipersonal[39]. Nachdem die Stadt bei dieser Gelegenheit einmal mehr auf die Beantwortung ihrer Anfrage vom Dezember 1781 gedrängt hatte, erschien den Rittern die Situation zunehmend als unhaltbar. Auch dies kann als Indiz für ein geändertes Klima gedeutet werden. Als besonders fatal wurde im Direktorium überdies die uneinheitliche Haltung des Kanzleipersonals zur Standortfrage empfunden[40].

Im Mai 1786 gab das Ritterdirektorium die seit Winter 1781 geforderte und seither ausstehende Erklärung zum Status seines Personals und im speziellen zum Verfahren bei Nachlasssachen dieses Personenkreises ab, soweit diese in einem Bürgerhaus verstorben waren. In diesem Dokument, das der Magistrat umgehend an die Regierung in Freiburg weiterleitete, beharrten die Ritter weiterhin auf der gänzlichen Personalexemtion für ihr gesamtes Personal. Demgegenüber verwies der Ehinger Magistrat gegenüber Regierung und Kammer in Freiburg auf den Inhalt des Vertrages von 1692, nachdem den Rittern die adlige Freiheit in ihren beiden Ehinger Häusern zustünde und sie einen Verwahrort für Delinquenten unterhalten dürften. Alle darüber hinaus gehenden Zugeständnisse aber stellten die Ehinger ins Benehmen der vorgesetzten Regierungsstellen. Dabei baten sie zu berücksichtigen, dass es nicht im Sinne der Bürgerschaft sei, wenn durch Abzug der Kanzlei acht oder neun Familien der Stadt verloren gingen, die hier ihren Lebensbedarf deckten und „sonst da und dort noch fremdes Geld hereinbringen" würden[41].

Auch die österreichischen Landesbehörden bemühten sich, ihren Beitrag zur Lösung der leidigen Streitigkeiten zu leisten. Zunächst wurde durch Hofdekret die Steuerfreiheit der Ritterschaft bestätigt. Außerdem erhielten die örtlichen Behörden die Anweisung, die Häuser der

Ritterschaft nicht zu numerieren. Die schließlich von der vorderösterreichischen Regierung eingenommene Haltung orientierte sich dann maßgeblich an der gegenüber Regierung und Kammer abgegebenen Stellungnahme des Fiskalamts vom 14. August 1786[42]. Hierin wurde zunächst unmissverständlich festgestellt, dass das Recht zweifelsohne auf Seiten der Stadt stünde. So sei den Verträgen von 1692 und 1763 nichts von einer Exemtion des ritterlichen Kanzleipersonals zu entnehmen. Dessen sei sich auch das reichsritterschaftliche Direktorium sehr wohl bewusst, weshalb es nicht argumentiere, sondern lediglich mit Verlegung der Kanzlei drohe. Der durch den Abzug des Kanzleipersonals verursachte wirtschaftliche Verlust wurde als so schwerwiegend eingeschätzt, dass es politisch unklug sei, auf diesem Recht zu bestehen. Es müsse, so das Fiskalamt, lediglich darum gehen, einen Weg zu finden, wie die Exemtion gestattet werden könne, ohne dass es zu weiteren Schwierigkeiten komme. So wäre fraglich, ob sich die Reichsritter an österreichische Landesgesetze halten würden und ob sie sich dem Österreichischen Obergericht unterstellen würden. Auch würden sie sich kaum landesherrlichen Verordnungen unterwerfen. Das Fiskalamt riet daher abschließend, dem Ehinger Magistrat nahezulegen, sich um ein „freundschaftliches Verhältnis" mit den Rittern zu bemühen. Möglicherweise gehe es dem Direktorium gar nicht darum, die Jurisdiktion zu erwerben, sondern lediglich darum, die Befreiung von der Gerichtsbarkeit des Stadtmagistrats zu erreichen[43].

In der Sitzung vom 19. Oktober 1786 referierte der vorderösterreichische Regierungs- und Kammerrat Joseph Thaddäus Freiherr Vogt von Summerau auf Altensummerau ein Hofdekret, demzufolge der Reichsritterschaft die „actus jurisdiktionis voluntariae et contentiosae" über das ritterschaftliche Kanzleipersonal solange überlassen sein solle, als sie in Ehingen bleiben würden. Eigens betont wird, dass diese Regelung unbefristet und ohne jährliche Rekognitionszahlung gelten solle[44].

Wohl nicht unerheblich zur weiteren Entspannung beigetragen hatte ein bereits vom April 1786 datierendes Schreiben der Ritter an den Magistrat. Hierin hatten sie zu erkennen gegeben, dass die Verlegung der Kanzlei wohl auf längere Zeit verschoben sei. Da die Ehinger sich zuletzt freundnachbarlich gezeigt hätten, wolle man, so die Ritter, neben den vertraglich zugesicherten Rechten der beiden Ritterhäuser lediglich auf der Personalexemtion für das Direktorium und das Kanzleipersonal bestehen[45]. Diese Lösung scheint allseits Anklang gefunden zu haben und das Verhältnis zwischen Stadt und ritterschaftlichem Direktorium blieb in der Folgezeit von Reibungen weitgehend verschont. So war es dann der Magistrat, der die notwendigen Untersuchungen durchführen ließ, nachdem Syndikus von Cotto sich im Mai das Leben genommen hatte[46]. Nun, nach Aufgabe der Abwanderungspläne, bemühten sich die Ritter auch wieder um den Ausbau ihrer Ehinger Liegenschaften. Zukäufe zeigten sie dem Magistrat mit der Bitte an, sie von „ortsobrigkeitswegen zu genehmigen"[47]. Wenig später gestand der Rat den Rittern die Ablösung der auf dem Haus liegenden Belastungen und Steuerpflichten durch eine einmalige Zahlung von 300 Gulden zu[48]. Generell bemühte sich das Direktorium in der Folgezeit um ein gutes Verhältnis zum städtischen Magistrat[49].

ZU DEN GEBÄUDEN DER RITTERSCHAFT IN EHINGEN

Syndikatshaus

Allem Anschein nach verfügten die Reichsritter in Ehingen während der ganzen Zeit ihrer Anwesenheit in der Stadt über eigene Gebäude. Bereits im Sommer 1689 gelang es dem Direktorium, die sogenannte „Vitzthumbische Behausung" auf dem Gänsberg zu erwerben[50]. Das Anwesen, das in unmittelbarer Nachbarschaft des Salemer Klosterhofes liegt, wurde als adliges Gut und als „Freyhof" bezeichnet. Allerdings gelang es der Ritterschaft erst gegen eine einmalige Zahlung von 600 Gulden, die Immunität für das Gebäude zu erhalten, das offenbar als Unterkunft für den Syndikus vorgesehen und in den Quellen auch als „Syndikushaus" bezeichnet wird. 1691 bis 1695 wurde das

Ehemaliges Syndikushaus am Gänsberg.

den Rittern im Tausch gegen deren Haus auf dem Gänsberg das mittlere Haus sowie eine zugehörige Stallung des Rennhofes. Im Zusammenhang mit diesen Verhandlungen wird deutlich, dass die Ritter diese Gebäude bereits seit August 1689 genutzt hatten. Im Sommer 1745 wollten die Buechmillerschen Erben den Rennhof für 3 300 Gulden an die Ritterschaft verkaufen. Zu einer Einigung kam es jedoch nicht[55].

Ritterhaus an der oberen Hauptstraße

Wie die zeitliche Befristung der Vereinbarung mit Buechmiller sowie die Regelungen für eine vorzeitige Beendigung des Mietverhältnisses belegen, beabsichtigten die Ritter zur dauerhaften Unterbringung ihrer Kanzlei ein eigenes Gebäude nach eigenen Vorstellungen zu bauen[56]. Daher bemühten sie sich um den Erwerb der sogenannten „Ventischen Häuser" an der oberen Hauptstraße, die seit 1656 im Besitz der Familie Buechmiller waren. Wie bereits dargestellt, verzögerte der Magistrat zunächst den Verkauf an die Ritterschaft. So wurde ein Kaufvertrag zwar bereits im Juni 1692 erstellt, die Ratifikation durch den Magistrat erfolgte jedoch erst im August desselben Jahres[57]. Danach wurden umgehend die bestehenden beiden Häuser abgerissen und mit dem Neubau begonnen. Durch seine Größe, insbesondere aber durch seine eindrucksvolle Fassadengestaltung, bezeugt das Gebäude das Repräsentationsbedürfnis der Reichsritter. Neben dem ritterschaftlichen Archiv befanden sich hier Arbeitsräume für die ritterschaftliche Kanzlei. Dazu gehörte spätestens seit 1780 eine Bibliothek[58]. Um die notwendigen Stallungen und Nebengebäude errichten zu können, erwarb der Kanton in den nachfolgenden Jahren noch weitere angrenzende Grundstücke. Umfangreiche Erneuerungsarbeiten und Umbaupläne am Ritterhaus ab 1788 markieren den Verzicht auf die Übersiedlungspläne für die Kanzlei. Der damalige Direktor beabsich-

Anwesen tauschweise gegen einen Teil des Rennhofes dem Ehinger Stadtschreiber Anton Franz Buechmiller überlassen[51]. Danach nutzte es die Ritterschaft wieder selbst. Das heutige Erscheinungsbild des Gebäudes dürfte Ergebnis von Umbauarbeiten in den Jahren um 1775 sein[52].

Rennhof

Wenig später bemühten sich die Ritter um den nahe gelegenen Rennhof, der im Besitz des Ehinger Stadtschreibers Anton Franz Buechmiller war[53]. Als ehemals adliger Sitz und „Freihof" war das ummauerte Anwesen von allen bürgerlichen und militärischen Belastungen befreit[54]. Von Januar 1691 bis August 1695 überließ Buechmiller

tigte, das Haus für seinen persönlichen Aufenthalt einrichten zu lassen, was aber nicht realisiert wurde[59]. Dennoch scheint bei der Ritterschaft und ihrem Personal noch Raumbedarf bestanden zu haben. Der Magistrat achtete jedoch darauf, dass die betreffenden Objekte zunächst der einheimischen Bürgerschaft angeboten wurden.

Klosterhof der Abtei Obermarchtal, das sogenannte „Hohe Haus"

1717 verschaffte sich die Ritterschaft weitere Räumlichkeiten durch Anmieten des Klosterhofes der Abtei Marchtal[60]. Auch dieses, in den Quellen als „Freyhof" bezeichnete Anwesen, verfügte als ehemaliger Adelssitz über Immunitätsrechte. Gegen Überlassung eines Kapitals von 1 500 Gulden, dessen Ertrag als Mietzins galt, vereinbarte man eine Laufzeit von 25 Jahren. 1742 wurde diese Vereinbarung nicht mehr verlängert[61].

EINBINDUNG DER KANZLEI UND IHRES PERSONALS IN DIE STADT

Dass die Beziehungen von Kanzlei und Stadt sich durchaus auch positiv gestalten konnten, belegt der Umstand, dass man sich auf dem Ehinger Rathaus gerne des juristischen Sachverstandes des reichsritterschaftlichen Personals bediente und sich von diesem immer wieder Rechtsgutachten anfertigen ließ[62]. Soweit es gleiche Interessen gab, bemühte man sich um sachdienliche Zusammenarbeit. So bot das Direktorium im Frühjahr 1780 seine Mitwirkung bei der „Ausreuttung des liederlichen Bettelgesindels" an. In der Folgezeit wurden offenbar auch gemeinsame Fahndungsmaßnahmen durchgeführt[63]. Auch die finanziellen Möglichkeiten der Ritter nutzte die Stadt gelegentlich. So nahm das städtische Steueramt 1775 einen Kredit von 4 000 Gulden beim Ritterkanton Donau auf. Andererseits unterstützte die Stadt 1717 ritterschaftliche Baumaßnahmen durch die kostenlose Abgabe von Baumaterialien[64]. Der Ritterkanton und seine Vertreter waren im alltäglichen Leben der Stadt präsent. Spätestens seit Ende der 1730er Jahre verfügte der Kanton über eigene Kirchenstühle in der Pfarrkirche. Dem Repräsentationsbedürfnis der Ritterschaft entsprach, dass zumindest Teile des Personals in Livree auftraten. Auch war es selbstverständlich, dass die Reichsritter an den Festlichkeiten in der Stadt teilnahmen und andererseits bei Unglücksfällen den Betroffenen zur Seite standen[65].

Das in der Kanzlei tätige Personal und deren Familien besaßen üblicherweise kein Ehinger Bürgerrecht. Dennoch erwarben eine ganze Reihe von ihnen Grundbesitz. Sie hatten allerdings als Fremde den doppelten Steuersatz zu entrichten. Der Magistrat sah ihre Ansiedlung offenbar nicht ungern und unterstützte daher 1764 den Kanzlisten Ruef beim Ankauf seines Hauses auf dem Gänsberg. Andere Beamten mieteten Liegenschaften. Heiraten zwischen Mitgliedern des ritterschaftlichen Kanzleipersonals und Ehinger Bürgertöchtern sind mehrfach belegt. Insbesondere Angehörige des niederen Dienstpersonals wollten an den städtischen Fürsorgeeinrichtungen partizipieren. So bemühten sich spätestens am Ende des 18. Jahrhunderts einige von ihnen um eine Aufnahme in das Heiliggeist-Spital. Manche der im Dienste der Ritter nach Ehingen gekommenen Beamten fühlten sich schließlich so heimisch, dass sie sich nach ihrem Ableben hier beisetzen lassen wollten. Zu besonderen Ehren brachte es der ritterschaftliche Syndikus Wilhelm Anton Ertel, der 1710 in der Stadtpfarrkirche St. Blasius eine Grablege erhalten hat, nachdem er die Kirche in seinem Testament reich bedacht hatte[66].

DAS ENDE

Die zunehmend unsicheren Zeiten nach der französischen Revolution machten sich auch in Oberschwaben bemerkbar. Als General Moreau im Zuge des 1. Koalitionskrieges am 23. bzw. 24. Juni 1796 den Rhein überschritt, löste dies erste Fluchtbewegungen der Bevölkerung aus. Das Direktorium hielt Ehingen offenbar nicht mehr

Ehemaliges Syndikushaus am Gänsberg, Eingangsportal mit Wappen des Ritterkantons Donau 1775.

für sicher und flüchtete sich mit Kanzlei und Archiv nach Biberach[67]. Während des 2. Koalitionskrieges im Mai 1800 befahl der Ritterhauptmann von Speth auch angesichts der Gefahr eines feindlichen Überfalls sämtlichen Offizialen und Kanzleioffizianten, ihre Arbeitsplätze nicht zu verlassen und soweit möglich weiterhin ihre Pflichten zu erfüllen. Für den Fall, dass ihnen dadurch persönlich oder an Hab und Gut Schaden und Kosten erwachsen würden, sicherte man ihnen von Seiten des Kantons Indemnisation, also Entschädigung zu[68].

Bereits 1790/91 hatten die Ritter im Elsaß ihre alten Privilegien verloren, die sie auch nach der Annektierung durch Frankreich noch mit dem Römischen Kaiser verbunden hatten[69]. In den Fürstentümern Ansbach und Bayreuth hatte Preußen nach dem Frieden von Basel 1795 die ritterschaftlichen Herrschaften unter preußische Landeshoheit gestellt. Die linksrheinischen Ritter, die während des 1. und 2. Koalitionskrieges unter französische Herrschaft gekommen waren, verloren ihre hergebrachten Feudalrechte und Privilegien. Vor diesem Hintergrund war deutlich, dass die Existenz der reichsunmittelbaren Ritterschaft als ganzes aufs höchste gefährdet war. Mit großem Einsatz bemühte man sich daher bei den Entschädigungsverhandlungen für die verlorenen linksrheinischen Besitzungen in Regensburg eine Bestandsgarantie zu erhalten, was auch schließlich gelang. So enthält der am 27. Mai 1803 vom Kaiser unterzeichnete Reichsdeputationshauptschluss eine salvatorische Klausel für die Reichsritter. Dass diese Bestimmung allerdings nur auf dem Papier stand, sollte sich alsbald erweisen. Die Fürsten waren nicht gewillt, die Selbständigkeit der Ritter zu akzeptieren. Nachdem zunächst Bayern im Oktober 1803 gewaltsam reichsritterschaftliche Gebiete okkupiert hatte, zogen im November und Dezember desselben Jahres im sogenannten Rittersturm mit Ausnahme von Baden, Sachsen und Mainz nahezu alle Reichsstände nach. Zwar setzte sich der zu Hilfe gerufene Kaiser im Januar 1804 mit einem Konservatorium, das alle im Fränkischen und Schwäbischen Kreis gegen die Reichsritterschaft vorgenommenen Maßnahmen für ungültig erklärte, nochmals für seine Ritter ein. Als aber Österreich trotz bayerischer Paritionsanzeige weiter rüstete, griff Napoleon ein und forderte den Kaiser Anfang März ultimativ zum Rückzug seiner Truppen aus Vorderösterreich und Tirol auf. Zur Wiederherstellung der reichsritterschaftlichen Rechte kam es nun nicht mehr. Trotz allem hielt man noch im September 1804 in Ehingen Feiern zur Erhebung Franz I. zum österreichischen Kaiser ab[70].

Im anschließenden 3. Koalitionskrieg ermöglichten die raschen militärischen Erfolge der Franzosen deren Verbündeten, ihre Wünsche umzusetzen. Nachdem die Österreicher unter General Mack am 20. Oktober Ulm übergeben hatten, ordnete Kurfürst Friedrich von Württemberg am 19. November 1805 die Okkupation des in seinem Gebiet gelegenen ritterschaftlichen Besitzes an. Gleichzeitig erteilte er seinen Kommissaren den Befehl, Kassen und Archive der Kantone Kocher, Kraichgau, Neckar-Schwarzwald, Odenwald und Donau zu beschlagnahmen. Nachdem kurfürstlich badische Kommissare in einigen Orten, die zum Ritterkanton gehörten, Besitzergreifungspatente angeschlagen hatten, gab das Direktorium noch am 21. Dezember in einem Zirkular Verhaltensmaßregeln an seine Mitglieder heraus. Die Besitzergreifung zog sich dann noch geraume Zeit hin, denn erst am Morgen des 27. Dezember 1805, am Tage nach Abschluss des Vertrages von Preßburg, ließ Herzog Friedrich Ehingen militärisch besetzen. Wenig später erfolgte die Beschlagnahme des Landhauses der Schwäbisch-Österreichischen Stände und der Häuser der Reichsritterschaft. Am 20. Januar 1806 zeigte das Generaldirektorium als gemeinsames Organ aller drei Ritterkreise, das damals beim Kanton Donau in Ehingen lag, beim Reichstag in Regensburg die Aufhebung der Reichsritterschaft an[71].

SCHLUSS

Wie gezeigt, hat sich das Verhältnis des Ritterkantons Donau zur Stadt Ehingen im Verlauf des 18. Jahrhunderts mehrfach gewandelt. Dabei waren neben lokalen, vor allem reichspolitische Entwicklungen maßgeblich. Gegen Ende des 17. Jahrhunderts fühlten sich die Reichsritter mit ihrer Kanzlei in der Reichsstadt Ulm immer weniger wohl. Ulm war Vorort des von den größeren Reichsständen dominierten Schwäbischen Kreises, der sich den niederen reichsunmittelbaren Adel gerne einverleibt hätte. Dagegen erschien den Rittern die österreichische Landstadt Ehingen durch die Verbindung des Landesherrn mit ihrem obersten Schutzherrn, dem Kaiser, als attraktive Alternative. Wie sich bei der Überwindung der Vorbehalte, die bei führenden Kreisen in Ehingen vorhanden waren, zeigte, wurde diese Übersiedlung von Seiten der österreichischen Landesherrschaft durchaus begrüßt.

Als mit Immunität versehene exemte Korporation blieben die reichsunmittelbaren Ritter in der österreichischen Landstadt immer ein Fremdkörper. Kleinere Reibereien und Streitigkeiten zwischen dem Ritterkanton und insbesondere den lokalen Amtsträgern, vor allem dem städtischen Magistrat, waren an der Tagesordnung. Sie blieben jedoch zunächst ohne größere Bedeutung. Im weiteren Verlauf des 18. Jahrhunderts änderte sich die Situation offenbar grundlegend. Status- und Kompetenzfragen wurde nun grundsätzliche Bedeutung zugemessen. Schließlich drohte das Direktorium die Kanzlei aus Ehingen abzuziehen und zu verlegen. Ursache war das inzwischen veränderte Verhältnis zumindest eines Teiles der Ritterschaft zum Kaiser beziehungsweise dem Haus Habsburg. In der Tat, meinten die beiden Ehinger Ritterschaftskonsulenten Gronmayer und Gasser nicht mehr unbedingt auf den Schutz von Kaiser und Habsburg angewiesen zu sein, nachdem im Westfälischen Frieden die Reichsritterschaft in ihrem Existenzrecht bestätigt und in der Folgezeit von den großen Reichsfürsten akzeptiert worden sei. Zur Entfremdung der Ritter zum Kaiserhaus trug die als rigide empfundene Durchsetzung der Landeshoheit durch österreichische Behörden im Zuge der Modernisierungsbemühungen seit den Kriegen gegen Preußen bei. Seit Maria Theresia und insbesondere seit Joseph II. erlebten Teile der Reichsritterschaft Habsburg eben auch als Landesherrn, der in hohem Maße an der Arrondierung seiner vorderösterreichischen Besitzungen interessiert war.

Eine andere Position vertrat Syndikus von Cotto. Er riet zu moderaterem Vorgehen, auch maß er der Beziehung zum Kaiserhof weiterhin entscheidende Bedeutung zu. Allem Anschein nach hat sich diese Haltung im Ehinger Direktorium letztlich durchgesetzt. Dies, aber auch die sehr pragmatische, nämlich an den ökonomischen Vorteilen für die Stadt Ehingen orientierte Haltung der österreichischen Landesbehörden, haben es ermöglicht, dass das Verhältnis von Ritterschaft und Stadt in den letzten Jahren vor der Jahrhundertwende von Streitigkeiten weitgehend verschont blieb. Nach den Niederlagen gegen das revolutionäre Frankreich und dem Ende des Alten Reiches konnte der Kaiser seine treuesten Parteigänger freilich nicht mehr vor der Okkupation durch ihre übermächtigen Nachbarn schützen.

Anmerkungen:

1 Hauptstaatsarchiv Stuttgart (HStAS) B 572 Au Nr. 1214 Realindex der Fünfortsrezesse bis 1786; *Franz Michael Weber*: Ehingen. Geschichte einer oberschwäbischen Donaustadt. Ehingen 1955, 32f., 128f.; *Christoph Friedrich von Stälin*: Wirtembergische Geschichte. Bd. 4. Stuttgart 1873 (ND Aalen 1975), 86 A, 702ff. Zur Frühgeschichte Ehingens vgl. *Immo Eberl*: Die Geschichte der Stadt Ehingen bis zu ihrem Übergang an Österreich (1343 bzw. 1346). Ehingen 1978; *Joseph Laub*: Geschichte der vormaligen fünf Donaustädte in Schwaben. Mengen 1894, 215f.

2 *Volker Press*: Reichsritterschaft. In: *Meinrad Schaab / Hansmartin Schwarzmaier* (Hg.): Handbuch der Baden-Württembergischen Geschichte. Bd. 2. Stuttgart 1995, 798, 800.

3 Zur Geschichte der Schwäbisch-Österreichischen Landstände vgl. *Franz Quarthal*: Landstände und landständisches Steuerwesen in Schwäbisch-Österreich. Stuttgart 1980.

4 Vgl. *Ludwig Ohngemach*: Zur Baugeschichte des ehemaligen Landhauses der Schwäbisch-Österreichischen Landstände in Ehingen. In: Beiträge zur Geschichte der Stadt Ehingen (Donau) 1 (1999), 109-112.

5 Zur Entstehung der Reichsritterschaft vgl. *Press* 1995 (wie Anm. 2), 790ff. Demnach schlug die Geburtsstunde der frühneuzeitlichen Reichsritterschaft 1542 mit der Einführung des gemeinen Pfennigs; ebd. 797; *Ders.*: Der württembergische Angriff auf die Reichsritterschaft 1749 bis 1754 (1770). In: *Franz Quarthal* (Hg.): Zwischen Schwarzwald und Schwäbischer Alb. Sigmaringen 1984, 329-348; *Gert Kollmer*: Die wirtschaftliche und soziale Lage der Reichsritterschaft im Ritterkanton Nekkar-Schwarzwald 1648-1805. In: Ebd., 285-301.

6 HStAS B 573, Au Nr. 457a, 1756; B 573, Au Lit. Nr. 1416, Jahresrechnung 1774/75, 204ff.; B 573, Au Lit. Nr. 1417, Jahresrechnung 1779/80; B 573, Bü 398, N.48 (10. Januar 1733); B 573, Bü 3 (ohne Datum), 1805/06 bestand das Kanzleipersonal aus insgesamt elf Personen. Zur Organisation des Kantons und ihrer Entstehung vgl. *Press* 1995 (wie Anm. 2), 795f.; *Ders*: Reichsritterschaften. In: *Kurt G. A. Jeserich / Hans Pohl / Georg-Christoph von Unruh* (Hg.): Deutsche Verwaltungsgeschichte. Bd. 1. Stuttgart 1983, 679-689, 684ff.

7 Nach *Press* 1995 (wie Anm. 2), 798, 800 entwickelte sich das ständige Direktorium des Kantons Donau aus der besonders engen Beziehung zum Kaiser; *Ders.*: Die Reichsritterschaft im Reich in der frühen Neuzeit. In: *Ders*: Adel im Alten Reich. Tübingen 1998, 205-231, 213f.

8 *Press* 1995 (wie Anm. 2), 798f.

9 Zum Verhältnis des Kantons Kocher zur Reichsstadt Heilbronn vgl. *Wilhelm Schütz*: Die Reichsritterschaft und ihr Verhältnis zur Reichsstadt Heilbronn besonders im 18. Jahrhundert. Heilbronn 1940; *Press* 1998 (wie Anm. 7), 215, weist auf den nach dem Dreißigjährigen Krieg zunehmenden ökonomischen Gegensatz zwischen Reichsstädten und Reichsrittern und auf die wachsende Konkurrenzsituation zwischen Stadt und Land; *Press* 1995 (wie Anm. 2), 796f.

10 Ursächlich für die Vorgänge dürfte der Umstand gewesen sein, dass sich die Reichsritterschaft immer hartnäckig gegen die Einbindung in die Reichskreise gewehrt hatte, da sie auf diese Weise in regionale Strukturen eingebunden worden wäre. Über die Kreise wären die Ritter verstärkt dem Druck ihrer Konkurrenten der Fürsten ausgesetzt und ihr direkter Kontakt zum Kaiser erschwert worden. *Adolf Lauf*: Der Schwäbische Kreis. Aalen 1971, 432ff.; *Press* 1998 (wie Anm. 7), 214.

11 HStAS B 573, Bü 398 (12. Juli 1692), „[...] in deme der schwäbische Crais, wol wid sie, als auch uns allerhand machinationes intendirt [...]". Heinrich Eberhard Baron von Speidel (Speidl) auf Adlerscron, k.k. Rat und Statthalter in Ehingen, belegt ab 1669/70, nach dem Franzoseneinfall 1688 Spannungen mit der Bürgerschaft, 1691 nach Stockach versetzt. Vgl. *Weber* 1955 (wie Anm. 1), 71f., 80f.

12 HStAS B 573, Bü 398 (16. Juli 1692), „[...] bei ietzig Coniuncturen, absonderlich aber weilen der gesambte Schwäb[ische] Crais so wol wider Österreich, als auch die Reichritterschaft sehr hart anzutringen beginnet, desto vertreülichere Correspondentz und Communication mit denen Herren österreichischen Pflegern underhalten und des Craises üblen Machinationes und Vorhaben gesambter Hand iedes mahl zeitlich vorbiegen zu können [...]". *Karl Heinrich Freiherr Roth von Schreckenstein*: Geschichte der ehemaligen freien Reichsritterschaft in Schwaben, Franken und am Rheinstrome. Bd. 2. Tübingen 1859, 470.

13 Stadtarchiv Ehingen (Donau), Ratsprotokolle (StadtA, RPE) 75v (7. Juli 1786); 6v (19. März 1699); 120 (1. August 1776); Staatsarchiv Augsburg (StA Augsburg), Vorderösterreich, Regierung, Akten 29 (23. Juni 1779).

14 StadtA, RPE 102r (18. Oktober 1691); 106v (30. Oktober 1691); 107r (11. November 1691), „[...] beschlossen worden, [...] nit zugestatten, dz die ventischen Häuser käuflich der löblichen Ritterschaft überlassen werden"; 114r (1. Februar 1692); 200r (26. Februar 1692); 202v (17. März 1692); 208v (19. Juli 1692).

15 HStAS B 573, Bü 398, N.9 (12. Juli 1692); Christian Mellinger, Kaufmann, seit 1681 Ratsmitglied, seit 1693 bis 1697/98 nachweislich Amtsbürgermeister, danach nicht mehr im Rat, am 16. September 1707 gestorben. Pfarrarchiv St. Blasius, Ehingen, (PfA St. Blasius), Totenregister; Anton Franz Buechmiller, Stadtschreiber nachweislich 1689 bis 1695, am 27. Mai 1729 gestorben. PfA St. Blasius, Totenregister.

16 HStAS B 573, Bü 398, N.10 (16. Juli 1692) Ehingen; B 573, Bü 398, N.5 (18. Juni 1692); StadtA, RPE 208v (19. Juli 1692); HStAS B 573, Bü 398, N.6 (25. August 1692) u.a. verpflichtete sich die Ritterschaft, in den genannten Häusern kein Gewerbe zu treiben. Als Vermittler werden genannt: Franz Christoph Raßler von Gamerschwang, kaiserlich o.ö., geheimer Rat und Regimentskanzler sowie

Adrian von Deyring [Döring] zu Mittelwerburg u. Bitenhofen, Freiherr zu Haylsperg, kais. Rat u. o.ö. Regimentsvizekanzler. Zu Franz Christoph Raßler von Gamerschwang (1643 - 1694), Regimentsvizekanzler ab 1686, tirolischer oder oberösterreichischer Regimentskanzler ab 1688. Vgl. Familiengeschichte der Freiherrn Raßler von Gamerschwang. Stuttgart 1904, 63 ff.

17 Als die Stadt im Verlauf des Spanischen Erbfolgekrieges in finanzielle Schwierigkeiten kam, gelang es auch diese Verpflichtung gegen eine Einmalzahlung von 1 000 Gulden abzulösen. Vgl. StadtA, Stadtrechnung 1694/95, 2; Steir-Rechnung 1701 – 1705, 12; *Weber* 1955 (wie Anm. 1), 83, 131.

18 HStAS B 573, Bü 398, N.8 (6. September 1692) u. a. verpflichten sich die Ritter, die Stadt nicht vor fremde Gerichte zu ziehen sowie zu Neutralität bei innerstädtischen Angelegenheiten. Syndikus, Konsulent und Sekretäre dürfen sich nicht als Advokaten in bürgerlichen Rechtsangelegenheiten betätigen; StadtA, RPE 212r (27. September 1692).

19 Lediglich 1708 beschwerte sich das Direktorium, dass in Abwesenheit ritterschaftlicher Beamter in „[...] unsere zwey gefreyt Behausung [...] wider die alte Observanz und Recht [...]" städtische Beauftragte die Feuerbeschau vorgenommen hätten. HStAS B 573, Bü 398, N.17 (3. April 1708); B 573, Bü 398 (30. Juni 1735) Rotenburg.

20 StA Augsburg, Vorderösterreich, Regierung, Akten 373 (23. Juli 1780); Franz Ignaz Jenko von Jenkesheim, Bürgermeister 1780 bis 1786. Vgl. StadtA, RPE 53r (26. März 1784); *Franz Quarthal / Georg Wieland / Birgit Dürr*: Die Behördenorganisation Vorderösterreichs von 1753 bis 1805 und die Beamten in Verwaltung, Justiz und Unterrichtswesen. Bühl/Baden 1977.

21 StA Augsburg, Vorderösterreich, Regierung, Akten 373 (22. August 1781), Bitte an vorderösterreichische Regierung, der Stadt einzuschärfen, dass sie nicht unter dem Vorwand der Polizey sich gegen das Kanzleipersonal weder einer „[...] eingebildeten stolzen Oberherrlichkeit anzumassen, noch unter dieser Larve gar ihre heimlich versteckten gehässigen Absichten auszuführen sich beygehen lassen möchten".

22 StA Augsburg, Vorderösterreich, Regierung, Akten 373 (12. November 1781); vgl. auch HStAS B 573, Bü 2, ohne Datum (nach 1783), „[...] so müsste schon die Besorgung der öffentlichen Geschäften und das beste des Canton hierunter leiden, wenn dessen Kanzley sogar der hochlöbl[ichen]. vorderösterreichischen Regierung oder was immer für einem andern landsfürstl[ichen]. Dicasterio unterworfen sein sollten".

23 StA Augsburg, Vorderösterreich, Regierung, Akten 373 (20. November 1781).

24 StA Augsburg, Vorderösterreich, Regierung, Akten 29 (9. und 10. Mai 1786).

25 StadtA, Deputationsprotokoll, 16v (18. März 1782), den Zunftvertretern wurde bedeutet, dass „[...] der Gegenstand in das Zunftmeisteramt gar nicht einschlagend" sei.

26 HStAS B 573, Au Lit. Nr.1416, Jahresrechnung 1774/75 227 „bey vorgewester hocher Directorial Conferenz in Ehingen hat ein hochlöbl. Ritter Directorium nebst HH. Officianten und der Dienerschafft an Diaeten, Raiskosten und Kostgelter von 14. biß den 22. November 1774 [...] ertragen 702 fl [Gulden]17 x [Kreuzer]".

27 HStAS B 573, Bü 2, ohne. Dat. (nach 1783); Franz Joseph Adam Karl von Pflummern, 1776 bis 1786 Oberamtsrat und Landschreiber der Markgrafschaft Burgau; Quarthal / Wieland / Dürr 1977 (wie Anm. 20), 348; Johann Baptist Ruef, reichsritterschaftlicher Kanzlist, Vater von Johann Kaspar Adam Ruef (1748 – 1825); vgl. *Heinrich Amann*: Zur Erinnerung an Dr. Kaspar Ruef [...]. Freiburg 1836.

28 PfA St. Blasius, Totenregister (3. April 1783); HStAS B 573, Bü 2 (3. April 1783); (15. Mai 1783); StA Augsburg, Vorderösterreich, Regierung, Akten 29 (3. April 1783); (27. Juni 1785); StadtA, RPE 44v (3. April 1783).

29 HStAS B 573, Bü 2 (15. Mai 1783), das Gutachten wurde auf der Direktorialkonferenz im März 1784 in Ulm vorgestellt und beraten. Offenbar war die Möglichkeit einer Verlegung der Kanzlei bereits seit geraumer Zeit immer wieder besprochen worden; Joseph Fidelis Mathias Gronmayer (Gronmayr), Syndikus (1735 – 1803), PfA St. Blasius, Totenregister; Ferdinand Gasser, Syndikus.

30 *Press* 1995 (wie Anm. 2), 801 weist darauf hin, dass das Erzhaus in den vorderösterreichischen Landen vor Konflikten mit den Reichsrittern nicht zurückgeschreckt habe. Zu den Anfängen der Krise zwischen Kaiser und Reichsritterschaft vgl. *Ders.* 1998 (wie Anm. 7), 222f.

31 Hierbei verweisen sie auch auf die Aufnahme in den Westfälischen Frieden als Garantie für ihre Rechte. Vgl. dazu *Roth von Schreckenstein* 1871 (wie Anm. 12), 2, 804f. (2, 396ff.); *Press* 1995 (wie Anm. 2), 804f., dort auch zur Bedeutung der höchsten Reichsgerichte; *Thomas Schulz*: Der Kanton Kocher der Schwäbischen Reichsritterschaft 1542 bis 1805. Esslingen 1986, 88.

32 Zum Sicherheitsaspekt vgl. HStAS B 573, Bü 2, o. Dat (nach 1783).

33 HStAS B 573, Bü 2 (nach dem 3. April 1783); B 573, Bü 2, dabei führte das Direktorium in Nachfolge des Gutachtens seiner beiden Konsulenten aus, weshalb seine Wahl auf die Reichsstadt Ulm gefallen sei. So liege die Stadt in der Mitte des Schwäbischen Kreises und des Ritterkantons Donau. Außerdem befänden sich dort bereits jetzt die Kassen von Kanton und „gemeinschaftl[icher] R[eichs] R[itterschafts] Cassa", auch seien dort bisher schon die meisten Mitgliederkonvente abgehalten worden; B 573, Bü 2, der Grüne Hof gehörte damals der Familie von Ramschwag, wobei man mit einem Kaufpreis unter Einschluss der notwendigen Reparaturen in Höhe von 25 000 Gulden rechnete.

34 HStAS B 573, Bü 2 (10. August 1783); Petro von Cotto, reichsritterschaftlicher Syndikus gestorben 13. Mai 1787, PfA St. Blasius, Totenregister.

35 Hierbei hatte er den Kanton Odenwald im Blick, der zwei Jahrzehnte zuvor, im Jahre 1764, das Dorf Kochendorf erworben hatte, um den fortlaufenden Streitigkeiten mit der Reichsstadt Heilbronn zu entgehen. Vgl. *Press* 1995 (wie Anm. 2), 812f.

36 HStAS B 573, Bü 2 (26. März 1784); B 573, Bü 2 (20. Juni 1784); allem Anschein haben diese verdeckten Sondierungen keine Spuren hinterlassen. Freundliche Mitteilung von Herr Dr. Weig, Stadtarchiv Ulm, vom 14. Februar 2006, bzw. Frau Maerker, Stadtarchiv Biberach, vom 15. Februar 2006.
37 HStAS B 573, Bü 2 (20. Juni 1784), Begleitschreiben Gronmayers an das Direktorium „Pro Memoria nebst Entwurff einer Punctation, die Verlegung des Sizes des hochlöbl. R.R. Directorii und Canzley in einer benachbahrten Reichs Stadt betreffend".
38 HStAS B 573, Bü 2 (28. August 1784), auf die in der Punktation Gronmayers aufgeführten Einzelforderungen wollte er ohne eigens ergangenen Auftrag nicht eingehen.
39 PfA St. Blasius, Totenregister (27. Juni 1785); StA Augsburg, Vorderösterreich, Regierung, Akten 29 (27. Juni 1785); (30. Juni 1785); (28. Juli 1785); StadtA, RPE 113r (8. Juli 1785).
40 HStAS B 573, Bü 2 (20. September 1785).
41 StadtA, RPE 53r (5. Mai 1786).
42 StA Augsburg, Vorderösterreich, Regierung, Akten 29 (14. August 1786).
43 StadtA, RPE 75v (7. Juli 1786).
44 StA Augsburg, Vorderösterreich, Regierung, Akten 29; StadtA, RPE 97r (20. Oktober 1786); Freiherr Joseph Thaddäus Johann Nepomuk Vogt von Summerau auf Altensummerau, Rappenstein und zum Thurn, Vgl. *Quarthal / Wieland / Dürr* 1977 (wie Anm. 20).
45 StA Augsburg, Vorderösterreich, Regierung Akten 29 (27. April 1786).
46 StadtA, RPE 93v (18. Mai 1787), unter Zuzug von Chirurgen untersuchte Stadtphysikus Dr. Amma den Leichnam und erstattete dem Magistrat Bericht, vgl. Anm. 34.
47 HStAS B 573, Bü 398, 103r ff (9. Oktober 1787); B 573, Bü 398, 117r (24. November 1787); StadtA, Kontraktenprotokoll 103r (22. Dezember 1789).
48 StadtA RPE 103r (22. Dezember 1789), ein vergleichbares Entgegenkommen hatte man zuvor offenbar lediglich beim Landhaus der Schwäbisch-Österreichischen Stände gezeigt. HStAS B 573, Bü 398, 96r ff (30. Juni 1789); B 573, Bü 398, 93r (29. September 1789).
49 Dies wird etwa deutlich, nachdem sich der Kanzlist Ruef unangemessen gegen den Magistrat verhalten hatte. StadtA, RPE 194r (3. Dezember 1790), „[...] wir wünschen das einverständliche Benehmen unserer Ortskanzlei mit der jenseitig Städt[ischen]. Behörde für immer beibehalten zu wissen." Zur Familie Ruef vgl. Anm. 27.
50 HStAS B 573, Bü 398, N.14 (17. Juli 1689), zum Hauptgebäude gehörten noch eine kleine Stallung sowie ein kleines Nebenhäuschen.
51 HStAS B 573, Bü 398, N.3 (23. Januar 1691).
52 HStAS B 573, Bü 398, N.15 (29. Juli 1698); N.20 (2. Dezember 1726); N.21.- N.22.- B 573, Bü 398, 58v ff. (19. Juli 1787), das heutige Anwesen Gänsberg 4, das über dem Portal von 1775 das Wappen des Ritterkantons Donau ziert, blieb nach 1805 zunächst in Staatsbesitz, kam dann in die Hände des letzten Abtes von Marchtal, Prälat Friedrich von Walter (gestorben 1841). Heute Privatbesitz. In der Literatur erscheint es irrtümlicherweise als „sogenannte Vogtei".
53 Vgl. zur Geschichte dieses Adelshofes *Weber* 1955 (wie Anm. 1), 143.
54 HStAS B 573, Bü 398, N.1, Beschreibung. Demnach gehörten damals zu diesem Anwesen insgesamt drei Häuser, Scheuer und Stallungen. Letztere boten zwölf Pferden Platz und konnten – wie der Beschreibung zu entnehmen ist – ohne größere Umstände auf eine Kapazität von dreißig Pferden ausgebaut werden; N.2 (22. Dezember 1690).
55 HStAS B 573, Bü 398, 220-221 (16. Juni 1745).
56 HStAS B 573, Bü 398, N.3 (23. Januar 1691).
57 HStAS B 573, Bü 398, N.4 (27. Dezember 1656), Bernhard Speth von Zwiefalten verkauft „[...] meine zway aigenthumbliche Behausungen, Garthen unnd Städelin darhinder an der Statt Maur in der oberen Statt bey St. Niclausen" an den Stadt Ehingischen Syndikus Johann Buechmiller; B 573, Bü 398, N.5 (18. Juni 1692); B 573, Bü 398, N. 6 (25. August 1692).
58 HStAS B 573, Au Lit. Nr.1417, 253. Ankauf der Bibliothek des verstorbenen Syndikus Tausean.
59 HStAS B 573, Bü 398, 68v ff, „Baubericht, Gutachten und Ueberschlag über die Baureparation und Meublierung des hochen ritterschäftlichen Hauses in Ehingen [...]". Unterzubringen waren demnach „5 gnädige Herren mit ihren nöthigen Dienerschaften." B 573, Bü 398, 58r (11. Juni 1789).
60 Zur Geschichte dieses Hofes vgl. *Weber* 1955 (wie Anm. 1), 311ff.
61 HStAS B 573, Bü 398, N.18 (19. März 1717); StadtA, RPE 43r (27. Februar 1717); HStAS B 573, Bü 398, N.40 (5. Oktober 1742); N.41 (13. Oktober 1742); N.44 (3. Oktober 1743); N.45 (27. Februar 1744).
62 StadtA, Stadtrechnung 1751/52, 17v.; 1752/53, 24.r.; 1759/60, 44v.; 1769/70, 51r.; 1770/71, 47.
63 StadtA, RPE 33r (7. April 1780); 61v (5. Mai 1780).
64 StadtA, RPE 7v (20. Januar 1775), die Ritter begnügten sich mit einem moderaten Zinssatz von 4%.; HStAS B 573, Au Lit. Nr.1416, Jahresrechnung 1774/75, 235.; StadtA, RPE 14v (3. März 1780).
65 HStAS B 573, Bü 398, N.34 (9. Oktober 1738), Bitte um Beihilfe zum Um- und Ausbau der Stadtpfarrkirche St. Blasius.; B 573, Bü 398, N.37 (31. Oktober 1740), Quittung über 300 Gulden für „erste zwey Kirchenstüel"; Zur Kirchenbaugeschichte von St. Blasius derzeit noch *Weber* 1955 (wie Anm. 1), 252; HStAS B 573, Au Lit. Nr.1416, 241 „Livree und der Ritterbotten Montur"; Lit. Nr. 1417 1779/80, 246 „wegen einem verfertigten Bottenspieß [...],wegen denen bunden Livree der Ritterbotten"; StadtA, RPE 37v (5. April 1805), Feier zur Erhebung Franz I. zum österreichischen Kaiser; HStAS B 30 Bü 29; *Quarthal* 1980 (wie Anm. 3), 393; HStAS B 573, Au Lit. Nr.1416, 246 Gewährung einer Brandsteuer.
66 Wilhelm Anton Ertel (gestorben 1710), PfA St. Blasius, Totenregister, unter dem genannten Datum „Ecclesiae parochialis nostrae ad S. Blasiae magnus beneficator"; StadtA, RPE 86ff. (7. März 1710); Ertel hatte eine Anzahl silberner Leuchter, eine silberne Madonnenfigur und eine neue Kanzel im Wert von 2 000 Gulden gestiftet. StadtA, RPE

S.296ff (20. November 1711); vgl. *Helmut Seling*: Die Kunst der Augsburger Goldschmiede 1529 bis 1868. Bd. 1. München 1980, 154, datiert um 1710; *Mane Hering-Mitgau*: Barocke Silberplastik in Südwestdeutschland. Weißenhorn 1973, 182f. Immaculata, Anfang 18. Jahrhundert.

67 StadtA, RPE 78v (15. Juli 1796), Anzeige der Flucht an den Magistrat; *Johann Konrad Krais*: Tagebuch über diejenigen Begebenheiten, welche die Reichsstadt Biberach während des französischen Kriegs vom Jahr 1790 an bis zum Jahr 1801 erfahren hat. Stift Buchau 1801, 19f.; *Weber* 1955 (wie Anm. 1), 100.

68 HStAS B 573, Bü 398 (6. Mai 1800); Johann Baptist Nepomuk von Speth-Granheim (1748 - 1815), Kaiserlicher geheimer Rat, Ritterhauptmann des Kantons Donau. Vgl. *Eberhard von Waechter*: Die letzten Jahre der deutschen Reichsritterschaft. In: Württembergische Vierteljahreshefte 40 (1934), 243-289, 263.

69 Zum Folgenden vgl. *Thomas Schulz*: Die Mediatisierung des Adels. In: Baden und Württemberg im Zeitalter Napoleons. Bd. 2. Stuttgart 1987 157-174; *von Waechter* 1934 (wie Anm. 68).

70 StadtA, RPE 37v (5. April 1805), „Feyer des österr. erblichen Kaiserthums so am 30. September 1804 abgehalten worden [...]". Die anfallenden Kosten wurden gemeinschaftlich von Stadt, Landständen und ritterschaftlichem Direktorium getragen. Vgl. Beitrag Puchta in diesem Band.

71 Im Frieden von Preßburg musste Habsburg seine Besitzungen in Südwestdeutschland an die Verbündeten Napoleons abtreten; HStAS E 36, Lit.2, Bü 2 Beschlagnahme der donauischen Kanzlei im Dezember. Die offizielle Inbesitznahme bei den Reichsrittern erfolgte offenbar am 7. Januar 1806. Vgl. Staatsarchiv Ludwigsburg D 21, Bü 56; *Dieter Hellstern*: Der Ritterkanton Neckar-Schwarzwald 1560 bis 1805. Tübingen 1971, 7ff.; *Roth von Schreckenstein* 1871 (wie Anm. 12), 2, 599f.; *Schulz* 1987 (wie Anm. 69), 163; *von Waechter* 1934 (wie Anm. 68), 288; vgl. *Ludwig Ohngemach:* Die Bedeutung der Mediatisierung für oberschwäbische Landstädte. Das Beispiel des vorderösterreichischen Ehingen. In: *Peter Blickle / Andreas Schmauder* (Hg.): Die Mediatisierung der oberschwäbischen Reichsstädte im europäischen Kontext. Epfendorf 2003, 177-196.

"Indessen tritt hier der Fall ein, wo Gewalt vor Recht gehet."[1] Die Mediatisierung der schwäbischen Reichsritterschaft am Beispiel des Bezirks Allgäu-Bodensee

Michael Puchta

Der Bezirk Allgäu-Bodensee nahm selbst in dem heute ‚archaisch' anmutenden Gebilde der unmittelbaren freien Reichsritterschaft in Schwaben, Franken und am Rhein eine gewisse Sonderstellung ein[2]. Zwar bildete er zusammen mit dem Bezirk Hegau einen der fünf Kantone des schwäbischen Ritterkreises. Jedoch bestanden zwischen den beiden Bezirken weder hinsichtlich der geographischen Lage noch der immatrikulierten Mitglieder größere Gemeinsamkeiten. Auch organisatorisch war die Ritterschaft des Bezirks Allgäu-Bodensee, die in Wangen eine eigene Kanzlei mit Beamten, Kasse und Archiv unterhielt, von der des Hegau getrennt, deren Kanzlei in Radolfzell lag und die laufenden Geschäfte des Kantons miterledigte[3]. Analog stand an der Spitze des Bezirks Allgäu-Bodensee ein eigener Bezirksvorstand mit zwei Direktorialräten[4]. Daraus ergibt sich, dass die bekannte These vom Kanton als reichsritterschaftlichem „Grundverband" schlechthin auf den Ritterort Hegau-Allgäu-Bodensee trotz des Reunionsrezesses von 1700/1701 nur sehr bedingt zutraf[5]. Ungeachtet seiner relativen Selbständigkeit war der Bezirk Allgäu-Bodensee mit durchschnittlich acht bis zehn immatrikulierten Mitgliedern ausgesprochen klein[6]. Die Rittergüter des Bezirks konzentrierten sich weitgehend im Städtedreieck Memmingen-Tettnang-Sonthofen[7]. Gerade angesichts des noch immer defizitären Forschungsstands zur Mediatisierung der schwäbischen Reichsritterschaft im allgemeinen und des Ritterbezirks Allgäu-Bodensee im besonderen erscheint ein Überblick über seine Unterwerfung nicht ohne Wert[8].

DIE ENTSCHÄDIGUNGSFRAGE UND IHRE FOLGEN

Um die Jahreswende 1802/03 sah es so aus, als würde die reichsritterschaftliche Korporation und mit ihr der Bezirk Allgäu-Bodensee so wie zahlreiche andere mindermächtige Reichsglieder im Sog der Auseinandersetzung um die territoriale Entschädigung für die links des Rheins „depossedierten Erbfürsten" mediatisiert werden – ein Ziel, das sich Württemberg, Pfalz-Bayern, Brandenburg-Preußen und Hessen-Kassel in der Reichsdeputation auf die Fahnen geschrieben hatten[9]. Doch durch eine geschickte Diplomatie und massive Bestechung sowie dank politischer Erwägungen in Paris und Wien entging die Reichsritterschaft dem Schicksal, zur Entschädigungsmasse geschlagen zu werden[10]. Stattdessen wurde die politische Existenz der Ritterschaft in der sogenannten salvatorischen Klausel ausdrücklich bestätigt, welche in das Reichsgutachten zum Hauptschluss der Regensburger Reichsdeputation vom 24./26. März 1803 eingefügt und in das kaiserliche Ratifikations-Kommissions-Dekret vom 27./28. April desselben Jahres übernommen wurde[11].

Dieser Erfolg konnte jedoch nicht lange darüber hinwegtäuschen, dass die im Reichsdeputationshauptschluss verankerten territorialen Umwälzungen keineswegs spurlos an dem Bezirk Allgäu-Bodensee vorübergingen. An die Stelle der benachbarten geistlichen Fürsten und reichsstädtischen Magistrate, die ungeachtet aller Konflikte die politische Existenz der Reichsritterschaft meist nicht prinzipiell in Frage gestellt hatten, trat nämlich nun das Kurfürstentum Pfalz-Bayern[12]. Dieses grenzte mit seinen neuen schwäbischen Entschädigungslanden direkt an den Ritterbezirk. Vor allem aber war die Regierung Montgelas in München von Anfang an fest entschlossen, „die so nöthige Einheit in Verfassung, Regierung und Vertheilung der StaatsLasten, so wie das eigentliche Wohl der Unterthanen", das heißt die Vorraussetzungen für die Umsetzung wesentlicher Teile des inneren Reformwerks und bessere Chancen für das außenpolitische Überleben durch die territoriale Arrondierung des Staates auf Kosten der Unmittelbarkeit großer Teile der schwäbischen und fränkischen Reichsritterschaft zu erzwingen[13]. Dabei diente gerade München die Mediatisierungspolitik Hardenbergs gegenüber den Rittergenossen in Ansbach-Bayreuth (1792 – 1796/98) als Vorbild[14].

ERSTE ÜBERGRIFFE

Bereits seit August und September 1802 hatte Pfalz-Bayern im Wettlauf mit verschiedenen anderen Reichsfürsten die von ihm beanspruchten Entschädigungslande militärisch besetzen lassen. Das Fürststift Kempten, das im Westen an den Bezirk Allgäu-Bodensee grenzte, wurde am 30. November 1802 durch kurfürstliche Truppen okkupiert[15]. In den fränkischen Fürstentümern Bamberg und Würzburg nutzte die Regierung Montgelas die militärische Besitzergreifung, um auf allen inklavierten Rittergütern, die lehenbar waren, die kurpfalz-bayerischen Besitzergreifungspatente anzuschlagen. Damit wurde für die betroffenen Rittergenossen ein das Herkommen sowie das ritterschaftliche Recht zu öffentlichen Bekanntmachungen verletzendes Präjudiz geschaffen[16].

In den neuen Entschädigungslanden in Schwaben unterblieb der pfalz-bayerische Patentanschlag auf den benachbarten Besitzungen reichsritterschaftlicher Vasallen weitgehend. Dies hatte seinen Grund teils in fehlenden Instruktionen, teils in der noch größeren rechtlichen und territorialen Zersplitterung als in Franken bzw. in außenpolitischen Rücksichten[17]. Zwar vermochte das kurfürstliche General-Land-Kommissariat in Ulm für den Bezirk Allgäu-Bodensee keine Rittergüter aufzufinden, die Pfalz-Bayern lehenbar waren und zugleich an Bayerisch-Schwaben angrenzten[18]. Dies hielt jedoch den Landschreiber zu Rettenberg vor der Burg nicht davon ab, noch im Dezember 1803 in den Freiherrlich von Pappusschen Ritterorten Rauhenzell und Wolmuts unter dem Vorwand der dem Kurfürstentum zuständigen Centgerichtsbarkeit die Besitzergreifungspatente von Kurfürst Max IV. Joseph anzuschlagen[19].

Weit empfindlicher traf den Ritterbezirk jedoch eine andere Maßnahme der pfalz-bayerischen Behörden: Ab dem 1. Dezember 1802, also dem Tag, welchen der Reichsdeputationshauptschluss als Tag der Zivilbesitznahme der Entschädigungslande offiziell festgesetzt hatte, ließ der pfalz-bayerische General-Land-Kommissar in Schwaben, Friedrich Wilhelm Freiherr von Hertling, die Zahlung der Rittersteuern von den an München gefallenen, sogenannten alienierten Rittergütern provisorisch sistieren und die bereits ausgeschriebenen Steuern in Verwahrung nehmen[20]. Die Ritterschaft beanspruchte nämlich aufgrund des alten Herkommens und (umstrittener) kaiserlicher Privilegien das Recht, Steuern einzuziehen („ius collectandi"), mit einer daraus fließenden weitgehenden Militärhoheit („ius armorum, sequelae et quartirii") auch auf den zahlreichen Rittergütern, die durch Kauf, Tausch, Erbgang oder Heimfall an die Reichsstände gekommen waren. In der Vergangenheit vermochten die Reichsadeligen diesen Anspruch zwar keineswegs durchgehend, aber doch in zahlreichen Fällen durchzusetzen, was dort zur faktischen „Teilung der landesherrlichen Rechte" auf alienierten Rittergütern bei gleichzeitigem Verbleib des Steuerrechts als Zeichen der Landesherrlichkeit („signum superioritatis") in reichsritterschaftlicher Hand geführt hatte[21]. Die Sistierung der Rittersteuern entzog nicht nur den betroffenen Ritterorten einen erheblichen Teil ihrer Einkünfte, sondern sollte vor allem die Verbindung der an

Ritterhaus Wangen, erbaut 1789 für die Kanzlei des Bezirks Allgäu-Bodensee des Kantons Hegau, Allgäu und am Bodensee.

Pfalz-Bayern gekommenen Rittergüter mit der Reichsritterschaft unterminieren[22].

Der Bezirk Allgäu-Bodensee musste von dieser Maßnahme besonders getroffen werden, weil durch den Reichsdeputationshauptschluss zahlreiche ihm inkorporierte Rittergüter der Toten Hand, also von geistlichen Institutionen, in kurfürstlichen Besitz gelangt waren. Dadurch wurde Kurfürst Max IV. Joseph neben dem Freiherrn von Pappus zum größten Grundbesitzer des Quartiers[23]. Anläßlich der Steuersistierung in den einst an Kempten gefallenen Gemeinden Langenegg und Lauterach erließ der Ortsvorstand des Kantons Hegau-Allgäu-Bodensee zwar am 30. Dezember 1802 ein Protestschreiben an den Freiherrn von Hertling. Jedoch zeigte die damit verbundene Darstellung der bisher geltenden und durch den Reichsdeputationshauptschluss nicht abgeänderten Rechtslage zugunsten der Reichsritterschaft keinerlei Wirkung[24].

DIE DIREKTIVNORMEN

Vielmehr sahen sich die allgäu-bodenseeischen Rittergenossen mit weiteren gegen sie gerichteten Maßnahmen der pfalz-bayerischen Behörden

Die Schwäbische Reichsritterschaft

Auf dem Giebel des Ritterhauses in Wangen der Reichsadler mit dem Wappen des Ritter-Kantons Hegau, Allgäu und am Bodensee, im Giebel in der Mitte das Wappen des „Ersten Direktorial-Ausschusses" Johann Christian Anselm Reichlin Freiherr von Meldegg, Herr zu Amtzell und Niedergundelfinden, links davon des Ritter-Rats Franz Konrad Freiherr von Ratzenried und rechts davon des Ritter-Rats Karl Anton Remigius von Pappus und Trazberg, Freiherr zu Rauhenzell und Laubenberg.

konfrontiert: Unter dem Datum vom 3. Januar 1803 stellte das Geheime Ministerialdepartement der auswärtigen Angelegenheiten in München dem General-Landes-Kommissar in Schwaben acht „directive Normen" zu, an denen Hertling seine Politik gegenüber der schwäbischen Reichsritterschaft vorerst ausrichten sollte. Die ersten vier Direktivnormen betrafen reichsritterschaftliche Vasallen, welche pfalz-bayerische Lehen trugen[25]. Diese dürften jedoch für die Ritter des Bezirks Allgäu-Bodensee nicht so folgenreich gewesen sein wie die vergleichbaren Anordnungen Münchens in seinen fränkischen Fürstentümern: Zwar waren im Bezirk Allgäu-Bodensee die lehensrechtlichen Beziehungen keineswegs allein auf das Haus Österreich ausgerichtet. Aber trotz des Zuwachses seiner Lehnshöfe im Gefolge des Reichsdeputationshauptschlusses – beispielsweise hinsichtlich der Herrschaften Langenegg und Waltrams – war Kurfürst Max IV. Josephs Stellung als Lehensherr im Bereich des Bezirks Allgäu-Bodensee nicht derart dominierend wie in Bamberg und Würzburg²⁶. Daher musste der zweiten Hälfte der Direktivnormen besondere Bedeutung zukommen.

Bisher hatten die Rittergenossen auf Grund von Privilegien, Verträgen und höchstrichterlichen Urteilen auf reichsständischem Gebiet sowohl für ihre Person als auch für ihre beweglichen Güter eine Reihe von rechtlichen und finanziellen Vorzügen und Exemptionen beansprucht²⁷. Nach der fünften Direktivnorm sollten künftig alle Reichsritter, welche sich in Pfalz-Bayern aufhielten, dort über mediaten Grundbesitz verfügten oder in den Diensten des Kurfürsten standen, als landsässige Untertanen Max IV. Josephs behandelt werden²⁸. Zu den davon Betroffenen gehörten nicht zuletzt die beiden Direktorialräte des Bezirks, die Freiherren von Pappus und Reichlin, welche in Kempten bzw. Dillingen wohnten²⁹. Ferner sollte Hertling über alle einzelnen Gründe, Gefälle, Untertanen und Gerechtsame der Reichsritter, welche in pfalz-bayerischen Ortsmarkungen verstreut lagen, die volle Landeshoheit des Kurfürsten geltend machen (sechste und siebte Direktivnorm)³⁰. Damit verletzte die Regierung Montgelas nicht nur die durch die Reichsgrundgesetze sanktionierte reichsunmittelbare Stellung der reichsritterschaftlichen Gebiete, sondern negierte zugleich die durch das Reichsrecht, die überwiegende Mehrheit der Reichspublizisten und die Rechtsprechung der beiden obersten Reichsgerichte anerkannten Verhältnisse des territorium non clausum. Dessen Bild wurde nicht durch geschlossene Landesstaaten, sondern durch territoriale und obrigkeitsrechtliche „Vermischungen" und ‚Vielherrigkeit' geprägt³¹.

Reichsrechtlich unbedenklich, aber nicht folgenlos war die achte Direktivnorm, nach welcher Reichsritter und ihre Angehörigen nicht für Ämter des Kurfürstentums vorgeschlagen werden sollten, wenn sie sich nicht zuvor der Landeshoheit des bayerischen Kurfürsten unterworfen hätten³². Zwar war der Dienst an den benachbarten Fürstenhöfen für die Reichsritter unter finanziellen Gesichtspunkten keineswegs immer lohnend. Aber dafür boten Hof, Verwaltung und Militär der Reichsstände in ihren hohen und höchsten Rängen eine mit der reichsadligen Stellung und Herkunft in Einklang stehende Tätigkeit mit dem entsprechenden Sozialprestige³³. Jedoch dürften diese Gesichtspunkte bei dem Entschluss Münchens, die Reichsritter von den pfalz-bayerischen Staatsstellungen auszuschließen, eher eine untergeordnete Rolle gespielt haben. Weit wichtiger war wahrscheinlich für die Regierung Montgelas, auf diese Weise die uneingeschränkte Loyalität der Beamtenschaft gegenüber Max IV. Joseph sicherzustellen. Diese war nämlich aufgrund der doppelten eidlichen Verpflichtungen der ritterschaftlichen Fürstendiener gegenüber ihren reichsständischen Dienstherren einerseits, Kaiser und Reichsritterschaft andererseits, nicht gesichert³⁴.

Die Direktivnormen waren ein loses Bündel von Einzelmaßnahmen und noch kein in sich geschlossenes System zur Unterwerfung aller benachbarten Rittergüter. Dennoch ließ ihr Inhalt selbst Hertling zögern, der bisher wenig Respekt für vermeintlich „veraltete Auswüchse der Reichs Verfassung" gezeigt hatte. Anstelle einer prompten Vollzugsmeldung schickte der General-Land-Kommissar einen gutachtlichen Vortrag eines seiner Räte nach München, in welchem die rechtlichen und politischen Folgen ausgeführt wurden, welche die Umsetzung der Direktivnormen vom 3. Januar 1803 haben würde. Von derlei Bedenken wollte Montgelas, der Hertling in einem ungewöhnlich scharf gefaßten Reskript zurechtweisen ließ, jedoch nichts hören³⁵. Ein erneutes Reskript des Kurfürsten vom 9. Mai 1803 bestätigte nicht nur wesentliche Teile der Direktivnormen, sondern präzisierte diese auch durch zusätzliche Bestimmungen³⁶.

DIE ERNEUTE VERSCHÄRFUNG DES KONFLIKTS

Am 14. Juni 1803 hielt der Geheime Referendar und Spezialist für Landeshoheitssachen im Departement für auswärtige Angelegenheiten Georg Friedrich von Zentner in der Geheimen

> **Schwaben. II. Canton Högau, Algau und am Bodensee.**
>
> Director.
>
> Niclas Ludw. Aug. Fhr v. Enzberg, Hr. zu Mühlheim u. Bronnen, Kaiſ. Rath, wohnt zu Mühlheim.
>
> Erſter Directorial-Ausſchuß.
>
> Joh. Chriſt. Anſ. Reichlin, Fhr v. Meldegg, Hr. zu Amtzell u. Niedergundelfingen, Kaiſ. R. Kurtrier. Cammerhr. auch Fürſtl. Augsburg. Oberſt-Jägermſtr. u. Oberpfleger zu Oberdorf, wohnt zu Dillingen.
>
> Ausſchuß und Ritter-Räthe.
>
> I. Joh. Ad. Fhr v. u. zu Bodmann, Herr zu Bodmann, Eſpaſingen, Wahlwieß, Kargegg u. Luckeringen, Kaiſerl. R. u. Kämmer. wohnt zu Bodmann.
> II. Franz Conrad, Fhr v. u. zu Razenried, Kaiſerl. R. wohnt zu Razenried.
> III. Mgr. Joh. Bapt. Fhr v. Liebenfels, Hr zu Worblingen, Gailingen u. Beyern an der Aach, Kaiſ. R. w. zu Worblingen.
> IV. Carl Ant. Remig. v. Pappus u. Trazberg, Fhr zu Rauchenzell u. Laubenberg ꝛc. Kaiſ. R. des Bezirks Algau u. am Bodenſee Ritterr. u. Ausſchuß, wohnt zu Kempten.
> V. Joſ. Ant. Fhr v. Hornſtein auf Stofflen u. Büningen, Kaiſ. R. wohnt zu Büningen.
> VI. Jul. Friedolin, Fhr v. Hornſtein, auf Hohenſtofflen u. Weiterdingen, F. Bad. Kämmer. u. des Oberrhein. Kr. Obr. L. wohnt zu Radolphszell.
>
> Syndicus: Valentin Hiller, Kurmainz. Hofr. des Cantons Högau, Algau u. am Bodenſee gemeinſch. R. wohnt zu Radolphszell im Ritterhaus.
>
> Conſulenten: I. Joh. Chriſtoph Ignaz Beringer, ICtus, Com. Pal. Pontif. et Caeſ. wohnt zu Wangen. II. Franz Ant Lebetgern, J. U. L. des Bezirks Högau Conſul. u. Caſſier, wohnt zu Radolphszell. III. Fidel Damian Mayr, J. U. D. F. Kempt. R. wohnt zu Wangen im Ritterhaus. IV. Stephan Eplen v. Hörtenſtein, wohnt zu Radolphszell.
>
> Archivarii: I. Joh. Joſ. Leonh. Sigl, wohnt zu Wangen. II. Marquard Georg Bayer, des Bezirks Högau Archivar. u. Regiſtr. wohnt zu Radolphszell.
>
> Caſſirer: Joh. Nep. M. Fraſt, des Bezirks Algau u. am Bodenſee, wohnt zu Wangen. Canzelliſten: (3) Cleoph. Moz, des Bezirks Högau Steuerrenov. wohnt zu Radolphszell. Franz Bened. Weber, wohnt zu Wangen. David Moz, wohnt zu Radolphszell.

Neues Genealogisches Reichs- und Staats-Handbuch auf das Jahr MDCCLXXXIX. Frankfurt 1789, S. 387.

bereits enthalten waren, teils aber auch neue Schritte vorsahen. Durch die Bestimmungen, welche das Lehensrecht als Waffe gegen die Ritterschaft nutzten, konnten die Mitglieder des Bezirks Allgäu-Bodensee nur zum Teil in Mitleidenschaft gezogen werden. Weit gefährlicher war dagegen die Weisung, sämtliche gegen die Reichsritterschaft auffindbaren Landeshoheits- und sonstigen Ansprüche zu verfolgen sowie freiwillige Unterwerfungen einzelner Rittergenossen durch die Gewährung verschiedener Vorteile zu begünstigen. Ferner ordnete der Kurfürst an, den Rittergenossen und ihren Untertanen „alle nachbarliche[n] Begünstigungen" zu entziehen sowie die Kredite, welche Reichsadelige bei der kurfürstlichen Kammer oder den an Pfalz-Bayern gefallenen geistlichen Fürstentümern und Institutionen aufgenommen hatten, zu kündigen[38]. Dabei muss berücksichtigt werden, dass das Gros der begüterten Reichsritter, der sogenannten Realisten, schon vor der Französischen Revolution in beschränkten bzw. geradezu prekären ökonomischen Verhältnissen gelebt hatte[39]. Hinzu kam die weitgehende Vernichtung der Reichskirche 1802/03, die mit ihren einträglichen Pfründen und Ämtern gerade im Südwesten des Reiches eine reichsritterschaftliche Adelskirche war, von der auch der katholische Bezirk Allgäu-Bodensee bisher profitiert hatte[40].

Die ungeheuren wirtschaftlichen Belastungen im Zuge der Koalitionskriege taten ihr übriges[41]: So klagte der Bezirk Allgäu-Bodensee bereits im Dezember 1796, er sei durch die Kriegsereignisse „ganz ruinirt"[42]. Noch vor dem Bekanntwerden der Beschlüsse Kurfürst Max IV. Josephs vom 20. Juni 1803 hatte Hertling die tabellarische Beschreibung der diensttauglichen Männer für die geplante Auswahl der pfalz-bayerischen Rekruten in Schwaben, der sogenannte Landkapitulanten, auf die an das Kurhaus gekommenen Ritter-

Staatskonferenz in München einen Vortrag über das Verhältnis zur Reichsritterschaft in den fränkischen und schwäbischen Entschädigungslanden[37]. Hierauf genehmigte Kurfürst Max IV. Joseph am 20. Juni ein ganzes Bündel von Maßnahmen gegen die schwäbische Reichsritterschaft, welche teils in den Direktivnormen sowie früheren kurfürstlichen Reskripten und Anordnungen des schwäbischen General-Land-Kommissariats

güter ebenso ausgedehnt wie auf den inklavierten reichsritterschaftlichen Streubesitz[43,44]. Damit wurden die reichsritterschaftlichen Militärrechte auf den betroffenen Besitzungen des Ritterbezirks Allgäu-Bodensee teilweise ausgehebelt. Gegen diesen sowie die weiteren Eingriffe der pfalz-bayerischen Behörden in die Gerechtsame des schwäbischen Ritterkreises und seiner Mitglieder erließ das reichsritterschaftliche General- und schwäbische Spezialdirektorium, welches beim Ortsvorstand Donau stand, Mitte September 1803 ein Protestschreiben an Max IV. Joseph. Darin forderten die Autoren mit Verweis auf die Verhandlungen der Reichsdeputation und die salvatorische Klausel die Restitution der Reichsritterschaft in den Stand, wie er vor der militärischen Inbesitznahme der Entschädigungsländer bestanden habe[45]. In der Antwort des Kurfürsten wurde das ritterschaftliche Begehren nicht nur zurückgewiesen, sondern ihm auch der in München vertretene Rechtsstandpunkt entgegengestellt: Dabei zeigte sich Max IV. Joseph überzeugt, „daß die in der deutschen Verfassung gegründete[n] wahre[n] constitutionelle[n] Rechte des reichsritterschaftl[.] Corporis nicht angegriffen, sondern nur gegen einzelne zu Unsern Landen uspünglich gehörige ritterschaftliche Besitzungen, die auf eine wiederrechtliche [sic] Art davon losgerissen, und einer fremden Corporation einverleibt worden waren, Unsere Landes-Hoheits Rechte wieder geltend gemacht worden sind."[46]

Die hier zu Tage tretende „Usurpationsthese", die von einer rechtswidrigen Aneignung der Reichsunmittelbarkeit durch landsässige Adelige ausging und dabei die historisch offene Situation zu Beginn der Frühen Neuzeit einseitig und im Sinne des Landeshoheitsverständnisses des ausgehenden 18. Jahrhunderts deutete, war keineswegs singulär. Aber von ihr führte keine Brücke zum Reichsrecht, wie es von der dominierenden Mehrheit der Rechtsgelehrten und den Reichsgerichten verstanden wurde, und damit auch kein Weg zu einer gütlichen Einigung mit der schwäbischen Reichsritterschaft in Form eines Rezesses[47].

Die Folgen der pfalz-bayerischen Rechtsauffassung bekam der Bezirk Allgäu-Bodensee unmittelbar zu spüren, indem das schwäbische General-Landes-Kommissariat unterm 28. September 1803 anordnete, die auf den 3. Oktober in Wangen angesetzte Direktorialkonferenz des Ritterbezirks zur üblichen Rechnungsabhör sowie alle künftigen ritterschaftlichen Konvente und Zusammenkünfte zu untersagen. Während das Direktorium von Allgäu-Bodensee kurzerhand nach Lindau auswich, um dort die geplante Konferenz abzuhalten, setzte sich ausgerechnet der provisorische Magistrat Wangens, der die Anordnung Hertlings vollziehen musste, ebenso nachdrücklich wie vergeblich dafür ein, dass der Ritterbezirk seine Konvente weiterhin hier abhalten könne. Der Grund für dieses auf den ersten Blick erstaunliche Engagement des Wangener Magistrats lag in der Verarmung der ehemaligen Reichsstadt, weshalb man nicht auf die ritterschaftlichen Zusammenkünfte verzichten wollte, die „eine beträchtliche Consumtion zum Vortheil der dortigen Bügerschaft nach sich gezogen hätten"[48]. Im Hauptvergleich von 1784, der anläßlich des Baus des Ritterhauses des Bezirks Allgäu-Bodensee abgeschlossen wurde, hatte sich Wangen die Bewirtung der Versammlungen der Rittergenossen durch seine Bürger sogar noch weitgehend vorbehalten[49].

VOM „RITTERSTURM" ZUR UNTERWERFUNG

Die Eingriffe Münchens in reichsritterschaftliche Gerechtsame des schwäbischen Ritterkreises und seines Bezirkes Allgäu-Bodensee seit der militärischen bzw. zivilen Inbesitznahme der Entschädigungslande waren ungeachtet mancher Ähnlichkeiten nicht mit dem weit offensiveren Vorgehen der Regierung Montgelas gegen große Teile der fränkischen Reichsritterschaft zu vergleichen[50]; vielmehr sah sich Pfalz-Bayern in Schwaben zu vorsichtigerem Agieren gegenüber der Reichsritterschaft und insbesondere dem Bezirk Allgäu-Bodensee gezwungen. Dabei war nicht nur die Tatsache ausschlaggebend, dass im schwäbischen territorium non clausum die territorialen Vermischungen und Überlagerungen obrigkeitlicher Rechte verschiedener Landesherren die Bildung eines geschlossenen Territoriums noch weit mehr erschweren, als dies in Franken der Fall war. Diese setzten den pfalz-bayerischen Maßnahmen Grenzen, „wenn man nur einen Schein des Rechtes beybehalten" wollte[51].

Hinzu kam auch die räumliche Nähe Österreichs, dem angesichts seiner fortbestehenden Annexionsabsichten in bezug auf bayerisches Gebiet kein Vorwand zu reichsrechtlichem und vor allem militärischem Eingreifen geliefert werden sollte[52]. Gerade die zahlreichen österreichischen Lehen reichsritterschaftlicher Vasallen in Oberschwaben und sonstigen Hoheitsrechte des Hauses Österreichs auf reichsadligem Gebiet mussten hier zur Vorsicht mahnen[53]. Dies galt insbesondere für eine Zeit, in der die verstärkte Tendenz bestand, die Lehensherrschaft und die Ausübung einzelner obrigkeitlicher Gerechtsame zur Landeshoheit umzudeuten[54]. Schließlich mag auch die geringe Entfernung zu den Besitzungen des ebenso gewalttätigen wie expansionsfreudigen Kurfürsten Friedrich I. von Württemberg ein Grund für die relative Zurückhaltung Pfalz-Bayerns gewesen sein[55].

Angesichts dieser Faktoren ist es nicht überraschend, dass die weitere Entwicklung von den Ereignissen in Franken bestimmt wurde. Hier erreichte Münchens Mediatisierungspolitik mit der Einberufung des sogenannten Bamberger Ritterausschusses zur Beratung der Verfassung einer künftigen landsässigen pfalzbayerisch-fränkischen Ritterschaft, der Konstituierung eines provisorischen Direktoriums für diese neue Korporation und der Einforderung der Landeshuldigung im November 1803 ihren Höhepunkt. Der Eindruck, dass Wien keine ernsthaften Maßnahmen gegen die drohende vollständige Unterwerfung eines großen Teiles des fränkischen Ritterkreises ergreifen würde, löste den sogenannten Rittersturm aus, welcher vom November 1803 bis Januar 1804 über die Rittergenossen hereinbrach. Fast alle Reichsfürsten, in deren Reichweite reichsritterschaftliche Gebiete lagen, versuchten diese provisorisch und im Wettlauf mit ihren Mitständen militärisch in Besitz zu nehmen, was zu anarchischen Zuständen in den vorderen Reichskreisen führte. Während in den meisten ritterschaftlichen Orten Okkupationskommandos einrückten und Quartier nahmen, Patente angeschlagen und wieder abgerissen, die Rittersteuern von reichsständischen Behörden in Beschlag genommen sowie teils schon Huldigungen von den ritterschaftlichen Herrschaften und ihren Beamten eingefordert wurden, lag der Bezirk Allgäu-Bodensee wie im Auge eines Wirbelsturmes praktisch unberührt da[56]. Grund hierfür waren die geographische Nähe Österreichs und insbesondere die zahllosen Gerechtsame, die Wien auf dem rechten Donauufer und in diesem Ritterbezirk zustanden. Weder die Regierung Montgelas noch Friedrich I. von Württemberg, der seine Grenzsäulen bis zu 15. Wegstunden von seinen bisherigen Landesgrenzen entfernt aufrichten ließ, wagten daher die Gegenden zwischen Donau, Iller und Bodensee anzutasten, welche Stuttgart anscheinend schon als „das zukünftige Loos des Hauses Österreich" ansah[57]. In der Tat war Wien einer Okkupation der Schwäbisch-Österreich benachbarten Rittergüter alles andere als abgeneigt. Wenn Kaiser Franz II. dennoch der Aufrechterhaltung der Reichsritterschaft den Vorrang einräumte, hatte dies nichts mit Selbstlosigkeit zu tun, sondern mit handfesten territorialen, militärischen, machtpolitischen und finanziellen Interessen von Kaisertum und österreichischer Hausmacht[58].

Am 30. Januar 1804 gaben die Gesandten Franz' II. in Regensburg ein auf den 23. Januar datiertes kaiserliches Konservatorium des Reichshofrates bekannt. Mit dessen Vollzug wurden das Erzhaus Österreich, der Reichserzkanzler Karl von Dalberg sowie Baden und Kursachsen beauftragt, also Reichsstände, die sich nicht am sogenannten Rittersturm beteiligt hatten und die als Anhänger der Reichsverfassung galten. Aufgabe dieser sogenannten Konservatoren war es, die Reichsritterschaft aller drei Ritterkreise in den früheren Stand vor der zivilen Besitzergreifung der Entschädigungslande (1. Dezember 1802), notfalls

Maximilian Joseph Freiherr von Montgelas (1759 – 1838), 1799 – 1817 bayerischer Außen-, 1806 – 1817 auch Innen- und 1803 – 1806 und 1809 – 1817 auch Finanzminister. Ölbild von Joseph Hauber, 1804. Privatbesitz.

„mit gewaffneter Hand", zurückzuversetzen sowie die Reichsritterschaft vor künftigen, eigenmächtigen Übergriffen zu schützen. Zugleich kassierte das vor allem gegen Pfalz-Bayern gerichtete Konservatorium sämtliche seitens verschiedener Reichsstände seit dem besagten Stichtag gegen die Reichsritterschaft verfügten Maßnahmen[59].

Ohne Aussicht auf auswärtige Hilfe und angesichts der drohenden Reichsexekution durch Österreich – und damit eines neuen Krieges – musste Kurfürst Max IV. Joseph am 17. Februar 1804 einlenken. Auch die anderen am Rittersturm beteiligten Reichsfürsten beugten sich dem Konservatorium[60]. Für den Bezirk Allgäu-Bodensee bedeutete dies vor allem die Aussicht auf die Restitution der ritterschaftlichen Militärrechte und insbesondere des Besteuerungsrechts über die an München alienierten Rittergüter.

Tatsächlich wies der Kurfürst noch am Tage seiner Unterwerfung unter das Konservatorium mittels einer sogenannten Paritionsanzeige seinen General-Land-Kommissar in Schwaben in einer geheimen Instruktion an, mit dem ritterschaftlichen Generaldirektorium in Vergleichsverhandlungen zu treten. Allerdings sollten diese allein dazu dienen, „der Ritterschaft vorzüglich den Praetext zu benehmen, über eine unvollkommene Parition und Widerherstellung des Status quo klagen zu können", weshalb Hertling die Unterhandlungen möglichst hinzuziehen hatte[61]. Zwar ging es in den Verhandlungen zwischen dem General-Land-Kommissar und dem schwäbischen Spezialdirektorium konkret um die Restitution der reichsritterschaftlichen Steuer- und Militärgerechtsame auf den rund zwei Dutzend an Pfalz-Bayern veräußerten Rittergütern des Viertels Donau. Aber die unnachgiebige Haltung des Generaldirektoriums und die Besorgnis Münchens vor einer österreichischen Exekution kamen auch dem Bezirksvorstand von Allgäu-Bodensee zugute[62]: Unterm Datum vom 16. April 1804 wurde Hertling angewiesen, keine Rekruten mehr auf den an das Kurhaus veräußerten oder als Streubesitz beanspruchten, reichsritterschaftlichen Besitzungen auszuheben sowie der Reichsritterschaft dort auch wieder das Besteuerungsrecht einzuräumen. Allein zur Entlassung der schon ausgehobenen Landkapitulanten sowie zur Rückzahlung der beschlagnahmten Rittersteuern wollte sich München nicht verstehen[63].

Die Schwäbische Reichsritterschaft

Die Angelegenheit der Reichsritterschaft blieb bis in den Herbst 1805 in der Schwebe: Einerseits scheiterten alle Bemühungen der zum Teil zögerlich agierenden Konservatorialhöfe sowie der Reichsritterschaft, die vollständige Restitution des früheren Zustandes zugunsten der Reichsritterschaft durchzusetzen, am Widerstand Frankreichs. Andererseits verliefen die teils noch in den Januar 1804 zurückreichenden Initiativen Berlins und Münchens, die Reichsritterschaft auf dem Wege eines Reichstagsbeschlusses zu mediatisieren, aus innen- und außenpolitischen Gründen sowie aufgrund fehlenden Rückhaltes in der Regensburger Reichsversammlung im Sande. Auch die für den Ritterschaftsbezirk Allgäu-Bodensee bedrohlichen Verhandlungen Wiens mit Berlin über die Zukunft der Reichsritterschaft brachten kein Ergebnis[64].

Somit wurde das Schicksal des Ritterschaftsbezirks Allgäu-Bodensee nicht am Verhandlungstisch, sondern auf dem Schlachtfeld von Austerlitz entschieden. Über die Folgen der Niederlage des kaiserlichen Schutzherrn am 2. Dezember 1805 machte man sich in der Wangener Kanzlei keinerlei Illusionen: Der Konsulent Lebetgern resümierte in einem Schreiben an die beiden Direktorialräte des Quartiers nüchtern: „Frankreich und Bayern sind dermalen siegreich, Oestereich kann sich selbst nicht helfen, mithin stehet der Reichsadel ohne Hilfe da"[65].

Am 19. Dezember 1805, an dem zugleich ein Tagesbefehl des Marschalls Berthier den formellen Kriegszustand zwischen Frankreich und der Reichsritterschaft erklärte und den süddeutschen Verbündeten Napoleons Unterstützung für die Okkupation der reichsadligen Güter ankündigte, ordnete Kurfürst Max IV. Joseph die Besitzergreifung der benachbarten reichsritterschaftlichen Gebiete an. Letztere hatte sich die Regierung Montgelas bereits im Vertrag von Bogenhausen (Art. 1) vom 24./25. August bzw. im Linzer Abkommen vom 8. November 1805 (Art. 1) von Frankreich zusichern lassen[66]. Während andernorts in Schwaben die Okkupationskommandos der süddeutschen Bundesgenossen Napoleons längst in Marsch gesetzt waren[67], wurde der Bezirk Allgäu-Bodensee erst Ende Dezember 1805 von Pfalz-Bayern in Besitz genommen: Am 27. Dezember 1805 wurden durch einen pfalz-bayerischen Landesdirektionsrat Kassen und Archiv des Ritterschaftsquartiers versiegelt, das Kanzleipersonal suspendiert und der Bezirksvorstand für aufgelöst erklärt[68]. Am darauffolgenden Tag wurden alle Orte des Ritterbezirks durch jeweils zwei pfalz-bayerische Infanteristen okkupiert und die lokalen Beamten für den bayerischen Kurfürsten in die Pflicht genommen[69]. Von einem Protestschreiben gegen die Besetzung riet Lebetgern mit Verweis auf die Ausweglosigkeit der Situation und die ansonsten gefährdeten Pensionsansprüche der Direktorialräte ab[70]. Der Frieden von Preßburg vom 26. Dezember 1805 (Art. 14) und die Rheinbundakte vom 12. Juli 1806 (Art. 25) sanktionierten die so vollzogene Mediatisierung der Rittergüter von Allgäu-Bodensee[71].

Das Schicksal des Bezirks in den Jahren der Mediatisierung stellte in mancher Hinsicht einen Sonderfall innerhalb der reichsritterschaftlichen Korporation dar. Für seine politische Existenz – wie für die der gesamten Ritterschaft – war die Funktionsfähigkeit der Reichsverfassung mit ihren Schutzmechanismen unverzichtbar. Daher spiegelt die Unterwerfung des Bezirks Allgäu-Bodensee – einem Seismographen vergleichbar – den Prozeß der Auflösung des Reichsverbandes und seiner verfassungrechtlichen Ordnung in besonders deutlicher Weise wider[72].

Anmerkungen:

1 Zitat aus Zirkular des Konsulenten Lebetgern an das Direktorium von Allgäu-Bodensee, Wangen, 18. Dezember 1805, Staatsarchiv Ludwigsburg, D 21, Bü 55.
2 *Volker Press*: Die Reichsritterschaft im Reich der Frühen Neuzeit. In: *Ders.*: Adel im Alten Reich. Tübingen 1998, 205-231, 205ff.
3 *Johann Georg Kerner:* Allgemeines positives Staats-Genossenschaftsrecht der unmittelbaren freyen Reichsritterschaft in Schwaben, Franken und am Rhein. Lemgo 1788, 75f., 303ff., 327, 363; *Franz Werner Ruch*: Die Verfassung des Kantons Hegau-Allgäu-Bodensee der unmittelbaren freien Reichsritterschaft. Diss. jur. Mainz 1955 (masch.), 58ff. sowie Anhang 77ff.; *Herbert Berner*: Die Aufhebung des reichsritterschaftlichen Kantons Hegau-Radolfzell. In: *Heinrich Büttner / Otto Feger / Bruno Meyer* (Hg.): Aus Verfassungs- und Landesgeschichte. Festschrift zum 70. Geburtstag von Theodor Mayer. Bd. 2. Sigmaringen 1955, ND Sigmaringen 1973, 203-227, 204. *William D. Godsey*: Nobles and Nation in Central Europe. Free Imperial Knights in the Age of Revolution, 1750 – 1850. Cambridge 2004, 256ff.
4 *Kerner* 1788 (wie Anm. 3), 90, 363.
5 *Ruch* 1955 (wie Anm. 3), 65 und ebd., Anm. 4. *Gerhard Pfeiffer*: Studien zur Geschichte der fränkischen Reichsritterschaft. In: Jahrbuch für fränkische Landesforschung 22 (1962), 173-280, 173; *Karl S. Bader*: Der deutsche Südwesten in seiner territorialstaatlichen Entwicklung. Stuttgart 1949, ND Sigmaringen 1978, 169f. Zitat ebd., 169f.; *Kerner* 1788 (wie Anm. 3), 75 Anm. p.
6 Verzeichnis der Immatrikulationsakten der in das consortium equestre recipierten oder readmittierten Adelichen bei dem ehemaligen reichsritterschaftlichen Kanton Hegau Allgäu Bodensee, verfaßt Dillingen den 6. November 1825, Hauptstaatsarchiv Stuttgart (HStA), B 574 Au, Bü 739; *Ruch* 1955 (wie Anm. 3), Anhang, 82.
7 Vgl. die Karte des Schwäbischen Kreises der freien Reichsritterschaft. In: *Manfred J. Poh*: Die freie unmittelbare Reichsritterschaft. Schwäbischer Ritterkreis. Kanton an der Donau mit Sitz in Ehingen. o.O. [Ulm] o.J. [1995].
8 Selbst die verdienstvolle Arbeit von *Ruch* 1955 (wie Anm. 3) berücksichtigt den Bezirk Allgäu-Bodensee nur am Rande und geht auf seine Mediatisierung nicht ein.
9 *Heinrich Müller*: Der letzte Kampf der Reichsritterschaft um ihre Selbständigkeit (1790-1815). Berlin 1910, ND Vaduz 1965, 102ff. Protokoll der außerordentlichen Reichsdeputation zu Regensburg. Bd. 2: Sechs und zwanzigste bis fünfzigste und letzte Sitzung. Regensburg 1803, 699, 707ff. *Hanns Hubert Hofmann* (Hg.): Quellen zum Verfassungsorganismus des Heiligen Römischen Reiches Deutscher Nation 1495-1815. Darmstadt 1976, Nr. 65a: Friede von Lunéville, 323-325, 325.
10 *Müller* 1910 (wie Anm. 9), 98ff.; *Eberhard Freiherr von Waechter* (Hg.): Ein Württemberger beim Ersten Konsul. In: Württembergische Vierteljahrshefte für Landesgeschichte 37 (1931), 336-339, 336ff.; *Ders.*: Carl Eberhardt von Waechter, ein württembergischer Diplomat. In: Ebd. 38 (1932), 342-359, 356; *Ders.*: Die letzten Jahre der deutschen Reichsritterschaft. In: Ebd. 40 (1934), 243-289, 254ff.; *Erwin Hölzle*: Die letzten Jahre der Reichsritterschaft. Ein Stück Quellenkritik. In: Württembergische Jahrbücher für Statistik und Landeskunde 1934/1935 (1936), 293.
11 *Ulrich Hufeld* (Hg.): Der Reichsdeputationshauptschluß von 1803. Eine Dokumentation zum Untergang des Alten Reiches. Köln 2003, Nr. 10: Reichsgutachten zum Reichsdeputationshauptschluß vom 24./26. März 1803, 120f., 121 und Nr. 11: Kaiserliches Ratifikations-Kommissions-Dekret vom 27./28. April 1803, 122-125, 124; *Müller* 1910 (wie Anm. 9), 115f.
12 *Karl S. Bader*: Reichsadel und Reichsstädte in Schwaben am Ende des alten Reiches. In: *Heinrich Büttner / Otto Feger / Bruno Meyer* (Hg.): Aus Verfassungs- und Landesgeschichte. Festschrift zum 70. Geburtstag von Theodor Mayer [...]. Bd. 1. Lindau-Konstanz 1954, ND Sigmaringen 1973, 247-263, 262f. *Volker Press*, Kaiser und Reichsritterschaft. In: *Rudolf Endres* (Hg.): Adel in der Frühneuzeit. Ein regionaler Vergleich. Köln-Wien 1991, 163-194, 183ff.
13 13. Bericht des Freiherrn von Hertling, Ulm, 8. Dezember 1802, Hauptstaatsarchiv (HStA) München, MA 5728. Vgl. *Eberhard Weis*: Die Begründung des modernen bayerischen Staates unter König Max I. (1799 – 1825). In: *Alois Schmid* (Hg.): Das neue Bayern. Von 1800 bis zur Gegenwart. Staat und Politik, München ²2003, 3-126, 20.
14 Siehe beispielsweise: Bericht des Grafen Thürheim, 22. Mai 1803 und Vortrag von Zentner über die reichsritterschaftlichen Verhältnisse in den neu acquirierten kurfürstlichen Landen in Franken und Schwaben, München, 15. [sic] Juni 1803, HStA München, MA 4568; Bericht Gravenreuths, Wien, 19. Oktober 1803, HStA München, MA 4569.
15 Schreiben des Ortsvorstands des Kantons Hegau-Allgäu-Bodensee an Freiherr von Hertling, Wangen, 30. Dezember 1802; Vortrag in der provisorischen Regierung zu Dillingen [vom 29. März 1803], HStA München, MA 5728; *Hans Körner*: Der Kanton Rhön und Werra der Fränkischen Reichsritterschaft. In: *Josef-Hans Sauer* (Hg.): Land der offenen Fernen. Die Rhön im Wandel der Zeiten. Fulda 1976, 53-113, 106.
16 Kurfürstliches Reskript an Hertling, München, 14. Februar 1803, HStA München, MA 5728. Zur reichs- und territorialrechtlichen Bedeutung des Patentanschlages siehe: Abschrift des Promemoria des Ritterhauptmanns von Crailsheim an den dirigierenden Minister von Hardenberg, Rügland, 11. Februar 1792, Staatsarchiv Marburg, 109 Nr. 311.
17 Kurfürstliches Reskript an Hertling, München, 3. Januar 1803; Schreiben des Freiherrn von Hertling, Ulm, 21. Januar 1803; Kurfürstliches Reskript an

Hertling, München, 14. Februar 1803; Abschrift eines Schreibens des Ortsvorstands des Kantons Donau, eingelangt am 30. Januar 1803; 144. Bericht des Freiherrn von Hertling, Ulm, 1. März 1803, HStA München, MA 5728.

18 Vgl.: Übersicht derjenigen zur Reichsritterschaft steuerbaren Besitzungen, welche in dem kurbayerischen Indemnisations-Bezirk in Schwaben liegen, ebd.

19 Schreiben des Freiherrn von Pappus an den Allgäu-Bodenseer Konsulenten, Kempten, 31. Dezember 1802 und 10. Januar 1803; Protestschreiben des Direktoriums von Allgäu-Bodensee an den pfalzbayerischen Landschreiber von Luger, Wangen, 5. Januar 1803; Schreiben des Bezirks Allgäu-Bodensee an die Ritterkanzlei von Donau, Wangen, 3. Februar 1803, HStA Stuttgart, B 574 Au, Bü 739.

20 13. Bericht des Freiherrn von Hertling, Ulm, 8. Dezember 1802 und ff. Dok., HStA München, MA 5728. Reichsdeputationshauptschluss vom 25. Februar 1802. In: Protokoll der außerordentlichen Reichsdeputation. Bd. 2 (wie Anm. 9), 841-934, 913. Ausgenommen von der Sistierung und Beschlagnahme der Rittersteuern wurde in fremden Territorien gelegener, aber an das Haus Bayern alienierter ritterschaftlicher Streubesitz (kurfürstliches Reskript an Hertling, München, 3. Juni 1803, HStA München, MA 5728.

21 Abschrift eines Schreibens des Ortsvorstands des Kantons Donau, eingelangt am 30. Januar 1803, HStA München, MA 5728; Kerner 1788 (wie Anm. 3), 332f.; *Dieter Hellstern*: Der Ritterkanton Neckar-Schwarzwald 1560 – 1805. Tübingen 1971, 155f. *Dietmar Willoweit*: Rechtsgrundlagen der Territorialgewalt. Köln-Wien 1975, 322ff. *Thomas Schulz*: Der Kanton Kocher der Schwäbischen Reichsritterschaft 1542-1805. Sigmaringen 1986, 114ff.; Ders.: Die Mediatisierung des Kantons Kocher. In: Zeitschrift für Württembergische Landesgeschichte 47 (1988), 323-357, 333ff. Zitate aus *Schulz* 1988 (wie Anm. 21), 335 und *Willoweit* 1975 (wie Anm. 21), 323.

22 13. Bericht des Freiherrn von Hertling, Ulm, 8. Dezember 1802, HStA München, MA 5728.

23 Verzeichnis der durch die Konföderationsakte an Bayern gekommenen reichsritterschaftlichen und im Pariser Staatsvertrag zwischen Pfalz-Bayern und Württemberg aufgeteilten Ortschaften des Kantons Allgäu-Bodensee, StA Ludwigsburg, D 29, Bü 82.

24 Schreiben des Ortsvorstands des Kantons Hegau-Allgäu-Bodensee an Freiherr von Hertling, Wangen, 30. Dezember 1802, HStA München, MA 5728.

25 Kurfürstliches Reskript an Hertling, München, 3. Januar 1803, HStA München, MA 5728.

26 *Ludwig Graf von Montgelas* (Hg.): Denkwürdigkeiten des bayerischen Staatsministers Maximilian Grafen von Montgelas (1799 – 1817). Stuttgart 1887, 76ff. *Peter Blickle*: Kempten. München 1968, 142ff., 211f.; *Manfred Ott*: Lindau. München 1968, 166, 229; *Hanns Hubert Hofmann*: Adlige Herrschaft und souveräner Staat. Studien über Staat und Gesellschaft in Franken und Bayern im 18. und 19. Jahrhundert. München 1962, 221ff.

27 *Johann Georg Kerner*: Allgemeines positives Staats-Reichs-Recht der unmittelbaren freyen Reichsritterschaft in Schwaben, Franken und am Rhein. Lemgo 1789, 197ff., 224ff., 238ff.; *Rudolf Stammler*: Letzte Zeiten der Reichsritterschaft 1805 – 1806. In: *Ders.*: Deutsches Rechtsleben in alter und neuer Zeit. Bd. 1.Charlottenburg 1928, 461-479, 470f.

28 Kurfürstliches Reskript an Hertling, München, 3. Januar 1803, HStA München, MA 5728.

29 Zirkular des Konsulenten Lebetgern an das Direktorium von Allgäu-Bodensee, Wangen, 29. Januar 1806, HStA Stuttgart, B 574 Au, Bü 739.

30 Kurfürstliches Reskript an Hertling, München, 3. Januar 1803, HStA München, MA 5728.

31 Reskript an die pfalz-bayerischen Gesandten bzw. Agenten in Paris, St. Petersburg, Berlin, Regensburg, Nürnberg und Wetzlar, München, 31. Dezember 1803, HStA München, MA 4571. Für die vergleichbaren Verhältnisse in Franken siehe: *Hofmann* 1962 (wie Anm. 26), 48ff. Zitate aus Reskript, 31. Dezember 1803, ebd. und *Hofmann* 1962 (wie Anm. 26), 52f.

32 Kurfürstliches Reskript an Hertling, München, 3. Januar 1803, HStA München, MA 5728.

33 *Gert Kollmer:* Die schwäbische Reichsritterschaft zwischen Westfälischem Frieden und Reichsdeputationshauptschluß. Stuttgart 1979, 100ff.; *Karl S. Bader*: Zur Lage und Haltung des schwäbischen Adels am Ende des alten Reiches. In: *Ders.*: Schriften zur Rechtsgeschichte. Bd. 1. Sigmaringen 1984, 518-572, 540ff.

34 *Kerner* 1788 (wie Anm. 3), 112, 159f., 166ff.; *Kollmer* 1979 (wie Anm. 33), 110ff.

35 13. Bericht des Freiherrn von Hertling, Ulm, 8. Dezember 1802; Schreiben des Freiherrn von Hertling, Ulm, 21. Januar 1803; Kurfürstliches Reskript an Hertling, München, 14. Februar 1803, HStA München, MA 5728. Zitat aus 13. Bericht, 8. Dezember 1802, ebd.

36 Kurfürstliches Reskript an Hertling, München, 9. Mai 1803, HStA München, MA 5728.

37 Vortrag von Zentner über die reichsritterschaftlichen Verhältnisse in den neu acquirierten kurfürstlichen Landen in Franken und Schwaben, München, 15. [sic] Juni 1803, HStA München, MA 4568. Kurfürstliches Dekret an das Auswärtige Ministerialdepartement, München, 20. Juni 1803, HStA München, MA 5728. *Adolf Eberlein*: Bayerns Anteil an der Mediatisierung der Reichsritterschaft. Diss. phil. München 1922 (masch.), 60.

38 Kurfürstliches Dekret an das Auswärtige Ministerialdepartement, München, 20. Juni 1803, HStA München, MA 5728. Zitat aus ebd.

39 *Rudolf Endres*: Die wirtschaftlichen Grundlagen des niederen Adels in der frühen Neuzeit. In: Jahrbuch für fränkische Landesforschung 36 (1976), 215-237, passim. Vgl. *Kollmer* 1979 (wie Anm. 33), passim; Ders.: Die wirtschaftliche und soziale Lage der Reichsritterschaft im Ritterkanton Neckar-

40 *Elisabeth Fehrenbach*: Der Adel in Frankreich und Deutschland im Zeitalter der Französischen Revolution. In: *Dies.*: Politischer Umbruch und gesellschaftliche Bewegung. München 1997, 165-193, 170ff.; *Press* 1991 (wie Anm. 12), 189f. *Werner Kundert*: Reichsritterschaft und Reichskirche vornehmlich in Schwaben 1555 – 1803. In: *Quarthal* 1984 (wie Anm. 39), 303-327, passim; *Ruch* 1955 (wie Anm. 3), 64, sowie Anhang 82. *Christof Dipper:* Die Reichsritterschaft in napoleonischer Zeit. In: *Eberhard Weis / Elisabeth Müller-Luckner* (Hg.): Reformen im rheinbündischen Deutschland. München 1984, 53-74, 56ff.

41 *Press* 1991 (wie Anm. 12), 190. Vgl. *Kollmer* 1979 (wie Anm. 33), 175ff.

42 Schreiben des Allgäu-Bodenseer Konsulenten Lebetgern an den Neckar-Schwarwälder Konsulenten Klotz, 5. Dezember 1796, HStA Stuttgart, B 574 Au, Bü 727.

43 Abschrift des Berichts des Freiherrn von Hertling vom 21. Juni 1803; Abschrift eines Schreibens des Freiherrn von Hertling an die provisorische Regierung zu Kempten, Ulm, 21. Juni 1803, HStA München, MA 5728.

44 Abschrift des Schreibens des Ortsvorstands Donau an die Konservatorialhöfe, Ehingen, 12. Januar 1805, Generallandesarchiv Karlsruhe, 50, Nr. 1340d. 111. Bericht der Landesdirektion in Schwaben, Ulm, 18. November 1803, Schreiben des Ortsvorstandes Kocher an Montgelas, Eßlingen, 31. Dezember 1803, HStA München, MA 2728. 611. Bericht des Freiherrn von Hertling, Ulm, 21. März 1804, HStA München, MA 5729.

45 Schreiben des Ortsvorstands des Kantons Donau an Max IV. Joseph, Ehingen, 14. September 1803, HStA München, MA 5728.

46 Abschrift des Schreibens von Max IV. Joseph an den Ortsvorstand des Kantons Donau, München, 26. September 1803, ebd. Zitat aus ebd.

47 *Press* 1991 (wie Anm. 12), 165f.; *Walter Demel*: Hardenberg in Franken: Rechtsbrecher oder Reformer? In: *Thomas Stamm-Kuhlmann* (Hg.): „Freier Gebrauch der Kräfte". Eine Bestandsaufnahme der Hardenberg-Forschung. München 2001, 51-60, 53ff. Zitat ebd., 53. Auch Kurfürst Friedrich I. von Württemberg vertrat die Meinung, dass die ritterschaftliche Unmittelbarkeit usurpiert sei (Schreiben von Friedrich I. von Württemberg an Max IV. Joseph, Stuttgart, 24. Februar 1804, HStA München, MA 5728).

48 93. Bericht der Landesdirektion in Schwaben, Ulm, 4. November 1803; Bericht des provisorischen Stadtrats zu Wangen an die Landesdirektion in Schwaben, Wangen, 4. Oktober 1803; Abschrift des Schreibens der provisorischen Stadtkanzlei zu Wangen an die Bezirkskanzlei von Allgäu-Bodensee, Wangen, 2. Oktober 1803; Schreiben der Bezirkskanzlei von Allgäu-Bodensee an den provisorischen Stadtrat zu Wangen, Wangen, 3. Oktober 1803, HStA München, MA 5728. Zitat aus 93. Bericht, 4. November 1803, ebd.

49 Abschrift des Hauptvergleichs zwischen dem Kanton Hegau-Allgäu-Bodensee und dem Magistrat der Reichsstadt Wangen, Wangen, 30. Juni 1784, HStA München, MA 5728.

50 *Müller* 1910 (wie Anm. 9), 120ff.; *Eberlein* 1922 (wie Anm. 38), 61, 69f.

51 Schreiben des Freiherrn von Hertling, Ulm, 21. Januar 1803, HStA München, MA 5728. Vortrag von Zentner über die reichsritterschaftlichen Verhältnisse in den neu acquirierten kurfürstlichen Landen in Franken und Schwaben, München, 15. [sic] Juni 1803, HStA München, MA 4568. Zitat aus Vortrag von Zentner, 15. [sic] Juni 1803, ebd.

52 *Eberlein* 1922 (wie Anm. 38), 129. Vgl. *Weis* 2003 (wie Anm. 13), 20.

53 P.S. zum 239. Bericht des Reichstagsgesandten von Rechberg, Regensburg, 31. Januar 1804, HStA München, MA 5728; *Press* 1991 (wie Anm. 12), 171f.; *Ders.* 1998 (wie Anm. 2), 208ff.; *Ruch* 1955 (wie Anm. 3), 57 Anm. 1.

54 Vgl. *Press* 1991 (wie Anm. 12), 186 und *Willoweit* 1975 (wie Anm. 21), 332.

55 *Volker Press*: König Friedrich I. – der Begründer des modernen Württemberg. In: Baden und Württemberg im Zeitalter Napoleons. Bd. 2. Stuttgart 1987, 25-40, 28ff.; *Paul Sauer*: Der schwäbische Zar. Friedrich, Württembergs erster König. Stuttgart 1984, 167f., 174, 225. Hofmann 1962 (wie Anm. 26), 223.

56 *Müller* 1910 (wie Anm. 9), 135ff.; *Wolfgang von Stetten*: Die Rechtsstellung der unmittelbaren freien Reichsritterschaft, ihre Mediatisierung und ihre Stellung in den neuen Landen. Dargestellt am fränkischen Kanton Odenwald. o.O. [Schwäbisch Hall] 1973, 129ff.; *Eberlein* 1922 (wie Anm. 38), 78ff.

57 Schreiben von Rechberg an Montgelas, eingegangen am 28. Januar 1804; P.S. zum 239. Bericht des Reichstagsgesandten von Rechberg, Regensburg, 31. Januar 1804, HStA München, MA 5728. Zitat aus P.S. zum 239. Bericht, 31. Januar 1804, ebd.

58 *Karl Otmar Freiherr von Aretin*: Heiliges Römisches Reich 1776 – 1806. Bd. 2. Wiesbaden 1967, Nr. 60: Vortrag der Minister Colloredo und Cobenzl vom 29. Oktober 1803, 318-323, 318ff.; *Müller* 1910 (wie Anm. 9), 161f.; *Thomas Schulz*: Die Mediatisierung des Adels. In: Baden und Württemberg im Zeitalter Napoleons. Bd. 2. Stuttgart 1987, 157-174, 160. Vgl. *Berthold Sutter:* Kaisertreue oder rationale Überlebensstrategie? Die Reichsritterschaft als habsburgische Klientel im Reich. In: *Heinz Duchhardt / Matthias Schnettger* (Hg.): Reichsständische Libertät und habsburgisches Kaisertum. Mainz 1999, 257-307, 276f., 284ff.; *Johann Jacob Moser:* Von denen Teutschen Reichs-Ständen, der Reichs-Ritterschafft, auch denen übrigen unmittelbaren Reichs-Glidern. [...] Frankfurt 1767, 1350, 1357f.; *Kerner* 1789 (wie Anm. 27), 131ff., 161.

59 *Gotthold Weicker*: Die Haltung Kursachsens im Streite um die unmittelbare Reichsritterschaft in den Jahren 1803 – 1806. Leipzig 1906, 2ff., 38ff.; Stetten 1973 (wie Anm. 58), 151ff. Die Beleuchtung aus Bayern mit Anmerkungen, aus der Geschichte

der Deutschen. Mit 34 Beylagen. o.O. 1804, Beilage Nr. 20: Kaiserliches Konservatorium des Reichshofrates vom 23. Januar 1804, 45-53, 45ff. Zitat aus Kaiserliches Konservatorium des Reichshofrates vom 23. Januar 1804, 49.

60 *Müller* 1910 (wie Anm. 9), 169ff.; *Eberlein* 1922 (wie Anm. 38), 106ff.
61 Kurfürstliche Instruktion an Hertling, München, 17. Februar 1804, HStA München, MA 5728.
62 Verzeichnis der an Pfalz-Bayern alienierten, dem Kanton Donau inkorporierten Herr- und Ortschaften; 610. Bericht des Freiherrn von Hertling, Ulm, 15. März 1804; 611. Bericht des Freiherrn von Hertling, Ulm, 21. März 1804; Antrag von Zentner, München, 26. März 1804; 240. Bericht der Landesdirektion in Schwaben, Ulm, 11. April 1804, HStA München, MA 5729.
63 Kurfürstliches Reskript an Hertling, München, 16. April 1804; Kurfürstliches Reskript an Hertling, München, 9. Juli 1804, HStA München, MA 5729.
64 *Weicker* 1906 (wie Anm. 59), passim. *Müller* 1910 (wie Anm. 9), 166ff.; *Eberlein* 1922 (wie Anm. 37), 103ff., 114ff., 130ff.
65 Schreiben des Konsulenten Lebetgern an das Direktorium von Allgäu-Bodensee, Wangen, 31. Dezember 1805, StA Ludwigsburg, D 21, Bü 55.
66 *Hans Karl von Zwehl* (Hg.): Die bayerische Politik im Jahre 1805. München 1964, Anlage 1 zu Nr. 50: Ordre du jour für die Große Armee vom 19. Dezember 1805, 249; *Rudolfine Freiin von Oer*: Der Friede von Preßburg. Münster 1965, 57f.; *Dies.*, ebd., Dokumente, Nr. 1: Linzer Abkommen vom 8. November 1805, 245; *Eberlein* 1922 (wie Anm. 38), 133ff.
67 *Stetten* 1973 (wie Anm. 58), 169ff.
68 Zirkular des Konsulenten Lebetgern an das Direktorium von Allgäu-Bodensee, Wangen, 28. Dezember 1805, HStA Stuttgart, B 574 Au, Bü 739.
69 Schreiben des Konsulenten Lebetgern an den Syndicus Dr. Dreyer in Radolfzell, Wangen, 27. Januar 1806, ebd.
70 Schreiben des Konsulenten Lebetgern an das Direktorium von Allgäu-Bodensee, Wangen, 31. Dezember 1805, StA Ludwigsburg, D 21, Bü 55.
71 *Ernst Rudolf Huber* (Hg.): Dokumente zur deutschen Verfassungsgeschichte. Bd. 1. Stuttgart-Berlin-Köln-Mainz ³1978, Nr. 2: Rheinbundakte vom 12. Juli 1806, 28-34, 32; *Oer* 1965 (wie Anm. 66), Dokumente, Nr. 12: Friedensvertrag von Preßburg vom 26. Dezember 1805, 271-279, 275; *Eberlein* 1922 (wie Anm. 38), 138.
72 *Press* 1998 (wie Anm. 2), 219, 231; Ders. 1991 (wie Anm. 12), 178, 186. Zitat aus *Ders*. 1998 (wie Anm. 2), 219.

Für „die wohl erworbenen Rechte des Adels" die Vertretung der Ritterschaft des Donaukreises im Württembergischen Landtag

Frank Raberg

Mehr als ein Jahrhundert lang, von 1815 bis 1918, gehörten – mit der Unterbrechung der Revolutionsjahre von 1849 bis 1851, als in Württemberg in bezug auf die Zusammensetzung der Landesversammlung verfassungsändernde Bestimmungen galten, welche die Ritterschaft ausschlossen – Vertreter grundherrlicher Adelsfamilien dem Parlament des Königreichs Württemberg und des Großherzogtums Baden an. Hinsichtlich Württembergs ist die Rede von den Vertretern der Ritterschaft in den vier Kreisen des Königreichs[1], in bezug auf Baden vom grundherrlichen Adel oberhalb und unterhalb der Murg. In Württemberg stellte die Ritterschaft von 1820 bis 1907 pro Wahlperiode 13 Abgeordnete in der Zweiten bzw. der Abgeordnetenkammer des Landtags. Der Neckar-, Schwarzwald- und Jagstkreis waren mit je drei, der Donaukreis als der Kreis mit den meisten ritterschaftlichen Familien mit vier Abgeordneten vertreten. Im Zuge der Verfassungsreform von 1906 reduzierte sich die Zahl der ritterschaftlichen Abgeordneten auf acht, ihre Wahl erfolgte fortan nicht mehr nach Kreisen und sie wechselten von der Zweiten in die Erste bzw. die Kammer der Standesherren (1907 bis 1918).

So sehr die ritterschaftlichen Familien, aus denen Landtagsabgeordnete hervorgingen, zur Parlamentsgeschichte des deutschen Südwestens gehören, so wenig sind sie bisher Gegenstand einschlägiger monographischer historischer Untersuchungen gewesen. Vorliegender Beitrag befasst sich mit den ritterschaftlichen Abgeordneten des Donaukreises in der Zweiten Kammer des Württembergischen Landtags. Dabei muss ich mich in diesem Beitrag auf einige allgemeine und statistische Bemerkungen beschränken und einen der herausragenden Vertreter ein wenig näher beleuchten.

GRUNDLAGEN UND ANFÄNGE RITTERSCHAFTLICHER STÄNDISCHER VERTRETUNG

Zu dem 1817 im Zuge der Verwaltungsreformen König Wilhelms I. von Württemberg geschaffenen Donaukreis, dessen Regierung in Ulm ihren Sitz hatte, gehörten die 17 Oberämter Kirchheim, Göppingen, Geislingen, Münsingen, Alpeck[2], Biberach, Blaubeuren, Ehingen, Riedlingen, Ulm, Wiblingen bzw. Laupheim, Leutkirch, Ravensburg, Saulgau, Tettnang, Waldsee und Wangen[3]. Bereits vor seiner Schaffung bestimmte 1815 ein Reskript des Königlichen Staatsministeriums jene Mitglieder des Adels, die in der Ständeversammlung eine „Virilstimme" hatten, also stimmberechtigte Mitglieder und damit Abgeordnete waren[4]. Wilhelm griff damit im Bemühen, die verschiedenen begüterten gesellschaftlichen Kreise und Amtsträger im neuen Königreich möglichst umfassend in den Staat zu integrieren, zurück auf die Verhältnisse der frühen altwürttembergischen Landschaft, deren Mitglieder sich neben den weltlichen und geistlichen Amtsträgern zeitweise auch aus den Reihen der Ritter rekrutiert hatten[5].

Der „Halbmondsaal", Tagungssaal der zweiten Kammer in Stuttgart. Lithographie 1833.

Die Deputirten-Kammer in Stuttgart im Jahr 1833.
Nro 1. Präsident 2 Minister. 3 Schnellschreiber. 4 Deputirte 5 Gallerie des Publicums.

Neben den virilstimmberechtigten Fürsten und Grafen mit Besitz im Territorium des späteren Donaukreises waren in dem Verzeichnis auch die begüterten „Grafen und Edelleute, welche vermöge besonderer Verleihung des Königs Viril-Stimmen haben, und nach dem natürlichen Alter der Individuen in der Stände-Versammlung sitzen", aufgeführt. Aus dem Donaukreis waren von den ritterschaftlichen Familien die Grafen von Degenfeld und von Normann-Ehrenfels, der Freiherr von Bömmelberg sowie die Ältesten der Gesamt-Familien von Freyberg, von Speth, von Stain, von Ulm und von Welden virilstimmberechtigt[6]. Einige Wochen später erteilte der Landesherr „aus Königlicher Gnade" auch dem später beim ritterschaftlichen Adel des Donaukreises immatrikulierten Grafen von Bissingen-Nippenburg das Recht der Landstandschaft mit Sitz und Stimme in der Ständeversammlung[7]. Neben den Genannten erwarben sich noch weitere ritterschaftliche Adelige ihre ersten parlamentarischen Sporen in der Ständeversammlung. Sie waren stimmberechtigte Vertreter (Virilstimmführer) der aufgrund unterschiedlichster Gründe nicht persönlich anwesenden Virilstimmberechtigten. Als ein Beispiel sei – weil auch später von ihm noch die Rede sein wird – Freiherr August von Hornstein genannt, der von 1815 bis 1817 den Freiherrn von Bömmelberg vertrat. Der 26jährige spielte in der Ständeversammlung eine wichtige Rolle und war im April 1815 Mitglied des Komitees der Ständeversammlung zur Vorbereitung der Verfassungsverhandlungen mit den königlichen Kommissaren[8]. Sein Standesbewusstsein und seine „politische Ader" kamen auch in einer von ihm mit unterzeichneten Adresse von zwölf Virilstimmführern des ehemals reichsritterschaftlichen und landsässigen Adels zum Ausdruck, in dem die Forderungen und Erwartungen dieses Personenkreises an die zukünftige Verfassung formuliert waren[9]. Als der König 1819, nachdem er 1817 nach der Ablehnung seines Verfassungsentwurfs durch die Mehrzahl der Abgeordneten die Ständeversammlung aufgelöst hatte, eine neue Ständeversammlung einberief, gehörten ihr wiederum Vertreter der bereits 1815 virilstimmberechtigten Familien an, nicht aber der Freiherr von Hornstein, auf dessen Virilstimmführung verzichtet wurde.

Die Geschichte der Entstehung der Verfassungsurkunde des Königreichs Württemberg, die am 25. September in Kraft trat, ist wiederholt und ausführlich Gegenstand landesgeschichtlicher Forschung gewesen[10]. Es bedarf daher an dieser Stelle nur der Betrachtung der unser Thema berührenden Aspekte. Grundlegendes Erfordernis der Zugehörigkeit zur Ritterschaft war neben der württembergischen Staatsangehörigkeit und dem erblichen Adelsstand der Besitz oder Mitbesitz eines adligen Guts, „d. h. eines Guts, das als Rittergut in die Realmatrikel des Königreichs eingetragen ist [...]. Das Gut kann ehemals immatrikulierter reichsritterschaftlicher Besitz oder ein privilegiertes Gut einer ehemals landsässigen Familie sein. Es kann aber auch ein Gut sein, dem der König die Eigenschaft eines Ritterguts verliehen hat"[11].

Die Verfassungsurkunde enthielt eine Reihe traditioneller – man könnte auch sagen: rückschrittlicher – Elemente, zu denen die Repräsentation der Ritterschaft ebenso zählte wie der protokollarische Vorrang der Ersten Kammer (Kammer der Standesherren) vor der Zweiten Kammer (Kammer der Abgeordneten)[12]. Die Zusammensetzung der Zweiten Kammer, der neben den gewählten Abgeordneten der Oberamtsbezirke und der „guten Städte" sowie der Ritterschaft[13] die sechs protestantischen Generalsuperintendenten, drei Vertreter der katholischen Geistlichkeit und der Kanzler der Universität Tübingen angehörten, bot weiten Kreisen Anlass zu fundamentaler Kritik. Im Gegensatz zu Baden war die Abgeordnetenkammer keine „reine Volkskammer", sondern bestand auch aus Amtsträgern und Abgeordneten, die ihr Mandat nicht der Wahl durch die wahlberechtigten Bürger, sondern nur der Wahl durch ihre eigenen Standesgenossen verdankten.

Die württembergische Verfassung bestimmte in § 133 Abs. 1, dass der Kammer der Abgeordneten „dreizehn Mitglieder des ritterschaftlichen Adels, welche von diesem aus seiner Mitte gewählt werden", angehören[14]. Die ritterschaftlichen Abgeordneten unterlagen denselben „sonstigen Erfordernissen" wie die „bürgerlichen" Abgeordneten[15]: sie mussten das 30. Lebensjahr vollendet haben, einem der christlichen Glaubensbekenntnisse angehören, im Besitz des württembergischen Staatsbürgerrechts sein, sie durften nicht in eine Kriminaluntersuchung oder einen Konkurs verflochten und mussten im Besitz der vollen Mündigkeit sein, also „weder unter väterlicher Gewalt, noch unter Vormundschaft, noch unter Privat-Dienstherrschaft stehen" (§ 135). Auch galt für ritterschaftliche Abgeordnete der § 158, in dem der Mandatsverlust für den Fall festgeschrieben war, dass der Abgeordnete „1. das Grundvermögen, den Stand oder das Amt, worauf dessen Befähigung [zum Abgeordneten] beruht, zu besitzen aufhört oder 2. in der Zwischenzeit eine der oben (§ 135) festgesetzten Eigenschaften verliert"[16].

In der Regel waren es Beförderungen und die damit verbundenen Gehaltserhöhungen, welche den Stand oder das Amt des Abgeordneten veränderten. Die ritterschaftlichen Abgeordneten des Donaukreises waren wiederholt von dieser Verfassungsbestimmung betroffen, so der Ulmer Kreisgerichtsrat Moriz Schad von Mittelbiberach bei seiner Beförderung zum Obertribunalrat in Ravensburg (1878) oder der Nürtinger Oberamtsrichter Freiherr Felix von Waechter-Spittler bei seiner Beförderung zum Landgerichtsrat in Schwäbisch Hall (1895). In beiden Fällen vermochten die zur

Neuwahl angetretenen Abgeordneten ihr Mandat zu verteidigen[17]. Selbstredend waren ritterschaftliche Abgeordnete auch im Falle ihres Ablebens zu ersetzen; in bezug auf die uns interessierende Personengruppe sei beispielhaft auf den Freiherrn Eduard von Raßler († 30. Oktober 1839) hingewiesen, der überraschend im 39. Lebensjahr verstarb und für den Reichsfreiherr Maximilian von Ulm-Erbach-Mittelbiberach nachgewählt wurde[18], weitere ‚Fälle' sind mit dem Tod des Ulmer und zuletzt Esslinger Oberjustizassessors Rudolph von Neubronner[19] († 8. August 1847) und des Freiherrn Wilhelm König von Königshofen[20] († 26. Februar 1891) verbunden. Weitere außergewöhnliche Mandatswechsel resultierten aus der Mandatsniederlegung eines Abgeordneten, wie beim Freiherr von Welden 1836 und beim Freiherrn von Hornstein 1853 geschehen. Auch für diese Fälle waren Nachwahlen vorgesehen.

Auch das Wahlverfahren findet sich in der Verfassung (§ 136) selbst festgelegt. Die ritterschaftlichen Abgeordneten „werden von den immatriculirten Besitzern oder Theilhabern der Ritter-Güter nach den vier Kreisen des Königreichs, in den Kreis-Städten, unter der Leitung des betreffenden Regierungs-Präsidenten mit Zuziehung zweier Mitglieder der Ritterschaft, aus sämtlichen Mitgliedern ritterschaftlicher Familien gewählt"[21]. Unmittelbar vor der Wahl des ersten ordentlichen Landtags im Dezember 1819 erließ das Ministerium des Innern „Bestimmungen wegen der Wahl der Abgeordneten des ritterschaftlichen Adels zur Stände-Versammlung, vom 12. Dez. 1819"[22]. Die Wahl der Abgeordneten der Ritterschaft des Donaukreises war zu einem von der Regierung (Ministerium des Innern) zu bestimmenden Termin im Gebäude der Kreisregierung in Ulm unter dem Vorsitz des Vorstands der Kreisregierung – in der Regel also der Regierungspräsident – vorzunehmen[23]. Indes kamen die Verfassungsbestimmungen §§ 39 und 40 betreffend die Korporationsrechte des ritterschaftlichen Adels und die Aufnahme in diese Körperschaft nie zur Ausführung; die Körperschaften in den Kreisen wurden nie offiziell gebildet, so dass – ganz streng genommen – gar nicht von der Ritterschaft des Donaukreises zu reden ist, sondern von der Ritterschaft im Donaukreis[24].

In der Zeit zwischen 1849 und 1851 waren Vertreter der Ritterschaft als „Privilegierte" nicht im Parlament (den drei Landesversammlungen) vertreten, da ein neues Wahlrecht galt und die Landesversammlungen „reine Volkskammern" waren, „privilegierte" Abgeordnete also in ihnen nicht vertreten waren. Einem „Staatsstreich" gleich kam das Vorgehen des leitenden Ministers von Linden nach dem Scheitern der Dritten Landesversammlung: Er stellte 1851 die alte Verfassung wieder her und führte damit auch das Wahlrecht von 1819 wieder ein. Die erste Wahl der Abgeordneten des Donaukreises nach dem „Staatsstreich" von Lindens wurde am 28. April 1851 abgehalten. An ihr beteiligten sich 33 von 49 Wahlberechtigten[25].

Nicht überraschend ist die starke Zentrierung der ritterschaftlichen Abgeordneten des Donaukreises auf Ulm. Die im Staatsdienst tätigen Abgeordneten, wie beispielsweise Freiherr Franz von Welden, Moriz Schad von Mittelbiberach, Freiherr Wilhelm von König-Warthausen und Freiherr Moritz von Gemmingen-Guttenberg-Bonfeld, wirkten allesamt in Ulm, das als Verwaltungszentrale mit Sitz der Kreisregierung, des Oberamts und des Landgerichts sowie als Bundesfestung mit einer der größten Garnisonen des Königreichs Staatsbeamte und Offiziere gleichermaßen anzog.

Der ritterschaftliche Adel des Königreichs Württemberg untergliederte sich in gräfliche und freiherrliche sowie adlige Familien[26]. Von den 15 gräflichen Familien hatten fünf Grundbesitz vorwiegend im nördlichen Donaukreis[27], von den 57 freiherrlichen Familien des Königreichs waren 18 gleichfalls fast ausschließlich im nördlichen Donaukreis begütert; unter den zwölf lediglich adligen Familien war der Anteil an Grundbesitz im Donaukreis am höchsten, denn von ihnen waren zehn (!) im Donaukreis begütert[28].

VON EXZENTRIKERN, EIERKUNDLERN UND OFFIZIEREN Einige Beispiele von ritterschaftlichen Abgeordneten des Donaukreises

Zur ‚parteipolitischen' Einordnung der Ritter in der Abgeordnetenkammer lässt sich aufgrund der relativ späten Parteien- und Fraktionsbildung nur schwerlich etwas sagen. Die Mehrheit der ritterschaftlichen Abgeordneten war regierungstreu eingestellt, doch es gab in einzelnen Fragen immer wieder oppositionelle Ritter wie die Freiherren von Hornstein und von Welden. Die ritterschaftlichen Abgeordneten waren in ihrer Mehrzahl nach der Gründung des Kaiserreichs Mitglieder der vom späteren Kammerpräsidenten Karl von Hohl geführten Landespartei. 1895 schlossen sich die Ritter nach der Ausformung des Parteienfeldes in Württemberg der hastig gebildeten Sammelfraktion „Freie Vereinigung" an, auch die katholischen Vertreter des Donaukreises. Letzteren wäre auch der Beitritt zur Zentrumsfraktion offengestanden, zumal ihr mit Dekan Kollmann und Domkapitular von Linsenmann zwei „Privilegierte" angehörten[29]. Die „Freie Vereinigung" war das Sammelbecken für die Nationalliberalen, die Prälaten und die Ritter[30]. Sie war die größte Gruppierung in der Abgeordnetenkammer neben den Fraktionen bzw. Gruppen der Zentrumspartei, der Volkspartei und der SPD.

Die Freiherren von Palm stellten mit vier Abgeordneten die meisten Mitglieder einer Familie aus dem Donaukreis. Allerdings erhielten zwei von ihnen, Eberhard (1786 – 1871) und Karl (1820 – 1891) ihre Mandate über die Wahl durch die Ritterschaft des Neckarkreises. Karl war aber von 1851 bis 1856 auch ritterschaftlicher Abgeordneter des Donaukreises, ehe er in der folgenden Wahlperiode die Ritterschaft des Neckarkreises vertrat. Er war, wie sehr viele seiner Standesgenossen, Offizier in württembergischen Diensten und nahm seinen Abschied als Oberleutnant. Oberstleutnant in Diensten des Kaisertums Österreich war Freiherr Ernst von Palm (1854 – 1927), der von 1901 bis 1907 für die Ritterschaft des Donaukreises im Halbmondsaal saß, dem

Ernst Freiherr von Palm (1854 –1927).

1820 fertig gestellten berühmten Tagungssaal der zweiten Kammer in Stuttgart.

Die freiherrliche Familie von Welden[31] war, ebenso wie die Grafen von Bissingen-Nippenburg und die Freiherren von König, mit jeweils drei Vertretern am zweithäufigsten von den ritterschaftlichen Geschlechtern des Donaukreises im württembergischen Parlament vertreten. Sie zählte zum schwäbischen Uradel und gehörte zur einst reichsunmittelbaren Ritterschaft Schwabens. In die Bayerische Adelsmatrikel war die Familie bei der Freiherrenklasse am 11. September 1813 eingetragen worden. Nachdem die Brüder Konstantin und Franz als Virilstimmberechtigte bzw. als Virilstimmführer den Ständeversammlungen von 1815 bis 1819 angehört hatten, erfolgte Ende 1831 die Wahl des Freiherrn Carl von Welden zum ritterschaftlichen Abgeordneten des Donaukreises

Cajetan Graf von Bissingen-Nippenburg (1806 – 1890).

in der Zweiten Kammer des Württembergischen Landtags. Da König Wilhelm den Landtag jedoch erst über ein Jahr nach Abschluss der Wahlen einberief, konnte Welden sein Mandat erst im Januar 1833 antreten. Auch er war ein Bruder der zuvor Genannten und ein Sohn des am 26. Oktober 1808 verstorbenen Freiherrn Carl Albrecht, der als Ritterrat der Freien Reichsritterschaft in Schwaben, Orts an der Donau, Kaiserlicher und königlicher Kämmerer, Königlich Bayerischer Wirklicher Geheimer Rat und Oberamtmann in Mayenberg in der Innenverwaltung des Kurfürstentums Bayern eine beachtliche Karriere gemacht hatte. Die Kammer wählte Welden zum Sekretär im Kammervorstand und in zwei der wichtigsten Kommissionen, wie die Ausschüsse seinerzeit bezeichnet wurden, nämlich in die Finanzkommission und die Kommission für Gegenstände der inneren Verwaltung. Nicht eben positiv fiel der neue Abgeordnete der Regierung auf, als er sich mit einer Motion (Antrag) in die Diskussion der Wahlrechtsvorlage einmischte und Seite an Seite mit dem Saulgauer Abgeordneten Andreas Alois Wiest, ein ‚Anwalt des kleinen Mannes', gegen regierungsamtliche Wahlmanipulation zu Felde zog[32]. Zwar wurde das Thema von der Regierung auf die lange Bank geschoben, doch Welden hatte gezeigt, dass er ein durchaus unabhängiger Kopf war, der nicht ohne weiteres in die große Gruppe der bedingungslos regierungstreuen Abgeordneten einzureihen war. Diese Einordnung lässt sich anhand weiterer Beispiele nachweisen, nicht zuletzt auch bei Weldens Bemühen um eine striktere Kontrolle des Haushalts durch den Landtag[33]. Ob er deshalb und überhaupt als „der exzentrische Freiherr von Welden und als ein Aristokrat der unberechenbaren Sorte"[34] gesehen werden kann, mag dahingestellt bleiben. Welden wusste sehr wohl, welchen Standes er war, und bei Behandlung der Ablösungsgesetze 1833 fragte er mit der ihm eigenen Ironie beim Minister von Schlayer an, „ob nicht auch eine Vorlage zur Aufhebung der Standesunterschiede zu erwarten sei; denn gehen die eingebrachten Entwürfe durch, so seien die wohl erworbenen Rechte des Adels offenbar mit Füßen getreten und der ihm verbleibende leere Titel habe durchaus keinen Wert mehr."[35] Dass Äußerungen von der Art, der außereheliche Beischlaf sei „weder strafwürdig noch gemeinschädlich [...], sondern werde durch das Persönlichkeitsrecht der Verfassung geschützt", die Welden im Zusammenhang mit einem Regierungs-Gesetzentwurf zur Strafbarkeit der „einfachen Unzucht" 1836 im Landtag zum Besten gab, ihn bei den Zeitgenossen als „enfant terrible der Ritterschaft" erscheinen ließen, verwundert dagegen weniger[36]. Während der laufenden Wahlperiode schied der Freiherr von Welden im Zusammenhang mit seiner Eheschließung mit der Freiin Walburga von Hornstein bereits 1836 wieder aus. Zu seinem Nachfolger kürte die Ritterschaft des Donaukreises den 34jährigen Grafen Karl Viktor Reuttner von Weyl[37]. Dieser, Herr zu Achstetten (Oberamt Laupheim), während seines Jurastudiums in Tübingen Mitglied der Burschenschaft „Germania" und schon von daher der Regierung ebenso suspekt wie sein Mandatsvorgänger, vermochte sein Mandat bei den Wahlen 1838 nicht

Franz Schenk Freiherr von Stauffenberg (1878 – 1950).

zu verteidigen und widmete sich fortan nur noch der Verwaltung seines Besitzes und der Armenfürsorge.

Die im Oberamt Biberach begüterten Freiherren von König[38] entsandten erstmals mit dem Freiherrn Wilhelm von König-Warthausen (1793 – 1879) 1831/33 einen Vertreter in den Landtag. Der regierungstreue Baron[39] war nach bewegten Jahren als junger Offizier in den napoleonischen Kriegen in den Justizdienst des Königreichs Württemberg eingetreten und brachte es bis zum Oberjustizrat am Gerichtshof für den Donaukreis in Ulm und zum ordentlichen Mitglied des Staatsgerichtshofes in Stuttgart. Nach nur kurzer parlamentarischer Wirksamkeit auf dem „vergeblichen Landtag" von 1833 gelang ihm 1844 nochmals für eine Wahlperiode der Einzug in die Abgeordnetenkammer. Sein Sohn Wilhelm (1822 – 1891), der nach Erwerb des Gutes Königshofen (Oberamt Biberach) mit Genehmigung des Königs als „König von Königshofen"[40] firmierte, rückte 1853 als Mandatsnachfolger des Freiherrn von Hornstein in den Landtag nach und war einer der wenigen ritterschaftlichen Abgeordneten, die im Besitz des Mandats starben. Das kunstsinnige Mitglied des Tübinger Corps „Suevia" war zuletzt als Badkommissär in Wildbad tätig. Sein Vetter, Freiherr Richard (1830 – 1911), privatisierte und galt als ausgezeichneter Ornithologe und Eierkundler. Die Landesuniversität Tübingen würdigte seine Aktivitäten mit der Verleihung des Ehrendoktors der Naturwissenschaften. Von 1883 bis 1895 war er als Vorstand der Petitionskommission der Zweiten Kammer Ansprechpartner all derer, die in ihrer Not den Landtag anriefen.

Die Grafen von Bissingen-Nippenburg[41] waren ebenfalls mit drei Abgeordneten vertreten, zunächst in den Ständeversammlungen durch den Grafen Ernst (1774 – 1835), Landvogt in Heilbronn, später durch den Grafen Cajetan (1806 – 1890) und zuletzt durch dessen Sohn Graf Ferdinand (1837 – 1919). Cajetan, promovierter Jurist und einst hoher Beamter des Kaisertums Österreich, zählt zu den farbigeren Figuren seines Standes im Parlament und schaffte bei einer Nachwahl im Jahre 1872 auch den Sprung auf die Reichsebene: für den Wahlkreis Württemberg XVI (Biberach-Leutkirch-Waldsee-Wangen) war er Reichstagsabgeordneter in Berlin, trat der Zentrumsfraktion bei und gehörte deren Vorstand an.

Ebenfalls Reichstags- und Landtagsabgeordneter war Franz Schenk Freiherr von Stauffenberg[42] (1878 – 1950), studierter Landwirt und Rittmeister der Reserve und Gutsbesitzer in Rißtissen (Oberamt Ehingen und Wilflingen, Oberamt Riedlingen). Der durch seinen Vater[43] parlamentarisch vorgeprägte Freiherr trat 1907, also nach der Verfassungsreform, welche die Zahl der ritterschaftlichen Abgeordneten, deren Wahl nun nicht mehr nach den Landeskreisen organisiert war, reduziert hatte, in die Kammer der Standesherren ein und engagierte sich nach dem Ende

Für „die wohl erworbenen Rechte des Adels"

Joseph Freiherr von Linden (1804 – 1895). Lithographie von C. Pfann, 1853.

der ritterschaftlichen Vertretung im Württembergischen Landtag eine Politikerpersönlichkeit, die es verstand, den Anschluss an die nachrevolutionäre politische Ordnung zu finden. Von 1924 bis kurz vor Ende des Zweiten Weltkriegs war der ‚stramme' Nationalkonservative, der 1937 der NSDAP beitrat, mit Ausnahme der Jahre 1928 bis 1930 Mitglied des Reichstags, zuletzt als Hospitant der NSDAP-Fraktion, legte aber im Februar 1945 das ohnehin nur noch dekorative Mandat nieder. Im Zuge des 20. Juli 1944 wurde er wegen naher Verwandtschaft zu den „Hitler-Attentätern" Claus und Berthold verhaftet und gefangengehalten. Stauffenberg gehörte als führender Wirtschafts- und Landwirtschaftsfunktionär mit zahlreichen Aufsichtsratsmandaten zu den einflussreichen Wirtschaftsgrößen der Zeit der Weimarer Republik und gewiss zu den interessantesten Persönlichkeiten aus den Reihen der Ritterschaft des Donaukreises.

Von den Abgeordneten der Ritterschaft des Donaukreises war Moriz Schad von Mittelbiberach mit 45 Jahren ununterbrochener Mandatszeit der Rekordhalter unter den ritterschaftlichen Abgeordneten des Donaukreises. 38 Jahre lang war Wilhelm Freiherr König von Königshofen, 33 Jahre Richard Freiherr König von und zu Warthausen Mitglied der Kammer. Freiherr Joseph von Linden, der im 91. Lebensjahr verstarb, erreichte

des Ersten Weltkriegs für den Württembergischen Bauern- und Weingärtnerbund bzw. die Deutschnationale Volkspartei (DNVP). Nach der ersten Wahl am 18. Januar 1907 nach dem neuem Wahlrecht, welches 1906 die Zahl der seit 1819/20 13 Ritterschaftsvertreter auf acht beschränkte, war nur einer der Gewählten, Franz Schenk Freiherr von Stauffenberg, als Vertreter des Donaukreises zu betrachten, dies blieb auch so im letzten, 39. Landtag, dem „Kriegslandtag", der dann den Abschluss der Parlamentsgeschichte des Königreichs Württemberg bilden sollte. Freiherr von Stauffenberg war im Endstadium

das höchste Lebensalter[44], Freiherr Rudolph von Neubronner mit 34 Jahren das geringste. Die höchsten Stellungen im Staat erlangten Freiherr Joseph von Linden als Königlich Württembergischer Staatsminister des Innern und der Auswärtigen Angelegenheiten und de-facto-Ministerpräsident[45] von Württemberg, Graf Cajetan von Bissingen-Nippenburg (im Dienst des Kaisertums Österreich) als de-facto-Vizekönig von Lombardo-Venetien, Regierungsdirektor Freiherr Franz von Welden als Vorstand der Regierung des Donaukreises in Ulm und Freiherr

Friedrich Freiherr von Gaisberg-Schöckingen
(1857 – 1932).

Moritz von Gemmingen-Guttenberg-Bonfeld als Landgerichtspräsident in Ulm. Letzterer gehört auch zum kleinen Kreis der Parlamentarier, die nicht nur auf Grund verschiedener Eigenschaften Abgeordnete waren, sondern auch Mitglieder beider Kammern waren: 1878 ernannte König Karl ihn zum Mitglied der Ersten Kammer auf Lebenszeit[46]. Gleiches tat der König 1867 mit dem pensionierten Staatsminister Freiherr Joseph von Linden, der zuvor nicht nur ritterschaftlicher Abgeordneter des Donau- und des Schwarzwaldkreises, sondern 1850 auch gewählter Abgeordneter des Oberamtsbezirks Spaichingen in der Verfassungberatenden Landesversammlung gewesen war[47]. An dieser Stelle sei darauf hingewiesen, dass es neben dem Freiherrn von Linden einem weiteren Mitglied der Ritterschaft des Donaukreises gelang, als von den Wahlmännern einer „guten Stadt" oder eines Oberamtsbezirks gewählter Abgeordneter nach Stuttgart zu gehen. Es handelt sich um den Ulmer Senator Franz Daniel Schad von Mittelbiberach[48] (1766 – 1827), der im März 1815 als Repräsentant der „guten Stadt" Ulm in die Ständeversammlung einzog und im Juni 1817 mit der Minderheit der Abgeordneten für die Annahme des von König und Regierung vorgelegten Verfassungsentwurfs stimmte.

Abschließend sei auf Freiherr Friedrich von Gaisberg-Schöckingen[49] (1857 – 1932) hingewiesen, der von 1901 bis 1907 als Abgeordneter der Ritterschaft des Donaukreises Mitglied der Abgeordnetenkammer war. Der studierte Forstmann, auch er ein Mitglied des Tübinger Corps „Suevia", entpuppte sich als leidenschaftlicher Parlamentarier, begeisterte sich für Geschichte, Heraldik und Genealogie, war aktiv im Bund für Heimat- und Naturschutz und in der Landwirtschaftskammer und verfasste mehrere teils noch heute relevante Schriften zu historischen Themen, darunter „Die Ritterschaft im Königreich Württemberg" (Bamberg 1905) und „Das Königshaus und der Adel des Königreichs Württemberg" (Pforzheim 1908ff.). Der umtriebige Ritterrat war ein entschiedener Gegner der Verfassungsreform von 1906, weil er ahnte, dass die Ritterschaft in deren Zuge dramatisch an Bedeutung verlieren würde. Verhindern konnte er sie trotz seines beeindruckenden Widerstandes nicht.

DER „PARLAMENTS-FREIHERR"
AUGUST VON HORNSTEIN (1789 – 1855)

Von den späteren Abgeordneten des Donaukreises, die bereits in den Jahren 1815 – 1819 der Ständeversammlung zur Erarbeitung einer Verfassung angehörten, war gewiss August Freiherr von Hornstein[50] die bemerkenswerteste Parlamentarierpersönlichkeit. Der am 15. April 1789 in Göffingen (Oberamt Riedlingen[51]) geborene Hornstein, „eine der kantigsten Figuren im Landtag[52], neben Ludwig Uhland unstreitig die

August Freiherr von Hornstein (1789 – 1855). Ölgemälde, Privatbesitz.

anziehendste politische Persönlichkeit der vormärzlichen Zeit"⁵³ und im eigenen Selbstverständnis ein Rammsporn für die Interessen des katholischen Bevölkerungsteils im Königreich, hatte seine bemerkenswerte Laufbahn als Abgeordneter bereits in der Zeit der Verfassungskämpfe begonnen, in der er als Vertreter die Virilstimme des Freiherrn von Bömmelberg führte. Erst 1825 gelang dem elffachen Vater, nachdem er Ende 1819 gescheitert war, die Wahl zum ritterschaftlichen Abgeordneten. Bis 1853 war er – mit der Unterbrechung der Revolutionsjahre – Mitglied der Zweiten Kammer. Nachdem ihm sein Vater Bernhard (1761 – 1848), Wirklicher Geheimer Rat und letzter Landmarschall des Herzogtums Neuburg, 1816 die Bewirtschaftung der Güter Bußmannshausen und Orsenhausen (beide im Oberamt Laupheim) übertragen hatte, endete die Virilstimmvertretung, die Bömmelberg dem Freiherrn von Gemmingen-Bürg übertrug. Nachdem Hornstein 1826 in die Zweite Kammer eingetreten war, erfolgte seine Wahl in die Finanzkommission und in die Kommission betreffend die Etat-Überschreitungen und über die Erwerbung der Herrschaft Ochsenhausen durch den württembergischen Staat vom Fürsten Metternich. Später war Hornstein auch Mitglied der Druckkommission und kümmerte sich um das Bild des Landtags in der Öffentlichkeit. So plädierte er im Frühjahr 1842 unter Rückgriff auf ältere Pläne für die Gründung einer Landtagszeitung, was sich jedoch nie realisierte⁵⁴. Am 29. Dezember 1828 erfolgte die Einberufung Hornsteins in den Weiteren Ständischen Ausschuss, die Vertretung des Landtags in den sitzungsfreien Perioden, an Stelle des Freiherrn von Cotta⁵⁵. Hornstein war damit in der Parlamentshierarchie bei den ‚wirklich Wichtigen' angelangt.

Hornstein war geprägt von der Staatslehre des Schweizer Politikers und Staatsrechtlers Karl Ludwig von Haller (1768 – 1854). Haller lehnte Revolution und Liberalismus ab und begründete auf dieser Basis seine katholisch-konservative Staatslehre. Die Vehemenz, mit der Hornstein für die Autarkie der katholischen Kirche stritt, resultierte aus dem Bedürfnis, sich gegen das als Missachtung empfundene relative Desinteresse der württembergischen Regierung gegenüber der Obliegenheiten der katholischen Kirche aufzulehnen. Hornsteins Engagement ging dabei allerdings selbst dem Bischof von Rottenburg zu weit, der kraft Amtes Mitglied der Abgeordnetenkammer war und sich verständlicherweise ungern seitens von Glaubensbrüdern überholt sah. Immerhin wird Hornsteins Bedeutung für die Rolle der katholischen Laienbewegung zu Beginn der 1830er Jahre auch von der seriösen Historiographie anerkannt⁵⁶. Mit seinem am 5. März 1830 eingelegten Protest gegen die Verordnung vom 30. Januar 1830, mit welcher „die Ausübung des verfassungsmäßigen Schutz- und Aufsichtsrechtes des Staates über die katholische Landeskirche" neu geregelt wurde, wurde Hornstein schlagartig landesweit bekannt. Württemberg wollte nach dem Scheitern der Verhandlungen mit Rom künftige Ansprüche des Papstes auf Mitsprache abwehren. In seiner Motion, die er drucken und verteilen ließ, gab er der Überzeugung Ausdruck, viele Paragraphen der Verordnung träten den Rechten und Freiheiten der Kirche und deren einzelnen Gliedern so nahe, „daß sie, wenn sie in Erfüllung gesetzt würden, die Katholiken aufhören machen müßten, es zu sein und zu heißen."[57] Obwohl Hornstein sich mit allem Impetus einsetzte, hatte er keinen Erfolg. Es fehlte vor allem an Solidarität, nicht einmal der Bischof machte sich für die Motion stark. Auch 1833 und 1836, als er seine Motion erneuerte, war es der Regierung und der Kammermehrheit ein leichtes, die Sache angesichts des geringen öffentlichen Interesses versanden zu lassen. Der Bischof von Rottenburg, Staatsrat von Keller, war Hornstein, der versuchte, mit Flugschriften das Thema in der Diskussion zu halten, auch keine besondere Hilfe. Keller selbst griff die Thematik dann 1842 mit einer Motion wieder auf. Ehrensache für Hornstein war es, als einer von sechs Abgeordneten für die Motion des Bischofs zu stimmen, während 80 (!) Abgeordnete sie ablehnten[58].

In einer zeitgenössischen Charakteristik hieß es über den Landtagsabgeordneten von Hornstein[59]:

„Die Bank der Ritterschaft: Wenn der Blick des Zuhörers zur Linken des Saales auf die Bank der ritterschaftlichen Abgeordneten fällt, so gewahrt er gleich bei deren Beginn einen ernsten, im Alter ziemlich bestandenen Mann, der mit großer Aufmerksamkeit stets alle Verhandlungen der Kammer verfolgt, an allen, auch an den geringfügigen teil nimmt und wirklich nicht selten einen bewundernswerten Scharfblick in das Leben, die Verhältnisse des Staats und große Bekanntschaft mit allen Fragen des Privat- und öffentlichen Rechts verrät. Seine rötlichblaue ritterschaftliche Uniform mit den schwerfälligen, goldenen Tressen, die an eine so schöne, untergegangenen Zeit erinnern, in der der ritterschaftliche Sporn noch etwas Tüchtiges galt, steht fast in Einklang mit seinem vornehm und ernsten, bisweilen gravitätischen Antlitz, und dessen kaltem aristokratischen Teint, der sich den Fanatismus fixer Ideen zur Unterlage genommen hat. [...] Das ist der bekannte Freiherr von Hornstein, einer der treuesten, deutschen Knechte des heiligen Stuhls und der Hort des Ultramontanismus in Süddeutschland."

Hornstein war einer der ganz wenigen unter seinen Standeskollegen, der sowohl von seiner Arbeitskraft als auch von seiner Beredsamkeit her die besten Eigenschaften für einen Parlamentarier mitbrachte. Seine volltönende Stimme und seine begeisterungsfähige Rede wird immer wieder hervorgehoben. Es verwundert daher nicht, dass es Hornstein 1848 auf die nationale Bühne zog. Er gehörte dem sogenannten „Vorparlament" in Frankfurt an, welchem die Vorbereitung der Wahl der Nationalversammlung oblag. Er vermochte sich nicht vorzustellen, in diesen bewegten und vielleicht richtungsweisenden Zeiten abseits zu stehen und strebte nach einem Mandat in der Deutschen Nationalversammlung, obwohl er die Grundprinzipien und Ideen, die hinter ihr standen, mit vielen anderen gewiss nicht teilte.

Der Zweikampf zwischen dem ritterschaftlichen Abgeordneten von Hornstein und dem standesherrlichen Abgeordneten Fürst von Waldburg zu Zeil und Trauchburg im 3. Wahlkreis des Donaukreises (der die Oberämter Biberach, Ravensburg umfasste) endete mit dem klaren Sieg des Fürsten und einem „überraschend guten" Abschneiden des Freiherrn[60]. Der Fürst siegte mit 3 792 zu 2 279 Stimmen[61]. Auch bei der Wahl des Ersatzmannes unterlag Hornstein, diesmal gegen Karl Lichtenstein, der als Hofmeister in Diensten des Fürsten von Waldburg zu Zeil und Trauchburg stand. Dieser soll den Wahlerfolg Hornsteins dadurch vereitelt haben, dass er unmittelbar vor der Wahl das Gerücht in Umlauf brachte, Hornstein habe auf seine Kandidatur verzichtet, „was ihm viele Stimmen entzogen habe; doch auch dieses würde ihm nicht geschadet haben, wenn nicht ein Teil der Oberämter Wiblingen und Laupheim zu dem Wahlkreise Ulm gezogen worden wären"[62]. Seine Niederlage und die tiefe Unzufriedenheit mit den politischen Verhältnissen der Revolutionszeit, besonders die Annahme der Reichsverfassung durch Württemberg, dazu Ärger um die Allodifizierung seines

Lehens ließen den „Parlaments-Freiherr" resignieren. Er lebte in Stuttgart und Augsburg, wo die Familie sich 1848 niedergelassen hatte. 1851 ließ er sich noch einmal für die Ritterschaft des Donaukreises in die Abgeordnetenkammer wählen, legte das Mandat aber nach kurzer Zeit nieder. Am 13. Juli 1855 ist Freiherr von Hornstein in den Mauern der Stadt, deren Name so eng an den Religionsfrieden von 1555 gebunden ist, gestorben.

Im Zuge der Revolution des Jahres 1918 endeten nicht nur das Königtum und die bisherige Verfassungsordnung in Württemberg, sondern auch die Vertretung der Ritterschaft im Landtag. Der neue württembergische Parlamentarismus beruhte auf der Volkswahl der Abgeordneten, vom Adel war nur noch im Hinblick auf die Fideikommisse in der Verfassung vom 25. September 1919 die Rede.

Anmerkungen:

1 Geschichtlicher Überblick in: Die Verfassungsurkunde für das Königreich Württemberg. Erläutert von *Karl Göz* [...]. Tübingen 1906, 60-64.
2 Das Oberamt Alpeck bzw. Albeck wurde bereits 1819 dem Oberamt Ulm zugeschlagen.
3 Königlich-Württembergisches Staats- und Regierungsblatt, Nr. 70, 25. 11. 1817, 541 ff.
4 Rescript des Königl. Staats-Ministeriums die Wahlen der Repräsentanten zur Stände-Versammlung betr. vom 29. Januar 1815. In: Königlich-Württembergisches Staats- und Regierungsblatt, Nr. 5, 4. 2. 1815, 37f. Vgl. auch *Karl von Riecke*: Verfassung und Landstände. Die direkten Steuern. In: Württembergische Jahrbücher für Statistik und Landeskunde (1879), 1- 71, hier 35ff.
5 Der landsässige Adel hatte sich im 16. Jahrhundert von der Landschaft getrennt, „und es war auch später nicht gelungen, die abgebrochene Verbindung wieder herzustellen". Vgl. *Friedrich Bitzer*: Regierung und Stände in Württemberg, ihre Organisation und ihr Recht. Stuttgart 1882, 138.
6 Ebd., 38.
7 *Riecke* 1879 (wie Anm. 4), 36 .
8 *Joachim Gerner*: Vorgeschichte und Entstehung der württembergischen Verfassung im Spiegel der Quellen (1815 – 1819). Stuttgart 1989, 118.
9 Ebd., 140.
10 Vgl. neben *Gerner* 1989 (wie Anm. 8) *Carl Victor Fricker / Theodor von Geßler*: Geschichte der Verfassung Württemberg's. Stuttgart 1869 und *Friedrich Wintterlin*: Die württembergische Verfassung 1815 – 1819. In: Württembergische Jahrbücher für Statistik und Landeskunde (1912), 47-83.
11 *Friedrich Haller*: Handwörterbuch der Württembergischen Verwaltung [...]. Stuttgart 1915, 684. Vgl. auch *Hartwig Brandt*: Parlamentarismus in Württemberg 1819 – 1870. Düsseldorf 1987, 44f.
12 *Brandt* 1987 (wie Anm. 11), 31.
13 Der 1817 von der Mehrheit der Mitglieder der Ständeversammlung zurückgewiesene Verfassungsentwurf König Wilhelms I. sah 13 ritterschaftliche Abgeordnete vor, wobei zwischen früherer Reichsritterschaft und altlandständischem Adel nicht unterschieden wurde. Die Zahl 13 fand später auch Eingang in die Verfassung. Vgl. *Bitzer* 1882 (wie Anm. 5), 139.
14 Verfassungs-Urkunde für das Königreich Württemberg, mit den dieselbe ergänzenden Gesetzen und Verordnungen. Zusammengestellt von *G. Friderich Kapff*. Bd. 2. Rottweil 1832, 19.
15 *Brandt* 1987 (wie Anm. 11), 44.
16 *Kapff* 1832 (wie Anm. 14), 28.
17 *Frank Raberg* (Bearb.): Biographisches Handbuch der württembergischen Landtagsabgeordneten 1815 – 1933. Stuttgart 2001, 764f., 964.
18 Ebd., 691, 935. Vgl. auch: Rechenschafts-Bericht des von der Stände-Versammlung des Königreichs Württemberg auf dem Landtage von 1839 gewählten Ausschusses über seine Amtswaltung in der Periode von 1839 – 1841. Stuttgart 1842, 4f.
19 *Raberg* 2001 (wie Anm. 17), 610.
20 Ebd., 458f.
21 Ebd., 21.
22 *Kapff* 1832 (wie Anm. 14), 281-285, Beilage Nr. 52.
23 *Bitzer* 1882 (wie Anm. 5), S. 143-148.
24 *Haller* 1915 (wie Anm. 11), 684.
25 Staats-Anzeiger für Württemberg Nr. 102, 30. 4. 1851, S. 802. Gewählt wurden Freiherr von Hornstein (Bußmannshausen), Freiherr C. A. Eberhard von Palm (Mühlhausen, Oberamt Cannstatt), Freiherr F. D. Besserer von Thalfingen, Major a.D. (Ludwigsburg), Freiherr von Eyb, K. Straßenbauinspektor (Heilbronn/Neckar).
26 Die folgende Übersicht gibt lediglich den Stand von 1901 wieder. Mehrere Familien, wie die Freiherren von Welden, sind darin nicht mehr, andere, wie die Schenken von Stauffenberg, noch nicht berücksichtigt. Auf Grund des Aussterbens einer Familie oder des Verkaufs des Besitzes oder von Besitzanteilen unterlagen die ritterschaftlichen Familien einer gewissen Fluktuation.
27 Hof- und Staats-Handbuch des Königreichs Württemberg 1901. Bd. 1. Stuttgart 1901, 527-530. Dies waren: die Grafen von Beroldingen in Ratzenried

(Oberamt Wangen), die Grafen von Degenfeld-Schonburg in Eybach (Oberamt Geislingen) und in Dürnau, Rechberghausen und Staufeneck (Oberamt Göppingen), die Grafen von Maldeghem in Ober- und Niederstotzingen und Stetten ob Lontal (Oberamt Ulm), die Grafen von Normann-Ehrenfels in Ehrenfels (Oberamt Münsingen), die Grafen Reuttner von Weyl in Achstetten und Dellmensingen (Oberamt Laupheim).

28 Ebd., 530-539. Die freiherrlichen Familien waren die von Bühler in Brandenburg (Oberamt Laupheim), die von Freyberg-Eisenberg-Allmendingen in Allmendingen und Altheim (Oberamt Ehingen), die Gaisberg-Schöckingen mit Ringen (Oberamt Blaubeuren und einem Anteil an Balzheim, Oberamt Laupheim), die Hardt von Wöllenstein ebenfalls mit einem Anteil an Balzheim (Oberamt Laupheim), die von Herman mit Wain und Dietenheim (Oberamt Laupheim), die Hiller von Gaertringen ebenfalls mit einem Anteil an Balzheim (Oberamt Laupheim), die von Hornstein mit Orsenhausen (Oberamt Laupheim und Grüningen, Oberamt Riedlingen), die König von und zu Warthausen mit Warthausen (Oberamt Biberach), die von Liebenstein mit einem Anteil an Jebenhausen (Oberamt Göppingen), die von Linden ebenfalls mit einem Anteil an Balzheim (Oberamt Laupheim), die von Maucler mit Herrlingen (Oberamt Blaubeuren), die von Palm mit Kirchberg und ebenfalls mit einem Anteil an Balzheim (Oberamt Laupheim), die von Raßler mit Gamerschwang (Oberamt Ehingen), die Seuttter von Lötzen ebenfalls mit einem Anteil an Balzheim (Oberamt Laupheim), die von Speth-Schülzburg mit Granheim (Oberamt Ehingen und Schülzburg, Oberamt Münsingen), die von Süßkind-Schwendi mit Schwendi (Oberamt Laupheim), die von Ulm-Erbach-Mittelbiberach mit Mittelbiberach (Oberamt Biberach und Erbach, Oberamt Ehingen) und die von Wächter-Spittler mit Horn (Oberamt Biberach). Die adligen Familien waren die Baldinger mit einem Anteil an Balzheim (Oberamt Laupheim), die Besserer von Thalfingen mit Oberthalfingen (Oberamt Ulm und ebenfalls einem Anteil an Balzheim, Oberamt Laupheim), die Ferrier, Kolb, Moser, Neubronner, Schad von Mittelbiberach und Wölckern ebenfalls jeweils mit einem Anteil an Balzheim (Oberamt Laupheim), die Schad von Mittelbiberach außerdem mit Besitz in Ringingen (Oberamt Blaubeuren) und einem Anteil an Mussingen (Oberamt Laupheim), die Weidenbach in Buttenhausen (Oberamt Münsingen) und die Werner von Kreit in Mosisgreit (Oberamt Ravensburg).

29 Verhandlungen des [33. o.] Württembergischen Landtags. Beilagen. Bd. 3, Beil. 1, 20. Februar, 13. März 1895, 4.

30 Graf Ferdinand von Bissingen-Nippenburg wollte 1901 der „Freien Vereinigung" nicht beitreten und blieb fraktionslos bzw. im Jargon der Zeit „wild".

31 Gothaisches Genealogisches Taschenbuch der Freiherrlichen Häuser 6 (1856), 750ff. und ebd. 36 (1886), 1022ff.

32 Brandt 1987 (wie Anm. 11), 47.

33 Ebd., 375ff.

34 Ebd., 384, Anm. 131, und 538.

35 *Albert Eugen Adam*: Ein Jahrhundert Württembergischer Verfassung. Stuttgart 1919, 56. Auch Adam vermag Welden nicht ohne einen Zusatz zu nennen; bei ihm ist er „der Pasquino der Kammer", ebd., 55.

36 *Brandt* 1987 (wie Anm. 11), 589.

37 *Raberg* 2001 (wie Anm. 17), 719; *Helge Dvorak*: Biographisches Lexikon der Deutschen Burschenschaft. Bd. 1/5. Heidelberg 2002, 57.

38 Gothaisches Genealogisches Taschenbuch der Freiherrlichen Häuser 4 (1854), 204ff., ebd. 27 (1877), 441f. und ebd. 36 (1886), 472ff.

39 *Brandt* 1987 (wie Anm. 11), 534.

40 *Raberg* 2001 (wie Anm. 17), 458f.

41 Das Archiv der Grafen von Bissingen-Nippenburg enthält – wie die meisten Archive von ritterschaftlichen Familien in Württemberg – leider keine Unterlagen zur parlamentarischen Arbeit ihrer Abgeordneten. Vgl. *Jürgen König* (Bearb.): Archiv der Grafen von Bissingen und Nippenburg, Hohenstein. Stuttgart 2005.

42 *Raberg* 2001 (wie Anm. 17), 888f.; *Joachim Lilla*: Statisten in Uniform. Die Mitglieder des Reichstags 1933 – 1945. Düsseldorf 2004, 640f.

43 Franz August Schenk Freiherr von Stauffenberg (1834 – 1901), einst Staatsanwalt in Augsburg, war als Vertreter verschiedener Wahlkreise Mitglied der Zweiten Kammer des Bayerischen Landtags und zweimal dessen Präsident, von 1871 bis 1892 nationalliberaler Reichstagsabgeordneter und 1876 bis 1879 Erster Reichstagsvizepräsident.

44 Würde man den Freiherrn Reinhard von Speth-Schülzburg (1876 – 1967), der 1917/18 ritterschaftlicher Abgeordneter in der Ersten Kammer war, hinzunehmen, so wäre dieser mit ebenfalls (vollendeten) 91 Jahren der ‚Spitzenreiter'. Er war jedoch nicht für den Donaukreis Abgeordneter, und sein Vater Carl (1844 – 1905) war von 1895 bis 1901 ritterschaftlicher Abgeordneter des Schwarzwaldkreises, nicht des Donaukreises gewesen. Vgl. *Raberg* 2001 (wie Anm. 17), 878.

45 Das Amt des Präsidenten des Staatsministeriums existierte in der aktiven Zeit Lindens (1850 – 1864) noch nicht und wurde erst 1876 geschaffen.

46 *Raberg* 2001 (wie Anm. 17), 253f.

47 Ebd., 508f.

48 *Raberg* 2001 (wie Anm. 17), 763f. Eine ausführliche Biographie wird in dem von Frank Raberg im Auftrag der Städte Ulm und Neu-Ulm bearbeiteten „Biographischen Lexikon von Ulm und Neu-Ulm 1802 bis 2000" enthalten sein, das 2007 erscheint.

49 *Raberg* 2001 (wie Anm. 17), 241f.

50 Grundlegend zur Familiengeschichte nach wie vor: *Edward Freiherr von Hornstein-Grüningen*: Die von Hornstein und von Hertenstein. Konstanz 1911.

51 Nicht in Göttingen, wie wohl auf Grund eines Lesefehlers in verschiedenen Nachschlagewerken angegeben. Der Hornsteinsche Besitz Göffingen wurde ein Jahr nach Hornsteins Geburt, 1790, verkauft.

52 *Brandt* 1987 (wie Anm. 11), 610, Anm. 389. Eine politische Biographie Hornsteins fehlt. Sie wäre nicht

nur im Hinblick auf die südwestdeutsche Adelsgeschichte, sondern auch auf politischen Implikationen des sich langsam formierenden politischen Katholizismus eine lohnende Aufgabe.

53 *Karl Bachem*: Vorgeschichte, Geschichte und Politik der deutschen Zentrumspartei. Bd. 1. Köln 1927, 237.
54 *Brandt* 1987 (wie Anm. 11), 231.
55 Verhandlungen der Kammer der Abgeordneten vom Jahre 1830, Rechenschaftsbericht, Stuttgart 1830, 3.
56 *Brandt* 1987 (wie Anm. 11), 610.
57 *Bachem* 1927 (wie Anm. 53), 238.
58 *Brandt* 1987 (wie Anm. 11), 614.
59 *Gustav Bacherer*: Sterne und Meteore in deutscher Zukunft und Gegenwart. Leipzig 1839, zit. bei *Hornstein-Grüningen* 1911 (wie Anm. 50), 422 ff.
60 *Werner Heinz*: „Mitbürger, greifet zu den Waffen". Die Revolution von 1848/49 in Oberschwaben. Konstanz 1998, 140f.
61 *Bernhard Mann*: Die Württemberger und die deutsche Nationalversammlung 1848/49. Düsseldorf 1975, 408.
62 *Hornstein-Grüningen* 1911 (wie Anm. 50), 626.

Adel und Kreismiliz BEMERKUNGEN ZUR FÜHRERSCHAFT DER TRUPPEN DES SCHWÄBISCHEN KREISES IM 18. JAHRHUNDERT

Peter-Christoph Storm

Ein möglichst homogen zusammengesetztes Offizierkorps, in dem der Adel die beherrschende Stellung einnimmt, gilt als besonderes Merkmal des Stehenden Heeres im Territorium des Absolutismus[1]. Dieses am preußisch-deutschen Muster ausgerichtete Bild lässt sich auf die Führerschaft der schwäbischen Kreistruppen nicht übertragen. Konnte doch der Schwäbische Reichskreis[2], der sich selbst ein „Feldherr" nannte[3], als ein fast einhundertköpfiger Ständebund kaum die natürliche Person verkörpern, die – einem Friedrich II. als erstem Diener seines Staates und erstem Offizier seines Heeres vergleichbar – eine persönliche Reputation hätte erlangen können wie der „roi connétable" an der Spitze seiner Armee[4] und seines Offizierkorps; auch verhinderte schon der von der Kreisverfassung abhängige innere Bau der Kreistruppen eine einheitliche Handhabung der Offiziersernennung. Es sind vor allem die verfassungsrechtlichen Bedingungen des Kreises für seine Streitkräfte, die auch dessen Führerschaft und die Rolle des Adels im schwäbischen Kreismilitär prägten.

Der Schwäbische Kreis, mit 94 Kreisständen der Kreis mit den meisten Herrschaften und zugleich kommunikativste der zehn Reichskreise[5], wirkte über drei Jahrhunderte als verfassungsrechtliche Klammer für ein Gebiet, das nach außen ungefähr von Jagst, Lech, Bodensee und Rhein begrenzt war und im wesentlichen das heutige Bundesland Baden-Württemberg und den bayerischen Regierungsbezirk Schwaben umfasste. Die starke Zersplitterung des Kreisgebiets in eine Vielzahl von Herrschaften unterschiedlichsten Ranges und politischen Gewichts, die teils zum Kreis gehörten, teils sich von diesem fernhielten, führte dazu, dass der Kreis versuchte, möglichst alle Kreiseinlieger verhältnismäßig an den Wehrlasten zu beteiligen, die er zur Sicherung der gemeinsamen Grenzen vor allem als „Vormauer"[6] des Reiches benötigte, und dass sie alle gezwungen waren, in wehrhaften Angelegenheiten polizeilicher wie militärischer Art über ihren engen territorialen Horizont hinaus zu kooperieren. Sie waren je für sich in der Regel nicht stark genug, um das Waffenrecht als eines „derer allerwichtigsten Stücke der Landes-Hoheit"[7] wirksam auszuüben und auf die erprobte Einrichtung des Kreises zur Sicherung ihrer Integrität nach innen wie nach außen vor Feind und Freund verzichten zu können.

Als der Schwäbische Kreis am 11. Mai 1694 einstimmig „zu keines Menschen Offension, sondern einzig und allein zu seiner nöthigen Defension

Wappen des Schwäbischen Kreises. Entwurf für eine Fahne des von Rodtschen Regiments, 1723. Hauptstaatsarchiv Stuttgart.

Reglements für die Truppen von den Fürsten und Ständen des schwäbischen Kreises

Bestätigt von dem allgemeinen schwäbischen Kreis-Konvent.

Seelbach, gedruckt bei Johann Heinrich Geiger, 1795.

wider unrechtmäßigen Gewalt [die] Beibehaltung eines militis perpetui zu allen Kriegs- und Friedenszeiten" beschloss[8], übernahm er mit der Einrichtung des Stehenden Heeres ein „Attribut absolutistischer Herrschaft" und „ein Symbol des außenpolitisch handlungsfähigen Staatswesens"[9]. Auf dem Wege über stehende Kreisheere suchten der „Türkenlouis" Markgraf Ludwig Wilhelm von Baden und der württembergische Kreistagsgesandte und Geheime Rat Johann Georg von Kulpis ein Stehendes Heer für das Reich zu schaffen, gehörte doch der „miles perpetuus" zum eisernen Bestand aller Reformvorschläge, die dem Reich zur Staatlichkeit verhelfen wollten. Wenn auch dieses Ziel alsbald unerreicht verblasste, so gelang es wenigstens dem Schwäbischen Kreis, „genossenschaftlich" an Kompetenzen zu gewinnen, was dem Reich daran abging und was die Stände ihm übertrugen, und auf diese Weise die „herrschaftliche" Institution des Kreises als Reichsorgan zu erhalten. Indem sich das Stehende Heer des Kreises unter ausdrücklicher Berufung auf das erfolgreiche Beispiel des mittelalterlichen Schwäbischen Bundes als ein „vinculum zur rechten Societät"[10] auf eine eigene bündische Grundlage stellte, wurde es für alle Zwecke der kreisschaftlichen Selbstbehauptung nach innen wie nach außen und für alle reichs- und kreisgesetzlichen wie auch allianz- und vertragspflichtigen Wehraufträge variabel verfügbar und ermöglichte erst das Entstehen einer Kreisverfassung im weiteren und modernen Sinne.

Die Eidesbindung der Kreistruppen kräftigte diese Entwicklung. Offiziere und Gemeine schworen, den gesamten Fürsten und Ständen des Kreises getreulich zu dienen. Eine zusätzliche Vereidigung der Kreisstreitkräfte auf Kaiser und Reich hat der Schwäbische Kreis stets mit Erfolg abgelehnt, obwohl Reichsgesetze von 1672 und 1704 dies vorsahen. Dem Reich gelang es nicht, diese Zwischengewalt des Kreises als „Feldherr" auszuschalten, der die unter dem militärischen Oberkommando eines Kreisfeldmarschalls stehenden Truppen dem Reich jeweils durch Verfügung erst anweisen musste und der die Befehle eines Reichsoberkommandos erst nach einer Überprüfung durch seinen Kreisgeneral ausführen ließ, um den ständischen Charakter des Kreisheeres gegenüber monarchischen Ambitionen des Kaisers zu wahren und Rückrufvorbehalte zum Schutz des eigenen Kreisgebiets auch durchsetzen zu können, wie Beispiele von 1710 und 1795 zeigen. Der Kreis als alleiniger Eidnehmer und Feldherr entwickelte sich zum „Souverän", der sich im Kreistag verkörperte, in dem die Stimme jedes Kreisstandes formal das gleiche Gewicht hatte, und dem der Kreissoldat unbedingten Gehorsam schuldete. Das gegen Ende des Kreises publizierte Dienstreglement für die Truppen des Schwäbischen Kreises normiert dies folgerichtig in seinem ersten Paragraphen[11]:

„Da die auf einem schwäbischen Kreiskonvent versammelte Gesandtschaften die Repräsentanten von den [...] Fürsten und Ständen des schwäbischen Kreises als dem eigentlichen

DIE KREISMILIZ

Hob sich mit der Schaffung eines Söldner- oder Berufsheeres das Wehrsystem des Kreises nicht wesentlich von dem in Stadt und Territorium ab, so lagen die bedeutsamsten Unterschiede in der Wehrstruktur. Aufbringung, Ergänzung und Einteilung der Kreistruppen waren nicht nur fachliche Probleme, orientiert am möglichen Feind und den eigenen Mitteln, sondern auch verfassungsrechtliche, weil die Prinzipien der formalen Gleichhaltung und der proportionalen Gleichbelastung aller Kreismitglieder beachtet werden mussten. Auch gelang es dem Kreis nicht, die Mitwirkung der Kreisstände an seinen Truppen auf die Bewilligung und Bereitstellung der erforderlichen Geldmittel zugunsten einer gemeinsamen Kreiskasse einzuschränken. Der innere Bau der „Kreismiliz"[13] mit ihrer seit 1732 bis zum Ende des Kreises auf zwei Regimenter Kavallerie und vier Regimenter Infanterie[14] festgelegten Gliederung blieb ein Spiegelbild der Kreisverfassung, sieht man von den Sondertruppen wie der Kreisartillerie und den Miettruppen im unmittelbaren Dienst des Kreises ab. Die aus den Kontingenten der Stände zusammengefügte Kreismiliz bildete aber einen einheitlichen Heereskörper; denn sie war auf nur einen Kriegsherrn verpflichtet, der grundsätzlich die Verfügungsgewalt innehatte, unterstand nur einem Oberbefehl, lebte nach nur einem Recht und war seit 1694 „auf Dauer zusammengefügt". Wie die Bundes- oder Korporationsheere der Eidgenossenschaft oder des Schwäbischen Bundes, die keine monarchische Spitze hatten, sondern einen korporativen Feldherrn, wies das Kreisheer eine grundsätzlich eher auf Verteidigung des „engeren" oder „eigentümlichen Vaterlandes" als auf ausgreifende Aktionen angelegte Struktur auf.

Bei der Truppeneinteilung mussten gerade in dem Schwäbischen als dem Kreis mit den meisten Einzelherrschaften aller Reichskreise und angesichts seines konfessionell gemischten Status und seiner Weiträumigkeit die widersprüchlichsten Prinzipien zum Ausgleich gebracht werden, wie vor allem möglichst nur wenige, aber

und einzigen Feldherrn oder Kriegsherrn der schwäbischen Truppen sind, [...] so hat das schwäbische Militär den Konvent als seine höchste Instanz zu verehren und alle Signaturen und Befehle desselben pünktlichst und ohne alle Widerrede zu befolgen."

Dieser höchsten Instanz war nicht nur zu gehorchen; man dedizierte ihr wie einem Landesherrn auch eigene Publikationen! Der Kreisgeneralmajor Truchseß Graf zu Zeil, Wurzach und Friedberg widmete sein „Wörterbuch vornehmster Belagerungen und Schlachten"[12] ausdrücklich „denen [...] Ständen des Hochlöblich Schwäbischen Kreises", weil dieser „alles zu begünstigen geruhe, was zur Beförderung der Kriegswissenschaft nützliches, als auch angenehmes sich darstellen mag".

bank- und religionsverwandte und benachbarte Standeskontingente jeweils unzertrennt einer Truppeneinheit zuzuordnen. Von den 10 777 Mann der Kreismiliz des Jahres 1701 wurde die Hälfte durch nur zehn Stände aufgebracht, an erster Stelle durch Württemberg mit 1 994 Mann oder 18,5 %. An letzter Stelle standen die Äbtissin von Baindt und die Stadt Buchau mit je vier Mann oder 0,037 %. Im Jahre 1732 setzen sich 40,9 % der Infanteriekompanien aus vier bis sechs und 15,9 % aus zwei bis drei Standeskontingenten zusammen. Es verwundert nicht, dass diese Art der Truppeneinteilung dem Kritiker den schönsten Ansatz bietet, um die Untauglichkeit der ganzen Einrichtung von diesem gleichsam archimedischen Punkt aus pauschal erklären zu können. Dieser Schluss von der Gliederung auf die Kampfkraft, wonach die Reichsarmee schon weglief, wenn der Alte Fritz nur auf die Hosen klopfte[15], schlägt in einer solchen Allgemeinheit allerdings fehl: Die schwäbische Kreismiliz erbrachte trotz aller aus ihrem Aufbau folgenden Schwierigkeiten in den Türken- und Franzosenkriegen beachtenswerte Leistungen[16], die sie kaum von anderen Truppen der Zeit unterschieden.

Das stehende Kreisheer war verhältnismäßig klein, aber auch im Frieden vorhanden, in dem Kreisdienst stets dem Standesdienst vorging. Die in der Friedenszeit durch dezentrale Dislozierung bei den jeweiligen Kreisständen, mangelnde Übungen im größeren Verbandsrahmen und fehlende Militärgerichtsbarkeit sowie eine heterogene und teils überalterte Führerschaft bewirkten Auflösungstendenzen konnten teilweise durch die rotierende Besatzung der Reichsfeste Kehl (seit 1698), die abwechselnd zu stellenden Feldmarschallamtlichen Ordonnanzen und Generalmusterungen wie die von 1729 bei Esslingen aufgefangen werden, so dass die Kreismiliz nicht völlig zum „Fronleichnamsmilitär" degenerierte; außerdem bildete das württembergische Standeskontingent den festen Kern der Kreistruppen.

DIE FÜHRERSCHAFT

Gespaltenes Stellenbesetzungsrecht

Die Konzentration des Ernennungsrechts der Offiziere auf den Landesherrn, wie sie für das fürstliche Heer des Absolutismus charakteristisch war[17], fand bei dem Kreis als Feldherrn keine Entsprechung. Zwar gelang es, das Nominations- und Promotionswesen in die Hände der Kreisstände zu bringen. Das zwischen Kreis und Ständen aufgespaltene Ernennungsrecht hatte aber zur Folge, dass die Führungskader der Kreismiliz buntscheckiger zusammengesetzt und weniger durchlässig waren als die nach Homogenität strebenden Offizierkorps im Stehenden Heer des Territoriums. Das gemeinsame Berufsethos, eine in vielen Fällen gleiche soziale Herkunft, die Anlehnung an das Beispiel anderer Armeen und der allmähliche Ausbau eines Prüfungs- und Vorschlagsrechts des Kreisfeldmarschalls erleichterten eine Vereinheitlichung im Kreisdienst.

Die Stände hatten ihre Standeskontingente mit den entsprechenden Führungskräften, die sogenannte Prima Plana, bis zum Kompaniekommandanten (Rittmeister oder Hauptmann) zu versehen. Dabei kam dem Stand, der die meisten Soldaten stellte, auch das Recht zu, die höchsten Stellen zu besetzen. Beispielsweise stellten 1732 bei der 8. Kompanie des Fuggerschen Regiments zu Pferd Zollern elf Mann und damit den Rittmeister, den Fourier, einen Korporal und einen Trompeter, Wolfegg mit acht Mann den Leutnant und einen Korporal, die Zeilschen Häuser mit fünf Mann den Wachtmeister usw. Beim Kreis hingegen verblieb die Ernennung der Generale, der Regimentskommandanten und der übrigen Stabsoffiziere. Im Gegensatz zum Reich konnte sich bei den Generalsstellen des Kreises der konfessionelle Paritätsgrundsatz durch doppelte oder abwechselnde Besetzung nicht durchsetzen; die seit 1683 in steigender Zahl ernannten Kreisgenerale wurden vom Kreistagsplenum bestimmt. Die Besetzung der Stabsoffiziersstellen bei den als evangelisch oder katholisch eingestuften Regimentern oblag hingegen den jeweiligen Religionskonferenzen, war doch der Schwäbische Kreis konfessionell ein ‚gemischter' Kreis. Bei konfessionell „mixtierten" Regimentern entschied das Plenum über die Besetzung der Stabsoffiziersstellen, wobei mindestens einer der drei Stabsoffiziere der anderen Konfession angehören sollte.

Soziale Herkunft der Kreisoffiziere

Nach ihrer sozialen Herkunft kann man im allgemeinen eine Zunahme adliger Offiziere in der Kreismiliz feststellen: Im Türkenfeldzug von 1664 waren 33 % der Reiteroffiziere und 36 % der Offiziere des Fußvolks adlig; im Jahre 1732 gehörten 68 % der Kavallerieoffiziere und 46 % der Infanterieoffiziere dem Adel an; dazu sind auch die wenigen bürgerlichen Offiziere gezählt, die einen Adelstitel erst im Laufe der Zeit erworben hatten. Berücksichtigt man die Dienstgradgruppen, so zeigt sich, dass die vom Kreis unmittelbar ernannten Offiziere zum großen Teil nicht dem Bürgertum entstammten, und dass die Zahl der bürgerlichen Offiziere mit sinkendem Dienstgrad wuchs. Unter den Generalen befand sich zwischen 1683 und 1732 kein bürgerlicher Offizier.

In den Kreisregimentern bedeutete Leutnant zu sein in der Regel einen Lebensberuf und nicht den Anfang einer Offizierslaufbahn, wie sie allenfalls in größeren Standeskontingenten mit mehreren Offiziersstellen gegeben sein konnte; der Kreis musste die Stände immer wieder darauf hinweisen, „nicht so sehr auf ihre freye Nomination, als auf die Ancienneté und Tüchtigkeit der Subjectorum, wann solche gleich bey andern Contingentien von selbigen [!] Compagnien sich befinden, zu reflectiren, damit die subalterne Officiers auch Gelegenheit zu avanciren bekommen mögen"[19]. Die Heranbildung eines Offiziersnachwuchses beruhte mehr auf Zufall, denn auf systematischer Förderung durch den Kreis. Wie es scheint, war das Angebot an Bewerbern größer als die Zahl offener Stellen. Auch das Institut der ohne Sold dienenden Volonteurs wurde nicht kreisverbindlich: Dass der Offiziersbewerber „von den Musqueten an gradatim das Soldaten-Handwerkh" erlernen sollte, wie der württembergische Kriegsrat Groß 1705 vorschlug[20], hätte auch den Missbrauch unterbunden, Kinder zu Offizieren zu ernennen, deren Stellen dann durch andere verwaltet werden mussten, wie es

	1664		1732	
	Reiterei	Fußvolk	Kavallerie	Infanterie
Stabsoffiziere	100 %	67 %	100 %	85 %
Hauptleute	50 %	50 %	77 %	61 %
Leutnante und Fähnriche	14 %	21 %	55 %	33 %

Anteil der adligen Kreisoffiziere.

Aus der Tatsache, dass 1732 vor allem in der untersten Dienstgradgruppe der Infanterieoffiziere der Anteil des Adels gering war, darf für die Kreisinfanterie nicht ohne Weiteres gefolgert werden, ihr Offiziersersatz sei im 18. Jahrhundert weitgehend bürgerlich gewesen, was für Württemberg[18] im allgemeinen zutreffen mag, für das württembergische Kreisregiment zu Fuß aber schon nicht mehr stimmt. Hier waren von den Leutnanten 14 adlig und sechs bürgerlich, von den sechs Fähnrichen keiner bürgerlicher Herkunft.

der Fall des 12-jährigen Hauptmanns Graf Joseph Lothar von Königsegg beim Fuggerschen Regiment beweist[21]. Ein Hauptreservoir für die unteren Offiziersdienstgrade bildeten die Unteroffiziere. Die Zahlen zeigen, dass der Fähnrich und Leutnant dem Feldwebel in Teilen der Kreismiliz sozial näher stand als seinem Kompaniekommandanten. Bei den Regimentern der Kreiskavallerie ergibt sich im Jahre 1732 folgender nach Dienstgradgruppen sinkender Anteil adliger Offiziere:

Anteil der adligen Kreisoffiziere bei der Kreiskavallerie

	Kreis-Dragonerregiment	Fuggersches Regiment
Stabsoffiziere	100 %	100 %
Rittmeister	73 %	80 %
Leutnante und Kornetts	67 %	43 %

Bei den Regimentern der Kreisinfanterie (ohne das Regiment Baden-Durlach) sinkt der Anteil adliger Offiziere mit Ausnahme des von Württemberg gestellten Regiments noch weit stärker in den unteren Rängen.

Anteil der adligen Kreisoffiziere bei der Kreisinfanterie

	Württemberg	Rodt	Fürstenberg
Stabsoffiziere	80 %	100 %	75 %
Hauptleute	73 %	60 %	50 %
Leutnante und Fähnriche	77 %	16 %	5 %

Kürassiere Fugger

Adelsstand und Standeskontingent

Weltliche Fürsten und Herren, zu deren Lebensführung „ganz entscheidend Soldaten, Paradieren und Offiziersein" gehörten[22], sahen in den Kreistruppen mit ihren 200 bis 300 Offiziersstellen auch bei relativ bescheidener Besoldungslage „ein günstiges Betätigungsfeld für ihre Söhne"[23] und mögen auch aus diesem Grund sich eher für die Erhaltung der Kreismiliz eingesetzt haben als geistliche Stände und Reichsstädte; plädierten doch schon bei der ersten Bewährungsprobe für das Stehende Kreisheer 1698 vor allem die Prälaten für eine Reduktion der Kreismiliz auf ein Drittel in Friedenszeiten[24]. Die von den größeren Territorien und vor allem von Württemberg aufgerichteten Einheiten wiesen einen weit höheren Anteil an adligen Offizieren auf, während das bürgerliche Element besonders in denjenigen Truppeneinheiten hervortrat, die hauptsächlich von geistlichen Ständen und von

Baden-Durlach   Fürstenberg

den Reichsstädten gestellt wurden. An den 172 Kompanieoffizieren des Jahres 1732 stellten die sechs Kreisstände mit den stärksten Offizierskontingenten:

Anteil adliger Prima-Plana-Offiziere (1732)

	Insgesamt	Adelige	
1. Württemberg	44	37	= 84 %
2. Stift Augsburg	15	3	= 20 %
3. Baden-Durlach	9	keine Angaben	keine Angaben
4. Ulm	7	2	= 29 %
5. Baden-Baden	6	3	= 50 %
6. Stadt Augsburg	4	1	= 25 %

Dragoner Württemberg

Wie stark die soziale Struktur des Kreisoffizierskorps in den Rängen bis zum Hauptmann durch die kreisständische Gruppierung, d.h. die Standeszugehörigkeit der „Regimentskonkurrenten" zu den Fünf Bänken, beeinflusst wurde, von der ihre Ernennung zum Prima-Plana-Offizier abhing, ergibt sich aus der nachfolgenden Aufstellung:

Anteil adliger Prima-Plan-Offiziere bei der Kreiskavallerie nach Kreisgruppen (1732)

	Dragonerregiment		Fugger		Insgesamt		Adlig
	A	B	A	B	A	B	%
Geistliche Fürsten	–	–	3	2	3	2	60
Weltliche Fürsten	13	3	1	2	14	5	74
Prälaten	–	–	1	1	1	1	50
Grafen und Herren	–	–	6	5	6	5	55
Städte	3	4	–	–	3	4	43
Insgesamt	16	7	11	10	27	17	61

Roth   Württemberg

Uniformen der Regimenter des Schwäbischen Kreises 1734. Zeichnungen des Philipp Franz Freiherrn von Gudenus. Infanterie Kürassiere Dragoner.

Adel und Kreismiliz

Bei den Regimentern Württemberg, Rodt und Fürstenberg der Kreisinfanterie (ohne das Regiment Baden-Durlach) ernannten die Kreisgruppen folgende Anteile an adligen (A) und bürgerlichen (B) Offizieren der Prima Plana:

Anteil adliger Prima-Plana-Offiziere bei der Kreisinfanterie nach Kreisgruppen (1732)

	Württemberg		Rodt		Fürstenberg		Insgesamt		Adlig
	A	B	A	B	A	B	A	B	%
Geistliche Fürsten	–	–	2	2	1	11	3	13	19
Weltliche Fürsten	28	8	2	2	–	–	30	10	75
Prälaten	–	–	1	4	1	7	2	11	15
Grafen und Herren	1	–	3	9	2	4	6	13	32
Städte	–	–	1	4	1	2	2	6	25
Insgesamt	29	8	9	21	5	24	43	53	45

LANDSMANNSCHAFTLICHE UND KONFESSIONELLE HERKUNFT

Der Schwäbische Kreis achtete darauf, „daß man caeteris paribus und da an Qualitäten kein Abgang seye, auf die Lands-Kinder vor andren frembden sehen solle"[25]. Ähnlich hatte schon 1654 der kaiserliche Generalfeldzeugmeister Georg Friedrich vom Holz in seinem Reformprojekt für das Kreisdefensionalwerk vorgeschlagen, dass zu Offizieren vom Hauptmann bis zum Obristen „so vihl nach müglichkeit [...] würckliche CreyßStände" gemacht werden[26]; er griff den Gedanken der Kreisexekutionsordnung von 1563 auf, wonach nur Personen „so auß diesem Krayß gebohrn / und ihre Güter darinnen ligen und also dieses Krayß als ihres Vatterlands Ehr und Wolfahrt desto mehr zubedencken ursach haben"[27], als Vertreter der Zugeordneten des Kreisobersten bestellt werden sollten. In der Tat sind zahlreiche höhere Führungspositionen der Kreismiliz von kreiseingesessenen regierenden Landesherren oder Erbprinzen eingenommen worden und Regimenter an fürstliche oder gräfliche Sprosse kreisständischer Häuser gelangt.

Unter den Generalen, Regimentskommandanten und den übrigen Stabsoffizieren finden sich Angehörige der Häuser Baden-Baden, Baden-Durlach, Fugger, Fürstenberg-Heiligenberg, Fürstenberg-Meßkirch, Fürstenberg-Stühlingen, Hohenzollern-Sigmaringen, Montfort, Öttingen und Württemberg, später auch Waldburg-Wolfegg und Waldburg-Zeil. Der erste General, den der Kreis ernannte, war der als Inhaber eines Regiments zu Fuß 1683 zum Generalwachtmeister bestellte Markgraf Carl Gustav von Baden-Durlach, der 1692 als Reichs- und Kreisgeneralfeldmarschalleutnant zum Generalfeldzeugmeister des Kreises befördert wurde und 1697 den Titel eines Generalfeldmarschalls erhielt. Den regierenden Herzog Eberhard Ludwig von Württemberg zeichnete wie viele seiner Standesgenossen eine „ausgesprochene Leidenschaft für das Militärische" aus[28]; er wurde 1707 Nachfolger im Amt des 1696 zum ersten kommandierenden Generalfeldmarschall des Kreises ernannten Markgrafen Ludwig Wilhelm von Baden-Baden. In der Schlacht bei Friedlingen am 14. Oktober 1702 fielen die schwäbischen Kreisgenerale Graf Karl Egon von Fürstenberg-Meßkirch, der sein Kreisregiment ausnahmsweise neben einem kaiserlichen hatte beibehalten dürfen[29], und Graf Anthon Franz von Hohenzollern-Sigmaringen, an den noch heute dort ein Denkmal erinnert. Aber auch als Kompaniekommandanten dienten Mitglieder der gräflichen Familien Fugger, Königsegg, Zol-

Der Fürsten und Stände deß Löbl. Schwäbischen Cräyses bevollmächtigte Räthe / Pottschafften und Gesandte / Uhrkunden hiermit / daß / als Sie bey Einem Allgemeinen Cräyß-CONVENT allhier in Ulm sich dermahlen versammlet befinden / von dieses Cräyses Conservation und guter Anordnung / dero auf eine Nahmhaffte Summ exaltirten Cräyß-Mannschafft / die Nothdurfft zu verfügen / Und unter andern auch vorkommen / wie die Convenienz Gesamter Fürsten und Stände / nach dem Exempel anderer hoher armirten Reichs-Stände / erfordere / die starcke Cräyß-Miliz unter einem mit höherem Character versehenem Generaln in das Feld rucken / und für das Gemeine Beste mit agiren zu lassen / darbeneben in billige Consideration gezogen / welcher gestalten der Durchleuchtigste Fürst und Herr / Herr Carl Gustavus, Marggraf zu Baden und Hochberg / Land-Graf zu Sausenberg / Graf zu Sponheimb und Eberstein / Herr zu Röteln / Badenweiler / Lohr und Mahlberg / etc. Der Römisch-Käyserl. Maj. und deß Löbl. Schwäbischen Cräyses General-Feld-Marschall-Lieutenant, und desselben Cräyses Obrister über ein Regiment zu Fuß / etc. von Zeit der Ersten Auffrichtung solcher Cräyß-Troupen / dieselbe so wol in verschiedenen Zügen gegen dem Erb-Feind / als seithero und bey noch währendem Allgemeinen Reichs-Krieg mit guter Satisfaction Gesamter Fürsten und Ständen in Capite commendirt / und sich nun in die Neun Jahr gegen dem Löbl. Cräyß sehr meritirt gemacht / wie dann Fürsten und Stände mit Ihrer Fürstl. Durchl. Commando sich gantz vergnügt bezeugen / daß Sie solchem nach einhelliglich geschlossen / Sr. Fürstl. Durchl. die Charge, Rang / Dignität und Prærogativ Eines General-Feld-Zeug-Meisters zuzulegen / und mit diesem besiegelten offenen Cräyß-Patent Dieselbe für dieses Cräyses General-Feld-Zeug-Meistern zu declariren; Inmassen Ihre Fürstl. Durchl. von nun an / als würcklich-constituirt-und declarirter General-Feld-Zeug-Meister / es stehen diese Troupen gleich in oder ausser dem Cräyß allein / oder werden mit Käyserlichen / oder andern Cräyß-Troupen / auch übrigen Chur- und Fürstlichen Alliirten conjungirt / sich mit vorbehaltener Sub-Ordination, wo Sie zu noch älteren oder höheren Generalen zu stehen kämen / in allen vorfallenden Begebenheiten / das geschehe gleich bey ordentlichem Kriegs-Rath / oder in führendem und empfangenden Commando, solches Tituls / Rangs und Prærogativ, gleich anderer Potentien General-Feld-Zeug-Meister würcklich und vollkommentlich bedienen und prævaliren mögen. Wie dann insonderheit allen dieses Cräyses constituirten General-Wacht-Meistern und übrigen Commendanten der Cräyß-Troupen / samt dero nachgesetzten Obrist-Lieutenanten / Obrist-Wachtmeistern / Hauptleuthen / Rittmeistern / und allen übrigen Officirern und Gemeinen / auß Special-Befehl Gesamter Fürsten und Stände hiermit injungirt wird / höchstgedacht Herrn Marggrafens Fürstl. Durchl. für dero Commendirenden General-Feld-Zeug-Meister zu respectiren / Dero Commando, Ordre und Befelch zu pariren / und Jeder nach seiner tragenden Kriegs-Charge sich alles das getreulich solle angelegen seyn lassen / was zu Conservation deß Gemeinen Cräyses / und Beförderung der Löbl. Regimenter Wohlstand immer gereichen mag. Gestalten alles Obige zu verificiren / dieses Patent in versammletem Cräyß-Rath Nahmens Fürsten und Stände gefertiget / und Sr. Hoch-Fürstl. Durchl. unter der fünff Bänck gewöhnlichen Insigiln / zugestellet worden. So geschehen Ulm / den 27. April/7. May. Anno 1692.

Der Fürsten und Ständen deß Löbl. Schwäbischen Cräyses bey dermahlen allhier versammleten Allgemeinen Convent anwesende Räthe / Pottschafften und Gesandte.

(L.S.) (L.S.) (L.S.) (L.S.) (L.S.)

---

lern und der Waldburger Linien Wolfegg, Scheer, Trauchburg und Zeil[30].

Angehörige der schwäbischen Reichsritterschaft[31] und des niederen Adels sind in Kreismilitärdienste eingetreten, wie die Namen Bodmann, Brandenstein, Enzberg, Höhnstett, Neuenstein, Reischach, Rodt, Schenk von Stauffenberg, Tessin und andere beweisen. Nikolaus von Enzberg wurde 1691 Obristleutnant, erhielt 1704 das Regiment des gefallenen Grafen Prosper Ferdinand von Fürstenberg-Stühlingen, wurde 1706 Generalwachtmeister und trat 1709 für drei Jahre mit seinem ältesten Sohn und zwölf anderen Kreisoffizieren in die Dienste Peters des Großen[32]. Nach Rückkehr wurde ihm sein Regiment wieder „assigniert", er wurde zum Generalfeldmarschalleutnant „ohne Tractament" befördert und „resignierte" 1724 mit der Obristenstelle und der Leibkompanie; sein Nachfolger als Regimentskommandant wurde

Kreis-Patent für den Generalfeldzeugmeister. Druck Ulm 1692.

Franz Christoph Joseph von Rodt, Generalfeldzeugmeister des Schwäbischen Kreises, gest. 1743. Ölbild von Conrad Mannlich, 1729.

Landgraf Ludwig von Fürstenberg-Stühlingen. Selbst Max Jähns, einer der schärfsten Kritiker der alten Reichsarmee, fand es immerhin „bemerkenswert und an sich rühmlich, dass die altritterlichen Geschlechter, also der Reichsadel, wenn er überhaupt Dienste nahm, die Stellungen bei den Kreistruppen bevorzugte"[33].

Andererseits tauchen in den Listen der Stabsoffiziere und Generale seit dem Pfälzischen Krieg auch Namen auf wie de Vivier, de Veauchoux, La Reintrie oder Phull. Aus fremden Militärdiensten übernahm der Kreis zum Beispiel den späteren Obristen und General Petrus von Walberg, der unter Kursachsen in Ungarn 1689 Leutnant geworden war und 1695 von der Stadt Esslingen zum Hauptmann bestellt wurde. Er avancierte 1703 zum Major, 1704 zum Obristleutnant und 1708 zum Obristen und kommandierte das Rodtsche Kreisregiment zu Fuß; im August 1732 beförderte der Kreis ihn zum Generalwachtmeister[34]. Eberhard Albrecht von Reischach stand ursprünglich als Hauptmann in österreichischen Diensten, wurde 1686 Obristwachtmeister, erhielt 1701 das neu errichtete evangelische Kreisregiment zu Fuß und wurde 1705 Generalfeldmarschalleutnant des Kreises. Angehörige der Häuser Pfalz-Zweibrücken, Ostfriesland und Sayn-Wittgenstein standen zeitweilig in schwäbischen Kreisdiensten. Der Schweizer Christoph Rudolph Würz von Rudenz stieg 1691 zum Regimentskommandanten auf und erhielt 1697 vom Kreis das Prädikat eines Generalfeldmarschallleutnants.

Der konfessionelle Status der Truppeneinheiten führte zwar nicht dazu, dass auch die Soldaten der jeweiligen Religionspartei angehören mussten. Alle Regimenter hatten deshalb einen evangelischen Feldprediger und einen katholischen Feldkaplan in ihrem Stab. Die Führerschaft aber folgte grundsätzlich dem konfessionellen Status der jeweiligen Truppeneinheit. Kontroversen aus konfessionellen Gründen erhoben sich nur selten, etwa wegen des Befehls zum Niederknien[35]. Erst in den letzten Dezennien der Kreismiliz unterschieden sich die Regimenter konfessionell auch durch die militärische Tracht, bei der bis dahin durchgehend die weißgraue Farbe vorgeherrscht hatte: Richard Knötel konnte für 1781 bei den evangelischen Regimentern den preußischen und bei den katholischen den österreichischen Einfluss in der Farbe der blauen bzw. weißen Uniformen nachweisen[36].

KREISPATRIOTISMUS

Die Uniformfarben der schwäbischen Kreismiliz belegen auch äußerlich die engen personellen und sachlichen Verflechtungen, die vor allem mit der kaiserlich-österreichischen, später auch mit der preußischen Armee bestanden. Einer Übernahme der unverkennbar erstrebenswerten und bestimmenden Vorbilder setzten jedoch der „genossenschaftliche" Charakter des Feldherrn und seine Verfassung Grenzen, die eine „Monarchisierung"[37] der schwäbischen Kreismiliz verhinderten und ein homogen zusammengesetztes Offizierkorps nicht entstehen ließen. Der Adel spielte in der Führung der Kreistruppen eine herausragende Rolle, insbesondere in den höheren

Rängen, aber keine ausschließlich herrschende. Durch seinen Eintritt für und in die Kreismiliz bewies der schwäbische Adel nicht nur den vielbeschworenen Reichspatriotismus, sondern durchaus einen auf die Sicherung der eigenen, engeren Region ausgerichteten Kreispatriotismus, der auch Konflikte mit Kaiser und Reich grundsätzlich aushielt[38], zumal sich die habsburgische Hegemonialmacht auf „dieses getreuen Schwäbischen ReichsCreyses beständig führende patriotische Intention und gegen [...] das Allerhöchste Oberhaupt tragenden [...] ohnunderbrochenen Respect und allerunderthänigste Devotion"[39] letztlich regelmäßig verlassen konnte.

Anmerkungen:

1 Vgl. *Karl Demeter*: Das deutsche Offizierkorps in Gesellschaft und Staat 1650 bis 1945. Frankfurt ⁴1965, 1ff.
2 Zum Folgenden mit weiteren Einzelnachweisen vgl. *Peter-Christoph Storm*: Der Schwäbische Kreis als Feldherr. Untersuchungen zur Wehrverfassung des Schwäbischen Reichskreises in der Zeit von 1648 bis 1732. Berlin 1974.
3 Der Schwäbische Kreis bezeichnete sich selbst unzählige Male als „Feldherr" dort, wo sich im Territorium der Landesherr als Inhaber der Wehrgewalt einen „Kriegsherrn" nannte. So wurde dem Herzog Eberhard Ludwig von Württemberg mit Kapitulation vom 25. März 1707 die Charge des Generalfeldmarschalls „von gesambten Creyses als Veldt-Herrns wegen" anvertraut, vgl. Kreisabschied vom 8. April 1707 Nr. 46 (Hauptstaatsarchiv Stuttgart [HStAS] C 9 Bü 569 Nr. 176).
4 *Max Plassmann*: Krieg und Defension am Oberrhein. Die Vorderen Reichskreise und Markgraf Ludwig Wilhelm von Baden (1693 – 1706). Berlin 2000, 587.
5 Zu den Reichskreisen vgl. *Winfried Dotzauer*: Die deutschen Reichskreise (1383 – 1806). Stuttgart 1998.
6 Reichsschluss vom 16. Juni 1707. In: *Johann Joseph Pachner von Eggenstorff* (Hg.): Vollständige Sammlung aller von Anfang des noch fürwährenden Teutschen Reichs-Tags de Anno 1663 bis anhero abgefaßten Reichs-Schlüsse. Regensburg 1776, 3/263.
7 *Johann Jakob Moser*: Von der Landes-Hoheit in Militar-Sachen. Frankfurt 1773, 2.
8 Schwäbischer Kreis, Kreisabschied vom 20. Mai 1694 Nr. 38, HStAS C 9 Bü 568 Nr. 150.
9 *Ulrike Seif*: Absolutismus. In: Handwörterbuch zur deutschen Rechtsgeschichte. Berlin ²2004, 1/35.
10 Württemberg, Votum vom 10. Mai 1694, HStAS C 9 Bü 708.
11 Reglements für die Truppen von den Fürsten und Ständen des schwäbischen Kreises. Erster Teil: Schwäbisches Dienstreglement. Seelbach 1795.
12 *Graf Truchseß zu Zeil, Wurzach und Friedberg*: Wörterbuch vornehmster Belagerungen und Schlachten der Geschichte älterer und neuer Zeiten. 2 Teile. Stift Kempten 1789.
13 Seit *Kulpis* (wie Anm. 8) gebräuchliche Bezeichnung für das Stehende Heer des Kreises. Im Gegensatz zu der Entwicklung in Brandenburg-Preußen, wo bei Aufkommen des Stehenden Heeres die Bezeichnung „Miliz" auf die Landesbewaffnung überging, erhielt sich im Schwäbischen Kreis der Name Miliz auch für den „miles perpetuus circuli" in der Friedenszeit. Das Wort hatte hier noch nicht jenen pejorativen Beigeschmack, den ihm das Verdikt König Friedrich Wilhelms I. von Preußen beilegte, als er seinen Gebrauch untersagte und damit bis heute den Milizgedanken in Deutschland erheblich diskreditierte. Der Schwäbische Kreis hat auf das Wehrsystem der allgemeinen Volksbewaffnung, den Landausschuss und den Landsturm oder die Landmiliz, nur in „casu extremae necessitatis" zurückgegriffen, so 1691, 1693, 1703 und 1707.
14 Zu den Kreisregimentern vgl. auch *Georg Tessin*: Die Regimenter der europäischen Staaten im Ancien régime des 16. bis 18. Jahrhunderts. Teil 1. Osnabrück 1986, 308ff., der die hier in Anm. 2 genannten Untersuchungen allerdings unberücksichtigt lässt.
15 Vgl. *Max Jähns*: Zur Geschichte der Kriegsverfassung des Deutschen Reiches. Das 18. Jahrhundert. In: Preußische Jahrbücher (1877), 39/443-490.
16 So neuerdings auch *Plassmann* 2000 (wie Anm. 4), 520ff.
17 *Demeter* 1965 (wie Anm. 1), 156.
18 Ebd., 49.
19 § 9 Verpflegungs-Ordonnanz vom 26. September 1736. In: Eines Hochlöbl. Schwäbischen Crayses Alte und Neue Kriegs-Verordnungen und Reglementen. Stuttgart ²1737, 486.
20 Schwäbischer Kreis, Kreisabschied vom 24. März 1706 Nr. 3 zu Nr. 9, HStAS C 9 Bü 569 Nr. 173.
21 Schwäbischer Kreis, Kreisabschied vom 13. August 1732 Nr. 38, HStAS C 9 Bü 571 Nr. 207.
22 *Reinhard Graf von Neipperg*: Kaiser und Schwäbischer Kreis (1714 – 1733). Stuttgart 1991, 29.
23 *Plassmann* 2000 (wie Anm. 4), 120.
24 Salem (ausschreibender Prälat), Votum vom 12. Februar 1698, HStAS C 9 Bü 721.
25 Schwäbischer Kreis, § 17 Kreisabschied vom 10. Dezember 1693, HStAS C 9 Bü 568 Nr. 149.
26 Württemberg, Instruktion vom 11. September 1654

Beilage A, HStAS C 9 Bü 243 Nr. 36a.
27 Deß Löblichen Schwäbischen Kraiß Einhellige Verfassung; welcher massen / vermittelst Göttlicher Gnad und Beystand / der Religion- und Land-Frieden zu erhalten / auch Außländischer Gewalt abzuwenden. Verfertiget zu Ulm / Anno 1563. Anietzo aber / wegen Abgang der Exemplarien / wieder hervorgegeben. Ulm 1676, 21.
28 *Graf von Neipperg* 1991 (wie Anm. 22), 30.
29 Schwäbischer Kreis, § 7 Kreisabschied vom 9. November 1694, HStAS C 9 Bü 568 Nr. 151.
30 Einteilung der Kreis-Regimenter, Esslingen, 20. Mai 1705, HStAS C 9 Bü 427 Nr. 39.
31 Zur Reichsritterschaft vgl. *Gabriele Haug-Moritz*: Ritterschaftliche Organisation zwischen Westfälischem Frieden (1648) und Ende des Alten Reiches (1806). In: *Kurt Andermann / Sönke Lorenzen* (Hg.): Zwischen Stagnation und Innovation. Landsässiger Adel und Reichsritterschaft im 17. und 18. Jahrhundert. Ostfildern 2005, 9ff.
32 Vgl. *Max Miller*: Rezension. In: Zeitschrift für württembergische Landesgeschichte 1969, 255.
33 *Jähns* 1877 (wie Anm. 15), 455.
34 Schwäbischer Kreis, § 27 Kreisabschied vom 13. August 1732, HStAS C 9 Bü 571 Nr. 207.
35 Als der Fürst zu Öttingen-Spielberg seinem evangelischen Kontingent bei dem evangelischen Regiment Baden-Durlach 1741 das Niederknien vor dem Venerabile am Fronleichnamsfest „anmutete" und drei Soldaten sofort entließ, die der Aufforderung nicht nachgekommen waren, rügte dies die evangelische Kreiskonferenz: Das Niederknien sei kein militärisches Kommando! HStAS C 14 Bü 379.
36 *Richard Knötel*: Uniformenkunde. Rathenow o. J. [1896], 6/7.
37 *Rainer Wohlfeil*: Adel und Heerwesen. In: Hellmuth Rössler (Hg.): Deutscher Adel 1555 bis 1740. Darmstadt 1965, 329ff.
38 *Graf von Neipperg* 1991 (wie Anm. 22), S. 160ff.
39 Schwäbischer Kreis, Kreisabschied vom 20. Mai 1694 Nr. 38 (wie Anm. 8).

DAS ULMER PATRIZIAT ZWISCHEN ZUNFTBÜRGERTUM UND LANDADEL

Oliver Fieg

Ulmer Patrizier-Paare im späten 18. Jahrhundert beim Kirchgang am Sonntag und als Hochzeitsgäste. Tonfiguren, wohl von Septimus Rommel, frühes 19. Jahrhundert. Ulmer Museum.

„Wir die Ältern [Ratsältere], Bürgermeister und Rath der heyligen Reichsstatt Ulm urkunden, [...] daß das Schadische Geschlecht ein alte[s] adeliches Geschlecht [...] seye."[1] Dieses Zitat aus dem Jahr 1718 zeigt, daß es für das Ulmer Patriziat erforderlich war, seinen Adel zu rechtfertigen, war doch die Standesqualität des Patriziats im gesamten Alten Reich Mittelpunkt verschiedenster Auseinandersetzungen. Die Lebenswelt des Patriziats zwischen Zunftbürgertum und Landadel lässt sich exemplarisch an den Geschlechtern der Schad von Mittelbiberach und der Besserer von Thalfingen darstellen[2]. Beide Familien zählten zur engeren städtischen Führungsschicht Ulms. Ihre Mitglieder waren über Jahrhunderte hinweg in allen Bereichen des öffentlichen Lebens der Reichsstadt tätig und darüber hinaus überregional in Kultur, Wissenschaft, Kirche, Politik, Wirtschaft und Militär vertreten.

Die obige Adelsbestätigung war notwendig geworden, nachdem das Stift Kaufungen die Auszahlung von Geldern an die Ehefrau des Johann Ulrich Schad (1695 – 1746), Augusta Amalie von Gilsa zu Gilsa, mit der Begründung verweigert hatte, die Gelder ständen ihr nur zu, „wenn sie sich an einen von Adel verheyrathet". Daraufhin ließ die Stadt Recherchen in ihrem Archiv und den genealogischen Aufzeichnungen der Familie Schad durchführen und führte die Schads bis zu Berchtold Schad zurück, der im Jahr 1099 Ritter unter dem Hauptmann Graf Ulrich von Württemberg gewesen war.

SCHWÖRBRIEF UND KAISERLICHE ADELSBESTÄTIGUNG. VOM MITTELALTERLICHEN ZUM FRÜHNEUZEITLICHEN PATRIZIAT

Das Patriziat war Teil der in Stände gegliederten Gesellschaft Ulms. Die reichsstädtische Verfassungsurkunde, der große Schwörbrief von 1397 als Ausdruck „alle[r] burger gemainlich rich und arm", unterscheidet zwischen dem Zunftbürgertum, „under den alliu hantwerke hie zu Ulme vergriffen sind", und dem Patriziat („burger, die niht der antwerke noch der zunfften sind"). Die Zunftrevolution des 14. Jahrhunderts, die in dieser Urkunde ihren entscheidenden Ausdruck fand, schränkte die politischen Rechte des Ulmer Patriziats ein, doch konnte dieses einen bedeutenden Anteil am Stadtregiment bewahren.

Eine Beschreibung der mittelalterlichen Stände bietet der erste Chronist der Reichsstadt Ulm, der Dominikanermönch Felix Fabri, knapp hundert Jahre nach dem großen Schwörbrief[3]. Nach den Priestern und Mönchen, die den ersten Stand bilden, folgen die Adeligen, die u.a. als Vögte oder Hauptleute im Dienste Ulms stehen, aber nicht dem Rat angehören. Den dritten, den Hauptstand, bilden die Geschlechter. Gemeint ist das Patriziat, dessen Angehörige „senatores, magistratus, primatus, optimates, potestates" etc. genannt werden. Das Zunftbürgertum, die Kaufleute, Handwerker und Beiwohner bilden die weiteren Stände.

In der Herkunft des Patriziats spiegelt sich ihr Stand zwischen dem Adel und den Zünften. Felix Fabri erklärt, dass es sich einerseits um in die Stadt gezogenen Landadel, andererseits – wie im Fall der Stammler – um ursprünglich aus den Zünften stammende Geschlechter handelt. Für später hinzutretende Geschlechter stellten die Mitgliedschaft im Patriziat benachbarter Reichsstädte und Heiratsverbindungen mit dem Ulmer Patriziat den bevorzugten Ausgangspunkt für eine Aufnahme ins Ulmer Patriziat dar. So gelang es Hans Schad von Mittelbiberach, dessen Familie bereits Mitglieder im Biberacher und Memminger Patriziat stellte, wenige Jahre, nachdem er Ende des 15. Jahrhunderts das Bürgerrecht angenommen hatte, bereits zu den adligen Geschlechtern gezählt zu werden. Als Merkmale für die Zugehörigkeit zum Patriziat nennt Fabri: Konnubium mit Adeligen, Besitz von Adelssitzen, Beschäftigung mit der Jagd, Teilnahme an Turnieren und Tänzen, Wappenführung, Ausschluss vom Handel und die Übernahme von städtischen Ämtern. Damit treffen sich Fabris Merkmale mit den von der historischen Forschung ermittelten Kriterien für eine Zugehörigkeit zum Patriziat: politische Privilegierung, ständische Exklusivität und gesellschaftliche Vorrechte sowie eine gesicherte Vermögenslage.

Die verfassungsrechtlichen Grundlagen für das Patriziat der frühen Neuzeit wurden durch Kaiser Karl V. in der Mitte des 16. Jahrhunderts gelegt. Nach dem siegreichen Ende des Schmalkaldischen Krieges (1547) hob Karl V. in Ulm die Zunftverfassung auf[4]. Der Schwörbrief von 1558 schrieb eine dezidiert patrizische Verfassung fest, die bis zum Ende der reichsstädtischen Zeit Gültigkeit besitzen sollte. Das Patriziat erhielt nun 24 von 41 Sitzen im Rat. Die Mitgliedschaft im Rat – die Wahl erfolgte durch Kooptation – war mit der Übernahme reichsstädtischer Ämter verbunden. In diesen Ämtern hatten die Patrizier immer den Vorsitz vor ihren zünftischen Kollegen, zudem wurden die höchsten Ämter – Ratsältere, Bürgermeister und Herrschaftspfleger – nur mit Patriziern besetzt. Auch die Vogtämter zur Verwaltung des Ulmer Territoriums blieben dem Patriziat vorbehalten.

Um diese herausgehobene Stellung des Patriziats nach innen wie außen weiter zu festigen, reichten die 17 Geschlechter bei Kaiser Karl V. eine mutmaßlich vom Bürgermeister Sebastian Besserer verfasste Supplikation ein: „So rufen wir E.K.M. unterthenigst an, Sie wollen uns unsere alte herkommen allergnädigst confirmieren und bestätigen, mit dem Anhang, das, ohneracht wir und unserer Söhne in Ihrer Mt. und des Heil. Reichs Statt wohnen und wohnen werden und bürgerliche Beschwerd tragen, nichts destoweniger für Ew. R.K. Mt. und des H. R. R. Edelleuth gebohren, Lehens- und Turnies-Genossen

Ulmer Patrizier im späten 18. Jahrhundert: Bürgermeister, Ratsherr und Gemeiner Senator. Tonfiguren, wohl von Septimus Rommel, frühes 19. Jahrhundert. Ulmer Museum.

und Rittermäßige Edelleuth geehrt, geacht, gewürdigt und gehalten werden sollen."[5] Zur Begründung wird angeführt, dass die Geschlechter seit alter Zeit rittermäßige Schilde und Helme führten, nie Mitglieder der Zünfte waren, adlige Schlösser, Märkte und Dörfer besäßen, aus deren Erträgnissen sie ihren Lebensunterhalt bestritten, dem Reich als Ritter dienen oder im städtischen Regiment des Reiches Nutzen fördern. Schließlich wird der Kaiser noch an die Verdienste der Patrizier im Fürstenkrieg von 1552 erinnert. Unter Bezug auf die in der Supplikation genannten Gründe bestätigte Karl V. am 29. Oktober 1552 den „adelichen standt der recht edelgebohrn, torniers- lehensgenoß- und rittermessigen" Geschlechter der Löw, Ehinger, Besserer, Roth, Krafft, Neidhardt, Strölin, Lieber, Rehm, Ungelter, Güntzburger, Stammler, Schad, Schermar, Geßler, Raihing und Baldinger. Damit war ein festgefügtes, adelsstolzes und exklusives Patriziat geschaffen und faktisch abgeschlossen

worden. Der durch Aussterben und Auswanderung eintretende Schwund an Patrizierfamilien wurde nur zum Teil durch Neuaufnahmen wieder wettgemacht. Trotz mehrfacher kaiserlicher Ermahnungen, das Patriziat wieder auf die Zahl von 17 Familien zu vermehren, begegnete dieses Anträgen auf Neuaufnahmen reserviert, so dass es in den folgenden Jahrhunderten nur acht Familien gelang, in das Patriziat aufgenommen zu werden[6]. Ende des 17. Jahrhunderts war die Zahl der Geschlechter auf acht zurückgegangen und erhöhte sich bis 1800 wieder auf zwölf Familien.

Die Biographie des Johann Jacob Schad (1574 – 1653) gewährt einen Einblick in das Leben der Patrizier im Alten Reich. Nachdem er in der Jugend die Lateinschule in Ulm besucht hatte, studierte er seit 1589 in Straßburg und Tübingen. Auf Reisen durch Frankreich und Italien erwarb er weitere Sprachkenntnisse und setzte seine Studien in Padua fort. 1599 kehrte er nach 10jähriger

Das Ulmer Patriziat

IOHAN IACOB SCHAD Á MITTELBIBRACH
IN S: BARTLOME. ET PALMERZHOFEN
REIP: VLM: P. T. DVVMVIR.

Meglio Inuidia che compassione.
Æt: 77: Anno: 1651:

Andreas Schuech pinx.   Wolfgang Kilian sculp.

Johann Jacob Schad mit goldener Kette und Denkmünze. Kupferstich von Wolfgang Kilian nach Andreas Schuch, 1751. Stadtarchiv Ulm.

Bürgermeisters, welches er insgesamt fünfmal innehaben sollte. 1650 wurde er Ratsälterer. In seiner 52jährigen Amtszeit als Ulmer Ratsherr war Johann Jacob Schad mehrfach in diplomatischen Missionen für die Stadt tätig. Im Jahr 1635 verhandelte er mit Ferdinand III. über den Beitritt Ulms zum Prager Frieden. Aus diesem Anlass erhielt er vom König eine goldene Kette nebst Denkmünze geschenkt, die er auch auf dem hier abgebildeten Kupferstich trägt[7]. Solche Ketten waren nach der Ulmer Kleiderordnung von 1574 den Geschlechtern vorbehalten und zählten neben der Kleidung zu den wichtigsten Statussymbolen[8].

„ADELICHE PATRICIOS". DIE LEBENSWELT DES ULMER PATRIZIATS

Die herausgehobene Stellung des Ulmer Patriziats wurde auch außerhalb der Stadtgrenzen registriert. Für den Frankfurter Patrizier Johann Maximilian zum Jungen stand 1632 fest, dass „heutiges tages Augspurg, Nurnberg, Ulm und Franckfort allein adeliche Patricios haben"[9]. Die besondere Vorrangstellung und Adelsqualität des Patriziats dieser vier Städte wird auch von Michael Praun[10] (1667) und Jakob Bernhard Multz[11] (1690) betont. Dagegen sprach Johann Georg Cramer (1739) dem städtischen Patriziat generell die Adelsqualität ab[12]. Als Erwiderung darauf fertigte der vom Ulmer Rat damit beauftragte David Stölzlin einen Bericht über den Adel des reichsstädtischen Patriziats an[13].

Die Frage der Ebenbürtigkeit des Patriziats mit dem Landadel stellte sich vor allem hinsichtlich einer Aufnahme in die Reichsritterschaft[14]. Diese erkannte zwar die herausgehobene Stellung des Patriziats der Städte Ulm, Augsburg, Nürnberg und Straßburg an, hielt es aber nicht für ebenbürtig: „Es seind Geschlechter in den Reichs-

Abwesenheit in seine Heimatstadt zurück und wurde bereits zwei Jahre später in den Rat aufgenommen. Danach durchlief er die Ämterlaufbahn in der Ulmer Verwaltung: Wassergeschworener und Ziegelschauer (1609), Feldgeschworener (1610), Pflegherr und Leinwandschauer (1613), Bauherr (1628), Oberrichter und Herrschaftspfleger, Handwerksherr und Sammlungspfleger, Geheimer Rat (1635). Im folgenden Jahr übernahm Johann Jacob Schad erstmalig das Amt des regierenden

städten, sonderlich Nürnberg, Augsburg, Ulm, Straßburg welche auch für edel und hoch gehalten und sonderbar vor andern plebeis gefreiet, aber sie erkennen des Reichs Stadtrat und seind für freie Reichsriter vom Adel nicht zu halten."[15] Zur Immatrikulation wurde daher üblicherweise die Aufgabe der Bürgerschaft gefordert.

Das Verhältnis des Ulmer Patriziats zur schwäbischen Reichsritterschaft stellte sich allerdings differenzierter dar. Einigen Familien gelang es für ihre ritterschaftlichen Landgüter – so die Schad für Warthausen, die Besserer für Schnürpflingen und die Ehinger für Balzheim – in den Kantonen Donau und Kocher immatrikuliert und rezipiert zu werden. Inwieweit dabei Bürgerrecht, Ratssitz und Mitgliedschaft in der Ritterschaft einer Person vereint bleiben konnten, lässt sich nicht immer nachvollziehen. Ämter innerhalb der Reichsritterschaft haben die Patrizier Johann Jakob Krafft von Dellmensingen und nach ihm sein Sohn Joseph Wunibald übernommen, die seit 1728 als ritterschaftliche Kassiers in Ulm amtierten, ohne auf ihr Bürgerrecht verzichten zu haben. Dem in den Freiherrenstand aufgenommenen Franz Anton Ehinger (1706) sprach der Ulmer Rat nicht nur Glückwünsche aus, sondern verband diese zugleich mit der Hoffnung, er werde auch weiterhin im Bürgerrecht verharren. Bei Heiraten zwischen Mitgliedern des Ulmer Patriziats und solchen der Reichsritterschaft wurde gewöhnlich um Vorbehalt des Bürgerrechts gebeten.

Dieses Konnubium mit Adeligen stellt nach Felix Fabri einen weiteren Aspekt der patrizischen Adelsqualität dar. Doch stellte das Ulmer Patriziat in der frühen Neuzeit keinen zur restlichen Bürgerschaft abgeschlossen Heiratskreis her. Ehen zwischen Patriziern und Töchtern der führenden Kaufmannsfamilien standen auf der Tagesordnung. Der Ulmer Kaufmann Friedrich Orth berichtet, dass „der Kaufleut Döchtern den Geschlechtern gut und angenem" seien, denn „Sanktus Denarius thuet gar viel."[16] Waren solche Ehen gesellschaftlich akzeptiert, so beklagen die Statuten der Geschlechterstube von 1599, dass „gantz beschwerlich eingerissen [sei], dass sich etliche uss den unsrigen mit geringen schlechten unnd leichtfertigen Weibern verheuratet haben", und drohen den Ausschluss aus der Gesellschaft an. Von den von Koschig untersuchten 472 zwischen 1561 und 1810 im Ulmer Münster geschlossenen Ehen des Patriziats wurden 58% mit Partnern aus dem Patriziat, 37% mit bürgerlichen Ehepartnern und nur 5% mit Adeligen geschlossen. Der regionale Horizont dieser Ehen war eng gefasst, selten wurde über das Ulmer Territorium und die benachbarten Reichsstädte hinaus geheiratet. Gelang es der Familie Schad, im Altern Reich auch Eheverbindungen zu freiherrlichen Familien wie den Freiherren von Brandenstein[17] und den Freiherren von Ponikau[18] zu schließen, so erweiterte sich dieser Heiratskreis im 19. Jahrhundert auch auf gräfliche Familien[19].

Die gesellschaftliche Stellung des Patriziats zeigt sich auch im Anredeverhalten zu Adeligen und zum Zunftbürgertum. Felix Fabri äußert sich hierzu widersprüchlich. Zwar betont er, dass das Ulmer Patriziat den Adel duze und deshalb selber als adlig zu gelten habe, zugleich bemerkt er aber, dass der Adel sich weigere, sich vom Patriziat duzen zu lassen. In einen solchen Anredekonflikt geriet der Ravensburger Patrizier Hans Besserer[20]. Um ähnliche Konflikte zu vermeiden, verzichtete der Ulmer Rat im Jahr 1500 auf das Duzen in amtlicher Korrespondenz. Auch innerhalb der städtischen Gesellschaft wurde besonderer Wert auf die Unterscheidung der einzelnen Stände in Anrede und Titulatur gelegt. So ermahnte die Stubenordnung die Patrizier, nicht „leichtfertiger weyss, [mit] einem ieden der in under die Augen kombt, ohne alle discretiuon, und sogar mit Handwerckhsleuten, uff ein du [zu] trinck[en]".[21]

Ein ebenfalls vom Ulmer Patriziat beanspruchtes Adelsprädikat war die Turnier- und Stiftsfähigkeit, die 1552 durch Kaiser Karl V. ausdrücklich bestätigt wurde. Im Mittelalter waren Ulmer Patrizier mehrfach an Turnieren beteiligt. Ulrich Strölin soll das durch Kaiser Karl IV. 1377 nach dessen gescheiterter Belagerung in Ulm veranstaltete Turnier gewonnen haben. In den Heidelberger

Adels- und Wappenbrief Kaiser Karls VI. für die Brüder Christoph Erhard, Irenaeus und Gustav Benoni Schad vom 13. Dezember 1718. Libell, Pergament. Stadtarchiv Ulm.

danach, prächtig gestaltete königliche Adels- und Wappenbriefe zu erhalten. Diese Urkunden wirkten dabei in zwei Richtungen: Einerseits war eine Angleichung zum Landadel bezweckt, andererseits dienten sie auch zur Repräsentation und Steigerung des Prestiges der Geschlechter gegenüber dem städtischen Bürgertum. Ein erster Wappenbrief für die Familie Schad soll bereits 1365 ausgestellt worden sein. Erhalten hat sich ein Wappenbrief Kaiser Sigismunds von 1433, mit dem dieser dem Biberacher Patrizier Jakob Schad und seinen ehelichen Erben anstelle des alten Wappens mit Ring und drei Fähnlein in Gold „einen halben schwarzen adler mit halspinden habend in seynem snabel eynen fisch" verliehen hat. Nachdem der aus dem Biberacher Patriziat stammende Hans Schad (1469 – 1543) 1529 die Herrschaft Warthausen erworben hatte und damit de facto zum Landadel übergegangen war, wurde diese Änderung der Standesqualität auch durch einen Adels- und Wappenbrief König Ferdinands I. bekräftigt[22]. Hans Schad durfte nun einen quadrierten Schild mit dem Stammwappen sowie dem Wappen für die Herrschaft Warthausen und den zugehörigen Turnierhelmen führen. Der offene Stechhelm machte, im Gegensatz zum geschlossenen Helm des Bürgertums, den Adel der Schad auf den ersten Blick sichtbar. Nach dem Aussterben der Mittelbiberacher Linie erbte der bayerische Zweig der Schad im Jahr 1596 mit der Herrschaft Warthausen auch das Wappen. Nachdem dieser Zweig in den Freiherrenstand erhoben worden war (1637), wurde das Wappen durch Kaiser Ferdinand III. nochmals gebessert. Der Ulmer Familienzweig führte dagegen immer noch das alte, 1433 verliehene Wappen. Nach dem Dreißigjährigen Krieg erreichte 1651 der oben bereits erwähnte Johann Jacob Schad neben der Bestätigung des ritterbürtigen Adels und der Turnier- und Stiftsfähigkeit das Recht, sich Schad

(1481) und Heilbronner (1485) Turnierordnungen manifestiert sich dann das Bestreben des Landadels, das Patriziat von der Teilnahme an Turnieren auszuschließen. Die Bestätigung von 1552 spielte aufgrund des Niedergangs des Turnierwesens im 16. Jahrhundert faktisch keine Rolle mehr, war aber für das Selbstverständnis des Patriziats von großer Bedeutung.

Seine ständische Exklusivität betonte das Patriziat auch durch die Wappenführung. Bereits aus dem 14. Jahrhundert haben sich zahlreiche Wappensiegel Ulmer Patrizier erhalten. Seit dem ausgehenden Mittelalter strebten die Geschlechter

Ansicht des Gesundbads und Schlosses Obertalfingen aus dem Gutachten des Johann Kaspar Beuttel „Krafft und Würckung dess Gesundbronnens sonst das Dalfinger Badt genandt …", Ulm 1665. Stadtarchiv Ulm.

von Mittelbiberach zu nennen und das quadrierte Wappen der freiherrlichen Familie tragen zu dürfen[23]. Den restlichen Ulmer Linien wurde dieses Wappen 1718 von Karl VI. durch eine besonders aufwendig gestaltete Urkunde verliehen[24].

Ein weiterer Schritt zur Angleichung an den Landadel stellte der Besitz von adligen Landgütern dar. Seit dem 15. Jahrhundert erwarben einzelne Mitglieder des Patriziats Landsitze in der Nähe Ulms. Um dem gesteigerten Bedürfnis nach adliger Lebensführung und Repräsentation nachzukommen, entstanden im Jahrhundert zwischen 1520 und 1620 nicht weniger als 18 Patrizierschlösschen rund um Ulm, bevorzugt im Ulmer Winkel.

Am Beispiel des Schlosses Obertalfingen lässt sich dieser Vorgang idealtypisch veranschaulichen. Eitel Eberhard Besserer erwarb 1540 das Bad Obertalfingen mit Gesundbrunnen, Burgstall, Haus, Hofreite und Kapelle, wonach er und seine Nachkommen sich Besserer von Thalfingen nannten. Das Schloss wurde nach 1540 von Grund auf neu errichtet. Ende des 16. Jahrhunderts wurde der Treppenturm angebaut. Aber auch die Anlagen für das Bad wurden erneuert, die Quelle eingefasst und in ein Kesselhaus geleitet. Den Zustand von 1665 zeigt ein Stich des Elias Künel auf einem Gutachten des Arztes Johann Kaspar Beuttel zur Wirkung des Gesundbrunnens.

Die umfriedete Gesamtanlage besteht neben dem Schlossgut mit seinem hohen Giebeldach, angebautem Treppenturm sowie den vier Eckürmchen noch aus Wirts-, Brau-, Bad- und Kesselhaus. Die Verbindung eines Schlossgutes mit

Das Ulmer Patriziat

Ökonomiegebäuden findet sich auch bei den Bessererschen Gütern in Bernstadt, Häuserhof und Tiefenbach.

In Ulm stellten die Frauenstraße, die Hirschgasse und der Münsterplatz bevorzugte Wohngebiete des Patriziats dar. Das eindrucksvollste Beispiel eines Ulmer Patrizierhauses stellte bis zu seiner Zerstörung 1944 das Schadsche Haus in der Hirschgasse dar. Heute lässt sich die patrizische Wohnkultur am besten im Kiechelhaus des Ulmer Museums nachvollziehen. Ursprünglich im Besitz der nicht dem Patriziat angehörenden adligen Kaufmannsfamilie Kiechel, gelangte es über die Familie Schad (1695 – 1773) in den Besitz der Familie Neubronner (1773 – 1843).

Mittelpunkt patrizischen Lebens in Ulm war die Gesellschaft zur „Oberen Stube"[25]. Mitglied der Stubengesellschaft konnte jeder männliche Patrizier werden, der das 17. Lebensjahr erreicht hatte. Zugang hatten zudem die Personen, „welche sich zu den adelichen Geschlechtern alhie verheurathen"[26]. Vornehmste Aufgabe der von drei Stubenmeistern geleiteten Stubengesellschaft war die Pflege eines adligen Lebensstiles. Den eintretenden Patriziern wurde bedeutet, dass sie „mitt adelichen Tugenden, dapferkeytt und geschicklichkeit wie auch löblichen Sitten geziert und andern gemeinen Leuthen vorleuchten mögen"[27]. Um dieses Ideal zu erreichen, werden standesgemäße Tätigkeiten vorgestellt: „historische, politische, mechanische, militarische geometriche, arithmetrische [und] mechanische Sachen [...] und dann Jagen, Hötzen, Bayssen, Reutten, Schiessen, Fechten, Trinciern oder Verlögen, Ballspiel und dergleichen."[28] In der Oberen Stube konstituierte sich so eine geschlossene Gesellschaft, in der Mähler, Tänze, Feste und andere Zusammenkünfte stattfanden. Um deren Luxus Einhalt zu gebieten, mussten eigene Artikel über Tänze und Mähler sowie eine „Ordnung bey Handstreichen, Hochzeiten, Schlafftrünckhen, Schwörtägen, Höfen oder langen Tägen" in die Stubenordnung aufgenommen werden[29]. Solche Veranstaltungen hatten im 17. Jahrhundert bereits eine lange Tradition. Anlässlich des Besuches von Kaiser Maximilian I. in Ulm sollen 1492 mehrere Tanzveranstaltungen organisiert worden sein. Wenn auch für das Ulmer Patriziat keine Abbildungen dieser Tänze überliefert sind, vermittelt das bekannte Augsburger Tanzbild von 1500, der „Herrenstubentanz", einen Eindruck von deren Prachtentfaltung[30]. Bildlich festgehalten wurde die Prunkschlittenfahrt des Ulmer Patriziats in der Frauenstrasse anlässlich einer Versammlung des Schwäbischen Kreises[31]. Der mit einem bogenschießenden Kentaur verzierte Schlitten des Marx Christoph Besserer, mit dem dieser den Zug angeführt hatte, hat sich im Ludwigsburger Schlossmuseum erhalten. Eine Darstellung der patrizischen Festkultur, wie sie in Ulm gepflegt wurde, findet sich auch in den Illustrationen des Stammbuchs von Anton Paul Schermar[32]. Die farbenfrohe Komposition zeigt eine adlige Gesellschaft beim Festessen. Der Stand der dargestellten Personen ist an ihren Schmuck und den kostbaren Gewändern ablesbar. Ebenfalls Zeichen der ständischen Repräsentation ist der (vergoldete) Deckelpokal auf dem Tisch.

STANDESGEMÄSSE NAHRUNG. PATRIZIAT UND HANDEL

Die Einkünfte, die den Patriziern diese standesgemäße Lebensführung ermöglichten, stammten vorwiegend von den Erträgen ihrer Liegenschaften und Rechten in Stadt und Land. Weitere Einkünfte gewährleisteten zahlreiche Familienstiftungen des Ulmer Patriziats[33]. Ein Charakteristikum des Ulmer Patriziats war nach Felix Fabri dessen Ablehnung der Handelstätigkeit. Auch die Adelsbestätigung Karls V. argumentierte, dass die Geschlechter „von anderen burgern daselbst abgesondert, und in einigen zünfften nie gewesen" und „sich sondt von unadelicher nahrung enthalten" haben. Doch lässt sich bereits im 14. Jahrhundert eine Handelstätigkeit für die Familie Roth wie auch später für die Ehinger, Besserer, Gienger und weitere Familien nachweisen. Im 15. Jahrhundert sind immer mehr Patrizier im Großhandel aktiv. Jakob Ehinger gründete 1490 gemeinsam mit dem Zunftbürger Wolfgang Fär-

Darstellung patrizischer Festkultur im Stammbuch des Anton Paul Schermar. Stadtarchiv Ulm.

ber eine Handelsgesellschaft in Ulm[34]. An der Wende zum 16. Jahrhundert ist ein Wandel vom aktiven Handel zur Beteiligung an Handelsgesellschaften zu beobachten. Verschiedene Mitglieder des Patriziats, die weiterhin aktiv Handel treiben wollten, wechselten – einen sozialen Abstieg in Kauf nehmend – in die Zünfte – wie die Gregk – oder wanderten in andere schwäbische Reichsstädte aus.

Ganz enthielten sich aber auch die in Ulm verbliebenen Patrizier nicht der wirtschaftlichen Betätigungen. Verschiedene Mitglieder der Familien Besserer und Krafft engagierten sich im Bergwerksgeschäft. Hans Schad errichtete ein Torf- und Salpeterwerk. Die Familie Schermar unterhielt Handelsverbindungen bis nach England, und Hans Ulrich Krafft verfasste einen Bericht über seine 1573/74 in Diensten eines Augsburger Handelshauses unternommenen Reisen, die ihn bis nach Syrien führten[35]. Im 17. und 18. Jahrhundert scheint sich dann ein weitgehender Verzicht auf Einkünfte durch den Handel durchgesetzt zu haben und war zur Bedingung bei Aufnahmen ins Patriziat gemacht worden. Auf einer Konferenz der Stubengesellschaft wurde 1778 anlässlich der „seinem Adel Stand und Herkomen gantz ohnschickliche[n]" Tätigkeit des Marx Conrad Besserer im Transportgewerbe beschlossen, keine handeltreibenden Personen in ihren Reihen zu dulden.

NEUE AUFGABEN IM LANDESDIENST – DAS ULMER PATRIZIAT IN WÜRTTEMBERG UND BAYERN

Die Umbrüche am Ende der reichsstädtischen Zeit und in den ersten Jahren des bayerischen und seit 1810 württembergischen Regiments hatten tiefgreifende Auswirkungen auf die patrizische Lebenswelt. In den Bürgerrechtsprozessen des ausgehenden 18. Jahrhunderts – ausgelöst durch eine, das Gewerbe in der Stadt belastende, dabei gleichzeitig den patrizischen Grundbesitz im Territorium entlastende Steuerreform – wurden die patrizischen Vorrechte in Frage gestellt. Neben diesem öffentlichen fand auch ein innerfamiliärer Diskurs über die patrizische Lebensweise zu den Themen Heiratsverhalten und Nahrungserwerb

Höherer königlicher Beamter mit Ehefrau am Hochzeitstag. Tonfiguren, wohl von Septimus Rommel, frühes 19. Jahrhundert. Ulmer Museum.

statt. Daniel Besserer gelang es 1783/84, eine nach Ansicht der Familie nicht standesgemäße Hochzeit mit Elisabeth Gerhard, der Tochter des Proviantgegenschreibers Johann Andreas Gerhard auch gegen Widerstände im Stadtrat durchzusetzen[36]. Im Dezember 1801 verhandelte die Konferenz der Bessererschen Stiftungsverwaltung das Gesuch des Marx Christoph Besserer, seinem Sohn Johann Georg, „bei welchem [sich] von den ersten Jahren der Kindheit an eine vorzügliche Neigung zur Erlernung der Handlungs-Wissenschaft gezeigt hätte", eine Unterstützung zu gewähren, um diesen „einer auswärtigen Handlung zu weiterer practischer Ausbildung als Lehrling zu übergeben."[37] Nach anfänglicher Ablehnung mit der Begründung, „das Patriciat vertrage sich nicht mit der Handlung", genehmigte man ein halbes Jahr später eine jährliche Unterstützung von 200 Gulden. Noch 15 Jahre später zeigt sich die Familie in der Frage Handel treibender Familienmitglieder tief gespalten. Während eine Mehrheit dies nicht mit ihrem Adel vereinbar hielt, mahnte eine Minderheit, sich den veränderten Zeiten anzupassen: „Tempora mutantur et nos mutamur in illis."[38]

Andere Geschlechter standen dem gesellschaftlichen Wandel aufgeschlossener gegenüber. Johann Ulrich Schad erlernte den Handelsberuf und war u.a. in Venedig tätig. Friedrich Albrecht Baldinger, Heinrich Friedrich Schad und Adolph Benoni Schad übernahmen die Bürglensche Leinwandhandlung in Ulm (1802).

Die herausragende Persönlichkeit unter den Patriziern jener Zeit war Johann Jakob Schad[39]. 1761 geboren, studierte er Jura in Göttingen und trat in Berlin in die dortige Freimaurerloge „Zum Widder" ein. Nach Ulm zurückgekehrt, war er führend an der Gründung der Loge „Astraea zu den drei Ulmen" und der Lesegesellschaft beteiligt. Nach der Inbesitznahme Ulms durch Bayern war er als Justiz- und später Oberjustizrat am Ulmer Oberappellationsgericht tätig, bis ihn seine zunehmende Schwerhörigkeit 1808 den Dienst quittieren ließ. Nach der Übergabe Ulms an Württemberg erreichte er die Aufnahme seiner Familie in die württembergischen Adelsmatrikel (1811). Der Bruch mit den reichsstädtischen Traditionen wird an den Eheschließungen seiner Kinder deutlich, die in die Umbruchzeit zwischen 1803 und 1823 fielen. Keines heiratete innerhalb des Ulmer Patriziats, die Ehegatten und Gattinnen stammten durchweg aus dem bayerischen und württembergischen Adel.

Einer bedeutenden Anzahl von Patriziern gelang es zunächst, aus der reichsstädtischen Verwaltung in den neuen bayerischen und später württembergischen Magistrat übernommen zu werden. Durch Heinrich Friedrich Schad, Adolf Benoni Schad und Christoph Karl Leopold von Wölkern blieb auch die Kontinuität bei der Übernahme des Bürgermeisteramtes durch Patrizier gewahrt. Erst die Bürgermeisterwahl, in der sich Christoph Leonhard Wolbach gegen die Mitbewerber Christoph Karl Leopold von Wölkern und Franz Daniel Schad durchsetzte, beendete im Jahr 1818 die herausragende Stellung des Patriziats in der Ulmer Verwaltung.

An die Stelle der Beschäftigung in der Ulmer Verwaltung trat nun der württembergische und bayerische Staatsdienst. Vor allem das Militär bot dabei den traditionellen Eliten hervorragende Karrieremöglichkeiten. Unter den dreizehn (volljährigen) männlichen Mitgliedern der Familie Besserer befanden sich nach dem württembergischen Regierungsblatt für das Jahr 1825 fünf bayerische Offiziere (ein Obrist, ein Hauptmann, zwei Oberleutnants und ein Hauptmann im bayerischen Landjägerkorps) und ein württembergischer Leutnant. Mit Albrecht Besserer (1786 – 1839), 1825 im Rang eines Obristen und zugleich in der Stellung eines königlich bayerischen Kammerherren, gelang einem Ulmer Patrizier der Aufstieg zum bayerischen Staatsminister der Armee (1838/39). Die Beschäftigung im Staatsdienst war jedoch häufig mit einem Wegzug aus Ulm verbunden, was zur Folge hatte, dass das 19. Jahrhundert durch einen steten Rückgang des Patriziats gekennzeichnet war[40].

Bereits 1802 wurde die Patriziatsgesellschaft der Oberen Stube wegen Mitgliedermangels geschlossen. Aus dem noch vorhandenen Kapital wurde zwar 1833 eine Patriziatsstiftung zur Unterstützung der männlichen Nachkommen des Patriziats ins Leben gerufen, doch konnte sie kein Ersatz für den mit der Oberen Stube verlorengegangenen Mittelpunkt patrizischen Lebens in Ulm sein. Die in Ulm verbliebenen Patrizier engagierten sich indes weiterhin gesellschaftlich und kulturell. Die Erben des Landjägerbezirkskommandanten Christoph Heinrich Besserer (1791 – 1841) schenkten der Stadtbibliothek dessen bedeutende Büchersammlung[41]. Die Tradition, dem Ulmer Münster Ausstattungsgegenstände zu stiften, wurde weiterhin gepflegt. Das Patriziat beteiligte sich aktiv an den Münsterfesten von 1877 und 1890. Anlässlich des letzteren stifteten die Nachkommen der Ulmer Patrizierfamilien ein Kirchenfenster, das im Zweiten Weltkrieg zerstört wurde. Das in Ulm verbliebene Patriziat ging im Verlauf des 19. Jahrhunderts in der bürgerlichen Gesellschaft auf. Eine gesonderte patrizische Lebenswelt war nicht mehr vorhanden.

Anmerkungen:

1 Stadtarchiv (StA) Ulm, E Schad 1035.
2 Zum Ulmer Patriziat vgl. *Albrecht Rieber*: Das Patriziat von Ulm, Augsburg, Ravensburg, Memmingen, Biberach. In: *Helmut Rößler* (Hg.): Deutsches Patriziat 1430 – 1740. Limburg 1968, 299-351, und *Martina Marianne Koschig*: Das Patriziat der freien Reichsstadt Ulm in der frühen Neuzeit. Unv. Diss. Tübingen 2001. Zur Familie Besserer vgl. *Jacob Rieber*: Zur Geschichte der Familie von Besserer. In: Ulm und Oberschwaben 17 (1911), 19-36; *A. Schultes*: Die Familie der Besserer in Ulm. In: Württembergische Vierteljahrshefte für Landesgeschichte 10 (1887), 26-34, 113-119. Zur Familie Schad: *Eitel Albrecht Schad von Mittelbiberach*: Die Schad von Mittelbiberach. Bd. 1-3 und 5. Weißenhorn 1971.
3 *Felix Fabri*: Tractatus de civitate Ulmensi, de eius origine, ordine, regimine, de civibus eius et statu. Hg. von *Gustav Veesenmayer*. Tübingen 1889; Übersetzt von *Konrad Dietrich Hassler*: Bruder Felix Fabris Abhandlung von der Stadt Ulm nach der Ausgabe des litterarischen Vereins in Stuttgart. In: Mitteilungen des Vereins für Kunst und Alterthum in Ulm und Oberschwaben 13-15 (1908/09), 1-141.
4 *Eberhard Naujoks*: Obrigkeitsgedanke, Zunftverfassung und Reformation. Studien zur Verfassungsgeschichte von Ulm, Eßlingen und Schwäbisch Gmünd. Stuttgart 1958.
5 StA Ulm, A 3819.
6 Welser, Harsdörffer, Seutter, Neubronner, Hailbronner, Strauß, von Wölkern, von Frick.
7 StA Ulm, E Schad 880.
8 *Hartmut Bock*: Goldene Ketten und Wappenhelme. Zur Unterscheidung zwischen Patriziat und Adel in der Frühen Neuzeit. In: Zeitschrift des Historischen Vereins für Schwaben 97 (2004), 59-120.
9 Hessisches Staatsarchiv Darmstadt, C1C Nr. 131 Nr. 131, fol. 9', zitiert nach *Bock* 2004 (wie Anm. 8), 62.
10 *Michael Praun*: Ausführliche Beschreibung der

Herrlichkeit, Ehr, Stand, Würden, auch Alterthum der adelichen und erbaren Geschlechtern in den vornehmsten freyen Reichs Städten. Ulm 1667, 74.

11 *Jakob Bernhard Multz*: Repraesentatio maiestatis imperatoriae per singula eius iura ex actis publicis, constitutionibus Imperii et novissima praxi ad normam capitulationis [...]. Öttingen 1690, 727, Ziffer 99.

12 *Johann Georg Cramer*: Commentarii de juribus et praerogativis nobilitatis avitae eiusque probatione ex Institutis Germanorum et Priscis et Hodiernis. Leipzig 1739.

13 *David Stölzlin*: Bericht vom Adel der Patricier in den Reichsstädten. Ulm 1739 (StA Ulm E Besserer 291).

14 *Gerhard Pfeiffer*: Nürnberger Patriziat und fränkische Reichsritterschaft. In: *Karlheinz Goldmann* (Hg.): Norica. Beiträge zur Nürnberger Geschichte. Nürnberg 1961, 35-55.

15 Zitiert nach *Rudolf Endres*: Adel in der frühen Neuzeit. München 1993, 71.

16 *Moritz von Rauch*: Ulmer Klatsch um 1600. In: Ulmische Blätter für heimatliche Geschichte, Kunst und Denkmalpflege 1 (1925), 95f.

17 Regine Philippine Schad ∞ Friedrich Albrecht von Brandenstein (12. Januar 1762).

18 Elisabetha Johanna Schad ∞ Johann Daniel Friedrich von Ponikau (29. August 1786).

19 Maria Johanna Schad ∞ Carl Emanuel Philipp Graf Leutrum von Ertingen (17. September 1812); Moritz Schad ∞ Marie Theresia Gräfin von Sontheim (23. Mai 1863). Marie Theresia war die Tochter des Grafen Johann Georg von Sontheim, eines natürlichen Sohnes des Herzogs Friedrich Eugen von Württemberg.

20 *Gabriela Signori*: „Sprachspiele". Anredekonflikte im Spannungsfeld von Rang und Wert. In: Zeitschrift für Historische Forschung 32 (2005), 11f.

21 StA Ulm, A 3830.

22 *Christine Rieber*: Dr. Hans Schad (1469 – 1543). Vom Patriziat zum Landadel. Biberach 1975, 277.

23 StA Ulm, E Schad Urk., 22. Mai 1651.

24 StA Ulm, E Schad Urk., 13. Dezember 1718.

25 *Konrad von Schad*: Die letzten Jahrzehnte der Ulmer Adeligen Stubengesellschaft. In: Ulmer Historische Blätter 2 (1925), Heft 14, 4-8.

26 StA Ulm, A 3830.

27 Ebd.

28 StA Ulm, A 3830; Hetzen: Jagd mit Hunden; Beizen: Jagd mit Vögeln; „Trinciern": Tranchieren.

29 Ebd.

30 Städtische Kunstsammlungen Augsburg, Sign. 3821. Abbildung in: *Pia Maria Grüber* (Hg.): „Kurzweil viel ohn' Maß und Ziel". Augsburger Patrizier und ihre Feste zwischen Mittelalter und Neuzeit. München 1994, 70-71.

31 Ulmer Museum, A.I. 1990.9326.38.

32 StA Ulm, F 7 Nr. 18.

33 *Christoph Leonhard von Wolbach*: Urkundliche Nachrichten von den Ulmischen Privat-Stiftungen. Ulm 1847.

34 *Kurt Kohler*: Die Ulmer Gesellschaft Färber-Ehinger. Stuttgart 1987.

35 StA Ulm, H Krafft, Hans Ulrich, Nr. 1.

36 StA Ulm, E Besserer 1861; StA Ulm, A 3750, Nr. 7.

37 StA Ulm, E Besserer 828.

38 StA Ulm, E Besserer 924.

39 *Theodor Schön*: Johann Jacob Schad von Mittelbiberach. In: Heraldisch-genealogische Blätter für adelige und bürgerliche Geschichte 4 (1907), 37-42.

40 Das Verzeichnis der im Oberamt Ulm befindlichen adligen Güterbesitzer von 1811 nennt noch 45 (erwachsene) Personen aus zehn Familien. Die Patriziatsstiftung wurde 1833/35 von 35 Personen aus neun Familien gegründet. Im Jahr 1900 sind nur noch die Schad von Mittelbiberach und die Besserer von Thalfingen mit fünf Personen vertreten.

41 *Bernd Breitenbuch*: Ulmer Privatbibliotheken vom 17. bis zum 19. Jahrhundert. Ulm 1991, 37.

Politische Identitäten des Ulmer Patriziats
Zwischen dem Ende der reichsstädtischen Epoche und dem Neubeginn im Kurfürstentum Bayern

Simon Palaoro

Ansicht der Reichsstadt Ulm von Norden.
Kupferstich von Christoph Friderich Hörmann de Gutenberg, um 1760. Privatbesitz.

Mit der Mediatisierung der Freien Reichsstadt Ulm endete für das Ulmer Patriziat im Herbst 1802 eine jahrhundertelange Epoche. Seit dem 14. Jahrhundert waren die Geschlechter im Rat der Stadt vertreten, seit 1558 garantierte ihnen eine vom Kaiser erlassene Verfassung eine nahezu uneingeschränkte Macht im städtischen Senat. In diesem Beitrag soll die politische Identität des Ulmer Patriziats vor dem Hintergrund eines fundamentalen politischen Wandels untersucht werden. Die leitende Fragestellung lautet: Wie verhält sich eine politisch und sozial kohärente Gruppe während eines abrupten Herrschaftswechsels? Verändern sich politische Identitäten, oder behalten diese ihre sinnstiftende Wirkung? Dabei soll es hier nicht um die in der gegenwärtigen Forschung häufig gestellte Frage nach dem „Oben-Bleiben" adliger Gruppen gehen. Vielmehr soll anhand einer historischen Untersuchung die immer wieder aktuelle Frage behandelt werden: Wie agieren soziale Gruppen in Zeiten fundamentalen politischen Wandels?

Politische Identität wird hier definiert als die Bezugnahme einer sozialen Gruppe auf politische Ereignisse und Vorstellungen, die in der Vergangenheit begründet wurden, in der Gegenwart umgesetzt und in der Zukunft eingelöst werden

Ulmer Schwörtag, bei dem auf dem Balkon des Schwörhauses die Verfassungsurkunde vorgelesen und der neue Bürgermeister vereidigt wurde. Kol. Radierung von Rudolf Ellenrieder um 1823 nach einer Gouache von Jonas Arnold, 1650. Stadtarchiv Ulm.

sollen[1]. Durch diese Geschichtsbilder und einen gruppenspezifischen Habitus entwickeln die Mitglieder ein Selbstbild, ein Selbstverständnis und eine politische Identität.

GRUNDLAGE DER POLITISCHEN AUSEINANDERSETZUNG: DIE REICHSSTÄDTISCHE VERFASSUNG

Im Kleinen Schwörbrief von 1345 hatten die in 17 Zünften organisierten Handel- und Gewerbetreibenden eine Beteiligung am Ulmer Stadtregiment erreicht. Mit dem Großen Schwörbrief aus dem Jahr 1397 wurde das Übergewicht der Zünfte im großen und kleinen Rat festgeschrieben[2]. Nachdem sich die Stadt 1530/31 zur Reformation bekannt hatte, trat sie dem Schmalkaldischen Bund, jenem Verteidigungsbündnis der protestantischen Reichsstände und Fürsten gegen das Reich und den katholischen Kaiser Karl V. bei[3]. Nach einem Separatfrieden der Stadt Ulm mit dem Kaiser (1546) und der militärischen Niederlage des Bundes (1547) musste sich die Stadt dem Reichsoberhaupt unterwerfen. Der von der zünftischen Bürgerschaft angeführte Rat fiel in Ungnade. Der Große Schwörbrief wurde aufgehoben, der Rat abgesetzt. Ein neues, aristokratisch dominiertes Stadtregiment wurde an dessen Stelle gesetzt, um die politische Macht in den Händen weniger kaisertreuer Patrizierfamilien zu konzentrieren[4].

Nachdem sich die Stadt im sogenannten Fürstenkrieg[5] des Jahres 1552 dem Kaiser gegenüber loyal verhalten hatte, bestätigte dieser 17 Ulmer Patrizierfamilien den erblichen Adel[6]. Bernd Schlaier hebt zu Recht hervor, dass dadurch nicht nur das aristokratisch-obrigkeitliche Prinzip gegen bürgerliche Einflüsse gestärkt, sondern auch und vor allem das Patriziat dem Kaiser zu Treue verpflichtet werden sollte[7]. 1558 wurde schließlich auf Grundlage dieser oktroyierten Magistratsverfassung ein neuer Schwörbrief verfaßt: Die politischen Gewichte hatten sich von den Zünften auf die Geschlechter verlagert, das aktive Wahlrecht lag ausschließlich bei den Ratsherren. Einzige Ausnahme in der rigorosen Beschränkung der politischen Mitsprache der Bürgerschaft war ein aus dem Grundvertrag von 1397 übernommener Passus, der der Bürgerschaft politische Mitsprache einräumte, falls „starcke, hefftige, fuertreffliche, groß und hochwichtige Sachen fuerfielen, die E.E. Rath fuer sich selbst nicht verrichten koennten, die sollen allzeit mit einer gantzen Erbaren Gemeind von Burgern, auch Gewerb und Handwerckern, nottuerfftigem und billichem vorwißen und willen abgehandelt und geschloßen werden"[8]. Dieser Passus war innerhalb der Stadt hinreichend bekannt, da der Schwörbrief jährlich am Wahltag im August öffentlich vorgelesen wurde. Auf diesen Passus, auf die „hochwichtigen Sachen", stützte sich die Bürgerschaft im Kampf um politische Mitbestimmung. Für sie kristallisierte sich hierin ihr politisches Mitspracherecht, ihre politischen Hoffnungen und ihr Glaube an die reichsstädtische Verfassung. Der Kampf um die exakte Bestimmung dieser „hochwichtigen Sachen" war der Kampf um ein festgeschriebenes Recht auf Partizipation. Denn solange diese in der definitorischen Schwebe blieben, so lange konnte sich die Bürgerschaft im konkreten Fall nicht darauf berufen. Im späten 18. Jahrhundert sollte sich wieder ein Konflikt darüber ergeben, was denn unter diesen „hochwichtigen Sachen" zu verstehen sei.

INNERSTÄDTISCHE KONFLIKTE IN DEN LETZTEN JAHREN DER REICHSSTADT

In den letzten Jahrzehnten vor der Mediatisierung kam es in Ulm zu heftig geführten Auseinandersetzungen zwischen zünftischer Bürgerschaft und patrizisch dominiertem Ratsregiment. Diese Auseinandersetzungen fanden ihre Höhepunkte in zwei Bürgerprozessen. Im ersten Bürgerprozeß von 1778 bis 1787 entzündeten sich die Konflikte zwischen Rat und Bürgerschaft an der städtischen Finanzmisere und endeten in einem wenig Klarheit bringenden Vergleich: Der Magistrat wurde vom Reichshofrat in Wien verpflichtet, vor Veräußerungen städtischen Besitzes und Veränderungen des Steuerfußes mit der Bürgerschaft in Verhandlungen zu treten. Die zentrale Forderung der Bürgerschaft nach einer Definition der im Schwörbrief erwähnten „hochwichtigen Sachen" fand dagegen in Wien keinen Rückhalt[9].

Im zweiten Bürgerprozeß (1794 – 1802) klangen zunächst vergleichbare Forderungen von seiten der Bürgeropposition an: Es ging wiederum um die Beteiligung an politischen Entscheidungen, hauptsächlich in finanziellen Angelegenheiten. Auslösender Faktor des zweiten Bürgerprozesses war der sogenannte Kanonen-Arrest vom August 1794. Der Herzog von Württemberg hatte als ausschreibender Fürst des Schwäbischen Kreises fünf Kanonen aus Ulm angefordert: Sie sollten der Sicherung der Reichsgrenze gegen die französischen Revolutionstruppen dienen. Durch eine unglückliche Informationspolitik des Rats wurde die Bürgerschaft nicht rechtzeitig über den Abtransport informiert. Darüber hinaus ließ der Rat die Kanonen nachts abtransportieren, um keine Aufmerksamkeit zu erregen[10]. Einige Bürger mißdeuteten den Abtransport der Kanonen als Verkauf und sahen sich ihren ohnehin bescheidenen Rechten auf Mitbestimmung bei Verkäufen städtischen Eigentums beraubt.

Die große Mehrheit der in den Zünften organisierten Bürgerschaft wählte Ende August 1794 einen Bürgerausschuß und formulierte ihre Beschwerden: Sie sei von der Wahl des Magistrats gänzlich ausgeschlossen. Ratsstellen seien käuflich und einige Zünfte hätten seit Jahren keinen eigenen Ratsherrn mehr gestellt. Darüber hinaus klagte sie gegen Nepotismus und die Aufnahme „untauglicher Mitglieder" in den Rat[11]. Der Magistrat wich allen Forderungen aus und klagte vor dem Reichshofrat gegen die Bürgerschaft. Im

November 1794 kassierte der Reichshofrat den Bürgerausschuß, ließ aber schon im Sommer 1795 eine erneute – diesmal notariell beglaubigte – Wahl zu. Die 21 Zünfte wählten aus ihren Reihen Deputierte und bevollmächtigten diese zur Wahrung ihrer Interessen gegen den Rat[12]. Diese bürgerlichen Deputierten bildeten den bürgerlichen Ausschuß. Der Konflikt wurde in der Folge ständig vom Reichshofrat begleitet und zog sich schließlich bis ins Jahr 1802 hin, als die Stadt mediatisiert wurde. Mit dem Verlust des reichsstädtischen Status war der noch unentschiedene Prozeß obsolet geworden.

DIE MEDIATISIERUNG DER REICHSSTADT ULM DURCH DAS KURFÜRSTENTUM BAYERN

Im Friedensvertrag von Lunéville wurde 1801 die Abtretung des linken Rheinufers an Frankreich und gleichzeitig die Entschädigung der erblichen Fürsten „aus dem Schoß des besagten Reichs"[13] festgeschrieben. Noch während die Reichsstädte des schwäbischen Kreises im Sommer 1802 im Ulmer Städtetag „eine letzte Manifestation korporativen Selbstverständnisses"[14] abgaben, unterzeichnete Kurfürst Max IV. Joseph von Kurbayern am 23. August 1802 ein Schreiben an Bürgermeister und Rat der Reichsstadt Ulm: Darin wurde die Obrigkeit über die geplante Inbesitznahme der Stadt informiert. Am 3. September 1802 rückten bayerische Truppen in Ulm ein. Reichsrechtlich gestützt wurde die Mediatisierung auf den Reichsdeputationshauptschluss, der am 27. April 1803 formell in Kraft trat[15]. Am 29. November 1802 wurde die Stadt formell bayerisch. Der Magistrat und die städtischen Bediensteten wurden auf den neuen Landesherrn vereidigt, aus reichsstädtischen Bürgern wurden bayerische Untertanen[16]. Am Tag zuvor hatten der bayerische Kurfürst und sein erster Minister Montgelas ein Besitzergreifungspatent unterzeichnet: Der Magistrat, Beamte, Militär und alle Einwohner, „wessen Standes, Würde, oder Wesen sie seyn mögen", wurden verpflichtet, ihren „rechtmäßigen und einzigen" Landesherrn anzuerkennen. Im Gegenzug versprach das Dokument den Untertanen „Landesväterliche Huld und Gnade". Im selben Atemzug wurde verordnet, dass die Regierungsgeschäfte nicht unterbrochen und „sämmtliche Collegien, Aemter, und sonstige Obrigkeitliche Stellen in ihrem dermaligen Bestande"[17] fortgeführt werden sollten. Für die Zeit des Interims blieb die reichsstädtische Organisation und Elite erhalten, allerdings unter dem Vorbehalt, in naher Zukunft einem Verwaltungsrat den Platz zu räumen[18].

POLITISCHE IDENTITÄT DES ULMER PATRIZIATS IN REICHSSTÄDTISCHER ZEIT

Woraus bezog das reichsstädtische Patriziat seine politische Identität und sein politisches Selbstverständnis? Wie verhielt man sich in politischen Auseinandersetzungen und wie wurde argumentiert? Das Patriziat lebte Geschichte. Worin sich dieser „politische Anachronismus"[19] ausdrücken konnte, belegt eine Bemerkung des späteren Kaisers Leopold II., wonach dieser bei der Krönung seines älteren Bruders Joseph II. zum Römischen König 1764 seine ganze Philosophie nötig gehabt habe, „um beim Anblick der berittenen Vertreter der freien Reichsstädte nicht in helles Lachen auszubrechen"[20].

Habitus und Selbstverständnis

Seine soziale Identität bezog das Ulmer Patriziat aus sozialer Differenzierung und gruppenspezifischem Habitus. Seit Kaiser Karl V. nach dem Schmalkaldischen Krieg 17 Ulmer Patrizier in den erblichen Adelsstand erhoben hatte und ihnen gleichzeitig die Dominanz im Magistrat zugesprochen hatte, verstand sich das Patriziat als eine von Gott eingesetzte Obrigkeit[21] und trat streng genossenschaftlich auf. Es präsentierte sich als Kollegium, die Ratsherren selbst agierten in politischen Konflikten niemals als Einzelpersonen[22].

Aus dieser politischen Struktur ergab sich zwangsläufig eine enge soziale Bindung, an der strikt festgehalten wurde. Anträge auf Neuaufnahme in das Ulmer Patriziat wurden meist abgelehnt. Organisiert war das Patriziat in der „Stubengesellschaft". Sie bezog ihren Namen vom Tagungsort „Obere Stube". Jeder Patrizier hatte dieser Gesellschaft an seinem 18. Geburtstag beizutreten. Deren Satzung aus dem Jahr 1626 schrieb den Mitgliedern einen rigiden Verhaltenskodex vor und legte ausdrücklich fest, dass Patriziersöhne auf ein Ratsamt hin erzogen werden müßten. Da der überwiegende Teil der Patrizier einen Ratssitz innehatte, kann davon ausgegangen werden, dass die Obere Stube inoffizielles Zentrum der Stadtpolitik war[23]. Gegen Ende des 18. Jahrhunderts teilten sich zehn Geschlechter die Senatorenstellen der Freien Reichsstadt Ulm: die Familien Neubronner, Welser, Baldinger, Besserer, Krafft, Schermar, Seutter, Schad von Mittelbiberach, Hailbronner und Wölkern. Diese wenigen Familien stellten nach einem Rotationsprinzip die Senatoren und waren aus familiärem Personalmangel immer wieder mit mehreren Familienmitgliedern im Rat vertreten. So finden sich beispielsweise im Jahr der Mediatisierung unter den 24 patrizischen Ratsmitgliedern je vier Angehörige der Familien Schad, Baldinger und Besserer.

Soziale Differenzierungen zeigten sich vor allem im täglichen Leben der Stadt. Die frühneuzeitliche Ständegesellschaft lebte wie selbstverständlich in Statusvorstellungen: „Jeder Einwohner wuchs von Kindheit auf in sie hinein und erfuhr täglich, wohin er gehörte, wer höher oder niedriger gestellt war"[24]. Anhand der Kleider- und Titulaturordnungen wurden die ständischen Unterschiede festgeschrieben. Jedes Mitglied der Stadtgemeinde war gehalten, Stand und Ehre durch Auftreten, Kleidung und Umgang zu demonstrieren[25]. Die Titulaturordnungen waren ähnlich rigide. Der Berliner Aufklärer Friedrich Nicolai notierte 1781 nach einem Besuch der Stadt: „Der Unterschied zwischen Patriciern und Bürgern, zwischen Ratsherren und Bürgern ist bey allen Vorfällen des Lebens in dieser Republik sehr schneidend. Jeder wird in Gesellschaft nach seinem Rang gesetzt, und wird auch, wenigstens schriftlich, genau nach seinem Range unterschieden und genannt. Die drey Bürgermeister und zwei Alterherren [Ratsältesten] werden Wohlgeborne Herrlichkeiten betitelt, die Ratsherren Hoch- und Wohlweise. Ein Bürger, der ein Handwerksmann ist, ist ein Ehrbarer, ein Kaufmann ein Edler und Vester. Nimmt aber der Sohn eines Ehrbaren oder eines Ehrbaren und Vesten einen akademischen Gradus an, so wird er augenblicklich Hochedelgeboren tituliert, als ob der akademische Gradus etwas an seiner Geburt geändert hätte. Wohlgeboren, ein Prädikat, das im nördlichen Deutschland nunmehr fast jeder Mensch bekommt, der Manschetten trägt, gebührt in Ulm bloß den Patriciern, und wehe dem Unpatricier, der es sich auch nur auf ein Billete wollte geben lassen. Dazu kommt, daß der Bürger in dieser Republik so gar nichts und der Patricier alles ist. Die Söhne der Patricier sehen, wenn sie wollen, den verdientesten Mann ganz über die Achsel an.."[26]

Diese starre Sozialordnung wirkte sich hemmend auf soziale Mobilität und Dynamik aus, gleichzeitig wurde sie auch von anderen tonangebenden Gruppen der Stadt unterstützt. Die Zünfte suchten wirtschaftliche Konkurrenz und den Zuzug von Fremden zu unterbinden. Und für das Patriziat war die rigide Sozialordnung zentrales Motiv reichsstädtischen Wesens: In öffentlichen Vorhalten wurden Bürger und Einwohner ermahnt, dass „jeder seinen ordentlichen beruf abwartet, und sich aus denen Gränzen desselben nicht hinauswage"[27].

Neben einer breiten Stiftertätigkeit[28] engagierten sich viele Patrizier auch in der Lesegesellschaft und der Freimaurerloge. Ziel war, „beide Parteien, die Rats- und die Bürgerpartei in sich [zu] vereinigen"[29]. Dass dieses Ansinnen schwierig zu realisieren war, zeigt ein Schriftstück, welches die Kommunikation zwischen Patriziern und Bürgern veranschaulicht: Nachdem sich im Herbst 1794 zwischen bürgerlichen Deputierten und regierendem Bürgermeister nach Übergabe eines Pro Memoria verbale Entgleisungen abgespielt hatten, sah sich letzterer veranlaßt, ausführlich Stellung zu nehmen. Sechs Bürger traten in Bürgermeister Baldingers Amtszimmer ein. Dieser beschreibt die Szene: „Ich empfing sie nach meiner gewöhnlichen, gütigen, freundlichen und herablassenden Weise"[30]. Nachdem der Bürgermeister formale

Albrecht Friedrich von Baldinger (1679 – 1756), 1734 Regierender Bürgermeister, 1738 Ratsältester. Ölgemälde von Johann Leonhard Schneider, um 1750. Ulmer Museum.

Mängel am übergebenen Pro Memoria festgestellt hat, sagt er: „Was ist das? Ihr bringt mir da Vorwürfe und Verweise und verlangt noch, daß ich sie in eurer Gegenwarth herunterlesen soll? Was heißt das? Wollt ihr so euren Bürgermeister mißhandeln?" Worüber sie [die Abgesandten der Bürgerschaft] sehr betrofen waren und sich nicht gleich zu fassen schienen. Ich sagte sofort: „Das ist ein verfluchter Wischer, i.e. Verweis, vor mich, den ich nicht verdient habe". Nun lenkte ich wieder in den vorigen sanften Ton ein, und sagte: „Was habe ich mich also verfehlt, daß Herr Syndicus und die Repraesentanten der semtlichen Zünfte sich ermächtiget glauben könnten, mir, dem regierenden Bürgermeister, dem sie Treue und Gehorsam geschworen, durch 6 Deputirte ein höchst beleidigendes und unförmliches Verweis-Pro Memoria zu schicken"[31]. Diese Quelle zeigt in Ton und Wortwahl deutlich das magistratische Selbstverständnis, das den Standesunterschied und die politische Funktion als Elite unterstreicht.

Geschichtsbilder des Ulmer Patriziats

Das Patriziat bezog seine historische Identität aus zwei Geschichtsbildern, zum einen aus der 1558 geänderten Ulmer Verfassung, die den Geschlechtern Herrschaft, Macht und Auskommen sicherte, und zum anderen aus dem republikanischen Vorbild des antiken Rom.

In einem gedruckten Vorhalt von 1794 erklärte der Magistrat seine grundsätzliche Haltung zur reichsstädtischen Verfassung und zu politischer Mitbestimmung seitens der Bürgerschaft: „Der Schwörbrief vom Jahr 1558 ist der Grundvertrag, worauf die hiesige Verfassung ruhet, und Einem Hochedlen Rath so sehr heilig, als er es nur immer der geliebten Bürgerschaft seyn kann. Hochdemselben [Magistrat] ist aber keine Stelle dieses Grundgesetzes bekannt, welche in einem Falle, wie der gegenwärtige ist, eine Rücksprache zwischen Rath und Bürgerschaft zur Nothwendigkeit machte."[32] Der Grundvertrag von 1558 war konstitutives Element patrizischer Argumentation, was darauf hindeutet, dass schon zu Beginn der Auseinandersetzungen im Jahr 1794 dessen Position abgesteckt war: Dieser Absatz aus einem offiziellen Vorhalt impliziert schon in der Wortwahl eine Unveränderlichkeit der Verfassung. Der Schwörbrief von 1558 galt aus einer Binnen- und Außenperspektive als „heilig". Die Binnenperspektive zeigte sich im jährlich stattfindenden Schwurakt zwischen Bürgerschaft und Magistrat. Die Außenperspektive repräsentiert die Willensäußerung des Kaisers, der 1558 diese Verfassungsänderung persönlich einforderte und letztlich auch durchsetzte.

Dieser Grundvertrag war aus patrizischer Sicht vor allem deshalb verbindlich, weil doch die Bürgerschaft selbst jedes Jahr am Schwörtag einen Eid auf die Verfassung leiste[33]. Aber wie verhielt es sich wirklich in diesem Spannungsverhältnis zwischen Verfassungsnorm und Verfassungswirklichkeit? Sowohl das reichsstädtische Juristenkollegium als auch die neuere Forschung standen um 1790 dem Schwurakt kritisch gegenüber: Als politischen Anachronismus qualifizierte das dem Magistrat unterstellte Juristenkollegium im Jahr 1795 den Schwurakt: „denn auch durch Millionen Eide, die ohnehin, wie alle dergleichen Eide, von den allermeisten leider leichtsinnig genug geschworen werden, durch Millionen Eide, sagen wir, kann die Bürgerschaft das Recht nicht verloren haben, ihre hohe Obrigkeit um weise und billige Abänderungen einer Constitution zu bitten, von welcher sie (da sich doch nach 250 Jahren Umstände, Einsichten und Sitten sehr geändert haben) der festen Überzeugung ist, daß sie der Billigkeit und den Zeiten nicht anpasse."[34] Die Mehrzahl der Bürger, so die Überzeugung der städtischen Juristen, würde den Eid auf die Verfassung „leichtsinnig" schwören. Daher seien diese symbolischen Eide juristisch nicht relevant. Dieser Befund eines „leichtsinnigen" Schwörens am Schwörmontag wird in der neueren Forschung bestätigt: Wolf-Henning Petershagen hat in seiner Dissertation gezeigt, dass sich der Ulmer Schwörtag zwischen 1558 und 1800 fundamental gewandelt hatte. Zum Ende der reichsstädtischen Zeit hatte er sich zu einem profanen Fest in der protestantischen Stadt entwickelt, „das Elemente anderer Volksfeste in sich vereinigte, nachdem [...] Feste mit ursprünglich religiösem Kern wie die Fastnacht ausgemerzt, oder, wie die Kirchweih, ihrer Lustbarkeiten entblößt und auf rein christliche Erbauungsübungen reduziert worden waren"[35]. Petershagen kommt daher zu einem ähnlichen Ergebnis wie das Juristenkollegium in reichsstädtischer Zeit: Der Schwörtag war das einzige große profane Fest, das dem Ulmer Stadtvolk verblieben war. Dem Schwurakt wurde von vielen kaum mehr politische Bedeutung zugemessen. Dennoch blieb dieses Ritual für das Patriziat bis zum Ende der reichsstädtischen Zeit ein zentrales politisches Moment der Demonstration und Festigung der eigenen Machtposition[36].

Das reichsstädtische Patriziat sah sich selbst in einer republikanischen Tradition. Die Obrigkeit repräsentierte sich intensiv mit nach dem Vorbild der Antike gestalteten Dokumenten, Medaillen, Münzen, Ikonographien an Rathäusern, Ratskalendern und weiteren entsprechenden repräsentativen Darstellungen der Reichsstadt[37]. In zahlreichen obrigkeitlichen und patrizischen Darstellungen wird die Republik als Moment der politischen Identität dieses Standes bemüht. Die Begriffe Reichsstadt und Republik wurden nahezu synonym verwendet[38]. Die Reichsstadt Ulm ließ im Jahre 1704 zur feierlichen Erinnerung an ihre wiedergewonnene reichsstädtische Freiheit[39] mehrere Gedenkmedaillen mit antiken Motiven drucken: „Moneta Argenta Republicae Ulmensis" (Silbermünze der Ulmischen Republik). Auch die Münzinschrift „Reip[ublicae] Ulm[ensis]" ist auf mehreren Ulmer Münzen vom 16. bis ins 18. Jahrhundert zu finden[40]. Neben der Ikonographie am Ulmer Rathaus[41] weist vor allem der Ulmer Ratskalender antikisierende Bezüge auf, vor allem zur römischen Respublica.

Im Kopfbild thront zentral die weibliche Personifikation Ulms mit Stadtmauerkrone. In der rechten Hand hält sie einen Schild, in dem das Ulmer Stadtwappen und die Inschrift „Pro Deo et Caesare" (Für Gott und Kaiser) abgebildet sind. In der Linken ist eine mit Lorbeer und Schriftband – „Et poenis praemiis iustis" (Und mit gerechten Strafen und Auszeichnungen) umwickelte Axt als Szepter nach Art des römischen Liktorenbündels erkennbar. Über der weiblichen Allegorie Ulms schwebt der gekrönte Reichsadler mit Reichsinsignien, umschlungen vom Schriftband „Sub hujus laetior Alis" (Glücklicher unter dessen Flügeln). Die Personifikation Ulms wird von mehreren Figuren eingerahmt. Links findet sich der römische Kriegsgott Mars in Rüstung mit Waffen, ihm zur Seite die Allegorie der Weisheit mit Helm, Zirkel und Lineal; daneben der römische Gott Merkur mit geflügeltem Helm und Heroldsstab sowie

Kopfbild des Ulmer Ratskalenders auf das Jahr 1802. Kupferstich von Jacob Andreas Friedrich nach Johann Wolfgang Baumgartner. Stadtarchiv Ulm.

mehreren verpackten Warenballen. Zu Füßen der Verkörperung der Stadt sitzen zwei junge männliche Gestalten mit der entrollten Landkarte des Ulmer Territoriums mit der Aufschrift „Descriptio Agri Ulmensis"[43].

Der Ulmer Ratskalender verweist selbstbewusst auf Prosperität und Macht der Stadt, auf Wehrhaftigkeit, Wissenschaft, Handel und Reichtum. Die entrollte Karte zeigt Lage und Ausdehnung des reichsstädtischen Gebiets. An den ikonographischen Kopfteil schließt sich dann der eigentliche Kalender an, eingerahmt von den Wappen der Ulmer Ratsherren[44]. Dieser große Ratskalender wurde zwischen 1757 und 1803 verwendet. Alle veränderlichen Teile wie Kalendarium, Wappen und Namenslisten wurden gesondert gedruckt und nachträglich auf den Kupferstich aufgeklebt[45]. Rats- und Wappenkalender dienten der Repräsentation, der Selbstdarstellung und damit der Zurschaustellung eigener Identität. Typisch für Wappenkalender ist, dass der Auftraggeber ein aus mehreren Personen zusammengesetztes Gremium war, meist eine korporativ verfaßte Institution[46].

DER VERLUST DER REICHS-STÄDTISCHEN FREIHEIT: ULM 1802

Zwei Dokumente, die während der Mediatisierung der Reichsstadt entstanden, zeichnen ein politisches Stimmungsbild: Der bayerische Major Karl Roger von Ribeaupierre unternahm im Auftrag des bayerischen Kurfürsten in den Monaten April bis Mai 1802 eine Reise durch die Reichsstädte, die an Bayern fallen sollten. Sein Bericht zeichnet trotz der Ortsgebundenheit des Verfassers ein realistisches Bild:

„Der Magistrat leidet nicht im mindesten durch die mißliche Lage der Untertanen. Er ist aber so tief in der öffentlichen Meinung gesunken, daß sein Anhang sich nicht einmal auf seine eigenen Familien ausdehnt. Jener Kaufmann, welcher zugleich im Rat sitzt, glaubt, in einem Freistaate zu leben und daß der Handel anderwärts nicht gedeihen könne, daß ohne Reichsstädte auch kein Kaiser sein könne. Seine Stelle im Rat ist ihm eine Spekulation, welche er wie jene im Comptoir nach Prozenten würdigt. Der übrige Handelsstand hofft, seine Verhältnisse zu erweitern, wenn Ulm bayerisch wird. Nur dürfte die Donau nicht zur Grenze genommen werden. Der Bürger stimmt ganz für Bayern, und kann den Augenblick kaum erwarten, seines Magistrates und der kaiserlichen Werbung[47] entledigt zu sein. Der Bauer spricht: ‚Schlimmer als die Gegenwart kann nichts erfolgen.' Alle Stände geben Bayern den unbedingtesten Vorzug über Württemberg."[48]

Der ehemalige Syndicus des Bürgerausschusses Leonard Holl schrieb im Jahr 1802: „Ich überzeuge mich alle Tage mehr, daß dem armen südlichen Deutschland keine größere und gründlichere Wohltat als durch Unierung seiner so verschiedenen kleinen Territorien widerfahren könnte. So sehr die Regierungen und Obrigkeiten sich auch dagegen sträuben, so gewiß würde der höchste Landesherr, je nachdem er es angeht […] das Volk ganz auf seiner Seite haben. Ich darf es ohne Schmeicheley und ohne irgendeine Nebenabsicht unterthänig versichern, daß allhier in der Stadt Ulm das Volk im allgemeinen glaubt und wünscht, bayerisch zu werden."[49] Holl argumentiert hier zunächst aus einer wirtschaftlichen Perspektive. Die einzelnen Territorien würden jede wirtschaftliche Entwicklung und Öffnung behindern. Politisch schätzt Holl die Lage treffend ein: Die Obrigkeit würde sich nur widerwillig einem neuen Landesherrn fügen. Bürger und Untertanen dagegen würden eine Änderung des politischen Systems begrüßen, nicht zuletzt aufgrund der Aussicht auf eine Ausweitung der politischen Rechte.

Ende der Geschichte? Geschichtsbilder des Patriziats nach der Mediatisierung

Mit der Mediatisierung verlor das Ulmer Patriziat gleichsam über Nacht alles, was bis dahin seine politische wie soziale Identität ausgemacht hatte. Aus diesem Grund konnte es sich mit dem Verlust der Reichsfreiheit nur schwer anfreunden. Zu eng waren politischer Status, Lebenswelt, Auskommen, Selbstverständnis und Mentalität mit dem Reich, der Reichsstadt und der Magistratsverfassung verbunden gewesen. Zu sehr war deren Identität auf die reichsstädtische Geschichte einerseits und auf die Abgrenzung zu Bürgern und Untertanen andererseits ausgerichtet gewesen. Dennoch stand das Patriziat als ehemalige politische Elite in einem Konflikt: Ein Mittelweg musste gefunden werden zwischen Ablehnung der neuen Verhältnisse und der Möglichkeit, dessen ungeachtet daran politisch zu partizipieren. Eine der wenigen öffentlichen Äußerungen im Jahr 1803 zeigte sich indirekt: Am 14. Januar beschloß der provisorische Magistrat ein Dankfest zum Übergang der Stadt in kurbayerischen Besitz. Der Text ist wenig aussagekräftig: Die Einwohner der Stadt hätten „alle sammt und sonders große Ursache […] dem Höchsten vor allem zu danken, daß wir so glücklich gewesen sind, unter dem Scepter Seiner Churfürstlichen Durchlaucht Maximilian Josef zu Baiern, unsers nunmehrigen gnädigen Fürsten und Landesherrn, versetzet zu werden."[50] Weit sinnfälliger dagegen ist die Vignette, die diesen Beschluss schmückt:

Diese in streng klassizistischem Stil gehaltene Vignette zeigt im Vordergrund höchstwahrscheinlich einen verfallenen Triumphbogen. Die Architektur lehnt sich deutlich an die Antike an. Im Hintergrund ist die Ruine eines Tempels oder einer Kirche zu sehen. Davor stehen klassische Säulen, teilweise mit Statuen auf dem Sockel. Um die verfallenen Säulen und Mauerreste wuchert Gras. In der unteren Mitte des Bildes erkennt man eine junge Frau, die offenbar trauert[51]. Der Magistrat drückte dadurch symbolisch aus, was der Herrschaftswechsel für dieses Gremium bedeutete: Verfall und Trauer charakterisieren das Ende einer historischen Epoche und damit das erzwungene Ende gewachsener historischer Identitäten. Denn diese, soviel wurde schnell deutlich, konnten in Montgelas' aufgeklärtem Staatswesen keine Rolle mehr spielen – weder als Argument in der politischen Auseinandersetzung, noch in ihrer Funktion als soziale Distinktion.

Eine weitere deutliche Aussage stammt von zwei Patriziern der Familie Schad von Mittelbiberach.

Vignette zum Druck des Beschlusses, ein Dankfest zum Übergang der Stadt Ulm an Bayern abzuhalten, 14. Januar 1803. Stadtarchiv Ulm.

Die beiden Brüder bekleideten hohe Ämter in der Stadtverwaltung[52] und wurden 1805 in den Rang eines kurfürstlichen Rates erhoben. In bitterer Nostalgie beklagten sie sich über diesen Titel: Sie selbst waren der Ansicht, sie seien „zu den ausgezeichneten Ämtern der vormaligen Reichsstadt berufen gewesen und würden bei gleichen Verhältnissen bereits unter der Zahl der Geheimen Ratsältesten sich befinden; so aber wären sie den Rentbeamten gleichgestellt, zu denen auch mehrere Individuen aus dem unteren Dienstpersonal der Stadt gewählt worden seien, die, wenn die Verhältnisse nicht geändert worden wären, es nie hätten wagen dürfen, ihren Blick bis zu den Patriziern und des Geheimen Rats-Ältesten zu erheben."[53]

Große Teile des Patriziats definierten sich auch nach der Mediatisierung über das eigene Standesbewusstsein und die damit einhergehenden Titel, Rang und politische Macht. Allerdings nur in der Rückschau. Dass diese Zeit unwiederbringlich verloren war, wurde Bürgern wie Patriziern schnell deutlich: Aus reichsstädtischen Patriziern und Bürgern wurden bayerische Untertanen. Im Juli 1803 wurde der Schwörmontag verboten[54]; der „Senatus Reipublicae Ulmensis" trat am 13. August 1804 zum letzen Mal zusammen. Am folgenden Tag wurde ein Verwaltungsrat mit nur noch neun Mitgliedern eingerichtet. Mit gleichzeitiger Installation eines Stadtgerichts und einer Polizeidirektion wurde die bayerische Munizipalverfassung in Ulm politische Wirklichkeit[55].

Patrizische Kontinuität nach 1802.
Leistungselite oder Übergangslösung?

Aus dem Vergleich der letzten reichsstädtischen Magistrate[56] mit dem Organisationsedikt von 1803[57] geht hervor, dass einer von zwei Bürgermeistern und vier der sieben Verwaltungsräte aus dem Patriziat stammten und schon im reichsstädtischen Magistrat gesessen hatten. Das Patriziat blieb in den Führungspositionen deutlich überrepräsentiert, man achtete auf Kontinuität[58]. Allein die patrizische Familie Schad von Mittelbiberach stellte im Jahr 1804 gleichzeitig einen Bürgermeister, einen Verwaltungsrat, den Stadtrichter und einen Staatsanwalt bei der Oberjustizbehörde. Allerdings trat nach 1802 die Patriziervereinigung „Obere Stubengesellschaft" nicht mehr in Erscheinung[59]. Nach der Mediatisierung und dem Wegfall dieser Grundlage waren auch die politische Omnipotenz, jeder Titel und alle Standesdünkel gegenüber der Bürgerschaft obsolet geworden. Das Patriziat hatte als Stand Reichsgeschichte gelebt und davon materiell wie immateriell profitiert. Folgerichtig ging es mit ihr unter.

Aus den Mitgliedern eines ständischen Kollektivs wurden mit der Mediatisierung Einzelpersonen. Sie konnten sich nicht mehr auf die Geborgenheit der patrizischen „Stubengesellschaft" verlassen. Kleider- und Titularordnungen wurden obsolet. Auch die Ämterlaufbahn, die jedem männlichen Patrizier gleichsam gesetzmäßig eine Position im Magistrat sicherte, verschwand mit dem Jahr 1802. Damit endete eine Epoche, die Menschen aufgrund von Herkommen und Stand in gesellschaftliche Positionen setzte. Und eine neue begann, die Kategorien wie Leistung, Können und Erfahrung an erste Stelle setzte – nicht unmittelbar und keinesfalls konsequent, aber der Paradigmenwechsel war nicht zu übersehen. Mit dem Verlust des Standes eröffnete sich für Mitglieder des Adels die Möglichkeit, die eigene Vita nicht mehr mittels Geschichtsbildern zu definieren, sondern durch Erziehung, Ausbildung und Studium. Zahlreiche Ulmer Patrizier hatten eine Universität besucht und übernahmen nun politische Ämter aufgrund ihrer Ausbildung und Erfahrung. So waren beispielsweise Karl Felizian von Neubronner (geb. 1770), Max Theodosius Freiherr von Welser (geb. 1771) und Johann Albrecht von Baldinger (geb. 1772) auf der Universität in Jena. Welser wurde 1804 Verwaltungsrat, Neubronner übernahm im selben Jahr das Amt des Stadtrichters in Kaufbeuren, wurde danach Stadtgerichtsassessor in Augsburg, später Criminalrat am Unteren Neckar (1812), 1817 und 1818 bekleidete er das Amt des Oberjustizrats zuerst in Ellwangen, dann in Ulm. Johann Jakob von Schad (geb. 1761) hatte in Göttingen Jura studiert, wurde nach der Mediatisierung kurpfalzbayerischer Oberappellationsrat (1803) und danach Oberjustizrat (1805)[60].

Und auch nach dem Übergang der Stadt an das Königreich Württemberg wurden zahlreiche Patrizier in den Stadtmagistrat übernommen. Adolf Benoni von Schad und Ludwig Christoph Karl Leopold von Wölkern wurden 1811 von König Friedrich I. zu Bürgermeistern ernannt. Eine „Wachablösung" (Hans Eugen Specker) bahnte sich hingegen erst an, als sich 1818 der erste bürgerliche Kandidat gegen zwei patrizische Mitbewerber durchsetzen konnte. Der Rechtskonsulent Christoph Leonhard Wolbach[61] wurde 1819 mit großer Mehrheit gegen zwei aus dem Patriziat stammende Konkurrenten in das Amt des Oberbürgermeisters gewählt[62]. Wolbach war bereits 1817 zum Obmann des Bürgerausschusses gewählt worden und konnte infolgedessen innerhalb der Bürgerschaft auf eine breite Zustimmung bauen[63]. Die wahlberechtigte Bevölkerung zeigte sich jedenfalls „wenig beeindruckt von großen Namen oder reichsstädtischen Traditionen"[64].

SCHLUSSBETRACHTUNG: ZUM WANDEL POLITISCHER IDENTITÄTEN DES ULMER PATRIZIATS

Das Ulmer Patriziat hatte in reichsstädtischer Zeit wesentliche Teile seiner politischen und sozialen Identität in die Vergangenheit verlegt. Dieser Rückbezug auf Geschichtsbilder und Rituale – wie sie in der „Oberen Stubengesellschaft" existierten – diente der Selbstvergewisserung, Selbstbehauptung und Abgrenzung in einer Zeit der politischen Unsicherheit und des Wandels. Politische Argumentationslinien des Patriziats endeten stets bei der reichsstädtischen Verfassung aus dem Jahr 1558, die den wenigen Ulmer Geschlechtern die politische Macht sicherte. In Habitus und Selbstverständnis lehnte sich das Patriziat darüber hinaus an die Tradition der altrömischen Republik an. Mit der Mediatisierung der Reichsstadt verlor das Patriziat nicht nur seine politische Legitimation als Stand, sondern auch seine Geschichtsbilder. Eine tiefe Verunsicherung darüber zeigt sich in den Quellen: Patrizische Senatoren konnten sich nur schwerlich mit dem Verlust reichsstädtischer Freiheit und Privilegien abfinden. Allerdings wurden damit aus Gliedern eines streng auf Exklusivität bedachten Kollektivs gleichsam über Nacht Individuen. Und diese fanden ihre gesellschaftliche Position nach 1802 in veränderten Kategorien: Leistung, Ausbildung und Erfahrung ersetzten Stand, Habitus und Herkommen. Zahlreiche Patrizier wurden nach der Mediatisierung in städtische Ämter übernommen. Diese Elitenkontinuität ist einerseits dem Umstand des abrupten Herrschaftswechsels geschuldet – die politischen Geschäfte mussten schließlich weitergeführt werden. Andererseits beruhte diese Kontinuität auch auf dem politisch-administratorischen Erfahrungsschatz, den zahlreiche Patrizier durch Studium und politische Arbeit angesammelt hatten.

Politische Identitäten unterliegen einem stetigen Wandel. Die Dimensionen waren für das Ulmer Patriziat zu groß, als dass es sich umstandslos in die neue Ordnung hätte fügen können. Eine über 500 Jahre gewachsene politische Realität hatte sich mit dem Ende des Alten Reiches aufgelöst. Stand, Ansehen, Ehre und politische Macht waren über Nacht einer oktroyierten Moderne zum Opfer gefallen. So wird die innere Weigerung großer Teile des Patriziats verständlich, die veränderte politische Situation nach 1802 anzuerkennen. Minderprivilegierte stimmen in der Regel einem Herrschaftswechsel eher zu als Mehrprivilegierte. Und die Ulmer Geschlechter waren in höchstem Maße privilegiert. Daher rührte letztlich die innere Weigerung, das Neue anzuerkennen.

Anmerkungen:

1 Einen Überblick zum Begriff der „kollektiven Identität" bietet *Lutz Niethammer*: Kollektive Identität. Reinbek bei Hamburg 2000.
2 *Dorothea Reuter*: Der Große Schwörbrief: Verfassung und Verfassungswirklichkeit in der Reichsstadt des Spätmittelalters (1397 – 1530). In: *Hans-Eugen Specker* (Hg.): Die Ulmer Bürgerschaft auf dem Weg zur Demokratie. Ulm 1997, 119-150, 119.
3 Der Reichstag zu Augsburg hatte 1530 das Wormser Edikt von 1521 erneuert, welches die Reichsacht über Martin Luther enthielt. Zudem sollte jeder, der Luthers Schriften las, erwarb oder druckte, mit Acht und Bann belegt werden. Jeder Widerstand gegen diesen Reichstagsabschied galt als Landfriedensbruch. Vgl.: *Hans Eugen Specker / Gebhard Weig* (Hg.): Die Einführung der Reformation in Ulm. Ulm 1981.
4 Vgl. *Franz Rommel*: Die Reichsstadt Ulm in der Katastrophe des Schmalkaldischen Bundes. Stuttgart 1922.
5 Vgl. *Eberhard Naujoks*: Obrigkeitsgedanke, Zunftverfassung und Reformation. Studien zur Verfassungsgeschichte von Ulm, Eßlingen und Schwäbisch Gmünd. Stuttgart 1958.
6 Vgl. den Beitrag Fieg in diesem Band.
7 *Bernd Schlaier*: Die reichsstädtische Verfassung und ihre Änderung im Zeitalter der Reformation 1530 – 1558. In: *Specker* 1997 (wie Anm. 2), 151-170, 165.
8 *Tobias Ludwig Ulrich Jäger*: Juristisches Magazin für die deutschen Reichsstädte, 6 Bde., Ulm 1790 – 1797. Bd. 2, 336-337.
9 Vgl. Stadtarchiv Ulm (StA), A 3448/2, Nr. 5705.
10 Vgl. StA Ulm, A 3431, 36. Befolgungsbericht an den Kaiser, März 1796, fol. 5vs.
11 StA Ulm, A 3448, 2. Pro Memoria der Bürgerschaft an den Hochlöblichen Magistrat. Diese Forderungen bewegten sich deutlich in einer altständisch politischen Tradition. Vgl. *Heinz Schilling*: Aufbruch und Krise. Deutschland 1517-1648. Berlin 1998, 170.
12 Vgl. *Konrad Lübke*: Die Verfassung der Freien Reichsstadt Ulm am Ende des Alten Reiches. Diss. Jur. Tübingen 1955 (masch.)**,** 160f.
13 Artikel VII des Vertrags von Lunéville, zitiert nach: *Klaus-Peter Schroeder*: Das Alte Reich und seine Städte. Untergang und Neubeginn. Die Mediatisierung der oberdeutschen Reichsstädte im Gefolge des Reichsdeputationshauptschlusses 1802/03. München 1991, 67.
14 *Hans-Eugen* Specker: „Keine größere und gründlichere Wohltat…?" Die Mediatisierung der Reichsstadt Ulm. In: *Volker Himmelein / Hans Ulrich Rudolf* (Hg.): Alte Klöster – Neue Herren. Die Säkularisation im deutschen Südwesten 1803. Bd. 2, 2.Ostfildern 2003, 807-816, 810.
15 Näheres dazu bei *Klaus-Peter Schroeder*: Der Reichsdeputationshauptschluß vom 25.2.1803. In: Juristische Schulung 29 (1989), 351-357.
16 Vgl. *Stefan Dietrich*: Ulms bayerische Zeit 1802 – 1810. In: *Specker* 1997 (wie Anm. 2), 249-275, 254.
17 StA Ulm, A 151. Besitzergreifungspatent des bayerischen Kurfürsten vom 29. November 1802.
18 StA Ulm, A 3449. Bekanntmachung die Organisation der Stadt Ulm betreffend.
19 So Johann Afsprung. Vgl. *Otto Borst*: Geschichts-

bilder und Entwicklungszüge der süddeutschen Reichsstadt in der Frühneuzeit. In: *Ders.*: Babel oder Jerusalem? Sechs Kapitel Stadtgeschichte. Stuttgart 1984, 125-200, 156.
20 Zitiert nach *Otto Borst*: Zur Verfassung und Staatlichkeit oberdeutscher Reichsstädte am Ende des Alten Reiches. In: *Borst* 1984 (wie Anm. 19), 305-353, 315-321.
21 Dieser Begriff war im Schwörbrief von 1558 verankert und wurde in magistratischen Schreiben immer wieder verwendet, vgl.: StA Ulm, A 3421, G 127. Magistratischer Vorhalt vom 20. März 1795, 6.
22 *Borst* 1984 (wie Anm. 19), 321.
23 Vgl. zur Organisation des Patriziats *Lübke* 1955 (wie Anm. 12), 59-65.
24 *Rudolf Vierhaus*: Staaten und Stände. Vom Westfälischen zum Hubertusburger Frieden 1648 – 1763. Frankfurt am Main 1990, 202.
25 *Andreas Baisch*: Die Verfassung im Leben der Stadt 1558 – 1802. In: *Specker* 1997 (wie Anm. 2), 171-248, 199.
26 *Friedrich Nicolai*: Beschreibung einer Reise durch Deutschland und die Schweiz im Jahr 1781. Nebst Bemerkungen über Gelehrsamkeit, Industrie, Religion und Sitten. Bd. 9. Berlin und Stettin 1795, 117.
27 StA Ulm, A 3421, G 127. Magistratischer Vorhalt vom 20. März 1795, 8.
28 Vgl. *Georg Wieland*: Die Integration der Städte in die neuen Staaten. In: *Daniel Hohrath / Gebhard Weig / Michael Wettengel* (Hg.): Das Ende reichsstädtischer Freiheit 1802. Ulm 2002, 56-110, 89.
29 So der aufgeklärte Patrizier Johann Jakob Schad, zitiert nach: *Baisch* 1997 (wie Anm. 25), 233.
30 StA Ulm, A 3425. Schreiben des regierenden Bürgermeisters Baldinger zu den gegen ihn erhobenen Vorwürfen, fol. 1vs.
31 StA Ulm, A 3425. Schreiben des regierenden Bürgermeisters Baldinger zu den gegen ihn erhobenen Vorwürfen vom 19. Oktober 1794, fol. 3-5.
32 StA Ulm, A 3419, a38. Vorhalt des Magistrats an die Bürgerschaft vom 22. Aug. 1794, 5-6.
33 Ebd., 8.
34 Offizial-Anzeige des Collegii juridici an einen Hochlöbl. Magistrat der Rchsstdt. Ulm, vom 5. Januar 1795. In: Der Ulmische Bürger-Freund. Eine Zeitschrift hrsg. vom bürgerlichen Ausschuß, Ulm 1797, 50f.
35 *Wolf-Henning Petershagen*: Schwörpflicht und Volksvergnügen. Zur Verfassungswirklichkeit und städtischen Festkultur in Ulm. Ulm 1999, 261.
36 Der Magistrat erinnerte in der Konfliktsituation die Bürgerschaft immer wieder an den sie bindenden Schwur, vgl. StA Ulm, A 3421, G 127. Magistratischer Vorhalt vom 20. März 1795, 6.
37 Vgl. *Peter Burke*: Augenzeugenschaft. Bilder als historische Quellen. Berlin 2003, 67-90.
38 So auch in offiziellen Briefen und Korrespondenzen. Vgl. *Borst* 1984 (wie Anm. 22), 315.
39 Im Spanischen Erbfolgekrieg (1702 – 1704) stand die Stadt zwei Jahre lang unter bayerischer Herrschaft und lief damit Gefahr, mediatisiert zu werden. *Schroeder* 1991 (wie Anm.16), 8.
40 *Urs Hafner*: Republik im Konflikt. Schwäbische Reichsstädte und bürgerliche Politik in der frühen Neuzeit. Tübingen 2001, 192; *Elisabeth Nau*: Die Münzen und Medaillen der oberschwäbischen Städte. Freiburg 1964, 83ff.; *Manfred Ulmer*: Ulmer Medaillen. Ulm 1990, 7.
41 Eine Zeichnung des Ulmer Rathauses aus dem Jahr 1688 zeigt in der Bildmitte die Abkürzung „S(enatus) P(opulus)Q(ue) V(lmensis)" (Senat und Volk von Ulm). Abgebildet in *Susan Tipton*: Res Publica Bene Ordinata. Regentenspiegel und Bilder vom guten Regiment. Ratshausdekorationen in der Frühen Neuzeit. Hildesheim 1996, 680.
42 Ulmer Ratskalender auf das Jahr 1802: Kupferstich von Johann Wolfgang Baumgartner (1712 – 1761), Typendruck von Jacob Andreas Friedrich (1714 – 1779), beide Augsburg. Kalendarium und Eindrucke von der Druckerei Wagner, Ulm 1802. 84x38,5cm. Stadtarchiv Ulm, G5/1, Nr. 35.
43 Beschreibung nach *Franz Hofmann*: Ruhmesblätter. Barocke Wappenkalender aus Oberschwaben. Tettnang 2003, 112-115.
44 Vgl. *Hohrath / Weig / Wettengel* 2002 (wie Anm. 28), 154-156.
45 Zu Technik und Herstellung vgl. *Hofmann* 2003 (wie Anm. 43), 7-21.
46 Ebd., 8-11.
47 In Ulm befand sich wie in anderen Reichsstädten eine ständige kaiserliche Werbestation für Militärangelegenheiten.
48 Zitiert nach *Hanns Hubert Hofmann*: „…sollen bayerisch werden." Die politische Erkundung des Majors von Ribeaupierre durch Franken und Schwaben im Frühjahr 1802. Kallmünz, o.J., 33.
49 Zitiert nach *Bernhard Zittel*: Die staatsrechtlichen Verhältnisse der Reichsstadt Ulm beim Übergang an Bayern im Jahre 1802/1803. In: Ulm und Oberschwaben 34 (1955), 120-144, 143.
50 StA Ulm, A 3692. Beschluss des provisorischen Magistrats der Stadt Ulm vom 14. Januar 1803, ein Dankfest zum Übergang der Stadt in kurbayerischen Besitz abzuhalten.
51 Vgl. *Elmar Schmitt*: Die Drucke der Wagnerschen Buchdruckerei in Ulm 1677 – 1804. Bd. 2. Konstanz 1984, 236.
52 Heinrich Friedrich Schad von Mittelbiberach war zu dieser Zeit Bürgermeister, sein Bruder Adolph Benoni war Stadtrichter. Vgl. *Josef Rottenkolber*: Die Stadt Ulm unter bayerischer Herrschaft. In: Württembergische Vierteljahreshefte für Landesgeschichte 34 (1928), 257-326, 262f.
53 *Rottenkolber* 1928 (wie Anm. 52), 266.
54 Auch symbolisch wurde der Schwörtag getilgt: Beim Umbau des Schwörhauses in den Jahren 1804 und 1805 wurde der Balkon abgenommen, der dem Bürgermeister als Plattform gedient hatte. Vgl. *Dietrich* 1997 (wie Anm. 19), 258.
55 Vgl. StA Ulm, A 3449. Bekanntmachung die Organisation der Stadt Ulm betreffend.
56 *Leonard Holl*: Über einige bei der Reichstadt Ulmischen Staats-Verfassung vorkommende Hauptmängel und Gebrechen als die erste Quelle und nächste Veranlassung zu denen seit den letzten dreißig Jahren unter der dasigen Bürgerschaft be-

merkten Bewegungen und angebrachten Beschwerden. Ulm 1797, Anhang 6. Darin befindet sich eine Liste mit allen Angehörigen des reichsstädtischen Magistrats des Jahres 1797.

57 Bekanntmachung. Die Organisation der Stadt Ulm betreffend. Abgedruckt in: Ulmer Intelligenzblatt. Sieben- und Dreyssigstes Stück, 10. September 1804. StA Ulm, G5 3.

58 *Hans Eugen Specker*: Die Mediatisierung der Reichsstadt Ulm. In: *Peter Blickle / Andreas Schmauder* (Hg.): Die Mediatisierung der oberschwäbischen Reichsstädte im europäischen Kontext. Epfendorf 2003, 66.

59 *Wieland* 2002 (wie Anm. 28), 89.

60 Zahlreiche Ulmer Biographien wurden zusammengestellt von *Albrecht Weyermann*: Neue historisch-biographisch-artistische Nachrichten von Gelehrten und Künstlern, auch alten und neuen adelichen und bürgerlichen Familien aus der vormaligen Reichsstadt Ulm. Ulm 1829. Zu den oben aufgeführten Patrizischen Biographien vgl. *Specker* 2003 (wie Anm. 58), 59-66.

61 Kurzbiographien, Nachrufe, Zeitungsartikel und einige Schriften Wolbachs sind vorhanden in StA Ulm, Personendokumentation G2 a, Wolbach.

62 Das Wahlergebnis im einzelnen (in abgegebenen Stimmen): Wolbach, Christoph Leonard: 956; von Wölkern, Christoph Ludwig Karl Leopold: 425; von Schad, Franz Daniel: 419. Die Wahlergebnisse der Ulmer Schultheißwahlen 1819 – 1891 sind abgedruckt in *Raimund Waibel*: Stadt und Verwaltung: Das Bild des Ulmer Gemeinwesens im 19. Jahrhundert. In: *Hans-Eugen Specker* (Hg.): Ulm im 19. Jahrhundert. Ulm 1990, 279-354, 321.

63 *Ders.* (wie Anm. 62), 316f.

64 *Ders.* (wie Anm. 69), 316.

Das Ravensburger Patriziat 1750 – 1818
NIEDERGANG UND ENDE EINES PRIVILEGIERTEN STANDES

Alfred Lutz

Die aus ehemaligen staufischen Ministerialen und Großkaufleuten bestehende Oberschicht – genannt „meliores" (die Besseren), der Begriff Patrizier setzte sich erst später durch – besetzte in Ravensburg bis ins 14. Jahrhundert hinein allein die Positionen im Rat und Gericht, wählte den Ammann und besaß Einfluss auf die städtische Politik[1]. Nicht zuletzt die starke Bevölkerungszunahme der Reichsstadt nach etwa 1320 führte dann zu Auseinandersetzungen breiter Kreise der Stadtbevölkerung, vor allem der Handwerker, mit der bislang allein tonangebenden Oberschicht des Stadtadels und der Fernkaufleute. Der Konflikt endete 1346/48 mit Erfolgen der Handwerker: Die Zünfte wurden verfassungsrechtlich anerkannt und erlangten dominierenden Einfluss bei der Wahl der Mitglieder des städtischen Rats und des Stadtgerichts; ihre Repräsentanten, die Zunftmeister, saßen fortan kraft ihres Amtes in den beiden Gremien; nicht zuletzt aber wurde der bislang dem Rat präsidierende, einflussreiche Ammann auf den Vorsitz im Stadtgericht beschränkt, während der nun machtvolle Bürgermeister – dieses neue Amt war um 1330 entstanden – an die Spitze der Gemeinde trat. 1348 wurde erstmals ein Zunfthandwerker Bürgermeister.

Diese neue „Zunftverfassung" blieb in Ravensburg bis in die Mitte des 16. Jahrhunderts bestimmend. Die Verfassungsrealität in der Reichsstadt war allerdings, „dass nichts gegen die Handwerkerzünfte beschlossen werden konnte, andererseits die aktive Machtausübung aber doch vorwiegend

Ravensburg von Nordosten. Kupferstich von J. A. Friedrich nach Andreas Stoß, 1760. Stadtarchiv Ravensburg.

in den Händen einer patrizischen Oberschicht blieb, die allerdings nicht scharf nach unten abgeschlossen war, sondern sozialen Aufsteigern offenstand"[2]. Der von den Handwerkern erreichte sogenannte Zunftzwang – mit wenigen Ausnahmen mussten sich nun alle Bürger, jeder Handwerker und Kaufmann, in einer Korporation organisieren – veranlasste offenbar auch die führenden Ravensburger Familien, sich in der erstmals 1397 erwähnten patrizischen „Gesellschaft zum Esel" – sie zählte zu diesem Zeitpunkt mehr als 60 Mitglieder – zusammenzuschließen. Nicht zuletzt der Niedergang und die Auflösung der „Großen Ravensburger Handelsgesellschaft" im Jahr 1530, in der patrizische Familien wie die Humpis, Mötteli, Muntprat, Neidegg, Ankenreute und andere eine zentrale Rolle gespielt hatten, aber auch die spät, 1544/45 eingeführte Reformation und andere politische Umbrüche jener Zeit, ließen zahlreiche Patrizier mit ihrem Kapital aus der Stadt abwandern, die fortan das Leben von Landadeligen führten. Die von Kaiser Karl V. 1551 oktroyierte Verfassungsänderung beschnitt den politischen Einfluss der von ihm als Trägerschicht der Reformation angesehenen Handwerkerzünfte stark zugunsten des mehrheitlich katholischen Patriziats, so dass nun in der Reichsstadt bis zu ihrer Mediatisierung ein „patrizisch-oligarchisches Regiment"[3] herrschte.

Der Dreißigjährige Krieg mit seinen Folgen schließlich bedeutete für das Patriziat noch einmal einen starken Aderlass, da einige Familien ausstarben, andere die Stadt verließen; 1660 gab es nur noch fünf, 1731 immerhin wieder zwölf, 1804 noch neun Patrizierfamilien in der Stadt[4]. Die Aufnahme in das Ravensburger Patriziat und damit in die „Gesellschaft zum Esel" erfolgte in dem hier zu behandelnden Zeitraum nicht mehr wie noch bis in das 16. Jahrhundert hinein wegen eines vor allem durch Handelstätigkeit erworbenen bedeutenden Vermögens, sondern aufgrund des Erwerbs eines Adelsdiploms beim Kaiser[5] und daneben oftmals auch aufgrund einer mehr oder minder erfolgreichen juristischen Laufbahn. Die im 18. Jahrhundert auch in Ravensburg größer werdende Gruppe der „neupatrizischen Fachbeamten"[6] war das Resultat einer zunehmenden Bürokratisierung der reichsstädtischen Verwaltung.

Mitglied im Patriziat und damit in der „Gesellschaft zum Esel" konnte nicht werden, wer „bei offenem Markt und Laden Krämerey"[7] trieb; damit setzte man in Abgrenzung zur aufstrebenden nichtpatrizischen Kaufmannschaft eine standesgemäße Lebensweise voraus, die zumindest eine Tätigkeit im Detailhandel ausschloss. Bei der Aufnahme neuer Mitglieder hatte das Patriziat auch immer das Erfordernis im Blick zu behalten, die ihm zustehenden prominenten Rats- und Verwaltungsstellen aufgrund der konfessionellen Parität mit geeigneten Katholiken und Protestanten zu besetzen. Das Ravensburger Patriziat war in der zweiten Hälfte des 18. Jahrhunderts eine zwar noch immer einflussreiche, aber – trotz der 17 Neuaufnahmen zwischen 1750 und 1786 – doch kleiner werdende Gruppe. Die verhältnismäßig geringe Zahl von Nachkommen, das Aussterben und die Abwanderung einiger Familien – nicht zuletzt an umliegende Höfe – und manchmal auch das Desinteresse nachgeborener Söhne waren in Ravensburg wie in zahlreichen anderen Städten ein gravierendes Problem für das Patriziat[8]. Die aufstrebende selbstbewusste, zumeist protestantische Kaufmannschaft zeigte in Ravensburg, obwohl die finanziellen Voraussetzungen hierzu gegeben gewesen wären, keine Bereitschaft, Adelsbriefe zu erwerben und ein standesgemäß-patrizisches Leben zu führen. Sie war teils in der Schneiderzunft, teils aber auch in der „Ballengesellschaft", einer erstmals 1425 erwähnten exklusiven, sozial zwischen der patrizischen „Gesellschaft zum Esel" und den Zünften verorteten Korporation, organisiert[9]. Im Gegensatz zum Patriziat hatten die Mitglieder der „Ballengesellschaft", die 1796 zum Beispiel 24 mit einer Ausnahme allesamt evangelische Mitglieder zählte[10], keine garantierten Ansprüche auf Ratssitze und Spitzenämter in der städtischen Verwaltung.

POLITISCHE VORRECHTE UND PRIVILEGIEN DES PATRIZIATS IM 18. JAHRHUNDERT

Die Vorrechte der Patrizier bei der Besetzung der verfassungspolitischen Institutionen der Reichsstadt, der Stellen in Rat und Gericht sowie der kommunalen Spitzenämter, waren in der Karolinischen Ratswahlordnung von 1551, die an die Stelle der Zunftverfassung des 14. Jahrhunderts getreten war, und schließlich im Lindauer Rezess von 1649 reichsrechtlich verankert worden. Von den 16 Mitgliedern des Rats (Magistrats), dem zentralen Organ für die Gesetzgebung, Verwaltung und Rechtsprechung, sollten letzterer Verfassungsänderung zufolge mindestens acht aus den Reihen der Patrizier stammen. Die Ämter des Bürgermeisters und Stadtammanns (Gerichtspräsident) waren den Patriziern vorbehalten, was nach einigen Anlaufproblemen in der zweiten Hälfte des 17. Jahrhunderts dann bis zum Ende der reichsstädtischen Zeit 1802 bzw. bis zur Neuorganisation der Stadtverwaltung unter bayerischer Landesherrschaft 1804 auch fast immer durchgehalten wurde. Bei der Besetzung der städtischen Ämter wurde streng auf die Einhaltung der konfessionellen Parität zwischen Katholiken und Protestanten geachtet. Der Rat (Magistrat) bestand aus gleich vielen katholischen und evangelischen Mitgliedern, ebenso das Stadtgericht und der Große Rat, dessen Kompetenzen jedoch sehr begrenzt waren. Im Rat saßen zwei Bürgermeister und zwei Stadtammänner, aus Gründen der Parität jeweils ein Katholik und ein Protestant, die sich alle vier Monate im Amt abwechselten. Zudem war ein Modus festgelegt worden, nach dem zum Beispiel ein Katholik das Amt des Stadtammanns bekleidete, falls der Bürgermeister Protestant war, und umgekehrt.

Die Ratsmitglieder nahmen in streng festgelegter Reihenfolge auf zwei Bänken zu je acht Sitzen Platz. Auf der ersten, als vornehmer geltenden Bank saßen die patrizischen, mit dem Titel „Junker", auf der zweiten die bürgerlichen, als „Herren" bezeichneten Ratsmitglieder. Auch die wichtigen Ämter des Kanzleiverwalters und Stadtsyn-

In vollem Bewusstein der Würde und Bedeutung seines Amtes: Der Patrizier Franz Balthasar von Merz (1715 – 1788) war von 1743 bis 1750 Stadtammann und seitdem bis zu seinem Tode 1788 Bürgermeister der Reichsstadt Ravensburg; jahrzehntelang war er der reichste Patrizier der Stadt. Portrait um 1750/60, Öl auf Leinwand, Privatbesitz.

dikus wurden 1752 bis 1771 bzw. 1782 bis 1802 sowie 1753 bis 1782 von Patriziern wahrgenommen, die somit weitere Schlüsselpositionen besetzen konnten[11].

Anfang des 18. Jahrhunderts ging es bei der Besetzung der kommunalen Ämter kaum einmal ohne Konflikte ab: „Eine Gährung um die andere, ein Streit um den anderen"[12] war die Folge. Während der Zeit des Spanischen Erbfolgekrieges, der mit

Das Ravensburger Patriziat

Holztafel mit den Namen und Wappen der Patrizier, die zwischen 1741 und 1786 Mitglied in der „Gesellschaft zum Esel" waren. Soweit die Patrizier in dem genannten Zeitraum verheiratet waren, ist im jeweiligen Feld links oben das Familienwappen der Ehefrau aufgemalt. Teilweise ist auch das Datum der Aufnahme in die Patriziergesellschaft vermerkt. In der linken Hälfte sind oben die Wappen der Äbte der beiden Ravensburg benachbarten Reichsklöster Weingarten und Weißenau zu sehen. Der festliche Besuch der beiden Äbte im Haus der „Gesellschaft zum Esel" am 6. November 1741 war Anlass, diese neue Wappentafel zu bemalen. Einst war sie im Gesellschaftshaus aufgehängt. Im Besitz der Stadt Ravensburg.

einer akuten Finanzkrise der Stadt zusammenfiel, flammten verschiedene Verfassungsstreitigkeiten auf. Die Kritik an den Missständen in der von Patriziern geleiteten Finanzverwaltung weitete sich schließlich zu einem Streit um die Zusammensetzung des Rates insgesamt aus[13]. Zwischen 1705 und 1719 waren die Ansprüche auf die patrizischen Ratsstellen der Protestanten stark umstrit-

ten, vor allem wegen zu enger Verwandtschaft der Mitglieder und potentieller Bewerber. Es war ja vor allem ein Problem der Protestanten, die ihnen zustehenden patrizischen Ratssitze zu besetzen, war doch die Mitgliederzahl der „Gesellschaft zum Esel" nach dem Dreißigjährigen Krieg stark zurückgegangen. 1676 gab es nur noch sechs Patrizier in der Stadt, von denen überdies die Mehrzahl katholisch war. 1720 zum Beispiel zählte die „Gesellschaft zum Esel" immerhin wieder zwölf, 1740 sogar 15 Mitglieder[14].

Erst nach vielen Streitigkeiten war es zu Anfang des 18. Jahrhunderts gelungen, die den Patriziern zustehenden acht Ratssitze komplett zu besetzen. Auch in den folgenden Jahrzehnten vermochte das Patriziat nicht immer alle ihm zustehenden Sitze zu halten, so dass Bürgerliche die vakanten Stellen besetzen konnten. Eine schwere Niederlage hatten die Patrizier zu verzeichnen, als eine kaiserliche Kommission 1719/20 angesichts der Finanzkrise der Stadt die Zusammenlegung der kommunalen Kassen in einem neu zu schaffenden Rentamt anordnete. Unter dem Druck der bürgerlichen Mitglieder in Rat, Gericht und Großem Rat, die den patrizischen Verantwortlichen die Schuld an der Finanzmisere gaben, mussten diese zurückweichen und so kam die wichtige Verfügungsgewalt über das neue, effektiv arbeitende Rentamt dauerhaft in die Hände zweier bürgerlicher, hauptamtlicher Verwalter (jeweils ein Katholik und ein Protestant). Erste Sanierungserfolge stellten sich rasch ein. Bereits 1723 gelang es ihnen, den Haushalt ins Gleichgewicht zu bringen[15]. Später, zu einem bislang noch nicht genau bekannten Zeitpunkt, wurden sie Ratsmitglieder, so dass in diesem Gremium nun acht patrizische zehn bürgerlichen Mitgliedern gegenüberstanden. Eine lang andauernde Beruhigung der innenpolitischen Situation der Reichsstadt Ravensburg bis in die Zeit der französischen Revolutionskriege hinein war das Resultat dieser Verwaltungsreform.

Der Personenkreis, der für die Besetzung der politischen Ämter in Frage kam, war insgesamt durch die Verdrängung der Handwerkerzünfte aus dem Stadtregiment durch die Karolinische Ratswahlordnung 1551 stark eingeengt. Neuwahlen der Bürgermeister, Rats- und Gerichtsmitglieder durch die gesamte Bürgerschaft fanden nicht mehr statt. Eine aus Patriziern und nichtadligen, wohlhabenden Bürgern zusammengesetzte Oberschicht wählte sich gegenseitig und meist auf Lebenszeit in frei werdende Ratsstellen und Ämter und regierte die Stadt oligarchisch, „fast im Stil der absolutistischen Landesherren"[16], während die übrige Bürgerschaft nur über geringen politischen Einfluss verfügte.

Im Bereich der Ämterwahl einigten sich die evangelischen Patrizier und „Bürgerlichen" 1733 über die Besetzung des Quartieramtes. Falls es in protestantischer Hand war, sollte es in Zukunft alternierend von einem Patrizier und daraufhin von einem „Bürgerlichen" wahrgenommen werden[17]. Zu einem weiteren Vergleich kam es 1752, als die evangelischen Patrizier und „Bürgerlichen" beschlossen, dass sich in Zukunft beim Bauamt und bei sämtlichen Pflegschaften Amtsinhaber aus dem Patriziat und aus der „Gemeinde" abwechseln sollten[18].

1755 hatte Bayern Verträge mit den Reichsstädten Ravensburg und Buchhorn über die Einrichtung von Salzlagern abgeschlossen; beide Städte lagen an der Handelsstraße, auf der bayerisches Salz aus Reichenhall in Richtung Schweiz transportiert wurde. Die Städte bezogen dafür Lager- und Zollgelder, auch konnten sie Salz zu Vorzugspreisen beziehen. 1788 versahen zwei Ravensburger Patrizier, der Bürgermeister Franz Balthasar von Merz und das Ratsmitglied Johann Baptist von Knoll, gegen Entgelt die Posten von bayerischen Salzspeditionskommissaren und Räten, die auf einer festgelegten Wegstrecke für den Salztransport zuständig waren[19].

Weitere, bereits bestehende Privilegien der Patrizier waren durch Ratsbeschlüsse von 1717 und 1757 präzisiert und schriftlich fixiert worden. So waren sie von allen „Zug-, Hand-, Pferd- und Frondiensten", vom Wachtdienst, von der Bezahlung des Fleischpfennigs und in der Regel auch von Einquartierungslasten befreit; wegen „dem Drang der Umstände"[20] musste sich die „Gesellschaft zum Esel" allerdings während der französischen Kriege ab 1796 Einquartierungen gefallen lassen[21]. Schließlich sollten im Zusammenhang mit Vormundschaften, bei der Bestellung von Vögten und Pflegern Patrizier bevorzugt

Der 1750 zum Bürgermeister gewählte Patrizier Franz Balthasar von Merz ließ das ihm gehörende mittelalterliche Wohnhaus an der Ecke Markt- und Burgstraße im Barockstil umgestalten. Davon zeugen unter anderem die schöne Tür und – trotz zahlreicher Erneuerungen – die illusionistische Fassadenmalerei.

berücksichtigt werden („wenn sie Anverwandte waren")[22], wobei der Rat allerdings das Recht hatte, Patrizier bei der Besetzung dieser Stellen zu übergehen.

Die Patrizier betonten ihren aristokratischen Rang mit Titeln – so wurden sie bereits seit dem ausgehenden 16. Jahrhundert offiziell als „Junker", die „Gesellschaft zum Esel" später als „adelige Gesellschaft" tituliert – und Wappen. Sie hoben sich im Heiratsverhalten, aber zum Beispiel auch in der Kleidung und in der Form der Leichenbegängnisse von anderen Schichten der Bürgerschaft ab, sie genossen in der städtischen Hierarchie bei Feiern und Festen den Vortritt. Seit dem Mittelalter waren die angesehenen Straßen in der Oberstadt, die Marktstraße, in geringerem Maße auch die Kirch- und Herrenstraße, nahe dem Rathaus und dem Gesellschaftshaus (Marktstraße 1) gelegen, bevorzugte Wohngebiete des Patriziats. In der zweiten Hälfte des 18. Jahrhunderts werteten einige Patrizier – nicht selten aus Anlass der Wahl in hohe städtische Ämter – ihre oft beachtlich dimensionierten und zumeist noch spätmittelalterlich geprägten Häuser durch Umbauten im Stile des Barock oder Rokoko repräsentativ auf und demonstrierten damit ihr ausgeprägtes Standesgefühl[23]; es war dies eine Zeit, in der die Bautätigkeit in der Stadt ansonsten eher bescheiden war.

Auch die Ravensburger Patrizier lebten im 18. Jahrhundert von ererbtem Grund- und Hausbesitz, Reichtum sowie von der Ausübung politischer Ämter[24]. Doch ihre finanziellen Kräfte wurden nach und nach schwächer, wie folgender in Zehn-Jahres-Schritten vorgenommener Vergleich der „Gesellschaft zum Esel" mit der „Ballengesellschaft" und der Schneiderzunft, in deren Reihen sich zahlreiche aufstrebende Kaufleute und frühe „Fabrikanten" (Papier, Strümpfe) befanden, verdeutlicht[25]:

Jahr	Gesamtsteuervermögen aller Bürger	Anteil der „Gesellschaft zum Esel"	„Ballen-gesellschaft"	Schneiderzunft
1750	875 879 fl.	65 955 fl. (16)	119 208 fl. (17)	343 777 fl. (208)
1760	1 090 930 fl.	101 135 fl. (16)	198 561 fl. (20)	333 272 fl. (224)
1770	1 326 313 fl.	121 012 fl. (20)	196 016 fl. (23)	536 489 fl. (256)
1780	1 473 464 fl.	117 951 fl. (23)	226 750 fl. (26)	597 399 fl. (265)
1790	1 752 613 fl.	137 944 fl. (26)	319 757 fl. (27)	704 931 fl. (277)
1800	2 229 935 fl.	125 360 fl. (24)	507 714 fl. (35)	769 693 fl. (275)

fl. = Gulden. In Klammern steht die jeweilige Zahl der Einträge

Steuervermögen 1750 – 1800 (Zehnjahresschritte) in Gulden

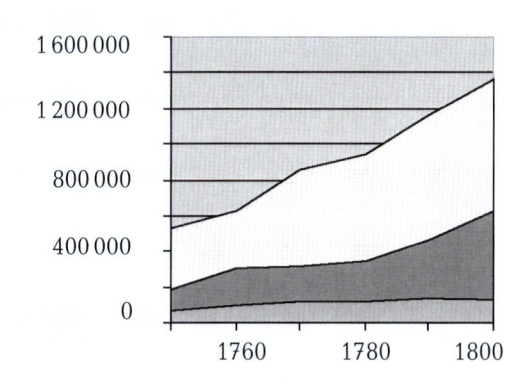

Anteil der Schneiderzunft

Anteil der „Ballengesellschaft"

Anteil der „Gesellschaft zum Esel"

Reichste Patrizier   **Reichste nichtpatrizische Bürger**

Jeweils mit Angabe des Gesamtsteuervermögens (fl.= Gulden)

1750

Johann Ulrich von Deuring (kath., 9 500 fl.)   Elias Kutter (ev., Schneiderzunft, 54 652 fl.)
Johann Benedikt von Zweifel (ev., 8 300 fl.)   Joh. G. Mündler (ev., Ballenges., 27 940 fl.)
Johann David von Knoll (ev., 7 610 fl.)   Marx L. Dorner (ev., Schneiderz.,16 337 fl.)

1760

Jacob von Furtenbach (ev., 27 510 fl.)   Johann J. Kutter (ev., Ballenges., 72 718 fl.)
Franz Balth. von Merz (kath., 16 115 fl.)   Joh. A. Sauter (ev., Schneiderz., 31 657 fl.)
Joh. David von Knoll (ev., 10 425 fl.)   Andreas Spieler (ev., Schneiderz., 31 043 fl.)

1770

Franz Balth. von Merz (kath., 31 087 fl.)   Joh. J. Kutter (ev., Ballenges., 64 757 fl.)
Joh. Jakob von Furtenbach (ev., 26 000 fl.)   Andreas Spieler (ev., Schneiderz., 58 590 fl.)
Joh. David von Knoll (ev., 11 825 fl.)   Elias Kutter (ev., Schneiderz., 45 602 fl.)

1780
Franz Balth. von Merz (kath., 20 060 fl.)
Joh. Jakob von Beck (ev., 19 090 fl.)
Joh. Jakob von Furtenbach (ev., 13 000 fl.)

Andreas Spieler (ev., Schneiderz., 88 270 fl.)
Jacob Kutter (ev., Ballenges., 63 457 fl.)
Elias Kutter (ev., Schneiderz., 48 530 fl.)

1790
Joh. Jakob von Beck (ev., 36 780 fl.)
Max. Balth. von Merz (kath., 27 913 fl.)
Joh. Bapt. von Knoll (ev., 9 530 fl.)

Joh. G. Kutter (ev., Ballenges., 60 567 fl.)
Joh. Jak. Kutter (ev., Ballenges., 47 762 fl.)
Lorenz Möhrlin (ev., Ballenges., 39 925 fl.)

1800
Joh. Jakob von Beck (ev., 33 388 fl.)
Max. Balth. von Merz (kath., 14 200 fl.)
Jak. Wilh. von Furtenbach (ev., 8 900 fl.)

Joh. G. Kutter (ev., Ballenges., 89 745 fl.)
Lorenz Möhrlin (ev., Ballenges., 75 776 fl.)
Tobias L. Kienlin (ev., Ballenges., 49 180 fl.)

Gegen Ende des 18. Jahrhunderts verspürte das zunehmend ausgezehrte und verknöcherte Ravensburger Patriziat immer mehr den Druck der „Herren von der Gemeinde", d.h. vor allem der zur Oberschicht zählenden nichtadligen, im Laufe des 18. Jahrhunderts wohlhabend gewordenen Kaufleute und Akademiker. Diese aufstrebende, erfolgreiche wirtschaftsbürgerliche Schicht war immer weniger bereit, den völlig überproportionalen Anteil der wenigen Patrizierfamilien bei der Besetzung der Sitze in Rat und Gericht und der Spitzen der Stadtverwaltung hinzunehmen. 1788 konstatierte Franz Joseph von Bentele, Kanzleiverwalter und Mitglied der „Gesellschaft zum Esel": „Wie bekannter Dingen die dermalige Lage derer H. [Herren] Patricier hiesigen Orts nicht die vortheilhafteste seye u. sie in manchem Betracht denen H. [Herren] von der Gemeinde, die verschiedene Quellen zu ihrem bessern Fortkommen u. Aufnahm vor sich hätten, welche jenen versperrt wären, nachstehen müssten". Es wäre wünschenswert, „dass bey wichtigern Vacaturen v. Ämtern, Bedienstungen, Deputationen, Vogteyen u. d. g. künftighin mehrere Rücksicht auf die H. [Herren] des Patriciats genommen werden möchte, als bishero geschehen"[26]. In Zukunft solle deshalb je nach Lage der katholische oder evangelische „ältere Herr" das Patriziat zusammen berufen, „um sich noch vor der abzuhaltenden Wahl darüber besprechen u. das gehörige besorgen zu können"[27]; das Patriziat wollte – das wird deutlich – seine Ansprüche wieder offensiver verfechten. Ravensburg zählte 1789 mit seinen Vorstädten (jedoch ohne sein Territorium) 3 925 Einwohner; davon waren knapp zwei Drittel katholisch, gut ein Drittel evangelisch[28].

1790 profilierte sich der erst seit sieben Jahren in Ravensburg lebende nichtadlige Ratsherr und Jurist Tobias Ludwig Kienlin[29], indem er dem patrizischen Kollegen und Seelhaus- bzw. Heiligkreuzpfleger Jakob Wilhelm von Furtenbach Unterschlagungen und wiederholte Verfälschungen der Rechnungen „zu seinem eigenen Vortheil und zu Schaden der ihm anvertrauten Cassa" vorwarf[30]. Diese Verfehlung müsse vor das „Plenum" des Rates gebracht und vollständig aufgeklärt werden, um „dem auf diese Sache sehr aufmerksamen Publico [der Öffentlichkeit, d. Verf.] allen Anlaß zu unangenehmen und nachtheiligen Bemerkungen"[31] zu nehmen. Ein weiterer Verlust an Glaubwürdigkeit bei der kritischen Bürgerschaft, die ja kaum über Kontrollmöglichkeiten verfügte, wurde befürchtet. Kienlin forderte, in dieser Sache ein Gutachten durch ein auswärtiges „Juristen-Collegium" erstellen zu lassen. Schließlich einigte man sich jedoch vor allem auf Drängen des evangelisch-patrizischen Bürgermeisters Johann Jakob von Beck darauf, dass von Furtenbach den entwendeten Betrag von 95 Gulden zurückzuzahlen, die Untersuchungskosten zu begleichen und im Wiederholungsfalle alle seine Ämter verlieren sollte. Von Furtenbach blieb bis zu seinem Tode 1807 Mitglied des städtischen Rates bzw. – ab 1804 – des Verwaltungsrates.

DAS PATRIZIAT IN DER DEFENSIVE

Zu einer härteren Kraftprobe kam es 1793, als nach dem Tod des protestantisch-patrizischen Stadtammanns Johann Philipp von Welz nicht nur der Patrizier und Jurist Johann Baptist von Knoll, sondern auch ein nichtpatrizisches Ratsmitglied – es war wiederum der Jurist Tobias Ludwig Kienlin – Anspruch auf dessen Nachfolge erhoben. Damit waren die seit 1551 (Karolinische Ratswahlordnung) bzw. 1649 (Lindauer Rezess) geltenden Ämterprivilegien des Patriziats im „reichsstädtischen Regiment" in Frage gestellt. Diese Attacke – getragen von der immer selbstbewusster auftretenden wirtschafts- und handelsbürgerlichen Oberschicht der Reichsstadt – auf die stark überproportionale Repräsentanz des deutlich ausgelaugten Patriziats in der Herrschaftsausübung wurde durch dessen arg dünn gewordene Personaldecke (1793 noch elf Mitglieder)[32], aber wohl auch durch die Ereignisse der Französischen Revolution beflügelt[33].

So sahen es jedenfalls die Mitglieder der „Gesellschaft zum Esel" bei ihrer Zusammenkunft am 6. Januar 1793: „Bey diesen turbulenten Zeiten, wo man die Rechte und Vorzüge des Adels überall zu beschränken sucht", gäben sich Kienlin und die übrigen Vertreter der „Gemeinde" alle „ersinnliche Mühe, dieses Vorhaben durchzusezen, und die stadtammannliche Würden auf ihn zu bringen"[34]. Angesichts dieser problematischen Situation seien von patrizischer Seite „Standhaftigkeit", möglicherweise auch finanzielle Opfer erforderlich, um gegebenenfalls durch Einschaltung des Kaisers und der höchsten Reichsgerichte den Ansprüchen der „Gemeinde" und dieser Attacke auf ihre Machtstellung begegnen zu können. Das Patriziat war nicht gewillt, kampflos nachzugeben oder zu kapitulieren; es entfaltete noch einmal einige Aktivitäten, um den Status quo zu bewahren.

Der Patrizier und Jurist Franz Joseph von Bentele, der das bedeutende Amt des Kanzleiverwalters innehatte, führte in einem von ihm erbetenen Gutachten aus, dass bei einem ähnlichen Streit 1719 der Anspruch des Patriziats auf das Amt des Stadtammanns vom Kaiser gutgeheißen worden sei. Eine bereits 1789 erstellte, nun überarbeitete Geschichte des Ravensburger Patriziats und seiner Privilegien aus der Feder des Isnyer Stadtsyndikus Georg Christoph von Welz, einem Sohn des eben verstorbenen Ravensburger Stadtammanns Johann Philipp von Welz, wollten die Patrizier „zur basi[s] bey dem bevorstehenden Streit mit aller Zuversicht" machen. Die Ravensburger Patrizier sondierten zunächst, ob sich nicht „ein fremder Adelicher hiehero begeben wollte" und der Stellenaspirant Johann Baptist von Knoll erklärte sich trotz seiner Stellung als „ältester Patricier" und seiner 22jährigen Mitgliedschaft im Rat

Der Patrizier Johann Baptist von Knoll (1748 – 1810) war von 1771 bis 1804 Ratsmitglied und von 1804 bis 1810 Stadtgerichtsrat in Ravensburg. Auch als Schriftsteller tat er sich hervor. Porträt um 1800. Öl auf Leinwand. Stadtarchiv Ravensburg.

zu einem Verzicht auf das Stadtammannamt und zur Wahl eines „Fremden" bereit, wenn „die von der Gemeind, die alles verlangten, hierdurch ganz leer ausgehen" würden. Ohnehin, so von Knoll, „stehe er sich als Senator, Quartierherr und Landwaysenkassenverwalter besser, als wenn er bloßer Stadtammann würde, und in diesem Fall müsste er dennoch seine verrechnende Ämter abgeben". Zwar hätten sich einige Interessenten aus den großen Reichsstädten Nürnberg und Augsburg angesichts der vakanten Stelle des Stadtammanns „unter der Hand allhier um [die Aufnahme] in das Patriciat gemeldet", so Bürgermeister von Beck am 25. Februar 1793. Nachdem man ihnen jedoch mitgeteilt hatte, „wie hoch sie sich allenfalls hier stehen dürften", hätten sie „sich nicht weiter geregt". Ihnen winkten „in ihren Vatterstädten bessere Aussichten", so der evangelisch-patrizische Bürgermeister. Dank der Bereitschaft von Georg Christoph von Welz (der bereits seit 1782 Mitglied der „Gesellschaft zum Esel" war), „seinen bessern Posten" als Stadtsyndikus in Isny zu verlassen und seinem Vater im Amte des Ravensburger protestantischen Stadtammanns nachzufolgen, konnte der Verlust eines patrizischen Ratssitzes noch einmal abgewendet werden. Die Vertreter der „Gemeinde" hatten am 18. Februar 1793 zähneknirschend für den präsentierten von Welz gestimmt, allerdings mit der „Verwahrung, dass dieses denen Rechten der Gemeind zu dieser Würde nicht praejudizirlich seye". Hätte Johann Baptist von Knoll das Amt des Stadtammanns übernommen, so wäre „in dessen Rathswürde einzurücken kein Patricier aufzufinden gewesen" und die Ratsstelle, „wenigstens auf einige Zeit", an die „Gemeinde" gefallen.

Um das einflussreiche Amt des Spitalpflegers kam es jedoch zwischen dem neuen Stadtammann von Welz und Kienlin zu einer Stichwahl im evangelischen Ratsteil. Das Ergebnis war ein Stimmengleichstand („Vota paria")[35]. Nach dem im evangelischen Lager zustande gekommenen Vergleich von 1752 sollten, wie erwähnt, die Pflegschaftsämter abwechselnd von einem Patrizier und einem „Bürgerlichen" besetzt werden. Der für den patrizischen Ratsteil sprechende Bürgermeister von Beck bestritt nun, dass diese Regelung auch für die Spitalpflegerstelle gelte. Außerdem könne das Votum des die Sitzung leitenden – patrizischen – Bürgermeisters bei Stimmengleichstand den Ausschlag geben. Dies sei bereits 1754 im katholischen Ratsteil zur Anwendung gekommen und durch eine Entscheidung des Reichshofrates sanktioniert worden. Außerdem, so von Beck, gebe in allen benachbarten Reichsstädten bei einem Patt die Stimme des Bürgermeisters den Ausschlag. Dagegen verwahrte sich Kienlin im Namen der „Gemeinde" und erklärte die „Wahl des Herrn Welz zum Spitalpfleger für ungültig und vertragswidrig". Diese Stelle stünde nach dem Abkommen von 1752 jetzt einem evangelischen Ratsmitglied aus den Reihen der „Gemeinde" zu. Da aber nun die Möglichkeit bestand, die Katholiken könnten in der paritätischen Reichsstadt, wie schon bei einem ähnlichen Konflikt im Jahre 1740, zu Schiedsrichtern werden, gab Kienlin seinen Anspruch auf das Spitalpflegeramt freiwillig auf. Er habe aus Rücksicht auf die Belange seiner Konfession, „aus Liebe zur Eintracht und aus anderweiten Konsiderationen" verzichtet, aber seine „Absichten zum Theil dennoch erreicht, die Rechte und Ansprüche der Senatoren von der Gemeind, so viel an mir liegt, gesucht geltend zu machen".

Von Welz konnte schließlich die Ämter des Stadtammanns und Spitalpflegers vereinigen. Mit einiger Mühe hatten die Patrizier einen Einbruch in ihre fixierten, überproportionalen Machtpositionen noch einmal verhindern können, die Beharrungskräfte hatten in diesem Konflikt um die politische Teilhabe noch einmal die Oberhand behalten. Geradezu komödienhafte, aber auch dekadente Züge besaß der Konflikt um eine „Verbal-Iniurie", den die beiden patrizischen Ratsmitglieder von Furtenbach und von Welz 1798, in der für die Reichsstadt Ravensburg existenzbedrohenden Zeit der Revolutionskriege, vor aller Augen ausfochten[36]; offenbar fühlten sie sich ihrer Machtposition noch immer sicher. Das große „Vorbild" für solche persönlichen „Patrizierfehden" hatten jedoch der Bürgermeister Johann Jakob von Beck und das Ratsmitglied Johann Baptist von Knoll abgegeben, die sich wegen angeblicher Beleidigung in den 1770er Jahren einen erbitterten Rechtsstreit geliefert hatten, der auf beiden Seiten viel Geld verschlang, da die juristischen Fakultäten zahlreicher deutscher Universitäten in dieser Sache Rechtsgutachten lieferten[37]. Für jedermann augenfällig wurde das Problem der ausgedünnten Personaldecke des Patriziats und die Verfassungsmängel erneut, als im Februar 1801 das Ratsmitglied Joseph Ferdinand von Merz 49-jährig starb. Da sämtliche vor Ort lebenden Patrizier bereits im Rat vertreten waren, von den auswärts lebenden Mitgliedern der „Gesellschaft zum Esel" – wohl auch wegen der unklaren politischen Zukunft der Reichsstadt – keines dazu bereit war, nach Ravensburg zu wechseln und auch keine Neuaufnahme in das Patriziat mehr erfolgte, blieb die Stelle bis zur Mediatisierung der durch die Kriegsereignisse stark verschuldeten Reichsstadt im Herbst 1802 unbesetzt[38]; das Stärkeverhältnis „Bürgerliche"-Patrizier im Rat betrug damit zehn zu sieben.

Erst nach der Mediatisierung wurden das erstarrte politische System und insbesondere die verfassungsrechtlich privilegierte Stellung des Patriziats, die keineswegs mehr den sozialen Realitäten entsprach, durch die neue bayerische Landesherrschaft beendet.

DAS ENDE DER PRIVILEGIERTEN STELLUNG DES RAVENSBURGER PATRIZIATS 1802/04 UND PATRIZISCHE KARRIEREN IN DER ZEIT DANACH

Nach der reibungslos erfolgten Inbesitznahme der Reichsstadt Ravensburg[39] durch das Kurfürstentum Bayern 1802 amtierte der Rat in seiner bisherigen Besetzung zunächst als kurbayerischer „Interims-Stadtrat" weiter, „freilich beschränkt auf innerstädtische Angelegenheiten"[40]. Um dem neuen Landesherrn, dem bayerischen Kurfürsten Max IV. Joseph, zu huldigen, aber auch um die wirtschaftlichen Probleme Ravensburgs als nunmehrige bayerische Exklave zu schildern, entsandte der Ravensburger Rat Anfang 1803 eine Delegation, die zunächst in Ulm mit dem Generallandeskommissär Friedrich Wilhelm von Hertling zusammentraf, danach in München vom leitenden Minister Graf Maximilian von Montgelas und sogar von Kurfürst Max IV. Joseph empfangen wurde. Sie bestand aus zwei Patriziern, Bürgermeister Joseph Emanuel von Ortlieb und Kanzleiverwalter Franz Joseph von Bentele, sowie aus zwei nichtadligen Ratsmitgliedern, Syndikus Jakob Merkel und Senator Abraham Kutter[41].

Das Organisationsreskript des Kurfürsten Max IV. Joseph vom 10. August 1803 sowie einige Zusatzverordnungen bildeten die Grundlage für die verwaltungsmäßige Neuordnung der von Bayern mediatisierten schwäbischen ehemaligen Reichsstädte[42]. Ein Sohn der Stadt und Kenner der örtlichen Verhältnisse (jedoch nicht Mitglied in der „Gesellschaft zum Esel"), Maximilian Balthasar Ludwig von Merz[43], geboren 1758 als dritter Sohn des Patriziers und Bürgermeisters Franz Balthasar von Merz, Jurist im bayerischen Staatsdienst und nun „Landesdirektionsrat" in Ulm, vollzog nach monatelangen Vorarbeiten am 8. Mai 1804 die definitive Neuorganisation der Stadtverwaltung in Ravensburg. Damit fand der provisorische Interimsrat sein Ende. Ravensburg wurde eine bayerische Munizipalstadt I. Klasse. Der neu geschaffene fünfköpfige Verwaltungsrat wurde gemäß der zentralistisch-rationalistischen bayerischen Verwaltungshierarchie der Regierung in Kempten (später in Memmingen) untergeordnet, die ihrerseits wiederum der kurfürstlich-bayerischen Landesdirektion für die Provinz Schwaben in Ulm unterstand.

Die verfassungsrechtliche Privilegierung der Patrizier bei der Besetzung der obersten Stadtämter und eines ansehnlichen Teils der Ratsstellen als mitunter einträglichen Versorgungsposten und Pfründen mit verschiedenen Nebeneinnahmen, die de iure bereits mit der Mediatisierung 1802 abgeschafft wurde, hatte damit auch faktisch ihr Ende gefunden, die „Gesellschaft zum Esel" damit ihre politische Aufgabe als Korporation

Die drei Söhne des patrizischen Bürgermeisters Franz Balthasar von Merz: Joseph Ferdinand Ulrich (geb. 1752), Johann Hermann Emanuel (geb. 1756) und Maximilian Balthasar Ludwig (geb. 1758). Ölgemälde, um 1762/63. Im Besitz der Stadt Ravensburg.

verloren. Wie in den anderen mediatisierten Reichsstädten sollten kommunale Ämter künftig im Prinzip „ohne Rücksicht auf Herkunft und Stand"[44] vergeben werden. Es war ein gravierender Einschnitt. Das seit Mitte des 16. Jahrhunderts praktizierte Selbstergänzungs- bzw. Kooptationsrecht des Rats im Falle des Todes oder freiwilligen Ausscheidens eines seiner Mitglieder war ebenso zu Ende wie die einstige Aufteilung in patrizische und bürgerliche Ratssitze, jene Koppelung von Stand und politischer Partizipation also.

Doch nur für einen Teil der Patrizier bedeutete die Neuorganisation die Entlassung. Unter den fünf vom Staat berufenen Mitgliedern des Verwaltungsrats befanden sich mit Joseph Emanuel von Ortlieb als katholischem Bürgermeister (Gehalt 700 Gulden) und dem evangelischen Jakob Wilhelm von Furtenbach (Gehalt 500 Gulden) immerhin noch zwei Patrizier, die in diesem Gremium nun drei nichtpatrizischen Bürgern – darunter dem zum evangelischen Bürgermeister beförderten früheren Stadtsyndikus Johann Jakob Merkel – gegenüber standen.

Nur recht bescheidene Zuständigkeiten waren dem Verwaltungsrat als neu geschaffenem städtischen Selbstverwaltungsgremium verblieben; im wesentlichen sollte er lediglich ein ausführendes Organ der vorgesetzten staatlichen Behörden sein: Zu seinen Kompetenzen zählten zum Beispiel die Verwaltung des städtischen Vermögens, die beschränkte Aufsicht über das örtliche Kirchen-, Schul- und Stiftungswesen, die Bürger- und Beisitzeraufnahmen – nach vorheriger Bestätigung durch die Landesdirektion – sowie das Recht zur Führung einer Stadtkanzlei und Registratur. Erst im Falle des Ausscheidens eines Mitglieds des Verwaltungsrats war in Zukunft in einem recht komplizierten Verfahren eine Mitsprache der Bürgerschaft vorgesehen.

Der starke Mann im neuen politischen System Ravensburgs war nun der evangelische Jurist Abraham Kutter (1751 – 1822), der in reichsstädtischer Zeit Ratsmitglied und Rentamtsverwalter gewesen war. Er entstammte der zu jener Zeit wohlhabendsten Familie der Stadt. Die Kutter gehörten nicht dem Patriziat an, sondern zählten zu der von evangelischen Kaufleuten dominierten „Ballengesellschaft". Kutter wurde von der bayerischen Regierung zum Stadtkommissar ernannt, der, mit umfassenden Kompetenzen ausgestattet, auch den Sitzungen des Verwaltungsrates präsidierte. Er hatte Einsicht in alle Verhandlungsgegenstände, die Beschlüsse des Verwaltungsrates bedurften seiner Unterschrift. Bedeutsam war, dass der Stadtkommissar in Städten I. Klasse wie Ravensburg auch das Amt des Polizeidirektors wahrnahm. Mit der Einrichtung der kurfürstlichen Polizeidirektion, die unmittelbar der Landesdirektion unterstand, hatte Bayern zu Lasten bisheriger kommunaler Zuständigkeiten auch den polizeilichen Aufgabenbereich verstaatlicht, der neben der Aufrechterhaltung von Sicherheit und Ordnung weitgehend auch die innere Verwaltung umfasste.

Vom bayerischen Staat wurde neben dem Verwaltungsrat auch ein Stadtgericht gebildet, das in erster Instanz für sämtliche privatrechtlichen Streitigkeiten zuständig war. Es sollte, anders als in reichsstädtischer Zeit, nur noch aus studierten Juristen bestehen und in seinem Geltungsbereich auf die Stadt und ihre Markung begrenzt sein, während der Polizeidirektor im einstigen reichsstädtischen Territorium in Personalunion das Amt des Landrichters ausübte und somit im Auftrag des Landesherrn die Rechtsprechung wahrnahm. Mit dem bisherigen Ratsmitglied und Juristen Johann Baptist von Knoll gehörte dem neu gebildeten dreiköpfigen Stadtgericht bis zum Übergang der Stadt an Württemberg 1810 noch ein Patrizier an (Besoldung 500 Gulden)[45]. Die Mitglieder des Ravensburger Patriziats zählten auch nach der politischen Neuordnung von 1804 noch zum „befreiten Gerichtsstand", waren sie doch von der Gerichtsbarkeit des neu gebildeten Stadtgerichts ausgenommen; in Rechtsstreitigkeiten hatten sie sich an das Hofgericht in Memmingen zu wenden[46]. Andere Patrizier, die zuvor hohe kommunale Ämter inne gehabt hatten, wurden auf der Grundlage des Artikels 59 des Reichsdeputationshauptschlusses pensioniert oder aber auf andere Posten im bayerischen Staatsdienst versetzt, so dass sich ihnen dort neue Karrieremöglichkeiten eröffneten.

„Organisationskommissar" von Merz bescheinigte dem bisherigen Stadtammann Georg Christoph von Welz, der durch seinen Wechsel von Isny nach Ravensburg 1793 die patrizischen Machtansprüche hatte konservieren helfen, zwar sehr gute „juridische Kenntnisse, ausgebreitete Belesenheit [und] lobenswerten Fleiß", er verwies auf der anderen Seite aber auf seinen „leidenschaftlichen Charakter" und besonders auf „die erklärte allgemeine Abneigung der Bürgerschaft gegen ihn"[47]; seine „Versetzung in eine der Städte, wo es an Rechtsgelehrten mangelt", sei deswegen ratsamer als eine Übernahme in das neu geschaffene Ravensburger Stadtgericht. Einige Zeit später wurde der Jurist von Welz denn auch als Landgerichtsassessor nach Lindau versetzt, blieb aber dem Ravensburger Patriziat weiterhin verbunden[48]. Maximilian Dismas Precht zu Hochwarth, der trotz seines hohen Alters von 90 Jahren das Amt des katholischen Bürgermeisters „noch mit dem vollen Gebrauch der Geisteskraft und seit dem Tode seines Collegen [der evangelische, patrizische Bürgermeister von Beck war 1803 im Alter von 78 Jahren gestorben, d. Verf.] mit einer seltenen Thätigkeit" ausgefüllt und durch sein Ausharren den Verlust einer weiteren patrizischen Position verhindert hatte, wurde unter Zusicherung seines bisherigen Gehaltes von 600 Gulden in den Ruhestand versetzt; er starb ein Jahr später, nach 62-jähriger Zugehörigkeit zur „Gesellschaft zum Esel". Den bisherigen Kanzleiverwalter Franz Joseph von Bentele schließlich – er hatte bislang mit 1 822 Gulden das höchste Gehalt aller Ravensburger Beamten bezogen – sah von Merz für das Amt eines „Stadt-Kommissars" prädestiniert; er hob dessen „juridische Kenntnisse, Gründlichkeit, Ordnungs-Liebe und Gewandtheit in allen Gattungen von Geschäften" hervor. Der Jurist von Bentele wurde im Juni 1804 zunächst Stadtkommissär in der an Bayern gefallenen einstigen Reichsstadt Wangen; in dieser Funktion unterstanden ihm Rat, Stadtgericht und Polizei. Bei der Ausführung der Verordnungen der bayerischen Regierung gelang Bentele „der schwierige Ausgleich zwischen der durch die Tradition der Selbstverwaltung geprägten Bürgerschaft und dem ungewohnten Regierungssystem des Grafen Montgelas"[49]. Der Wangener Rat lobte von Bentele und seine Amtsführung als „rechtschaffen und einsichtsvoll"[50]; doch bereits 1805 wurde er zum Landrichter im bayerisch-schwäbischen Ursberg ernannt[51].

Nach dem Tod des patrizischen Verwaltungsrats Jakob Wilhelm von Furtenbach, der 1807 während einer Reise in der Pegnitz bei Nürnberg ertrunken war[52], entschied das bayerische Generallandeskommissariat in Ulm, diesen Posten im Verwaltungsrat vorerst unbesetzt zu lassen, da infolge der kurz zuvor geschehenen Verstaatlichung der Stiftungsangelegenheiten eine „bedeutende Geschäftserleichterung" für das Gremium eingetreten sei. Der nun nur noch vierköpfige Verwaltungsrat – dem als einziger Patrizier noch Joseph Emanuel von Ortlieb angehörte – blieb nach dem Übergang Ravensburgs an Württemberg 1810 zunächst im Amt. Zu der dreiköpfigen Ravensburger Delegation, die am 23. November dieses Jahres nach Stuttgart reiste, um dem neuen Landesherrn König Friedrich I. „die Huldigungen der tiefsten Ehrfurcht und treuesten Unterwürfigkeit" zu überbringen, gehörte kein Patrizier mehr[53]. Durch die vorgesetzten staatlichen Behörden erfolgte schließlich am 12. Juli 1811 die Neuorganisation des Ravensburger Magistrats. Auch der württembergische Staat sah sich aus finanziellen und praktischen Gründen veranlasst, wenigstens auf einige kommunalpolitisch und im Rechtswesen der Stadt erfahrene „alte" Kräfte zurückzugreifen. Wie schon der Verwaltungsrat unter bayerischer Landesherrschaft wurde der Magistrat 1811 vom württembergischen Staat eingesetzt; er war nur ihm bzw. seiner Regierung verpflichtet. Unter den zwölf Mitgliedern dieses Organs – der weiterhin beachteten Parität zufolge waren sechs von ihnen katholisch, sechs evangelisch – befand sich nur noch ein einziger Patrizier: Joseph Emanuel von Ortlieb[54]. Die anderen Repräsentanten waren Kaufleute, Handwerker und bürgerliche Beamte, die ihre Karriere noch in reichsstädtischer Zeit begonnen hatten. Wie schon in dem 1804 unter bayerischer Herrschaft gebildeten Verwaltungsrat war von Ortlieb „katholischer und erster Bürgermeister". Der Parität entsprechend stand ihm wie bereits im Verwaltungsrat als „zweiter" und evangelischer Bürgermeister Johann Jakob Merkel gegenüber, bis zu deren Auflösung 1813 Mitglied der „Ballengesellschaft". Wie in der bayerischen Zeit erhielt von Ortlieb ein Jahresgehalt von 700 Gulden[55]. Schließlich erhielt auch David Matthäus Jordan als Stadtpfleger, als Chef der kommunalen Finanzen also, den eher dekorativen Titel eines „rechnenden" Bürgermeisters.

Von Ortlieb war ungeachtet der starken Stellung der staatlichen Beamten, des Oberamtmanns und des Stadtschreibers, an wichtiger Stelle daran beteiligt, das städtische Gemeinwesen durch eine dramatische Umbruchzeit zu steuern, geprägt durch die Kriegsjahre bis 1815, die Zeit der württembergischen Verfassungskämpfe 1815/19, die Hunger- und Krisenjahre 1816/17. Auch in Württemberg scheiterte schließlich die zentralistisch-hierarchische, neoabsolutistische Eingliederung der Gemeinden und Städte in das Staatsgefüge unter weitgehender Beseitigung ihrer Selbstverwaltung „nicht zuletzt am Widerstand der städtischen Bürger und ihrem politischen Selbstbewusstsein"[56]. Mit den Organisationsedikten König Wilhelms I. vom 31. Dezember 1818 erhielten die Gemeinden die Befugnis zurück, ihre Angelegenheiten, vor allem im Bereich des Gemeindevermögens, der Finanzverwaltung und des Stiftungswesens, eigenverantwortlich selbst zu regeln. Auch die Ortspolizei und einzelne gerichtliche Kompetenzen wurden ihnen in diesem Zusammenhang zugewiesen.

Dem Gemeinderat (in den Städten Stadtrat) oblag nun zusammen mit dem Ortsvorsteher (Schultheiß bzw. Stadtschultheiß) die Verwaltung der Gemeinde. Die bisherige behördliche Ernennung von Gemeinde- und Stadträten hörte auf. Die Bürger erhielten das Recht, vakant gewordene Sitze durch Wahl, zunächst auf eine Probezeit von zwei Jahren, neu zu besetzen. Gemäß dem Ersten Edikt vom 31. Dezember 1818 musste der Ravensburger Stadtrat als Nachfolger des Magistrats durch Wahl auf eine Größe von 15 Mitgliedern gebracht werden. Doch verzögerte sich dies vor allem wegen der ungeklärten Fortgeltung der konfessionellen Parität in Ravensburg bis November 1819. Gemäß § 8 des Ersten Edikts war es den bisherigen Magistratsmitgliedern ermöglicht worden, unter Fortgenuss der bisherigen „Ehren-Vorzüge" aus dem Magistrat auszuscheiden. Von

Joseph Emanuel von Ortlieb (1754 – 1823), seit 1782 Mitglied der „Gesellschaft zum Esel", war von 1788 bis 1804 Stadtammann und von 1804 bis 1819 der letzte patrizische Bürgermeister der Stadt Ravensburg. Bildnis, wohl um 1800, Privatbesitz.

dieser Option machte im Mai 1819 auch der mittlerweile 65-jährige Bürgermeister Joseph Emanuel von Ortlieb Gebrauch[57]. Als letzter Patrizier schied er nach 45-jährigen Diensten „wegen seinem Alter und damit verbundene[n] Körperschwächen", vielleicht auch resigniert wegen der vehementen Attacken des 1817 gewählten Bürgerausschusses gegen das Magistratsregiment und dessen vielfältige Schwächen, aus der politischen Führung der Stadt aus. Auf Lebenszeit bekam er sein bisheriges Gehalt von jährlich 700 Gulden weiter ausbezahlt[58]; Ortlieb starb 1823.

Dem im November 1819 neu konstituierten 15-köpfigen Stadtrat – fünf Mitglieder des alten Magistrats amtierten in seinen Reihen weiter, zehn Mitglieder waren von den Bürgern neu hinzu gewählt worden – gehörte, und das gilt auch für die Folgezeit, kein Patrizier mehr an; in seinen Reihen dominierten jetzt Kaufleute, Handwerker und Rechtsanwälte[59]. Auch im bereits 1817 gewählten Bürgerausschuss (Bürgerdeputierte), einer Art Kontrollorgan gegenüber dem Magistrat bzw. Gemeinderat, saßen keine Patrizier mehr, sondern Handwerker, Kaufleute und Gastwirte. Der längst eingeleitete politisch-wirtschaftliche Elitenwandel war zu seinem Abschluss gekommen.

Der 1820 gewählte erste Stadtschultheiß Ravensburgs Franz von Zwerger[60] entstammte nicht dem alten Ravensburger Stadtpatriziat; dieser bislang letzte adlige Bürgermeister Ravensburgs war 1792 in Waldkirch im Breisgau als Sohn eines vorderösterreichischen Beamten geboren worden, der fünf Jahre später ins oberschwäbische Tettnang versetzt wurde und 1813 als Pensionär in Ravensburg starb. Allerdings war die Ehefrau des Stadtschultheißen von Zwerger, Elisabeth, geb. Gosner, eine Nichte des langjährigen patrizischen Ravensburger Bürgermeisters Joseph Emanuel von Ortlieb.

DIE AUFLÖSUNG DER „GESELLSCHAFT ZUM ESEL"

1804 zählte die „Gesellschaft zum Esel" und damit das Ravensburger Patriziat noch neun Mitglieder; lediglich sechs von ihnen lebten zu diesem Zeitpunkt in Ravensburg: Joseph Emanuel von Ortlieb, Jakob Wilhelm von Furtenbach, Johann Baptist von Knoll, Christoph Heinrich von Welz, Maximilian Dismas Precht von Hochwarth (der „Präside" der Gesellschaft) und Franz Joseph von Bentele; die übrigen drei waren Johann Erasmus Schultheiß von Sindringen, bis 1770 Ravensburger Ratsmitglied und seitdem mit seiner Familie als Privatier im vorderösterreichischen Waldshut lebend, Johann Michael von Zelling, bis 1780 Ratsmitglied, dann Oberamtmann der

Blick in die Marktstraße mit dem Haus der ehemaligen „Gesellschaft zum Esel" (ganz links) und dem im 14. Jahrhundert erbauten Rathaus (rechts). Im Hintergrund der Obertorturm. Bleistiftzeichnung von 1842, Privatbesitz.

Deutschordenskommende in Altshausen und ohne Steuerverbindung mit Ravensburg; schließlich Leonhard von Beck, der Obervogt im Dienste der Reichsfreiherren von Welden in Laupheim war. Von diesen neun Patriziern waren fünf katholisch (von Precht, Schultheiß von Sindringen, von Zelling, von Bentele, von Ortlieb) und vier evangelisch (von Beck, von Knoll, von Welz und von Furtenbach). Die Perspektiven für die ohnehin schon kleine „Gesellschaft zum Esel" waren düster, denn von Zelling, von Ortlieb und von Furtenbach waren kinderlos, von Precht ohne männliche Nachkommen, von Beck, von Bentele und von Welz zu diesem Zeitpunkt unverheiratet[61]. Die ältesten Patrizier waren 1804 von Precht mit 92 und von Sindringen mit 63 Jahren, die jüngsten von Beck mit 45 und von Welz mit 40 Jahren.

Bei der ersten Zusammenkunft der Patrizier nach der politischen Neuorganisation der Stadt und dem Ende ihrer verfassungsmäßigen Privilegierung, am 24. September 1804, war die tiefe Verunsicherung, ja Ratlosigkeit über die zukünftige Entwicklung des Patriziats und der „Gesellschaft zum Esel" mit Händen zu greifen. Die fünf im Gesellschaftshaus versammelten Mitglieder beschlossen, die Wahl eines zweiten „älteren Herrn" als Nachfolger für den 1803 verstorbenen Bürgermeister von Beck solange zu verschieben, „bis von höherer Behörde etwas Bestimmteres an die adeliche Gesellschaft gelangen würde"[62]. Christoph Heinrich von Welz machte angesichts des großen Bedeutungsverlustes und der sichtlichen Auszehrung des Patriziats einen radikalen Vorschlag: „Nachdem die adeliche Gesellschaft ihres Antheils am Stadtregiment enthoben, die mehreste von der Gesellschaft entweder ledig, oder kinderlos oder ohne männliche Succession sich befinden, somit die Erlöschung dieser Eynung vor der Thür" stehe, solle „mit Vorwissen Einer Hochlöbl. LandesDirection, CapitalVermögen und Haus unter die superstiter collegii als PrivatEigenthum" verteilt werden. Dies wurde mehrheitlich jedoch abgelehnt: „Die adeliche Gesellschaft haben der Churfürst nicht aufgehoben, sondern nur die damit verknüpfte PatriciatsRechte incl. die Geburtsvorzüge bey Besezung des VerwaltungsRaths". Die Gesellschaft stehe „noch immer unter der advocatia sublimi, wie eine jede andere Anstalt, Gemeinheit und Collegium, aber ob dieselbe nicht durch den natürlichen Tod ihrer dermahligen Mitglieder erlöschen wird, da die mehreste entweder ledig oder kinderlos oder ohne männliche Succession sich befinden, und ob ein Nachwuchs statt finden wird, ist eine andere Frage". Und weiter: „Sollten sich nun hiesige Bürger um den Adelsstand bewerben, so dürften sie wohl auf ihrer Zunft oder Gesellschaft verbleiben, zu welchen sie gehören: denn wozumehr eine kostbare Einverleibung in eine Gesellschaft, die keine Rechte mehr giebt". Die Folge sei „das Aufhören dieses Collegii und der Gedancke, ‚wem gehört hernach Haus und CapitalVermögen' [sei] weder verwerflich noch am unrechten Ort". Falle das „GesellschaftsGut" der landesherrlichen Kasse anheim, so könne es ihnen, den Patriziern, „nicht verübelt werden, wenn wir als superstiter collegii von dieser gegenwärtigen Lage noch den besten Vortheil ziehen, und es dermahlen zu unserm PrivatEigenthum zu machen suchen".

Die Patriziergesellschaften in Ulm und Memmingen zum Beispiel könnten „wegen grösserer und zahlreicher Nachkommenschaft noch mit Aufwerfung solcher Fragen" warten, der Ravensburger „Gesellschaft zum Esel" hingegen sei „bey vorwaltenden besondern Verhältnissen schon etwas mehrers erlaubt. Ohne landesherrliches Vorwissen dürfen wir nicht theilen", so die fünf versammelten Mitglieder, „wir sind noch keine PrivatGesellschaft, sondern als eine öffentliche von Sr. Churfürstl. Durchlaucht übernommen. Kraft der Landeshoheit und der dem Regenten zustehenden ÄmterBesezung [sei man] des Antheils an dem ehemaligen reichsstädtischen Regiment enthoben worden: Es kann ja adliche Gesellschaften im Land geben, ohne gerade besondere Vorzüge bey Regierungsstellen oder StadtMagistraten zu genießen"[63].

Schließlich: „Wir alle oder unsere Vorfahren haben sich in diese Gesellschaft begeben, um des Regiments an hiesigem Stadtwesen theilhaftig zu werden: Da nun die causa cessirt, so cessirt auch der effectus, das heisst die fortdauernde Verbindung, und das derentwillen ersparte Gesellschaftsgut. Ferner zeigen unsere Stiftungsbriefe, daß sich diese Gesellschaft mit Vorwissen und Gunst [von] Bürgermeister und Rath zusammengethan, die Trinkstub gekauft und erweitert und mithin sich damahls ex propriis zu einem collegio constituirt, dessen dermahlige membra sich per communem revocationem et reparationem wohl dissolviren können". Am 18. September 1805, nach dem Tod des „Älteren Herrn" Bürgermeister Precht von Hochwarth, übertrugen die nur noch drei anwesenden Mitglieder der Gesellschaft das „Directorium" dem Bürgermeister von Ortlieb.

Bereits 1811 versteigerte Christoph Heinrich von Welz, der letzte Vermögensverwalter der „Gesellschaft zum Esel" und Verfasser der Geschichte des Ravensburger Patriziats, Gegenstände der Gesellschaft (Erlös 40 Gulden)[64]. Die letzten Mitglieder beschlossen 1813 – im selben Jahr taten dies übrigens auch die Mitglieder der „Ballengesellschaft" – auseinander zu gehen[65]. Aber erst 1818 erteilten die württembergische Kreisregierung und die Stadt endgültig die Erlaubnis zur Aufteilung des Gesellschaftsvermögens. Der Ravensburger Magistrat hatte am 5. Dezember 1817 grundsätzlich erklärt, gegen eine Aufteilung des Gesellschaftsvermögens an die noch verbliebenen Mitglieder „umso weniger einzuwenden, als die Verwaltung und Disposition über solches Vermögen jederzeit der Gesellschaft ohne Aufsicht des Magistrats zugestanden [...], man auch keinen Anspruch für die gemeine Stadt hieran zu machen weiß, vielmehr diese Gesellschaft gegen die Kommune sich darin gefällig bezeugt hat, daß sie der Evangelischen Knabenschule [...], seit mehreren Jahren ein Zimmer in ihrem Hause unentgeltlich einräumte und überließ"[66].

Am 11. Mai 1818 wurde das Haus in der Marktstraße, zentrales Besitztum und traditionsreicher gesellschaftlicher Mittelpunkt der Patrizier, für 3 300 Gulden an den Kaufmann Lorenz Prager verkauft, der hier bereits in den Jahren zuvor mit seinem Laden in Miete gewesen war[67]. Das Gesamtvermögen der Eselsgesellschaft, das im Mai

1818 noch 5 127 Gulden betragen hatte, sollte gemäß dem Dekret der Kreisregierung (10. April 1818) an diejenigen Mitglieder (oder deren Witwen), die zum Zeitpunkt des Auflösungsbeschlusses der Gesellschaft 1813 noch am Leben waren, verteilt werden. Es waren dies folgende fünf Personen, die ihre Ansprüche fristgerecht „rechtlich dargetan" hatten: der württembergische Hofrat Michael Felician von Zelling, der Obervogt Leonhard von Beck aus Laupheim, der Ravensburger Bürgermeister Joseph Emanuel von Ortlieb sowie Amalie von Bentele (Witwe des 1815 gestorbenen Franz Joseph von Bentele) und Julie von Welz (Witwe des im April 1818 gestorbenen Christoph Heinrich von Welz)[68]. Als letztes Mitglied der einstigen „Gesellschaft zum Esel" starb Leonhard von Beck, pensionierter Obervogt der Freiherren von Welden in Laupheim, 1845 im Alter von 86 Jahren in Ravensburg[69].

Zum Vergleich sei noch kurz das Schicksal von Patriziergesellschaften in einigen anderen einstigen schwäbischen Reichsstädten betrachtet. Ähnlich wie in Ravensburg hatte sich beispielsweise in Lindau die Auflösung der dortigen „Gesellschaft zum Sünfzen" gestaltet. Sie hatte 1808 noch zehn männliche und vier weibliche Mitglieder gezählt; angesichts fehlenden Nachwuchses verkaufte die „Gesellschaft zum Sünfzen" 1815 ihr mittlerweile zur Belastung gewordenes Haus mitsamt der Ausstattung an die örtliche Kaufmannsinnung, behielt sich allerdings noch das Hausrecht zur Abhaltung von Sitzungen, Versammlungen und Festen vor. Am 30. Dezember 1830 löste sich die Gesellschaft schließlich auf; das noch vorhandene Restvermögen wurde unter den sechs zu diesem Zeitpunkt noch verbliebenen Mitgliedern aufgeteilt[70].

Deutlich vitaler und auch etwas langlebiger war die Patriziergesellschaft „zum goldenen Löwen" in Memmingen. 1802, dem Jahr der Mediatisierung der Reichsstadt durch Bayern, zählte sie noch stolze 40, 1820 immerhin noch 22 männliche und weibliche Mitglieder. Das Memminger Patriziat war allerdings auch nach der Angliederung der Stadt an Bayern zunächst noch stark im Magistrat vertreten. Mit dem Verkauf ihres am Marktplatz gelegenen Gesellschaftshauses wurde die Löwengesellschaft 1833 aufgelöst; sie hatte zu diesem Zeitpunkt noch 13 Mitglieder, zwölf Männer und eine Frau, umfasst. Nur zwei Patrizier erhoben Anspruch auf ihre Anteile, während die übrigen elf eine Stiftung errichteten, die ihren Witwen und Nachfahren zugute kommen sollte[71]. Im wie Ravensburg paritätischen Biberach war die hier konfessionell getrennt organisierte katholische und evangelische Patriziergesellschaft durch Verteilung des Vermögens und durch Stiftungen an die Schulkassen bereits 1806 aufgelöst worden[72].

Anmerkungen:

1 Vgl. *Alfons Dreher*: Das Patriziat der Reichsstadt Ravensburg. Stuttgart 1966; *Ders.*: Geschichte der Reichsstadt Ravensburg. Bd. 2. Weißenhorn und Ravensburg 1972, 530-565; *Peter Eitel*: Die oberschwäbischen Reichsstädte im Zeitalter der Zunftherrschaft. Stuttgart 1970; *Carl-Hans Hauptmeyer*: Probleme des Patriziats oberdeutscher Städte vom 14. bis zum 16. Jahrhundert. In: Zeitschrift für bayerische Landesgeschichte 40 (1977), 39-58.
2 *Peter Eitel*: Geschichte der Stadt Ravensburg im Überblick. In: *Oskar Sailer* (Hg.): Der Kreis Ravensburg. Stuttgart-Aalen 1976, 92-107, 95.
3 Vgl. *Dorothee Ade-Rademacher / Peter Eitel*: Ravensburg. In: *Landesdenkmalamt Baden-Württemberg* (Hg.): Stadtluft, Hirsebrei und Bettelmönch. Stuttgart 1992, 145-155, 153.
4 Vgl. zu den Zahlenangaben *Alfons Dreher* 1972 (wie Anm. 1), 540; *Tobias Hafner*: Geschichte der Stadt Ravensburg. Ravensburg 1887, 152; Stadtarchiv Ravensburg (im folgenden abgekürzt StadtA RV): Bü 1888a.
5 Vgl. auch *Erwin Riedenauer*: Kaiserliche Standeserhebungen für reichsstädtische Bürger 1519 bis 1740. In: *Hellmuth Rössler* (Hg.): Deutsches Patriziat 1430 bis 1740. Limburg 1968, 27-98.
6 *Frank Möller*: Bürgerliche Herrschaft in Augsburg

1790 bis 1880. München 1998, 72.
7 StadtA RV: Bü 1888a.
8 Vgl. hierzu auch *Ingrid Bátori*: Das Patriziat der deutschen Stadt. In: Zeitschrift für Stadtgeschichte, Stadtsoziologie und Denkmalpflege 2 (1975), 1-30; *Dreher* 1966 (wie Anm. 1), 560.
9 Vgl. *Peter Eitel*: Die Ravensburger „Ballengesellschaft". In: *Franz Quarthal / Wilfried Setzler* (Hg.), Stadtverfassung-Verfassungsstaat-Pressepolitik. Sigmaringen 1980, 111-120, 111.
10 Vgl. StadtA RV: Bd. 1819c.
11 Vgl. *Dreher* 1972 (wie Anm. 1), 647.
12 *Johann Georg Eben*: Versuch einer Geschichte der Reichsstadt Ravensburg. Heft 3. Ravensburg 1831, 480.
13 Vgl. zur Oppositionsbewegung gegen das Patriziat in verschiedenen Reichsstädten allgemein auch *Reinhard Hildebrandt*: Rat contra Bürgerschaft. Die Verfassungskonflikte in den Reichsstädten des 17. und 18. Jahrhunderts. In: Zeitschrift für Stadtgeschichte, Stadtsoziologie und Denkmalpflege 1 (1974), 221-241.
14 Zu den Zahlenangaben vgl. *Dreher* 1966 (wie Anm. 1), 441f.; *Tobias Hafner*: Geschichte der Stadt Ravensburg. Ravensburg 1887, 628.
15 Vgl. *Dreher* 1966 (wie Anm. 1), 449f.
16 Vgl. *Dreher* 1972 (wie Anm. 1), 628.
17 Vgl. *Eben* 1831 (wie Anm. 12), 483.
18 Vgl. ebd.
19 Vgl. *Alfred Lutz*: Die Reichsstadt Ravensburg am Ende des Alten Reiches. Magisterarbeit Tübingen 1990, 76f.
20 StadtA RV: Bü 1888a.
21 Vgl. StadtA RV: Bü 1064b; *Eben* 1831 (wie Anm. 12), 499.
22 Vgl. StadtA RV: Bü 1888a.
23 Dazu zählten Johann Matthias von Ortlieb (Marktstraße 20, Umbau durch den bekannten Architekten Johann Caspar Bagnato, der sein Schwiegersohn war), Franz Balthasar von Merz (Marktstraße 26), Leonhard von Beck (Herrenstraße 24) sowie die Patrizierfamilien von Knoll (Marktstraße 59) und von Furtenbach (Marktstraße 22). Hierzu: *Hafner* 1887 (wie Anm. 14), 706, 708; *Hans-Martin Gubler*: Johann Caspar Bagnato (1696 – 1757) und das Bauwesen des Deutschen Ordens in der Ballei Elsaß-Burgund im 18. Jahrhundert. Sigmaringen 1985, 332f.; 1883 bis 1983. Hundert Jahre Otto Maier Verlag Ravensburg. Ravensburg 1983, 71f.; *Stadt Ravensburg* (Hg.): Historische Stadtrundgänge. Ravensburg mit Schmalegg und Weißenau. Ravensburg 2003, 61f.; *Landesdenkmalamt Baden-Württemberg*: Liste der Kulturdenkmale/Ravensburg (Exemplar im StadtA RV: Sign. R 189).
24 Im Rechnungsjahr 1788/89 zum Beispiel betrug das Jahresgehalt der beiden Bürgermeister Johann Jakob von Beck und Maximilian Dismas Precht von Hochwarth jeweils 513 Gulden, das der beiden Stadtammänner Joseph Emanuel von Ortlieb und Georg Christoph von Welz jeweils 421 Gulden. Das Gehalt der sonstigen Ratsherren schwankte je nach Zahl und Bedeutung der übernommenen Nebenämter. So erhielten etwa Abraham Kutter (bürgerlich) 736 Gulden, Jakob Anton Bell (bürgerlich) 603 Gulden, Jakob Wilhelm von Furtenbach (Patrizier) 498 Gulden, Franz Joseph Martini (bürgerlich) 498 Gulden, Franz Joseph Ebneter (bürgerlich) 381 Gulden, Johann Anton Krafft (bürgerlich) 365 Gulden, Johann Baptist von Knoll (Patrizier) 305 Gulden, Johann Michael Hüble (bürgerlich) 295 Gulden, Dr. Joseph Anton Rogg (bürgerlich) 188 Gulden, Tobias Ludwig Kienlin (bürgerlich) 188 Gulden, Joseph Ferdinand von Merz (Patrizier) 105 Gulden und Bartholomä Sauter (bürgerlich) 104 Gulden Vgl. StadtA RV: Bü 888b; *Susanne Nußbaumer*: Das Finanzwesen der Reichsstadt Ravensburg im 18. Jahrhundert. Diss. Tübingen 1950 (masch.), 146f.
25 Vgl. die Steuerbücher im StadtA RV: Bd. 1225, 1226, 1245, 1246, 1263, 1264, 1283, 1284, 1303, 1304, 1325, 1326.
26 StadtA RV: Bü 1064a, 187.
27 Ebd., 188.
28 Vgl. „Häuser- und Seelenbeschrieb" von 1789, StadtA RV: Bü 1049-1054.
29 Kienlin wurde am 9. Juli 1734 in der Reichsstadt Ulm geboren, besuchte das dortige Gymnasium und studierte danach Rechtswissenschaften an der welfischen Universität Helmstedt. 1759 wurde er Hofmeister beim Geheimen Rat und Reichstagsgesandten Wilhelm Friedrich Pistorius in Regensburg. 1761 erhielt er die Stelle des Registrators, 1763 die des Ratskonsulenten in Ulm. 1769 wurde er Kanzleiverwalter in Biberach und heiratete ein Jahr später Susanna Ursula Spieler, Tochter des wohlhabenden und einflussreichen Ravensburger Ratsherren Andreas Spieler d. J. Nach dem Tode seines Schwiegervaters 1783 rückte er für ihn in den Ravensburger Rat nach. Im Zuge der 1804 durch die neue bayerische Landesherrschaft erfolgten Neuorganisation der Ravensburger Stadtverwaltung wurde Kienlin zum Stadtgerichtsrat ernannt. Er starb 1806 in Ravensburg. Zu den Veröffentlichungen Kienlins zählt u.a. das rechtshistorische Werk „Ausführung der ursprünglichen und beständig beybehaltenen Unmittelbarkeit der uralten Reichsherrschaft Balzheim, in Schwaben an der Iller gelegen", erschienen 1765 in Ulm. Vgl. *Johann Jacob Gradmann*: Das gelehrte Schwaben: oder Lexicon der jetzt lebenden schwäbischen Schriftsteller. Ravensburg 1802, 289f.
30 StadtA RV: Ratsprotokoll (im folgenden abgekürzt RPr.) v. 17. September 1790.
31 Ebd.
32 StadtA RV: Bd. 1819c.
33 Vgl. hierzu auch allgemein *Volker Press*: Reichsstadt und Revolution. In: *Bernhard Kirchgässner / Eberhard Naujoks* (Hg.): Stadt und wirtschaftliche Selbstverwaltung. Sigmaringen 1987, 9-59.
34 Auch zum folgenden StadtA RV: Bü 1064a, 190-196. Zur Wahl am 18. Februar 1793 vgl. auch StadtA RV: Bd. 355, RPr. 1793, 164f.
35 Auch zum folgenden StadtA RV: RPr. v. 22. Februar 1793.
36 Vgl. StadtA RV: RPr. v. 2. März 1798.
37 *Johann Baptist von Knoll*: Injurien von ganz besonderer Art. Bd. 3. o. O. 1777; StadtA RV: Bü 1516 b-1520a; *Dreher* 1966 (wie Anm. 1), 517.

38 Vgl. StadtA RV: Bd. 365-367; RPr. 1801/02.
39 Zur Mediatisierung der Reichsstadt Ravensburg: *Alfred Lutz*: Die Reichsstadt Ravensburg am Ende des Alten Reiches. In: *Volker Himmelein / Hans Ulrich Rudolf* (Hg.): Alte Klöster – Neue Herren. Die Säkularisation im deutschen Südwesten 1803. Bd. 2,2. Ostfildern 2003, 759-778, 773-776.
40 *Klaus-Peter Schroeder*: Das Alte Reich und seine Städte. München 1991, 196.
41 Vgl. StadtA RV: RPr. v. 7.1. 1803; *Alfred Lutz*: Zwischen Beharrung und Aufbruch. Ravensburg in den Jahren 1810 bis 1847. Münster 2005, 538.
42 Vgl. StadtA RV: Bü 1823a. Zur Neuorganisation der Stadtverwaltung durch Bayern und zur bayerischen Zeit Ravensburgs 1802 bis 1810 insgesamt: *Johann Georg Eben*: Versuch einer Geschichte der Stadt Ravensburg von Anbeginn bis auf die heutigen Tage. Heft 6. Ravensburg 1834, 339-448; *Gustav Merk*: Ravensburg unter bayerischer Verwaltung. In: Württembergische Vierteljahrshefte für Landesgeschichte Vjh NF 23 (1914), 405-422; *Oliva Mayer*: Die Reichsstadt Ravensburg unter der Krone Bayern (1802 bis 1810). Diss. Tübingen 1952 (masch.); *Josef A. Weiss*: Die Integration der Gemeinden in den modernen bayerischen Staat. Zur Entstehung der kommunalen Selbstverwaltung in Bayern (1799 bis 1818). München 1986; *Peter Eitel*: Segnungen und Grausamkeiten des aufgeklärten Absolutismus. Die Reichsstadt Ravensburg unter bayerischer und dann württembergischer Herrschaft. In: *Himmelein / Rudolf* 2003 (wie Anm. 39), 779-790; *Peter Eitel*: Die Folgen der Mediatisierung für die Reichsstadt Ravensburg. In: *Peter Blickle / Andreas Schmauder* (Hg.): Die Mediatisierung der oberschwäbischen Reichsstädte im europäischen Kontext. Epfendorf 2003, 73-83.
43 Vgl. *Paul Beck*: Eine Tragödie aus einer oberschwäbischen Patrizierfamilie (von Merz). In: Archiv für Stamm- und Wappenkunde Nr. 6, 8 (1907/08), 85ff.
44 *Georg Wieland*: Die Integration der Städte in die neuen Staaten. In: *Daniel Hohrath / Gebhard Weig / Michael Wettengel* (Hg.): Das Ende reichsstädtischer Freiheit 1802. Begleitband zur Ausstellung „Kronenwechsel". Ulm 2002, 56-110, 186.
45 Vgl. *Lutz* 2005 (wie Anm. 41), 216.
46 Vgl. *Mayer* 1952 (wie Anm. 42), 36f.
47 Auch zu den folgenden Zitaten: Bayerisches Hauptstaatsarchiv München, MInn Nr. 26813; Organisation der vormaligen Reichsstädte Ravensburg und Kempten.
48 Vgl. *Dreher* 1966 (wie Anm. 1), 555.
49 *Rainer Jensch*: Die Mediatisierung der Reichsstadt Wangen im Allgäu 1802/1810. In: *Himmelein / Rudolf* 2003 (wie Anm. 39), 817-828, 825.
50 Zit. nach *Rainer Jensch*: Reichsstadt am Ende: Die Mediatisierung der Reichsstadt Wangen im Allgäu. In: Neujahrsblatt 46 des Museumsvereins Lindau. 2006, 108-127, 123.
51 Vgl. *Dreher* 1966 (wie Anm. 1), 522.
52 Vgl. ebd., 529.
53 Vgl. *Lutz* 2005 (wie Anm. 41), 16f.
54 Vgl. ebd., 110-115.
55 Vgl. StadtA RV: B 2/695; Bü 2247b.
56 *Gisela Mettele*: Verwalten und Regieren oder Selbstverwalten und Selbstregieren? In: *Lothar Gall* (Hg.): Stadt und Bürgertum im Übergang von der traditionalen zur modernen Gesellschaft. München 1993, 343-365, 350.
57 Vgl. StadtA RV: RPr. v. 18.5. 1818; Bü 2247b.
58 Vgl. StadtA RV: Bü 2109b.
59 Vgl. *Lutz* 2005 (wie Anm. 41), 158f.
60 Hierzu: *Alfred Lutz*: Die Ära Franz von Zwerger (1820/21 bis 1856). Ravensburg 1990; *Lutz* 2005 (wie Anm. 41), 195-205.
61 Vgl. StadtA RV: Bü 1888a; *Lutz* 2005 (wie Anm. 41), 285.
62 Auch zum folgenden: StadtA RV: Bü 1064a, 205.
63 StadtA RV: Bü 1064a, 212.
64 Vgl. StadtA RV: Bü 1888a; Bü 1064 b, 103.
65 Vgl. StadtA RV: Bü 2319b.
66 StadtA RV: RPr. v. 5.12. 1817.
67 Vgl. StadtA RV: RPr. v. 13.5. 1818; *Eben* 1831 (wie Anm. 12), 501; *Johann Daniel Memminger* (Hg.): Beschreibung des Oberamts Ravensburg. Stuttgart-Tübingen 1836, 128.
68 Vgl. StadtA RV: Bü 1064b; Bü 2319b.
69 Vgl. StadtA RV: Familienregister der ev. Kirchengemeinde, 13; „Intelligenz-Blatt für das königl. Oberamt Ravensburg und die Umgegend" v. 30. Juni 1845, 420.
70 Vgl. *Alfred Otto Stolze*: Der Sünfzen zu Lindau. Das Patriziat einer schwäbischen Reichsstadt. Lindau-Konstanz 1956, 184f.
71 Vgl. *Hans-Ulrich Freiherr von Ruepprecht*: Das Memminger Patriziat am Ende der Reichsstadt und nach dem Übergang an Bayern. In: Genealogisches Jahrbuch 19 (1979), 165-184, 180f; *Wieland* 2002 (wie Anm. 44), 89.
72 Vgl. *Adam Kuhn*: Chronik der Stadt Biberach. Vom Ende der Reichsstadtzeit bis zum Beginn des Weltkriegs 1800 bis 1914. Biberach 2000, 73; *Wieland* 2002 (wie Anm. 44), 97. Zu Ulm vgl. den Beitrag Palaoro in diesem Band.

Schlossbauten des oberschwäbischen Adels im 18. Jahrhundert Heimische Baumeister und „welsche Manier"

Ulrich Knapp

Die politische Landkarte Oberschwabens ist im 18. Jahrhundert durch das enge Nebeneinander relativ kleiner weltlicher und geistlicher Herrschaften sowie freier Reichsstädte geprägt. Hier sind alte Geschlechter angesiedelt, deren Angehörige mit wichtigen Aufgaben im Herrschaftsgefüge des Heiligen Römischen Reichs betraut waren, wie die Grafen von Waldburg, die im 13. Jahrhundert zeitweilig die Reichskleinodien auf der Waldburg behüteten und den Rang der Reichserbtruchsessen bekleideten. Ihre Königsnähe fand auch in den Bauten sichtbaren Ausdruck. Andere Geschlechter bemühten sich um die Erhebung in den Fürstenstand. Diese Ambitionen bestimmten auch die Planung und Ausführung neuer Schlossbauten. Viele der weltlichen Herrschaften waren verwandtschaftlich eng verbunden. Mitglieder dieser Familien gehörten den Domstiften in Konstanz, Augsburg oder Salzburg, der Fürstabtei Kempten oder anderen hochadeligen Stiften und Klöstern, wie dem Damenstift Buchau, an. Daneben traten die Angehörigen des reichsstädtischen Patriziats. Die politischen Institutionen des Heiligen Römischen Reichs ermöglichten vielfältige Kontakte zwischen den einzelnen Gruppen. Die gegenseitigen Korrespondenzen zeugen von einem dichten Kommunikationsnetz.

Die Nutzungsanforderungen an die Schlossbauten des oberschwäbischen Adels sind dementsprechend vielfältig. Die Verleihung hoher Ämter oder Titel war oft Anlass für Neubauten. Ähnliche Neubauprojekte innerhalb unterschiedlicher Linien einer Familie sind nicht unüblich. Die repräsentativen Neubauten der geistlichen Herrschaften beeinflussten ebenfalls die Bauprojekte des Adels. Besondere Anforderungen an die Raumprogramme der Schlossbauten finden sich bei Bauherren, die innerhalb der Hierarchie des Heiligen Römischen Reichs einen besonderen Rang einnahmen. Als souveräne Territorialherren konnten der Fürstbischof von Konstanz, die reichsunmittelbaren Abteien, der Deutsche Orden und die Reichsgrafen bauen. Großangelegte Residenzprogramme, wie sie aus dem Herzogtum Württemberg (z. B. Stuttgart, Ludwigsburg), den Markgrafschaften Baden-Durlach und Baden-Baden (z. B. Baden-Baden, Rastatt, Karlsruhe) oder dem Herzogtum bzw. Kurfürstentum Bayern (z. B. München, Nymphenburg, Schleißheim) bekannt sind, konnten nur in diesem Umfeld entstehen. An erster Stelle wäre der fürstbischöfliche Hof in Konstanz zu nennen, doch ließen hier andauernde Finanzprobleme kaum vergleichbar umfangreiche Bauprojekte zu. Erst unter den Fürstbischöfen Damian Hugo von Schönborn (1740 – 1743), Franz Konrad von Rodt (1750 – 1775) und Maximilian Christoph von Rodt (1775 – 1800) erhielt Meersburg den Charakter einer barocken Residenzstadt. Nur der Deutsche Orden konnte in der ersten Hälfte des 18. Jahrhunderts komplexe Residenzen (Mainau, Altshausen) projektieren und bauen. Daneben treten die reichsunmittelbaren Abteien. Das „Hof- und Abteigebäu" der Zisterzienserabtei Salem, nach dem Brand von 1697 durch Franz II. Beer gebaut, ist in seiner Raumdisposition auf die Bedürfnisse der Hofhaltung eines reichsunmittelbaren Territorialherren zugeschnitten und steht in seinem Raumprogramm und der inhaltlichen Konzeption der Repräsentationsräume zeitgenössischen weltlichen Bauprogrammen nicht nach[1]. Unter den hochadligen Bauherren

Kißlegg, Altes Schloss. Charakteristisch für den Bau aus dem 16. Jahrhundert sind die Staffelgiebel und die vorgelagerten Rundtürme.

Oberschwabens sind diesem ambitionierten Auftraggeberkreis die Reichserbtruchsessen von Waldburg und die Grafen von Königsegg zuzurechnen.

Eine strenge Trennung zwischen weltlichen und geistlichen Auftraggebern in bezug auf die Bauaufgaben ist kaum zu ziehen. Oft sind dieselben Baumeister, Handwerker und Ausstattungskünstler beteiligt, die unter den Auftraggebern vermittelt wurden. Die Korrespondenzen der Salemer Äbte enthalten dafür zahlreiche Beispiele. Zum anderen sind die verwandtschaftlichen Beziehungen bei der Auftragsvermittlung nicht zu unterschätzen.

GRUNDLAGEN: SCHLOSSBAUTEN DES 16. UND 17. JAHRHUNDERT

Einflügelige Anlagen

Bis in das 18. Jahrhundert tradieren sich traditionelle Bautypen. In der ersten Hälfte des 16. Jahrhunderts sind einflügelige, längsrechteckige Baukörper weit verbreitet, die über die Mittelzone erschlossen werden. Sie gehen typologisch auf die Palasbauten im mittelalterlichen Burgenbau zurück. Die Kanten werden meist durch Anbauten betont. Noch in der Tradition der turmbewehrten Burganlage stehen die mit Rundtürmen versehenen Schlösser. Besonders repräsentativ ausgestaltet ist dieser Typ in dem 1550 bis 1553 für Hans Georg Baumgartner von Baumgarten erbauten Schloss Erbach bei Ulm[2]. Der dreigeschossige Baukörper mit einer Grundfläche von 33 x 38 m wird von zwei mächtigen längsgerichteten Satteldächern überdeckt. Der Bau ist dreischiffig konzipiert. Der Hauptzugang an der westlichen Schmalseite führt in eine tonnenüberwölbte Halle von 9 x 35,3 m, der an der Ostseite der fünfeckige Kapellenanbau vorgelagert ist. Die Erschließung der Obergeschosse erfolgt über eine zweiläufige Treppe in der Mitte der südlichen Gebäudezone. Die mittlere Zone in den Obergeschossen nehmen flachgedeckte Hallen ein, die Wohn- und Nutzräume befinden sich in den seitlichen Raumzonen. Der Kapellenerker ist zweigeschossig und öffnet sich zu den Hallen im Erdgeschoss und im ersten Obergeschoss. Die große Erdgeschosshalle geht typologisch auf die Dürnitz im spätmittelalterlichen Schlossbau zurück (z. B. Palas der Pfalz in Forcheim, zweite Hälfte des 14. Jahrhunderts; Schloss Urach, zweite Hälfte des 15. Jahrhunderts).

Diesen Typ verkörpern auch das Alte Schloss in Kißlegg[3], und der Kernbestand von Schloss Waldsee[4]. Mittlere und kleine Schlösser zeigen eine entsprechende Grundgestaltung – wahlweise mit vier, drei oder zwei Ecktürmen und meist steilen Staffelgiebeln am Hauptbau. Sie sind in der Regel in drei Querzonen aufgeteilt. Die Erschließung erfolgt über die mittlere Zone, wie bei Schloss Ummendorf[5], wo man in eine tonnenüberwölbte Halle gelangt. Seitlich sind Nebenräume und ein Treppenhaus angeordnet. Über der Halle befindet sich im ersten Obergeschoss ein großer Saal, in den seitlichen Zonen sind Wohnräume untergebracht. Weitere Beispiele dieses Typs sind die Schlösser in Amberg[6], Amtzell[7], Bächingen[8], Burgwalden[9], Großallmendingen[10], Hürbel[11], Pfersee[12], Sulzemoos[13], Wilflingen und Windach[14]. Auch das im 16. Jahrhundert neu errichtete Schloss Kirchberg der Äbte von Salem gehörte diesem Typ an[15]. An die Stelle der Rundtürme können auch polygonale – meist oktogonale – Ecktürme treten, wie bei Schloss Altmannshofen, das 1664 als schönes neu erbautes Herrenhaus bezeichnet wird[16]. Diese Bauform wurde schließlich auch von bürgerlichen Auftraggebern aufgegriffen, wie das für den Kaufmann Leonhard Zollikofer ab 1568 geplante und von dem Kemptener Baumeister Matthäus Höbel erbaute Schloss Altenklingen (Thurgau) zeigt[17].

Es können auch mehrere solcher Baukörper kombiniert werden, wie in Schloss Aulendorf, Schloss Scheer[18], oder Schloss Brandenburg an der Iller[19]. Als Variante dieses Typs sind die längsrechteckigen Bauten mit längsgerichteten Satteldächern anzusprechen, an deren Kanten an den Obergeschossen polygonale Erker angesetzt sind, wie bei Schloss Mittelbiberach[20]. Zu diesem Typ gehören die Schlösser Untermarchtal[21], Donzdorf,[22] Bernstadt[23], Burtenbach[24], Hainhofen[25] und Hurlach[26]. Neben den polygonalen Erkern gibt es auch die Variante mit den über Eck gestellten Erkern über zumeist querrechteckigem Grundriss. Heinrich Schickhardt plante dies für das Schloss in Freudenstadt. In Oberschwaben finden sie sich etwa an den Schlössern Erolzheim,[27] Stetten o. Lontal[28] und Offenhausen[29].

Vierflügelanlagen

An größeren Residenzorten entstanden seit dem frühen 16. Jahrhundert großzügige Vierflügelanlagen, die mit besonders ausgezeichneten Ecktürmen versehen sind[30]. Als Prototyp kann das ab etwa 1500 geplante und begonnene, in wesentlichen Teilen um 1536/38 in seinem heutigen Umfang erbaute Schloss Hohentübingen gelten, dessen Nordflügel im Erdgeschoss der große Festsaal einnimmt. Im Südflügel befinden sich die Schlosskapelle und die Wohnräume des Herzogs. Die Erschließung der Obergeschosse erfolgt über Treppentürme in den Ecken des Innenhofes. Nach außen hin charakterisieren mächtige Rundtürme den Bau als wehrhafte Anlage. Mustergültig wurde dieser Typ im Schloss Höchstadt an der Donau zwischen 1589 und 1594 realisiert[31].

Die große Vierflügelanlage wird zum Idealtyp des Renaissanceschlosses. Die Rundtürme werden durch rechteckige turmartige Baukörper ersetzt. Als Prototyp gilt das ab 1557 für Graf

Meßkirch, Schloss. Stadtseite. Bemerkenswert sind die stark vorspringenden Ecktürme und die Fügel mit zwei Vollgeschossen. Der Anbau ist durch den Treppenhausumbau aus dem 18. Jahrhundert bedingt.

Froben Christof von Zimmern (1519 – 1567) erbaute Schloss in Meßkirch[32]. Die Flügel sind zweigeschossig, die turmartigen Eckbauten um ein Geschoss erhöht. Über Wendeltreppen erreichte man das Obergeschoss[33]. Nahezu das gesamte Obergeschoss des Nordostflügels nimmt der neunachsige Saal ein, der höher ist als die anschließenden Räume, so dass seine Kassettendecke in den Dachraum eingreift. Die zweigeschossige Schlosskapelle befindet sich im Südwestflügel. Sie war im Erdgeschoss vom Hof und der Durchfahrt zugänglich. Von den Wohnräumen im ersten Obergeschoss konnte man eine Empore entlang der Ost- und Südwand der Kapelle erreichen. Als Baumeister ist 1561 Georg Schwartzenberger bezeugt, der 1562 für den Schwiegersohn von Graf Froben Christoph von Zimmern, Graf Joachim von Fürstenberg, den Umbau von Schloss Heiligenberg leitete. Der Hauptbau umfasste eine viergeschossige Vierflügelanlage, deren Außenkanten keine weitere architektonische Auszeichnung besitzen. An die ältere, unregelmäßige fünfeckige Anlage schließen sich zwei lange Flügel an. Nach Süden wird der Hof durch einen deutlich breiteren Baukörper abgeschlossen, in dessen Obergeschoss sich der zweigeschossige Rittersaal befindet. Von ihm aus kann man auf die L-förmige Empore der Schlosskapelle im Westflügel gelangen. Der dreigeschossige Raum erinnert mit seiner ungewöhnlichen Emporenanlage an die Schlosskapelle von Meßkirch. Der Südseite des älteren Baukörpers ist zum Hof hin eine viergeschossige Loggia vorgelagert, deren baukünstlerische Wurzel in den Arkaden des Innenhofes des Palazzo Venezia (S. Marco) in Rom (1464 – 1468) zu suchen ist[34].

Zwei vergleichbare Schlösser wurden ebenfalls von Schwiegersöhnen Graf Froben Christof von Zimmerns erbaut: Graf Eitel Friedrich IV. von Hohenzollern ließ sich nach Plänen von Schwartzenberger in Hechingen ein – heute zerstörtes – Schloss bauen. Truchsess Jakob von Waldburg ließ 1578 bis 1583 in Wolfegg einen Neubau errichten, für den Schwartzenberger als Planverfasser vermutet wird[35]. Das ursprüngliche Erscheinungsbild des Baus überliefern die 1628 gemalten Ansichten von Johann Andreas Rauch. Die turmartigen Eckbauten springen nur an den schmäleren Flügeln risalitartig vor und sind nicht diagonal aus der Ecke verschoben. Die Flügel besitzen drei Geschosse, wobei das Erdgeschoss die Durchfahrten, Zugänge und Keller- bzw. Wirtschaftsräume enthält. Die Wohn- und Repräsentationsräume befinden sich in den beiden Obergeschossen. Die Hauptzugänge zum Gebäudeinneren befinden sich in der Nordwest- und der Nordostecke des Hofes. Hinter den Portalen befinden sich doppelläufige, tonnenüber-

Schloss Zeil, Nordostflügel. Das Erdgeschoss und das erste Obergeschoss wurden bis 1614 errichtet, das niedrigere zweite Obergeschoss wurde erst im 18. Jahrhundert ausgeführt.

wölbte Treppen mit Wendepodesten. Den beiden kürzeren Flügeln an der West- und der Ostseite waren hofseitig Altane vorgelagert, die vom ersten Obergeschoss zugänglich waren und eine Verbindung zwischen Nord- und Südflügel schufen. Besonders aufwendig ist das schon aufgrund seiner Dimensionen hervorgehobene und von der südlichen Zufahrt direkt erreichbare dreiläufige Treppenhaus im Südostturm, über das der anderthalbgeschossige Rittersaal im zweiten Obergeschoss des Südflügels auf direktem Weg erreichbar ist. Die flach ansteigende Treppenanlage dürfte auf die Anforderungen des Hofzeremoniells zugeschnitten gewesen sein. Diese Erschließung ist den Gegebenheiten in Heiligenberg eng verwandt. Der Bau besitzt im zweiten Obergeschoss einen zweiten, etwas kleineren Saal, den Bankettsaal, der den gesamten Westflügel einnimmt. Er schließt unmittelbar an den Nordturm an, in dem sich die Küche befunden hat[36]. Der Erschließung der Wohn- und Gästeräume in den übrigen Flügeln dienen hofseitige Gänge. Die Ansichten von Rauch überliefern die farbige Fassung der Außenwände. Die hofseitigen Fassaden, wurden hiernach rekonstruiert. Die Putzfassaden mit der Rustizierung im Erdgeschoss und den großformatigen Quadereinfassungen der Fenster haben ihr Vorbild in Bauten Giulio Romanos und dem davon abhängigen Stadtpalast in Landshut, ab 1536 für Herzog Ludwig X. von Bayern erbaut[37]. Sie waren weit verbreitet, wie Beispiele aus Ulm[38] und Ansbach[39] belegen. Die Komprimierung der Baumassen, die Erhöhung um ein Geschoss und die unterschiedliche Höhenerstreckung der Flügel zeichnen Wolfegg gegenüber Meßkirch aus. Italienische Einflüsse werden in den gerade geführten tonnenüberwölbten Treppenläufen spürbar.

Der Sohn des Erbauers von Wolfegg, Truchseß Froben von Waldburg, begann 1598 mit dem Bau des Schlosses Zeil. Als Baumeister für die Jahre 1598 bis 1600 ist Jörg Reutter aus Bayern überliefert, danach übernahm Adam Schuoler aus Miesbach den Bau[40]. Beim Tod des Bauherrn waren der Südostflügel, der Südwestflügel und die beiden westlichen Achsen des Nordwestflügel ausgebaut[41], die weiteren Flügel bis in Höhe des ersten Obergeschosses gediehen und mit einem Dachstuhl provisorisch geschlossen[42]. Dies zeichnet sich auch an den niedrigeren Fenstern im ersten Obergeschoss des Ostteils des Nordwestflügels

Tettnang, Neues Schloss. Stadtseite, mit der kolossalen Pilastergliederung Gessingers.

und der darüberliegenden horizontalen Baufuge ab. Der Nordostflügel erhielt im 18. Jahrhundert ein etwas niedrigeres zweites Obergeschoss[43]. Der Nordwestflügel verblieb bis in die zweite Hälfte des 19. Jahrhunderts rein baulich in dem Zustand von 1614[44]. An der Südecke war ein auf Holzsäulen errichteter Sommersaal angebaut, der von einem „italienischen Flachdach" bedeckt wurde.

Schloss Zeil ist eine konsequente Weiterentwicklung des Wolfegger Entwurfs. Die Außenkubatur ist ganz regelmäßig, die überhöhten Eckbauten springen nicht aus der Wandflucht vor. Zufahrten im Nord- und im Südwestflügel gewähren den Zugang zum Innenhof. Die Haupttreppenhäuser sind jeweils in der Mitte des Südost- und des Nordwestflügels angeordnet[45]. Ein weiteres größeres Treppenhaus befindet sich an der Nahtstelle von Südturm und dem Sommersaal. Über den Korridor am Fuß der Treppe gelangt man auch in die zweischiffige Schlosskapelle. Die aus der Bauzeit erhaltenen Haupträume werden durch lange, hofseitige Gänge erschlossen. Es handelt sich dabei um die kleineren Repräsentations-, die Wohn- und die Gasträume. Der Bankettsaal im zweiten Obergeschoss des Südwestflügels könnte dem kleineren Festsaal (Bankettsaal) in Schloss Wolfegg entsprochen haben[46]. Zieht man das Wolfegger Raumprogramm weiter als Vergleich heran, dann müsste für das zweite Obergeschoss ein zweiter Saal, vergleichbar dem Wolfegger Rittersaal, geplant gewesen sein. Die Lage der Haupttreppenhäuser im Nordwest- und im Südostflügel erlauben nur im Nordostflügel die Anlage eines vergleichbaren anderthalbgeschossigen Hauptsaals[47].

Während die Grundstruktur des Mauergefüges in Meßkirch weitgehend dem von Sebastiano Serlio veröffentlichten Grundriss des Schlosses Rosmarino entspricht, zeigen sowohl Wolfegg als auch Zeil ein auffallend regelmäßiges System an Hauptmauern in den Achsen der Außenwände ohne Ausscheidung der Turmhauptmauern. Damit unterscheiden sich beide grundlegend von Schlössern wie Hohenems, ab 1562 nach Entwürfen von Martino Longo für Graf Hannibal von Hohenems erbaut[48], oder Aschaffenburg, ab 1606 nach Entwürfen von Georg Riedinger errichtet, bei denen die verhältnismäßig klein proportionierten Ecktürme den Gebäudekanten appliziert sind.

DIE SCHLOSSBAUTEN IM 18. JAHRHUNDERT

Der Vierflügeltyp: Das Neue Schloss in Tettnang

Die ab der zweiten Hälfte des 16. Jahrhunderts ausgebildeten Grundtypen bleiben bis in das 18. Jahrhundert wirksam. Graf Anton III. von Montfort (1686 – 1733) ließ ab 1712 nach Entwürfen des fürstbischöflich Konstanzischen Hofbaumeister Christoph Gessinger (1670 – 1735) an der Stelle der im Dreißigjährigen Krieg niedergebrannten Burg ein neues Schloss in Form einer fast regelmäßigen Vierflügelanlage errichten, deren Kanten über Eck gestellte, um ein Geschoss erhöhte turmartige Pavillons vorgesetzt sind. Der Bau war an der Nord- und der Ostseite von einem Graben umgeben. Über einem vermutlich geböschten Sockel erhob sich der von einer kolossalen Pilastergliederung gegliederte Baukörper. Die Baugestalt des Tettnanger Schlosses dürfte auf den besonderen Wunsch des Auftraggebers zurückgehen, dessen verwandtschaftliche Beziehungen zu Graf Joseph Christoph von Waldburg-Zeil (1660 – 1721), der mit Maria Isabella Gräfin von Montfort verheiratet war[49], sicher nicht ohne Einfluss waren, und in einem unmittelbaren Zusammenhang stehen mit dem Bemühen Graf Antons III., in den Reichsfürstenstand erhoben zu werden. Graf Anton III. sah sich in der Nachfolge der Pfalzgrafen von Tübingen und manifestierte mit dem Neubau unmissverständlich sein Selbstverständnis. Die Planung wurde auf seinen Wunsch wiederholt erweitert[50]. Die einzelnen Flügel wiederholen in verkürzter Form die Anlage des Meersburger Schlosses[51]. Die Pilastergliederung ist nur an den auf Nahsicht ausgearbeiteten Fassaden der Nord(Stadt)- und der Ostseite plastisch ausgearbeitet. Deutliche Unregelmäßigkeiten bei der Breite der Pilaster und der Pilasterrücklagen könnten auf Veränderungen im Zuge des Wiederaufbaus unter der Leitung des Schussenrieder Klosterbaumeisters Jakob Emele zurückzuführen sein. An der Nordseite sind jeweils die Rücklagen des mittleren Pilasters der Flügelbauten zwischen dem Mittelpavillon und den Eckpavillon verbreitert, so dass die Fassaden der Flügelbauten in je zwei Teile mit je zwei Fensterachsen untergliedert werden[52]. Die Ausbildung der turmartigen Eckpavillons könnte auf Anregungen zurückgehen, die Gessinger bei seinem Wienaufenthalt 1712

Tettnang, Neues Schloss, Innenhof. Die unterschiedlichen Baukörper und insbesondere die in die Hofecken gerückten Treppenhäuser sind gut zu erkennen.

Tettnang, Neues Schloss, Grünes Kabinett mit Stukkaturen von Joseph Anton Feuchtmayer und seiner Werkstatt. Die farbigen Flächen in den Stukkaturen bestehen aus grüngrundiger Hinterglasmalerei.

erschließen die beiden Obergeschosse; hofseitige Gänge die Repräsentations- und Wohnräume. Nur der kleine Saal im ersten Obergeschoss des Südflügels, der anderthalbgeschossige Festsaal im zweiten Obergeschoss des Südflügels und die Kapelle im Westflügel nehmen die gesamte Breite eines Flügels ein. Trotz des regelmäßigen Grundrisses differiert der Aufriss der einzelnen Flügel. Die drei mittleren Achsen der Flügel sind um ein Geschoss erhöht, so dass annähernd quadratische Mitteltürme entstehen. Der Südflügel mit dem großen Festsaal ist durch einen fünfachsigen Mittelpavillon besonders ausgezeichnet. Der Pavillon des Nordflügels tritt aus der Flucht der Längsmauern nur wenig hervor, die Pavillons der drei anderen Flügel schließen bündig mit den anschließenden Wänden. Darin ist die Architektur Gessingers eng verwandt mit der zeitgenössischen Klosterarchitektur, wie der Vergleich mit den Pavillons im Ost- und Westflügel der von Franz II. Beer erbauten Klosteranlage in Salem zeigt. Auch hier beherbergen die Pavillons die großen, anderthalbgeschossigen Hauptsäle: im Osten den Kaisersaal, im Westen die Aula des Konvents.

gewonnen hatte[53]. Die expliziten Wünsche des Auftraggebers werfen ein interessantes Licht auf den Bau: Der Entwurf zum Vertrag mit Gessinger vom 14. Dezember 1712 enthält den Passus, „dasz Herr Frater Christoph die Zim(m)er und Saal durchaus durch Wälsche Maister mit sauberer, die gäng aber mit glatter Stukkatohr ausmachen zu laszen" verpflichtet sei[54]. 1713 wünschte Graf Anton III, „dasz die Tachung auf Salzburg(er) Mode mit schindlen gemacht werde"[55].

Der Zugang erfolgt über die Durchfahrt im Ostflügel, über die man in den Innenhof gelangt. Quadratische Treppentürme in den Ecken des Hofes

Nach dem Brand 1753, der die Dachwerke und den überwiegenden Teil der Innenausbauten in den beiden Obergeschossen zerstörte, wurde das Schloss unter der Leitung des Schussenrieder Klosterbaumeisters Jakob Emele wiederaufgebaut[63]. Emele hatte sich selbst als Baumeister angeboten, ein Vorgang, der sich 1756 beim Meersburger Bauwesen wiederholte[64]. Es wurde nur das erste Obergeschoss ausgestattet; die Wiederherstellung nach dem ursprünglichen Nutzungskonzept scheiterte an den Kosten. Der kleine Saal in den drei mittleren Achsen des Südflügels (der heutige Bacchussaal) nahm nun die Funktion des Hauptsaals wahr. Im nördlichen Teil die-

Ulrich Knapp

Meersburg, Neues Schloss, Seeseite. Die Fassade Gessingers zeichnet sich durch den leicht angeböschten Sockel und die kolossale Pilastergliederung aus. Die Erhöhung des Mittelrisalits zählt ebenfalls zum ursprünglichen Baukonzept.

ses Stockwerks befinden sich die Appartements der gräflichen Familie: im westlichen Teil die Räume des Grafen, im östlichen Teil jene der Gräfin. Der Südflügel enthält Räume für zwei Gästeappartements. Zwischen den beiden Raumfolgen der Nordseite liegt das Tafelzimmer, zwischen den Gästeappartements der Bacchussaal[65]. Die großen Eckzimmer öffnen sich jeweils zu kunstvoll ausgestatteten Kabinetten in den Pavillons. Mit der Neuausstattung des Schlosses wurden wieder namhafte Künstler der Region betraut. In den Räumen des Grafen und der Gräfin stuckierten Joseph Anton Feuchtmayer und Franz Anton und Johann Georg Dirr. In den Gästeappartements und im Bacchussaal arbeiteten Andreas Moosbrugger (1722 – 1787) und Johann Caspar Gigl (1737 – 1784) und ihre Mitarbeiter. Die Deckengemälde in den beiden nördlichen Treppenhäusern, im Bacchussaal und zahlreiche weitere Gemälde der Raumausstattungen schuf der Langenargener Maler Andreas Brugger (1737 – 1811), das Deckenfresko im Tafelzimmer der vor allem von Giovanni Battista Tiepolo beeinflusste Franz Martin Kuen (1719 – 1771).

RESIDENZPLANUNGEN IN OBERSCHWABEN: MEERSBURG

Der Entwerfer des Tettnanger Schlosses, der Benediktiner-Laienbruder Christoph Gessinger, war ab etwa 1696 für den Deutschen Orden in Altshausen und später für die Fürstbischöfe von Konstanz tätig. In Altshausen gestaltete Gessinger den ab 1691 ausgeführten Neuen Bau um. Von 1706 bis 1730 war er für die Fürstbischöfe von Konstanz tätig[66], zuletzt als Inspektor für das Bauamt in den Diözesen Konstanz und Augsburg[67]. Zu seinen ersten großen Projekten im Auftrag des Konstanzer Fürstbischofs zählen der Neue Bau (1710/12), d. h. der Kernbau des Neuen Schlosses, und ein Lustgarten in Meersburg, der sich an der Stelle des späteren Marstallkomplexes befand. Gessingers Entwurf prägt bis heute die zum Bodensee gerichtete Fassade mit ihrer kolossalen Pilastergliederung. Auch die Stadtseite besaß einen dreiachsigen Mittelrisalit mit aufgesetztem Mezzanin, dessen niedrige Rechteckfenster noch heute an der Südwand des jüngeren Treppenhauses sichtbar sind. Bauaufnahmen von Francesco Pozzi (1740)[68] belegen, dass die Raumabfolge im zweiten Obergeschoss, das als Gästequartier genutzt wurde, weitgehend der Raumabfolge im ersten Obergeschoss des Südflügels im Tettnanger Schloss, der ebenfalls die Gästeräume beherbergt, entspricht. Ab 1725 wurde in Meersburg am Neubau des Priesterseminars nach Planungen von Gessinger gearbeitet[69]. Die von Fürstbischof Damian Hugo von Schönborn veranlassten Umbauten des Neuen Schlosses (Balthasar Neumann / Johann Georg Stahl) kamen 1743 zum Stillstand[70]. Der Ausbau Meersburgs zur fürstbischöflichen Residenz erfolgte unter den Fürstbischöfen Franz Konrad und Maximilian Christoph von Rodt. Ab 1759 leitete Franz Anton Bagnato die Planungen. Auf seine Entwürfe geht die heutige Gestalt des Meersburger Treppenhauses zurück. Unter ihm waren der Stukkateur Carlo Luca Pozzo (geb. 1735) und der Freskant Joseph Ignaz Appiani (um 1706 – 1785) im Schloss tätig[71].

Die Konzeption Gessingers prägt bis heute den Bau. Die Haupträume befinden sich im zweiten Obergeschoss. Mit dem Gartensaal im Erdgeschoss, dem repräsentativen Treppenhaus, das jedoch erst ab dem ersten Obergeschoss frei entwickelt, und dem großen, anderthalbgeschossigen Festsaal im zweiten Obergeschoss verfügt der Bau nach dem Umbau über die dem zeitgenössischen Ansprüchen genügende Abfolge repräsentativer Räume. Der Festsaal war bereits von Gessinger in seinen heutigen Dimensionen geplant gewesen sein, doch war die Erschließung über die in den Ecken zwischen dem langgerichteten Hauptbaukörper und den kurzen Kopfflügeln angeordneten Treppenhäuser nicht mehr zeitgemäß. Der Umbau ermöglichte den unmittelbaren Zugang von dem nun auch deutlich großzügiger und auf die Erfordernisse des Hofzeremoniells zugeschnittenen Treppenhaus. Die Thematik der Deckenbilder – die Apotheose auf das Fürstbistum und den Bauherren im Treppenhaus und die Divina Providentia, die Göttliche Vorsehung im Festsaal – nehmen hierauf unmittelbar Bezug[72].

Die Errichtung des schlossartigen Marstallkomplexes zwischen neuem Schloss und Priesterseminar (ab 1760) und die Erweiterung des Priesterseminars (1763 bis 1765) erfolgte nach Entwürfen von Franz Anton Bagnato.

DIE DEUTSCHORDENSSCHLÖSSER ALTSHAUSEN UND MAINAU

Für den Deutschen Ritterorden entstanden die Residenzprojekte in Altshausen und auf der Insel Mainau. Für beide zeichnet Johann Kaspar Bagnato verantwortlich. Die Planungen für das Schloss auf der Mainau setzten 1731 ein, 1756 war die Anlage vollendet[73]. Der Hauptbau ist als dreiflügelige Anlage konzipiert. Das Corps de logis wird durch einen dreiachsigen, um ein Geschoss erhöhten Mittelrisalit ausgezeichnet, der im Erdgeschoss die Sala terrena und im zweiten Obergeschoss den zweigeschossigen Festsaal aufnimmt. Die Erschließung erfolgt über Treppenhäuser in den Seitenflügeln. Südlich des Schlosses erhebt sich die freistehende Schlosskirche. Dem Corps de logis gegenüber befand sich ein langgestrecktes Stallgebäude. Weiterreichende Planungen mit zusätzlichen Pavillons und Nebengebäuden blieben unausgeführt.

Viel weitgreifender waren die Planungen für den Hauptsitz der Ballei Elsaß-Burgund in Altshausen. Bereits Christoph Gessinger hatte unter Landkomtur Marquard Franz Leopold von Falkenstein (1709 – 1717) den Neuen Bau zu einer regelmäßigen Barockanlage umgestaltet. 1727 setzten die Planungen Johann Kaspar Bagnatos ein[74]. Sein Idealprojekt ist bislang nur in einer 1766 geschaffenen Intarsienarbeit Franz Joseph Denners überliefert und umfasste ein breit gelagertes Corps de logis mit Seitenflügeln, die mit annähernd quadratischen Pavillons abschlossen. In der Achse des Corps de logis waren an der Ostseite die Reithalle (1734 – 1737) und an der Westseite die neue Schlosskirche über gleichartigen Grundrissen geplant. Der dem Schloss vorgelagerte Hof sollte vollständig von Gebäuden umgeben werden. Die westliche Schmalseite begrenzte der in die Planung miteinbezogene Neue Bau, als dessen Pendant an der Ostseite der neue Marstall (1729 –

1731) geplant war. Nach Süden hin wird der Schlosskomplex von niedrigeren Flügeln mit Beamtenwohnungen seitlich eines monumentalen Torhauses (1731) in der Mittelachse der Gesamtanlage begrenzt. Außerhalb dieses Areals sind den Flügeln seitlich des Torhauses freistehende Beamtenwohnhäuser (ab 1740) vorgelagert. Das Projekt Bagnatos war damit das weitgreifendste Residenzbauprogramm in Oberschwaben. Der Entscheidung zum Umbau der alten Kirche 1748 war der Verzicht auf die weitere Realisierung des großangelegten Residenzprojektes vorausgegangen.

DIE SCHLÖSSER DER GRAFEN VON WALDBURG: SCHLOSS KISSLEGG

Neben den Fürstbischöfen von Konstanz und den Grafen Montfort traten im 18. Jahrhundert insbesondere die Grafen von Waldburg als Bauherren hervor. Größere Neubauten entstanden ab 1721 in Kißlegg und ab 1723 in Wurzach. Das Schloss in Waldsee wurde ab 1745, vielleicht nach Entwürfen von Johann Georg Fischer, erweitert. Das nach einem Stadtbrand im Jahre 1704 ab 1721 nach Plänen von Johann Georg Fischer für Johann Ernst Graf von Waldburg zu Trauchburg erbaute Neue Schloss in Kißlegg steht noch in der Tradition der langen Einflügelbauten[75]. Zur Gartenseite hin wird der Baukörper durch zwei vorspringende Flügel von je drei mal fünf Fensterachsen flankiert. Der Erschließung der Repräsentations- und Wohnräume dient ein dreiläufiges Treppenhaus seitlich der Mittelachse. Die zweigeschossige Schlosskapelle befindet sich im westlichen Flügelbau und ist vom Erdgeschoss aus zugänglich. Vom ersten Obergeschoss öffnen sich Emporen zur Kapelle. Die in weiten Teilen erhaltene bauzeitliche Ausstattung des Schlosses spiegelt die Nutzung der einzelnen Räume wieder.

Kißlegg, Neues Schloss, Esthersaal. Deckenbild Esther vor Ahasver von Franz Gabriel Roth.

Kißlegg, Neues Schloss, Kabinett am Esthersaal. Der Raum ist besonders aufwendig mit Stuckmarmorarbeiten und Gemälden von Roth ausgestattet.

praporten thematisieren in Wappen und Insignien Herkunft und Stellung des Bauherrn. Als Hauptempfangsraum diente wohl der nordöstliche Saal, das sogenannte Estherzimmer. Das Deckenbild Roths zeigt Esther vor Ahasver und thematisiert damit eine der Haupttugenden eines gerechten Herrschers. Östlich schließt sich ein kleines, kostbar mit Stuckmarmor und Malereien ausgezeichnetes Kabinett an. Auch in den weiteren Räumen dieses Geschosses bilden Anspielungen auf die Tugenden eines Regenten den roten Faden des Ausstattungsprogramms. Das Bildprogramm des zweiten Obergeschosses ist thematisch auf die Wohnnutzung abgestimmt und insbesondere den Künsten, den Wissenschaften, Musen und der Liebe (Leda / Danae) gewidmet. Im östlichen Flügelbau ist anschließend an das Appartement der Bankettsaal untergebracht, der sein Vorbild in dem Sommersaal des Zeiler Schlosses haben kann, der in den 1740er Jahren in seine heutige Form umgestaltet wurde.

Das Haupttreppenhaus wird von Stuckplastiken Joseph Anton Feuchtmayers geschmückt. Es handelt sich um die neun Sibyllen[76]. Das Deckenbild des Hofmalers Johann Gabriel Roth mit den Sturz des Phaeton führt die Folgen des Hochmuts anschaulich vor Augen und findet in zahlreichen zeitgenössischen Ausstattungen, wie dem Haupttreppenhaus des Salemer Abteigebäudes, seine Parallele. Die Repräsentationsräume des Schlosses befinden sich im ersten Obergeschoss. Unmittelbar östlich des Treppenhauses liegt das Caesarenzimmer. Das Deckenbild Roths zeigt ein Gastmahl bei Gajus Julius Caesar. Die Francesco Solari zugeschriebenen Stukkaturen führen Rang und Auszeichnung des Bauherren vor Augen. Die Su-

SCHLOSS WURZACH

Fast gleichzeitig ließ Graf Ernst Jakob von Waldburg-Zeil-Wurzach ab 1723 einen neuen Schlossbau in Wurzach errichten[77]. Geplant war eine Dreiflügelanlage mit erhöhtem Corps de logis und zweigeschossigen Flügelbauten. Ungewöhnlich sind die um einen Zentralraum entwickelte Treppenanlage und die leichte Verschwenkung der Flügel des Corps de logis[78]. Sie führt dazu, dass der Mittelrisalit optisch stärker hervortritt und die Ehrenhofseite des Corps de logis breiter wirkt. Als 1728 die Arbeiten eingestellt wurden, waren nur der Mittelflügel und der westliche Seitenflügel vollendet. In den Jahren 1730 bis 1732, 1736, 1738, 1754 und 1756 soll der Deutschordensbaumeister Johann Kaspar Bagnato in beratender Funktion am Wurzacher Schlossbau beteiligt gewesen sein[79]. Indizien für seine Beteiligung könnten das durchlaufende Gesimsband der Fenstergiebel im zweiten Obergeschoss und das sehr hoch aufragende dritte Geschoss des Mittelrisalits an der Stadtseite bilden. Beide Gestaltungselemente finden sich auch an dem 1739 im Bau befindlichen Mittelrisalit am Corps de logis des Mainauer Schlosses[80]. Die zeitliche Abfolge würde jedoch auf eine Priorität des Wurzacher Schlossbaus hinweisen. Die orthogonal gebrochenen Giebelverdachungen finden im Œuvre von Bagnato keine Parallele und verweisen auf Bauten von Johann Lukas von Hildebrandt und Maximilian von Welsch bzw. auf Bauten in Wien, Prag und Würzburg[81]. Johann Lukas von Hildebrandt (1668 – 1745) war neben Johann Bernhard Fischer von Erlach (1656 – 1723) der bedeutendste und einflussreichste Architekt seiner Zeit im Heiligen Römischen Reich. Für Lothar Franz von Schönborn projektierte er das Treppenhaus und den Festsaal von Schloss Weißenstein in Pommersfelden und war maßgeblich an der Planung der Würzburger Residenz beteiligt. Maximilian von Welsch (1671 – 1745) war Kurmainzer und Bamberger Baudirektor und in dieser Eigenschaft maßgeblich an den Schlossbauten in Pommersfelden, Bruchsal und Würzburg beteiligt. Das Motiv der orthogonal gebrochenen Giebelverdachungen findet sich an der Gartenseite des Mittelpavillons des Würzburger Corps de logis, ab 1720 geplant, jedoch erst in den 1730er Jahren gebaut[82], und in den nicht realisierten Planungen Hildebrandts für den Mittelrisalit der Ehrenhofhauptwand (um 1720/21). An kleineren Bauten hatte Hildebrandt das Motiv des um ein Geschoss erhöhten Mittelrisalits in Schloss Ráckeve, ab 1702 im Bau[83], und am Unteren Belvedere in Wien, das 1715 im Bau war[84], ausgeführt.

Wurzacher Planungen aus den 1730er Jahren befassen sich mit dem Ausbau des Schlosses und des Ortes zu einer barocken Residenz[85]. Diese Projekte mit dem sich zur Stadt hin aufweitenden Ehrenhof und der Ausbildung eines orthogonal auf das Schloss bezogenen Straßen-, Kanal- und Alleensystems lassen durchaus Bagnatos Ideengut erkennbar werden, insbesondere der Altshausener Residenzplanung[86]. Die Bauarbeiten am Corps de logis wurden wohl erst in der Mitte der 1750er Jahre fortgesetzt und in den 1780er Jahren wurde das Schloss für die Erfordernisse der Truchsessengalerie, die Graf Joseph zeitweilig in Wurzach

Wurzach, Neues Schloss. Ehrenhofseite des Corps de logis. Besonders markant sind die Giebelverdachungen der Fenster und der um ein Geschoss erhöhte Mittelrisalit.

Wurzach, Neues Schloss, Treppenhaus, Blick vom ersten Treppenlauf in das Treppenhaus.

einrichtete, nach Entwürfen von Pierre Michel d'Ixnard umgestaltet[87]. Die Umbauten betrafen das Corps de logis und das Treppenhaus.

Die über zwei Kreisabschnitten von unterschiedlichem Radius entwickelte Treppenanlage ist in Oberschwaben ohne Parallele. Zum ursprünglichen Bestand zählen die in Massivbauweise ausgeführten unteren Treppenläufe bis zum ersten Obergeschoss, sowie Teile der Wände entlang der Treppenläufe von ersten zum zweiten Obergeschoss. Auch Teile der Stuckausstattung an den Wänden, die Stuckmarmorportale im ersten Obergeschoss und die Pietro Scotti zugeschriebenen Fresken können dieser Ausstattungsphase zugehören. Dem Umbau der 1750er Jahre sind die aus Holz bzw. in Mischbauweise errichteten Teile der Erschließung des zweiten Obergeschosses zuzuweisen – vielleicht unter Beteiligung von Johann Kaspar Bagnato.

Die baukünstlerischen Quellen der ursprünglichen Planung dürften indes nicht in Oberschwaben zu suchen sein. Die um einen unregelmäßigen ovalen Erdgeschossraum entwickelte Treppenanlage verweist auf zeitgenössische Bauten in Wien und Prag, wie die Palais Lobkowitz (1705) und Sternberg (1698 bis 1720), beide von Giovanni Battista Alliprandi, oder das Wiener Gartenpalais Schwarzenberg (zuvor Mansfeld-Fondi) von Johann Lukas Hildebrandt und Johann Bernhard Fischer von Erlach (1656 – 1723). Fischer von Erlachs 1721 erschienenes Stichwerk „Entwurf einer historischen Architektur" war in der Wurzacher Bibliothek vorhanden[88]. Möglich wäre die Kenntnis des Bauherrn von diesen Arbeiten oder die Vermittlung über Baumeister und Ausstattungskünstler. Hierbei wäre an Donato Frisoni zu denken, der bis 1709 als Stukkateur in Prag, danach in Ludwigsburg gearbeitet hat und nach Nettes Tod 1714 in Ludwigsburg die Bauleitung übernahm[89]. Frisoni hat sich in Oberschwaben erfolgreich in Weingarten[90] um Aufträge bemüht. Ein Schnitt durch das Wurzacher Treppenhaus mit Blick auf die Ostwand aus der zweiten Hälfte des 18. Jahrhunderts trägt folgende Aufschrift: „N. B. Les peintures en fresque sont del Sig. Scoti et les Stucques par les frères Bozzi"[91], d. h. die Fresken an den Seitenwänden und an der Decke werden dem Maler Pietro Scotti zugewiesen[92], die Stukkaturen den Brüdern Pozzi, vermutlich Francesco Pozzi (1700 – 1784) und ein bislang unbekannter Bruder[93]. Scotti selbst war mit Frisoni verschwägert und ab 1730 am Ludwigsburger Schlossbau tätig. Er arbeitete dort – vielleicht nach Entwürfen von Carlo Carlone – an dem Gemälde im Ordenssaal und in der Bildergalerie[94].

Ulrich Knapp

Das Treppenhaus im Wurzacher Schloss wird auch in einem Zusammenhang mit dem Treppenhaus im Bruchsaler Schloss gesehen, das in seiner heutigen Form auf Entwürfe von Balthasar Neumann (ab 1728) zurückgeht[95]. 1720 setzten die Planungen von Maximilian von Welsch ein, 1725 zeichnete Anselm Franz Freiherr von Ritter zu Groenesteyn Entwürfe zu dem Treppenhaus, die bereits kurvig geführte Treppenläufe mit wechselnden Radien zeigen[96]. Hotz nimmt an, der Grundgedanke der in einem Zentralraum angeordneten doppelläufigen Treppe im Bruchsaler Schloss gehe auf Maximilian von Welsch zurück[97]. Da von Welsch bereits 1717/18 für Graf Anton III. von Montfort tätig war, wäre eine Konsultierung von von Welsch nicht auszuschließen.

Gegen Ende des 18. Jahrhunderts setzten weitere Planungen für Schloss Wurzach ein. Eine Bestandsaufnahme aus dem Jahre 1781 mit Umbauvorschlägen im ersten Obergeschoss gibt den Zustand des Schlosses beim Tode von Graf Ernst Franz Joseph Anton von Waldburg-Zeil-Wurzach wieder[98]. In Zusammenhang mit der Verlegung der von Graf Joseph zusammengetragenen Gemäldesammlung von Köln nach Wurzach wurde durch Pierre Michel d'Ixnard ein weiterer Entwurf zum Ausbau der Residenz erarbeitet[99]: Für die Planung lagen Bestandsaufnahmen des Wurzacher Baumeisters Johann Willibald Ruez d.J. vor[100]. D'Ixnard entwickelte nicht nur einen Plan zur Umgestaltung des zweiten Obergeschosses im Corps de logis für die Galerienutzung, sondern auch einen Rahmenplan, einen „plan raisonnée", zum Ausbau des Schlosses[101]. Die bestehenden Flügelbauten sollten mit dreiachsigen Kopfpavillons versehen werden, deren Kanten als leicht eingezogene Rundungen ausgebildet sind, vergleichbar der Ausgestaltung des Mittelpavillons am Corps de logis. Um die Breite der bestehenden Flügelbauten nach außen versetzt, sollte an der Westseite ein weiterer Flügelbau als Pendant zu dem noch stehenden Rest des alten Schlosses errichtet werden, in dem die neue Schlosskapelle ihren Platz finden sollte[102]. Mit der Stufung der Flügelbauten wäre eine Aufweitung des Ehrenhofs zur Stadt hin bewirkt worden, die den Gesamtprospekt des Schlosses eindrucksvoll gesteigert hätte. Anlässlich der Verlegung der Galerie nach Wurzach war wohl auch eine Publikation der Bestände geplant, für die Grundrisse des Sammlungsgebäudes auf der Grundlage der Ausbauplanungen gestochen wurden[103]. Zur Ausführung gelangte nur die Umgestaltung der Räume im zweiten Obergeschoss des Corps de logis, in denen die Truchsessengalerie bis 1796 untergebracht war, sowie die Umgestaltung des Treppenhauses mit der Abtrennung eines Ganges im zweiten Obergeschoss und einer klassizistischen Modernisierung der Treppenanlage[104]. Hierzu zählen die hölzernen Balustraden und die zusätzlich angebrachten Vasen und Puttengruppen, sowie eine Reparatur Andreas Bruggers am Deckenfresko des Treppenhauses[105].

In einem unmittelbaren Zusammenhang mit den Ausbauplänen zum Wurzacher Schloss stehen Neuplanungen für den Ort Wurzach. Streng auf die Achsen der Schlossanlage ausgerichtet sollten Straßen, Plätze und Gebäudefluchten entstehen. Die Anlage der heutigen Herrenstraße geht hierauf zurück. Die Planungen für Wurzach stehen dabei nicht isoliert. Schon in Kißlegg hatte man nach dem großen Stadtbrand 1704 in gewisser Weise regulierend eingegriffen. Die Anlage des Amtshauses, heute Rathaus, an einem Platz gegenüber dem Neuen Schloss, lassen eine übergreifende Planung vermuten. Ähnliches ist bei der Anlage der Gebäude vor dem Schloss in Wolfegg zu beobachten[106]. Die Wurzacher Stadtplanung setzt in gewisser Weise einen Endpunkt in dieser Entwicklung. Vergleichbare Phänomene sind auch an anderen Adelssitzen zu beobachten, wie etwa bei der Anlage der Herrengasse in Oberdischingen.

DIE KLEINEREN SCHLÖSSER: SCHLOSS RIMPACH

Unter den Waldburger Schlössern ist weiter das zwischen 1753 und 1757 für Franz Carl Eusebius Graf zu Trauchburg und Kißlegg, Fürstbischof von Chiemsee und Domdekan in Salzburg erbaute Jagdschloss in Rimpach hervorzuheben[107], das

Rimpach, Schloss. Fassadenaufriss des großen Vorprojekts.

aus zwei parallel stehenden Baukörpern von sechs mal vier Fensterachsen bestand, die durch einen achteckigen Pavillon von konkaven Wandflächen in den Diagonalachsen verbunden waren. Die Bauleitung lag in den Händen von Johann Georg Specht, doch werden Zweifel daran geäußert, dass er auch der Planverfasser sei[108]. Den Hauptraum des Schlosses bildete der Festsaal über der Durchfahrt, ähnlich wie bei dem ab 1720 nach Entwürfen von Jakob Rüscher für die Äbte von Salem erbauten Schloss Maurach. Der Rimpacher Saal zeichnete sich durch seinen achteckigen Grundriss mit abwechselnd geraden und konkaven Seiten aus. Mindestens vier Vorentwürfe zur Architektur, je eine Zeichnung von Joseph Anton Feuchtmayer und Johann Georg Dirr für die Stuckausstattung des Saals sind erhalten, sowie ein 1765 datierter Plansatz Johann Georg Spechts zur Umgestaltung des alten Bräuhauses und des Schlosses anlässlich des gleichzeitigen Neubaus der Pfarrkirche. Die Vorentwürfe betreffen ein großes Schlossprojekt, dessen Flügelbauten fünf mal zehn bzw. fünf mal acht Fensterachsen aufweisen sollten und ein kleines Projekt von vier mal sieben Fensterachsen, das dem ausgeführten Baukörper sehr nahe steht. Die überlieferten Zeichnungen der beiden großen Projekte wurden später zusammengeklebt und gemeinsam beschriftet. Das große Projekt sah einen quergestreckten achteckigen Pavillon vor, dessen Diagonalseiten konvex ausgewölbt sein sollten. Der Baukörper sollte reich durchgestaltete Fassaden erhalten: Die Sockel besitzen rustizierte Pilaster; kassettierte Wandfelder schmücken die Wandflächen. Die Fassaden der Flügelbauten werden durch mehrteilige, lisenenartige eingetiefte Putzfelder gegliedert. Nur der achtseitige Mittelpavillon wird durch eine kolossale Pilastergliederung ausgezeichnet. Sein achtseitiges, kuppeliges Mansarddach ist am Dachfuß mit einem Umgang versehen. Die rechte Planvariante zeigt an den Flügelbauten eine reich gegliederte Balustrade in Höhe des Dachansatzes. Auf der Grundlage dieser Planung wurden die Ausstattungskünstler konsultiert. Der Entwurf Johann Georg Dirrs zum Raumstuck und der auf dem verso des Blattes gezeichnete Grundriss beziehen sich auf dieses Vorprojekt bzw. eine Planvariante mit konkaven Diagonalwänden. Das zweite Projekt zeigt bereits den Mittelpavillon in der späteren Form über einem regelmäßigen Oktogon mit den wesentlich schmaleren Wandabschnitten seitlich der Fenster über der Durchfahrt.

Rimpach, Schloss. Aufriss und Grundriss des vermutlichen Ausführungsprojekts.

Diese unausgeführt gebliebenen Entwürfe geben die Grundidee zum Rimpacher Schlossbau wieder; die Gestaltungselemente verweisen auf das Umfeld der Salzburger Architektur. Es wäre naheliegend, wenn der Auftraggeber sich dort Pläne für sein Schloss anfertigen ließ. Der kleinere Entwurf stimmt weitgehend mit der Ausführung überein und könnte auf Johann Georg Specht zurückgehen. Auf die wandgliedernden Elemente wird fast gänzlich verzichtet – nur die Putzfelder an den Gebäudekanten und die kolossale Pilastergliederung an dem Mittelpavillon werden beibehalten. Die Dächer sind vereinfacht und der Pavillon von einem Zeltdach bedeckt. Die Fassaden der Flügelbauten wurden um Giebelaufsätze ergänzt, die in reicherer Form zur Ausführung gelangten. Auf dieses Projekt bezieht sich der Entwurf Joseph Anton Feuchtmayers zur Wand- und Deckendekoration des Saals[109]. Da der Grundriss jedoch auch den Ansatz für den Kirchengang enthält, kann nicht ausgeschlossen werden, dass das Blatt erst in Zusammenhang mit der Umgestaltung des Schlosses und dem Neubau der Kirche 1765 entstand. Ein weiterer Plansatz im Waldburg-Zeil'schen Gesamtarchiv, eine perspektivische Ansicht des geplanten Schlossbaus und zwei Grundrisse, könnte unmittelbar mit der Bauausführung zusammenhängen. Zeichenweise und die Beschriftung sprechen gegen Specht als Autor und auch der bei Schefold enthaltene Hinweis auf Joseph Anton Feuchtmayer als Planverfasser trifft nicht zu[110]. Der am 5. Februar 1765 datierte und von Johann Georg Specht signierte Plan zum Umbau des Schlosses schließlich zeigt bei den Giebeln der Flügelbauten die bis heute überlieferte Situation. Die Wandgliederung entspricht weitgehend dem Zustand, den auch das 1848 entstandene Aquarell von Obach wiedergibt[111].

Die Frage nach der Autorschaft am Entwurf für das Schloss Rimpach bleibt damit weiter offen.

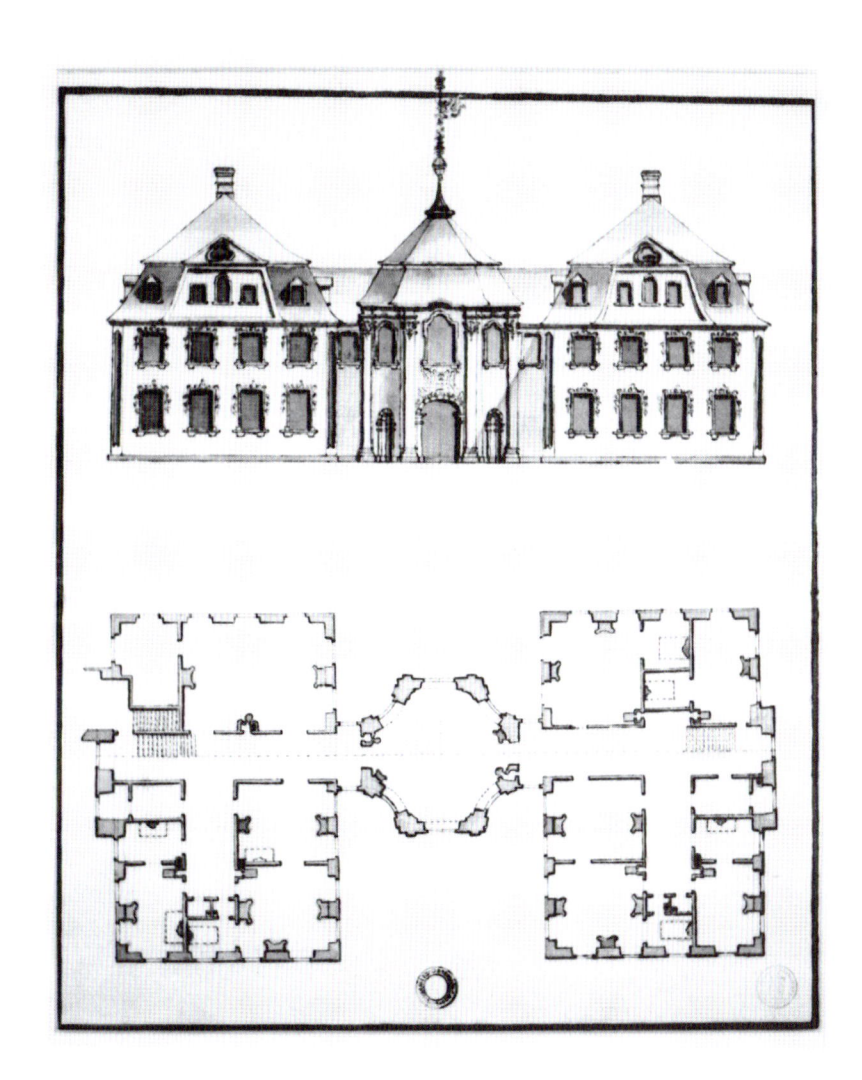

Die großen Vorprojekte verweisen auf einen Architekten aus dem Salzburger oder Wiener Raum, die der Ausführung nahestehenden Entwürfe belegen die Umsetzung bei stark reduzierten Abmessungen durch lokale Maurer- und Baumeister. Die Specht zuzuweisenden Blätter zeigen ihn als versierten Zeichner, der durchaus fremde Anregungen aufnehmen und umsetzen kann[112].

PLANUNGEN D'IXNARDS FÜR DEN ADEL OBERSCHWABEN UND DER FRÜHKLASSIZISMUS

Ab 1764 bemühte sich der aus Nîmes stammende Pierre Michel d'Ixnard, der unter Giovanni Servandoni in Stuttgart zunächst als Theatermaler

Planung für Schloss Königseggwald der Grafen von Königsegg-Aulendorf. Beide Kupferstiche aus: P[ierre] M[ichel] d'Ixnard, Recueil d'architecture. Strasbourg 1791, Tafel 30.

gearbeitet hatte, um Aufträge bei den südwestdeutschen Klöstern und Adeligen. Zu den ersten großen Aufträgen zählt die Umgestaltung des Ostflügels des Hechinger Stadtschlosses für Fürst Joseph Wilhelm von Hohenzollern-Hechingen ab Frühjahr 1764[113]. Bereits ein Jahr später arbeitete d'Ixnard für die Grafen Königsegg, die zu den wichtigsten Auftraggebern d'Ixnards in Oberschwaben zählen. In Königseggwald entstand ab 1765 das einflügelige Schloss von sieben mal 17 Fensterachsen nach seinen Entwürfen. Die Hauptfassade wird durch einen flachen dreiachsigen Mittelrisalit akzentuiert, an der Gartenseite springen die jeweils äußeren drei Achsen um eine Fensterachse vor. Zwischen die vorgezogenen Seitenachsen ist ein auf Säulen ruhender Altan eingespannt. Das Portal öffnet sich zu einem dreischiffigen Vestibül, das in eine doppelläufige Treppe mündet. Die Haupträume befinden sich im ersten Obergeschoss. In der Achse des Treppenhauses befindet sich der Salon, seitlich die Räume des Grafen bzw. der Gräfin. Das Tafelzimmer ist zur Gartenseite hin ausgerichtet.

Ab 1778 plante d'Ixnard den Umbau des Schlosses in Aulendorf[114]. Die Hauptfassade wurde jedoch um 1900 historistisch überformt. Auf Entwürfe d'Ixnards gehen die Gestaltung des Treppenhauses und die Stukkaturen im Arbeits- und im Schlafzimmer zurück. Für die Gestaltung des Marmorsaals und des Musikzimmers erbat sich Graf Hermann Friedrich von Königsegg-Aulendorf (1723 – 1786) von Abt Anselm II. von Salem

den Bildhauer Johann Georg Dirr, der im April 1778 die eigenhändig erläuterten Entwürfe zur Decke des Marmorsaals übersandte. Im März und April 1779 hielt sich Dirr mehrere Wochen in Aulendorf auf – in dieser Zeit könnten die Alabasterreliefs an den Supraporten des Marmorsaals entstanden sein[115]. Die Entwürfe Dirrs zeigen sich von den in Salem nahezu vollständig vorhandenen graphischen Vorlageblättern von Neufforge und Delafosse beeinflusst[116]. Die vollflächige Alabasterverkleidung hat im Tettnanger Bacchussaal einen Vorläufer, gestalterisch dürfte sich der Saal am Weißen Saal von Schloss Mirabell orientieren. Ab 1771 war d'Ixnard im hochadligen Damenstift Buchau tätig. Für die Fürstäbtissin Maria Carolina Gräfin von Königsegg-Rothenfels plante er den Neubau der Stiftsgebäude und der Stiftskirche[117]. Die verwandtschaftlichen Beziehungen zwischen den Grafen von Königsegg-Rothenfels und den Grafen von Waldburg-Zeil-Wurzach über die Gemahlin von Graf Ernst Franz Joseph Anton, Marie Eleonore Gräfin von Königsegg-Rothenfels (1711 – 1766) und deren Bruder Maximilian Friedrich, 1761 bis 1784 Kurfürst und Erzbischof von Köln und Förderer von Graf Joseph von Waldburg-Zeil-Wurzach, dürften letztendlich auch zur Konsultierung d'Ixnards bei den Planungen für Stadt und Schloss Wurzach beigetragen haben. Ähnliches ist im Falle der Umgestaltung des in den Jahren 1745 bis 1755 nach Entwürfen von Johann Michael Fischer für Carl Freiherr von Ulm-Erbach zu Werenwag erbauten Schlosses Donaurieden zu vermuten, die ab 1768 für dessen Witwe Maria Theresia, geb. Reichsgräfin von Waldburg-Wolfegg-Waldsee, nach Entwürfen von d'Ixnard erfolgte[118].

Weitere Projekte d'Ixnards wurden nicht oder nur teilweise verwirklicht. Für Freiherr Marquard Carl Anton Speth zu Zwiefalten wurde in den Jahren 1776 bis 1778 in Gammertingen ein neues Schloss erbaut[119]. Entwürfe von d'Ixnard zeigen zwei linear angeordnete neunachsige Baukörper, die mit einem gewaltigen, sich ab dem ersten Obergeschoss frei entwickelnden dreiachsigen Torbau verbunden werden. Franz vermutet, dass der von d'Ixnard 1795 veröffentlichte Plan den Versuch einer städtebaulichen Systematisierung darstellt. Noch ungewöhnlicher sind die um oder kurz nach 1773 anzusetzenden Planungen für das Schloss in Oberdischingen im Auftrag von Franz Ludwig Graf Schenk von Castell: Zwei gleichartige viergeschossige Baukörper von elf mal fünf Fensterachsen werden linear angeordnet und durch eine 25-achsige Kolonnade miteinander verbunden[120]. Schloss und Verwaltungsgebäude bilden auf diese Weise einen monumentalen Schauprospekt. Nach dem Entwurf d'Ixnards neu errichtet wurde nur der rechte Baukörper. Da das Schloss bereits 1807 zerstört wurde[121], bleiben viele Fragen hinsichtlich dieser Entwürfe und ihrem Zusammenhang mit der Stadtplanung in Oberdischingen, wie der Herrengasse, offen.

Die Ideen und Entwürfe von Pierre Michel d'Ixnard wurden nicht nur über die von ihm selbst realisierten Projekte weitervermittelt, sondern auch über die Zeichner und Bauführer, die unter ihm gearbeitet und später selbst als Baumeister oder Architekten tätig wurden: Johann Joachim Scholl, der unter d'Ixnard an den Bauten der Deutschordenskommende in Ellingen als Zeichner tätig und ab 1773 Baudirektor in Salem war, zeichnet für den klassizistischen Ostflügel des Schlosses Kirchberg und das Obere Tor in Salem verantwortlich. Johannes Jäger und sein Sohn Christian Jäger, sowie der Wurzacher Maurermeister Jakob Willibald Ruez wirkten am Bau der Buchauer Stiftskirche mit. Ruez und Christian Jäger errichteten 1775 bis 1777 die Pfarrkirche St. Verena in Wurzach, deren Gestaltung eng verwandt mit der Buchauer Stiftskirche ist. In Krauchenwies entstand 1789 neben dem aus dem 16. Jahrhundert stammenden und im 18. Jahrhundert deutlich vergrößerten Landschloss unter Leitung des Baumeisters Grembach ein neuer Marstall[122], dessen Architektur eine Prägung durch d'Ixnard nicht verleugnen kann.

Der neue Stil wirkte auch auf die in Oberschwaben ansässigen Baumeister, von denen an erster Stelle Franz Anton Bagnato, der Sohn von Johann Kaspar Bagnato, zu nennen wäre. Seine Bauten zeichnen sich durch sehr zurückhaltende strenge Gliederungen aus. Ab 1759 war er entscheidend am Ausbau Meersburgs zur fürstbischöflichen Residenz beteiligt. Neben zahlreichen kleineren Schlössern, deren Entwurf ihm zugeschrieben wird, realisierte er 1794 bis 1796 für Landkomtur Beat Konrad Reutter von Weyl das Schloss Achstetten, eine dreiflügelige Anlage mit erhöhtem Corps de logis 1794 bis 1796[123], 1784 bis 1789 errichtete er das Gebäude der Ritterschaft des Kantonbezirks Allgäu-Bodensee in Wangen[124]. Die Gebäude des Lindenberger Baumeisters Johann Georg Specht, wie Schloss Kleinlaupheim (1766/69)[125] und Schloss Neutrauchburg (1776/88)[126] zeigen vergleichbar zurückhaltende Formen.

SCHLUSS

Versucht man die Bauten des oberschwäbischen Adels im 18. Jahrhundert zusammenzufassen und zu charakterisieren, so fällt auf, dass bei den größeren Bauvorhaben die regionalen Baumeister, anders als noch im 17. Jahrhundert, in bezug auf die Entwurfstätigkeit für die Bauten eine eher untergeordnete Rolle spielten. Die richtungsweisenden Planideen für die bedeutendsten Neubauten dürften von außerhalb gekommen sein, wobei die weitreichenden Beziehungen des Adels eine nicht zu unterschätzende Rolle gespielt haben dürften. Anders als die meisten klösterlichen, reichsstädtischen oder städtischen Auftraggeber waren die Angehörigen des Hochadels mit den neuesten künstlerischen Strömungen in den Zentren des Reichs vertraut. Anregungen aus Prag, Wien oder Salzburg konnten so unmittelbar umgesetzt werden. Verwandtschaftliche Beziehungen oder Verbindungen zu den großen Domkapiteln im Heiligen Römischen Reich ermöglichten den Zugang zu den bedeutendsten Architekten der Zeit. Zu Beginn des 18. Jahrhunderts galt es geradezu als Gütezeichen, wenn man auf „welsche" Art arbeitete.

So empfahl Franz Dominikus von Prasberg Michael Wiedemann nicht nur als Stukkateur, sondern auch als Architekt nach Salem, der es verstehe, auf welsche Art zu bauen. Kurz zuvor hatte Wiedemann für von Prasberg das kleine Schloss Freudental auf dem Bodanrück erbaut[127]. Graf Anton III. von Montfort schließlich ließ in den Vertrag mit Gessinger aufnehmen, dass die Stuckarbeiten nur an welsche Stukkatoren verdingt werden dürfen. Die spätere Beauftragung von Joseph Anton Feuchtmayer dürfte alleine darin begründet sein, dass er als einer der ersten in Oberschwaben feinsten Bandelwerkstuck ausführen und auf welsche Art arbeiten konnte und zudem die Scagliolatechnik beherrschte. Die Intervention Donato Frisonis in Weingarten ist ein weiteres Beispiel für diesen künstlerischen Konflikt zwischen den handwerklich ausgebildeten Baumeistern der Region und den vor allem zeichnerisch versierten Architekten, die oft nicht das klassische Berufsbild des Baumeisters aufzuweisen hatten. Die Auer Lehrgänge, die zahlreiche Kopien nach Vorlagen aus Architekturtraktaten enthalten[128], mögen eine Reaktion auf diese Grundsituation sein. Die Verwendung druckgraphischer Vorlagen vornehmlich aus dem 17. Jahrhundert bleibt dabei bezeichnend.

Der Vergleich zwischen klösterlichen und städtischen Auftraggebern einerseits und dem Hochadel als Auftraggeber andererseits zeigt, dass gerade der Hochadel sich trotz aller traditionellen Verwurzelungen um zeitgemäße Entwürfe bemühte, deren Umsetzung oft lokalen Kräften übertragen wurde. Damit zeichnen sich bei den Bauten des Adels andere Entwicklungslinien ab, als in der Architektur der Klöster und Städte im 18. Jahrhundert. Die Deutschordensballei Elsaß-Burgund, die mit Johann Caspar Bagnato und Franz Anton Bagnato eigene Baumeister bestallte, und einzelne reichsunmittelbare Klöster nehmen hier eine Zwischenstellung ein. Ein Umbruch tritt gegen Ende des 18. Jahrhunderts ein, als beispielsweise Benedikt Freiherr von Hermann in den Jahren 1780/81 das Schloss Wain wohl nach Entwürfen des Münchener Architekten Lorenzo Quaglio durch den Memminger Baumeister Eitelfriedrich Knoll erbauen ließ[129]. Im 19. Jahrhundert dominieren die Entwürfe auswärtiger Architekten, die von den Auftraggebern nach Oberschwaben berufen werden.

Als Beispiel seien das 1828 bis 1832 nach Plänen von Rudolf Burnitz, einem Weinbrennerschüler, erbaute Schloss in Krauchenwies und das ab

1861 geplante und 1863/66 nach Plänen von Ludwig Pfeilsticker als Villa Argena errichtete Schloss Montfort in Langenargen genannt[130]. Daneben treten zeitgemäße Umbauten oder Erweiterungen an den alten Schlössern und an dem säkularisierten Kirchenbesitz, der den neuen Nutzungen angepasst werden musste, wie beispielsweise in Altshausen und Hofen. Dabei blieben jene Ausstattungen, die sich auf die alten Besitz- und Herrschaftsrechte bezogen und in deren Nachfolge sich die neuen Besitzer sahen, in der Regel von Veränderungen verschont.

* Der Text wurde für den Druck stark gekürzt. Die Publikation einer erweiterten Fassung mit einer ausführlicheren Diskussion der Schlösser und der Vergleichsbauten soll an anderer Stelle erfolgen.

Anmerkungen:

1 Vgl. *Ulrich Knapp*: Salem. Die Gebäude der ehemaligen Zisterzienserabtei und ihre Ausstattung. Stuttgart 2004, 359ff.
2 *Hans Klaiber* (Bearb.): Die Kunstdenkmäler des Oberamts Ehingen. Esslingen 1912, 72; *Anton H. Konrad*: Schloß Erbach, Weißenhorn 1986; *Stefan Uhl*: Schloss Warthausen. Biberach 1992, 118; *Christof Metzger / Ulrich Heiß / Annette Kranz*: Landsitze Augsburger Patrizier. München-Berlin 2005, 98ff.
3 *Adolf Schahl / Werner von Matthey / Peter Strieder* u. a. (Bearb.): Die Kunstdenkmäler des ehemaligen Kreises Wangen. Stuttgart 1954, 213ff.; 3. Viertel 16. Jahrhunderth. Für Hans Ulrich von Schellenberg; tiefgreifender Umbau 1711 bis 1721.
4 *Adolf Schahl / Werner von Matthey* (Bearb.): Die Kunstdenkmäler des ehemaligen Kreises Waldsee. Stuttgart-Berlin 1943, 56ff.; kurz vor 1550 für Truchsess Georg von Waldburg; um 1745 Umbau und Erweiterung; Pläne hierzu befinden sich im Archiv Wolfegg.
5 *Julius Baum / Berthold Pfeiffer* (Bearb.): Die Kunstdenkmäler des Oberamts Biberach. Esslingen 1909, 234; *Uhl* 1992 (wie Anm. 2), 122; wohl 1558/61 für die Augsburger Patrizierfamilie Mannlich erbaut.
6 *Metzger / Heiß / Kranz* 2005 (wie Anm. 2), 48ff.; 1570/80 für Christoph Welser errichtet.
7 Der Bau wurde 1752/53 durch Johann Georg Specht für die Herren Reichlin von Meldegg umgestaltet.
8 *Metzger / Heiß / Kranz* 2005 (wie Anm. 2), 62ff.; der Bau wurde ab 1531 für Bernhard von Westernach und Margerethe geb. von Knöringen erbaut.
9 Ebd., 78f.; ab 1506 für Ambrosius Hoechstetter d. Ä. erbaut.
10 *Klaiber* 1912 (wie Anm. 2), 49ff.; Kernbau in der zweiten Hälfte des 16. Jahrhunderts für die Freiherren von Freyberg-Eisenberg errichtet. Die Anlage wurde im 18. Jahrhundert stark verändert und erweitert.
11 *Baum / Pfeiffer* 1909 (wie Anm. 5), 130f.; *Uhl* 1992 (wie Anm. 2), 117.
12 *Metzger / Heiß / Kranz* 2005 (wie Anm. 2), 160f.; der heutige Bau nach 1579 für Martin Zobel d. Ä. erbaut.
13 Ebd., 174f.; der Kernbau des heutigen Schlosses ab 1546 für Wigulcus Hundt errichtet und nach Zerstörung 1704 in vereinfachten Formen wiederaufgebaut.
14 Ebd., 184f.; im zweiten Viertel des 16. Jahrhundert für die Familie Soitter erbaut und nach 1558 für Carl Wolfgang Rehlinger umgebaut.
15 *Ulrich Knapp*: Kirchen und Schlösser. In: *Eveline Schulz / Elmar L. Kuhn / Wolfgang Trogus* (Hg.): Immenstaad. Geschichte einer Seegemeinde. Konstanz 1995, 315-328, insb. 324; *Ulrich Knapp*: Zur Baugeschichte von Schloss Kirchberg. In: Immenstaader Heimatblätter 17 (1998), 36-43, insb. 36f.
16 *Hans Christ / Hans Klaiber* (Bearb.): Die Kunstdenkmäler des Oberamts Leutkirch. Esslingen 1924, 48ff.
17 *Albert Knoepfli*: Kunstgeschichte des Bodenseeraumes. Bd. 2. Sigmaringen 1969, 347f.
18 *Werner von Matthey* (Bearb.): Die Kunstdenkmäler des Kreises Saulgau. Stuttgart-Berlin 1937, 138f.; 1486/96 durch Meister Lienhat von Mengen für Truchsess Andreas von Waldburg erbaut.
19 *Uhl* 1992 (wie Anm. 2), 123ff.; 1541/46 für Anton Fugger renoviert, ab 1588 teilweise erneuert.
20 *Baum / Pfeiffer* 1909 (wie Anm. 5), 153ff.; *Uhl* 1992 (wie Anm. 2), 121.; 1534/38 für die Freiherren von Ulm.
21 *Klaiber* 1912 (wie Anm. 2), 199ff.; 1573/76 für die Freiherren von Speth-Untermarchtal.
22 *Julius Baum* (Bearb.): Die Kunstdenkmäler des Oberamts Geislingen. Esslingen 1914, 93ff.; 1568 erstmals erwähnt.
23 *Hans Andreas Klaiber / Reinhard Wortmann* (Bearb.): Die Kunstdenkmäler des ehemaligen Oberamts Ulm ohne die Gemarkung Ulm. München 1978, 168ff.; ab 1549 erbaut, nach 1688 wiederhergestellt.
24 *Metzger / Heiß / Kranz* 2005 (wie Anm. 2), 80ff.; der Kernbau des heutigen Schosses ab 1556 für Sebastian Schertlin von Burtenbach errichtet und nach

einem Brand 1735 in den Jahren 1739/40 wiederaufgebaut. Aus dieser Zeit die beiden Mittelrisalite an den Längsseiten.

25 Ebd., 112ff.; das Schloss wurde nach 1582 für Anton Fugger erbaut und um 1730 durchgreifend umgebaut und modernisiert. Dabei wurden auch die auf einer Ansicht aus der zweiten Hälfte des 17. Jahrhunderts dokumentierten Erker entfernt.

26 Ebd., 140ff.; der heutige Bau nach 1607/08 für Marx Fugger zu Kirchheim und Schmiechen erbaut, die heutige Gestalt geht auf die Erneuerung 1898/99 zurück.

27 *Baum / Pfeiffer* 1909 (wie Anm. 5), 106f.

28 *Klaiber / Wortmann* 1978 (wie Anm. 23), 718ff.; *Uhl* 1992 (wie Anm. 2), 125; der Bau wurde nach 1582 für die Freiherren von Riedheim erbaut.

29 *Heinrich* Habel: Stadt und Landkreis Neu-Ulm. München 1966 (Bayerische Kunstdenkmale 24), 26ff.; *Uhl* 1992 (wie Anm. 2), 121; das Gebäude wurde anscheinend in späterer Zeit sowohl am Außenbau als auch in der Innenraumdisposition verändert.

30 Der Typ dieser Vierflügelanlagen wird in der Literatur auch als Palazzo-Typ oder als Kastell-Typ bezeichnet, vgl.. *Knoepfli* 1969 (wie Anm. 17), 348ff.

31 *Werner Meyer* (Bearb.): Die Kunstdenkmäler in Schwaben. Bd. 7. Landkreis Dillingen an der Donau. München 1972, 431ff.; *Uhl* 1992 (wie Anm. 2), 93.

32 Zur Baugeschichte vgl. *Gabriele Heidenreich*: Schloss Meßkirch. Repräsentation adligen Herrschaftsbewusstseins im 16. Jahrhundert. Tübingen 1998.

33 Diese Wendeltreppen wurden bei einem Umbau unter der Leitung des fürstenbergischen Baumeisters Johann Georg Brix 1735 durch eine doppelläufige Treppe mit Wendepodest ersetzt.

34 *Piero Tomei*: L'Architettura a Roma nel Quattrocento, Rom 1942, ND Rom 1977, 63ff.

35 Zur Baugeschichte vgl. *Johann Graf von Waldburg-Wolfegg*: Schloss Wolfegg. München 1961, 8ff.; vgl. auch den Beitrag Mayer in diesem Band.

36 Vgl. ebd., 14.

37 *Klaus Endemann*: Die Baugeschichte. Quellen, Befunde, Hypothesen. In: Die Landshuter Stadtresidenz. München 1998, 39ff.

38 Beispielsweise Seelhaus, Westgiebel 1538, vgl. *Hans Koepf*: Ulmer Profanbauten. Ein Bildinventar. Ulm1982, 65; das ehem. Haus Abt, vgl. ebd., 99; Krafftsches Haus, 1587, vgl. ebd., 102; Grüner Hof, Kornhaus 1594 und das Haus Peter Bacher von 1584.

39 Beispielsweise ehem. Markgräfliche Kanzlei, 1594, von Gideon Bacher; vgl. auch die Bauten von Blasius Berwart.

40 *Rudolf Rauh*: Schloss Zeil. München 1962, 4f.; *Ders.*: Schloss Zeil. In: Chronik des Kreises Ravensburg. Hinterzarten 1975, 675-694, insb. 681ff. Als Mauermeister ist Stoffel Kiesel aus Aichstetten belegt, als Zimmermeister Gallus Schneider aus Wurzach; die Bauskulptur wird Esaias Gruber aus Lindau zugewiesen.

41 Der Bauabschnitt endete an der deutlich breiteren Zwischenwand zwischen zweiter und dritter Fensterachse und zeichnete sich vor der Außenrenovierung des Schlosses an der Hofseite des Nordwestflügels als Unebenheit am Außenputz des zweiten Obergeschosses ab.

42 *Rauh* 1975 (wie Anm. 40), 682.

43 Eine an der Südwestseite des Nordostflügels angebrachte Sonnenuhr ist auf 1715 datiert.

44 Dieser Bauzustand ist in einer um 1835 entstandenen Lithographie von E. Emminger, sowie in einer Lithographie nach einer Zeichnung von Eduard Paulus überliefert. Die Ansicht von Paulus zeigt an dem provisorischen Giebel des in voller Höhe erbauten Abschnitts den von außen sichtbaren Dachstuhl.

45 Das Treppenhaus im Südostflügel ist in der Grundrissstruktur noch ablesbar, vgl. Grundriss in *Christ / Klaiber* 1924 (wie Anm. 16), 102; die Treppenläufe wurden später wieder ausgebaut, freundlicher Hinweis von Rudolf Beck.

46 Der ehemalige Saal, vgl. ebd., 110, als Komödiensaal bezeichnet, ist nur noch teilweise vorhanden. Für Hinweise sei Herrn Archivar Rudolf Beck/Schloss Zeil gedankt.

47 vgl. *Rauh* 1975 (wie Anm. 40), 675-694, betrifft Ausbau des Flügels im 18. Jahrhundert.

48 *Dagobert Frey* (Bearb.): Die Kunstdenkmäler des politischen Bezirks Feldkirch.. Wien 1958, 402ff; barock am bodensee/architektur. Katalog der Ausstellung Bregenz 1962, Nr. 41-43.

49 *Rauh* 1975 (wie Anm. 40), 686.

50 So enthält bereits der Vertragsentwurf vom 14. Dezember 1712 den Passus, dass die Flügel um sechs Schuh größer „als dermahlen der risz ist" gebaut werden sollen, *Harald Osswald*: Materialien zur Baugeschichte des Neuen Schlosses zu Tettnang 1712 bis 1780. Lizentiatsarbeit Zürich 1986 (masch.), Bd. 1, 208; am 29. November 1713 schließlich wird festgehalten, dass „das Schlosz zu Tettnang so wol länger und braiter, alsz es der feste risz ausweiset, angelegt, alsz die Stiegen in dem Hof aufzuführen [...]" vom Baumeister zu übernehmen sei, vgl. ebd., 238.

51 Das Meersburger Schloss wurde 1740/43 nach den Bedürfnissen von Fürstbischof Damian Hugo von Schönborn umgestaltet.

52 Ähnlich die Fassadengliederung am Spitalgebäude in Langenargen, das Gessinger zugeschrieben wird, vgl. *Eva Moser*: Ein schön und gut gebautes Gebäude. Zur Bau- und Kunstgeschichte des Langenargener Spitals. In: Langenargener Geschicht(en) 6 (1991), 63-74.

53 *Rudolf Reinhardt*: Christoph Gessinger. Mönch, Baumeister, Stukkateur, Kammerrat, Apostat. Neue Quellen zu einer ungewöhnlichen Karriere am bischöflichen Hof in Meersburg im 18. Jahrhundert. In: Zeitschrift für Geschichte des Oberrheins 128 (1980), 296.

54 *Osswald* 1986 (wie Anm. 50), 207a; die Stukkaturen waren von Peter Comprete übertragen.

55 Ebd., 211.

56 Genannt werden etwa Johannes Feuerstein, Konrad Fink, Anton Gasser und Caspar Jakob. Die Einzelnachweise bei *Osswald* 1986 (wie Anm. 50).

57 Ebd., 96; *Ulrich Knapp*: Joseph Anton Feuchtmayer

1696 – 1770. Konstanz 1996, Kat. Nr. 28, 52.
58 *Osswald* 1986 (wie Anm. 50), 79.
59 Ebd., 63 (1721), 74 (1721/22), 79, 215, 247, 251
60 Ebd., 43f. (1719).
61 Ebd., 245; von Welsch übersandte am 27. Oktober 1717 sechs Entwürfe für Kamine aus Marmor oder Sandstein und kündigt weitere Entwürfe für Wandleuchter an.
62 Ebd., 55ff.
63 *Alfons Kasper*: Jakob Emele. Ein oberschwäbischer Baumeister des Spätbarock. In: Heilige Kunst V, 1962, 5-62; zu Tettnang insb. 33ff.
64 *Joachim Hotz*: Das Neue Schloss in Meersburg in der zweiten Hälfte des 18. Jahrhunderts. In: Jahrbuch der staatlichen Kunstsammlungen Baden-Württemberg 2 (1965), 211-248, hier 211.
65 Zum Bacchussaal vgl. *Hubert Hosch*: Andreas Brugger (1737 – 1812). Maler von Langenargen. Sigmaringen 1987, 53ff.
66 Vgl. *Adolf Kastner*: Das Neue Schloss in Meersburg. In: SVGB 73 (1955), 29-97, hier 38.
67 *Reinhardt* 1980 (wie Anm. 53), 296.
68 Fürstlich Waldburg-Zeil'sches Gesamtarchiv (ZA), RA 858, Gesamtplan Altes Schloss und Neuer Bau; vgl. auch Katalog Bregenz 1962 (wie Anm. 48), Kat. Nr. 238; ZA, RA 860, Neuer Bau, erstes und zweites Obergeschoss.
69 *Hermann Eggart*: Der fürstbischöflich-konstanzische Baumeister Christof Geßinger. In: ZGO 92 (1940), N. F. 53, 502-523, hier 513; *Reinhardt* 1980 (wie Anm. 56), 297; 302.
70 *Kastner* 1955 (wie Anm. 66), 54ff.; *Joachim Hotz*: Balthasar Neumanns Anteil am Neuen Schloss in Meersburg. In: Jahrbuch der Staatlichen Kunstsammlungen Baden-Württemberg 1 (1964), 199-216; hierzu gehört auch die zusätzliche Raumflucht der Stadtfront.
71 *Kastner* 1955 (wie Anm. 66), 67ff.; *Hotz* 1965 (wie Anm. 64), 211-248.
72 Zum Bildprogramm vgl. *Hans Rudolf Meyer*: Giuseppe Appianis Fresko im Treppenhaus des Neuen Schlosses in Meersburg. In: Unsere Kunstdenkmäler 20 (1969), 337-348; *Michael Wenger*: Das Neue Schloss in Meersburg. München 2000, 20ff.
73 Vgl. *Hans-Martin Gubler*: Johann Caspar Bagnato (1696 – 1757) und das Bauwesen des Deutschen Ordens in der Ballei Elsaß-Burgund im 18. Jahrhundert. Sigmaringen 1985, 278ff.
74 Vgl. ebd., 205ff.
75 Zur Baugeschichte vgl. *Schahl / Matthey / Strieder* 1954 (wie Anm. 3), 219ff.; *Heinz Jürgen Sauermost*: Der Allgäuer Barockbaumeister Johann Georg Fischer. Augsburg 1969, 14, 132f. Zum Ausstattungsprogramm auf der Grundlage publizierter Quellen vgl. *Beatrice Weber*: Bau- und Ausstattungsprogramme der Herrschaften Waldburg. Studien zum Mäzenatentum einer oberschwäbischen Adelsfamilie im 18. Jahrhundert. Magisterarbeit Tübingen 1989 (masch.), 163ff.
76 Heute sind nur noch acht erhalten, vgl. *Knapp* 1996 (wie Anm. 57) Kat. Nr. 35, 68ff.
77 *Christ / Klaiber* 1924 (wie Anm. 16), 183ff.; *Weber* 1989 (wie Anm. 75), 78ff.
78 Diese Verschwenkung wird in den meisten Plänen nicht dargestellt.
79 *Gubler* 1985 (wie Anm. 73), 375 unter Bezug auf *Alexander Herzog von Württemberg*: Wurzach. Die Entstehung einer reichsgräflichen Residenz. Historische Grundlagen und bauliche Gestaltung im Laufe des 18. Jahrhunderts. Diss. München 1982 (masch.). Die Arbeit war dem Verfasser nicht zugänglich. Ein Hinweis auf Bagnato auch bei *Otto Frisch*: Bad Wurzach. Geschichte und Entwicklung einer oberschwäbischen Bäderstadt. Hinterzarten 1975, 130. Die Tübinger Magisterarbeit von *Joachim Stolz*: Das Treppenhaus in Schloss Wurzach, angekündigt in der Kunstchronik 54 (2001), 409, war ebenfalls nicht zugänglich.
80 Am Mainauer Corps de logis sind diese Elemente erst spät eingeflossen. Der Idealplan von 1732 zeigt im zweiten Obergeschoss des Risalits Fenster von etwa anderthalbfacher Höhe der Normalfenster. Bislang ist kein zweites Projekt Bagnatos bekannt, das vergleichbare Motive aufweist.
81 Vgl. die Fassade am Baderschen Haus in Wien, um 1720 nach Plänen eines unbekannten Architekten. *Hellmut Lorenz* (Hg.): Geschichte der bildenden Kunst in Österreich. Bd. 4. München 1999, 254f.
82 *Bruno Grimschitz*: Johann Lucas von Hildebrandt. Wien-München 1959, 133ff.
83 Ebd., 51ff.
84 Ebd., 93f.
85 Zu diesen Planungen vgl. *Christ / Klaiber* 1924 (wie Anm. 16), 183ff.; *Siegfried Kullen*: Bad Wurzach. Eine unvollendete Barockresidenz. In: Im Oberland 14 (2003), 1, 3-10, insb. 5f.
86 Das Projekt mit Kartierung der ausgeführten Teile veröffentlicht bei *Kullen* 2003 (wie Anm. 85), 7, jedoch ohne Hinweis auf einen mögliche Einfluss Bagnatos. Gleichzeitig fertigte Bagnato Pläne zur Vollendung/Ausbau des Meßkircher Schlosses. Es gelangte nur das Marstallgebäude zur Ausführung, vgl. *Gubler* 1985 (wie Anm. 73), 307ff.
87 Vgl. *Erich Franz*: Pierre Michel d'Ixnard 1723 – 1795. Weißenhorn 1985, 219; *Alfons Kasper*: Kunstwanderungen im Herzen Oberschwabens. Bd. 2. Schussenried 1963, 26; er gibt an, das zweite Obergeschoss sei 1785 nach Entwürfen von d'Ixnard umgestaltet worden; vgl. *Gerda Franziska Kircher*: Die Truchsessengalerie. Ein Beitrag zur Geschichte des deutschen Kunstsammelns. Frankfurt 1979, 30.
88 *Christ / Klaiber* 1924 (wie Anm. 16), 190.
89 Zu Frisoni vgl. *Otmar Freiermuth*: Donato Giuseppe Frisoni und die Architektur des Barock in Böhmen. In: Das Münster 12 (1959), 77-100; *Werner Fleischhauer*: Barock im Herzogtum Württemberg. Stuttgart 1981, 150ff. Bereits *Kasper* 1963 (wie Anm. 87), 26 zieht Frisoni als Architekten in Erwägung.
90 Vgl. *Freiermuth* 1959 (wie Anm. 89), 77ff.; *Gebhard Spahr*: Die Basilika Weingarten. Sigmaringen 1979, 44ff.
91 *Max Schefold*: Ansichten aus Württemberg. Nachtragsband. Stuttgart 1974, Nr. 11462b; zugehörig eine Ansicht der Nordwand, ebd., Nr. 11462a.
92 *Kasper* 1963 (wie Anm. 87), 27, hatte die Fresken unter Verweis auf die Malereien in Schloss Schleißheim (1727/28) Jacopo Amigoni zugeschrieben.

93 Die Notiz auf dem Querschnitt durch das Treppenhaus könnte sich auch auf die Maler Bartolomeo Scotti (geb. 1727) oder Giosuè Scotti (1729 – 1785), beides Söhne von Pietro Scotti, sowie auf die Stukkateure Carlo Luca (1735 – 1805) und Giuseppe Pozzi (1732 – 1811), beides Söhne von Francesco Pozzi, beziehen.
94 *Johannes Zahlten*: Ein schwäbischer Achill. Pietro Scottis Fresken in der Bildergalerie des Ludwigsburger Schlosses. In: Jahrbuch der staatlichen Kunstsammlung Baden-Württemberg 14 (1977), 7-32; *Ders.*: Der große Saal im Ordensbau des Ludwigsburger Schlosses. In: Jahrbuch der Staatlichen Kunstsammlungen Baden-Württemberg 22 (1985), 70-88.
95 Ablehnend *Kasper* 1963 (wie Anm. 87), 26.
96 Balthasar Neumann in Baden-Württemberg. Stuttgart 1975, Nr. 8, 9; *Joachim Hotz*: Barocke Planzeichnungen für das Schloß in Bruchsal. In: Jahrbuch der staatlichen Kunstsammlungen Baden-Württemberg 13 (1976), 104ff.
97 Ebd., 99f.; 118ff.
98 Fürstl. Waldburg-Zeil'sches Gesamtarchiv Schloss Zeil ZA Wu 5 664.
99 *Kircher* 1979 (wie Anm. 87), 30f., unter Bezug auf den Briefwechsel zwischen Graf Joseph und Erbgraf Eberhard von Waldburg-Zeil, Waldburg-Zeil'sches Gesamtarchiv N. Wu 380.
100 *Kircher* 1979 (wie Anm. 87), 30.
101 Ebd., 33., unter Bezug auf Waldburg-Zeil'sches Gesamtarchiv N. Wu. 398.
102 Fürstl. Waldburg-Zeil'sches Gesamtarchiv Schloss Zeil ZA Wu N 1.
103 *Kircher* 1979 (wie Anm. 87), 28, Abb. 7, 8. Eine vereinfachte Planredaktion datiert aus dem Jahr 1790.
104 Ebd., 31; Kircher nimmt an, der gesamte Aufgang vom ersten zum zweiten Obergeschoss sei eine Umplanung d'Ixnards. Hiergegen spricht bereits der stilistische Befund. Weiter bleibt zu bedenken, dass das zweite Obergeschoss auf andere Weise nicht erreichbar gewesen wäre.
105 *Kircher* 1979 (wie Anm. 87), 33, unter Verweis auf das Fürstl. Waldburg-Zeil'sche Gesamtarchiv N. Wu. 393.
106 *Siegfried Kullen*: Die Waldburger Residenzen im südlichen Oberschwaben. In: Im Oberland 13 (2002), 2, 24-32; 26f.
107 Schwarz-gelbe Blätter 3 (1964) 4, 6ff.; zur Baugeschichte siehe *Grit Erlbeck*: Das Jagdschlösschen Rimpach bei Leutkirch. Magisterarbeit Tübingen 1982 (masch.).
108 *Markus Weis*: Johann Georg Specht 1721 – 1803. Spätbarocker Baumeister aus dem Westallgäu. In: Lebensbilder aus dem bayerischen Schwaben 16 (2004), 145-162, insb. 153f.; zu Specht vgl. *Hugo Schnell*: Der Baumeister Johann Georg Specht. In: Das Münster 1 (1947/48) 7/8, 231-233.
109 *Horst Sauer*: Die Zeichnungen der Mimmenhausener Bildner und ihres Kreises. Straßburg 1936, Kat. Nr. K II B 24; *Wilhelm Boeck*: Joseph Anton Feuchtmayer. Tübingen 1948, 252f.; *Knapp* 1996 (wie Anm. 57), 224f., Kat. Nr. 324; Kat. Nr. Z 113.
110 *Max Schefold*: Ansichten aus Württemberg. Stuttgart 1954, Nr. 6 607; nach der Beschreibung des Blattes dürfte sich der Eintrag bei Schefold allerdings auf den 1765 datierten Umbauplan von Johann Georg Specht beziehen. Ein Grundriss aus diesem Plansatz in Katalog Bregenz 1962 (wie Anm. 48), Nr. 251 mit einer Zuschreibung an Johann Georg Specht.
111 *Schefold* 1954 (wie Anm. 110), Nr. 6 610; *Alfred Weitenauer*: Allgäuer Chronik. Bilder und Dokumente. Kempten ?1982, 440.
112 Dies findet in Spechts Rolle beim Neubau der Klosterkirche Wiblingen seine Parallele, vgl. *Frank Purrmann*: Die Regensburger Planrisse für die Abteikirche Wiblingen. Forschungsrevision und Vorschläge zur Neubewertung, in: architectura 29 (1999), 35-72.
113 *Franz* 1985 (wie Anm. 87), 30ff.
114 *Schahl / Matthey* 1943 (wie Anm. 4), 81ff.
115 *Matthias Kunze*: Auf antiquarische Art. Die Modernisierung von Schloss Aulendorf um 1780 und 1900. In: *Fritz Fischer / Ulrike Weiß*: Kunst des Klassizismus. Stuttgart 1997, 10-37, insb. 22; *Ulrike Weiß*: Marmorsaal. In: Ebd., 38-41, hier 41. In Zusammenhang mit den Stukkaturen werden Franz Xaver Guhl und Jakob Kuntz genannt, wohl in Zusammenhang mit den Alabasterarbeiten Antoni Hermannutz (Marmorierer und Schleifer) sowie Franz Schneider als Bildhauer von Hoßkirch, vgl. *Schahl / Matthey* 1943 (wie Anm. 4), 82.
116 Vgl. *Knapp* 2004 (wie Anm. 1), 459f.
117 *Franz* 1985 (wie Anm. 87), 41ff.; 132ff.
118 *Anton H. Konrad*: Ein unbekanntes Schlossprojekt in Oberschwaben. In: *Gabriele Dischinger* (Hg.): Johann Michael Fischer (1692 – 1766). Bd. 2. Tübingen-Berlin 1997, 99-106, insb. 105.
119 *Franz* 1985 (wie Anm. 87), 154f.
120 Ebd., 215f.
121 *Klaiber* 1912 (wie Anm. 2), 135.
122 *Knapp* 2004 (wie Anm. 1), 480.
123 *Christ / Klaiber* 1924 (wie Anm. 16), 35ff.
124 *Schahl / Matthey / Strieder* 1954 (wie Anm. 3), 77ff.
125 *Christ / Klaiber* 1924 (wie Anm. 16), 29ff.; *Weis* 2004 (wie Anm. 108), 153.
126 *Schahl / Matthey / Strieder* 1954 (wie Anm. 3), 241ff.; *Weis* 2004 (wie Anm. 108), 153.
127 *Knapp* 2004 (wie Anm. 1), 342.
128 Vgl. *Werner Oechslin*: Die „Auer Lehrgänge". Br. Caspar Moosbrugger und Umkreis. In: Die Vorarlberger Barockbaumeister. Einsiedeln – Bregenz 1973, 62-78.
129 *Hans Christ / Hans Klaiber* (Bearb.): Die Kunstdenkmale des Oberamts Laupheim. Esslingen 1924, 148ff.
130 *Peter Bohl*: Villa Argena – Schloss Monfort. Das Lustschloss König Wilhelms I. von Württemberg. In.: Langenargener Geschicht(en) 7 (1993), 35-49; *Martina Goerlich*: Ein Hauch von Orient am Bodensee – der maurische Stil der Villa Argena. In: Langenargener Geschicht(en) 7 (1993), 50-57.

Festsäle in oberschwäbischen Schlössern
Symbolischer Ausdruck von Rang und Stand

Andrea Dippel

„Der wichtigste Raum jedes Schlosses ist der Saal, die Halle."[1] Die Bedeutung profaner Festräume innerhalb der baulichen Struktur adliger Schlösser ist vielfach festgestellt worden. Aufgrund der spezifischen Gegebenheiten, die zur Ausbildung zahlreicher adliger Territorien führten, kam es in Oberschwaben zwar nicht zur Ausbildung einer größeren Residenz, dennoch oder gerade deswegen sind uns hier herausragende Beispiele an Festsälen überliefert. Wenn diese Festräume bislang vor allem in Einzelbetrachtungen behandelt wurden, so liegt dies sicherlich daran, dass sie auf den ersten Blick im Hinblick auf Auftraggeber, Entstehungszeit sowie Gestaltung und Ikonographie wenig vergleichbar erscheinen[2]. Im folgenden sollen aus der Vielzahl oberschwäbischer Schlösser und Adelsresidenzen die Festsäle von Heiligenberg, Wolfegg, Kißlegg, Tettnang und Aulendorf sowie das Treppenhaus in Wurzach exemplarisch untersucht werden.

Bei den Schlossbauten und vor allem bei den für öffentliche Auftritte und Empfänge bestimmten Räumlichkeiten Festsaal, Treppenhaus und Schlosskapelle ist im Sinne von Norbert Elias eine bauliche Repräsentation zu konstatieren, die dem Rang und Stand der einzelnen Geschlechter symbolischen Ausdruck verleihen sollte[3]. Häufig korrespondieren die Baumaßnahmen oberschwäbischer Adelsgeschlechter mit einem gesteigerten Repräsentationsanspruch im Zuge von stattgefundenen oder angestrebten Standeserhebungen wie bei den Grafen von Montfort oder Gebietszuwächsen wie bei den Fürsten von Fürstenberg. Es lässt sich zudem zeigen, dass in der Aufeinanderfolge der kunsthistorischen Epochen Renaissance, Barock und Klassizismus nicht nur architektonische und künstlerische Neuansätze, sondern in der Ausstattung und den Bildprogrammen der Festsäle auch ein gewandeltes adliges Selbstverständnis sichtbar wird. Ausgeklammert werden müssen an dieser Stelle jedoch die adlige Festpraxis und deren Zeremoniell. Ihre Kenntnis würde weitere Aufschlüsse sowohl hinsichtlich Möblierung und Nutzung der Festräume als auch in bezug auf die standesgemäße Zurschaustellung des sozialen Anspruchs erlauben. In Bezug auf den oberschwäbischen Adel stellt dies zur Zeit noch ein wissenschaftliches Desiderat dar[4].

HEILIGENBERG UND WOLFEGG: ADLIGE MEMORIA

Der erst seit dem 19. Jahrhundert im Zuge der aufkommenden Ritterromantik als „Rittersaal" bezeichnete Festsaal von Schloss Heiligenberg entstand unter Joachim von Fürstenberg (1538 – 1598)[5], der die 1534 unter seinem Vater durch Heirat aus werdenbergischem Erbe angefallene, spätmittelalterliche Höhenburg von den Baumeistern Hans Schwarz und Jörg Schwartzenberger zeitgemäß in ein Renaissanceschloss umbauen ließ. Nach dem Vorbild von Schloss Meßkirch, einem Neubau, der die erste regelmäßige Vierflügelanlage in der Region darstellt[6], wurde auch in Heiligenberg der Idealtypus eines Renaissanceschlosses mit vier Flügeln verwirklicht, wenngleich aufgrund der Einbeziehung älterer Bauteile auf asymmetrischem Grundriss. Der Festsaal, der 1562 erstmals in Rechnungen erwähnt wird[7], erstreckt sich über die gesamte Länge und Breite des talwärts gelegenen Südflügels, in dem er

Schloss Heiligenberg, Rittersaal.

beide Obergeschosse einnimmt. Mit einer Ausdehnung von 32 m Länge, 10 m Breite und 6,5 m Höhe steht der Heiligenberger Festsaal in der Reihe rechteckiger Renaissance-Festsaalbauten wie Meßkirch, Weikersheim oder Kirchheim an der Mindel, mit welchen er auch die den Raumeindruck dominierende Gestaltung durch eine prachtvolle Kassettendecke und durch Prachtkamine an den Schmalseiten teilt. Verfolgt die 400 m² große, unter Verwendung verschiedenster Hölzer reich gestaltete Decke mit 1 500 von Kartuschen und Bandelwerk umrahmten Köpfen und Masken nach einem Entwurf von Schwartzenberger noch ein allgemein dekoratives Programm, so verweist der umlaufende Kämpferfries, der die geschnitzten Wappen der Bauherren Joachim von Fürstenberg und Anna von Zimmern genealogisch aufreiht, als Ahnenprobe ebenso auf die Verbindung von Genealogie und Repräsentation wie die beiden 1584 datierten, dem Niederländer Hans Morinck zugeschriebenen Prachtkamine, die neben den Figuren der von Genien flankierten Justitia und Prudentia wiederum die Wappen derer von Fürstenberg und derer von Zimmern zeigen[8].

Die Gestaltung des Festsaals als Ahnensaal findet nicht allein eine Parallele in der gleichermaßen prachtvollen Ausstattung der Burgkapelle im anschließenden Westflügel, deren Gruft zur fürstenbergischen Grablege bestimmt war, sondern lässt sich auch in Verbindung setzen mit den zur selben Zeit formulierten fürstenbergischen Hausgesetzen, die die Einheit der Dynastie trotz der territorialen Zersplitterung garantieren sollten[9]. Der Festsaal und seine genealogische Ikonographie dürfen daher als Bestrebungen des Grafen Joachim interpretiert werden, seine Herkunft und Stellung auch in der neuen Residenz Heiligenberg zu dokumentieren.

Der Festsaal in Schloss Wolfegg, der heutige Rittersaal, belegt in seiner ersten Ausstattung gleichfalls die Betonung des genealogischen Prinzips. Der Ende des 17. Jahrhunderts neu gestaltete

Festsaal ersetzte den Hauptsaal des unter Truchseß Jakob dem Dicken (1546 – 1589) nach dem Vorbild von Meßkirch als Vierflügelanlage errichteten Schlosses, das 1646 den Schweden zum Opfer gefallen war[10]. Der Wiederaufbau und die Neuausstattung der Repräsentationsräume, darunter des Festsaals, dauerten bis 1700 und fallen damit in die Zeit unter Ferdinand Ludwig (1678 – 1735). Der Saal liegt im zweiten Obergeschoss des Westflügels innerhalb einer Folge von Repräsentationsräumen und nimmt die gesamte Länge wie Breite des Flügels ein. Als Höhepunkt der Raumfolge ist der Saal um ein Drittel in den Dachstuhl erhöht und mit 728 m² (52 m Länge, 14 m Breite) bei 9 m Höhe etwa doppelt so groß wie die Säle in Meßkirch und Heiligenberg[11].

Den Saal dominieren 24 überlebensgroße Standfiguren aus Holz, die an den Längsseiten zwischen den Fensterachsen in 3 m Höhe auf Wandsockeln vor schmalen Nischen stehen. 20 dieser Figuren stammen von dem Wangener Bildhauer Balthasar Krimmer (1653? – 1702), der laut einem 1691 datierten Angebot für die Gesamtkonzeption des Saales verantwortlich zeichnete[12]. Für seine Darstellungen der Truchsessen von Waldburg griff Krimmer auf kolorierte Holzschnitte zurück, die aus der 1526/27 im Auftrag Georgs III. (1488 – 1531), dem „Bauernjörg", erstellten Hauschronik der Truchsessen von Waldburg stammen und größtenteils von Hans Burgkmair dem Älteren (1474 – 1531) und seiner Augsburger Werkstatt gefertigt wurden[13]. Führte die Truchsessenchronik das Haus Waldburg bis in die Zeit von Kaiser Konstantin zurück[14], so beginnt die im Saal realisierte Auswahl an Figuren erst in der Zeit des 12. Jahrhunderts mit Werner von Tanne. Alle Truchsessen – deren Charakterisierung mit Harnischen, Wappenschildern und Standarten das adlige Ritterideal betont – sind über am Sockel befestigte Schilde mit Namen, Todesjahr und dem Namen der Gemahlin gekennzeichnet. Als Vorbild dieser ungewöhnlichen Ahnenreihe kommen nicht nur die Zyklen von Kaiserbildnissen in Kaiser- und Reichssälen[15] oder die Figuren bedeutender Herrscher- und Frauengestalten im Festsaal des Fuggerschlosses Kirchheim in Frage, sondern – bedenkt man die im Zusammenhang mit der Familienchronik zu sehende genealogische Absicht des Raumprogramms – Zyklen von Grabdenkmälern, wie sie etwa die Württemberger in ihrer Grablege, der Stiftskirche Heiligkreuz in Stuttgart, 1579 bis 1584 von Sem Schlör realisieren ließen. In beiden Fällen dienen die Zyklen dazu, den Einzelnen als Typus bzw. Vertreter seines Standes zu verewigen und dadurch die Kontinuität der dynastischen Nachfolge zu demonstrieren[16].

Bei nahezu klassischer Renaissancegestaltung des Saals (Lage im Obergeschoss, die gesamte Flügelbreite einnehmend, rechteckiger Grundriss, Flachdecke, Kamin- oder Portalgestaltungen mit Wappen) ist in Wolfegg die heraldisch formulierte Heiligenberger Ahnenprobe durch eine über die Truchsessenchronik vermittelte Folge von Standfiguren ersetzt. Wolfegg stellt mit seiner skulpturalen Ausstattung einen letzten Höhepunkt der Feier des ritterlichen Tugendideals

Schloss Wolfegg, Rittersaal.

dar, dessen Identifikation mit dem Heiligen Georg in Oberschwaben eindrucksvoll über die Einbindung des Adels in die „Gesellschaft mit St. Jörgenschild" dokumentiert ist[17].

KISSLEGG, WOLFEGG, WURZACH UND TETTNANG: MYTHOLOGISCHE BILDPROGRAMME

Putzquaderbau mit kurzen, zum Garten weisenden Seitenflügeln erbaut, verfügt in beiden Obergeschossen über repräsentative, von unterschiedlichen Künstlern reich stuckierte Räume. Deren Anordnung lässt weder Symmetrie noch eine akzentuierende Abfolge erkennen[18]. Besonders hervorzuheben ist das Haupttreppenhaus, dessen Deckenfresko den „Sturz des Phaeton"

Die Siegesgöttin Nike als Herrscherin über die Zeit mit den Göttern Chronos und Mars. Deckengemälde im Bankettsaal des Neuen Schlosses Kißlegg.

Die in adligen Bildprogrammen des deutschsprachigen Raums seit dem 16. Jahrhundert zu beobachtende Ablösung des Ritters durch Tugendhelden der antiken Mythologie setzt sich in Oberschwaben im 18. Jahrhundert endgültig durch. Eine durch die Konzentration auf die eigene Familiengeschichte der Waldburger akzentuierte „Privatmythologie" weist der sogenannte „Bankettsaal" in Schloss Kißlegg auf. Das Schloss, 1721 bis 1727 unter Graf Johann Ernst von Waldburg zu Trauchburg (1695 – 1737) von Johann Georg Fischer aus Füssen als dreigeschossiger zeigt. In den Wandnischen stehen acht von ehemals neun Stuckfiguren von Joseph Anton Feuchtmayer (1696 – 1770) von 1726/27. Es handelt sich um Darstellungen der Sibyllen, antike Seherinnen, deren Weissagungen seit den Kirchenvätern auf die christliche Heilsgeschichte bezogen wurden. Das Treppenhaus schlägt auf diese Weise bereits den Bogen zwischen der heidnischen Überlieferung und der christlichen Ikonographie – ein Synkretismus, der sich in den Sälen fortsetzt. Der mit ca. 15x10 m größte Saal ist der „Bankettsaal", der im zweiten Obergeschoss die gesamte Breite des Ostflügels einnimmt. Das ovale Deckengemälde zeigt die triumphierende Siegesgöttin Nike als Herrscherin über die Zeit. Der greise Gott der Zeit, Chronos, sitzt ihr, an einen Felsen geschmiedet, melancholisch zur Seite. Der Kriegsgott Mars hat seine Waffen abgelegt. Eine Friedenstaube und ein Engel mit einer wappenverzierten Standarte steigen zum Himmel auf. In den das Fresko umrahmenden Bildmedaillons sind die Personifikationen der vier Erdteile Europa, Asien, Afrika und Amerika dargestellt. Der Frieden erweist sich nicht nur für das Haus Waldburg als Segen, sondern für den gesamten Erdkreis. Eingefasst ist das Fresko von einer weiß-rosa stuckierten Decke, die mit ihren teils farbig gefassten Putten- und Tierdarstellungen inmitten von Bandelwerk einen spielerischen Charakter vermittelt. Ein Motiv im Flachstuck der Decke bedarf besonderer Aufmerksamkeit. Es handelt sich um das Motiv des Pelikans. Dieser hat sich der Legende nach sein eigenes Herz aus der Brust gerissen, um seine Jungen zu nähren. Als christologisches Motiv verweist der Pelikan auf die Fürsorge des Fürsten ebenso wie auf seine Opferbereitschaft[19]. Eine Kartusche über dem offenen Kamin nennt neben dem viergeteilten Wappen des waldburgischen Geschlechts die Jahreszahl 1727[20] und den Erbauer des Schlosses: Johann Ernst Reichserbtruchseß, Graf zu Friedberg und Trauchburg, Freiherr zu Waldburg (1695 – 1737). 1526 in den Reichserbtruchsessenstand, 1628 in den Reichsgrafenstand erhoben, bestanden zu Beginn des 18. Jahrhunderts durch vorangegangene Erbteilungen fünf selbständige waldburgische Linien: Wolfegg-Wolfegg, Wolfegg-Waldsee, Zeil-Wurzach, Zeil-Zeil und Scheer-Trauchburg. Innerhalb der komplizierten Erbfolgen und -teilungen im Hause Waldburg nimmt die Herrschaft Kißlegg eine Sonderstellung ein, da mehrfache Wechsel zu Beginn des 18. Jahrhunderts zu einer Aufteilung der Herrschaft unter zwei Zweige der Waldburger führte[21]. Vor diesem Hintergrund darf das Bildprogramm des Saals als Versöhnung der verschiedenen waldburgischen Adelslinien gelesen werden[22]. An Stelle einer retrospektiven Ahnenreihe werden in Kißlegg die zeitgenössischen Familienauseinandersetzungen und ihre friedliche Lösung thematisiert.

In ihrer Konzentration auf den mythologischen Tugendhelden Herkules geradezu standardisiert erscheinen dagegen die ebenfalls aus dem 18. Jahrhundert datierenden Bildprogramme der Waldburger Residenzen Wolfegg und Wurzach. Die ab 1749 unter dem Reichserbtruchseß Joseph Franz (1704 – 1774) einsetzende zweite Ausstattungsphase des Festsaals in Wolfegg wurde von dem aus Türkheim stammenden Bildhauer Johann Wilhelm Hegenauer realisiert[23]. Sie umfasste die Einbindung der Truchsessenfiguren in ein Wandsystem, das Rocaille-Ornamente, Kartuschen und schildbewehrte Putten verbindet. Die Ornamentik wurde über das Gesims in den Deckenspiegel, der von elf Gemäldefeldern gegliedert wird, gezogen und verbindet auf diese Weise die Wand- und Deckenzone zu einem einheitlichen Programm. Als Schöpfer der Deckengemälde wird Franz Georg Herrmann vermutet[24]. Das zentrale Mittelbild bündelt die Aussage des Deckenprogramms. Es zeigt die Aufnahme des Halbgottes Herkules durch Zeus in den Götterhimmel und damit in die Unsterblichkeit. Grundlage für seine „Apotheose" waren dabei nicht nur die zwölf kanonischen Taten (Dodekathlos), die Herkules im Auftrag des mykenischen Königs Eurystheus zu bestehen hatte und von welchen zwei in den das Wolfegger Hauptfresko flankierenden Bildfeldern dargestellt sind, sondern vor allem seine Entscheidung gegen den einfachen Weg des Lasters und für den steinigen Weg der Tugend. In Hinsicht auf dieses Tugendideal bot sich die Figur des Herkules für die adlige Selbstdarstellung an. Bereits im 16. Jahrhundert wurde die Herkules-Sage durch das Kaiserhaus rezipiert. Maximilian I. ließ Herkules als Ahnen in sein Stammbuch eintragen und sich selbst als „Herkules germanicus" feiern und darstellen. Die mythologische Identifikationsgestalt der Habsburger wurde kurz darauf von Adeligen in ganz Europa als Bildmotiv übernommen[25].

Im Unterschied zu den komplexen theologischen Bildprogrammen in Klöstern und Kirchen kon-

Apotheose des Herkules. Deckengemälde im Rittersaal des Schlosses Wolfegg.

zentrieren sich die Bildprogramme der Adelsresidenzen im 18. Jahrhundert auf erkennbar weniger Topoi[26]. Zu den stets wiederkehrenden Motiven zählen die vier Erdteile, die vier Elemente und die vier Jahreszeiten, die auch in Wolfegg um das zentrale Deckenbild gruppiert sind und die Kontinuität der kosmologischen Ordnung symbolisieren[27]. Auch die Figur des Herkules ist ein Topos adliger Ausstattungsprogramme, nimmt unter den heidnisch-mythologischen Themen freilich in mehrfacher Hinsicht eine Sonderstellung ein. Erstens bot sich Herkules aufgrund seiner Tugend, seiner als männliche Tapferkeit gesehenen „virtus", als Fürsten-Vorbild an. Zeitgenössische Handbücher und Stichsammlungen wie der „Fürstliche Baumeister oder Architectura Civilis" von Paul Decker (Nürnberg 1711 – 1716) belegen den großen Bedarf der Zeit an Bildprogrammen, die die Tugenden eines Fürsten und die Inhalte einer guten Regentschaft allegorisieren. Herkules vermittelte als Identifikationsgestalt im Gegensatz zum Heiligen Georg auch lebensnahe und bodenständige Züge, seine Legende verschmolz Klugheit mit Tatkraft und ewigem Ruhm. Zweitens vermochte die Erhebung von Herkules in den Götterhimmel auch mit der Apotheose von christlichen Heiligen verglichen werden. Derart anverwandelt konnte Herkules innerhalb der christlichen Adelsgesellschaft als Ausweis von Standesethos und Bildung gelten. Drittens bewies die Aufnahme des habsburgischen ‚Hausheiligen' Kaisertreue.

Auch Wurzach präsentiert Herkules als Tugendideal. In Wurzach, seit 1675 Sitz der Grafen von Waldburg-Zeil-Wurzach, einer eigenen reichsunmittelbaren Dynastie, entstand auf dem Standort eines niedergelegten alten Baus 1723 bis 1728 unter Graf Ernst Jakob (1673 – 1734) eine repräsentative Dreiflügelanlage um einen Ehrenhof[28]. Das Schloss war Ausgangs- und Mittelpunkt einer auf dem Reißbrett geplanten barocken Residenzstadt, deren Realisierung jedoch im Ansatz stecken blieb. Auftakt und Mittelpunkt des Schlosses ist das zentral im erhöhten Corps de Logis des Hauptflügels gelegene Treppenhaus mit beidseitigen ovalen Läufen. Da die Bauakten nicht erhalten sind, sind sowohl die Entstehungszeit als auch die ausführenden Künstler unbekannt[29]. Als Architekt wirkte wahrscheinlich Johann Caspar Bagnato, als Maler wird Giacomo Amigoni oder Pietro Scotti[30] vermutet. Die Betonung des Treppenhauses und seine architektonische wie repräsentative Gleichstellung mit dem Festsaal folgt italienischen und französischen Vorbildern, die in süddeutschen Schlössern wie Pommersfelden, Bruchsal, Würzburg und Meersburg zuerst rezipiert wurden.

In Wurzach entwickelt sich das Treppenhaus auf ovalem, dabei eng gedrängtem Grundriss in die Höhe. Die von mächtigen Balustraden gesäumten Treppenläufe sind von Absätzen unterbrochen, die die theatralische Wirkung des Aufgangs erhöhen. Während die an den Seitenwänden angebrachten, in einen Stuckrahmen eingelassenen Gemälde zwei Szenen aus der Herkules-Sage, die Tötung des Kentaur Nessos und die Überwindung der neunköpfigen Hydra, zeigen, eröffnet die Decke einen Blick auf den griechischen Götterhimmel. Um Zeus, dessen Darstellung dem auferstandenen Christus folgt, haben sich unter anderem Hera, Poseidon, Artemis, Aphrodite, Hermes, Athene, Hebe und Chronos versammelt. Der in männlicher Nacktheit unterhalb von Zeus dargestellte Herkules wird auf einem Pferdegespann von Aurora, der Göttin der Morgenröte, in den Himmel geleitet.

Das Deckenfresko ist von Scheinarchitektur umrahmt, die die architektonische Gestaltung des Treppenhauses aufnimmt und zugleich eine Bühnenbegrenzung für das himmlische Geschehen darstellt. In der Schlüssigkeit und Formvollendung seiner architektonischen wie künstlerischen Gestaltung stellt das Wurzacher Treppenhaus einen Höhepunkt oberschwäbischer Repräsentationsarchitektur dar. Die auf Herkules konzentrierte Ikonographie des Treppenhauses verzichtet auf Querverbindungen zum dort ansässigen Haus Waldburg-Zeil-Wurzach. Dies ist sicherlich damit zu erklären, dass sich die Repräsentation des Adelsgeschlechts auf die geplante

Zeus im Götterhimmel, Herkules wird von Aurora in den Olymp geleitet. Deckengemälde im Treppenhaus des Schlosses Wurzach.

Festsäle in oberschwäbischen Schlössern.

Zeus nimmt Herkules in den Götterhimmel auf. Deckengemälde von Andreas Brugger im Bacchussaal des Neuen Schlosses Tettnang.

Ortsumgestaltung der Kleinresidenz Wurzach ausweitete, der Herrschaftssitz somit nicht mehr als alleiniger Ausweis der Dynastie dienen musste. So förderte das fürstliche Haus u.a. auch den Neubau der Stadtkirche St. Verena und wurde im dortigen Deckengemälde von Andreas Brugger (1777) mit Porträtdarstellungen gewürdigt.

Wie die Residenz Wurzach wurde auch das größte oberschwäbische Neubauprojekt des 18. Jahrhunderts, das Neue Schloss in Tettnang, nie vollendet. Auf den Ruinen einer 1633 abgebrannten Burg hoch über der Schussen und gegenüber dem im 18. Jahrhundert nicht mehr standesgemäß erscheinenden Alten Schloss ließ Graf Anton III. von Montfort (1670 – 1733) ab 1712 Christoph Gessinger, den Architekten des fürstbischöflichen Schlosses in Meersburg, eine mächtige Vierflügelanlage errichten. Die Wiederaufnahme des Bautypus eines vierflügeligen Renaissance-Schlosses kann auf lokale Traditionen (Meßkirch, Wolfegg, Zeil) zurückgeführt werden. Zugleich zeigt der Grundriss die seit der Renaissance von Architekturtheoretikern wie Serlio und Palladio geforderte Anordnung der Räume. So befindet sich der Tettnanger Festsaal als Salon Carré in der Mitte des Flügels und nimmt dessen gesamte Breite ein. Zudem wurde in Tettnang abweichend von der Tradition der Rechtecksäle ein Festsaal auf quadratischem Grundriss realisiert[31]. Die Innenausstattung des Schlosses geht auf den Wiederaufbau der Anlage unter dem letzten regierenden Grafen, Franz Xaver von Montfort (1722 – 1780), nach einem Brand 1753 zurück. Unter Beibehaltung des Grundrisses setzte der Baumeister Jakob Emele zwar beide Obergeschosse instand, doch aufgrund der bereits desolaten finanziellen Lage des Hauses Montfort blieb das zweite Obergeschoss weitestgehend unausgebaut. Den ungeachtet der verfügbaren Mittel hohen repräsentativen Anspruch des Hauses Montfort an den Wiederaufbau belegt die Hinzuziehung bedeutender Künstler wie Joseph Anton Feuchtmayer, Johann Georg Dirr, Andreas Moosbrugger und Andreas Brugger bei der Innenausstattung. Der im zweiten Obergeschoss ursprünglich vorhandene Festsaal, der sogenannte „Rittersaal", wurde jedoch nicht mehr rekonstruiert. Stattdessen wurde der im Inventar von 1780 als „Neues Tafelzimmer" benannte Raum ein Stockwerk tiefer, der heutige Bacchus-Saal, zum Festsaal erhoben[32]. Mit diesem im südwestlichen Flügel gelegenen Festsaal und der um eine Apsis erweiterten Schlosskapelle im Nordwesten fanden die Aufbauarbeiten um 1770 ihren Abschluss. Der von Johann Caspar Gigl (1737 – 1784) stuckierte und von Andreas Brugger (1737 – 1811) freskierte Festsaal vereint Aspekte eines Ahnensaals mit dem Ewigkeitsanspruch antiker Mythologie und aristotelischer Kosmologie. Die Ausstattung des aufgrund seiner Eingeschossigkeit eine niedrige Raumhöhe aufweisenden Saals verbindet Wand-, Tür- und Deckengestaltung. Statt eines Kamins befindet sich in einer Rundbogennische der Stirnwand ein als Fass gestalteter Ofen. Auf ihm thront die burleske Stuckfigur eines Bacchus, die dem Saal seinen Namen gab. Die Wände zieren von Andreas Brugger gemalte ganzfigurige Standesbildnisse der letzten Grafen von Montfort (um 1772). Die Türflügel sind mit Sinnbildern der Wissenschaften und Künste verziert. Das den Raum überspannende Deckenbild zeigt als zentrales Motiv die Aufnahme von Herkules durch Zeus in den Götterhimmel. Der Topos des Tugendhelden erfährt in Tettnang insofern eine Abwandlung und Erweiterung, als dass in den Eckzwickeln sechs der zwölf Taten des Herkules dargestellt sind, die zugleich den vier Elementen Erde, Wasser, Feuer und Luft zugeordnet sind[33]. Die mit diesem Raumprogramm seitens der Montforts ausgedrückte Hoffnung, wie Herkules ewigen Ruhm und himmlischen Lohn durch die Erhebung in den Götterhimmel zu erlangen, sollte sich nicht erfüllen. Die Bemühungen von Graf Anton III., dem Bauherrn des Schlosses, wie die Waldburger und Fürstenberger in den Reichsfürstenstand erhoben zu werden, blieben ohne Erfolg[34]. Die zu diesem Zweck ausgebaute Residenz in Tettnang beförderte stattdessen aufgrund der immensen Kosten den Untergang des Familienbesitzes[35]. 1779/80, kurz nach Vollendung des Schlosses, mussten die Montforter ihre Herrschaft an Österreich abtreten.

Bacchussaal, Neues Schloss Tettnang.

Schloss Aulendorf, Festsaal.

AULENDORF: VERBÜRGERLICHUNG

Im Gegensatz zum Neuen Schloss in Tettnang ist Schloss Aulendorf das Ergebnis einer sich vom Mittelalter bis ins 19. Jahrhundert erstreckenden Baugeschichte. Die seit dem 14. Jahrhundert in Aulendorf ansässigen Herren von Königsegg, die 1510 in den Reichsfreiherrenstand und 1629 in den Reichsgrafenstand erhoben worden waren, standen am Ende des 18. Jahrhunderts auf dem Höhepunkt ihrer Macht. Mehrere Familienmitglieder hielten aufgrund ihrer Beziehungen zum kaiserlichen Hof in Wien herausragende Positionen im Deutschen Reich inne[36]. Macht und Prestige der Familie äußerten sich ab ca. 1750 in umfangreichen Baumaßnahmen am Schloss Aulendorf sowie am Jagdschloss Königseggwald[37]. Unter Graf Hermann Friedrich von Königsegg (1723 – 1786) verwandelte der aus Frankreich stammende Architekt Pierre Michel d'Ixnard (1723 – 1795) ab 1778 Schloss Aulendorf in ein repräsentatives Palais nach französischem Vorbild. Die stadtwärts gelegene Nordfassade wurde zur Schauseite ausgebildet und die Repräsentationsräume im Schloss wurden im frühklassizistischen Stil neu ausgestaltet. Zum Festsaal, dem heutigen „Marmorsaal", im ersten Obergeschoss, der Beletage, führt ein ebenfalls von d'Ixnard angelegtes Treppenhaus mit zunächst ein-, dann doppelläufiger Treppe und Balusterbrüstung. Das Treppenhaus weist geradewegs auf die Ostseite des Festsaals, der in der Ecke des West- und Nordflügels liegt. Allein von ihm aus waren ursprünglich die weitläufigen, in der Form von zwei Enfiladen angelegten Wohnräume zu erreichen[38]. Der Festsaal ist aufgrund seiner späteren Einfügung nicht korrekt rechtwinklig und zudem eingeschossig[39]. Sein nach Entwürfen von Johann Georg Dirr (1723 – 1779) von dem Wurzacher Stuckateur Jacob Kuntz ausgeführtes Ausstattungsprogramm konzentriert sich unter Verzicht auf eine architektonische Gliederung der Wände auf die Gestaltung der Supraporten und der Decke. An der Decke finden sich in den Medaillonreliefs Darstellungen der vier Jahreszeiten in den Ecken und der vier Elemente in den Mittelachsen. Das zentrale Deckenmedaillon zeigt Eros und Anteros als Bild der Liebe und Gegenliebe. Auch die fünf Supraportenreliefs illustrieren mit mythologischem Personal Aspekte

Andrea Dippel

der Liebe und des Feierns. Es finden sich u.a. die Paare „Venus und Adonis" sowie „Bacchus und Ariadne", verspielte „Amoretten auf der Schaukel" und ein „Bacchus mit Weinrebe". Das Bildprogramm zeigt keinerlei Glorifizierung des Hauses Königsegg. Die zurückhaltende Ausstattung vermittelt im Kontext der Zeit bereits einen eher privaten Eindruck. Dies entspricht den gewandelten adligen Festbräuchen der Zeit. Hatte sich der Adel seit dem 16. Jahrhundert von der populären Festkultur auf den Straßen und Plätzen zunehmend zurückgezogen und zugleich die Trennung der profanen Festkultur vom sakralen Hintergrund vollzogen, so kann die Zeit des Barock und des Absolutismus bis zur Mitte des 18. Jahrhunderts als Höhepunkt der Hoffeste gelten. Bereits gegen Ende des 18. Jahrhunderts konzentrierten sich aufgeklärte Fürsten auf andere herrschaftliche Aktivitäten. Die Hoffeste nahmen privaten, fast bürgerlichen Charakter an[40]. Festmahle und bescheidenere Unterhaltungen, etwa Musikabende mit bekannten Künstlern, lösten die großen Bälle und Aufführungen ab. In Aulendorf diente das an den Marmorsaal anschließende Musikzimmer nachweislich als „Sale de la Compagnie" der Konversation und kleineren Konzerten. Die Gestaltung des Aulendorfer Festsaals darf als Beispiel des „geselligen Hofes" gelten – gemäß der Typologie von Volker Bauer also bereits einer Spät- und Auflösungsform adliger Hofgesellschaft[41].

WANDEL DER BILDLICHEN REFERENZSYSTEME

Der Überblick über die Festsäle in ausgewählten oberschwäbischen Schlössern vom 16. bis zum 18. Jahrhundert hat gezeigt, dass sich an den Bildprogrammen ein Wandel des adligen Selbstverständnisses ablesen lässt. Für die Renaissance-Säle in Meßkirch, Heiligenberg und Wolfegg konnten durchgängig nachstehende architektonische Merkmale festgestellt werden: erstens die Lage im Obergeschoss, zweitens die im Vergleich zu anderen Räumen größere Dimensionierung, drittens die Längsausrichtung mit Haupt- und Nebeneingängen an den Stirnseiten, viertens die Flachdeckung, fünftens die Kaminheizung und sechstens die Belichtung durch große Fenster in Nischen. Was die Bildprogramme betrifft, steht der Gedanke der Herkunft und Traditionsbildung im Vordergrund, der in der Vorstellung der herrschenden Familien ihre Kontinuität sicherte. Dieser muss im Zusammenhang gesehen werden mit der Anlage von Genealogien, Familienchroniken und Memorialbüchern, aber auch mit der Stiftung von Kirchen und Grablegen[42].

Bacchus und Ariadne. Supraporten-Relief aus Alabaster von Johann Georg Dirr. Marmorsaal des Schlosses Aulendorf.

Für das 18. Jahrhundert ist im oberschwäbischen Raum keine Typologie möglich, da sich die bauliche Repräsentation zunehmend auf weitere Räume innerhalb und außerhalb der Residenz ausbreitet. So tritt im Inneren der Schlösser Kißlegg und Wurzach das Treppenhaus gleichberechtigt neben den Festsaal. Im Außenbereich ermöglicht die Anlage von Residenzorten weitere Räume der Repräsentation. In den Festsälen lösen seit Beginn des 18. Jahrhunderts mythologische Programme die Fortschreibung genealogischer Kontinuität in Wappen- oder Ahnenreihen ab. An prominenter Stelle steht hierbei der von den Habsburgern favorisierte Herkules-Mythos samt den standardisierten Allegorien auf die kosmologische Stabilität (vier Erdteile, vier Elemente, vier Jahreszeiten). Doch gerade die Bezugnahme auf diese Mythologeme löste mit fortschreitenden Entdeckungen (fünfter Erdteil: Australien) und zunehmender Beherrschbarkeit der Natur (Technologisierung) die ‚stabilitas' der adligen Ordnung auf. Die Anklänge an das bürgerliche Freundschaftsideal in den Medaillons in Aulendorf und der dort realisierte kühle Klassizismus deuten bereits an, dass die adligen Bildprogramme spätestens seit Ende des 18. Jahrhunderts den Gefährdungen des Republikanismus ausgesetzt waren. Als für die Krisenzeit des Adels symptomatisch darf die romantische Rückwendung zum Altdeutschen gelten, die sich im 19. Jahrhundert häufig in der Umbenennung der Festsäle in „Rittersäle" äußert und mit der Aufhängung von Ahnenbildnissen einherging, wie in Heiligenberg und Sigmaringen. Diese Akte historischer Vergewisserung konnten jedoch keine Tradition mehr beglaubigen, die sozial und wirtschaftlich unter fortwährendem Veränderungs- und Anpassungsdruck geriet.

Anmerkungen:

1 *Volker Himmelein*: Die Selbstdarstellung von Dynastie und Staat in ihren Bauten. Architektur und Kunst in den Residenzen Südwestdeutschlands. In: *Kurt Andermann* (Hg.): Residenzen. Aspekte hauptstädtischer Zentralität von der frühen Neuzeit bis zum Ende der Monarchie. Sigmaringen 1992, 47-58. Siehe auch *Richard Alewyn:* Das große Welttheater. Die Epoche der höfischen Feste. München ²1985, 51 f.
2 Die Architektur des 16. und 17. Jahrhunderts ist hierbei weitaus schlechter erforscht als die des 18. Jahrhunderts. Leider fehlt zu Süddeutschland bislang eine typologische Aufarbeitung der Renaissanceschlösser, wie sie beispielhaft Großmann für den Weserraum vorgelegt hat. *Georg Ulrich Großmann*: Renaissance entlang der Weser. Köln 1989.
3 *Norbert Elias*: Die höfische Gesellschaft. Untersuchungen zur Soziologie des Königtums und der höfischen Aristokratie. Frankfurt 1994.
4 Zum höfischen Fest im allgemeinen siehe *Richard von Dülmen*: Kultur und Alltag in der Frühen Neuzeit. Bd. 2. München 1992, 157-173. Zum Zeremoniell siehe *Werner Paravicini*: Zeremoniell und Raum. In: *Ders.* (Hg.): Zeremoniell und Raum. Sigmaringen 1997, 11-38.
5 Zum Haus Fürstenberg siehe *Volker Press*: Das Haus Fürstenberg in der deutschen Geschichte. In: *Volker Press*: Adel im Alten Reich. Tübingen 1998, 139-166; *Esteban Mauerer*: Südwestdeutscher Reichsadel im 17. und 18. Jahrhundert. Geld, Reputation, Karriere: Das Haus Fürstenberg. Göttingen 2001.
6 Zu Meßkirch und seiner Herleitung aus Architekturtraktaten siehe *Gabriele Heidenreich*: Schloss Meßkirch. Repräsentation adeligen Herrschaftsbewusstseins im 16. Jahrhundert. Tübingen 1998; *Hubert Krins*: Schloss Meßkirch. Lindenberg 2001.
7 *Theodor Martin*: Der Rittersaal des Schlosses Heiligenberg in Schwaben. Heiligenberg 1889, 5. Die beiden Kamine an den Schmalseiten nennen das Jahr 1584, so dass eine rechtzeitige Vollendung zu den Hochzeitsfeierlichkeiten des Grafen Friedrich (1563 – 1617) und Elisabeth von Sulz angenommen werden darf. Vgl. *Ernst W. zu Lynar*: Schloss Heiligenberg. München-Zürich 1981, 8-10.
8 Von der heutigen Gemäldeausstattung, die die Bedeutung des Festsaals als Ahnensaal betont, stammen nur sechs Bilder aus der Entstehungszeit des Saals, nämlich die Porträts seiner Erbauer, Friedrich und Joachim von Fürstenberg sowie Anna von Zimmern; zwei davon machten die Umgestaltung des Saals im 19. Jahrhundert zum Ausgangspunkt einer Neugestaltung, die auch die Glasgemälde mit den Wappen und den Parkettboden umfasste.
9 Laut *Press* 1998 (wie Anm. 5), 145, fußte das Familienstatut von 1576 auf einem Vorläufer von 1491 und auf der Deklaration von 1562.
10 Zum Bildprogramm des Rittersaales siehe *Bernd*

M. *Mayer*: Die Truchsessen als Tugendhelden. Das Bildprogramm des Rittersaales in Schloss Wolfegg. In: Im Oberland 6 (1995) 2, 3-14. Zum Haus Waldburg siehe *Siegfried Kullen:* Die Waldburger Residenzen im südlichen Oberschwaben. In: Im Oberland 11 (2002) 2, 24-32.

11 Die seit dem Mittelalter gängige Plazierung der Festsäle im Obergeschoss, dem Piano nobile, lässt sich nicht nur auf klimatische Vorteile, sondern auch auf die Bedeutung des Treppenaufstiegs im Empfangszeremoniell zurückführen. Sie führte jedoch häufig zu gedrückten Raumproportionen, welche Jörg Schwartzenberger bereits in Meßkirch mit einer Erhöhung in den Dachstuhl vermied.

12 Vier Figuren sind spätere Ergänzungen und zwei Nischen blieben frei. Der Saal war zur Zeit der ersten Ausstattung außer den beiden als Triumphbogen gestalteten Portalen ein wohl schmuckloser Raum, den wahrscheinlich eine Holzkassettendecke zierte.

13 *Mayer* 1995 (wie Anm. 10), 6, verweist als Vorbild für die Truchsessenchronik auf die „Genealogie", die der Habsburger Kaiser Maximilian I. (1459 – 1519) in Auftrag gab. Sie wurde ebenfalls von Hans Burgkmair d.Ä. mit Holzschnitten illustriert.

14 Im Mittelalter und in der frühen Neuzeit nahm das Bedürfnis von Adelsfamilien, sich in altehrwürdige und berühmte Genealogien einzuschreiben, bekanntermaßen häufig skurrile Züge an. Siehe *Johannes Rogalla von Bieberstein*: Adelsherrschaft und Adelskultur in Deutschland. Frankfurt 1989, 129-132.

15 *Franz Matsche:* Kaisersäle – Reichssäle. Ihre bildlichen Ausstattungsprogramme und politischen Intentionen. In: *Rainer A. Müller* (Hg.): Bilder des Reiches. Sigmaringen 1997, 323-355.

16 Vgl. *Ernst H. Kantorowicz*: Die zwei Körper des Königs. München 1990, 338, 426, 431.

17 Die „Rittergesellschaft mit St. Jörgenschild" ging 1488 im Schwäbischen Bund auf; das Tugendideal des Ritters hatte jedoch noch länger Bestand.

18 Auffallend ist auch die willkürliche Anordnung der Treppenhäuser. Die Säle sind überwiegend nach Figuren des Alten Testaments und der antiken Mythologie benannt und mit entsprechenden Szenen ausgestattet.

19 *Arthur Henkel / Arthur Schöne* (Hg.): Emblemata. Handbuch zur Sinnbildkunst des XVI. und XVII. Jahrhunderts. Stuttgart 1996, 811-813.

20 Die Supraporten über den beiden Türen zeigen zudem das Waldburgische Ursprungswappen aus staufischer Zeit mit drei Löwen auf gelbem Grund und ein Schild mit dem Reichsapfel.

21 *Gerhard Köbler*: Historisches Lexikon der deutschen Länder. München [6]1999, 688-691.

22 *Beatrice Weber*: Bau- und Bildprogramme der Herrschaften Waldburg. Studien zum Mäzenatentum einer oberschwäbischen Adelsfamilie im 18. Jahrhundert. Masch. Magisterarbeit Tübingen 1989, 175.

23 Siehe *Mayer* 1995 (wie Anm. 10).

24 Laut *Mayer* 1995 (wie Anm. 10), 8, ist der Künstler unbekannt. Dehio versieht die Zuschreibung an Franz Georg Herrmann mit einem Fragezeichen, siehe *Dagmar Zimdars*: Baden-Württemberg II. Die Regierungsbezirke Freiburg und Tübingen (*Georg Dehio:* Handbuch der Deutschen Kunstdenkmäler). München 1997, 852.

25 Weitere bekannte Beispiele für die Darstellung der „Apotheose des Herkules" finden sich im Schloss von Versailles (F. Lemoyne) und im königlichen Palast von Madrid (A. R. Mengs), in Deutschland in Rastatt (G. Roli). Zur Rezeptionsgeschichte und Ikonographie siehe *Herbert Hunger*: Lexikon der griechischen und römischen Mythologie. Hamburg 1985, 163-175.

26 Siehe *Markus Hundemer:* Rhetorische Kunsttheorie und barocke Deckenmalerei. Regensburg 1997; *Hermann Bauer / Wolf-Christian von der Mülbe*: Barocke Deckenmalerei in Süddeutschland. München-Berlin 2000.

27 Die vier Jahreszeiten finden sich in Wolfegg auf den Kaminbildern. Auch aufgrund ihrer Vierzahl boten sich die Erdteile, Elemente und Jahreszeiten für die symmetrische Ausstattung quadratischer oder rechteckiger Räume an.

28 Der Ostflügel entstand erst 1750, siehe *Siegfried Kullen*: Bad Wurzach – eine unvollendete Barockresidenz. In: Im Oberland 14 (2003) 1, 3-10.

29 Laut *Volker Himmelein u.a.*: Barock in Baden-Württemberg. Stuttgart 1981, 38, wurde das Treppenhaus 1728 vollendet. Laut *Weber* 1998 (wie Anm. 22), 178, waren 1734 erst der Westflügel und ein Teil des Mittelbaus des Schlosses vollendet, was eine Datierung des Treppenhauses um 1750 wahrscheinlicher macht.

30 *Zimdars* 1997 (wie Anm. 24), 54.

31 Die von italienischen Architekturtheoretikern geforderte quadratische Form des Festsaals blieb in der deutschen Baupraxis lange unbeachtet. Vicenzo Scamozzi, italienischer Architekturhistoriker, legte bereits 1615 fest, dass der Saal in der Mitte des Gebäudes über dem Eingang liegen solle „wie das Herz in der Mitte des Körpers", denn nach Aristoteles setze „die Natur eine vornehme Sache an einen vornehmen Ort". Siehe: *Helga Wagner*: Barocke Festsäle in bayerischen Schlössern und Klöstern. München 1974, 19.

32 *Michael Wenger / Angelika Barth / Karin Stober*: Tettnang. Neues Schloss und Stadt. München-Berlin 2004.

33 Der nemeische Löwe, die kerynitische Hirschkuh und der erymanthische Eber symbolisieren die Erde, die Hydra von Lerna das Wasser, der Höllenhund Kerberos das Feuer und der Riese Antaios (mit dem Herkules auf der Suche nach dem Garten der Hesperiden kämpft) mit der Personifikation des Windes die Luft.

34 *Bernd Wiedmann* (Hg.): Die Grafen von Montfort. Friedrichshafen 1982.

35 *Sigrid Puntigam*: Standeserhöhung und Schlossbau im kleinstaatlichen Bereich. In: Die Künste und das Schloss in der frühen Neuzeit. München-Berlin 1998, 31-46.

36 Zur Familiengeschichte siehe *Horst Boxler*: Die Geschichte der Reichsgrafen zu Königsegg seit

dem 15. Jahrhundert. Bannholz 2005.
37 *Fritz Fischer / Ulrike Weiß*: Kunst des Klassizismus. Schlossmuseum Aulendorf, Zweigmuseum des Württembergischen Landesmuseums Stuttgart. Stuttgart 1997, 14.
38 Ebd., 32.
39 Der von *Fischer / Weiß* 1997 (wie Anm. 37), 33, als Vorbild für den Aulendorfer Saal genannte Marmorsaal im Neuen Schloss in Stuttgart ist dagegen zweigeschossig mit Säulenordnung und Pilastergliederung.
40 Siehe *von Dülmen* 1992 (wie Anm. 4), 157-173.
41 *Volker Bauer*: Die höfische Gesellschaft in Deutschland von der Mitte des 17. bis zum Ausgang des 18. Jahrhunderts. Tübingen 1993, 70f. Bauer unterscheidet den zeremoniellen, den hausväterlichen, den geselligen Hof und den Musenhof.
42 Gerade die häufig wie in Meßkirch und Wolfegg anzutreffende Verbindung zwischen Festsaal und Kirche bedürfte einer gesonderten Betrachtung, auch hinsichtlich der Unterscheidung von sakralen und profanen Festen (Geburt, Taufe, Hochzeit, Tod).

Adel, Künstler und Kunst zwischen Tradition und Fortschritt Mentalitätsgeschichtliche Streifzüge im Schwäbischen Kreis am Ende des „Alten Reiches"

Hubert Hosch

Für Professor Eduard Hindelang,
den unermüdlichen Förderer der Kultur
am Bodensee

Wenn in unserem vermeintlich vollständig entfeudalisierten, republikanisch-demokratischen, säkularisierten und kapitalistischen Zeitalter sich einige der überdauernden alten süddeutschen Adelshäuser ihrer Vergangenheit (und Zukunft?) kapitalisierend entledigen müssen, lohnt sich vielleicht ein kurzer mentalitätsgeschichtlicher Blick auf die Absichten und Leistungen dieser ehemaligen Auftraggeberelite und der für sie werktätigen Auftragnehmer besonders vom 18. bis zum Anfang des 19. Jahrhunderts.

Entwicklungen wie jene vom absolutistischen Feudalismus zum konstitutionellen Gleichheitsprinzip, vom hierarchisch-patriarchalischen Duodez-Hofstaat zum modernen Flächenstaat, von der agrarisch-merkantilistischen Rentierswirtschaft zum industriell-frühkapitalistischen Unternehmertum, von der barocken Repräsentation zur gleichsam bürgerlichen Privatheit, vom absolutistischen mehr oder weniger mäzenatischen Herrscher zum rechenschaftlichen Auftragswesen der öffentlich-staatlichen Hand, vom höfischen zum autonomen Künstler, vom zünftigen Handwerker zum gebildeten Akademiker, von der rhetorischen Wirkungsästhetik zur genialischen Produktionsästhetik, von der konservativ religiösen Bindung und Ordnung zu fortschrittlich aufgeklärtem Freigeistertum und Selbstbestimmung, werden die folgenden Zeilen immer wieder im Hintergrund durchziehen[1].

GRAFEN VON MONTFORT

Zu den ältesten (ein wichtiges Kriterium des Erbadels) und gut dokumentierten Geschlechtern zählten die Nachkommen der ehemaligen Herren des Nagoldgaues und staufischen Pfalzgrafen von Tübingen, die bis zu ihrem Ende 1787 ihre nicht uneigennützige Stiftertätigkeit immer hochhielten[2]. Nach dem Aussterben der Staufer bald im Niedergang begriffen, hatten die nunmehrigen Grafen von Montfort etwas verspätet auch einen Minnesänger (Hugo XII., 1357 – 1423) in ihren Reihen, dazu einen humanistischen Sammler (Ulrich IX., † 1574) von mittlerweile zerstreuten Raritäten[3].

Graf Anton III. (1670 – 1733) bemühte sich – ohne große Verdienste um das Reich und Habsburg – vergeblich um eine finanziell kostspielige Erhebung in den Fürstenstand. Zu diesem Zwecke wurden die Residenzen in Tettnang (Neues Schloss) und Langenargen ausgebaut. Vom Wiener Hofmaler Frans Stampart ließ er sich in seiner ‚zweiten Haut' als berneske Büste darstellen[4]. Dass er sich, anders als die Erzbischöfe von Salzburg und die anverwandten Grafen von Schönborn, keine bedeutenden Hofkünstler zulegte, die zumindest eine „Katz" und vielleicht sogar eine „Dame" (Äußerung von 1716) wiedergeben konnten, ist wohl den geringen Einkünften und der prekären Finanzlage geschuldet[5].

Der ab 1731 in der Hoffnung auf eine bessere Ökonomie regierende Sohn Ernst war wie fast alle Montfort seit 1600 in Konstanz bei den Jesuiten

1. Joseph Esperlin: Antonia von Montfort als Nothelferin hl. Barbara, um 1750. Öl auf Leinwand. Wallfahrtskirche Mariabrunn bei Tettnang.

nem ‚Ländle' am Bodensee verstärkt als kirchlicher Stifter in Erscheinung. In der neu errichteten Wallfahrtskapelle Mariabrunn bei Tettnang ließ er sich auf den Seitenaltären zusammen mit seiner Gemahlin nicht nach der Sitte seiner Vorväter in devoter Haltung porträtmässig abbilden (Abb. 1), sondern, eigentlich nach 1750 nicht mehr zeitgemäss, als leibhaftiger Nothelferheiliger Eustachius, während seine Frau als hl. Barbara dargestellt wurde[6].

Der kleine – aber immer noch zu aufwendige – Hof in Tettnang bzw. Langenargen beschränkte sich auf Bootsfahrten, Feuerwerk und Besuche des oft verschwägerten Adels der Nachbarschaft. Man spielte allerdings spätestens seit 1722 im „Komedihaus" wirkliches, teilweise selbst geschriebenes Theater. Der Aufenthalt des Komponisten Valentin Rathgeber (1682 – 1750) im Jahr 1731 spricht für musikalisches Interesse. Die Ausbildung des zu dauerndem Ruhm gelangten Malers Franz Anton Maulbertsch, Sohn eines nicht leibeigenen montfortischen Haus- und Hofmalers (eher Vergolders und Anstreichers) in Wien ist wohl auch dem zumindest empfehlenden gräflichen Mäzenatentum zu verdanken.

erzogen und juristisch-kameralistisch zumeist in Salzburg weitergebildet worden. Er brachte es dann zum Direktor des Schwäbischen Grafenkollegiums. 1745 berief ihn der Wittelsbach-Kaiser Karl VII. zum mit nur 6 000 Talern dotierten Kammerrichter am Reichskammergericht in Wetzlar, was er ausschlug, aber die Nachkommen nicht daran hinderte, ihn im Bacchussaal von Schloss Tettnang in einer vergleichbaren Tracht nochmals auftreten zu lassen. Seit langem mit einer ehemaligen Buchauer Stiftsdame aus dem Hause Waldburg-Trauchburg-Scheer vermählt, trat er in sei-

Nach der durch den Brand im Tettnanger Neuen Schloss im Jahr 1753 noch verstärkten Finanzmisere übernahm der vielleicht durch ein schwaches, Angelika Kaufmann (1741 – 1807) zuzuschreibendes Gemälde als „tumber, jagender Landjunker" eingeschätzte Sohn Franz Xaver (1722 – 1780) das Regiment. Als Jurist (Lizentiat beider Rechte an der Universität Mainz 1742) war er zuvor als zeitweiliger Kammerrat und Kammerrichter unter seinem späteren Schwiegergroßvater, dem aufgeklärten Grafen und Minister Friedrich von Stadion, in Mainz tätig gewesen.

2. Unbekannt : Graf Franz Xaver von Montfort als Alchemist, um 1760., Öl auf Leinwand. Montfort-Museum Tettnang.

Sicher mit dem Rat seiner beiden Waldburg-Onkel in Scheer bzw. Chiemsee ließ Franz Xaver durch Kräfte erster Wahl wie Joseph Anton Feuchtmayer, Johann Georg Dirr, Andreas Moosbrugger, Franz Martin Kuon das Innere des Tettnanger Schlosses im Rokoko-Stil wiederherstellen. Nicht ganz ohne Nebengedanken muss man sich wohl die Ausbildungsförderung des leibeigenen Untertanen Andreas Brugger bei Maulbertsch in Wien vorstellen. Der Aufenthalt der als Wunderkind geltenden Malerin Angelika Kaufmann samt Vater am Hof der Montfort diente wohl auch dem gegenseitigen Interesse an erhöhtem Sozialprestige. Eventuelle moralische Zweifel am Zweck (Fürsteninteressen), der die Mittel (schlechtes Münzgeld durch die zeitweise an Juden verpachtete, und im Herbst 1763 auf Druck aus Wien stillgelegte Münze in Langenargen) ‚heiligen' sollte, versuchte sich Franz Xaver durch den Erwerb und Lektüre von Machiavellis „Il Principe" im Jahr 1759 zu zerstreuen. Unter dem monetären Aspekt kann man auch Franz Xavers alchemistische Versuche sehen (Abb. 2)[7].

Zusammen mit seinem in den geistlichen Stand getretenen Bruder dürfte er auch die „Gedanken" für die Brugger-Fresken in den Treppenhäusern von Schloss Tettnang (Reichtum der Grafschaft in Jagd und Landbau) im wienerisch-höfischen Maulbertsch-Stil, welche die Ideen des aufgeklärten Freiherrn Joseph von Sperges für die Innsbrucker Hofburg von 1775 schon etwas vorwegnehmen, entwickelt haben. Nach familiären Schicksalsschlägen bemühte der Graf wieder durch Bruggers Hand in der Schlosskapelle den angeeigneten „Familienglücksbringer", den Kreuzfahrer Johannes von Montfort, als Beistand. Im sogenannten Bacchussaal, dem Fest- und Ahnensaal des Schlosses, erfährt die traditionelle barocke Herkulesikonographie (der unsterbliche Ruhm des tugendreichen Herrschers wie z.B. in Schloss Wurzach) durch die Verstirnung als Sonderform der Apotheose im Kontext von aristotelischer, kosmologischer Fünf-Elementen-Lehre und menschlicher Kulturleistung eine enzyklopädische und innovative Abrundung.

Dem rheinischen Umfeld (Bruchsal, Darmstadt) lassen sich die von Watteau, Zick, Seekatz und Kaufrufen abhängigen Vagantendarstellungen zuordnen, die vielleicht schon unter dem Einfluss der 26 Jahre jüngeren dritten Gemahlin, einer Enkelin des Friedrich von Stadion, um 1772 entstanden sind: eine spielerisch-pittoreske, binnenexotische Konfrontation mit dem einfachen Volk, ja sogar mit den sozialen Randgruppen.

Vor der Kommission für die Schulden (1,2 Mio. Gulden) weicht 1776 das ungleichaltrige Paar in das französische Straßburg aus, und trennt sich 1778. 1779 verkaufen die beiden überlebenden Brüder Franz Xaver und Anton endgültig an das selbst hochverschuldete Habsburg-Österreich[8]. Schon 1780 stirbt, fast wie im Rührstück, Franz Xaver im Mariabrunner Kaplaneihaus und wird

Adel, Künstler und Kunst 717

vom Herrscher als mildtätig gütiger Hausvater (Abb. 3)[9]. Als Zeichen eines positiven „Vergeudungsprinzips" (Georges Bataille) und nicht einseitiger Ausbeutung lassen sich die Äußerungen des Landgerichts von 1808 während des bayerischen Interims werten: „[...] daß die Bevölkerung den goldenen Zeiten der Grafen von Montfort, wo ihre Bürger, ohne zu arbeiten, denselben die Einkünfte der ganzen Herrschaft durchzubringen halfen, nachtrauert."[10] Immerhin bringt die Hinterlassenschaft des biologisch und pekuniär zugrundegegangenen Geschlechtes mit dem Schloss Montfort zumindest touristische Zinsen.

DIE TRUCHSESSEN UND GRAFEN VON WALDBURG

In der gleichfalls immer mehr schrumpfenden Grafschaft Friedberg-Scheer-Dürmentingen von Franz Xaver Graf Montforts Familie mütterlicherseits ging es weniger friedlich zu. Seit dem 16. Jahrhundert waren Unbotmäßigkeit und Revolten der zunehmend unabhängigen Untertanen an der Tagesordnung[11]. Graf Maximilian Wunibald (1647 – 1717) wurde als ‚Schwarzes Schaf' sogar exkommuniziert, vom Kaiser gefangengesetzt und unter die Vormundschaft seines Trauchburger Vetters Christoph Franz (1669 – 1717) gestellt. Die ebenfalls völlig überschuldete Herrschaft gelangte so 1717 an dessen Sohn Joseph Wilhelm Eusebius (1694 – 1756)[12], der im November 1723 Maria Eleonore (1693 – 1753), Tochter des Prosper Ferdinand von Fürstenberg (1662 – 1704), ehelichte. Die anfängliche Zurückhaltung in der „Vergeudung" gab der Graf zumindest ab 1741 auf, als er unter dem Einfluss des Kißlegger Kirchenumbaus die alte gotische Schlosskirche von Scheer zu modernisieren begann; dies erfolgte sicherlich auch mit Unterstützung durch seinen Bruder Johann Ernst II. von Trauchburg-Kißlegg, dem Erbauer des dortigen Neuen Schlosses. Er gewann dafür die Bildhauer-Stukkatoren-Werkstatt von Joseph Anton Feuchtmayer und als Maler Joseph Esperlin, der 1747 Biberach als (Hof-)Maler Richtung Scheer verließ.

3. Johann Georg Wieland: Epitaph für Graf Anton IV, 1795. Alabaster. Pfarrkirche St. Gallus Tettnang.

in der Kapelle im Angesicht seiner Nothelfer-Eltern bestattet. Der überlebende Bruder, kurpfälzischer Ordensritter und Generalmajor des Schwäbischen Kreises, lebt mit seiner Pension von 6 000 Gulden in einem bürgerlichen Haus in Tettnang. Dem 1787 Verstorbenen wird 1795 ein Epitaph in der Tettnanger Pfarrkirche vom Salemer „Faustkünstler" Johann Georg Wieland im Auftrag der politischen Gemeinde errichtet, nachdem aus der Erbmasse gerichtlich eine Montfort-Armenstiftung gebildet werden konnte: ein postumes Bild

Künstlerisch und vor allem zeitgeschichtlich am interessantesten sind drei weltliche Gemälde (in der Art einer „allégorie réelle") einzuschätzen, die für das gräfliche Jagdschloss (auch Forsthaus) in Dürmentingen bestimmt waren[13]. Das Deckenstück zeigt die gräflich-höfische Gesellschaft beim Jagd-Picknick und bei musischer Unterhaltung (Abb. 4)[14]. Auch die beiden dazugehörigen Wandbilder, welche vermutlich die „Verlobung in Donaueschingen"[15] sowie die „Trauchburger Erbverträge" darstellen[16], wurden familienpolitisch zumindest als so bedeutsam erachtet, dass sie zwischen 1764 und 1785 wegen des Verkaufs der Herrschaft Scheer an die Thurn und Taxis nach Schloss Zeil verbracht wurden.

Nach dem Tod des Grafen 1756, dem ein Herzbestattungs-Epitaph von Joseph Anton Feichtmayer in der Loreto-Kapelle in Dürmentingen gesetzt wurde, übernahm dann doch der Sohn und hochrangige Militär Leopold August – er war herzoglich württembergischer General und Kommandeur des Karlsordens sowie Ritter des hohen württembergischen Jagdordens St. Huberti wie sein Vetter Graf Franz Xaver von Montfort – die Herrschaft und die Schulden (610 000 Gulden). Er starb aber schon 1764 in Donaueschingen, was anscheinend auch die von Feuchtmayer für Scheer geschaffenen Hausheiligen (Willibald, Wunibald, Walburga) nicht verzögern konnten. Die Verbindung von Passion für die „edle Jagdbarkeit", von konfessioneller Gläubigkeit und von Repräsentationsbedürfnis zeigt sich auch noch im Jagdschlösschen samt Kapelle in Rimpach nahe Isny und bei dessen Bauherrn, dem Onkel Leopold Augusts und Chiemseer Fürstbischof Franz Carl Eusebius (1701 – 1772).

4. Joseph Esperlin: „Jagdgesellschaft / Ländliches Konzert", 1751/55. Öl auf Leinwand. Salettl Schloss Zeil (ehem. Forsthaus Dürmentingen).

Adel, Künstler und Kunst

5. Andreas Brugger: Die Patronatsfamilie von Waldburg-Wurzach, 1777. Fresko. Stadtpfarrkirche Bad Wurzach.

Auch bei den übrigen Waldburg-Linien kommt die Repräsentation von Glaube und Familie immer wieder zum Ausdruck, so etwa in der Stiftskirche in Wolfegg. Weitere große ‚Gotteskämpfer' des Hauses sind der ‚Bauernjörg' und Kardinal Otto von Waldburg. Als bedeutender Sammler und Mäzen von Christoph Storer und Caspar de Crayer erwies sich Max Willibald (1604 – 1667) mittels der noch heute in Wolfegg befindlichen gräflichen Sammlung, während die von dem Kölner Dompropst Karl Maria Wunibald Thaddäus von Waldburg-Wurzach (1712 – 1786) mit Hilfe von Ferdinand Franz Wallraff (1748 – 1824) erworbenen, ebenfalls vor allem altdeutschen Gemälde, nach 1786 im Schloss Wurzach kaum öffentlich gezeigt wurden, da die „Truchsessengalerie" auch bald (1803) in London zur Versteigerung kam[17].

Zur Gala-Schau als fromme Stifter und Kirchenverteidiger posiert die Wurzacher reichsgräfliche Herrschaft im Deckenbild[18] der neu erbauten Wurzacher Stadtpfarrkirche (Abb. 5) über den Köpfen des Kirchenvolkes, inmitten der allerdings gleichrangigen kirchlichen und politischen Gemeinde. Trotz größter finanzieller Probleme wurde auch die Linie Waldburg-Waldsee gegenüber Künstlern wie etwa dem Maler Eustachius Gabriel zu allerdings auch fordernden Förderern.

DIE FÜRSTEN VON FÜRSTENBERG

Das uraltadlige, 1716 gefürstete Haus Fürstenberg baute unter dem von 1735 bis 1748 als kaiserlicher Prinzipalkommissar beim Regensburger Reichstag fungierenden Fürsten Joseph Wilhelm Ernst (1699 – 1762) relativ bescheiden ab 1723 Donaueschingen zur Residenzstadt aus: mit einem von 1893 bis 1896 umgestalteten Schloss und einer benachbarten Kirche nach böhmischen Plänen, wobei die vermögende regierende Fürstin Maria Anna Teresa (1707 – 1756), eine geborene Gräfin Waldstein und Wartenberg, die treibende und finanzierende Kraft war. Für das Hochaltargemälde (Abb. 6)[19] musste man 1750

6. Joseph Esperlin: Taufe Christi, um 1750.
Öl auf Leinwand. Stadtpfarrkirche Donaueschingen.

auf den Hofmaler der Waldburg-Trauchburg-Scheerer Verwandtschaft, den oben genannten Joseph Esperlin, zurückgreifen.

Unter dem seit 1762 regierenden Fürsten Joseph Wenzel (1728 – 1783) leistete man sich standesgemäßes (aber nicht erstklassiges) Personal wie den Baudirektor Franz Joseph Salzmann und den Hofbildhauer Franz Xaver Biecheler[20]. Das Hauptinteresse galt aber der Musik und einer Hofkapelle, so dass 1766 die Mozarts in Donaueschingen Station machten[21]. Ab 1775 gab es auch ein Liebhabertheater und nach dem Umbau (1784) ein Hoftheater und Opernhaus, wo schon 1787 die adelskritische „Hochzeit des Figaro" von Mozart nach Beaumarchais unter Mitwirkung der Fürstenfamilie aufgeführt worden ist. Die lange Fürstenbergische Musiktradition hinterließ eine große, im Jahr 2000 an das Land Baden-Württemberg verkaufte Musikaliensammlung und seit dem letzten Jahrhundert ein Festival für zeitgenössische Musik, die Donaueschinger Musiktage, wohingegen die einst berühmte Sammlung nationaler Literatur nur mittelbar mit dem Fürstenhaus verbunden war[22]. Herzog Carl Eugen von Württemberg stieg deshalb immer wieder gern in dem verkehrsmäßig günstig gelegenen Donaueschingen bei seinen ab. Das sonst noch nur durch Förderung von Schule und Moral im 18. Jahrhundert aufgetretene Haus Fürstenberg verlegte sich nach der Mediatisierung durch Baden und Württemberg wieder verstärkt auch auf seine nichtschwäbischen Gebiete im Habsburgischen und unter den Standesherren Karl Egon II. (1796 – 1854) und Karl Egon III. (1820 – 1892) auf Imagestärkung durch eine weniger aus Familienbesitz als vielmehr aus dem Laßberg-Nachlass zusammengestellte Gemäldegalerie innerhalb der öffentlich gemachten Fürstlich Fürstenbergischen Sammlungen in Donaueschingen[23].

DIE FÜRSTEN VON HOHENZOLLERN-HECHINGEN

Seit 1623 fürstliche Nachbarn der Fürstenberger waren die seit 1575 in die Linien Hechingen, Sigmaringen und Haigerloch geteilten Grafen von Zollern[24]. Der dezidiert katholische, prachtliebende Renaissance-Graf Eitelfriedrich IV. von Hechingen hinterließ unter Einfluss Bayerns ein gegenreformatorisches Bollwerk, wofür das Kloster St. Luzen beispielhaft ist, gegen das nahe protestantische Württemberg und große Schulden. Die

des Reisens. Kurz nach Regierungsantritt schloss der ehemalige Offizier 1751 eine zweite Ehe mit der Gräfin Therese von Waldburg-Zeil-Wurzach (1732 – 1802)[25]. Unter dem Eindruck des Vorbilds des nahen Württemberg versuchte er sein Renaissanceschloss 1764 durch den Wurzacher Stukkateur Jakob Ruez, aber vor allem durch den von Stuttgart hergekommenen Pierre Michel d'Ixnard etwas zu modernisieren. Im Jahre 1768, kurz nach der Uraufführung, wurde im fürstlichen Hoftheater Lessings „Minna von Barnhelm oder das Soldatenglück" gegeben[26]. Anfang der 1770er Jahre war die Situation finanziell so prekär, dass die Hofhaltung in Hechingen aufgelöst und die Herrschaft verpachtet wurde, um durch Verzug nach Montpellier, Lyon und Straßburg die Ausgaben zu drosseln. Die Operation ging fehl, man kehrte um 1775[27] wieder zurück, um bald darauf einen nichtöffentlichen, wohl englischen Fürstengarten anlegen und 1786/87 darin ein später zur Villa Eugenia umgebautes Lust-Gartenhaus mit ovalem Mittelteil (vgl. Monrepos oder Solitude) errichten zu lassen. Bleibenden Nachruhm, wie er es Fürstabt Martin II. Gerbert in St. Blasien empfohlen hatte, erlangte der Fürst durch einen schon 1766 durch d'Ixnard projektierten Um- oder Neubau der Hechinger Stiftskirche. Den erst 1779 bis 1783 unternommenen und bald von Kritikern wie Goethe als modern gelobten, monumental-wuchtig wirkenden Bau konnte der „Stifter" nur durch einen tiefen, vom Konstanzer Bischof genehmigten Griff in die Stiftsrücklagen finanzieren.

Unter dem Neffen und Nachfolger Hermann Maria Friedrich Otto (1748 – 1810), der in dritter Ehe ebenfalls mit einer Tochter aus dem Hause Waldburg-Wurzach, Antonie (1753 – 1814), verheiratet war, wurde 1798 der Konflikt mit den Untertanen beigelegt. Der Fürst liebte die Zurückgezogenheit im Schlösschen Friedrichsthal, obwohl es gelungen war, die Selbständigkeit des Fürstentums Hechingen, gleichsam von Napoleons Gnaden, aber bei einem Stand von 600 000 Gulden Schulden zu erhalten[28].

Erst sein Sohn Friedrich Hermann Otto (1776 – 1838) ließ das teilweise eingestürzte Schloss ab

7. Georg Eberlein / Eduard Lütz: Fürst Konstantin und Fürstin Eugénie von Hohenzollern-Hechingen, um 1868/69. Glasmalerei. Stadtpfarrkriche Hechingen, linker Seitenaufgang.

Auseinandersetzungen mit den wie bei Waldburg-Scheer unbotmäßigen Untertanen, besonders auch die vielfältigen militärischen, diplomatischen und kirchlichen Dienste der Nachfahren führten zu einer mäzenatischen Stagnation. Erst unter Fürst Friedrich (1688 – 1750) mit dem Neubau des Jagd-Lust-Schlosses Lindich nach dem üblichen Schema, wie es auch in Clemenswerth realisiert ist, begann ein kultureller Aufschwung. Sein bei den brandenburgischen Verwandten in Bayreuth geborener Vetter Joseph Friedrich Wilhelm (1717 – 1798) wurde zum eigentlichen spätabsolutistischen und repräsentationsfreudigen Hechinger Potentaten, ein Freund der Jagd und

1814 durch einen repräsentativen Neubau im Weinbrenner-Stil ersetzen. Zwar war die vermögende Fürstin Pauline von Biron und Kurland (1782 – 1845), deren Mutter in Berlin einen Musensalon unterhalten hatte, mit Goethe bekannt, am Hof aber dominierten die Schulden und allenfalls die Musik, wie auch unter dem Sohn und letzten regierenden Fürsten Friedrich Wilhelm Konstantin (†1869) mit seiner Gemahlin Eugénie von Beauharnais (†1847), einer Stiefenkelin Napoleons und Tochter einer Wittelsbacherin, die sich wie viele Herrscherinnen im 19. Jahrhundert karitativ engagierte (Abb. 10)[29]. Am Ende der Revolution von 1848 verzichtete der Fürst alten Familienabmachungen gemäß auf seine Souveränität zugunsten seiner preußischen Vettern, die seit 1819 auch Pläne für eine romantisierende Erneuerung der alten Zollernstammburg oberhalb von Hechingen hegten.

DIE FÜRSTEN VON HOHENZOLLERN-SIGMARINGEN

Die stets als Habsburg-Lehen beanspruchte Herrschaft Sigmaringen und die allodiale Herrschaft Haigerloch vereinigte Joseph Friedrich Ernst (1702 – 1769)[30] wieder in einer Hand, nachdem seine beiden geistlichen Vettern zweiten Grades Verzicht geleistet hatten. Mit dem Tode Karls VII. im Jahr 1745 und dem Teilerfolg Habsburgs im Aachener Frieden 1748 war die weitere potentielle Karriere dieses Fürsten vorbei und er zog sich nach Haigerloch zurück, wo er seit 1748 als Renovator (gegenüber dem Fundator und ersten Haigerlocher Fürsten) im vollen Ornat eines von sechs Großkomturen des bayerischen St. Georgs-Ordens leibhaftig im Langhaus der Haigerlocher Schlosskirche auftritt (Abb. 8)[31]. Ganz dem 1729 erneuerten, ritterlich-bayerischen Marienkult ist schon von außen mit dem Sandsteinwappen die St. Anna-Kapelle in Haigerloch geweiht. Im Innern bannt ihn der Sigmaringer und beinahe als Hofmaler bezeichenbare Maler Meinrad von Au 1757 wieder im vollen Ordenshabit als Stifter und Fürbitter alleinig porträthaft an die Decke des Langhauses (Abb. 9)[32].

Während sich der Vater in Haigerloch gleichsam als Eremit[33] geistlichen Übungen hingab und die Stiefmutter in Langenenslingen die Strohwitwe spielen musste[34], zog sich der studierte und gereiste Sohn Karl Friedrich Leopold (1724 – 1785) als Nicht-‚Liebhaber von Ceremonien und genirten Leben' zur Jagd und zur Musik nach Schloss Krauchenwies zurück. Seine ihm 1749 angetraute Cousine Johanna von Hohenzollern-Berg (1727 – 1787)[35] lebte nach 1762 ebenfalls von ihrem Gatten getrennt am Witwensitz Langenenslingen. Kulturell-repräsentativ scheint sich auch unter dem gemeinsamen Sohn Anton Alois Meinrad Franz (1762 – 1831) wenig getan zu haben, zumal

8. Franz Magnus Hops / Johann Georg Weckenmann: Fürst Joseph Friedrich Ernst von Hohenzollern als St. Georgs-Grosskomtur und Renovator", um 1748 oder eher 1756. Gips? bemalt. Schlosskirche Haigerloch.

die seit 1782 angetraute lebhafte Amalie Zephyrine von Salm-Kyrburg (1760 – 1841) sich 1785 ohne ihren zehn Wochen alten Säugling, Erbprinz Karl Anton Friedrich Meinrad Fidelis (1785 – 1853), wieder zu ihrem Bruder und an ihren Geburtsort absetzte, wo sie die Revolution und ihre Folgen – ihr Bruder wurde 1794 guillotiniert – erleben sollte. Ihr gelang es, insbesondere durch ihre Freundschaft mit Napoleons erster Gemahlin, Joséphine Beauharnais, für Hohenzollern die Mediatisierung aufzuschieben[36].

DAS GEFÜRSTETE DAMENSTIFT BUCHAU UND DIE REICHSGRAFEN VON KÖNIGSEGG

Manchmal findet man fortschrittliche Entwicklungen gerade an noch kleineren Höfen wie beispielsweise bei dem seit 1765 regierenden Hermann Friedrich Graf von Königsegg-Aulendorf (1723 – 1783), Schwager des Grafen Franz Xaver von Montfort, der sich seine neue Residenz im abgelegenen Königseggwald von dem ‚weiße[n] Rab', Pierre Michel d'Ixnard[37], in einem antikisierenden, additiven, ja kontrastiven, antirokokohaften Stil vor allem im Innern gestalten ließ. Der Sohn Johann Ernst (1755 – 1803) beauftragte um 1800 die Mimmenhausener Wieland-Werkstatt mit einem Grabdenkmal in der Aulendorfer Schlosskirche (Abb. 10) für seinen auch als Erneuerer des dortigen Schlosses aufgetretenen Vater, wobei weniger der Kunstfreund und Weltkenner, sondern der barmherzige Menschenfreund, aufrichtige Christ und gerechte Wohltäter herausgestellt werden soll.

9. Andreas Meinrad von Au: Fürst Joseph Friedrich Ernst von Hohenzollern als St.-Georgs-Großkomtur und Stifter mit seinem Hof (Ausschnitt), um 1755. Fresko. St. Anna Haigerloch.

10. Johann Georg Wieland: Epitaph für Graf Hermann Friedrich von Königsegg-Aulendorf, nach 1783 (um 1800). Alabaster. Pfarrkirche Aulendorf.

Fast noch mutiger erscheint die eine Generation ältere Verwandte Maria Karolina von Königsegg-Rothenfels als Fürstäbtissin von Buchau bei der Erneuerung ihres altehrwürdigen Damenstiftes durch d'Ixnard, die ihre Nachfolgerin Maximiliane von Stadion eigentlich nur zu Ende brachte[38]. Die Ritter und Freiherren wie von Speth und Sikkingen, die d'Ixnard ebenfalls heranzogen, standen nicht so stark unter dem Druck von Tradition und Repräsentation.

DAS BILD DES ADELS IM WANDEL

Im Gebiet des Schwäbischen Reichskreises finden sich im 18. Jahrhundert keine Salons, kaum Lesegesellschaften, Bruderschaften wie Freimaurer oder sonstige politisch-intellektuelle Zirkel, allenfalls Ansätze in den größeren und protestantischen Städten. Der „Warthausener Musenhof" nahe der paritätischen Stadt Biberach verdankt sein Entstehen der (Zwangs-)Pensionierung des Großhofmeisters des Mainzer Erzbischofs, Heinrich Friedrich von Stadion (1691 – 1768), der sich – mit Voltaire persönlich bekannt – auf sein schwäbisches ‚Ferney' zurückgezogen hatte. Der nunmehr ältere Herr war Anhänger von Shaftesburys sinnlich-sittlicher Harmonie (vgl. Schiller), (Papst-)Kirchenkritiker, was zu seinem Sturz geführt hatte, Zweifler an der Unsterblichkeit der Seele und somit einer der wenigen Offen-Aufgeklärten aus dem süddeutschen katholischen Adel dieser Zeit. Auch wenn Graf Stadion während seiner aktiven Zeit beispielsweise als Förderer des Malers Johann Heinrich Tischbein d.Ä. aufgetreten ist, so ist doch der Musenhof mit Christoph Martin Wieland, Sophie Gutermann-La Roche und den Familienmitgliedern primär literarisch ausgerichtet. Mit dem Tode des Grafen löste sich die adlig-patrizisch-bürgerliche Tafelrunde auf. Dem Gemälde des schnupfenden Grafen Stadion[39] (Abb. 11) lassen sich zwei Porträts des kurkölnischen Obristhofmeisters, Reichsgraf Sigmund von Salm-Reifferscheid-Bedbur (1735 – 1798), und seiner Gemahlin, Maria Walburga Eleonore von Waldburg-Zeil-Wurzach (1735 – 1804), gegenüberstellen[40] (Abb. 12 und 13). Beide wurden durch Johann Baptist Seele als Selbst-Tätige quasi bürgerlich dargestellt während ihres revolutionsbedingten Zwangsaufenthaltes bei der süddeutschen Verwandtschaft. Im Gegensatz zu Darstellungen des

Adel, Künstler und Kunst

11. Johann Heinrich Tischbein d. Ä.: Friedrich Reichsgraf von Stadion, um 1761/68. Öl auf Leinwand. Schloss Warthausen.

Hochadels als Musizierende findet man viel seltener Abbildungen als handwerklich-bildende Künstler wie beispielsweise die relativ modern denkende Caroline Luise von Hessen-Darmstadt, malende Gemahlin des ‚aufgeklärten' badischen Markgrafen, von Liotard, wobei die abgelegte „zweite Haut" – der Fürstenmantel – nicht zu übersehen ist.

DAS BILD DES KÜNSTLERS IM WANDEL JANUARIUS ZICK

Expressive, individuelle Elemente bei Malern wie Johann Heinrich Schönfeld, Franz Joseph Spiegler oder Franz Anton Maulbertsch verleiten gerne zu einer Einschätzung als Ausdruck eines persönlichen Bekenntnisses. Von Januarius Zick (1730 – 1797) gibt es dafür zumindest einige Anhaltspunkte[41]. Zick, seit 1785 auch als Nachfolger d'Ixnards „[Innen-] archidekt de la Cour de Treves", nachdem er 1778 bis 1784 in Süddeutschland einige kirchliche Innenausstattungen geliefert hatte, hinterließ in einem eher hollandisierenden, humil-anekdotischen Stil einige Stücke „Gedankenmalerei", so die früher als „Newton-Allegorien", jetzt als das „Verhältnis von Empfindung und Reflexion" oder „Zweite Aufklärung" zu einem Wettbewerbsthema der Berliner Akademie unter Johann Georg Sulzer gedeuteten Bilder[42] im Landesmuseum Hannover, oder „Rousseau, den die Lösung des Akademiewettbewerbes von Dijon überkommt". Zwei weitere Spekulationen anfachende Gemälde sind die „Aurora mit Pegasus"[43] und die „Pest". Ersteres ist wohl Teil der praktischen Aufklärungspädagogik und versinnbildlicht Motti wie „Morgenstund hat Gold im Mund" oder „Morgenstund ist gut studieren". Ob die „Pest" (eher um 1765) ein bestimmtes Gedächtnisbild auf das „Große Sterben in London 1665", als „Nachbeben von Lissabon" (1755) oder sonst wie zu deuten ist, harrt der Lösung. Aber alles bisher von Zick Bekannte sind Auftragsbilder oder Produktionen im Blick auf den Käufer wie beispielsweise den Kunstmarkt in Frankfurt. Interessant, aber auch traditionell erscheinen auch die Porträtaufträge einiger rheinischer zumeist geadelter Unternehmer der beginnenden Industrialisierung oder die Villendekorationen der Frankfurter Großkaufleute.

Zick fühlte sich sicher noch nicht wie Asmus Jakob Carstens seinem Genie und der Menschheit verpflichtet, aber selbstbewusst als „Künstler, welcher von Gott grosse gaben empfangen". Trotzdem hat er sich nicht mehr wie viele andere vor ihm (z.B. Cosmas Damian Asam, Johann Jakob Zeiller) mit dem Pinsel unter das Bildpersonal gemischt. Die von Lavaters Physiognomik ange-

12. und 13. Johann Baptist Seele:
Sigmund Reichsgraf von Salm-Reifferscheid-
Bedbur als Drechsler und Maria Walburga
Eleonore geb. Gräfin von Waldburg-Zeil-Wurzach
bei Handarbeit, um 1794.
Öl auf Leinwand. Privatbesitz.

regten Wiblinger Mönche setzten ihm mit einem Schattenriss in der Vierung der Klosterkirche ein ‚nobilitierendes' Ehrendenkmal (Abb. 16)[44].

ANDREAS BRUGGER

Andreas Brugger hatte eigentlich nach seiner Ausbildung in Wien bei Maulbertsch (1755 – 1765) und seinem römischen Zeichnungspreis (1769) gute Karten für seine Zukunft. Der von seinen Zeitgenossen, beispielsweise von Johann Martin Miller, als montfortischer Hofmaler Angesehene, aber niemals als solcher Ausgewiesene – gegenüber offiziellen Hofbildhauern wie Fidelis Vieheuser und Chr. Senf – war vom Niedergang

dieses Hauses sicher betroffen. Seine familiäre Verflechtung mit dem weinbäuerlichen konservativen Milieu seiner Heimat blieb für den Junggesellen bestimmend, obwohl er als etwas weiter Herumgekommener für den fortschrittlichen Kleeanbau als Zwischenfrucht plädierte. Ansonsten führte er eine völlig unauffällige Existenz – es existieren nur vermutete Selbst-Bildnisse wie beispielsweise ein attributloses und religiös-himmelndes in Wurzach (Abb. 14) – bei vornehmlich kirchlichen Aufträgen aus dem Raum Bodensee-Allgäu. Aufklärerische, revolutionäre oder zeitkritische Töne sind in dieser Landschaft, die 1781/82 – soweit österreichisch – die formelle Befreiung von der Leibeigenschaft erfuhr, allenfalls bei den Franzosenkriegen zu vernehmen. Der

Adel, Künstler und Kunst
727

14. Andreas Brugger: Mögliches Selbstbildnis, 1777. Ausschnitt aus dem Deckenfresko im Langhaus der Stadtpfarrkirche Bad Wurzach.

stilistischen Kontinuität entspricht die inhaltliche der ab 1800 vielerorts wieder erstarkenden, katholischen Frömmigkeit[45].

KONRAD HUBER

Eine ähnliche Überleitung von der spätbarocken religiösen Empfindsamkeit bis zur Romantik, ja fast zum Biedermeier, kennzeichnet den vom Kloster Weingarten geförderten Konrad Huber (1752 – 1830)[46], einen Schüler Bruggers in Salem (1765 – 1768) und Franz Martin Kuons in Weissenhorn. Nach dessen Tod wurde er wohl mit Empfehlung Weingartens an die Stuttgarter Académie des Arts unter Nicolas Guibal aufgenommen, wo er Februar 1773 mit einer Aktzeichnung nach der Natur unter 79 Mitbewerbern einen Preis erhielt. Die erstaunliche, aber „ungezweifelte Verfügung des Allerhöchsten" ließ ihn noch 1773 als 21jährigen Akademiker zur Ehe mit der 42jährigen Kuon-Witwe und mehrfachen Mutter sowie zur (zünftigen) Werkstattübernahme schreiten. Huber war als langjähriges Mitglied des Stadtra-

tes von Weissenhorn in das öffentliche Leben fest eingebunden. Außerdem ist sein fleißiger Kirchgang und Glaubenseifer im Nachruf vermerkt (Abb. 15). Wohl von Johann Alois II., Fürst von Öttingen-Spielberg und Schwendi (1758 – 1797; reg. ab 1781) und seiner Gemahlin Henrica Carolina (†1787) von Thurn und Taxis (Nichte Carl Eugens von Württemberg) wurde er nach 1781 zum Hofmaler ernannt, allerdings sind Aufträge von dieser Seite im Gegensatz zu den eigentlich näherliegenden Grafen Fugger nicht bekannt[47]. Die christologisch-pädagogische Thematik vieler Huber-Werke spricht für den Reformkatholizismus vor allem nach der Säkularisation. Eine späte Wittelsbach-Allegorie nach dem Übergang Weissenhorns an Bayern zeigt auch den beginnenden historischen Patriotismus. Die Bruchlosigkeit seines Stils und seiner religiösen Haltung erlaubt trotz äußerlicher Verwandtschaft keine Verbindung mit den Nazarenern.

JOHANN GEORG DIRR

Zu den wenigen Plastikern/Bildhauern vor dem eigentlichen eher heidnischen oder ins Idealische ausweichenden Klassizismus, die eine individuelle Brechung suggerieren, gehört der Feuchtmayer-Nachfolger Johann Georg Dirr, der in Mimmenhausen lebte[48]. Gerade die unter dem französischen Einfluss während der späteren Regierungszeit von Abt Anselm II. mit seinem Sinn für „rares und von feinem Gusto" in der Klosterkirche von Salem entstandenen Putten verraten einen empfindsamen, reflexiv-meditativen, introvertierten Stilcharakter, über dessen Entstehung und Bedeutung nur Mutmaßungen angestellt werden können (Abb. 17). Wahrscheinlich würde Joseph Anton Koch aber auch Dirr noch unter die ungebildeten und geistlosen „Faustkünstler" gezählt haben. Der größere Aufwand und die geringere

15. Konrad Huber: Selbstbildnis. Öl auf Leinwand, nach 1800. Heimatmuseum Weissenhorn.

Präsentationsvarianz erschweren kritische, nicht affirmative oder gar politisch subversive Kunst im plastischen Bereich.

FAZIT

Das Lissabonner Erdbeben hatte 1755 nicht nur die Erde, sondern für die Zukunft den Glauben an eine gottgewollte Ordnung erschüttert. Die Aufhebung des in diesem Beitrag übergangenen geistlichen, formal ersten Standes, dessen Spitzen zudem oft im Adelsrang waren, aber auch die Mediatisierung der zumeist konservativen Kleinmonarchen von Gottes Gnaden waren die Folge. Die zu Ende gehende feudale Hofkunst als Ab- und Wunschbild des Herrscher- und Hoflebens musste zum einen in großräumlichen, verfassungsbestimmten Gebilden zur staatlich-öffentlichen Kunst liberaler oder totalitärer Art mutieren, zum anderen sich in eine quasi großbürgerliche denkmalpflegerische Privatsphäre trotz aristokratischer Restposen zurückziehen.

Fast wieder wie im 18. Jahrhundert tritt während der Nazizeit (1939) Fürst Erich von Waldburg-Zeil als Glaubenskämpfer in seiner Zeiler Stiftskirche durch den Wangener Maler August Braun mit der Propagierung christlicher Werte und deren Verfechter vor allem aus dem Hause Waldburg auf, im Versuch, das Rad der Geschichte auf den „Gerade(n) Weg" zurück zu drehen, so der Titel seiner gegen den Nationalsozialismus gerichteten Zeitschrift[49]. Die erbliche, privilegierte und auch ökonomisch trotz Schulden einst dominierende Aristokratie mit ihrem legitimierenden Selbstdarstellungsdrang, ihrem Nach-Ruhm-Denken hatte zweifelsohne ihre historisch-kulturellen Verdienste, aber: „omnia tempus habent" (Alles hat seine Zeit).

Anmerkungen:

1 Grundlegend und typologisierend zum Adel: *Volker Bauer*: Die höfische Gesellschaft in Deutschland von der Mitte des 17. bis zum Ausgang des 18. Jahrhunderts. Tübingen 1993; *Hans-Ulrich Wehler* (Hg): Europäischer Adel 1750 – 1950. Göttingen 1990; *Ronald G. Asch* (Hg.): Der europäische Adel im Ancien Régime. Von der Krise der ständischen Monarchien bis zur Revolution (ca. 1600 – 1789). Köln 2001. Zur hermeneutisch hilfreichen Mentalitätsgeschichte: *Peter Dinzelbacher*: Europäische Mentalitätsgeschichte. Stuttgart 1993. Zur Hofkunst: *Martin Warnke*: Hofkünstler. Zur Vorgeschichte des modernen Künstlers. Köln 1985. Hofkunst, höfische Kunst, ist ein soziologisches und ästhetisch-qualitatives Phänomen. Das eigentlich komplementäre Kapitel „Württemberg" des Manuskripts konnte wegen des Gesamtumfangs hier nicht abgedruckt werden. Die Verbindungen zum auch kulturell immer mehr dominierenden württembergischen Hof, die Entwicklung vom ausgeprägten Hofkünstler wie Nicolas Guibal (von ihm stammen zwei bislang unbeachtete Werke in Fridingen bei Riedlingen und in Siggen im Allgäu) zum teilautonomen, eher bürgerlichen Künstler wie Johann Heinrich (von) Dannecker, oder der Wandel von der rhetorisch-inszenatorischen Allegorik zur philosophisch-literarisch bestimmten Idealität müssen so einer späteren Veröffentlichung vorbehalten bleiben.

2 Vgl. *Karl Heinz Burmeister*: Die Grafen von Montfort. In: *Bernd Wiedmann* (Hg.): Die Grafen von Montfort. Friedrichshafen 1982, 9-16; *Hubert Hosch*: Andreas Brugger 1737 – 1812, Maler von Langenargen. Sigmaringen 1987. Die Grafen von Montfort sind wegen der guten Archivzugänglichkeit relativ gut aufgearbeitet.

3 Werner Fleischhauer: Die Kunstkammer der Grafen von Montfort. In: Ulm und Oberschwaben 44 (1982), 9-28.

4 Abbildung im Beitrag Kuhn in Band 1.

5 Vgl. *Elmar L. Kuhn*: Einleitung. In: *Wiedmann* 1982 (wie Anm. 2) 1982, 7. *Hanns von Meyenburg*: Der Schaffhauser Arzt und Postmeister Johann Jakob von Meyenberg (1665 – 1717) und seine Beziehungen zu den Grafen Montfort und Schönborn. o.O. o.J., 33.

6 Die Nothelferin in Sterbensnöten – auch bei Artillerieproblemen – Barbara hält einen Ring (vermutlich der Glaubenstreue) in der Hand, während zwei Putten das Martyriumsschwert zücken und ein Engel mit dem Hostienkelch und der Märtyrerkrone Trost und Ewiges Leben spendet; gegenüber der Graf Ernst bzw. Eustachius als Helfer in allen Lebenslagen. Den Mariabrunner Hilfesuchenden musste so das Grafenpaar als leibhaftige Wohltäter und Nothelfer erscheinen. Zu dieser Gattung vgl. *Friedrich Polleroß*: Das sakrale Identifikationsporträt. Worms 1988.

7 Die künstlerisch unbedeutenden Pendants stellen nach der Tradition Franz Xaver als Alchemisten und seine zweite Gemahlin Sophie von Limburg-Styrum als dazu passende „Vesta" (Herrin des Elementes Feuer) dar. Wenn man Davids lichtes, späteres und bürgerliches Porträt des Ehepaares Lavoisier (um 1788; sie als Assistentin) dagegenhält, wird der Wandel zu Aufklärung und experimenteller Wissenschaft evident. Die Alchemie als Suche nach dem Stein des Weisen und auch nach dem finanziell rettenden Goldmachen war in Adelskreisen seit dem 16. Jahrhundert (vgl. Graf Wolfgang II. von Hohenlohe) weit verbreitet. Neben Ganoven wie Graf Cagliostro oder Casanova betätigten sich auch aufgeklärte Pietisten wie Friedrich Christian Oetinger, Wissenschaftler wie Isaak Newton und sogar noch Goethe auf diesem Gebiet.

8 Vgl. den Beitrag von Elmar Kuhn in Band 1.

9 Der „Gedankhe" für diesen frühen Auftrag der „öffentlichen Hand" dürfte von einem ikonographisch bewanderten Geistlichen ausgegangen sein: ein Genius der Wohltätigkeit schüttet Geld aus dem Füllhorn – hier dem Nachlass – des durch zahlreiche Militaria gekennzeichneten verstorbenen Grafen auf eine weibliche Figur mit Trauerschleier, welche die Gemeinde darstellt, mit einem Storch, einem Zeichen der Dankbarkeit vor allem gegenüber den Eltern und Hausvätern; vgl. auch den politischen Stich: „La Constitution française 1791", Bibl. Nat., Paris, Sammlung de Vinck Nr. 4286 mit ähnlichem Apparat. – Der Text des Grabdenkmals lautet: „DENKMAL / DER LIEBE U. DANKBARKEIT / VON DEN ARMEN / DER HERRSCHAFT TETTNANG / ARGEN UND SCHOMBURG / FÜR / IHREN STIFTER UND WOHLTHÆTER / WEILAND / DEN HOCHGEBOHRENEN HERRN HERRN / ANTON / DES HEIL: RÖM: REICHES GRAFEN ZU / MONTFORT. DES HOCHLÖB. SCHWÆB. / KREISES GEN:FELDMARSCHALL LIEUTE-/ NANT. DES CHURPFÄLZ. ST. GEORGII-OR- / DENSRITTER, UND LEZTEN ABKÖM- / LING DIESES GRAEFL. HAUSES, / IST GEB. DEN 10. NOV. 1723 UND / GEST.DEN 3.Dec.1787. / AUFGERICHTET IM JAHRE / 1795 / R.I.P."

10 Vgl. *Adolf Kastner*: Die Grafen von Montfort-Tettnang. Sigmaringen ²1979, 18 und 20.

11 Vgl. *Martin Zürn*: „Ir aigen libertät". Waldburg, Habsburg und der bäuerliche Widerstand an der oberen Donau, 1590 – 1790. Tübingen 1998 und den Beitrag Zürn in diesem Band.

12 Er besaß anfänglich Kanonikate in Basel und Salzburg. Wie von den meisten der hier abzuhandelnden Personen gibt es wenig (und noch weniger veröffentlichte) persönliche Zeugnisse und wissenschaftliche Monographien.

13 Die drei Gemälde sind zwischen 9. Juni 1751 und dem 28. Oktober 1755 für 500 Gulden und zweimal 160 Gulden in Rechnung gestellt worden, vgl. Staatsarchiv Sigmaringen, Friedberg-Scheer, Rentamtsrechnungen Nr. 33 (1755/56), f. 199-203.

14 Wahrscheinlich Graf Joseph mit Schriftstück, links der Sohn mit Gewehr, die Schwiegertochter (?) mit einem Mohr als Pagen. Darüber öffnet sich eine Kunst-Idealwelt mit Parnaß, Hippokrene, Musen (Weltweisheit, Geschichte und andere) und Kün-

sten (Malerei, Musik und andere). Diese arkadisch repräsentative, nicht subjektiv-empfindsame Idylle im Stile der Watteau-Nachfolge (Desmarées, van Meytens, Seekatz und andere) wird zum Schein oder Wunschbild, wenn man bedenkt, dass der Auftraggeber die vereinbarte Honorarabmachung nicht einmal erfüllen konnte und den Maler am 20. Oktober 1755 zu einem Vergleich nötigte.

15 Vermutlich stellt es die Verlobung (1748) der Maria Josepha von Waldburg-Scheer (1731 – 1782), mit ihrem galanten Vetter Joseph Wenzel von Fürstenberg (1728 – 1783) vor einer Phantasie-Wald-Landschaftskulisse (möglicherweise Dürmentingen oder Donaueschingen) dar. Das wohl fürstliche Elternpaar mit Jagdhund und Vogeljagdbeute sitzt vertraut nebeneinander. Dahinter steht vielleicht der Bruder der Braut, Leopold August Wilhelm, oder des Bräutigams, Karl Borromäus Egon, als Jäger, im Dunkeln noch eine männliche Gestalt, vermutlich die eines Dieners. Die mögliche Variante – der Neffe Leopold Wilhelm von Waldburg-Scheer verlobt sich 1753 mit der damaligen Waise Maria Anna Fugger-Stettenfels (1730 – 1773) vor dem Ehepaar Joseph Wilhelm Ernst von Fürstenberg und Teresa Eleonora von Waldstein – macht weniger Sinn.

16 Eindeutig, sitzend in der Mitte, Fürstbischof von Chiemsee, Franz Carl Eusebius von Waldburg-Trauchburg (1701 – 1772), daneben im Profil vielleicht seine ältere Schwester Maria Antonia Eusebia verheiratete Montfort (1699 – 1767), links wohl der längst verstorbene Bruder Friedrich Anton Marquard (1700 – 1744), der auf seine Tochter verweist, die mit Franz Anton (reg. 1750 – 1790) von der die Herrschaft Trauchburg erbenden Zeiler Linie verheiratet ist (ganz links). Eine andere denkbare Variante – Joseph Wilhelm von Waldburg-Scheer mit seiner Gemahlin Maria Eleonora von Fürstenberg († 1753) verzichten zu Gunsten ihres Sohnes Leopold August und seiner Gemahlin Maria Anna von Fugger-Stettenfels – macht eigentlich keinen Sinn. Das Ganze soll in Salzburg und im Mirabellgarten (warum nicht im Chiemseehof?) stattgefunden haben. Beim eigentlichen Erbvergleich mit der Linie Zeil waren am 23. Oktober 1764 (nach dem Tod von Leopold August) Franz Ernst zu Wurzach, Joseph Franz zu Wolfegg, Xaver Johann Ignaz Gebhard zu Waldsee und Fürstbischof Franz Carl Eusebius beteiligt. Bei dem obigen historisch-allegorischen Bild dürfte es sich um eine frühere Familienkonferenz handeln, womöglich die vom 9. bis 20. März 1751 angesichts der angespannten Finanzlage.

17 *Gerda Franziska Kircher*: Die Truchsessen-Galerie. Ein Beitrag zur Geschichte des deutschen Kunstsammlung um 1800. Ulm 1979.

18 Neben dem Waldburg-Prunkwappen die damalige Erbgräfin Maria Katharina geb. Fugger (1744 – 1796) mit dem 7jährigen Erstgeborenen und Grundsteinleger, daneben in Rüstung und (vermutlich nachträglich gemalten) Fürstenmantel angeblich sein Großvater, der (noch?) regierende

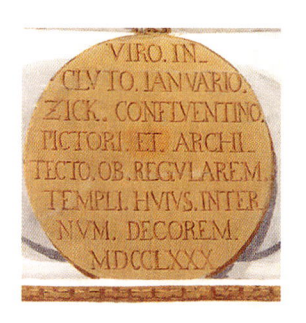

16. Martin Dreyer (?): Januarius Zick im Schattenriss und Ehrentafel für Januarius Zick, nach 1780. Fresko. Ehemalige Klosterkirche Wiblingen.

Graf Franz Ernst Joseph zu Wurzach (1704 – 1781), aber wohl eher dessen Sohn Erbgraf Eberhard (1730 – 1807; Fürst seit 1803), wenn die Personen in der ersten Reihe dahinter als eher älterer Franz Ernst Joseph und seine schon seit 1766 verstorbene Gemahlin Maria Eleonore geb. Gräfin von Königsegg-Rothenfels gedeutet werden. In der ersten Reihe folgt deren Bruder Christoph Moritz Eugen Franz von Königsegg-Rothenfels (1705 – 1778), ehemaliger Landkomtur des Deutschen Ordens, bekannt auch als „Schlemmergraf", der sich in Altshausen eine kleine Hofkapelle mit Joseph Lacher (1739 – 1798) als Komponisten gehalten hatte. Links außen steht wohl der jüngere Bruder des Erbgrafen Franz Fidelis Anton von Waldburg (1734 – 1805), der bis 1802 auf der Mainau residierte. Die weibliche Figur in der zweiten Reihe ist wohl eine Schwester des Erbgrafen. Hinter der Erbgräfin steht wahrscheinlich nicht der Hofkaplan, sondern wegen des Brustkreuzes der schon erwähnte Kölner Dompropst und Bildersammler Joseph Karl, der jüngere Bruder des alten Grafen. Auch ohne die ironische, karikaturhafte Distanz und die Qualität eines Goya und ohne Zeichen von Günstlingswirtschaft und Hofintrige ist man an die spätere Familienphalanx von Karl IV. in Spanien (1800/01) erinnert. Initiator des Ganzen war aber der dem Beamtenadel entstammende Stadtpfarrer Johann Nepomuk von Kolb inmitten der Stadt- und Kirchengemeinde.

19 Das qualitätvolle Bild erweckt den Eindruck, die Jordan-Taufe sei an die bewaldeten Donauquellen verlegt worden. Vielleicht verbirgt sich in der porträthaften, die Szene bereichernden Mutter mit Kind und Blick zum Betrachter die regierende Fürstin oder eher ihre Scheerer Schwiegertochter.

20 Der einzige anspruchsvolle Maler war Johann Baptist Seele. Für die zunehmende Bedeutung der

Frauen als Mäzene steht die Förderung Seeles durch seine mütterliche Landesherrin Maria Antonia Fürstin von Hohenzollern-Hechingen, später durch die seit 1796 in Donaueschingen residierende Nichte Herzog Carl Eugens von Württemberg, die sehr eigenwillige Elisabeth Alexandra von Thurn und Taxis (1767 – 1822). Nach *Hermann Mildenberger*: Der Maler Johann Baptist Seele, Tübingen 1984, 12, scheint Seele erst 1800 unter Karl Joachim Alois (1770 – 1804; reg. seit 1799) fürstenbergischer Hofmaler geworden zu sein. 1802 wurde auch noch Franz Josef Zoll (1770 – 1833) zum Hofmaler ernannt, bevor er 1811 in badische Dienste wechselte: wohl eine Folge der Mediatisierung des Hauses Fürstenberg.

21 Vgl. den Beitrag Seifriz in Band 1.
22 Die vom fürstenbergischen Forstmeister Joseph von Laßberg mit Unterstützung der Fürstinmutter und Konkubine Elisabeth Alexandra zusammengetragene, 1853 an Fürstenberg verkaufte wertvolle Sammlung altdeutscher Gemälde und Literatur ist mittlerweile wieder verkauft und zerstreut. Vgl. den Beitrag Graf in diesem Band.
23 Vgl. Erwein H. Eltz: Die Modernisierung einer Standesherrschaft. Karl Egon III. und das Haus Fürstenberg in den Jahren nach 1848/49. Sigmaringen 1980. Vgl. die Beiträge Wilts in Band 1 und Konrad in Band 2.
24 Vgl. *Fritz Kallenberg* (Hg): Hohenzollern. Stuttgart 1996.
25 Sie war wohl ähnlich frankophil und übernahm die Korrespondenz mit dem Architekten d'Ixnard.
26 Vielleicht der Fürst oder sein Hofmarschall Friedrich von Steuben (seit 1763) in der Rolle des Majors von Tellheim. Welchen Einfluss das sich um Soldaten-Ehre und Liebe drehende Lustspiel auf die fürstliche Familie gemacht hat, ist ungewiss. Auf alle Fälle zeigt die Aufführung ein Interesse an der neuen deutschsprachigen, vorrangig protestantischen Theaterlandschaft.
27 Nach der Rückkehr verließ von Steuben das Fürstentum, um über Baden (1775) und Paris, wo er 1777 Benjamin Franklin begegnete, nach Nordamerika überzusiedeln.
28 Eine Hofhaltung mit festen Hofkünstlern hatte es schon unter seinem Vorgänger nicht gegeben; so war Franz Ferdinand Dent eher ein Hechinger bürgerlicher Maler als ein Hofmaler.
29 Das anscheinend noch zu Lebzeiten des Ende 1849 nach Schlesien verzogenen und dort 1850 morganatisch wiedervermählten Fürsten begonnene und ursprünglich im Chor angebrachte Glasgemälde mit dem christlichen und heraldischen Beiwerk (Hohenzollern-Leuchtenberg) nach Entwurf des Erneuerers der Zollernburg kann als historisierende und vielleicht etwas gesteuerte Nachtrauer der nunmehr preußischen Untertanen gegenüber ihrer alten Herrschaft gesehen werden.
30 Er wuchs in Wien auf, erfuhr eine Ausbildung bei den Jesuiten in Mindelheim, an der Universität Würzburg und war kurbayerischer General und St. Georg-Ordens-Komtur. Aus der ersten Ehe mit Maria Franziska von Öttingen-Spielberg (1703 – 1737) stammte der einzige überlebende Sohn Karl Friedrich Leopold Joseph (1724 – 1785) und eine Tochter Maria Johanna (1726 – 1793); aus der zweiten Ehe mit Maria Judith Ludovica von Closen (1718 – 1743) überlebten keine Kinder; die dritte Ehe mit der schon 47jährigen Maria Theresia von Waldburg-Trauchburg (Dürmentingen 1696 – Langenenslingen 1761), wohl älteste Schwester des Joseph Wilhelm von Waldburg-Scheer und der Antonia von Waldburg-Scheer, vermählte Gräfin von Montfort, blieb kinderlos.
31 Die teilweise silbermetallisch gefasste Statue (vermutlich eher Gips als Holz) soll wohl an Wilhelm de Groffs Silbervotivfigur des Kronprinzen Maximilian Joseph für Altötting von 1737 gemahnen. Eine prächtige Kartusche mit dem Waldburg-Hohenzollern-Allianzwappen und dem St.-Georgs-Ordens-

17. Johann Georg Dirr: Puttengruppen von den Chorschranken am Hochaltar des Salemer Münsters. Alabaster, 1769 – 1775.

band ziert den Chorbogen.
32 Rechter Hand vom Fürsten die fürstliche Familie: Sohn bzw. Erbprinz Karl Friedrich Leopold mit Gemahlin Johanna von Hohenzollern-Berg (1727 – 1787), im Hintergrund wohl die unverheiratete Tochter Maria Johanna oder die Fürstenmutter Johanna Katharina von Montfort (1678 – 1759); der Kleriker im Hintergrund ist Meinrad Joseph Friedrich Carl (1730 – 1823), Kanoniker in Konstanz; linker Hand sind nicht die Hofkünstler, sondern der Hofstaat oder Vertreter der Hofämter (beispielsweise der Hofmarschall als Offizier, Hofkämmerer oder Hofkanzler mit dem Ordenshut und der Hoftruchseß mit dem gestifteten Silberreliquiar), vgl. *Hans Albrecht Oehler*: St.-Anna-Wallfahrtskirche Haigerloch. Regensburg 1995, 10.
33 Der Fürst zeigte sich beispielsweise bei Besuchen im Kloster Zwiefalten als unbeirrbarer und eifriger Glaubensverfechter.
34 In der zweiten Hälfte des 18. Jahrhunderts scheint sich auch die alte eheliche Ordnung in Auflösung befunden zu haben.
35 Sie war eine gute Partie. Ihr enterbter Bruder („doller graven") scheint aus der Art geschlagen zu sein.
36 Vgl. den Beitrag Weber in Band 1.
37 Weiter erstaunt, dass dieser relativ ungebildete Architekt/Zeichner in wenigen Jahren ab 1765 bis 1785, ja fast 1800, die süddeutsche Architekturszene so revolutionieren und dominieren konnte, ohne ein theoretisches und weltanschauliches Programm wie bei den sogenannten Revolutionsarchitekten Ledoux, Boullée und anderen. Im Alter wird der selbstbewusste Franzose in Straßburg durch Ausquartierung Opfer der französischen Revolution, für die er wohl auch sonst keine große Sympathie hegte, vgl. *Erich Franz*: Pierre Michel d'Ixnard. Weissenhorn 1985.
38 Vgl. den Beitrag Theil in Band 2.
39 Nach der noch barocken, um 1750 entstandenen Huldigungsallegorie auf die Weisheit des Grafen, fertigte Johann Heinrich Tischbein d.Ä. nach 1761 ein nicht ganz privates Bildnis des ehemaligen Hofmannes als skeptischer „Homme des Lettres", der sich eine Geist und Körper reinigende Prise genehmigen will.
40 Er beim Drechsel-Hobby ohne Späne, sie fast biedermeierlich beim Häkeln oder Sticken, vgl. „Elisabeth Auguste von der Pfalz beim Spinnen", 1757. Das Elfenbein-Drechseln – vgl. Maximilian Joseph von Bayern, um 1770 von Johann Jakob Dorner d.Ä. oder auch der schlossernde, schreinernde Ludwig XVI. – wurde schon seit 1500 zu den beliebtesten Vergnügungen der höchsten Adelskreise gezählt; zumindest Handarbeit ohne Erwerbscharakter wurde standesgemäß.
41 *Michael Roth*: Januarius Zick und sein Wirken in Oberschwaben. Ulm 1993; *Josef Strasser*: Januarius Zick 1730 – 1797. Weißenhorn 1994. Zick war mit fürstbischoflichem Stipendium 1755 bis 1757 im Paris der Enzyklopädisten und machte dort Bekanntschaft mit Johann Georg Wille und Christian von Mechel, aber wohl kaum in Rom bei Anton Raphael Mengs, aber Mitglied der kaiserlich-französischen Akademie in Augsburg (die eher ein Kunstverein mit berühmten Ehrenmitgliedern war), und zeichnete noch 1784 als „peintre de l'academie impériale"; er hatte Kontakte mit dem Frankfurter Künstlerkreis, und zum Salon der Sophie von LaRoche in Ehrenbreitstein und zu vielen literarischen Persönlichkeiten (Goethe, Lavater, Basedow).
42 Vgl. *Hubert Hosch*: GEISTes BILDer bei Franz Anton Maulbertsch und Januarius Zick. In: Zeitschrift des Deutschen Vereins für Kunstwissenschaft 54/55 (2000/01), 310-335. Als Ergänzung und weitere Begründung: der Amor-Tempel erinnert an Christian Thomasius' (1655 – 1728) „Liebesethik", indem die unvernünftige Liebe mit den drei Affekten (Ehrgeiz, Geldgeiz und Wollust) der vernünftigen Liebe entgegengesetzt wird.
43 Nach *Benjamin Hederich*: Gründliches mythologisches Lexikon. Leipzig 1770 (ND Darmstadt 1996), Sp. 491: „[...] Freundin [Aurora] der Mußen ist, so will solches, dass Studierende sich vornehmlich der Morgenzeit bedienen sollen, weil sie als dan etwas rechts zu thun am geschicktesten sind [...]"; vgl. auch Philipp Otto Runges „Der Morgen" eines

nachchristlich-nachantiken Pantheismus.

44 Auf dem Schild in Übersetzung: „Dem vielgenannten Mann Januarius Zick aus Koblenz, Maler und Architekt, wegen der Innenzier voll Maß dieses Tempels". Nobilitierungen (mit Hofamt wie Kammerdiener) von Künstlern findet man unter den Habsburg-Kaisern vor allem um 1700. Vgl. dazu *Warnke* 1996 (wie Anm. 1).

45 Zu Brugger vgl. *Hosch* 1987 (wie Anm. 2). Brugger stilistisch sehr nahe steht – wohl ein Auftrag des Domkapitels – ein Bild des Fürstbischofs von Konstanz (seit 1800) Carl Theodor Freiherr von Dalberg, mit der napoleonischen Handhaltung; vgl. auch die Variante von Sebastian Dirr, ebenfalls Konstanz, Rosgartenmuseum. Der nie in Konstanz lebende Rheinländer und frühere Freimaurer Dalberg hatte wie auch seine beiden jüngeren Brüder Kontakte zu Frankreich, aber auch zur deutschen literarischen Szene.

46 Vgl. *Wolfgang Ott* (Hg.): Konrad Huber 1752-1830 – „... welcher als Künstler im Leben so berühmt." Weissenhorn 2002. Die beschwerliche Schweizer Reise (vermutlich 1768/69) könnte ihn vielleicht bis Mailand geführt haben; die Begegnung mit bzw. das Verhältnis zum jüngeren Andrea Appiani (einem späteren Quasi-Hofmaler Napoleons) und die Aufnahme in die Académie des Arts in Stuttgart sind noch ungeklärt; weiterer Forschung bedarf die 1775 datierte Nachzeichnung eines Festsaalentwurfes in der wahrscheinlichen Nachfolge Livio Rettis vielleicht sogar für einen geistlich-bischöflichen Hof.

47 Das Ganze war wohl ein undotierter Repräsentations-Titel auf Gegenseitigkeit wohl auch noch unter dem Nachfolger Johann Alois II. Anton (1788 – 1855) 1806, aber wohl kaum noch nach der Mediatisierung und dem Verkauf von Schwendi (1820).

48 *Erika Dillmann* u.a.: Johann Georg Dirr. Friedrichshafen 1980. Offizieller Klosterbildhauer Salems war er nicht, da in der zweiten Hälfte des 18. Jahrhunderts sich die Reichsklöster so gut wie keine fest angestellten Künstler mehr hielten. Wahrscheinlich wäre eine solche Position bei abnehmendem Auftragsvolumen für die besseren Kräfte in verschiedener Hinsicht nicht attraktiv gewesen. Die Bettelorden, auch die 1773 aufgelösten Jesuiten, rekrutierten ihre Künstler oft aus ihren Konventualen oder Mitgliedern.

49 Außer dem mitunter als Atheist angesehenen Stauferkaiser Friedrich II. ist bezeichnenderweise links der Stuttgarter Philosoph Georg Wilhelm Hegel als Negativgestalt (vielleicht wegen Hegels Idee vom Staat als dem „erscheinenden Gott") dargestellt. Ob Erich von Waldburg-Zeil unter dem im Bild mittels der Darstellung von Pius XI. ablesbaren Bolschewismus auch den Nationalsozialismus oder gar die säkulare Demokratie mit ihrem Mehrheitsprinzip verstanden hat, wird nicht deutlich. Vgl. *Erich Fürst von Waldburg zu Zeil*: Schloß Zeil. München 1953, 4f.; zu Erich Fürst zu Zeil: *Andreas Dornheim*: Adel in der bürgerlich-industrialisierten Gesellschaft. Eine sozialwissenschaftlich-historische Fallstudie über die Familie Waldburg-Zeil. Frankfurt 1993, v.a. 307ff.

Die Kunstsammlungen der Adelshäuser
ERWERB – BESTAND – VERLUST

Bernd Konrad

Es zählt zu den Erwartungen des kunstinteressierten Bürgers, dass selbst heute noch jedes existierende Adelshaus eine Sammlung mit Kunstwerken und exklusiven Antiquitäten besitzt, ja dass das ganze Anwesen ein einziges Schatzhaus ist[1]. Wenn dies auch in zahlreichen Fällen nicht oder leider nicht mehr zutrifft, so gehören die noch erhaltenen Kunstsammlungen in Adelshäusern zum wertvollsten Kulturbesitz Europas. Waren es in längst vergangener Zeit vor allem die Bestände der kirchlichen Einrichtungen wie Klöster und Stiftssammlungen, welche den kulturellen Reichtum einer Region bewahrt haben, so ist dieser längst nicht mehr an seinen Orten erhalten geblieben. Entweder wurden die Objekte durch die Vorgänge der Reformation sowie in den zahlreichen Kriegen vernichtet oder sie kamen um 1800 aufgrund der Säkularisation größtenteils in staatliche Hand und befinden sich in den in der Folgezeit gegründeten Museen. In zahlreichen Fällen bildete auch der Adelsbesitz aus dem Säkularisationsgut seiner Umgebung seinen Grundstock für eigene Sammlungen oder er profitierte durch günstige Ankäufe von dieser Situation. Es wird somit überraschen, dass nur in wenigen Fällen jetziger zugleich „alter Besitz" zu nennen ist. Nicht zu besprechen sind hier Sammlungen an Waffen, Rüstungen und Jagdtrophäen und auch nur in Ausnahmefällen die Ahnengalerien. Solcherart Objekte gehören praktisch zur Einrichtung eines jeden Herrschaftssitzes. Auch Münzsammlungen und Grabmäler, welche mitunter durchaus hohen künstlerischen Wert besitzen, werden hier nicht weiter betrachtet. Über die Bibliotheken mit ihren reichhaltigen Beständen an Buchmalerei schreibt in diesem Band Klaus Graf.

In Oberschwaben finden sich – aufgrund der Kleinteiligkeit der einstigen Herrschaftsgebiete und der historischen Entwicklung – zahlreiche heute noch existierende Adelshäuser. Es ist aber nicht nur vom Kunstbesitz des eingesessenen oberschwäbischen Adels die Rede, sondern vom Kunstbesitz des Adels in Oberschwaben, da infolge der Gebietserweiterungen und -zugewinne um 1803/1806 auch nicht-schwäbische Häuser einen Platz in dieser Region fanden. In der Folge werden die bedeutendsten Kunstsammlungen vorgestellt, in aller Kürze ihre Entstehungsgeschichte erzählt und ihr derzeitiger Status vorgetragen. Von einigen dieser Sammlungen weiß man heute nur noch aus der Kunstgeschichtsschreibung. Damit hat sich in jüngerer Zeit die Bedeutung der einzelnen Häuser verändert, und es muss mehr vom Verlust an Kulturgut als von seinem bestehenden Reichtum für die oberschwäbische Landschaft gesprochen werden.

DONAUESCHINGEN (MIT HEILIGENBERG): FÜRSTLICH FÜRSTENBERGISCHE SAMMLUNGEN

Das heute zum europäischen Hochadel zählende Haus Fürstenberg ist eindeutig ein schwäbisches Haus. Infolge der Mediatisierung wurde es 1806 zum größten Teil dem Großherzogtum Baden einverleibt. Ab 1832 begann man, angeregt von ähnlichen Vorgängen an anderen Orten wie beispielsweise in Bayern, seine Bestände an überlieferten Werken kirchlicher Ausstattungen zu sichten. Sie wurden durch das Interesse an der kulturellen und historischen Vergangenheit in den Rang von funktionell eigenständigen Kunst-

Tobias Stimmer,
Selbstbildnis um 1563.
Schaffhausen,
Museum zu Allerheiligen

werken erhoben. Insbesondere der von den Vorfahren ererbte Besitz bildete dabei den Grundstock. So wurden im Fall Fürstenberg die Altäre aus der Stiftskirche St. Martin und der Schlosskapelle Meßkirch, ehemals Aufträge der Herren, ab 1538 Grafen von Zimmern, nach Donaueschingen gebracht. Anderes kam aus Heiligenberg, aus Möhringen und von anderen Sitzen, insbesondere im Donautal, hinzu. Verantwortlich dafür war der damalige Hofintendant Freiherr von Pfaffenhofen. Den größten Zuwachs erhielt die unter den Fürsten Karl Egon II. und Karl Egon III. sich bildende Sammlung 1853 allerdings durch den Ankauf der Sammlung des Freiherrn von Laßberg, welcher vor allem in der Bodenseegegend und im Thurgau seine Tafelgemälde und andere Schätze zusammengetragen hatte. Das eine oder andere Objekt wurde darüber hinaus aus dem Kunsthandel bezogen, wie die zwölf Tafeln der sogenannten „Grauen Passion" von Hans Holbein dem Älteren. 1868 kam die Sammlung in einer zum reinen Museumsgebäude umgebauten ehemaligen Zehntscheuer, dem Karlsbau, zur Aufstellung und fand in den folgenden Jahrzehnten engagierte Betreuung und Publikation[2]. Neben diesen Kunstwerken der Malerei – es gab nur wenige Exponate an Bildhauerarbeiten – erhielten auch Mineralien- und Naturkundesammlungen,

Präsentationen von Gipskopien nach antiken Vorbildern und regionalgeschichtlichen Stücken sowie ein graphisches Kabinett eigens Platz im Karlsbau. Ganz im Sinne einer universalistischen Bildungsidee sollte seit Museumseröffnung dem Besucher aus allen Schichten ein Bild von der Vielfältigkeit der Welt vermittelt werden – und der Welt war Donaueschingen darob ein klingender Begriff. Das Kernstück blieb die Malerei des 15. und 16. Jahrhunderts, deren Wertschätzung durch mehrere wissenschaftliche Kataloge der jeweils besten Kenner ihrer Zeit bezeugt worden ist.

Wirtschaftliche Aspekte führten zu ersten Verkäufen an Malerei in den 1920er und 1930er Jahren, eine Entwicklung, die sich nach dem Zweiten Weltkrieg unter Prinz Max Egon und seinem Sohn Joachim Egon jedoch wieder änderte. Dennoch begann unter Fürst Joachim Egon, ausgelöst von hohen finanziellen Erwartungen seiner Familie, der Ausverkauf des Kunstbesitzes 1983 mit einer Transaktion von ca. 30 flämischen, mit Buchmalerei versehenen Handschriften an das Auktionshaus Sotheby's nach London. Diesem von der Öffentlichkeit nicht bemerkten Vorgang schloss sich der Verkauf nahezu der gesamten Graphik und bereits einzelner deutschsprachiger Bände mit Buchmalerei an[4]. 1992 erfolgte schließlich der Erwerb des verbliebenen Selbstbildnisses von Tobias Stimmer durch die Peyersche Tobias-Stimmer-Stiftung Schaffhausen[5]. 1993 kam es dann zum spektakulären und viel kommentierten Verkauf der Handschriften der Hofbibliothek an das Land Baden-Württemberg[6]. Wenn auch eine Zerstreuung dieses Bestandes gegenüber einer Versteigerung abgewendet werden konnte, wobei die kostbarste Handschrift, die Nibelungen Handschrift C, zur Gewinnmaximierung von diesem Konvolut vertraglich ausgenommen wurde[7], war die Öffentlichkeit nun für die weiteren Absichten des Hauses sensibilisiert. Nicht so die badenwürttembergische Denkmalpflege, die es versäumte, die Tafelmalereisammlung als national wertvoll in ihrer Geschlossenheit durch Eintrag in die Denkmalliste vor einem Verkauf in das Ausland zu schützen. 2001 berichtete die Presse von ihrer Auslagerung in ein Kölner Kunstdepot – Haus Fürstenberg dementierte Verkaufsabsichten, sprach später von Umstrukturierung. Um einen Verstoß gegen das Europäische Kulturgüterabkommen zu vermeiden, wurde schließlich ein hochvermögender Kunstsammler gefunden, der die Sammlung – abgesehen von Rosinenstücken wie der „Grauen Passion", den beiden vollständigen Flügelaltären des Meisters von Meßkirch, dessen drei Tafeln vom ehemaligen Hauptaltar in der Stiftskirche St. Martin zu Meßkirch und einem Bild von Lucas Cranach, die vorläufig als ‚Dauerleihgaben' an die Staatsgalerie Stuttgart gingen[8] – in ihrer Gesamtheit ankaufte und somit „im Lande" beließ: Reinhold Würth aus Künzelsau/Schwäbisch Hall[9], ein sich selbst als Sammler der Klassischen Moderne bezeichnender Kunstfreund.

Mit dem Verkauf der Fürstenberger Kunstschätze hat Donaueschingen seinen Rang als Standort einer bedeutenden Kunstsammlung verloren. Inwieweit auch der Sitz auf Schloss Heiligenberg durch Verkäufe ausgezehrt ist, lässt sich nicht beurteilen, da die meisten Räume der Öffentlichkeit nicht zugänglich sind. Im für Besucher geöffneten Rittersaal sind die bedeutenden Kabinettscheiben noch an ihrem Platz.

SIGMARINGEN: FÜRSTLICH HOHENZOLLERNSCHE SAMMLUNGEN

Auch in den Fürstlich Hohenzollernschen Sammlungen zu Sigmaringen kam es fast zu einem Totalverkauf. Allerdings sind die dafür genannten Gründe eher nachzuvollziehen. In den Jahren 1923 bis 1925 vernichtete ein Schädlingsbefall riesige Baumbestände in Norddeutschland. Es war die Foreule (panolis pinipes Panz.), eine Art Kiefernspanner, die sich der dort überwiegend vorhandenen Kiefer bemächtigte und das Holz nutzlos machte. Auch das Haus Sigmaringen besaß im Ostelbischen (vor allem Brandenburg und Pommern) bedeutende Latifundien[10]. Die ohnehin nach dem Ersten Weltkrieg schwierige Wirtschaftslage und fürstenfeindliche Politik trug 1927 zusätzlich zum Entschluss bei, sich der Kunstsammlung zu entäußern.

Umkreis Rogier van der Weyden, Madonna mit Kind, um 1475. Berlin, Staatliche Museen.

Wenn auch Kunstwerke aller Gattungen und Zeiten von Fürst Karl Anton am Niederrhein zusammengetragen wurden, so galt sein Hauptaugenmerk immer der Malerei. 1862/63 gelang es ihm, aus der zum Verkauf anstehenden, bedeutenden Sammlung des Kölner Stadtbaumeisters Johann Peter Weyer zahlreiche Gemälde des 15. Jahrhunderts zu erwerben. Und auch aus Oberschwaben kamen durch Ankäufe von Kunsthändlern und aus Privatbesitz weitere Objekte hinzu. Zuerst in einem Verbindungsgang vom Schloss zur Kirche, dem Kirchgang, dann im „Altdeutschen Saal" ausgestellt, erhielt die nun stark angewachsene Sammlung 1867 ein ursprünglich als Bibliotheksbau geplantes Museum in einzigartigem historischem Stil. Wie in einem Schrein wurden von nun an die Gemälde und die ebenfalls zahlreichen Skulpturen[12], Vortragekreuze, Elfenbeinarbeiten und Farbverglasungen der Öffentlichkeit präsentiert. Der Begriff „Schatzhaus" wäre hier tatsächlich angebracht. Aufträge zur Katalogisierung an den Konservator Friedrich August Lehner und ständiger wissenschaftlicher Austausch mit Kunstgelehrten sowie weiterer Ankauf z.B. der Sammlung seines langjährigen Intentanten von Mayenfisch zeugen wie in Donaueschingen davon, wie ernst die Aufgabe der Museumsgründung genommen wurde.

Diese Sammlung bestand zunächst aus eigenem Besitz und nach 1800 hinzugewonnenem Säkularisationsgut. Sie wurde von Fürst Karl begründet und von seinem Sohn Karl Anton in großem Maße erweitert, auch um der Stadt Sigmaringen, die damals noch ohne Bahnanschluss dahinkümmerte, zu mehr Attraktivität zu verhelfen[11]. Dabei kam ihm sein Garnisons-Aufenthalt ab 1852 in Düsseldorf zugute, wo er einen Kreis von Künstlern und Kunstkennern um sich versammelte, während sich zu Hause Hofintendant Baron Karl Freiherr von Mayenfisch um den Altbesitz kümmerte und aus der Region sowie aus dem Kunsthandel weiteres Säkularisierungsgut ankaufte.

Nach dem Tode Karl Antons 1883 trat unter seinem Nachfolger Fürst Leopold eine gewisse Umorientierung ein. Waren es zu Lebzeiten des Verblichenen vorrangig die altdeutschen und altniederländischen Gemälde, die den Sammelschwerpunkt ausmachten, so wurden zahlreiche, wohl als geringwertig eingeschätzte Gemälde aus der Säkularisationsmasse der Klöster Stetten, Inzigkofen und der Insel Reichenau verkauft (insbesondere 1894 und 1906) und stattdessen eher a gusto denn systematisch Italiener sowie spätere Holländer und Flamen hinzuerworben. Manches davon stammt allerdings auch aus der 1886 zum Verkauf anstehenden Fürstlichen Galerie Hohenzollern-Hechingen und wurde somit als Familienbesitz gesichert.

Nach der Jahrhundertwende setzte unter Fürst Wilhelm ein in der Sache manchmal schwer nachvollziehbares Tauschen mit Kunsthändlern ein, von denen die hinzugekommenen Stücke nur selten höhere Qualität besaßen als die abgegebenen[13]. 1928 wurden auf einer international viel beachteten Auktion die altdeutschen Gemälde nahezu in vollem Umfang vom Frankfurter Städelmuseum[14] erworben, die Altniederländer kamen auf eine getrennte Auktion nach New York und zieren heute manches Museum in den USA[15]. Einige Tafeln kamen über Privatsammler nach Europa zurück und gerieten in Vergessenheit[16]. Auch die Skulpturensammlung sowie die mittelalterliche Kleinkunst wurden veräußert. Vieles kam an das Frankfurter Kunstgewerbemuseum und an das ebenfalls dort befindliche Liebieghaus, eine öffentliche Skulpturensammlung. Andere Museen, die von der Zerschlagung profitierten, sind die in Köln und in Düsseldorf.

Einige schwäbische Tafeln konnten um 1929/32 durch Fürst Friedrich zurückerworben werden und bildeten mit den unverkäuflichen Objekten den Grundstock zu einer auf schwäbische Regionalkunst des Spätmittelalters ausgerichteten Sammlung. Heute sind neben dem großen Stokker-Retabel vor allem die Tafeln der Meister von Sigmaringen (Hans und Peter Strüb aus Veringen) und des Meisters von Meßkirch (Josef und Marx Weiss aus Balingen) Anziehungspunkte. Aber auch gotische Glasmalerei aus Saulgau[17] sowie die Passionsreliefs des Ulmer Bildschnitzers Michel Erhart[18] sichern der heutigen Sammlung wieder einen hohen Rang[19]. Sie kann trotz aller Anstrengungen aber nicht mit der alten, bis 1928 existierenden Sammlung verglichen werden, der bedeutendsten und größten in Oberschwaben.

BABENHAUSEN:
MUSEUM ZUR GESCHICHTE DER FAMILIE DER FUGGER

Das öffentlich zugängliche Museum auf Schloss Babenhausen zeigt Exponate zur Geschichte der ehemals überaus reichen Augsburger Bankiers- und Handelsfamilie Fugger. Sie wurde über die Person Jakob Fugger „dem Reichen" von Kaiser Maximilian 1511 für ihre Verdienste um das Kaiserhaus geadelt und 1514 sogar in den Reichsgrafenstand erhoben. Unter ihren Mitgliedern fanden sich kraft ihres Vermögens zahlreiche Sammler. Mitunter trieben sie ihre Leidenschaft allerdings bis zum persönlichen Bankrott. Bereits im 16. Jahrhundert bildeten sich mehrere Linien der Familie heraus, die ihre Sitze außerhalb von Augsburg nahmen. Anton, Erbe des kinderlos verbliebenen Onkels Jakob „des Reichen" und Chef des Handelsunternehmens kaufte u.a. Babenhausen und Kirchheim, wo sein Sohn Hans ab 1575 das Schloss neu einrichtete. Jakob, ebenfalls ein Sohn von Anton, ließ sich in Babenhausen nieder. Antons älterer Bruder, Raymund war humanistisch gebildet und begründete eine große Antikensammlung. Vier seiner Söhne wurden ebenfalls zu großen Sammlern[20]. Ihre Schätze, meist bibliophiler Art, stellten später die Grundstöcke der Heidelberger Palatina (heute in Rom) und der Bayerischen Staatsbibliothek. Während Kirchheim ein eher geschlossenes System bildete, in dem die meisten Kunstankäufe gleichzeitig auch Einrichtungsbestandteile waren[21], kam es im 19. Jahrhundert in Augsburg zu einer Museumsgründung durch die Nachfahren der Linie Babenhausen[22]. 1885 errichtete Fürst Leopold ein Museum im Fugger-Haus. Der Öffentlichkeit wurde dieses 1909 zugänglich gemacht. 1944 erfolgte die kriegsbedingte Auslagerung der Exponate auf das Land nach Babenhausen; das Museum wurde durch Bombentreffer stark beschädigt und später wieder aufgebaut. Dennoch verblieben die ausgelagerten Bestände in Babenhausen, wo die Sammlung 1955 neu eröffnet wurde.

1981 wurde die Sammlung durch Graf Markus Fugger neu geordnet. Ihre Gesichtspunkte sind

Ludwig Schongauer zugeschrieben, Zwei Passionsszenen um 1480. Unbekannter Besitz.

nicht kunsthistorischer Art, sondern auf die Geschichte des Hauses bezogen. Es werden Medaillen, Porträts, Stiche, Bücher, die den Aufstieg der Familie illustrieren sowie Gebrauchsmöbel für den Handelskontor gezeigt, ferner Gläser mit Fuggerwappen und eine besonders interessante Laute von 1577 mit einem geschnitzten Fuggerwappen in Schallochdeckel. Dieses Stück wurde wiedererworben. Darüber hinaus kann der Besucher die in Adelshäusern übliche Ahnengalerie mit Bildnissen von Fuggern, hier in einer Wandtäfelung eingebracht, und andere Gemälde aufsuchen. Von kunsthistorischem Interesse dürfte ein bislang nicht dem Œuvre zugewiesenes Tafelbild von Bernhard Strigel sein, welches die Geißelung Christi zeigt. Die Rückseite weist die Tafel durch ihren Goldgrund und Aussparungen für ein verlorenes Relief als Teil eines Flügelaltars aus[23].

Das Schloss der Familie Fugger-Glött in Kirchheim ist bis auf den Zedernsaal der Öffentlichkeit nicht weiter zugänglich[24]. Beide Häuser fühlen sich streng an die Unveräußerlichkeit ihrer Kulturgüter gebunden.

SALEM UND PETERSHAUSEN: DAS HAUS BADEN AM BODENSEE

Die Markgrafen von Baden zählen zu den großen Gewinnern der Neuordnung Europas zu Beginn des 19. Jahrhunderts. Sie wurden mit dem Bistum Konstanz, der ehemals freien Reichsstadt Überlingen und den reichen Klöstern Petershausen und Salem für ihre linksrheinischen Gebiets- und Herrschaftsverluste mehr als entschädigt. Prinz Friedrich und Prinz Ludwig (Louis) Wilhelm August, Söhne des Markgrafen von Baden Carl Friedrich (ab 1806 Großherzog) aus erster Ehe erhielten 1802 Petershausen und Salem – sowie den dazu gehörenden Landbesitz zu größten Teilen als Grafschaften[25]. Der Besitz kam 1804 unter Fideikommiss, d.h. per Hausvertrag wurde die Unveräußerlichkeit des Stammvermögens für alle Zeiten festgeschrieben. Immerhin wurden die Mönche von Salem, eines der wohlhabendsten Reichsklöster, vergleichsmäßig gut mit Pensionen versorgt. Ludwig zog nach Petershausen, Friedrich verblieb am Karlsruher Hof. Später erfolgte Ludwigs Umzug nach Salem, nun Sommersitz des Hauses und Ort der Domänenverwaltung. Prinz Ludwig empfand die schwer ertragene Zeit fernab des Hofes als Exil. 1817 starb der Bruder Friedrich. Karl, ihr Neffe und seit 1811 Großherzog, war unheilbar krank und starb 1818. Ludwig wurde Großherzog. 1830 wurde der Bodenseefideikommiss erst an die hochbergschen Brüder (Söhne aus zweiter Ehe Carls mit Louise Karoline Geyer von Geyersberg Gräfin von Hochberg) Wilhelm und Max übergeben und Wilhelm kann nach seiner Hochzeit mit der württembergischen Königstochter Elisabeth als eigentlich erster richtiger Herr auf Salem betrachtet werden.

Bis 1995 wurde die durchaus reichhaltige Kunstsammlung aus Säkularisationsgut gepflegt und zusammengehalten. Sie war zu großen Teilen in extra dafür zur Verfügung gestellten Räumen des Schlosses während eines Rundganges für die Besucher zu sehen. Ihr Ende besiegelte eine zweiwöchige Auktion auf Schloss Baden-Baden[26]. Dabei kamen auch zahlreiche Gemälde aus Salem zum Aufruf, die spätgotischen Tafeln waren nicht kraft Denkmalrecht geschützt und verloren somit ihre Heimat. Darunter befanden sich Gemälde von Ludwig Schongauer[27], von Michel Haider aus Konstanz[28] und anderen süddeutschen Werkstätten. Lediglich die bedeutenden Tafeln des Bernhard Strigel aus der Siechen- oder Liebfrauenkapelle des Klosters standen bei der Auktion unter Vorbehalt und konnten vom Land Baden-Württemberg erworben werden[29]. Nicht unerwähnt sollen auch die Gemälde des späten 16. bis frühen 18. Jahrhunderts aus Salem sein, darunter eine Serie von Nachtszenen und brennenden Häfen des Malers Alexandre Jean Noel[30]. Salemer Kunstwerke sind heute in alle Welt verstreut. Nur manches, 1995 nicht Verkaufte, kam mit solchen Stücken aus Karlsruher Provenienz zurück in das Schloss und bot die Grundlage zu einer Neuordnung der Ausstattung.

Auch Werke aus dem ehemaligen Kloster Petershausen waren von dieser Auktion betroffen. Von Petershausen wurde wohl um 1813 aus der Grablege des Freiherrn Werner von Reischach und seiner Frau Margarete Spät ein von diesen zum Epitaph umfunktioniertes Astronomisches Kompendium in Form eines Flügelaltars nach Salem verbracht. Es umfasste alle Hilfsmittel, um Horoskope zu erstellen und entstand 1489 wohl in Konstanz auf der Grundlage des Krakauer Gelehrten Marcus Schinnagel. Werner von Reischach ließ dann um 1610 auf die Außenseiten der Flügel sein Wappen und das seiner Gattin mitsamt auf ihre Personen bezogenen Inschriften anbringen. Dieses in seiner Ausführung einmalige Stück konnte sich das Württembergische Landesmuseum Stuttgart über seinen Direktor Volker

Konstanz 1489, Astrologisches Kompendium, 1498 nach Marcus Schinnagel.
Stuttgart, Württembergisches Landesmuseum.

Himmelein in Vorverhandlungen sichern. Es ist heute in der Uhrensammlung des Museums aufgestellt[31].

WOLFEGG:
DIE SAMMLUNGEN DER FÜRSTEN VON WALDBURG-WOLFEGG UND WALDSEE

Eines der ältesten und bedeutendsten Geschlechter in Oberschwaben ist das der Grafen von Waldburg-Wolfegg und Waldsee, 1803 in den Fürstenstand erhoben, welche seit 1525 das kaiserlich verliehene Amt des Erb-Truchsessen innehatten. In den letzten Jahren des Dreißigjährigen Krieges begann der damalige Majoratsherr Truchseß Max Willibald mit der Anlage einer Kunstsammlung, die nicht auf eigenem, von den Vorfahren übernommenem Besitz gründete – ein Sammler im modernen Sinne also. Ob dieser erste Bestand die Belagerung und Niederbrennung des Stammsitzes in Wolfegg 1646 durch die Schweden unversehrt überstanden hat, ist nicht mit Gewissheit zu beantworten. 1650 trat Max Willibald in kurbayerische Dienste und zog nach Amberg in die Oberpfalz, wohin ihm seine zweite Gattin Herzogin Clara Isabella folgte. Dort verstärkte er seine rege, ja leidenschaftliche Sammeltätigkeit, wobei er sich beinahe ausschließlich auf den Bereich der Graphik (vor allem Kupferstiche, aber auch Radierungen, Holzschnitte und Zeichnungen) konzentrierte. Ziel war es ihm, ein Kupferstichkabinett zu errichten und mit den aktuellsten Werken der Druckgraphik auszustatten. Dabei kam ihm die Herkunft seiner zweiten Gattin aus den Niederlanden, einem Produktionszentrum für diese, in der damaligen Gegenwart in höchster Blüte stehenden Kunstgattung, zustatten.

Der seit dem Tode Max Willibalds 1667 nur noch geringfügig erweiterte Bestand umfasst etwa 110 000 Kupferstiche und rund 4 400 Zeichnungen. Er selbst stellte die Sammlung noch unter Fideikommiss, um ihren Zusammenhalt für alle Zeiten zu sichern. Auch die Erstellung eines Katalogs lag ihm am Herzen und wurde sogar im Testament festgeschrieben[32]. Die Sammlung kam wenige Jahre nach Max Willibalds Tod in das von Truchseß Jakob dem Dicken neu errichtete Schloss nach Wolfegg. In der Folgezeit wurden, wie von Max Willibald gewünscht, Kustoden mit der Betreuung und wissenschaftlichen Erschließung der Bestände beauftragt, eine Fürsorge, die sich bis in unsere Zeit fortsetzt. Als prominentestes Objekt dieser Sammlung von europäischem Rang ist das „mittelalterliche Hausbuch" eines in Speyer und Umgebung tätigen, immer noch unbekannten Zeichners, Malers und Kupferstechers zu nennen, der von der Wissenschaft den Notnamen „Hausbuchmeister" erhalten hatte[33]. Dessen mitunter humorvolle Darstellungen geben dem Betrachter ein anschauliches Bild vom Leben im Spätmittelalter.

Wenn auch die Graphische Sammlung rechtlich vor Veräußerung geschützt war, kam es doch einmal zu einem gewichtigen Verkauf. 1901 entdeckte Pater Joseph Fischer, ein bedeutender Kartograph, eine Weltkarte im Schloss, die bereits 1507 den kurz zuvor entdeckten Kontinent Amerika (jeweils die Ostküsten von Nord- und Südamerika) verzeichnete und ihn mit dem vom Seefahrer Amerigo Vespucci abgeleiteten Namen versah[34]. Sie wurde von Martin Waldseemüller, einem in Wolfenweiler bei Freiburg geborenen Kartographen, in St. Dié (Lothringen) im Auftrag von René II., Herzog von Lothringen, angefertigt. Von diesem Holzschnitt auf zwölf Stökken, der in tausend Abzügen gedruckt worden sei, ist lediglich das Wolfegger Exemplar überkommen. Obwohl es in die Liste des geschützten Kulturgutes der Bundesrepublik Deutschland eingetragen war, konnte die amerikanische Kongressbibliothek Washington mit einer Sondergenehmigung der deutschen Regierung 2001 für eine sehr hohe Summe das für Amerika und seine Geschichte bedeutende Stück erwerben.

Andere Kunstwerke treten angesichts der Bedeutung der Graphischen Sammlung in den Hintergrund, doch soll darauf verwiesen werden, dass sich neben einer für Ausstellungen gern ausgeliehenen Tafel des Malers und Bildhauers Hans Multscher[35] noch weitere interessante spät-

Samuel von Hoogstraten, Porträt Truchseß Max Willibald von Wolfegg, vermutlich 1653/54. Schloss Wolfegg.

chiv mit seinen Codices und illuminierten (mit Buchmalerei versehenen) Handschriften. Dagegen sind nicht viele Kunstwerke aus anderen Gattungen bekannt. Zu nennen sind romanische und gotische Vortragekreuze[37] und seltene romanische Grubenschmelzarbeiten[38], ferner einige spätgotische Holzschnitzwerke[39], darunter ein Marientod-Relief nach Kupferstichvorlage Martin Schongauers[40]. An Gemälden sollen die Votivtafel um 1520 für Truchseß Georg (Bauernjörg)[41] sowie zwei Täfelchen mit den vier Evangelisten in Halbfigur von Bernhard Strigel[42] erwähnt werden. Es ist davon auszugehen, dass der überwiegende Teil der Objekte aus altem Besitz stammt und somit mit der Familien- und Hausgeschichte eng verbunden ist.

ALTSHAUSEN: DAS HAUS WÜRTTEMBERG AM BODENSEE

In den Jahren 1246 und 1264 erhielt der Deutsche Orden Besitz in Altshausen und Umgebung und trat damit die Besitznachfolge der Grafen von Altshausen-Veringen an. 1806 fiel die Kommende Altshausen zunächst an Bayern, 1807 erwarb sie Friedrich I. König von Württemberg aus seiner Privatschatulle, nahm aber dort nie Sitz. Erst 1816 kam sein Sohn Wilhelm I. fortdauernd nach Altshausen. Zur Verwaltung der Besitzungen wurde in Altshausen ein Hofkameralamt eingerichtet. Heute dient Altshausen Herzog Carl von Württemberg und seiner Familie als Wohnsitz. Eine ausgesprochene Kunstsammlung ist hier nicht vorzustellen. Neben einer Galerie mit Bildnissen von Mitgliedern des Deutschen Ordens ist aber auf die Glasmalereisammlung hinzuweisen. Es sind rund 450 Farbfelder und Einzelscheiben, welche hauptsächlich von Prinz Eugen von Württemberg zusammengetragen worden sind. Sie darf zu den größten ihrer Art in

gotische Gemälde im Besitz des Hauses befinden, darunter auch eine bislang noch nicht erkannte Tafel des für Oberschwaben wichtigsten Malers Bernhard Strigel[36].

ZEIL BEI LEUTKIRCH: DIE SAMMLUNGEN DER FÜRSTEN UND TRUCHSESSEN VON WALDBURG-ZEIL

Seit 1337 hatten die Waldburger auch einen Sitz auf Schloss Zeil, nahe bei Leutkirch im Allgäu gelegen. Das heutige Schloss selbst wurde von 1599 bis 1614 unter Truchseß Froben von Waldburg-Zeil, wie sich die hier residierende Linie benannte, errichtet.

Den Schwerpunkt der Sammlungen bildet zweifellos das Fürstlich Waldburg-Zeil'sche Hausar-

Deutschland gezählt werden und kam 1882 in das Sommerschloss nach Friedrichshafen, wo zahlreiche Scheiben in die Fenster des Schlosses eingesetzt wurden, der größere Teil aber verpackt blieb[43]. 1938 wurden sie wieder ausgebaut und alles nach Altshausen verbracht. Eine museale Aufstellung, obwohl schon lange ins Auge gefasst, dürfte Illusion bleiben. Immerhin erfolgt eine großzügige Leihgabenpraxis für Ausstellungen, so zuletzt nach München[44]. Zu den bedeutendsten Stücken der Sammlungen zählen 17 Scheiben und ein Fragment aus der ehemaligen Klosterkirche Bebenhausen[45]. Im wesentlichen finden sich sonst Wappen- und Kabinettscheiben württembergischen Ursprungs[46].

STARZACH-WACHENDORF: FREIHERREN VON OW-WACHENDORF

Das über 900 Jahre alte Geschlecht der Freiherren von Ow nahm nach der Mediatisierung in Wachendorf, nahe Horb am Neckar, dauerhaft seinen Sitz. Freiherr Maximilian ließ das dort bereits befindliche Schloss zum Familiensitz der Linie Wachendorf baulich einrichten[47]. Sein Sohn Hans Karl zeichnete sich während seiner Majoratszeit als Hüter und Bewahrer der historischen Quellen besonders aus. Er gründete 1852 mit dem Rottenburger Domdekan Ignaz von Jaumann und anderen den Hohenberger Altertumsverein (später Sülchgauer Altertumsverein), unternahm in der Umgebung Grabungen an prähistorischen und römischen Fundstellen (Bierlingen) und begann Familienmemorabilia zu sammeln. Sammelleidenschaft und archäologisches Interesse für die Zeugnisse der Vergangenheit gingen auf seinen Sohn Hans Otto über, welcher ab 1885/87 schließlich eine Sammlung an Kunstgegenständen auf dem Schloss Wachendorf einrichtete[48]. Dieselbe Verantwortlichkeit darf auch heute noch für die Familie Gültigkeit beanspruchen. Allerdings wird nicht mehr systematisch erweitert. Eher gilt der musealen Präsentation Aufmerksamkeit, worin das Haus von der baden-württembergischen Denkmalpflege unterstützt wird. Da sich die Werke und Objekte sämtlich im Privatbereich befinden, ist eine Besichtigung nur nach Voranmeldung möglich. Prunkstücke der Sammlung sind ein Pokal, den Markgräfin Rosina von Baden 1526 bei ihrer Vermählung mit Hans von Ow mit in die Ehe brachte[49] sowie eine große silberne Tragfigur des Hl. Joseph, die 1714 anlässlich der Genesung des Kindes Joseph von den dankbaren Eltern Johann Rudolf und Anna Maria in Auftrag gegeben wurde. Bemerkenswert sind ferner Tafelgemälde um 1460 bis 1540, welche 1885 aus dem Nachlass des Domkapitulars Welte erworben wurden und einige spätgotische Skulpturen, deren Provenienz nicht feststeht.

ALLMENDINGEN: FREIHERREN VON FREYBERG-EISENBERG

Ende des 16. Jahrhunderts siedelten sich die Freiherren von Freyberg-Eisenberg, ein Allgäuer reichsunmittelbares Rittergeschlecht, in Allmendingen, nahe Blaubeuren, an. 1593 wurde das „Alte" Schloss, 1782 das „Neue" Schloss errichtet, welches heute noch Wohnsitz der Familie ist. Neben der Schlossausstattung im allgemeinen ist auf eine spätgotische Tafel hinzuweisen, die als ehemaliger Teil eines Flügelaltars die Jungfrau Maria bei der Verkündigung zeigt[54]. Sie wird, ebenso wie die durch Erbgang aus dem Hause gekommenen beiden Heiligentafeln mit Dorothea und Genovefa, dem Maler Jörg Stocker zugeschrieben[55]. Die Herkunft der Tafeln von einem oder zwei Retabeln aus der Allmendinger Pfarrkirche Mariä Himmelfahrt ist mehr als wahrscheinlich.

KÖNIGSEGGWALD: GRAFEN ZU KÖNIGSEGG UND AULENDORF

Um 1174 kam der Ort unter die Verfügungsgewalt des Ministerialengeschlechts der Herren von Fronhofen, die sich später nach der Burg Königsegg Herren von Königsegg nannten. 1311 erwarben diese den Ort als Eigentum. 1681 verlegte die 1629 zu Reichsgrafen erhobene Familie Königsegg ihre Residenz von der Stammburg zunächst nach Aulendorf, später nach Königseggwald. Das

Allianzscheibe des Ehepaares Bodman-Breitenlandenberg, 1879.
Schloss Bodman.

dort in den Räumen der Zweiggalerie des Württembergischen Landesmuseums.

BODMAN: GRAF VON UND ZU BODMAN

Die Freiherrn von Bodman sind heute die einzig verbliebene adlige Familie, welche ununterbrochen ihren Sitz am Bodensee innehatte. Seit 1902 trägt der Majoratsherr den Titel eines Grafen. Nach dem Brand der Anlage auf dem Frauenberg im Jahre 1307 wurde diese an Kloster Salem geschenkt und eine neue Burg errichtet. Unten im Dorf befand sich die Verwaltung. Um 1830 erfolgte die Erweiterung des 1757 errichteten Amtsgebäudes zum heutigen Schloss. Eine eigentliche Sammlungstätigkeit ist nicht zu vermerken, dennoch wurde in der heutigen Zeit Familienbezogenes hinzuerworben. An prominenten Kunstwerken zu nennen ist ein großer Engel von Joseph Anton Feuchtmayr[50] und zwei Täfelchen aus der Werkstatt des Meisters von Meßkirch[51], ferner die große Votivtafel der Freiherren von Bodman im Eingangsbereich. Sie ist 1522 in einer Konstanzer Malerwerkstatt, wohl für ihre Aufstellung in Kloster Salem, der Grablege der Herren von Bodman, entstanden[52]. Darüber hinaus finden sich, eingelassen in Fenstern, zahlreiche Kabinett- und Wappenscheiben vom frühen 16. Jahrhundert an bis ins 19. Jahrhundert, darunter eine Johannes Baptista-Scheibe aus dem Kreis des Meisters von Meßkirch[53] und eine technisch hoch interessante Allianzscheibe für Franz Freiherr von und zu Bodmann und seine Gattin Sophie Freiin von Breiten-Landenberg von 1879, ein Geschenk des Freiherrn Hermann von Hornstein und seiner Familie in lupenfeiner Schmelzfarbenmalerei auf Weißglas.

SCHLATT UNTER KRÄHEN: FREIHERREN VON REISCHACH

Die sich in mehrere Linien teilende Familie der Freiherren von Reischach mit ihren Sitzen im Hegau war eine der bedeutendsten Wohltäter des Klosters Wald im Donautal[58]. 1816 erwarb Joseph

Schloss in Königseggwald aus den Jahren 1765 bis 1768 ist eine klassizistische Anlage von Michel d'Ixnard[56]. Neben signierten Möbeln und einer Porzellansammlung ist ein Leinwandgemälde des Haus- und Hofmalers Johann Georg Sauter zu erwähnen. Es zeigt den „Empfang des Kaisers Franz I. vor dem Aulendorfer Schloß 1814" und wurde um 1814/17 gemalt[57]. Weitere Gemälde von Sauter aus dem Besitz der Grafen von Königsegg-Aulendorf befinden sich seit längerem als Dauerleihgaben im Schlossmuseum Aulendorf,

Bernd Konrad

von Reyschach Schloss Schlatt unter Krähen nahe Singen samt seiner Ausstattung von Vincenz zu Bodman, wohin die Familie 1834 nach Verkauf des Hauptsitzes Immendingen übersiedelte[59]. Zu nennen sind mehrere Bildnisse von Familienangehörigen aus dem 16. und 20. Jahrhundert, Porträts der Bodman sowie vier Darstellungen mit religiösen Motiven[60]. Ein Unikum stellt das Leinwandbild des ehemaligen Vogts Popolius Maier dar, der als berühmt-berüchtigter Burggeist „Poppele" sein Unwesen auf der Burg Friedingen getrieben haben soll[61]. Heute ist er eher ein Fasnachtsmotiv. Bemerkenswert ist das Grabdenkmal des Hans Werner Reischach-Stoffeln von Jörg Zürn aus dem Jahre 1610. Es wurde für dessen Grablege im Kloster Petershausen in Auftrag gegeben und befindet sich seit 1831 auf Schloss Schlatt[62].

ERBACH UND WARTHAUSEN: DIE SAMMLUNGEN DER FREIHERREN VON ULM-ERBACH

Das Geschlecht der Freiherren von Erbach-Ulm stand über Jahrhunderte in österreichisch-habsburgischen Diensten und hat seinen Stammsitz noch heute in Erbach. Das Schloss selbst wurde noch unter der zuvor residierenden Familie der von Paumgarten ab 1550 in seiner jetzigen Form errichtet. 1612 wurde Hans Ludwig von Ulm, Geheimer Rat und Vizekanzler unter Kaiser Matthias, von diesem mit Erbach belehnt[63].

Die heutige Kunstsammlung verteilt sich einerseits auf die zahlreichen Prachträume sowie das Treppenhaus, zum anderen wurden im zweiten Stock einige Räume als Museum eingerichtet, darunter der „Geistliche Salon". Hervorzuheben ist dort die geschnitzte Figur des Hl. Alexius, Patron des Schlosses. Sie wurde 1513 von dem Augsburger Bildschnitzer Sebastian Loscher geschaffen. Weiter sind Kirchengeräte, Ofenplatten mit Wappen und eine kleine Ostasiatica-Sammlung zu nennen[64]. Im Treppenaufgang fallen ein mit Wappen bemalter gotischer Taufstein sowie das Totenschild für den 1627 verstorbenen Hans Ludwig von Ulm und Erbach ins Auge. Aus der Menge der Gemälde in den Prachträumen sind zahlreiche Tierbilder des Wiener Hofmalers Ferdinand Philipp Hamilton als Geschenk der Kaiserin Maria Theresia zu nennen. Weitere Tierstücke stammen von Matthäus Wolcker und der Malerfamilie Roos. Das Engagement der Schlossherren erschöpft sich indes nicht in der Bewahrung und Präsentation von Zeugnissen der Familiengeschichte: Drei Räume wurden zur Einrichtung eines Heimatmuseums der nach dem Zweiten Weltkrieg aus dem bei Brünn/Brno gelegenen Mödritz Vertriebenen zur Verfügung gestellt, welche sich aufgrund der Beziehungen zur Familie in Erbach niedergelassen hatten. Darüber hinaus wurde vor sieben Jahren in den imponierenden Kellergewölben eine Bühne für die Theaterei Herrlingen-Erbach eingerichtet.

Das alte „Warthaus" über einer Verengung des Rißtales war bereits zu Kaiser Barbarossas Zeiten von großer Bedeutung. Nach dem Aussterben der Edelfreien von Warthausen im 12. Jahrhundert fiel das Lehen an Kaiser Friedrich I. gen. Barbarossa zurück und wurde in der Folge seitens Habsburgs an seine neuen Besitzer verliehen oder verpfändet[65]. Der Vorgängerbau des heutigen Schlosses wurde in den Jahren 1543 bis 1571 von seinem damaligen Besitzer, dem in österreichischen Diensten stehenden Dr. Hans Schad von Mittelbiberach errichtet, welcher Warthausen 1529 von der Reichsstadt Biberach erworben hatte. Nach Aussterben der Schad kam es über das Habsburger Haus an die schwäbischen Grafen von Stadion und wurde 1621 nach einem Schlossbrand, der nur wenige Gebäudeteile verschonte, in seiner heutigen Form und Anlage wieder aufgebaut. Die folgende Zeit bis zum Ende des 18. Jahrhunderts kann als die fruchtbarste bezeichnet werden. Ab 1761 führten die Familien Stadion[66] und LaRoche[67] im Sinne der Aufklärung einen „Musenhof", auf dem u. a. der Maler Johann Heinrich Tischbein d. Ä. und der Dichter Christoph Martin Wieland häufig zu Gast waren[68]. In Folge der permanenten Auseinandersetzung mit dem König von Württemberg – die Stadions blieben in habsburgischen Diensten und versuchten der Mediatisierung entgegenzusteuern – und Sequestation, d. i. die zwangsweise Einziehung der an diesen nach der Mediatisierung gegangenen Güter, musste der letzte Erbe Eduard von Stadion Warthausen 1826 an Württemberg unter Wert abgeben und zog sich auf seine böhmischen Besitzungen zurück. 1829 nahm Freiherr Friedrich August Karl von Koenig nach erfolgreicher Ersteigerung des Schlosses Einzug, dessen Bankhaus-Familienunternehmen immense Geldsummen an König Friedrich von Württemberg verlieh. Dafür durften sich die von Koenig ab 1867 von und zu Warthausen nennen. In den vier Generationen Koenigscher Residenz blühte Warthausen erneut auf. 1985 übernahm Franz Freiherr von Ulm-Erbach Warthausen und stattete die in der Folge nach Abgang der Koenigschen Erbschaft zum Teil leer gewordenen Räume mit Kunstwerken aus Erbach aus. Hervorzuheben ist die neue chinesische Sammlung im Turmzimmer oder Porzellankabinett sowie eine kleine Anzahl an spätgotischen Werken der Malerei und Schnitzkunst im großen Raum im ersten Obergeschoß. Hier fallen zwei spätgotische Skulpturen, eine Anna Selbdritt und eine Pietà, zwei bei Alfred Stange verzeichnete Tafelbilder[69] und eine Engelsfigur von Feuchtmaier besonders auf. Weiter findet man Gemälde von Johann Baptist Pflug und eine große Anzahl von Kopien nach Originalen im Louvre vor, welche von der unvermählt gebliebenen Elise von Koenig angefertigt worden sind.

Als besonderer Anziehungspunkt auf Warthausen darf allerdings die Galerie der Clara Quien gelten. Die Künstlerin (1903 – 1972), eine Cousine des Vaters des Schlossherrn, lebte Jahrzehnte in Indien und auch im ehemaligen Persien und fertigte lebensnahe Skulpturen und Büsten der damaligen politischen Persönlichkeiten an, darunter Gandhi, Nehru und ein Modell zu einem Reiterstandbild von Schah Reza Palewi, welches unter dem Regiment Khomenis schautträchtig gestürzt worden ist. Auch die als Vorlage dienenden, von der Künstlerin selbst erstellten Fotografien sind zu sehen. Beide Häuser sind nach Voranmeldung unter Führung der Familie zu besichtigen.

VERLUSTE UND BESTANDSERHALTUNG

Über Kunstsammlungen in Privatbesitz zu berichten, berührt verständlicherweise die Interessensphären der Eigentümer. Soweit es sich um öffentlich zugängliche Sammlungen handelt, besteht die Gefahr einer Verletzung des entgegengebrachten Vertrauens und der dafür einzufordernden Diskretion nicht. Bei allen nur privat zugänglichen Sammlungen muss dagegen sorgfältig zwischen Mitteilung und Zurückhaltung abgewogen werden. Der Autor hofft, das sei gelungen, andererseits bittet er um Nachsicht, wenn sein Forschungsinteresse Grenzen überschritten hat. Den Besitzern sei in jedem Fall großer Dank ausgesprochen. Wo sich eine Besichtigung nicht ermöglichen ließ, war der Verfasser ohnehin auf die Literatur angewiesen, das heißt, bereits Bekanntes wurde lediglich noch einmal in einem neuen Rahmen zusammengefasst und vorgestellt. Manches konnte auch nicht besichtigt werden, weil es nur noch bis vor kurzem existierte. Es soll der Vollständigkeit halber erwähnt werden. Zwei oberschwäbische Schlosseinrichtungen wurden vom dafür spezialisierten Kunsthaus Fritz Nagel Stuttgart in den 1990er Jahren versteigert, wo unglückliche familiäre Entwicklungen diesen Schritt von den Besitzern, Graf Hornstein-Göffingen auf Schloss Orsenhausen[70] und Baron Malsen-Ponickau von Schloss Osterberg[71], erzwangen. Die Tradition dieser Häuser ist somit gleichsam erloschen, insbesondere durch die Zerschlagung der jeweiligen Ahnengalerien. Die Gebäude fanden neue Besitzer.

Die zwei Jahrhunderte nach der Mediatisierung haben den Adel gezwungen, sich neu zu positionieren, und haben die Kunstlandschaft in Oberschwaben eindrücklich verändert. Dank der kunstliebenden, traditionsbewussten und der Öffentlichkeit zugewandten Persönlichkeiten entstanden in den ersten 100 Jahren bedeutende Sammlungen[72]. Es ist das Jahrhundert der Bereicherung für die Region. Das zweite, darauffolgende, muss als Jahrhundert des Verlustes, wenn auch zuweilen mühsamen Bestrebens nach Bestandserhaltung verstanden werden. Dieser Verlust ist auch mit schönen Worten, wie „für das Land [gemeint Baden-Württemberg] erhalten"⁷³ nicht zu verschleiern.

Auch in Zukunft ist immer wieder damit zu rechnen, dass das eine oder andere Objekt im Kunsthandel auftauchen wird.

Anmerkungen:

1 Populistische Schlagworte für Ausstellungen wie „Schatzhäuser Deutschlands – Kunst in adligem Besitz" fördern diese Vorstellung. Siehe *Wilfried Rogasch*: Schatzhäuser Deutschlands. Kunst in adligem Besitz. München 2004.
2 *Heinrich Feurstein*: Kataloge 1921, 1934; *Claus Grimm / Bernd Konrad*: Die Fürstenbergsammlungen Donaueschingen. Altdeutsche und schweizerische Malerei des 15. und 16. Jahrhunderts. München 1990.
3 Eine Auswahl aus allen Bereichen in: *Erwein H. Eltz / Arno Stromeyer* (Hg.): Die Fürstenberger. 800 Jahre Herrschaft und Kultur in Mitteleuropa. Korneuburg 1994.
4 *Jörn Günther* (Antiquariat): A Selection of Manuscripts and Miniatures. Hamburg 2003. Kat. 12, 15 und 25.
5 *Walter Ulrich Guyan*: Schaffhauser Kostbarkeiten in der Schweiz und in aller Welt. Thayngen 1992, 45f.
6 *Felix Heinzer* (Hg.): Unberechenbare Zinsen – bewahrtes Kulturerbe. Stuttgart 1993 (1050 Handschriften in 1370 Bänden).
7 Sie durfte dann später erworben werden.
8 Nun sollen sie von Sponsoren für Stuttgart gesichert werden.
9 *C. Sylvia Weber* u. a.: Alte Meister der Sammlung Würth. Schwäbisch Hall 2003.
10 Freundliche Aufklärung durch Stadtarchivar Dr. Edwin Ernst Weber, Sigmaringen.
11 Grundlegend für die Sammlungsgeschichte *Walter Kaufhold*: Fürstenhaus und Kunstbesitz. Hundert Jahre Fürstlich Hohenzollernsches Museum. Sigmaringen 1969.
12 *Heiner Sprinz / Otto Lossen*: Die Bildwerke der Fürstlich Hohenzollernschen Sammlung Sigmaringen. Stuttgart 1925.
13 Dass, wie *Kaufhold* 1969 (wie Anm. 11), 88-96, darlegt, durch Fürst Wilhelm ab 1905 die Sammlung auf oberdeutsche Kunst ausgerichtet werden sollte, ist angesichts des weiteren Ankaufs von niederländischen und italienischen Gemälde nicht nachvollziehbar.
14 Einige Tafeln gingen auch an Privatsammler.
15 *Max J. Friedländer*: Flemish Primitives. Formerly in the Collection of the Prince of Hohenzollern-Sigmaringen. New York o. J. (1928). Insgesamt kamen 37 Objekte zum Aufruf.
16 Diese sind indes nicht verloren, sondern befinden sich zum größten Teil im Depot der Staatlichen Museen Berlin, da 1935 als „Pfandgut" bei der Dresdner Bank eingezogen (freundliche Unterstützung bei den Recherchen durch Dr. Rainer Michaelis).
17 *Rüdiger Becksmann*: Corpus Vitrearum Medii Aevi. Deutschland I,2. Die mittelalterlichen Glasmalereien in Schwaben von 1350 bis 1550 (ohne Ulm). Berlin 1986, 229-232.
18 *Brigitte Reinhardt / Stefan Roller* (Hg.): Michel Erhart & Jörg Syrlin d. Ä. Spätgotik in Ulm. Ulm 2002, 324-332, Kat. 52.
19 Das Museum soll nach langjähriger Restaurierung 2006 wieder eröffnet werden.
20 Zur Familie der Fugger im 16. Jahrhundert zuletzt: Welt im Umbruch. Augsburg zwischen Renaissance und Barock. Augsburg 1980, passim.
21 *Georg Lill*: Hans Fugger (1531 – 1598) und die Kunst. Leipzig 1908; *Rogasch* 2004 (wie Anm. 1), 212f.
22 *Herrmann Kellenbenz*: Augsburger Sammlungen. In: Welt im Umbruch 1980 (wie Anm. 20), 76-88.
23 Maße 131x94,5 cm.
24 Einige schöne Ausstattungsstücke, so die Gemälde von Paolo Fiammingo, bildet *Rogasch* 2004, (wie Anm. 1), 80f., Tafel 37-40, ab.
25 Ausführlicher sind die folgenden Vorgänge nachzulesen in: *Hansmartin Schwarzmaier*: Das Kloster als Fürstensitz. In: *Rainer Brüning / Ulrich Knapp* (Hg.): Salem. Vom Kloster zum Fürstensitz 1770 bis 1830. Karlsruhe 2002, 71-84. Vgl. den Beitrag Krimm in diesem Band.
26 Durchgeführt von Sothebys London vom 5. bis 21. Oktober in Baden-Baden, Kataloge I-VI (V).
27 Ebd., Nr. 2278. Die Täfelchen gehörten zum Altarzusammenhang bei *Alfred Stange*: Die deutschen Tafelbilder vor Dürer. Kritisches Verzeichnis. Bd. 2. München 1970, Nr. 603.
28 Ebd., Nr. 2279 o. Abb.
29 Ebd., Nr. 2283. Heute im Badischen Landesmuseum Karlsruhe.
30 Ebd., Nr. 2253-2257.
31 Inv. 1995-263. Maße im geöffneten Zustand ca. 160x300 cm.
32 *Bernd M. Mayer / Tilman Falk*: Europäische Meisterzeichnungen aus der Sammlung der Fürsten zu Waldburg-Wolfegg. Ravensburg 2003.
33 *Daniel Hess*: Meister um das „mittelalterliche Hausbuch". Studien zur Hausbuchmeisterfrage. Worms 1994.
34 Der Originaltitel lautet: Universalis cosmographia secundum Ptholomaei traditionem et Americi Vespucii alioru[m]que lustrationes.
35 *Brigitte Reinhardt / Michael Roth* (Hg.): Hans Multscher. Bildhauer der Spätgotik in Ulm, 326-329, Kat. 25 mit Abb.

36 Vgl. die Abbildung im Katalog zur Ausstellung „Adel im Wandel".
37 *Erich Fürst von Waldburg-Zeil*: Schloß Zeil. München 1953, Abb. 36-38.
38 Ebd., Abb. 2, 34, 35.
39 Ebd., Abb. 71, 72, 78.
40 Dazu *Albrecht Miller*: Endras Maurus – Bildhauer zu Kempten. In: Skulptur in Süddeutschland 1400 bis 1770. Berlin 1998, 177-196, Abb. 19.
41 *von Waldburg-Zeil* 1953 (wie Anm. 37), Abb. 75-77.
42 Ebd., Abb. 74; *Stange* 1970 (wie Anm. 27), Nr. 901.
43 *Becksmann* 1986 (wie Anm. 17), 3-16 (3) und 343 (Nachtrag).
44 *Rogasch* 2004 (wie Anm. 1), 66-68, 138f. jeweils mit Abb.
45 *Hans Wentzel*: Corpus Vitrearum Medii Aevi. Deutschland I,1. Die Glasmalereien in Schwaben von 1200 bis 1350. Berlin 1958, 177-185.
46 *Becksmann* 1986 (wie Anm. 17), 3.
47 *Franz Quarthal / Gerd Faix* (Hg.): Adel am oberen Neckar. Tübingen 1995.
48 *Eberhard Gönner*: Die historischen und denkmalpflegerischen Bestrebungen der Freiherren von Ow im 19. Jahrhundert. In: *Quarthal / Faix* 1995 (wie Anm. 47), 513-540.
49 *Heinrich Kohlhaussen*: Nürnberger Goldschmiedekunst des Mittelalters und der Dürerzeit. Berlin 1968, 316-318, Nr. 354, Abb. 463-466.
50 *Badisches Landesmuseum* (Hg.): Barock in Baden-Württemberg. Bd. 1. Bruchsal 1981, 197-200, B 41 mit Farbtafel; *Ulrich Knapp*: Joseph Anton Feuchtmayer. 1696 – 1770. Konstanz 1996, 204 mit Abb. 265.
51 *Anna Moraht-Fromm / Hans Westhoff*: Der Meister von Meßkirch. Ulm 1997, 201-203, Kat. 36a und b mit Abb.
52 *Herbert Berner* (Hg.): Bodman. Dorf, Kaiserpfalz, Adel. Bd. 2. Sigmaringen 1985, Abb. 8-10.
53 *Claus Grimm / Bernd Konrad* 1990 (wie Anm. 2), 71 mit Abb.
54 *Adolf Waas / Alois Scheible / Johannes Junkert*: Allmendingen. Ulm 1961, Farbtafel.
55 *Stange* 1970 (wie Anm. 27), Nr. 612. Verkündigungsmaria und Heiligentafeln aufgrund ihrer Formate sicher nicht ursprünglich aus einem Altarzusammenhang.
56 *Herber Brunner*: Reclams Kunstführer. Baden-Württemberg. Pfalz. Saarland. Bd. 2. Stuttgart 1960, 274.
57 *Fritz Fischer / Andrea Schaller*: Biedermeier in Oberschwaben. Der Aulendorfer Maler Johann Georg Sauter (1782 – 1856). Stuttgart 1999, 46/47, Kat. 9 mit Farbtafel. Eine Abbildung auch im Beitrag Boxler in Band 1.
58 Erst kürzlich tauchte im Kunsthandel eine Stiftertafel der Reischach auf, ein Werk der Meister von Sigmaringen. Dorotheum, Wien, Auktion vom 5. Oktober 2005, lot 262 als Donauschule um 1520.
59 Mit dem Tode Eitel-Eggs starben die Reischach 1957 aus, der Familienname wird lediglich durch die Adoption von Patrick Graf Douglas 1956 weitergeführt (freundliche Mitteilung von Dr. Franz Hofmann, 7.12.2005).
60 *Franz Hofmann*: Schloss Schlatt unter Krähen. Sonderdruck aus Hegau-Jahrbuch Nr. 53 (1996) und Nr. 54/55 (1997/98). Singen 2000, 81-83, Abb. 3-5, 7-13, 21.
61 Ebd., 82f., Abb. 22.
62 Ebd., 86, Abb. 24.
63 Zur Geschichte *Anton H. Konrad*: Schloss Erbach. Weißenhorn 1986.
64 Der Flügelaltar von 1541 mit den Wappen derer von Ulm-Erbach und Blarer von Wartensee ist eine Leihgabe des Ulmer Museums. Die ethnologische Sammlung ist ein kleiner Teil der Sammlung, welche der berühmte Forscher Philipp Franz von Siebold in den Jahren 1823 bis 1830 und 1859 bis 1862 in Japan zusammengetragen hatte.
65 Zur Geschichte vgl. *Wilhelm Freiherr von Koenig*: Schloss Warthausen. Berlin 1982.
66 Friedrich Reichsgraf von Stadion nahm von diesem Jahre an seinen Altersitz auf Warthausen.
67 Georg Michael Frank gen. LaRoche, ein vorehelicher Sohn des Grafen Stadion, und seine aus Biberach stammende Ehefrau Sophie, geb. Gutermann mit den beiden Töchtern Maximiliane, später letzte Fürstäbtissin des Damenstifts Buchau und Maria Anna, Reichsgräfin Schall von Bell.
68 Für Wieland wurde sogar ein eigenes Zimmer eingerichtet und der im Park stehende „Wielandturm" eingerichtet, für die anderen das Amtshaus zum Gästehaus umgestaltet. Bei Umbaumaßnahmen zu Privatwohnungen konnten vor nicht allzu langer Zeit sogar Überreste eines Theaters aus dieser Zeit aufgefunden werden.
69 *Stange* 1970 (wie Anm. 27), Nr. 833. Dort nicht überzeugend als Arbeiten aus der Werkstatt des Ulrich Mair von Kempten angesprochen. Diese stammen wie auch die Skulpturen noch von früheren Besitzern.
70 Schloss Orsenhausen, 18. April 1997 mit Zinn, Glas, Porzellan, Asiatica, Bücher, Graphik. An Gemälden ist eine umfangreiche Ahnengalerie der Grafen von Rodt zu nennen, frühere Besitzer von Schloss Orsenhausen, meist 18. Jahrhundert.
71 Schloss Osterberg, 22. bis 23. September 1995. Neben einer Kutschen-, Pfeifen- und Asiaticasammlung sowie eines Renaissancekabinetts (Schrankkommode) kamen auch Gemälde von Johann Georg Bemmel und Johann Heiß zum Aufruf.
72 Auch die weitestgehend erhaltene Sammlung der Grafen von Württemberg und Herzöge von Urach in Lichtenstein gehört zu diesem Kulturgut.
73 Bezüglich der Transaktionen der Fürstenberg-Sammlungen, aber auch des Salemer Besitzes der Öffentlichkeit vorgebracht.

Oberschwäbische Adelsbibliotheken ZEUGNISSE
DER GEISTIGEN WELT IHRER BESITZER

Klaus Graf

Max-Egon-Saal der Fürstlich Fürstenbergischen Hofbibliothek im Fürstlichen Archivgebäude Donaueschingen. Foto Siegfried Lauterwasser, 1954.

Historische Adelsbibliotheken sind unschätzbare Geschichtsquellen. Überliefern die erhaltenen Adelsarchive überwiegend Dokumente, die sich einerseits auf Herrschaftsverhältnisse und Grundbesitz und andererseits auf „Familiensachen" beziehen, aus denen die verwandtschaftliche Verflechtung der adligen Häuser hervorgeht, so werfen die Adelsbibliotheken in ganz besonderer Weise Licht auf die Kultur-, Bildungs- und Sozialgeschichte des Adels seit dem ausgehenden Mittelalter. Für den Sozialhistoriker Otto Brunner waren die ihm aus Bibliothekskatalogen des 15. bis 18. Jahrhunderts bekannten österreichischen Adelsbibliotheken Zeugnisse einer alteuropäischen Bildungs- und Geisteswelt und zugleich Quellen für eine „Geistesgeschichte des Rezeptiven", die er neben der viel beachteten „Geistesgeschichte des Produktiven" nicht vergessen wissen wollte[1]. In den aristokratischen Bücherbeständen fand er Material, um das Klischee vom geist- und buchlosen Junker, der vor allem am Jagen und Saufen interessiert war, zu korrigieren. Neuere Studien haben den großen Wert der Adelsbibliotheken als historische Quellen bestätigt[2]. Die aristokratischen Privatbibliotheken des 17. und 18. Jahrhunderts, betonte Walter Erhart in einem Aufsatz über die Stadionsche Bibliothek in Warthausen 1992, „bieten einen privilegierten Zugang zur Mentalitätsgeschichte der europäischen Aristokratie"[3].

EINZELSTÜCKE ALS QUELLEN

Neben den Buchensembles steht das in ihnen überlieferte Einzelstück, das durch seine Individualität zur Geschichtsquelle wird, indem das Buch auf einen spezifischen „Sitz im Leben" des Adels verweist. Die Fürstlich Fürstenbergische

Hofbibliothek Donaueschingen verwahrte vor den Verkäufen größerer Teile ein gedrucktes französisches Andachtsbuch aus dem Jahr 1535, auf das Josef Nolte bei seinen Studien zur Zusammensetzung der Bibliothek aufmerksam geworden war[4]. Ein eigenhändiger Besitzvermerk, verbunden mit der Devise „Men espoir en Dieu", weist das Buch der Johanna von Marck zu, späteren Gräfin Montfort und verwitweten Baronin von Gomegnies. Die Großmutter von Schweikhart von Helfenstein wird von der Chronik der Grafen von Zimmern als lebenslustige Dame geschildert. Ihre Tochter Maria Bowart de Gomegnies heiratete Georg von Helfenstein. Das Buch gehörte somit zu dem Bestand der Wiesensteiger Bibliothek der Grafen von Helfenstein, der durch Heirat mit der helfensteinischen Alleinerbin nach 1627 an die Fürstenberger gelangte. Dafür spricht auch der für die Wiesensteiger Bibliothek charakteristische Ledereinband. Im Jahr 1542 wurde das Gebetbuch der Johanna zu einer Art Stammbuch umfunktioniert, denn auf leeren Seiten am Schluss haben sich adlige Herren mit weltlichen Sprüchen verewigt. Ein Graf von Fürstenberg spielte mit dem Wortspiel MONT-FORTUNA auf die Montforter an. Johannes Erbmarschall zu Pappenheim trug den Spruch „lieb macht narren" ein. Ebenso hinterließ ein Angehöriger des oberschwäbischen Hochadels, „Wolf Erbtruchsess Graf zur waltpurg", seinen Namenszug, und Nolte konnte auch den Namen Woellwarth (ritterschaftliche Familie, ansässig im Raum Aalen) entziffern. Man wird wohl in der Tat mit Nolte an einen festlichen Anlass (etwa eine Familienfeier) zu denken haben, bei dem sich die genannten Hoch- und Niederadeligen getroffen haben. Dem an den Universitäten verbreiteten Stammbuch-Typ des „Album amicorum" entsprachen im aristokratischen Kontext Handschriften, in die man sich zu besonderen Gelegenheiten mit Namenszug, Sinnsprüchen und oft auch Wappendarstellungen oder anderen Zeichnungen eintrug, um die Geselligkeit der Nachwelt zu überliefern. Ein typisches Beispiel dieser bislang kaum vergleichend in den Blick genommenen Dokumente der aristokratischen Erinnerungskultur[5] sind Willkomm-Bücher, die einen Willkomm genannten großen Humpen begleiteten, der möglichst in einem Zug ausgetrunken werden musste. Aus sehr viel späterer Zeit stammt das 1660 angelegte Donaueschinger Donauquellen-Protokollbuch, in das sich die Gäste der Grafen von Fürstenberg mit launigen Sinnsprüchen oder Gedichten eintragen durften, nachdem sie ein Glas Rotwein geleert und mutig in die Donauquelle gesprungen waren[6].

Das fromme Buch der Johanna von der Marck wurde gleichsam profaniert, es wurde durch die handschriftlichen Zusätze einbezogen in die Pflege adliger Geselligkeit, die mehr und mehr auf Verewigung setzte, und zu einem Familien-Andenken, das man zu bewahren gedachte und das tatsächlich im lange sicheren Schoß der Donaueschinger Hofbibliothek die Zeiten überdauert hat. Nicht der anonyme Antwerpener Druck „Les comtenplation de l'idiote emouvantes a vray Piete" von 1535 macht es wertvoll, sondern die handschriftlichen Eintragungen, die ihn auf eine Stufe mit den Handschriften und Archivalien stellen, die einzigartig, also Unica, sind. Das Buch vermittelt Auskünfte besonderer Art: nicht nur über eine mutmaßliche Zusammenkunft schwäbischer Adelsfamilien im Jahr 1542, sondern auch über die Art und Weise, wie der Adel sich – zu einem vergleichsweise frühen Zeitpunkt – des Erinnerungsmediums „Stammbuch" bediente. Es ist – nicht anders als ein Aktenstück – eine Geschichtsquelle, auf die der Historiker nicht verzichten möchte, wenn er die häufig verzweifelt fragmentarischen Nachrichten zur Adelsgeschichte mit dem Anspruch auf Vollständigkeit zusammenzutragen sucht. Doch wo sich dieses Buch derzeit befindet, ob in einer öffentlich zugänglichen Bibliothek oder in einer Privatsammlung, ist nicht ohne weiteres zu ermitteln. Es ist der Forschung auf nicht absehbare Zeit entzogen.

Nichts anderes gilt für ein zweites Beispiel aus den ehemals so reichen Donaueschinger Beständen. An der Preisvorstellung von 20 000 Dollar scheiterte 2002 der von einer deutschen Bibliothek erwogene Ankauf eines außergewöhnlich intensiv mit handschriftlichen Zusätzen und Glossen versehenen Lipsius-Sammelbandes aus Donaueschingen, den der Antiquar hypothetisch mit der von Esteban Mauerer untersuchten Erziehung von Friedrich Christoph von Fürstenberg (1662 – 1684), von dem ein kurzes Bibliotheksverzeichnis archivalisch überliefert ist, in Verbindung brachte. Als Verfasser der Marginalien schlug er den Hofmeister Friedrich Kappeler vor[7]. Auf jeden Fall ist der zu pädagogischen Zwecken umfangreich durch handschriftliche Kommentare erweiterte Band als ein bedeutsames Erziehungs-Handbuch in gleichem Maße eine Geschichtsquelle wie ein Manuskript aus dem 17. Jahrhundert. Eine genaue Auswertung des Buchs könnte die bildungsgeschichtlichen Studien Mauerers zur Erziehung der Fürstenberger ergänzen und zugleich einen Beitrag zur Lipsius-Rezeption leisten. Die Forschung muss zum jetzigen Zeitpunkt darauf verzichten.

Beide Stücke sind Individuen, Unica, einzigartig. Ein Bibliothekar, der feststellt, dass die betreffenden Drucke bereits in der Bibliothek vorhanden sind, es sich also um Dubletten, Doppelstücke handeln würde, verkennt ihren Wert im Kern. Die bibliothekarische Unkultur des Dublettendenkens kann für gewachsene Bestände nur zerstörerisch wirken. Die Argumentation der Stuttgarter Landesregierung, als sie 1999 den Ankauf der Druckschriften der Donaueschinger Bibliothek mit dem Hinweis auf die entstehenden Dubletten ablehnte und das unendlich reiche Ensemble der Zerstückelung auf Auktionen preisgab, lässt sich mit sehr vielen anderen Donaueschinger Exempeln widerlegen. Zahlreiche bemerkenswerte Einzelstücke, wichtig für Landes- und Kulturgeschichte des deutschen Südwestens, des Bodenseeraums und Oberschwabens, sind inzwischen aus der aufgelösten Donaueschinger Bibliothek im Handel aufgetaucht[8].

EIN NETZWERK VOLLER BEZÜGE

Doch auch als Unica sind die besprochenen beiden Stücke nicht isoliert, sie stehen in einem Kontext. Das Andachtsbuch der Johanna wurde Teil der helfensteinischen Familienbibliothek und durch die stammbuchartigen Einträge zum familiären Erinnerungsstück umgewidmet. Der Lipsius-Sammelband müsste mit weiteren Büchern zur Erziehungs-Thematik in Donaueschingen verglichen werden. Die Bücher waren Bestandteil frühneuzeitlicher Adelsbibliotheken, Elemente eines Netzwerks voller Querbezüge, das als beziehungsvolle Gesamtheit weit mehr ist als die bloße Summe der Einzelstücke. Ihre historische Bedeutung als Ensembles entsteht durch Provenienz, durch Herkunft. Um die Provenienzgeschichte zu rekonstruieren, muss man sorgsam Spuren sichern: das Aussehen des Einbands, die Einträge früherer Besitzer, Marginalien und andere Hinweise auf einstige Lektüre. Wenn man Glück hat, kann man das Buch in einem historischen Bibliotheksverzeichnis oder anderen Schriftstücken identifizieren. Antiquariats- und Auktionskataloge können und wollen diese höchst anspruchsvolle Arbeit nicht leisten. Gezwungen rasch große Bestände zu bewältigen, können die Bearbeiter sie nur oberflächlich erfassen. Besitzvermerke werden eklatant falsch gelesen („professor" statt „possessor"), Provenienzen nicht erkannt.

Erhaltene Reste von Adelsbibliotheken zu erforschen ist schwieriger, aber auch reizvoller, als archivalisch überlieferte adlige Bibliothekskataloge auszuwerten. Bibliothekskatalogen fehlt, wenn sie sich nicht nur auf einen Sammler beziehen, die Tiefendimension. Was einzelne Familienangehörige oder Fremdprovenienzen beigetragen haben, lässt sich einem einzigen Bibliothekskatalog in der Regel nicht entnehmen. So können Zweifel entstehen, ob eine so bezeugte Büchersammlung im wesentlichen auf einen Sammler zurückgeht oder als Resultat einer kontinuierlichen Vermehrung anzusehen ist.

Immer wieder wird betont, wie dürftig die Quellenlage bei den Adelsbibliotheken sei. Von vergleichsweise großen frühneuzeitlichen Sammlungen kann heute nicht selten kein einziges Stück mehr nachgewiesen werden. Von der Bibliothek der Freiherren und späteren Grafen von Zimmern, berühmt durch die beiden antiquarischen

Wilhelm Werner Graf von Zimmern.
Federzeichnung in: Ders.: Genealogie der Grafen
von Kirchberg, vor 1546.
Württembergische Landesbibliothek Stuttgart.

NUTZUNGSSPUREN

Soll man angesichts der riesigen Verluste ganz auf Provenienzforschungen zu Adelsbibliotheken verzichten? Oder hat nicht auch hier die Devise zu lauten: Colligite fragmenta, ne pereant – sammelt die Fragmente, damit sie nicht untergehen? Jedes Detail ist wertvoll, da es sich nachträglich womöglich in ein aus vielen einzelnen Mosaiksteinen zusammengetragenes Gesamtbild einfügen lässt und damit einen neuen Stellenwert erhält.

Mehr und mehr Aufmerksamkeit schenkt man in den letzten Jahren den handschriftlichen Benutzungsspuren. Diese ‚Marginalistik' fragt danach, wie die Zeitgenossen ein bestimmtes Werk gelesen haben. Ein aufmerksamer Leser der im Bodenseeraum vermutlich im Umkreis der Grafen von Montfort zu Tettnang entstandenen „Schwäbischen Chronik" eines sich Thomas Lirer nennenden Autors war Graf Heinrich von Württemberg (1448 – 1519), bekannt durch seine Geisteskrankheit. Er versah sein Exemplar des Ulmer Drucks von 1486 mit bemerkenswerten Randbemerkungen. Diese Inkunabel gehört zu einigen ganz wenigen Bänden aus dem Besitz des Grafen, die überliefert sind, also zu einem sehr kleinen zusammengehörenden Ensemble. Sie spiegeln durch ihre individuellen Besonderheiten, also die Einträge Heinrichs, dessen geistigen Interessen[10]. Aber am Anfang des 20. Jahrhunderts hat die Württembergische Landesbibliothek Stuttgart diese kostbare Quelle für die Geschichte der Bibliotheken des Hauses Württemberg, den glossierten Lirer-Druck als (angebliche) Dublette verkauft. Heute ist er Eigentum der Yale University (New Haven).

Sammler Graf Wilhelm Werner von Zimmern und den Verfasser der „Zimmerischen Chronik", Froben Christoph von Zimmern, sind nennenswerte Reste in der Wiener Nationalbibliothek erhalten geblieben. Handschriften, die über die Grafen von Helfenstein an die Fürstenberger gelangten, kamen nach Donaueschingen und 1993 durch Kauf an das Land Baden-Württemberg, das die Donaueschinger Codices auf die Landesbibliotheken in Karlsruhe und Stuttgart aufteilte[9]. Rätselhaft ist freilich, dass bislang bei den Verkäufen aus der großen Donaueschinger Druckschriftensammlung seit 1999 kein einziger Band auftauchte, den man der Zimmernschen Bibliothek zuweisen kann.

Nochmals: Historische Adelsbibliotheken sind unschätzbare Geschichtsquellen. Erhaltene Sammlungen, aber auch versprengte Reste verdienen, das sollten die angeführten Beispiele zeigen, alle Aufmerksamkeit der Forschung. Sie müssen sorgsam dokumentiert und wissenschaftlich aufgearbeitet werden, wobei heute noch gar nicht absehbar ist, welche provenienzgeschichtlichen Bezüge sich in Zukunft womöglich durch naturwissenschaftliche Analysemethoden werden herstellen lassen. Sie sind ein Quellenbestand, der Geduld und langen Atem voraussetzt, ein Legat an die Nachwelt, das ihr tunlichst ungeschmälert überliefert werden sollte. Auktionen und Einzelverkäufe zerstören und beschädigen unersetzliche Geschichtsquellen nicht anders, als wenn ein jahrhundertealtes Schloss abgerissen wird.

TERRA INCOGNITA

Oberschwäbische Adelsbibliotheken führen eine verschwiegene Existenz. Da es eine ganze Reihe von Adelsarchiven im Eigentum adliger Familien gibt, wird man jeweils auch mit einer mehr oder minder umfangreichen Adelsbibliothek rechnen dürfen. Es sind Privatbibliotheken, deren Eigentümer keine Publizität wünschen. Wenn eine Sammlung aufgelöst und in den Handel gegeben wird, erfährt man vielleicht etwas von ihr, vielleicht aber auch nicht, denn nicht alle Buchbestände in adligem Besitz sind durch Exlibris oder Besitzstempel kenntlich. Die Antiquare sind diskret. Sie haben die denkbar besten Kenntnisse über existierende Adelsbibliotheken, aber dieses Arkanwissen stirbt mit ihnen. Nur wirklich besessene Rechercheure könnten in jahrzehntelanger akribischer Kleinarbeit aufgelöste Adelsbibliotheken anhand öffentlich zugänglicher Quellen rekonstruieren, und selbst dann blieben wohl große Lücken.

Die Dunkelziffer der Verluste ist hoch[11]. Aus Südwestdeutschland hätte man aus den letzten Jahren bei kleinen Adelsbibliotheken die 1999 undokumentiert in den Handel gegebene Liebensteinsche Bibliothek in Jebenhausen bei Göppingen zu nennen, in der sich ein Teil der Bibliothek des bedeutenden badischen Politikers Ludwig von Liebenstein befand. Zu der 1999 bei Christie's versteigerten Schlossausstattung von Niederstotzingen zählten auch Bücher. Ein Angehöriger der Adelsfamilie Adelmann von Adelsmannsfelden zu Hohenstadt verkauft den Altbestand der Familienbibliothek stückweise über das Internet-Auktionshaus Ebay. Ob die derzeit im Handel greifbaren alten Drucke aus der Oettingen-Wallersteinschen Bibliothek zu Seyfriedsberg (im benachbarten Bayerischen Schwaben) auf die Veräußerungen der 1930er Jahre zurückgehen oder vor kurzem erst verkauft wurden, lässt sich nicht ohne weiteres sagen. Tatsache ist aber, dass aus der vom Haus Oettingen-Wallerstein zurückbehaltenen Familienbibliothek, deren Bestände auf der Harburg blieben und nicht an das Land Bayern verkauft wurden, 2005 ein 1518 vom Monogrammisten I+E wunderbar illustriertes Gebetbuch für Magdalena Gräfin von Montfort zu Tettnang bei dem führenden deutschen Handschriftenhändler Jörn Günther auftauchte.

Kaum etwas bekannt ist über die früher bedeutende Bibliothek der Grafen von Königsegg (ehemals in Aulendorf). Man weiß, dass die ehemals Aulendorfer illuminierte Handschrift der Konstanzer Konzilschronik Richenthals zu den bedeutendsten Codices zählt, die sich im Eigentum der New York

Besitzvermerke der Gräflich Königseggschen Kanzlei und der Bibliothek des Landkapitels Ravensburg rechts neben dem Wappen des Schwäbischen Kreises.

Exlibris der aufgelösten Bibliothek der Freiherren Roth von Schreckenstein, jetzt in der Universitätsbibliothek Konstanz.

Public Library befinden, und dass zwei Handschriften von Wilhelm Werner von Zimmern nach Aulendorf gelangten[12]. Noch im Familienbesitz in Königseggwald befindet sich eine spätmittelalterliche illuminierte Handschrift des Fechtmeisters Hans Talhofer, die für Junker Leutold von Königsegg bestimmt war (Signatur XIX. 17.3)[13]. Außerdem entdeckt man in einem alten Buch über Adelsbibliotheken einen kurzen Abschnitt: „Die Gräflich Königsegg'sche Domanial-Kanzlei meldete, dass die zu ihrem Ressort gehörige Büchersammlung von Johann Marquard Freiherr von Königsegg-Aulendorf (†1553) gegründet sei, an 6 000 Bände aus allen Zweigen der Wissenschaft, namentlich aber der Literatur und Sprachwissenschaft, sowie Geschichte zähle, nicht allgemein benutzt, jedoch auf Nachsuchen jedem Gebildeten geöffnet werde. – Ein paar hundert Mark werden jährlich für Anschaffung verwendet, auch befinden sich hier 29 Wiegendrucke und eine Reihe von Handschriften, die, wie der übrige Bücherbestand in einem grossen Saale untergebracht sind"[14]. In den Findbüchern des Kreisarchivs Ravensburg zum Archiv der Grafen von Königsegg-Aulendorf sind drei Katalogbände aus der Zeit 1811/1820 (deutsche, lateinische und französische Bücher), angelegt vom Domänenoberinspektor Meinrad Mesner, sowie ein Katalog von 1883 vor allem mit juristischen und Verwaltungsbüchern vertreten[15].

Selbst über die Geschichte der hochrangigen Sammlungen der Fürsten Waldburg in ihren Schlössern Wolfegg und Zeil ist bislang nicht viel an die Öffentlichkeit gedrungen. Auf Wunsch der Eigentümer wurden sie nicht in das „Handbuch der historischen Buchbestände" aufgenommen (ebensowenig wie die Hofbibliothek Donaueschingen). Nur zur Bibliothek des Truchsessen Max Willibald (1604 – 1667) hat man im Zusammenhang mit der wissenschaftlichen Aufarbeitung seiner nahezu singulären Kunstsammlung in den letzten Jahren einige Details erfahren. In seinem Testament von 1667 ist vermerkt, dass ihn seine kostbare Bibliothek, mit der die Kupferstich- und Zeichnungssammlung verbunden war, mehr als 30 000 Gulden gekostet hat. Er erklärte sie zum unveräußerlichen Fideikommiss-Bestand, 1672 wurde ein „Catalogus" der vielseitigen Büchersammlung erstellt[16]. Die heute in Wolfegg vorhandenen Sammlungen gehen im wesentlichen auf diesen leidenschaftlichen Kunstsammler und Bibliophilen zurück.

Überhaupt wurden und werden Adelsbibliotheken von einzelnen Sammlerpersönlichkeiten geprägt. So wichtig es aus der Sicht der Sozialgeschichte ist, zeittypische Trends bei der Bestandsentwicklung von Adelsbibliotheken herauszuarbeiten, so darf man doch nie die individuellen Vorlieben der einzelnen Buchbesitzer außer Acht lassen. Die inzwischen aufgelöste einzigartige Bibliothek des Freiherrn Joseph von Laßberg (1770 – 1855)[17] zu Eppishausen und Meersburg war eine wissenschaftliche Sammlung, die ganz auf die Persönlichkeit ihres Eigentümers zugeschnitten war. Sie war im übrigen mehr als eine germanistische Fachbibliothek, auch wenn die altdeutschen Handschriften und Bücher im Mittelpunkt standen – Laßbergs Interessen gingen weit darüber hinaus. Die universal ausgerichtete Bibliothek war zugleich ein Spiegel seines Lebenswegs. So erinnerten Bücher zum Forstwesen an seine Tätigkeit als fürstenbergischer Oberforstmeister.

Die in Schloss Warthausen heute noch befindliche Bibliothek geht mit ihren naturwissenschaftlichen Schwerpunkten auf die Sammeltätigkeit von Richard Freiherr von Koenig-Warthausen (1830 – 1911) zurück, der ein früher Naturschützer war und lange Jahre den oberschwäbischen Zweig der Gesellschaft für Naturkunde leitete. Die Erforschung adliger Bibliotheken leistet daher immer auch einen wichtigen Beitrag zur Biographie derer, die sie zusammengetragen haben.

Die wissenschaftliche Erforschung der oberschwäbischen Adelsbibliotheken steht erst ganz am Anfang. Die am gründlichsten untersuchte oberschwäbische Adelsbibliothek, die der Grafen von Stadion in Warthausen (im 18. Jahrhundert von Christoph Martin Wieland während seiner Biberacher Zeit benutzt), befindet sich seit dem frühen 19. Jahrhundert in Böhmen. Der Germanist Walter Erhart konnte sie als Teil der Bibliothek des Prager Nationalmuseums auf dem Schloss Kozel sichten.

DIE FOLGEN VON SÄKULARISATION UND MEDIATISIERUNG

Die Säkularisation 1802/03 hat in ungeheurem Ausmaß zuvor sorgsam verwahrte Kulturgüter zerstört. Die stolzen oberschwäbischen Klosterbibliotheken wurden aufgelöst und nur zum Teil von den neuen Herren übernommen. Riesige Buchbestände wurden vernichtet. So kam das Kloster Ochsenhausen an den Reichsgrafen von Metternich (1803 in den Fürstenstand erhoben).

Aus der Klosterbibliothek wurde eine Adelsbibliothek. Als die Herrschaft 1825 von den Metternich verkauft wurde, trat nur der wertvollste Teil der Klosterbibliothek die Reise auf das böhmische Schloss Königswart an, wo sich die Bücher, betreut vom Prager Nationalmuseum, bis heute erhalten haben. Ein Teil wurde auf Auktionen verkauft, vieles makuliert (also als Rohstoff verwertet)[18].

Die Klosterbibliothek Isny gelangte an die Fürsten von Quadt zu Wykradt und Isny, in deren Archiv nicht nur Bibliothekskataloge aus der Klosterzeit, sondern auch Kataloge der Schlossbibliothek im 19. Jahrhundert vorhanden sind, in denen die alten Klosterbestände und die Erwerbungen des fürstlichen Hauses vermischt sind[19].

Die unglaublich mühsame Rekonstruktion der Schicksale der Bibliothek der Prämonstratenserabtei Weißenau hat Helmut Binder versucht[20]. Etwa 3 000 Bücher nahm der letzte Abt Bonaventura Brem in das Schlösschen Liebenau mit. Der Bestand gelangte an Friedrich Schlegel, einen ehemaligen Weißenauer Konventualen, der ihn testamentarisch dem Fürsten Franz von Waldburg-Zeil vermachte. Dessen Sohn Georg war Jesuit, und die Jesuiten planten in Liebenau eine Niederlassung. Als dieses Vorhaben scheiterte, wurden die Bücher überwiegend an die Jesuitenniederlassung „Stella Matutina" in Feldkirch abgegeben. Doch 1843/45 waren die wertvollsten Bücher, Handschriften und Inkunabeln in die Familienbibliothek auf Schloss Zeil verbracht worden. Daher liegen drei historische Arbeiten des Weißenauer Abts Jakob Murer (Abt von 1522 bis 1533) – am bekanntesten ist seine illustrierte „Bauernkriegschronik" – heute als Handschriften im Zeiler Gesamtarchiv. Ein herausragendes Stück, das „Grosse Passionale" (um 1200), kam um 1860 aus Zeil eventuell als Geschenk an den Fürsten von Hohenzollern-Sigmaringen, in dessen Hofbibliothek es bis 1948 blieb. Gemeinsam mit anderen illuminierten Handschriften wurde der Codex ohne großes Aufsehen in den Handel gegeben. Martin Bodmer erwarb ihn für seine berühmte Privatsammlung „Bodmeriana" in Genf.

Exlibris Froben Ferdinand Graf zu Fürstenberg, 1708.

Die Säkularisation der Klöster hatte erhebliche Auswirkungen auf den Buchmarkt und das Bibliothekswesen. Große Buchbestände gerieten in den Handel und zugleich entstanden an den Universitäts- und Landesbibliotheken durch den Zustrom der Bücher aus den Klosterbibliotheken umfangreiche Dublettenbestände, die ebenfalls in den Handel gegeben wurden. Bibliophile wie der Frankfurter Arzt Georg Kloss konnten sich an einem reichen Bestand bedienen. Erlesene Stücke aus der Bibliothek von Kloss finden sich in der Sammlung des württembergischen Ministers Eugen von Maucler (1783 – 1859) auf Schloss Oberherrlingen bei Ulm wieder, die offenbar im frühen 20. Jahrhundert aufgelöst wurde. Der Inkunabelspezialist Paul Needham (Princeton) hat mir freundlicherweise aus seiner privaten Zusammenstellung der Inkunabelbesitzer über 40 Inkunabeln der meist durch ein Exlibris E.M. mit der Jahreszahl 1839 kenntlichen Oberherrlinger Bibliothek nachgewiesen. Einer der Frühdrucke stammt aus einer oberschwäbischen geistlichen Bibliothek: aus Waldsee (Huntington-Library San Marino: Mead 1609).

Adlige Sammler des 19. Jahrhunderts konnten also Bücher unterschiedlichster Provenienz erwerben: solche aus adligem oder bürgerlichem Besitz, die an Klosterbibliotheken gekommen waren, von den Klöstern direkt erworbene Bände und auch Dubletten aus Universitätsbibliotheken. Daher hält der 1995, also vor dem Verkauf größerer Teile der Hofbibliothek Donaueschingen in den Jahren nach 1999, von dem Prager Bibliothekar Petr Masek veröffentlichte kurze Aufsatz durchaus nicht, was der Titel „Die Provenienzzusammensetzung der Fürstlich Fürstenbergischen Hofbibliothek in Donaueschingen" verspricht[21]. Es dürfte einleuchten, dass man in methodisch haltbarer Weise einen viele tausend Bände großen frühneuzeitlichen Altbestand nicht durch die Aufzählung einzelner nach ungenannten Kriterien ausgewählter Vorbesitzer charakterisieren kann. Die gedruckten Kataloge der Antiquare (Reiss, Kiefer u.a.), die den Donaueschinger Druckschriftenbestand 1999 und später feilboten, haben gezeigt, dass der Artikel von Masek in die Irre führt. Nach wie vor bieten die Studien von Josef Nolte den besten Einblick in die Donaueschinger Provenienzen[22]. Abgesehen von den Büchern, die von den Angehörigen des Hauses Fürstenberg selbst eingebracht wurden, ist als adlige Provenienz anscheinend nur der Bestand aus dem Besitz der Grafen von Helfenstein von nennenswertem Umfang gewesen. Eine weitaus größere Rolle spielten freilich die Bücher frühneuzeitlicher bürgerlicher Sammler, vor allem fürstenbergischer Bediensteter (Verwaltungsbeamte, Juristen, Ärzte), die durch Kauf oder Schenkung in die Bibliothek kamen.

Nach wie vor ist unklar, wann genau die vergleichsweise vielen Bücher aus der Klosterbibliothek der Villinger Franziskaner nach Donaueschingen gelangten und aus welchen Motiven sie gekauft wurden. Sie sind meist durch die Stempelung LCV auf dem Einband erkennbar. Die Bibliothek des 1791 aufgehobenen Klosters wurde 1794 veräußert. Von den rund 420 Donaueschinger Inkunabeln stammten allein 90 aus Villingen. Einen kleinen Teil des Donaueschinger Inkunabelbestands erwarb das Land Baden-Württemberg, der große Rest wurde 1994 bei Sotheby's versteigert[23]. Es gibt Hinweise, dass die Villinger

Stücke zwischen 1803 und 1814 von dem Donaueschinger Archivar und Bibliothekar Johann Baptist Müller bearbeitet wurden[24], vom gleichen Mann also, der sich mit dem vorgesetzten fürstlichen Regierungs- und Kammerkollegium wegen der Anschaffung insbesondere belletristischer Bücher stritt. Während Müller Anschluss an die gebildete Welt suchte, sahen die Herren vom Kollegium in der Donaueschinger Büchersammlung vor allem eine Verwaltungs- und juristische Bibliothek[25]. Dazu passten die Villinger Bestände mit ihren vergessenen mittelalterlichen lateinischen Autoren jedoch denkbar schlecht. Möglicherweise wollte der für den Ankauf Verantwortliche mit ihnen eine bibliophile Sammlung „alter" Bücher etablieren, die bedrohte klösterliche Bücherschätze in den sicheren Hort einer fürstlichen Bibliothek überführte. Nur wenig in dieser Hinsicht Brauchbares hatte die Säkularisation der Klöster des fürstenbergischen Gebiets geboten.

Der Schock der Mediatisierung – 1806 kam Fürstenberg an Baden – saß tief. Die Etablierung der fürstenbergischen „Institute für Kunst und Wissenschaft" mit Archiv, Bibliothek und den im 1868 fertiggestellten „Karlsbau" untergebrachten fürstlichen Naturalien- und Kunstsammlungen war Teil der „Modernisierung einer Standesherrschaft", die bewusst auf kulturelle Aktivitäten setzte[26]. Die verlorengegangene politische Bedeutung wurde durch kulturelles Mäzenatentum, die Förderung von Kunst und Wissenschaft, kompensiert. Das bedeutendste Ereignis für die Donaueschinger Hofbibliothek bildete 1855 zweifelsohne der Übergang der Handschriften und Drucke Josephs von Laßberg in das Eigentum des Fürstenhauses (die Gemälde Laßbergs kamen an die Sammlungen). In einem Brief an den Karlsruher Archivar Mone aus dem Jahr 1853 betonte Fürst Karl Egon II. von Fürstenberg, dass er großen Wert darauf lege, dass Laßbergs Sammlungen „nicht zersplittert werden und ungetrennt unserem Schwabenland erhalten bleiben"[27].

Als Kunstsammler berühmt war Fürst Karl Anton von Hohenzollern-Sigmaringen, der 1849 seine Souveränitätsrechte zugunsten Preußens aufgab.

Obwohl er schon in den 1840er Jahren Gemälde gesammelt hat, liegen die entscheidenden Impulse für die Errichtung des 1867 eröffneten Museums in den Jahren nach 1850. Die Sigmaringer Hofbibliothek war gleichsam die wissenschaftliche Museumsbibliothek. Zugleich wurde sie mit Altbeständen in Form von illuminierten Handschriften, Inkunabeln und frühneuzeitlichen Drucken ausgestattet. Die Urkunde über die Errichtung des Bibliotheksgebäudes vom 23. Juli 1862 blickt kurz auf die Geschichte der Sigmaringer Schlossbibliothek zurück, um dann auf die Sammlung des Fürsten Karl Anton überzugehen. In diesem sei der Gedanke gereift, „diesen seltenen Schätzen, welche fortan Familien-Besitz und Gemeingut für wissenschaftliche Benützung werden sollen, eine neue würdige Stätte zu gründen"[28]. Die Bibliothek war also – wenngleich Privateigentum – für die wissenschaftliche Öffentlichkeit gedacht. Die Tübinger Universitätsbibliothek verkaufte 3 500 Bände Dubletten nach Sigmaringen, darunter viele Inkunabeln aus schwäbischen Klöstern. Aus Donaueschingen bekam man ebenfalls Dubletten[29].

Die kulturelle Sammeltätigkeit der Standesherren und anderer Adeliger im 19. Jahrhundert, zu der natürlich auch der Ausbau der Bibliotheken und insbesondere der Erwerb alter Bücher gehörte, kann man nur verstehen, wenn man sie einerseits im Kontext der Selbstbehauptung des Adels als Stand sieht und andererseits das standesübergreifende Fasziniertsein von „vaterländischen Altertümern" in Rechnung stellt. Beide Momente waren vielfältig verschränkt. Für Hans von Aufseß, den Gründer des Germanischen Nationalmuseums in Nürnberg, sollte das Sammeln vaterländischer Altertümer, so Dietrich Hakelberg, sowohl „einen allgemeinnützigen Beitrag zur bürgerlichen Nationalpädagogik leisten" als auch „der angefochtenen Identität seines Standes zugute kommen"[30].

Ohne die Umwälzungen der napoleonischen Zeit, ohne Säkularisation und Mediatisierung kann man auch die Sammeltätigkeit Josephs von Laßberg nicht begreifen, der sich dem Rettungsgedanken verpflichtet fühlte und Kulturgüter

Bibliothek in Schloss Zeil.
Zeichnung von Fritz Busse, ca. 1950.

bewahren wollte, indem er mittelalterliche deutsche Handschriften, kostbare Drucke aus der frühen Neuzeit und altdeutsche Gemälde kaufte. „Lassen Sie uns", schrieb der Kulturgut-Sammler seinem westfälischen Freund von Brenken im Jahr 1820, „jeder an seinem Orte, sammeln und bewaren, was wir aus der Flut der Zeiten zu retten vermögen"[31].

SCHUTZ UND VERLUST

„Ein Hausgesetz der fürstlichen Familie bestimmt", schrieb Otto Feger nach 1945 in einem hymnisch gestimmten Text, der oberschwäbische Geistigkeit im Spiegel der Bibliotheken feierte, über die Bibliothek auf Schloss Zeil, „daß noch heute die Bücherbestände aller Familienangehörigen bei ihrem Tode an die Familienbibliothek fallen. So sind durch Jahrhunderte wichtige und wertvolle Sammlungen zusammengekommen, rund 50 000 Bände, jeder Bestand noch heute in sich geschlossen und ein getreues Porträt der geistigen Welt seines einstigen Besitzers"[32].

Dass der Reichserbtruchsess Maximilian Willibald von Waldburg den Nachkommen aufgab, seine Sammlungen ungeschmälert zu erhalten, indem er sie dem Fideikommiss unterstellte, wurde bereits erwähnt. Auch Fürst Karl Anton verleibte seine Sammlungen dem Hausfideikommiss ein[33]. Die Donaueschinger Sammlungen waren als Mobiliarvermögen des sogenannten schwäbischen Hausguts ebenfalls durch Hausgesetz geschützt[34]. Fideikommisse, Normen über die Unveräußerlichkeit bestimmter Vermögensbestandteile, etwa der Stammburg, sollten in der frühen Neuzeit und im 19. Jahrhundert den Glanz und das Ansehen eines adligen Hauses bewahren helfen. Die dem Fideikommiss unterstehenden Güter und Gegenstände standen meist dem männlichen Erstgeborenen allein zu. Die Zersplitterung des Hausvermögens sollte auf diese Weise verhindert werden. Weder die rechtshistorische Forschung, die sich diesem Rechtsinstitut wiederholt gewidmet hat[35] noch die Sozialhistoriker des Adels, die darauf aufmerksam geworden sind, haben zur Kenntnis genommen, in welchem Umfang Fideikommisse bewusst eingesetzt wurden, um Sammlungen, um Kulturgüter vor der Zerstreuung zu bewahren. Es handelte sich gleichsam um adlige „Denkmalschutzgesetze" lange vor den entsprechenden staatlichen Gesetzen.

Mit dem Ende der adligen Privilegien 1918 und der Weimarer Reichsverfassung von 1919 begann auch der langwierige Auflösungsprozess der Fideikommisse[36]. Auflösungsbeschlüsse der Fideikommiss-Senate, die gesetzlich gehalten waren, auf Erhalt und Zugänglichkeit der Sammlungen zu achten, haben jedoch bis heute Rechtswirkungen. So übt die Württembergische Landesbibliothek Stuttgart über die Waldburg-Wolfegger Bibliothek aufgrund eines solchen Auflösungsbeschlusses eine Aufsicht aus. Dagegen hat das Land Baden bei dem Stammgüteraufhebungsgesetz von 1923 nur ein Vorkaufsrecht des Landes vorgesehen, wenn es um Teile der gebundenen Hausvermögen ging, die insbesondere von wissenschaftlichem oder geschichtlichem Wert sind.

Der staatliche Denkmalschutz hat sich beim Umgang mit historischen Adelsbibliotheken – wie überhaupt im Bereich der beweglichen Kulturdenkmale, sieht man von den archäologischen Funden ab – als macht- und kraftlos erwiesen. Selbst eine „Sachgesamtheit" von europäischem Rang wie die Laßbergsche Bibliothek, ohne jeden Zweifel ein Kulturdenkmal von besonderem Wert, konnte 1999 als bedeutendster Teil der Donaueschinger Druckschriften nicht wirksam geschützt werden und wird nie mehr vollständig rekonstruiert werden können. Was von der öffentlichen Hand getragene Bibliotheken – allen voran die Thurgauische Kantonsbibliothek in Frauenfeld, die Laßbergs Interessen bei den Ankäufen breiter in den Blick nahm als die sich zu sehr auf die Germanistik konzentrierende Badische Landesbibliothek in Karlsruhe – an Laßbergiana erwerben konnten, ist aus wissenschaftlicher Sicht unzureichend.

Wie historische Schlossausstattungen und Kunstsammlungen in aristokratischer Hand[37] sind Adelsbibliotheken in ständiger Gefahr. Weder der Denkmalschutz noch die – mildere, aber höchst unbeliebte – Eintragung in das „Gesamtverzeichnis national wertvollen Kulturgutes" können sie derzeit effektiv schützen. Hält mit einem Generationenwechsel ein neues ‚ökonomisches Denken' Einzug in die Familie ihrer Eigentümer, kann das Ende einer noch so traditionsreichen Sammlung gekommen sein.

Während die Adelsarchive vom Landesarchiv Baden-Württemberg betreut werden, ist eine von den wissenschaftlichen Bibliotheken getragene „Adelsbibliothekspflege", die sich um Bestandserhaltung und Benutzung sorgt, nicht in Sicht. So ist es denn die Aufgabe der Wissenschaft, vor allem der Historiker, immer wieder das Gespräch mit den Eigentümern zu suchen, immer wieder dafür zu werben, dass Adelsbibliotheken, Adelsarchive und andere kulturelle Hinterlassenschaften der Aristokratie als unersetzliche Geschichtsquellen gesehen werden, als Traditionsbestände, die es zu bewahren und zu erforschen gilt.

Anmerkungen:

1 *Otto Brunner*: Neue Weg der Verfassungs- und Sozialgeschichte. Göttingen ?1968, 281-293, hier 291.
2 Vgl. zusammenfassend *Christine Reinle*: Auf Spurensuche. Recherchen zu Bibliotheken der Ritterschaft im Süden und Südwesten des Alten Reiches. In: Kurt Andermann (Hg.): Rittersitze. Tübingen 2002, 71-109 mit zahlreichen Literaturhinweisen.
3 *Walter Erhart*: Von Warthausen nach Kozel. Die Bibliothek des Friedrich Grafen von Stadion (1691 – 1768). In: Euphorion 86 (1992), 131-147, hier 134.
4 *Josef Nolte*: Der Landsberger Pfleger und bayrische Rat Schweickhart von Helfenstein (1539 – 1599) im Lichte seiner Bücher. In: *Rudolf W. Keck* u. a. (Hg.): Literaten, Kleriker, Gelehrte. Köln 1995, 221-244, hier 240.
5 Vgl. *Klaus Graf*: Fürstliche Erinnerungskultur. In: *Chantal Grell* u. a. (Hg.): Les princes et l'histoire du XIVe au XVIIe siècle. Bonn 1998, 1-11 hier 7.
6 *Volkhard Huth*: Donaueschingen. Sigmaringen 1989, 232f.
7 *Klaus Graf*: Rezension von *Esteban Mauerer*: Südwestdeutscher Reichsadel im 17. und 18. Jahrhundert. Geld, Reputation, Karriere: das Haus Fürstenberg, Göttingen 2001. In: sehepunkte 4 (2004), Nr. 6 [15.06.2004], URL: <http://www.sehepunkte.historicum.net/2004/06/4508.html>.
8 Den Handschriftenbestand und die komplette Musikaliensammlung erwarb das Land Baden-Württemberg. Die Bestände der Sachgebiete badische, württembergische und fürstenbergische Landesgeschichte im Umfang von 30 – 40 000 Bänden verblieben in der Hofbibliothek und sind dort weiter-

hin zugänglich und benutzbar.

9 *Felix Heinzer*: Zur Geschichte der Fürstlich Fürstenbergischen Handschriftensammlung. In: *Ders.* (Hg.): Unberechenbare Zinsen. Stuttgart 1993, 5-13; *Wolfgang Achnitz*: Die poeten und alten historien hat er gewist. Die Bibliothek des Johann Werner von Zimmern als Paradigma der Literaturgeschichtsschreibung. In: *Nine Miedema* u.a. (Hg.): Literatur – Geschichte – Literaturgeschichte. Frankfurt 2003, 315-333.

10 *Klaus Graf*: Graf Heinrich von Württemberg († 1519). In: *Sönke Lorenz* u. a. (Hg.): Württemberg und Mömpelgard. Leinfelden-Echterdingen 1999, 107-120, hier 117f.

11 Vgl. dazu auch *Klaus Graf*: Adel als Leitbild. Zur Geschichte eines Grundwerts in Spätmittelalter und früher Neuzeit. In: *Horst Carl* u. a. (Hg.): Gelungene Anpassung? Ostfildern 2005, 67-81, hier 74 mit weiteren Hinweisen; *Ders.*: Vernichtung unersetzlicher Quellen. In: Mitteilungen des Deutschen Germanistenverbands (1995) 2, 44-48.

12 *Wolfgang Irtenkauf*: Wilhelm Werner von Zimmern und seine literarische Hinterlassenschaft. In: Hegau 45 (1988), 291-294; *Felix Heinzer*: Handschrift und Druck im Œuvre der Grafen Wilhelm Werner und Froben Christoph von Zimmern. In: *Gerd Dikke* u. a. (Hg.): Die Gleichzeitigkeit von Handschrift und Buchdruck. Wolfenbüttel 2003, 141-166, hier 143f.

13 Die deutsche Literatur des Mittelalters. Verfasserlexikon Bd. 9, 1995, 593.

14 *Wilhelm Gröpler*: Büchereien mittelbarer Fürsten und Grafen Deutschlands und Oesterreichs [...]. Dessau-Leipzig ?1891, 21.

15 Nr. 344-346, 503 nach freundlicher Mitteilung des Kreisarchivs Ravensburg.

16 Vgl. die Kataloge: Von Schongauer zu Rembrandt. Ostfildern 1996, 21 (Peter Eitel); Europäische Meisterzeichnungen aus der Sammlung der Fürsten zu Waldburg-Wolfegg. Ravensburg 2003, 22 (Bernd M. Mayer).

17 Vgl. nur *Dietrich Hakelberg*: „In den Kasten, in dem die altteutschen Gedichte". Nationalliteratur 1550 bis 1750 in der Bibliothek Josephs von Laßberg. In: Wolfenbütteler Barock-Nachrichten 29 (2002), 141-170; *Klaus Graf*: Rezension von: *Klaus Gantert*: Die Bibliothek des Freiherrn Joseph von Lassberg. Ein gescheiterter Erwerbungsversuch der Königlichen Bibliothek zu Berlin in der Mitte des 19. Jahrhunderts. Heidelberg 2001. In: sehepunkte 3 (2003), Nr. 6 [15.06.2003], URL: <http://www.sehepunkte.historicum.net/2003/06/3144.html>.

18 Vgl. den Ausstellungskatalog: Libri Sapientiae. Ochsenhausen 1993, 53, 70.

19 Mitteilung des Kreisarchivs Ravensburg: Klosterarchiv Isny (Bestand C, Bände), Nr. B 421f. und Bü 21; Bestand Standesherrschaft, Rentamt / Domanialkanzlei, Nr. 1896, 1900.

20 *Helmut Binder*: Schicksale der Weißenauer Bibliothek nach der Klosterauflösung. In: *Ders.* (Hg.): 850 Jahre Prämonstratenserabtei Weißenau 1145 bis 1195. Sigmaringen 1995, 489-505. Binder bemerkt auf Seite 504 in Anm. 28: „Einsicht in Akten und Korrespondenzen ist in Schloß Zeil nicht möglich, weshalb manche Vorgänge nicht geklärt werden können".

21 *Petr Masek*. In: Schriften des Vereins für Geschichte und Naturgeschichte der Baar 38 (1995), 67-72.

22 *Josef Nolte*: Herkunft und Rolle der älteren Juridica in der Donaueschinger Hofbibliothek. In: *Josef Engels* (Hg.): Mittel und Wege früher Verfassungspolitik. Stuttgart 1979, 456-472.

23 *Klaus Graf*: Der Tradition nicht verpflichtet. Ein Nachruf auf die Inkunabelsammlung der Fürstlich Fürstenbergischen Hofbibliothek zu Donaueschingen. In: Badische Heimat 75 (1995), 319-331.

24 *Klaus Gantert*: Die ehemaligen Donaueschinger Inkunabeln in der Staatsbibliothek zu Berlin. In: Zeitschrift für die Geschichte des Oberrheins 151 (2003), 119-139, hier 138.

25 *Eduard Heyck*: Eine fürstliche Hausbibliothek im Dienste der Öffentlichkeit. In: Zeitschrift für Bücherfreunde 1 (1897), 65-80, hier 73f.

26 *Erwein H. Eltz*: Die Modernisierung einer Standesherrschaft. Sigmaringen 1980, 134-192. Vgl. den Beitrag Wilts in Band 1.

27 Ebd., 170.

28 *Walter Kaufhold*: Fürstenhaus und Kunstbesitz. Sigmaringen 1969 (Sonderdruck aus Zeitschrift für Hohenzollerische Geschichte 1967 und 1968), 127.

29 Ebd., 41.

30 *Dietrich Hakelberg*: Adeliges Herkommen und bürgerliche Nationalgeschichte. Hans von Aufseß und die Vorgeschichte des Germanischen Nationalmuseums in Nürnberg. In: *Heinrich Beck* u. a. (Hg.): Zur Geschichte der Gleichung „germanisch-deutsch". Berlin 2004, 523-576, hier 556.

31 Zitiert bei *Graf* 1995 (wie Anm. 23), 321.

32 *Otto Feger*: Geist und Glanz oberschwäbischer Bibliotheken. Biberach o. J., 22.

33 *Kaufhold* 1969 (wie Anm. 28), 30, 48, 132.

34 *Graf* 1995 (wie Anm. 23), 330, Anm. 4.

35 Es genügt der Hinweis auf *Jörn Eckert*: Der Kampf um die Fideikommisse in Deutschland. Frankfurt 1992.

36 Vgl. *Dieter Strauch*: Das Archivalieneigentum. Köln 1998, 93-104.

37 *Klaus Graf*: Schatzhäuser des Adels in Gefahr. In: Kunstchronik 58 (2005), 181-184.

Musik an Adelshöfen Die Mediatisierung und ihre
Auswirkungen auf die oberschwäbische Musikgeschichte

Berthold Büchele

Jonas Arnold: Gesellschaft mit Musizierenden.
Zeichnung nach 1650. Fürstliche Kunstsammlungen der Fürsten zu Waldburg-Wolfegg,
Schloss Wolfegg, Kupferstichkabinett.

Im Jahre 2003 wurde mit Ausstellungen, Veröffentlichungen und Konzerten auf die Bedeutung und die Folgen der Säkularisation von 1803 hingewiesen. Ein Aufsatz und eine Doppel-CD mit geistlicher und weltlicher Musik von 13 Orden in Oberschwaben, die der Autor zu diesem Anlass veröffentlichte[1], fasste in knapper Form die Musikgeschichte der Klöster und Orden in Oberschwaben zusammen; sie sollten gleichzeitig den Verlust deutlich machen, den die Säkularisation in der Musikgeschichte dieser Region verursachte.

Das Jahr 1806 brachte durch die Mediatisierung in der Musikgeschichte Oberschwabens einen ähnlichen Einschnitt. Von den singulären Ausnahmen Donaueschingen und Hechingen abgesehen, fand das Musikleben in den Schlössern Oberschwabens im Zusammenhang mit der Mediatisierung ein abruptes Ende. Zwar ist das Musikleben an den oberschwäbischen Adelshöfen noch wenig erforscht[2], doch lässt sich feststellen, dass der Adel die Musikgeschichte dieser Region entscheidend mitgeprägt hat, ganz besonders an den Höfen von Wolfegg, Wurzach, Tettnang und

Sigmaringen. Umso gravierender waren deshalb die Folgen der Mediatisierung für die Musikgeschichte Oberschwabens insgesamt. Die musikalische Bedeutung einiger oberschwäbischer Adelshöfe und das Ende des dortigen Musiklebens nach der Mediatisierung soll hier an einigen Beispielen aufgezeigt werden.

MUSIKLEBEN AN DEN WALDBURGER ADELSHÖFEN

Schloss Wolfegg

Früheste Spuren eines Musiklebens in Wolfegg lassen sich bis zum Anfang des 16. Jahrhunderts zurückverfolgen. Hier wurde 1519 ein Chorherrenstift gegründet, in dem neben dem Propst einige Kanoniker, ein Lehrer und 2 – 6 Schüler bzw. Chorknaben lebten. Dieses Chorherrenstift hatte zweifellos einen gewissen Einfluss auf das Musikleben in Wolfegg, denn die dortigen Chorherren mussten – ähnlich wie in den Klöstern – musikalische Kenntnisse aufweisen und im Chorgesang erfahren sein. Natürlich wurden auch die Chorknaben nach musikalischen Gesichtspunkten ausgesucht, denn sie mussten den Kirchengesang mitgestalten. Der Lehrer war gleichzeitig Organist, Gesangslehrer und Chordirigent. In Wolfegg sang er zusammen mit den Chorknaben 1519 täglich ein Lobamt und mit den Chorherren das Fronamt und die Vesper. Zusätzlich erhielten die Schüler auch Instrumentalunterricht, wodurch sie für instrumentale Aufgaben „zur Ehre Gottes und zum Vergnügen gnädiger Herrschaft"[3] zur Verfügung standen. Die besten unter ihnen bekamen durch eine Stiftung von 1609 ein Stipendium für weiterführende Studien auf einer Universität[4]. Wie sehr Truchseß Heinrich für musikalischen Nachwuchs sorgte, zeigt die Tatsache, dass er um 1600 einen Jungen in Konstanz Zink-, Geigen- und Pfeifenspiel erlernen ließ[5]. Einen anderen Jungen, Georg Hecht, ließ er 1613 beim berühmten Organisten Erbach in Augsburg „im Schlagen und Komponieren" unterrichten[6]. Ein Dokument aus der Anfangszeit des Wolfegger Stifts, das zeigt, was man dort damals gesungen hat, ist ein in Wolfegg erhaltenes Alt-Stimmbuch aus dem 16. Jahrhundert mit Kirchenmusikwerken von Josquin, Clemens non Papa u.a.

Ein weiterer Nachweis für das musikalische Interesse der Wolfegger Grafen stammt aus dem Jahre 1581. In diesem Jahr widmete der berühmte Weingartner Komponist Jacob Reiner, Schüler von Orlando di Lasso, dem Grafen seine „Schöne newe Teutsche Lieder". In der Widmung heißt es, der Graf habe großes Interesse am „figurali cantu und musikalischen Instrumenten"; er (Reiner) wisse, dass der Graf „nit nur bei den catholischen […] Gottesdiensten in der Kirchen der artlichen Musica, lieblichen Orgeln, Posaunen, Cornetten und dgl. Instrumenten mit erhebtem Geist […] in inbrünstigem Gemüth" zuhöre, „sondern auch in Mahlzeiten bei Essen und Trinken widerwärtige Gedanken allerliebst […] durch Musiciren recreirt, belustigt und erfreut werden". Demnach muss schon damals in Wolfegg eine kleine Hofkapelle, die in der Kirche und bei der Tafel aufspielte, existiert haben. Mehrere Wolfegger Musiker waren 1612 auch bei der Einweihung der Zeiler Kirche anwesend[7]. 1622 gab der Kapellmeister in Wolfegg Unterricht auf verschiedenen Instrumenten[8]. Johann von Waldburg, von 1628 – 1644 Bischof in Konstanz, dem nachweislich verschiedene Werke gewidmet wurden, dürfte in Wolfegg zusätzlich musikalische Impulse gegeben haben, indem er seine guten Beziehungen zu Konstanzer Musikern für sein Stammschloss Wolfegg ausnützte.

Nur ganz wenige Quellen belegen das Wolfegger Musikleben in der Zeit des Barock. Hierzu gehört die Hochzeitskantate „Modi musici", die für die Hochzeit von Max Willibald v. Waldburg-Wolfegg mit Clara v. Arenberg von Bartholomäus Aich, Organist der Kollegiatskirche in Lindau, komponiert wurde. Dieses Werk, in dem allegorische Figuren zum Ruhme des Hauses Waldburg-Wolfegg auftreten, ist eines der frühesten Beispiele für die Geschichte der Oper in Deutschland und zeigt die musikalischen Beziehungen zu Italien. Ansonsten gibt es in Wolfegg kein Musikwerk aus dem 17. Jahrhundert. Aus dem frühen 18. Jahrhundert stammen zwei Bände mit Violinsonaten des französischen Komponisten Sénaillé aus den Jahren 1710 und 1721. In den Ausgabenbüchern des Wolfegger Schlosses sind um 1700 jährliche Ausgaben für die Musik aufgeführt[9], aber Konkretes lässt sich daraus nicht ableiten. In einer Instruktion von 1715 heißt es ähnlich wie im 16. und 17. Jahrhundert, dass die Schüler nicht nur „figuraliter und choraliter" singen, sondern auch auf Instrumenten ausgebildet werden sollen[10]. Seit dem 18. Jahrhundert wurden immer wieder auch die Kapläne zur Musikausbildung der Chorknaben herangezogen.

Vermutlich wurden in Wolfegg sogar Oratorien aufgeführt, denn hier sind noch solche von Leopold Mozart und von Franz Xaver Brixi erhalten. Auf die in den oberschwäbischen Klöstern weit verbreitete Tradition der geistlichen Singspiele mit jesuitischer Tradition[11] weisen zwei „Fastenmeditationen" hin, die vermutlich vom Tettnanger Hofkaplan Matthäus Hoggelmann stammen.

Die Wolfegger Chorknaben waren bis zur Aufhebung des Stifts 1806 eine wichtige Stütze der Wolfegger Kirchenmusik. 1796 waren es immerhin sieben solcher Chorknaben. Der bedeutendste dieser Chorschüler war Ferdinand Barweisch, der 1764 als Sohn des Wolfegger Mesners geboren wurde und seinen Vornamen von seinem Taufpaten Graf Ferdinand von Waldburg-Wolfegg erhielt. Er trat ins Chorherrenstift in Wolfegg ein, erhielt dort seine musikalische Grundausbildung, war als Chorregent und auch als Komponist tätig und starb 37-jährig im Jahre 1801, kurz bevor das Stift aufgelöst wurde. Von ihm sind zwei Werke erhalten.

Letzte Früchte dieser kirchenmusikalischen Ausbildung im Wolfegger Stift brachte Alois Schmid (1773 – 1842). Er wurde in Bergatreute geboren, war Benefiziat am Wolfegger Stift, nach der Säkularisation Kaplan in Wolfegg und anschließend Pfarrer in Rötenbach und Waldburg. Er war auch Komponist und hinterließ eine Reihe von Kirchenmusikwerken.

Sehr unklar bleibt das Bild der Wolfegger Hofmusik vor 1797. In den Rentamtsrechnungen werden vor diesem Jahr keine Musiker aufgeführt, was vielleicht damit zu begründen ist, dass sie hauptamtlich als Diener angestellt waren und nur nebenbei als Musiker fungierten, weshalb ihre Auftritte nicht berechnet wurden. Es ist ja bekannt, dass in Klöstern und Schlössern bei der Anstellung von Bediensteten die musikalischen Vorkenntnisse ausschlaggebend waren. Dass tatsächlich auch vor 1797 Musiker in Wolfegg angestellt waren, zeigt das Dekret aus diesem Jahr, das besagt, dass beim Tod des Grafen die sechs „Kammermusici" vom Nachfolger übernommen wurden. Bei diesen Musikern handelte es sich um Andreas Heinel (Musikdirektor), Nepomuk Dunkler aus Rastatt, Vinzenz Vetter aus Aulendorf (1. Fagottist), Georg Schmid aus Bergatreute, Xaver Gretz (Graz) und Amabilis Hafner aus Riedlingen (1. Klarinettist und Klavierspieler). Jeder von ihnen erhielt ein Jahresgehalt

Titelblatt „Douze Allemandes", gewidmet der Gräfin von Waldburg-Wolfegg-Waldsee und dem Grafen Franz von Salm-Dyk. Sammlung Büchele Ratzenried.

Klarinette und Manuskript eines Sextetts von Amabilis Hafner. Kunstsammlungen der Fürsten zu Waldburg-Wolfegg, Schloss Wolfegg, Musikarchiv.

zwischen 200 und 250 Gulden und trug als Uniform Rock und Pantalon, eine Manchester-Weste, einen Hut und ein Paar Stiefel. Die Musiker hatten im Schloss ein eigenes Musikzimmer[12]. Ab 1805/06[13] mussten sie die Kleider selber beschaffen und erhielten zusätzlich zu ihrem Jahreslohn von je ca. 250 – 300 Gulden noch 50 Gulden für die Kleider. Zusätzliche Musiker wurden von auswärts angeheuert, etwa Trompeter aus Bergatreute und Tal[14] oder 1792 Hornisten aus Konstanz[15].

Um 1802 wurde Amabilis Hafner zum Musices Director ernannt und erhielt ab da zusätzlich zu seinem Gehalt freie Wohnung und Garten, 4 Scheffel Veesen, 2 Malter Roggen und 2 Scheffel Haaber, 3 Klafter Buchenholz und 8 Kl. Tannenholz[16]. Zusätzlich war er Schreiber im Rentamt, was die Doppelfunktion der Musiker beweist. Um von dieser Schreibarbeit entbunden zu werden, richtete er 1805 ein Schreiben an seinen Herrn. Vor einigen Jahren sei er „zum hiesigen Musicdirektor ernannt worden mit der Aufforderung, durch meine musikalischen Kenntnisse den höchsten Erwartungen meines durchlauchtigsten Landesherrn zu entsprechen […], weshalb ich jede freye Stunde diesem Zweck widmete […], hiesige Musick zu dem bilden zu wollen, was sie für Kenner und Musickfreunde seyn sollte: Harmonie im edelsten Sinne. Da mir zugleich bey Übertragung meines Amtes der Auftrag gemacht wurde, jährlich einige musikalischen Stücke zu verfertigen, so verwendete ich pflichtschuldigst jede freye Stunde, die mir nach der Arbeit im hochfürstlichen Rentamte übrig blieb, zum Componieren, teils um für das durchlauchtigste Haus ein Schärflein beyzutragen, teils auch mein Hauswesen als Gatte und Vater zu unterstützen"[17]. Diese finanzielle Unterstützung erhoffte sich Hafner u.a. auch mit der Herausgabe von 30 Liedern bei der Halerischen Musikhandlung in Salzburg. In einem leider nicht datierten Schreiben bat Hafner sogar um seine Entlassung, „da er willens sei, seine Kenntnisse besonders in der Composition, zu welcher er beste Anlagen hat, an größeren Orten fortzusetzen"[18]. Von den besagten Liedern fehlt jede Spur, aber immerhin sind in Wolfegg und in Privatbesitz einige Werke von ihm erhalten.

Ab 1803 wirkte in Wolfegg J.B. Mandry als gräflicher Sekretär und gleichzeitig als Musiker. Er stellte u.a. musikalische Bearbeitungen her und half z.B. 1805 in Babenhausen als Musiker aus[19]. Dass der Graf zusätzlich noch gute Musiker um sich zu scharen wusste, zeigt das Beispiel des Komponisten und Musikers Josef Meinrad Bannhard, der 1795 aus dem Praemonstratenserstift Roggenburg ausgetreten war und 1796 in Wolfegg den „Titulus mensae" erhielt[20].

Wie gut besetzt die Wolfegger Hofkapelle vor der Mediatisierung war, lässt das Instrumentenverzeichnis aus der Zeit um 1805 erahnen: Damals waren dort ein Kontrabass, vier Celli, vier Violen, sechs Geigen, ein Serpent, zwei Posaunen, ein Paar Inventionstrompeten, ein Paar Piccolo-Flöten, ein Piccolo biffaro, zwei Klarinetten in C, ein Glockenspiel, ein großes und ein kleines Tamburin, je ein Tamburo, Piatti (Becken) und Triangel sowie drei Rollriemen vorhanden[21]. Einige dieser Schlaginstrumente deuten auf die damals beliebte Türkische Musik hin; in Wolfegg sind noch mehrere solcher „Türkischen Musiken" erhalten.

Schloss Wurzach

Der Wurzacher Hof entwickelte sich in der zweiten Hälfte des 18. Jahrhunderts zu einem wichtigen musikalischen Zentrum in Oberschwaben. Der Wurzacher Graf setzte ja nicht nur durch seine gigantischen Schlossbaupläne, sondern auch durch die berühmte Gemäldesammlung besondere Maßstäbe. In dieser Zeit lassen sich einige Namen von Hofmusikern nachweisen. 1767 waren dort J. Anton Cammerer als Kapellmeister, J.B. Mayr als Musiker und Balthasar Insom als „virtuosus chelista" tätig. Als Pate der Musikerkinder trat jeweils der Graf auf[22]. Insom erhielt 1768 als Konzertmeister 225 Gulden[23]. 1772 lebte hier ein Musiker namens Ems[24]. Auch Josef Lacher dürfte als Instrumentalist eingesetzt gewesen sein, beherrschte er doch Viola, Fagott, Englisch Horn und andere Blasinstrumente[25]. Er wurde 1739 in der Nähe von Augsburg geboren und ist in Oberschwaben zum ersten Mal 1774 in Aulendorf nachweisbar. 1776 kam er im Gefolge des Landkomturs Graf Christian Moritz von Königsegg-Rothenfels nach Wurzach und nannte sich ausdrücklich „Musicus Archicommendatoris"[26]. Anschließend zog er als Komponist und Instrumentalist ins Kloster Kempten[27]. 1777 werden in Wurzach der Kemptener Musiker A. Deininger erwähnt und 1788 Aushilfskräfte aus Würzburg und München, die nicht nur im Wurzacher Schloss, sondern auch in der Wurzacher Sommerresidenz in Hauerz aufspielten[28].

Der Wurzacher Graf leistete sich nicht nur eine Hofkapelle, sondern auch Hofkomponisten. Hier wirkte zwischen 1764 und 1767 der Salzburger Organist und Komponist Benedikt Kraus (1725 – 1810), der als Lehrer von Franz Xaver Schnizer und als Komponist auch in Ottobeuren nachweisbar ist. Auch für das Wolfegger Schloss komponierte er Werke. Auch der eben genannte Josef Lacher komponierte für den Grafen einige Werke, ebenso für den Grafen von Wolfegg.

Von besonderem lokalem Interesse sind Werke von Johann Nikolaus und Giuseppe Diezel, deren Werke ausschließlich in Wurzach und Wolfegg erhalten sind und die wahrscheinlich um 1790 in Wurzach als Hofkomponisten lebten. Ob Carl Anton Hammer, der 1791 eine Namenstagskantate für die Wurzacher Gräfin komponierte und auch andere Werke im Wurzacher Archiv hinterließ, in Wurzach angestellt war, ist noch nicht geklärt; jedenfalls lebte er nach 1800 am Donaueschinger Hof. Möglicherweise hielt sich auch der Böhme Christoph Neubauer einige Zeit in Wurzach auf; immerhin ist er zwischen 1780 und 1787 in Oberschwaben (Ottobeuren, Memmingen, Weißenau, Schussenried) nachweisbar und sind Werke von ihm im Zeil-Wurzacher und Wolfegger Archiv erhalten. Kontakte zum Wurzacher Hof hatte auch der Tettnanger Hofkomponist Thomas Samuel Müller, wie Auftragswerke von ihm beweisen[29].

Schloss Zeil

Über das Musikleben im Zeiler Schloss gibt es bisher am wenigsten Quellen. Ähnlich wie in Wolfegg bestand auch in Zeil ein Chorherrenstift mit entsprechenden musikalischen Aktivitäten. Das Stift wurde 1608 gegründet und bestand aus einem Propst, sechs Priestern, einem Organisten, einem Lehrer und vier bis sechs Schülern bzw. Chorknaben, die bei den Gottesdiensten eingesetzt wurden[30]. Natürlich wurde auch hier bei der Auswahl der Geistlichen und Chorknaben auf musikalische Kenntnisse Wert gelegt. Der Organist war gleichzeitig auch Kapellmeister und wirkte manchmal sogar als Komponist; so schickte z.B. der namentlich nicht bekannte erste Zeiler Kapellmeister um 1608 eine Komposition ins Kloster Ochsenhausen[31]. 1615 wurde ein Organist namens Ulricher angestellt, mit der Auflage, „die Choralisten im Gesang und auf einem oder zwei Instrumenten oder der Busane (Posaune) unterweisen"[32]. Um das Jahr 1630 war hier der aus Bamberg stammende Georg Mengel „erbtruchsässisch Zeilischer Capellmeister"[33], was immerhin auf eine Hofkapelle hinweist. 1633 wurde er als Kapellmeister in Konstanz vorgeschlagen, erhielt die Stelle aber nicht, weil er „weltlich und verheuratet, vor vielen Jahren aber allwegen gaistlich gebraucht worden" sei. Er muss ein bedeutender Musiker gewesen sein, denn 1651 brachte er es bis zum Kapellmeister beim Erzbischof in Bamberg[34]. Er veröffentlichte zwei Werke im Druck und starb 1667. Manchmal waren auch die Hofkapläne in das Musikleben eingebunden; so wurde z.B. 1665 Wilhelm Aigner als Hofkaplan und „director chori" aufgenommen[35]. 1694 wurde noch einmal ausdrücklich festgelegt, dass zwei Chorknaben aufgenommen werden sollten, die der „Ludimagister in cantu chorali et figurali" ausbilden sollte[36] (ebenso 1743).

Ein Bericht von einem Passionsspiel belegt die auch hier lebendige Tradition des geistlichen Schauspiels. Im Jahre 1705 wurde hier ein Werk aufgeführt mit dem Titel: „Die durch die Haupt-Sünd widerholte Creuzigung Christi Jesu, in einem musicalischen Trauerspihl vorgestellt von dem Hochgräflichen Collegiat-Stift zu Zeill 1705 an dem Hl. Char-Freytag"[37]. Dieses Werk, dessen Text in Kempten gedruckt wurde, ist ein frühes Beispiel für das auch in Oberschwaben verbreitete Passionsspiel. Wahrscheinlich war es der Stiftsgeistliche J.G. Löffler, der sich in dieser Zeit besonders der Kirchenmusik annahm, denn er erhielt für sein besonderes musikalisches Engagement eine Zulage[38]. Auch Franz Oxner, der zwischen 1727 und 1738 in Zeil Probst war, muss ein guter Musiker gewesen sein[39]. Um 1740 war hier Joseph Hampp Organist[40] und vor 1743 Josef Anton Scheffler Kapellmeister; ab diesem Jahr war er Domkapellmeister in Freising. Nach seinem Abgang wurde in Zeil der Lehrer- und Organistendienst vereinigt.

Auch im 18. Jahrhundert muss hier ein kleines Orchester existiert haben, denn in einem Schreiben von 1797 erwähnt der Verwalter des Neutrauchburger Schlosses ausdrücklich „die Zeiler Musicanten", die zu einem Requiem in die Rimpacher Kapelle eingeladen wurden[41]. Dieses kleine Hoforchester setzte sich sicherlich – wie in Wolfegg – aus musikalischen Beamten und Dienern sowie aus Stiftsgeistlichen und evtl. Schülern zusammen. Auch 1803 waren die Zeiler Musikanten aktiv, als im Schloss die Verleihung der Fürstenwürde mit einer musikalischen Darbietung gefeiert wurde[42]. Dies war vielleicht der letzte Auftritt der Zeiler Hofkapelle – am Vorabend der Mediatisierung, ohne dass es die Beteiligten ahnten, sozusagen eine Ouvertüre zur „Götterdämmerung".

Das Stift wurde 1805 vom Zeiler Fürsten vorläufig aufgehoben; damals lebten hier fünf Priester, ein Kanoniker und vier Benefizianten sowie zwei Chorknaben, denen der Mesner-Organist Musikunterricht gab[43]. 1806 war das Ende des Kollegiatstifts gekommen. Weitere Informationen zum Zeiler Hofmusikleben gibt es seither nicht mehr. Die im Zeiler Archiv noch erhaltenen Musikalien lassen sich nicht eindeutig dem dortigen Musikleben zuordnen und stammen wahrscheinlich zum größten Teil aus dem Wurzacher Schloss. Vielleicht sind sie auch verschollen. Sicher ist, dass der gesamte Kirchenmusikbestand des ehemaligen Stifts verschwunden ist.

ENDE DES MUSIKLEBENS AN DEN WALDBURGER ADELSHÖFEN

Was die Säkularisation für die Klöster bedeutete, das war die Mediatisierung für die oberschwäbischen Adelshäuser. Die Zeit der Vormachtstellung des Adels war – auch in musikalischer Hinsicht – vorbei. Zunächst wurden die Stifte in Wolfegg und Zeil aufgelöst. Damit endete – parallel zur Schließung der Klosterschulen – ein wichtiges Kapitel der oberschwäbischen Kirchenmusik, denn mehrere Jahrhunderte lang hatten diese Stifte für musikalischen Nachwuchs gesorgt und waren sie im ländlichen Raum – ebenso wie die Klöster – die einzigen höheren Schulen. Erst seit der Mitte des 20. Jahrhunderts füllten die neu entstandenen Gymnasien und die Musikschulen dieses Vakuum wieder. Wolfegg und Zeil konnten bis heute nicht mehr an diese Tradition anknüpfen.

Auch die Hoforchester in Wolfegg, Zeil und Wurzach wurden ab 1806 aufgelöst. Einerseits waren die repräsentativen Anlässe, sozusagen die „Staatsempfänge", kaum mehr gegeben. Andererseits standen die musizierenden Geistlichen und Stiftsschüler nicht mehr zur Verfügung, und außerdem wurde die Beamtenschaft reduziert und damit auch die Zahl der Musiker, die ja oft identisch waren mit den Beamten und Dienern.

Während aus Zeil und Wurzach keine Details bekannt sind, lässt sich die Auflösung am Beispiel Wolfegg exemplarisch aufzeigen. Hier erfolgte am 14.10.1807 die Weisung, den Musikanten Heinel, Vetter, Gretz und Dunkler bekannt zu machen, dass sie nunmehr aus ihren bisherigen Diensten entlassen seien und sie sich um andere umzusehen hätten. Die Musiker sollten sich nach Stuttgart begeben und sich bei dem „Freyherr von Wächter, Director de Plaisirs seiner Majestät, melden und nach gemachter Prüfung allda die

Serpent. Kunstsammlungen der Fürsten zu Waldburg-Wolfegg, Schloss Wolfegg.

Befehle seiner Majestät abwarten"[44]. Am 9.1.1808 wurden Heinel, Gretz und Dunkler pensioniert und erhielten lebenslange Pensionen von 200 Gulden jährlich. Sie mussten ihre Quartiere innerhalb eines Monats räumen, blieben aber vorläufig in Wolfegg. Vetter wollte abreisen und königliche Dienste annehmen, blieb aber dann wohl doch noch in Wolfegg. Heinel war ab 1808 in Konstanz tätig, Dunkler ertrank 1810 im Grüneberger Weiher.

Ab 1806 werden nur noch Hafner und Mandry als Musiker erwähnt. Ersterer wurde in diesem Jahr zum Musiklehrer des Grafen und zum Chorregenten ernannt[45], was beweist, dass in Wolfegg nach Auflösung des Stifts wohl eine Art Kirchenchor die Tradition der Kirchenmusikpflege übernahm. 1810 komponierte er für die Hochzeit der Gräfin von Wolfegg mit Graf Franz von Salm zwölf Allemanden für Orchester[46]. 1812 wurden Hafner und Vetter endgültig pensioniert[47].

Abraham de Bosse: Musizierende höfische Gesellschaft. Kupferstich um 1640.
Kunstsammlungen der Fürsten zu Waldburg-Wolfegg, Schloss Wolfegg, Kupferstichkabinett.

So mancher Musiker fand sicherlich eine neue Aufgabe beim Aufbau der Blaskapellen und Kirchenchöre. Georg Schmid aus Bergatreute, der vorher Hofmusiker in Wolfegg war, bezeichnete sich später als Schulmusiker in Bergatreute.

Durch die Auflösung der Hofkapellen wurde das Notenmaterial unbrauchbar. In Wolfegg und Zeil wurden die Musikalien – was andernorts nicht der Fall war – größtenteils archiviert. Dadurch, dass die Schlösser ständig bewohnt waren bzw. immer im Familienbesitz blieben, wurden auch die Archivalien entsprechend als Familienschatz gepflegt. In Wolfegg gibt es noch ca. 400 Handschriften und 325 Drucke, in Zeil (Wurzacher Bestand) ca. 300 Handschriften, die allerdings nur noch ein Drittel der ehemaligen Musikalien ausmachen[48]. Diese Musikalien und einige noch erhaltene Instrumente – in Wolfegg z.B. eine Geige, zwei Celli, eine Laute, ein Serpent, ein Horn mit vier Windungen und einem Griffloch, eine Trompete, ein Horn mit zwei Klappen und fünf Traversflöten – sind die letzten Reste des hier einst blühenden Musiklebens.

Manche Musikalien dürften auch in die Hände von interessierten Laienmusikern gelangt sein. Als Beispiel soll die Notensammlung von Alois Hoh aus Bergatreute dienen. Diese wurde von seinem Vorfahren Anton Obermayer um 1800 begonnen und zeigt, wie der Übergang von der höfischen und klassischen Musik zur Blasmusik nahtlos vonstatten ging, war der musikalisch vielseitig interessierte Klempner aus Bergatreute doch auch gleichzeitig der Gründer der Bergatreuter Blaskapelle. Die Sammlung umfasst als ältesten Bestand eine ganze Reihe von Werken für Harmoniemusik, von Konzerten, Symphonien, Kammermusikwerken, Opernarien und Tänzen von deutschen, böhmischen, italienischen und französischen Komponisten – im Prinzip das Repertoire, das wir auch in den Adelshäusern finden, daneben auch eine ganze Reihe von Kirchenmusikwerken, die im neu gegründeten Bergatreuter Kirchenchor Verwendung finden konnten. Sogar ganz direkte Verbindungen zwischen dem Wurzacher Schloss und dem Bergatreuter Musiker muss es gegeben haben, denn in beiden Sammlungen gibt es Werke von denselben Komponisten bzw. Schreibern. Im übrigen ist fast die gesamte Bläsermusik des Zeil-Wurzacher Archivs verschollen, während sie in Bergatreute zahlreich vertreten ist – u.a. mit Werken von Diezel, der ja nachweislich für den Wurzacher Hof Werke komponierte.

Manche Verbindungslinie gibt es auch zwischen dem Wolfegger Schloss und der Bergatreuter Musiksammlung: z.B. musikalische Lehrwerke, die aus dem Stift stammen könnten, eine Bläserpartita des Wolfegger Komponisten Hafner sowie Werke des eben genannten Diezel.

Letzte Spuren eines noch im familiären Kreise fortlebenden Musiklebens in den Waldburgischen Schlössern gibt es im 19. Jahrhundert in den Anschaffungen von Unterhaltungsmusik für kleine kammermusikalische Besetzungen, von Liedern, Tänzen und Potpourris. Beispiele dafür lassen sich im Zeil-Wurzach'schen und Wolfegger Bestand finden.

ENDE DES MUSIKLEBENS IN WEITEREN SCHLÖSSERN

Während das Musikleben der Waldburgischen Schlösser Wolfegg, Zeil und Wurzach einigermaßen erforscht ist, sind diesbezügliche Informationen in den anderen Adelsresidenzen dürftiger[49]. Doch bei den meisten von ihnen fällt das Ende des Musiklebens in die Zeit der Mediatisierung und steht in mehr oder weniger unmittelbarem Zusammenhang dazu. Hier soll nur kurz die jeweilige musikalische Bedeutung angedeutet und diese Zeit des Übergangs beleuchtet werden.

Altshausen

Dieses Schloss gehörte seit 1267 den Deutschordensrittern. In besonderer Weise waren hier militärische und klösterlich-geistliche Zielsetzungen unter einem Dach vereint, denn in einem eigenen Seminar wurden die Priester, die die kirchlichen Aufgaben zu erledigen hatten, ausgebildet. Ähnlich wie in den oberschwäbischen Klöstern wurde auch in der Landkommende Altshausen bei der Ausbildung der Priester auf die Musik großen Wert gelegt. Diese Tendenz zur musikalischen Unterweisung der Priester lässt sich noch bis zum Ende des 18. Jahrhunderts nachweisen, wo die Priester, die das Seminar besuchten, nachweisen mussten, dass sie „in arte musica wohlfundieret"[50] waren. Ein Geistlicher, der Geige, Trompete, Klarinette und Waldhorn spielen konnte und zusätzlich eine gute Stimme hatte, war keine Seltenheit. Zwei Noteninventare von 1709 und 1774[51] beweisen, welch hohen Stellenwert die Kirchenmusik hier einnahm.

Ähnlich wie in den Klöstern und adligen Stiften wurden auch die Altshauser Schüler verstärkt in Musik ausgebildet. Sie wurden nicht nur in der Kirchenmusik, sondern auch bei weltlichen Anlässen eingesetzt. J.G. Hauntinger beschreibt 1784 in seiner „Reise durch Schwaben und Bayern" die „übertriebene Pracht, Musik usf", die die Ursache für einen „beträchtlichen Verfalle der Landkommende" sei[52]. Damit dürfte vor allem Christian Moritz Graf zu Königsegg-

Rothenfels (1705 – 1778) gemeint gewesen sein, der zwischen 1758 und 1774 Landkomtur in Altshausen war und nicht nur hier, sondern auch in seinen späteren Aufenthaltsorten Immenstadt und Wurzach (s.o.) einen aufwendigen Lebensstil pflegte. Seit der Säkularisierung und der Mediatisierung fand das Musikleben in Altshausen ein jähes Ende. Alle Musikalien, die in den Noteninventaren genannt werden, sind verschollen.

Sigmaringen

Das Musikleben an den zollerischen Höfen in Hechingen und Sigmaringen erlebte einen für Oberschwaben seltenen Höhepunkt in der zweiten Hälfte des 16. Jahrhunderts, denn hier lebten so hochrangige Komponisten wie Melchior Schramm und Daniel Bollius[53]. Seit dem Anfang des 17. Jahrhunderts und vor allem seit dem 30jährigen Krieg fand das dortige Musikleben allerdings ein jähes Ende.

Nachrichten über die Musik am Sigmaringer Hof erhalten wir erst wieder um die Mitte des 18. Jahrhunderts. Zwei Musikalienkataloge[54] von 1766 (Instrumentalmusik) und 1768 (Kirchenmusik) mit knapp 900 Werken belegen die musikalischen Aktivitäten und die Vielzahl der in den Handschriften vertretenen Gattungen und Komponistennamen. Damals wirkte in Sigmaringen als Musikdirektor und Komponist Johann Michael Schindele (1766) und nach seinem Tod 1768 Johann Georg Wernhammer. Dieser war zunächst Sopranist an der Hofkapelle in München und ab 1783 Hohenzollerisch-Sigmaringischer Forst- und Kapellmeister. Diese Doppelfunktion zeigt ebenfalls die damals übliche Auswahl von Beamten nach musikalischen Gesichtspunkten. An Musikern ist nur 1774 der „Hofmusikus und Cantor Stocker" erwähnt[55]. Weitere Details zum dortigen Musikleben in dieser Zeit sind noch nicht bekannt. Auch im Falle von Sigmaringen endet das Musikleben am Anfang des 19. Jahrhunderts abrupt. Von den Sigmaringer Musikalien fehlt heute leider jede Spur.

Weil in Donaueschingen durch besondere familiäre Interessen der dortigen Fürsten das Musikleben weiterblühte, fand Wernhammer nun ab 1806 als Expeditionssekretär und Musiker hier eine Anstellung. Immerhin sind noch in Winterthur und Donaueschingen die von Wernhammer vertonten Gellert-Oden aus den Jahren 1777 und 1783 erhalten.

Warthausen

Im Schloss Warthausen lebten die Grafen von Stadion, die kulturell höchst interessiert waren und eine große Bibliothek zusammentrugen. Nicht umsonst weilte hier gern und oft der Schriftsteller Christoph Martin Wieland. Um 1750 berichtet Wieland, er habe von der dortigen Hofkapelle Werke von Jomelli, Graun u.a. gehört. Dort sollen auch Werke von Telemann, Pergolesi, Stamitz und Haydn aufgeführt worden sein[56]. Demnach muss dort eine Hofkapelle existiert haben. 1767 halfen z.B. Trompeter von Warthausen in Ochsenhausen aus[57]. Im Zuge der Mediatisierung zogen die Grafen von Stadion weg. Damit war auch das dortige Musikleben beendet. Während die Bibliothek heute noch im Schloss Kozel bei Pilsen erhalten ist, sind die Musikalien verschollen.

Dischingen

Auch am Hof des Grafen Franz Ludwig Schenk von Castell zu Oberdischingen (des sog. Malefiz-Schenk) muss eine kleine Hofkapelle existiert haben. Fünf Musiker von dort traten 1778 bei einer nächtlichen Tafelmusik im Schloss Babenhausen auf[58]. Seit ca. 1781 war dort Johann Anton Hammer (1747 – 1820) als Kammermusikus und Chorregent angestellt, nachdem er zuvor am Babenhauser Hof gewirkt hatte[59]. 1784 war er in Dischingen Musikdirektor. Dass er auch komponierte, beweist ein Bericht im Protokollbuch des Memminger Musikkollegiums; demnach trat Hammer 1786 in Memmingen mit einem selbst komponierten Violin- und Violakonzert auf[60]. Der

Protokollant berichtet: „Feiner Geschmack und geschickte Behandlung seines Instruments können diesem Künstler nicht abgesprochen werden". Auch „seine ganz neuen Versuche in dem Kirchenstil" wurden hoch gelobt und sogar höher als die Kirchenmusik von Neubauer eingestuft. Alle Musikalien sowie archivalische Spuren des einstigen Musiklebens sind seit Anfang des 19. Jahrhunderts verschwunden.

Babenhausen

Die Grafen Fugger sorgten seit 1554 an ihrem Babenhauser Hof für ein blühendes Musikleben, das im 18. Jahrhundert seinen Höhepunkt erlebte. Eine Hofkapelle mit zahlreichen Musikern, eine Reihe von Hofkomponisten, ein umfangreiches – im 2. Weltkrieg leider verbranntes – Musikarchiv und die sehr detaillierte Arbeit von Herbert Huber[61] zeugen davon. Auch hier erfolgte der Niedergang des Musiklebens im Gefolge der Mediatisierung.

Weißenhorn

Durch einen erst kürzlich gefundenen Musikalienkatalog lässt sich auch für den Fugger-Hof in Weißenhorn ein reges Musikleben in der zweiten Hälfte des 18. Jahrhunderts nachweisen. Alle Spuren dieser Musikblüte und der Musikalien sind seit dem Anfang des 19. Jahrhunderts verwischt[62].

Das Musikleben an den Höfen in Immenstadt, Tettnang, Meßkirch und Scheer, über die es einige Informationen gibt[63], war schon vor 1800 zum Erliegen gekommen und findet deshalb in diesem Zusammenhang keine Erwähnung.

Schluss

An einigen oberschwäbischen Schlössern konnte exemplarisch aufgezeigt werden, wie als Auswirkung der Mediatisierung das dortige geistliche und weltliche Musikleben zum Erliegen kam. Ähnlich wie die Säkularisation bei den Klöstern, hat die Mediatisierung in der Musikgeschichte Oberschwabens tiefe Wunden hinterlassen. Das Jahr 2006 bietet deshalb einen willkommenen Anlass, an diese reiche oberschwäbische Adels-Musikkultur zu erinnern, die rund 200 Jahre in Vergessenheit geraten war und erst seit ca. 10 Jahren wieder allmählich ins Bewusstsein dringt[64]. Die einstigen Musikzentren, die die Adelshöfe neben den Klöstern zweifellos waren, konnten sich allerdings von diesem historischen Einschnitt nie mehr erholen.

Anmerkungen:

1 *Berthold Büchele*: Herzrührende Schaubühne, das oberschwäbische Theater und die Musik. In: V*olker Himmelein / Hans Ulrich Rudolf* (Hg.): Alte Klöster – Neue Herren. Bd. 2.1. Sigmaringen 2003, 187-200, hier 187f.; *Berthold Büchele* (Projektleitung und Koordination): Klostermusik von 13 Orden in Oberschwaben. (Doppel-CD, Aufnahmen 2003, erhältlich beim Autor bertholdbuechele@web.de).
2 Erste Ansätze dazu: *Berthold Büchele:* Musik in oberschwäbischen Schlössern. In: Im Oberland 9 (1998) 1, 29-39, hier 29f.
3 *A. Weissenbacher*: Die Wolfegger Stiftsschule bis 1886. In: Magazin für Pädagogik 81 (1918), 226-228, 244-247, 259-262, 276-278, 291-293, hier 262.
4 *Weissenbacher* 1918 (wie Anm. 3), 226.
5 *Josef Vochezer*: Geschichte des fürstlichen Hauses Waldburg. Bd. 3. Kempten 1907, 653.
6 *Vochezer* 1907 (wie Anm. 5), 654.
7 *Nikolaus Schwanzer*: Geschichte des Kollegiatstifts Zeil. Zeil 1893 (masch.).
8 Wie Anm. 6.
9 Auskunft Dr. Mayer, Wolfegg.
10 *Weissenbacher* 1918 (wie Anm. 3), 226f.
11 *Büchele* 2003 (wie Anm. 1).
12 Gesamtarchiv der Fürsten zu Waldburg-Wolfegg und Waldsee, Schloss Wolfegg (Archiv Wolfegg), Rentamtsrechnung 1807/08.
13 Wie Anm. 12, 1806/07.
14 Wie Anm. 12, 1798/99.
15 *Paul Zinsmaier*: Die Kapellmeister am Konstanzer Münster. In: Freiburger Diözesanarchiv 101 (1981), 66-139, hier 82.
16 Wie Anm. 12, 1801/02.
17 Archiv Wolfegg, Bü 14.778 (1805).
18 Archiv Wolfegg, R45, 55/2.
19 *Herbert Huber*: Musikpflege am Fuggerhof Babenhausen. Augsburg 2003, 175.
20 Archiv Wolfegg, Bü 7018.
21 Archiv Wolfegg, F 342, Bd. 5, S.103, Nr. 1933.
22 Taufbuch Pfarrei Wurzach 1767, 1769, 1770, 1774.
23 Hofmeistereirechnung von 1768, ZA Wu 4886, S. 75. Zum Vergleich: der Sigmaringer Musikdirektor Wernhammer erhielt zur gleichen Zeit nur 120 Gulden Jahresgehalt (*Anneliese Schuler*: Zwei thematische Musikkataloge aus Sigmaringen im 18. Jh. Freiburg, Masch. Zulassungsarbeit 1957, 36). Insom lebte ab 1775 in Kempten (*Adolf Layer*: Musikgeschichte der Fürstabtei Kempten. Kempten 1975)
24 *Huber* 2003 (wie Anm. 19), 211
25 *Otto Frisch*: Der Komponist Pater Franciscus Schnizer aus Wurzach. Bad Wurzach 1985, 8.
26 Musiker des Erz-Komturs; Taufbuch Wurzach.
27 *Layer* (wie Anm. 23), 59.
28 *Frisch* (wie Anm. 25), 10, 50.
29 Ein Aufsatz über diesen Komponisten und eine CD mit Werken von ihm in Vorbereitung (B. Büchele).
30 *Schwanzer* 1893 (wie Anm. 7), 8.
31 *Leopold Kantner / Michael Ladenburger*: Zur Pflege der Musik im ehemaligen Reichsstift Ochsenhausen. In: *Max Herold* (Hg.): Ochsenhausen. Weissenhorn 1993, 392.
32 *Schwanzer* 1893 (wie Anm. 7), 69.
33 *Zinsmaier* 1981(wie Anm. 15), 109.
34 *Robert Eitner*: Quellen-Lexikon der Musiker. Leipzig 1900. Stichwort Mengel.
35 *Schwanzer* 1893 (wie Anm. 7), 69.
36 Ebd., 30.
37 Bayer. Staatsbibliothek München, Theaterkartei.
38 *Schwanzer* 1893 (wie Anm. 7), 69.
39 Ebd., 97.
40 Pfarrarchiv Zeil: Taufbuch und Trauungsbuch.
41 Fürstl. Quadtsches Archiv Isny, Bestand C, Bü 421.
42 *Rudolf Beck*: „Man frisst die Fürstlein auf dem Kraut wie Würstlein". Die Mediatisierung des Hauses Waldburg. In: *Himmelein / Rudolf* 2003 (wie Anm. 1), Bd. 2.2, 919-928, hier 921.
43 *Schwanzer* 1893 (wie Anm. 7), 55 und 58.
44 Archiv Wolfegg, Rentamtsrechnung 1807/08.
45 Archiv Wolfegg, Bü 3070.
46 Musiksammlung Büchele.
47 Archiv Wolfegg, Bü 3082.
48 Über die Musik-Gattungen und Komponisten dieser Archive siehe *Büchele* 1998 (wie Anm. 2).
49 Dargestellt in *Büchele* 1998 (wie Anm. 2).
50 *Gebhard Spahr*: Oberschwäbische Barockstraße. Bd. 4. Weingarten 1982, 19.
51 Hauptstaatsarchiv Stuttgart, B 344, Bü 191 und Archiv des Hauses Württemberg im Schloss Altshausen, Depositum Deutschorden, Bü 230.
52 *Reiner Nägele*: Die Stuttgarter Musikalien der ehemaligen Deutschordensbibliothek Altshausen. In: Musik in Baden-Württemberg 1 (1994), 179-215, hier 198.
53 *Ernst Fritz Schmid*: Musik an den schwäbischen Zollernhöfen der Renaissance. Kassel 1962.
54 Fürstl. Hohenzollerisches Haus- und Domänenarchiv Sigmaringen, R. 23, Nr. 4.
55 *Weissenbacher* 1918 (wie Anm. 3), 276.
56 *August Bopp*: Das Musikleben in der freien Reichsstadt Biberach. Kassel 1930, 41.
57 *Kantner / Ladenburger* 1993 (wie Anmerkung 31), 403.
58 *Huber* 2003 (wie Anm. 19), 215.
59 Ebd., 140.
60 Protokoll des Collegium musicum im Stadtarchiv Memmingen. Bd. III, Sign. 396/5, 133 f., 194.
61 *Huber* 2003 (wie Anm. 19).
62 Vgl. *Herbert Huber*: Das Musikinventar des Grafen Fugger von Kirchberg-Weißenhorn aus dem Jahre 1790. In: Geschichte im Landkreis Neu-Ulm 22 (2005), 35-43.
63 *Büchele* 1998 (wie Anm. 2).
64 Die Wiederbelebung begann 1993: In diesem Jahr konnte der Autor bei einem Privatkonzert auf Schloss Zeil zum ersten Mal Stücke aus dem dortigen Archiv aufführen, 1994 Werke aus dem Wolfegger Archiv im Schlosshof Wolfegg, 1995 im dortigen Bankettsaal, und seither sind Konzerte in den Schlössern Wurzach, Kißlegg, Ratzenried und Amtzell gefolgt. Ende 1996 ist die CD „Musik im Wurzacher Schloss" erschienen, erhältlich bei der Stadtverwaltung Bad Wurzach. Inzwischen wurden auch schon einige Werke aus den Schlossarchiven Wolfegg und Zeil im Druck herausgebracht (*Berthold Büchele:* Tänze aus Oberschwaben und aus dem Allgäu. Heft 1-2. Ratzenried 1994 – 1995).

Grabmäler des oberschwäbischen Adels 1500 – 2000 Entwicklungspfade – Familie und Individualität

Mark Hengerer

In memoriam
Adele Hengerer (†2005)
Helene Pallmann (†2006)

Grabmäler sind Positionsbestimmungen: Sie geben Auskunft über die Bestatteten bzw. über jene, welche die Grabmäler haben errichten lassen, über deren Verständnis von Herrschaft, Religion, Familie etc. Funktion und Form des Grabmals sind dem (kunst-)historischen Wandel unterworfen und so können Grabmäler der historischen Analyse für sehr verschiedene Fragestellungen als Indikatoren dienen[1]. Nur zwei Fragen können im folgenden für den oberschwäbischen Adel beantwortet werden: jene nach Entwicklungspfaden adliger Grabmalsetzung in Früher Neuzeit und Gegenwart im Spannungsverhältnis von Regionalität und Lokalität und jene nach dem Verhältnis von Familie und Individuum im Spannungsfeld zwischen Adel, Adeligkeit und Individualität im Umbruch.

Der in bezug auf die Region nicht sehr entwickelte Forschungsstand[2], die materiellen Restriktionen für die Feldforschung und die Kürze dieses Beitrags bedingen Beschränkungen bei Datenerhebung und Darstellung: in regionaler Hinsicht bezieht sich die Analyse vornehmlich auf die Kreise Wangen, Waldsee, Saulgau, Riedlingen und die Orte Meßkirch, Erbach und Konstanz; in sozialer Hinsicht sind verschiedene Adelsgruppen vertreten: ein ehemals königliches Haus (Württemberg), nach der Mediatisierung regierende Fürsten (Hohenzollern-Sigmaringen), standesherrliche Familien in Fürsten- und Grafenrang, Freiherrn und Ritterschaftsbesitzer. Der niedere Adel ist in diesem Beitrag etwas unterrepräsentiert. Weil diese Auswahl weder regional noch sozial eine reine Zufallsprobe ist, noch auf einem (weil fehlenden) Gesamtüberblick beruht, sind die getroffenen Aussagen nicht im strengen Sinne repräsentativ. Sie scheinen vor dem Hintergrund, dass dieser Beitrag den ersten Versuch einer Typologie und diachronen Analyse oberschwäbischer Grabmäler darstellt, indes vertretbar.

CHARAKTERISTIKA DER OBERSCHWÄBISCHEN SEPULKRALLANDSCHAFT IN DER FRÜHEN NEUZEIT

Elemente einer Sepulkrallandschaft

In bezug auf wenigstens drei Phänomene kann vom frühneuzeitlichen Oberschwaben als einer einheitlichen Sepulkrallandschaft gesprochen werden. Ein erstes gleichsam regionales Phänomen ist die Reihe bedeutender Metall-Grabdenkmäler für Adelige des späten 15. und 16. Jahrhunderts – für Georg I. Truchseß von Waldburg in Waldsee (†1467), für Eitelfriedrich von Zollern in Hechingen (†1512), für Georg Graf zu Helfenstein in Neufra (†1573) sowie für die Grafen Gottfried Werner (Abb. 1) und Wilhelm von Zimmern in Meßkirch (†1554, †1594)[3]. Diese exzeptionellen Grabmäler dienten der Repräsentation der mit Kaiser und Reich eng verbundenen adligen regionalen Führungsschicht und hierarchisierten zugleich die im Grabmal zum Ausdruck kommende adlige Repräsentation – im wesentlichen noch vor jener Phase, in welcher die Zimmern, Fürstenberg, Hohenzollern, Waldburg-Wolfegg, Waldburg-Zeil ihre Renaissance-

1. Bronze-Epitaph für Gottfried Werner Graf von Zimmern (†1554). Meßkirch.

Vierkantschlösser (Meßkirch, Heiligenberg, Hechingen, Wolfegg, Zeil) bauten und diese die Hauptlast adliger Repräsentation trugen.

Das zweite ‚regionalisierende' Element der oberschwäbischen Adelsgräber ist die Repräsentation zahlreicher durch Erbteilung entstandener neuer Linien bzw. die Markierung von Besitzzuwächsen durch Grabmäler; dies führte zu einer intensiveren Durchdringung der oberschwäbischen Adels-

territorien mit Grabmälern. So finden sich bis heute beispielsweise frühneuzeitliche Grabmäler von Waldburgern u.a. in Waldsee, Wurzach, Wolfegg, Zeil, Dürmentingen und Kißlegg und auch in Scheer gab es eine Grablege[4]. Ebenso verewigten sich mit einem aufwendigen barocken Wandepitaph (ein Epitaph ist ein Erinnerungsmal in beliebiger Form mit einer einen Todesvermerk enthaltenden Grabschrift[5]) für Karl Friedrich Fürst von Fürstenberg-Meßkirch (†1744) die Nachfolger der Grafen von Zimmern in Meßkirch (Abb 2). Lange zuvor hatte dort ein Epitaph für die Eingeweide des Jacob Truchseß von Waldburg (†1589) ganz explizit dessen Eheverbindung mit einer Gräfin von Zimmern dokumentiert. Die soziale Integration der Region lassen auch die zahlreichen Epitaphien erkennen, welche die Wappen der adligen Ahnen zeigen (Ahnenepitaphien) und deren Betrachtung den hohen Grad verwandtschaftlicher Verflechtung des oberschwäbischen Adels deutlich macht.

Als drittes, nur bis zur Säkularisation wirksames, regionalisierendes Element lassen sich die zahlreichen Korporationsgrablegen selbst dann betrachten, wenn diese außerhalb der Grenzen Oberschwabens im engeren Sinne lagen: Äbtissinnen, Äbte, Domherren und Deutschordensritter ließen sich meist nicht bei der Familie bestatten, sondern am Sitz der Körperschaft, der sie angehörten. So entstanden Reihen oft repräsentativer Grabmäler, in denen der oberschwäbische Adel sehr stark vertreten war – zumal nicht selten Epitaphien mit den Wappen der adligen Ahnen Verwendung fanden. In der Deutschordenskommende in Altshausen, in zahlreichen Klöstern, in der Bischofskirche von Konstanz ist dieses Phänomen bis heute unübersehbar[6]. Hinzu kommt, dass in überregional relevanten Kirchen wie dem Konstanzer Münster oberschwäbische Adelige nicht geistlichen Standes bestattet wurden. In Konstanz besetzten so u.a. Angehörige derer von Speth, aber auch zahlreiche Angehörige der Truchsessen von Waldburg besonders prestigereiche Plätze der Kirche mit ihren durch die Wappen und Inschriften eindeutig zurechenbaren Grabmälern. Die Repräsentation regional bedeu-

2. Barockes Epitaph für Karl Friedrich Fürst zu Fürstenberg-Meßkirch (†1744). Meßkirch.

tender Familien wurde auf diese Weise in für das gesamte Reich relevanten symbolischen Räumen nachhaltig verankert.

Kaisernähe oberschwäbischer Adelsgrabmäler

Über die Region hinaus weisen nicht wenige Bestattungen oberschwäbischer Adeliger am Kaiserhof. Im prestigereichen Prager Kloster Strahov beispielsweise wurde der Reichsfreiherr Hans Christoph von Hornstein-Grüningen (†1606) als hochrangiger kaiserlicher Höfling beigesetzt (Abb. 3), woran in Grüningen stolz mit einem plastischen Grabmal – das ihn mit einer kaiserlichen Gnadenkette mit Kaiserporträt zeigt – erinnert wurde; in der Wiener St. Michaelskirche wurde unter einer großen Wappen-Grabplatte u.a. Johann Adam Humpis von Waltrams bestattet (†1616)[7]. In der Augustiner-Hofkirche, der prestigereichsten Adelsgrablege Wiens des 17. Jahrhunderts, wurden 1654 bzw. 1673 drei Kinder aus der Familie der Grafen von Königsegg bestattet – und dies sogar in der im Chorbereich gelegenen Gruft der Grafen von Waldstein –, im 18. Jahrhundert mehrere Fürstenberg; in der Franziskanerkirche im 18. Jahrhundert Joseph Graf zu Königsegg-Rothenfels, Inhaber des sehr prestigereichen Ordens vom Goldenen Vlies, hochrangiger kaiserlicher Militär und Minister (†1751)[8].

Dass die mit dem Kaiserhof in engem Kontakt stehenden Königsegg-Rothenfels gerade ein Kapuzinerkloster (Immenstadt) als Grablege wählten, könnte durch die Praxis des Hauses Habsburg inspiriert gewesen sein. Die traditionell engen Beziehungen des oberschwäbischen Adels zum Kaiser schlugen sich so nicht allein in der für die hochadligen Grablegen der Region typischen Betonung der Kaisernähe zumal in den Inschriften, sondern auch in Bestattungen in den Residenzen des Kaisers nieder; anders als in den urbanen Zentren am Rand der Region (Konstanz, Augsburg) wurde der oberschwäbische Adel in Grabmälern in Wien oder Prag jedoch nur marginal sichtbar.

Symbolische Dominanz des landsässigen Adels auf dem Land

Ein weiteres Charakteristikum der oberschwäbischen Sepulkrallandschaft ist der Umstand, dass innerhalb von Kirchen auf dem Land Konkurrenz verschiedener gleichzeitig lebender adliger Familien eine Ausnahme war[9]. Wohl auch deshalb

3. Grabdenkmal für Hans Christoph Reichsfreiherrn von Hornstein zu Grüningen, Höfling Kaiser Rudolfs II. (†1606), Grüningen.

etwa in Aulendorf und Königseggwald (Königsegg), in Erbach (von Ulm), in Grüningen (Hornstein), in Ratzenried (Humpis), in Scheer, Waldsee, Wolfegg oder Zeil (Waldburger Linien). Wo innerhalb von Kirchen Konkurrenz auftrat, so etwa in Kißlegg zwischen zwei Waldburger Linien, zog dies aufwendigere und in diesem Fall zudem demonstrativ über den Herrschafts-Choremporen angebrachte Epitaphien nach sich.

Möglicherweise wegen des lokal geringen Konkurrenzdrucks und auch wegen der statusklärenden stärkeren Differenzierung der Adelshierarchie im späteren 16. und 17. Jahrhundert sind aufwendige, ausladende, reliefierte, gar vollplastische und wandfüllende Epitaphien in Oberschwaben seit dem mittleren 17. Jahrhundert Ausnahmen, nachdem sie im 16. Jahrhundert im insgesamt gesehen moderaten Feld (Abb. 4) noch häufiger waren ... (z.B. Sirgenstein in Amtzell, Schellenberg in Kißlegg, Jacob Truchseß von Waldburg-Wolfegg in Wolfegg, zahlreiche Beispiele bei den Speth in Zwiefaltendorf).

Die Grabmäler für Angehörige des niederen Adels, die nicht über eine Patronatskirche auf dem Land verfügten, also auf ein Begräbnis auf den Gottesäckern oder aber in Kirchen fremder Trägerschaft angewiesen waren, stellten in der Regel schon aufgrund der meist einfacheren Gestaltung selbst dann, wenn sie mit Grabmälern des höheren Adels einen Aufmerksamkeitsraum teilten, keine gleichrangige Konkurrenz dar. Grabmäler dieser Gruppe finden sich besonders häufig in oder an Kirchen (wegen der häufigen Ortsveränderungen von Grabmälern lässt sich der ursprüngliche Standort, der mitunter auch der Friedhof gewesen sein kann, oft nicht feststellen) im Patronat verschiedener Linien der Truchsessen von Waldburg: Beispiele sind Epitaphien für den Ritter Johann Wilhelm Bosch (†1727), einen Waldburg-Wolf-

fehlt in Oberschwaben eine Logik des Überbietens durch immer aufwendigere und kunstvollere Grabmäler, wie sie in von Konkurrenz geprägten Kirchen bzw. Städten wie Rom, Wien oder London die Regel war[10]. Vielmehr fungieren Grabmäler oft als eher beiläufiges Element einer repräsentativen Gesamtheit, die von (Patronats-)Kirche[11] und Schloss bzw. Stadt gebildet wird, so

4. Epitaph für Wolf von Schellenberg (†1559) und seine Gemahlin Regina, geb. Maxlrain (†1554). Kißlegg.

eggschen Rat und Präfekt in Kißlegg, zudem Inhaber eines Amtes der Ritterschaft; zwei an der Kirche im Ort unterhalb der Waldburg für die adlige Katharina von Schlicht (†1694?) als Gattin des „Präfekten" in Waldburg und eines, das ihrem Mann zuzuschreiben sein dürfte; eines im Ort Unterzeil für Johann Heinrich Ignaz von Holzingen (†1664), einen Sohn des „Consiliarii, et Supremi Præfecti in Zihl" Heinrich Ludwig und der Helena Ehinger von Balzheim. Diese Grabmäler verdeutlichen die ungleich bescheideneren Möglichkeiten des Niederadels. Sie verweisen zugleich auf den Aufstieg in den niederen Adel – hatten die Waldburg-Zeil doch das Nobilitierungsrecht[12]. Mit den Epitaphien der niederadeligen Dienstleute vergleichbar sind solche (noch) nichtadliger Amtleute in Waldburger Diensten (Scheer, Hohentengen). Ähnliches findet sich auch bei den Zollern, so ein Grabmal für die Gattin (†1762) des Reichsritters Staader von Adelheim in der Heiligkreuzkapelle in Hechingen[13].

Verschiebungen im Gefüge der Repräsentation im 18. Jahrhundert

Im 18. Jahrhundert veränderten – über die nun schon älteren Schlossneubauten hinausgehend – einige Kirchenneubauten das Gefüge der adligen Repräsentation, und dies meist zulasten der Repräsentation durch Grabmäler. Besonders ausgeprägt war dies in den Kirchen Waldburger Linien in Wurzach und Wolfegg. Dort wurden Angehörige unabhängig vom Ort ihrer Grablege lebend in Deckengemälden dargestellt; ähnlich verhält es sich in der St. Anna-Kapelle in Haigerloch bei den Hohenzollern. Das Deckengemälde erlaubt einen kreativeren Umgang mit Genealogie und Geschichte der Familie und damit Formen ihrer Darstellung als Verband, Formen, welche meist an tatsächliche Bestattung gebundenen Grabdenkmäler nicht zulassen. Alte Grabmäler wurden bei grundlegenden Umbauten nur ausnahmsweise erhalten; in Wolfegg betraf dies Epitaphien zwei bedeutsamer Personen, die aber an schlecht sichtbarer Stelle neu aufgestellt wurden: dasjenige für den Erbauer des Renaissance-Schlosses (Jacob Truchseß von Waldburg, †1589 und Familie), und das für den ersten Stifter der Wolfegger Kirche (Johann von Waldburg-Sonnenberg, †1510 und Ehefrau); dies verdeutlicht die an der herausragenden Bedeutung der Individuen für die Familie orientierte selektive Erhaltung älteren Repräsentationsgutes[14]. In den Neubauten mussten sich Grabmäler dem architektonischen Konzept stilistisch unterordnen. Beispie-

5. Klassizistische Epitaphien für (von links): Franz Konrad Joseph Xaver Freiherr von und zu Ratzenried (†1813), mit dem die Linie erlosch (gestürztes Wappen), Johann Philipp Joseph Freiherr von und zu Ratzenried (†1785), Freifrau Maria Ursula von Ratzenried (†1815), geb. von Beroldingen, Gemahlin des Johann Philipp von Ratzenried. Ratzenried.

le sind die zwei Epitaphien neben dem Hauptaltar in der Wolfegger Kirche oder das Epitaph für den Kirchenneubauer recht hoch oben im Chor der Wurzacher Kirche. In der Zeiler Kirche sind die vormodernen Epitaphien sogar nur vom inneren Chor aus sichtbar, von den beiden Rahmen wird nur einer für ein Grabmal genutzt. Insgesamt gesehen ist bei den Truchsessen von Waldburg, aber auch einigen anderen adligen Familien im 18. Jahrhundert ein nachlassendes Interesse an neuen Grabmälern zu konstatieren[15].

Dagegen standen in der Mitte des 18. Jahrhunderts mehrere Herzbestattungen, die in das absolutistische Konzept raumgreifender und zugleich sakrallandschaftlicher Repräsentation eingebunden scheinen: So erinnert ein Epitaph an die Beisetzung des Herzens des Grafen Joseph Wilhelm Eusebius von Waldburg-Friedberg-Trauchburg-Scheer (†1756) in der Loretokapelle in Dürmentingen[16], ein anderes an die Herzbestattung des Ferdinand Ludwig Graf von Waldburg-Wolfegg (†1735) in der von ihm erbauten Loretokapelle in Sichtweite von Schloss und Kirche Wolfegg; die

Herzbestattung gerade in Loretokapellen verweist wiederum auf das Vorbild der Habsburger, die seit Ferdinand IV. (†1654) ihre Herzen zumeist in der Loretokapelle in der Wiener Augustinerkirche beisetzen ließen.

Kontinuität von Grabmalsetzung im Kirchenraum dagegen findet sich bei anderen gräflichen und freiherrlichen Geschlechtern, so bei den Grafen von Königsegg-Aulendorf, den Freiherrn (Humpis) von Ratzenried, bei den Ulm-Erbach (Erbach), bei den Speth von Zwiefalten-Gammertingen (Abb. 5)[17].

ENTWICKLUNGSPFADE SEIT 1800

Mit der Säkularisation fand die den regionalen Adelsverband verdeutlichende Bestattung in den geistlichen Korporationsgrablegen ein Ende. Mit dem Ende dieser Korporationen, deren Mitgliedschaft adlige Abstammung voraussetzte, entfiel zugleich das für den freiherrlichen bzw. ritterschaftlichen Adel noch im 18. Jahrhundert vorhandene Motiv, Grabmäler als Ahnenepitaphien zu gestalten und damit die stark regional orientierten adligen Heiratskreise[18] mittels der Wappen der adligen Ahnen im Kirchenraum zu visualisieren. Oberschwaben büßte nach 1800 somit die bis dahin ‚regionalisierenden' Merkmale ein. Insofern als die Mediatisierung den oberschwäbischen Adel (mit Ausnahme der Hohenzollern) zu württembergischen oder bayerischen Untertanen gemacht hatte, wurden Inschriften, welche vormals den reichsfreien Status betont hatten und mit ihm Ämter am Kaiserhof, in Reichsbehörden, im Schwäbischen Reichsgrafenkollegium usw. nunmehr prekär, war doch der neue herabgeminderte Stand weder wohlgelitten noch im Kontext von Grabmälern als repräsentabel aufgefasst. Nur zaghaft wurde nach der Mediatisierung, und dies eher im niederen Adel, auf Ämter in königlich württembergischen oder bayerischen Diensten verwiesen. Vor diesem Hintergrund schlugen Familien mit eigenen Grablegen nunmehr konsequent drei, teils bereits etwas vorbereitete Hauptpfade ein: den des Ausstiegs aus der Setzung von Grabdenkmälern, den der Wanderung – im Idealfall von der Gruft über das Mausoleum auf den Friedhof – und schließlich als Ausnahme den der Kontinuität der Epitaphsetzung in der Kirche.

Rückzug

Gerade die in ihrem Ehrgefühl am stärksten von der Mediatisierung getroffenen Adeligen zogen sich am stärksten von der Repräsentation durch Grabmäler zurück. Die Waldburg-Wolfegg und Waldburg-Zeil-Trauchburg setzten ihren Angehörigen trotz der fortgesetzten Bestattung in den Kirchengruften in ihren Kirchen bis in die Gegenwart grundsätzlich keine Grabmäler mehr. Ausnahmen sind spärlich: zwei kleine klassizistische Epitaphien erinnern an drei in der ersten Hälfte des 19. Jahrhunderts frühverstorbene Kinder, ein Monument im Stil eines Grabmals im Landschaftsgarten nahe der Zeiler Kirche an Constantin Fürst Waldburg-Zeil-Trauchburg (†1862) (Abb. 6). Ähnlich zurückhaltend operierten die Waldburg-Wolfegg-Wurzach; erst in Anbetracht des Erlöschens der Linie wurden 1895 neben dem Hauptaltar der Wurzacher Kirche die dort bestatteten Angehörigen auf zwei nachträglich angebrachten Epitaphien verewigt. Die Fürsten von Waldburg-Wolfegg verschlossen vor wenigen Jahren eine der beiden Gruftanlagen in der Wolfegger Kirche[19]. Ein anderer Gruftraum indes wird seit dem 19. Jahrhundert genutzt und wurde erst unlängst erweitert. In diesem freilich öffentlich nicht zugänglichen Raum geben Inschriften auf den Sargnischen Auskunft über Bestattete. Hinzu kommen Tafeln für zahlreiche außerhalb der Gruft bestattete Angehörige. Auch die Grafen von Königsegg-Aulendorf gehören in diese Gruppe. Sie installierten im 19. Jahrhundert mitten in ihrer Grabkapelle in der Aulendorfer Kirche eine mit dem Wappen gezierte

6. Denkmal mit Epitaph für Fürst Constantin Waldburg-Zeil-Trauchburg (†1837). Zeil.

Wappen in der breiten Metalltür, die zu dem ebenerdigen Anbau im Westen der Kirche führt, verweist auf die Württemberger[20].

Wanderungen: Mausoleen und Friedhöfe

Üblicher als dieser Rückzug aus dem öffentlichen Raum war die Verlagerung der Grablege aus der Familiengruft hinaus. Die erste Variante waren Mausoleen, in Deutschland eine seit dem 18. Jahrhundert immer beliebtere Alternative zur Gruft[21]. Beispiele in Oberschwaben sind ein Mausoleum des frühen 19. Jahrhunderts für drei Königsegg-Aulendorf[22] auf dem Friedhof in Kißlegg und ein neoromanisches von 1904 für die Erben der 1813 erloschenen Freiherrn Humpis von Ratzenried, die Grafen Beroldingen und einige mit diesen verwandten Waldburg-Zeil in Ratzenried (Abb. 7). Beide Mausoleen nehmen – sie sind jeweils auch die einzigen – auf den Friedhöfen Lagen ein, die den sozialen Vorrang der Familien zum Ausdruck bringen.

7. Mausoleum der Grafen Beroldingen und Angehöriger, 1904. Ratzenried.

metallene Gruftplatte mit einer Kollektivinschrift für sämtliche Angehörigen: „Hic / expectant diem / resurrectionis / Comites et Comitissae / de / Königsegg-Aulendorf" (Hier erwarten den Tag der Auferstehung die Grafen und Gräfinnen von Königsegg-Aulendorf), und errichteten dort seither mit nur einer Ausnahme (s.u.) keine Epitaphien mehr.

Ähnlich verhält es sich mit den nicht mediatisierten Hohenzollern. Zwar bauten die Hohenzollern 1889 die Hedinger Kirche unweit von Stadt und Schloss Sigmaringen zu einer an der italienischen Renaissance orientierten Grabeskirche um, in der neben einer Gruft mit älteren freistehenden Särgen eine achteckige Gruft mit durch beschriftete Steinplatten verschlossenen Sargnischen errichtet wurde; im Innenraum der Kirche aber ist nur ein einziges neueres Epitaph zu sehen (s.u.). Ebenso fehlt im Kirchenschiff der ehemaligen Deutschordenskirche in Altshausen jeder individualisierende Hinweis auf die dort 1928 eingerichtete Grablege des ehemals regierenden königlichen Hauses Württemberg; lediglich ein

In der Nähe von Schloss und alter Grabkirche bauten die Freiherren von Hornstein in Grüningen 1832 einen mausoleumsartigen Raum an eine ältere Kapelle an; darin wurden später acht gleichartige längliche Holztafeln mit Wappen und knapper Inschrift aufgehängt, für neun zwischen 1831 und 1945 verstorbene Personen (Abb. 8); hinzu kam ein neugotischer Stein für einen 1867 verstorbenen Angehörigen; nach 1936 wurde zudem das oben erwähnte Grabmal des in Prag bestatteten Hofmarschalls (†1606) aus der Kirche dorthin verbracht[23]. 1884 kam auf der anderen Seite des Ortes eine kleine, üppig mit Wappen dekorierte Kapelle (aber ohne Grablegenfunktion) hinzu, deren Ausstattung gleichwohl an annähernd 20 Familienmitglieder vom 13. bis ins 18. Jahrhundert erinnert. Nach Auskunft eines Nachbarn „auf eigenen Wunsch" erfolgten in jüngerer Vergangenheit zwei Bestattungen auf dem Friedhof, indes unmittelbar neben dem mausoleumsartigen Anbau von 1832. Das Grabmal ist ein Holzkreuz mit eingeschnitzten Namen und Familienwappen[24].

Diese Verlagerung auf den Friedhof vollzogen andere unmittelbar. Auf dem Friedhof von Kißlegg ließ sich Eberhard, der letzte Fürst von Waldburg-Zeil-Wurzach (†1903), mitsamt seiner zweiten Frau, einigen Kindern und Anverwandten bestatten. Grabmäler sind ovale Metallplatten mit Wappen. Auf dem Friedhof in Kißlegg wurden in jüngerer Vergangenheit Johannes Graf von Waldburg-Wolfegg-Waldsee (†1966), seine Ehefrau (†2002) und ein Sohn (†1968) bestattet. Die Grabsteine weichen stilistisch von den übrigen des Friedhofs deutlich ab, tragen aber kein Wappen. Beide Grabfelder sind mit Pflanzenbewuchs zusammengefasst und separiert, in beiden steht ein überdachtes großes Kreuz mit Gekreuzigtem, beide liegen am hochgelegenen Friedhofsrand links und (etwas abseits) rechts vom älteren Mausoleum und bilden zusammen mit dem hierher verlagerten Friedhof des alten fürstlichen Spitals, an welches ein Monument und zahlreiche Grabsteine erinnern, einen gemeinsamen Bereich. Ein strukturell ähnliches Beispiel aus dem Westen Oberschwabens ist das Familiengrab einiger Freiherren von Bodman auf dem Friedhof von Zwiefaltendorf (Abb. 9). Auch dieses weist ein überdurchschnittlich aufwendiges, überdachtes Holzkreuz mit Gekreuzigten auf, auch hier ist das Wappen eingeschnitzt. Zwar auf christliche Symbolik, nicht aber auf das Wappen verzichtet das pyramidale Grabmal des Schriftstellers Emanuel von Bodman (†1946) in Tägerwilen im Schweizer Kanton Thurgau[25].

8. Holztafel-Epitaphien für Freifrau Sidonia (†1831), Freiherr Honorius (†1838) und Freiherr Rudolf (†1922) von Hornstein-Grüningen im mausoleumsartigen Kapellenanbau. Grüningen.

Grabmäler des oberschwäbischen Adels 1500 – 2000

9. Grabstätte, Freiherren von Bodman, 20. Jahrhundert. Zwiefaltendorf.

Kontinuität im Kirchenraum

Breite Kontinuität der Grabmalsetzung bis in die Gegenwart findet sich in den untersuchten Fällen nur bei den Freiherren von Ulm in Erbach. Im Chor des barocken Neubaus einer älteren Kirche finden sich zahlreiche Epitaphien für Angehörige der Familie seit dem 17. Jahrhundert. Zuletzt wurden Inschriften für Eberhard (†1987) und Bertha (†1991?) auf zwei roten polierten Steinen gesetzt, die das Nachtragen weiterer Namen erlauben. Als auf Publizität ausgerichtet erscheint ein außen an der Kirche neben dem Gruftabgang angebrachtes Epitaph für Maximilian Johann Reichsfreiherr von Erbach und Donaurieden (†1929) der, wie das Grabmal deutlich hervorhebt, „Ehrenbürger der Gemeinde Erbach" war; beides weist auf hohe Akzeptanz und Popularität der Freiherren von Ulm in ihrer politischen Gemeinde hin. Gewisse Kontinuität markiert auch das Epitaph für die letzten Freiherren von Speth zu Ehestetten und Zwiefaltendorf (Maximilian, †1856, Ehefrau Mathilde, *1812, deren Sohn Max Josef, *†1836) mit Hinweis auf die überlebende Tochter, eine „Ordensfrau / in Chile" (*1837) in Zwiefaltendorf.

Auch die Hohenzollern-Sigmaringen gaben in der zweiten Hälfte des 20. Jahrhunderts die Bestattung in ihrer Hedinger Gruftanlage auf und errichteten im Kreuzgang des ehemaligen Hedinger Klosters Wandnischengräber mit beschrifteten Steinplatten. Auch hier ist eine Tendenz zur Bestattung im Freien beobachtbar: so ließ sich Margarita Fürstin von Hohenzollern (†1996) auf eigenen Wunsch außen neben der Kirche im Grünen bestatten (Abb. 10). Eine große im Gras liegende Platte mit Kreuz und Inschrift erinnert daran ebenso wie die friedhofsübliche Bepflanzung. Wieder gibt es ein (steinernes) Kreuz mit Wappen und dem (hier aus Metall gefertigten) Gekreuzigten.

FAMILIE UND INDIVIDUALITÄT

Im folgenden sollen die frühneuzeitlichen und modernen Adelsgrabmäler im Hinblick auf die für die Konstitution von Adel in der Vormoderne unstreitig – möglicherweise aber auch für „Adeligkeit" in der Moderne – wesentliche Repräsentation des Familienverbands befragt werden. Hierfür sind zunächst einige wichtige Randbedingungen zu skizzieren. In der Regel sind die vormodernen Grabmäler Oberschwabens deutlich in familiäre Kontexte eingebettet: zum einen durch den regelmäßig gegebenen räumlichen Kontext der Familiengrablege, zum andern oftmals in Form von Grabmälern für Ehepaare, die

10. Grabstätte der Margarita Fürstin von Hohenzollern (†1996). Sigmaringen.

teils auch Kinder nennen. Im 16. und frühen 17. Jahrhundert sind aufwendige Epitaphien für Ehegatten häufig anzutreffen (u.a. in Aulendorf, Kißlegg, Wolfegg, Zwiefaltendorf). Betont einzeln-individuelle Adelsgrabmäler scheinen in der Region ihre hohe Zeit erst im späteren 17. und im 18. Jahrhundert zu haben; im 19. und 20. Jahrhundert repräsentierten Grabmäler in Mausoleen und auf Friedhöfen wieder verstärkt die einzelnen als Ehepartner; dies zeigen u.a. das o.g. Eheleute- bzw. Kernfamilienepitaph in Zwiefaltendorf (verm. nach 1897), das Eheleute-Holzkreuz für die Hornstein in Grüningen (†1995, †1948) (Abb. 11), die Ulm-Erbach-Epitaphien in Erbach (Max Marquard und Philippine (†1864, †1886), Maximilian und Helene (†1929, †1927), Eberhard und (Bertha †1987, †1991?), der gemeinsame Grabstein für Graf Johannes und Gräfin Franziska Waldburg-Wolfegg-Waldsee (†1966, †2002), oder die Eheleute-Inschriftentafeln im Mausoleum der Beroldingen und Waldburg-Zeil in Ratzenried aus dem 20. Jahrhundert. Dort wird paradigmatisch das kanonische Recht zitiert: „Quos / Conjunxit / Unum Conjugium, / Conjungat Sepulcrum." (Die eine gemeinsame Ehe verband, die soll das Grab verbinden)[26]. Selbst dort, wo jeder Verstorbene ein Grabmal erhielt, wie im Gräberfeld der Waldburg-Zeil-Wurzach aus dem späteren 19. und früheren 20. Jahrhundert in Kißlegg, verweisen zwei Allianzwappen auf die Ehe. Im Grüninger Mausoleum findet sich unter den Individualtafeln erst spät eine Eheleutetafel (†1920, †1945). Die Eltern und die Ehe nennen kontinuierlich seit dem 19. Jahrhundert bis in die Gegenwart die Sargnischentafeln in der Wolfegger Gruft, etwas weniger genealogische Informationen geben jene der Hohenzollern in Sigmaringen[27]. Eine dritte Dimension der familiären Einbettung liegt in der oft ostentativen genealogischen Botschaft vieler frühneuzeitlicher Grabdenkmäler, welche häufig als Ahnenproben-Epitaphien gestaltet sind[28]. Obschon die unstreitig konsolidierten Familien seit dem 17. Jahrhundert dem großen genealogischen Apparat immer weniger Gewicht beimessen und dieser sich nur mehr bei den Freiherren bzw. Rittern – bis zur Säkularisierung und dem Wegfall der adlige Ahnen voraussetzenden Domherren- und ähnlichen Stellen – hält, verzichtet doch bis in die jüngste Gegenwart kaum ein öffentlich zugängliches Grabmal, und sei es aus Holz, auf den Wappenschild; Ausnahmen sind die Grabsteine der Waldburg-Wolfegg-Waldsee auf dem Kißlegger Friedhof (†1966, †1968, †1975, †2002), das o.g. Epitaph des Ehrenbürgers von Erbach und seiner Frau (†1929, †1927) und ein Epitaph für einen gefallenen Grafen von Königsegg-Aulendorf (†1942) (Abb. 14). Auf den Sargnischentafeln in der Wolfegger Gruft tritt das Wappen seit 1989 gar erst auf.

Grabmäler des oberschwäbischen Adels 1500 – 2000

11. Grabstätte der Maria Sidonia Freifrau von Hornstein (†1995) und des Hans Christoph Freiherr von Hornstein (†1948). Grüningen.

Das Formenrepertoire der familiären Einbindung impliziert freilich die Möglichkeit des Ausschlusses, sei es durch fahrlässiges Dem-Vergessen-Anheimgeben, sei es durch bewusste Erinnerungsnegation. Manche Adelsgräber sucht man lange vergebens, etwa solche nichtstandesgemäßer Eheleute und Nachkommen. Der in Grabdenkmälern repräsentierte Familienzusammenhang erweist sich so als konstruiertes, gewünschtes Bild der Familie.

Einzelgrabdenkmal und Serialität

Vor diesem Hintergrund stellt sich die Frage, wer ein Grabmal erhielt (und wer nicht), in einem Bezugsrahmen, der Familie und Individuum nicht gegeneinander setzt, sondern die wechselseitige Funktion reflektiert. Ein Einzelgrabmal im Kirchenraum wurde noch im 18. Jahrhundert in der Regel nur einem in der einen oder anderen Weise besonders bedeutenden Angehörigen zuteil. Vier Typen von Bedeutungsschichten seien im folgenden unterschieden. Eine erste solche Bedeutungsschicht konnte darin liegen, dass die Person die adlige Dignität bzw. den adligen Rang gefördert oder gehoben hatte, etwa durch eine Standeserhöhung, prestigereiche Ämter, Besitzmehrungen oder hochrangige Eheschließungen[29]. Daneben ist auf die Eigenständigkeit der adligen Frau in der Repräsentation des Grabmals hinzuweisen[30]; allerdings scheinen seit dem Ende des 17. Jahrhunderts gesonderte Frauengrabdenkmäler in Oberschwaben etwas rückläufig zu sein[31]. Zum dritten ist zu betonen, dass es im gesamten Zeitraum eine eigene Bewandtnis mit den vielen Grabmälern für Kinder hat[32]; in der Zeiler Patronatskirche der Waldburg-Zeil-Trauchburg etwa sind die beiden Epitaphien für drei Kinder bzw. Jugendliche (†1803; †1840, †1842) gar als einzige Grabmäler vom Kirchenschiff aus sichtbar.

Exemplarisch für die vierte Bedeutungsschicht steht das Grabmal für Joseph Hermann Graf von Königsegg-Aulendorf (1785 – 1799), der, wie die Inschrift betont, der Erstgeborene war. Es lenkt die Aufmerksamkeit darauf, dass diese Familie (nur) im 18. Jahrhundert *allen* Familienoberhäuptern ein individuelles Grabdenkmal setzte: dem Franz Maximilian (†1710), dessen Sohn Karl Seyfried (†1765), dessen Sohn Hermann Friedrich (†1786), dessen Sohn Ernst (†1803) und dessen Sohn Joseph Hermann (†1799). Eigene Epitaphien für Frauen fehlen im 18. Jahrhundert. Hierin zeigt sich eine selektive Serialität an, welche die erinnernswürdige Bedeutung in den Chefs der Familie sieht. Zwar wurde der Leistungskatalog der ersten Bedeutungsschicht von diesen erfüllt, für jene spezifische selektive Serialität aber sprechen zwei weitere Befunde: Andere Familienmitglieder wichen an einen anderen Ort aus, so wurde der Generalfeldzeugmeister Alexander Eusebius Graf von Königsegg-Aulendorf (†1786), ein Bruder des Erbgrafen Hermann Friedrich (†1786) im Kißlegger Mausoleum bestattet und erhielt dort ein kunstvolles Epitaph; dort ist u.a. auch ein nachgeborener Sohn des Erbgrafen Hermann Friedrich bestattet (Alois, †1840). Trotz einer bestehenden Familiengrablege wichen also Angehörige an einen Ort aus, der ihnen die Setzung von Grabmälern gestattete. Das zweite Argument für eine gerade die Familienchefs hervorhebende Serialität des 18. Jahrhunderts ist die spätere Anbringung von zwei pyramidenförmigen klassizistischen Holztafeln oben in der Kapelle. Auf der einen sind zwölf Freiherren von Königsegg verzeichnet (†1380 - †1663), auf der anderen die Reichs*grafen* von Königsegg mit Gemahlinnen (†1666 - †1811); nachträglich wird also die durch die Epitaph-Serie gebildete Linie in die Vergangenheit verlängert (Abb. 12).

Diese im 18. Jahrhundert und jene um 1800 hergestellte Serie verweisen auf – verschiedene Typen von – Serialität als zentrales Element adliger Selbstbeschreibung[33]. Dem patrilinearen Typus mag man auch die von den Hornstein 1884 in Grüningen erbaute Kapelle zurechnen, in welcher an insgesamt 14 männliche Vorfahren seit dem 13. Jahrhundert und im Deckengemälde an drei weitere Hornstein, darunter zwei angeheiratete Hornstein (geborene Gräfinnen) des 17. und 18. Jahrhunderts erinnert wird. Dagegen stellt die Serie von zwölf um 1700 in der Kirche von Kißlegg angebrachten quadratischen Epitaphien die Schellenberg als eher synchronen Familienzusammenhang dar – zu einem Zeitpunkt, als das Erlöschen in der männlichen Linie wohl absehbar war; sehr ähnlich verhält es sich mit den beiden 1895 angebrachten Sammelepitaphien der Waldburg-Zeil-Wurzach in Wurzach; auch hier war das Erlöschen der Linie absehbar.

Davon zu unterscheiden sind jene gleichsam ‚echten' (und ansatzweise) ‚vollständigen' Serien, welche im 19. und 20. Jahrhundert durch jene Neuerung entstehen, dass dort, wo überhaupt Grabmäler gesetzt wurden und werden, in der Regel jede Person ein Grabmal erhält. Beispiele sind die Waldburg-Wurzach- bzw. Waldburg-Wolfegg-Waldsee-Gräberfelder in Kißlegg, die Grabstelen-Inschriften der Bodman in Zwiefaltendorf, die Holztafeln der Hornstein im Grüninger Mausoleum, die Sargnischentafeln der Hohenzollern in Sigmaringen und der Waldburg-Wolfegg in Wolfegg und andere mehr. Diese ‚echten' Serien repräsentieren zwar jede bestattete Person, sie schildern diese jedoch sparsamer als wohl je zuvor – was das verbindende Element Familie um so stärker betont. Serialität ist bis in

12. Eines von zwei Sammel-Epitaphien für die Freiherren sowie die Gräfinnen und Grafen von Königsegg, um 1811. Aulendorf.

13. Gedenktafel an der Sargnische in der Wolfegger Gruft für Marie Sophie Gräfin zu Waldburg-Wolfegg und Waldsee († 1989).

die Gegenwart ein fast durchgängiges Element adliger Bestattung. Freilich verändern sich die Konstituenten der Serien, in ungefähr dieser, Überschneidungen zulassenden Folge: a) adlige Ahnen beiderlei Geschlechts (Ahnenproben-Epitaph), b) bedeutsame Leistungen, c) Familienchefs, d) patrilinear dominierte Linie, e) Familienzugehörigkeit an sich.

Kohäsion, Person, Durchbrechungen serieller Ordnung

Drei Aspekten der Serialität in der Moderne möchte ich noch nachgehen. Viele adlige Familiengrablegen gewährleisten insbesondere im 19. und 20. Jahrhundert zahlreiche tatsächliche Bestattungen und dabei einen hohen Grad familiärer Kohäsion. Familiengrablegen tragen so bis heute dazu bei, Familien als solche zu grundieren[34]. Das zeigt sich deutlich an zwei Aspekten: Überführungen nach Sigmaringen beispielsweise gab es im 19. und früheren 20. Jahrhundert aus Berlin, Bologna, Brüssel, Cannes, Freiburg, Gasthausen bei Brünn, Königinhof bei Königgrätz, München, Muri in der Schweiz, Namedy und Neckarhausen, im weiteren Verlauf des 20. Jahrhunderts aus Hechingen, Kanada, Landsberg am Lech, München, Tübingen. Der zweite Aspekt: Sehr viele Nachkommen des Fürsten Franz Xaver von Waldburg-Wolfegg (1833 – 1906) sind in der Wolfegger Gruft bestattet, wobei hauptsächlich verheiratete Töchter mit ihren neuen Familien aus dem ‚Bestattungsverband' ausscheiden. Wer – überwiegend von den männlichen Nachkommen – nicht in Wolfegg bestattet wurde, auf den indes verweist recht wahrscheinlich eine Gedenktafel in der Gruft[35]. Auch die Waldburg-Wurzach des 19. Jahrhunderts liegen zu einem sehr großen Teil in der Wurzacher Kirche oder auf dem Kißlegger Gräberfeld[36]. Bedeutsam für „Adeligkeit" in der Moderne wird die im Vergleich zu bürgerlichen Gräbern überdurchschnittliche Kohäsion von Bestattungen mindestens dreifach: sie weist dem Familienverband einen festen Ort zu, sie weist in der Regel seriell gestaltete Grabmäler auf, sie schafft einen über lange Zeiträume hinweg identischen Ort besonderer sozialer Vergemeinschaftung bei Bestattungen und liturgischer Memoria. Feststellbar ist, dass auch dort, wo religiöse Symbolik im Grabmal ausdünnt, bis in die Gegenwart fortgesetzte liturgische Memoria eher für Formwandel religiöser Praxis als für Säkularisierung als eindimensionale Verlustgeschichte spricht: So fehlt auf jüngeren Sargnischentafeln in Wolfegg zwar ein Kreuz, gleichwohl aber werden Jahrgedenktage begangen.

Die moderne Serialität bei Grabmälern geht einher mit einer drastischen Reduktion der angegebenen Personenmerkmale. Auch die meisten modernen oberschwäbischen Adelsgrabmäler erinnern „in ihrer Beschriftung an Karteikarten"[37], wobei die neuzeitliche Tendenz zu ganz erheblicher Reduktion (knappe Namensform, Lebensdaten, meist Geburts- und Sterbeort, seltener Angabe der Eltern) geht[38] (Abb. 13). Die Gründe für diese ‚karteikartenmäßige Serialität' der Inschriften wird man ob der oft ostentativen Katholizität des oberschwäbischen Adels weniger in einer „Sprachlosigkeit vor dem Tode in einer säkularen, nachchristlichen Gesellschaft"[39] suchen, sondern einerseits in der – ungern repräsentierten – Statusminderung der Mediatisierung, andererseits im romantischen Konzept von Personalität, welche als wesentliches Merkmal des Menschen seine Unfassbar- und Unbegreiflichkeit sah: Auch noch so detaillierte Inschriften können ein so verstandenes Individuum nicht treffend charakterisieren[40]. Von daher sind mehr als Name und Lebensdaten und vielleicht noch eine innig-trauernde Bezugnahme von Angehörigen gerade bei von der Romantik berührten Personen nicht zu erwarten, wie es Denkmal und Inschrift für Constantin von Waldburg-Zeil und die Zeiler Kinderepitaphien zeigen. Grabmäler kehren später zur intensiven sprachlichen Personenbeschreibung nicht zurück. Verstärkend wirkt zudem die oft traditionsbildende formale Einheitlichkeit innerhalb der Grabmalserien – die, einmal installiert, im engeren räumlichen Kontext wenn überhaupt, dann nur ausnahmsweise modifiziert werden.

Fast durchweg der Einordnung in formale Serialität enthoben sind in der Moderne im Krieg gefallene Familienangehörige, sogar dort, wo im 19. und 20. Jahrhundert keine oder kaum noch Individualgrabdenkmäler im Kirchenraum gesetzt wurden. Zu nennen sind ein Epitaph für Leopold Josias von Hornstein (†1812), der beim Russlandfeldzug „in der furchtbaren Kälte" umkam, ein unübersehbares Epitaph in der Hedinger Kirche für Anton Egon Carl Josef Prinz von Hohenzollern (†1866), der bei Königgrätz „DEN HELDENTOD" fand, ein Epitaph in Aulendorf für Carl Seyfried Franz Xaver „Erbgraf" von Königsegg-Aulendorf, der 1942 in Russland fiel („GEF.")[41]. Nicht öffentlich in der Wolfegger Gruft wird auf einer Erinnerungstafel Friedrichs Graf Waldburg-Wolfegg (†1916), der „den Heldentod bei Rancourt" erlitt, gedacht, auf einer Sargnischenplatte an Georg Graf Waldburg-Wolfegg-Waldsee (†1916), der „den Heldentod" in Russland starb, erinnert.

Allerdings sind selbst die „karteikartenmäßigen" Inschriften der Moderne und Gegenwart komplex und bieten mit dem symbolischen Gehalt der Materialien, der Typographie, der Situierung und auch der Inschriftentexte Aufschlüsse für das Verständnis von „Adeligkeit"[42]. Einige Beispiele: So ist auffällig, dass bei vielen Grabdenkmälern des 19. und 20. Jahrhunderts der Vorname typographisch besonders betont wird. So steht auf dem Friedhof von Kißlegg beispielsweise zu lesen: „FRIEDRICH / Graf Waldburg / zu Wolfegg / und Waldsee […]" (†1966), ähnlich ist es u.a. in den Mausoleen der Hohenzollern-Sigmaringen oder der Gruft der Waldburg-Wolfegg. Dies darf durchaus als Betonung von Individualität verstanden werden. Während in der Frühen Neuzeit akademische Grade trotz Studiums standeshalber oft

14. Epitaph für Carl Seyfried Franz Xaver Graf von Königsegg-Aulendorf (†1942). Aulendorf.

nicht formell erworben wurden, finden sich Hinweise, dass sie mit der Adelsqualität und adliger Erinnerung im 20. Jahrhundert vereinbar geworden sind: In der Wolfegger Gruft erinnert eine Tafel an den 1966 verstorbenen „JOHANNES / NEPOMUK GRAF WALDBURG-WOLFEGG / Dr. phil. – St. Georg Ordensritter […]"; in Zwiefaltendorf auf dem Friedhof heisst es in zwei Inschriften „DR. JUR. RUDOLF J. FREIHR.V.U. ZU BODMAN […]" (†1926) und „DR. MED. J. FRANZ / FREIHR.V.U. ZU BODMAN […]" (†1945). Aufschlussreich ist hier zudem die Abkürzung des Adelsprädikats, welche bei späteren Inschriften (†1998, †2000) wieder zu „FREIHERR / VON U. ZU BODMANN" aufgelöst ist. Attribute wie „erlauchtig", „durchlauchtig" oder „hochwohlgeboren" sind seit dem 19. Jahrhundert auf dem Rückzug und haben das 21. Jahrhundert wohl nicht erreicht[43]. Das „Hochwohlgeboren", das im 19. Jahrhundert in der Hornstein-Grüninger Tafelserie regelmäßig vorkommt, findet sich in Grüningen nach 1918 noch auf zwei Tafeln für zwei 1927 und 1934 Verstorbene, nicht aber auf einer Tafel für zwei 1920 bzw. 1947 Verstorbene. Auf dem späteren Holzkreuz heisst es nur mehr „Freiherr" bzw. „Freifrau von Hornstein". Nichtmilitärische Ämter und Würden werden auf Grabdenkmälern in öffentlichen Räumen seit der Mediatisierung kaum mehr erwähnt. Grabmäler sind also auch in der Moderne für die Analyse von Adeligkeit sehr ergiebig.

Insbesondere dadurch, dass Grabmäler sehr flexibel verschiedene Typen von Serialität herstellen, bieten sie dem Adel bis in die Gegenwart ungeachtet des tendenziell sozial nivellierenden Formwandels eine vielfach genutzte Möglichkeit für familiale Identitätsstiftung und die Repräsentation von Adeligkeit – und dies, obschon Grabmäler seit der mittleren Frühen Neuzeit bei fast allen Familien weit aus dem Zentrum an die Peripherie der Repräsentation gerückt sind. Die Exklusivität der Gruftbestattung in der Patronatskirche ist in Zeiten allgemeinen Friedhofszwanges konkurrenzlos; doch selbst die zeitgenössischen Holzkreuze auf dem Friedhof zeigen die Wappen, haben ein schützendes Dach, liegen meist an den prestigereichsten Stellen der Friedhöfe. Der oberschwäbische Adel ist auch in der Gegenwart, das zeigen seine Gräber und dazu tragen sie bei, sehr lebendig.

* Vielen danke ich sehr herzlich für freundliche und weiterführende Gespräche, für Hilfe beim Aufspüren von entlegenen Denkmälern, das Aufschließen von Kirchen, Emporen und Gruftanlagen, für Hinweise und Kritik, insbesondere den Herren Dr. Casimir Bumiller, Lothar Giesekke, Peter Kempf, Dr. Walter-Siegfried Kircher, Dr. Elmar Kuhn, Dr. Bernhard Mayer, Pfarrer Dietmar Krieg und Dr. Martin Zürn sowie meiner Kollegin Eva Schadenberger und meiner Frau Carla.

Anmerkungen:

1 Vgl. aus der Fülle der Literatur zur Einführung: *Philippe Ariès*: Geschichte des Todes. München ²1980; *Otto Gerhard Oexle* (Hg.): Memoria als Kultur. Göttingen 1995; *Norbert Fischer*: Vom Gottesacker zum Krematorium. Eine Sozialgeschichte der Friedhöfe in Deutschland seit dem 18. Jahrhundert. Köln 1996; zum frühneuzeitlichen Adel: *Kilian Heck*: Genealogie als Monument und Argument. Der Beitrag dynastischer Wappen zur politischen Raumbildung der Neuzeit. München 2002; *Arne Karsten / Philipp Zitzelsperger* (Hg.): Tod und Verklärung. Grabmalskultur in der Frühen Neuzeit. Köln 2004; *Mark Hengerer* (Hg.): Macht und Memoria. Begräbniskultur europäischer Oberschichten in der Frühen Neuzeit. Köln 2005.

2 Vgl. *Anneliese Seeliger-Zeiss*: Historische Grabmäler in Baden-Württemberg. In: Zeitschrift für Württembergische Landesgeschichte 54 (1995), 379-392, 381. Die „Kunstdenkmäler" dokumentieren mittelalterliche und frühneuzeitliche Grabmäler, allerdings nicht nach epigraphischen Standards. Daher habe ich fast alle genannten Grabmäler in Augenschein genommen und weise die Nennung in den entsprechenden Bänden der „Kunstdenkmäler" nicht eigens nach. Vgl. aber: *Julius Baum / Hans Klaiber / Bertold Pfeiffer* (Bearb.): Die

Kunst und Altertums-Denkmale im Königreich Württemberg. Inventar Donaukreis. Bd. 1. Oberämter Biberach, Blaubeuren, Ehingen, Geislingen. Eßlingen 1914; *Hans Christ / Hans Klaiber* (Bearb.): Die Kunst- und Altertums-Denkmale in Württemberg. Inventar Donaukreis. Bd. 2. Oberämter Göppingen, Kirchheim, Laupheim, Leutkirch. Eßlingen am Neckar 1924; *Richard Schmidt / Hans Buchheit* (Bearb.): Die Kunst und Altertums-Denkmale im ehemaligen Donaukreis. Oberamt Ravensburg. Stuttgart 1931; *W[erner] von Matthey / H. Klaiber* (Bearb.): Die Kunst- und Altertums-Denkmale im ehemaligen Donaukreis. Kreis Riedlingen. Stuttgart 1936; *W[erner] von Matthey / A[dolf] Schahl* (Bearb.): Die Kunstdenkmäler des Kreises Tettnang. Stuttgart 1937; *Werner von Matthey* (Bearb.): Die Kunstdenkmäler des Kreises Saulgau. Stuttgart 1938; *Adolf Schahl* (Bearb.): Die Kunstdenkmäler des ehemaligen Kreises Waldsee. Stuttgart 1943; *Adolf Schahl u.a.* (Bearb.): Die Kunstdenkmäler des ehemaligen Kreises Wangen. Stuttgart 1954; *Friedrich Hossfeld / Hans Vogel* (Bearb.): Die Kunstdenkmäler Hohenzollerns. Bd. 1. Kreis Hechingen. Hechingen 1939; *Friedrich Hossfeld / Hans Vogel / Walther Genzmer* (Bearb.): Die Kunstdenkmäler Hohenzollerns. Bd. 2. Kreis Sigmaringen. Stuttgart 1948. Siehe zudem *Helmut Ricke*: Hans Morinck. Ein Wegbereiter der Barockskulptur am Bodensee. Sigmaringen 1973; *Franz Hofmann*: „Lege in Saxo". Grabdenkmale im Bodenseekreis bis 1730. Konstanz 1992; *Helmut Maurer*: Zwischen Selbständigkeit und politischer Integration. Begräbniskultur und Residenzbildung im hohen Adel des deutschen Südwestens am Beispiel der Grafen von Zimmern. In: *Hengerer* 2005 (wie Anm. 2), 163-185.
3 Zum Grabmal für Eitelfriedrich von Zollern *Hossfeld / Vogel* 1939 (wie Anm. 2), 161f., zum Kontext der Meßkircher Epitaphien *Maurer* 2005 (wie Anm. 2). Leider ist die zerstörte Langnauer Grablege der Montfort nicht dokumentiert. Vgl. aber Abb. 3 im Beitrag von Hubert Hosch.
4 Vgl. *Walter Bleicher*: Chronik der ehemaligen Residenzstadt Scheer / Donau. Horb am Neckar 1989, 191ff.; freundliche Mitteilung von Dr. Martin Zürn.
5 Zur Terminologie vgl. mehrere Beiträge in *Walter Koch* (Hg.): Epigraphik 1988. Fachtagung für mittelalterliche und neuzeitliche Epigraphik. Wien 1990.
6 *Heribert Reiners*: Das Münster Unserer Lieben Frau zu Konstanz. Lindau 1955, 435-498.
7 Die Humpis-Platte ist bis heute erhalten. Vgl. *Karl Lind*: Die St. Michaelskirche zu Wien. In: Berichte und Mittheilungen des Alterthums-Vereines zu Wien 3 (1859), 1-59. Oft ‚lügen' Epitaphien; Hornstein aber war tatsächlich Geheimer Rat und hatte im erlauchten Gremium neben Hans Ludwig von Ulm noch einen weiteren oberschwäbischen Kollegen: Friedrich Graf zu Fürstenberg, Wien, Hofkammerarchiv, Hofzahlamtsbuch Nr. 57 (1606), fol. 95.
8 Königsegg und Fürstenberg: Wien, Archiv des Augustinerklosters, Konventsprotokoll. Bd. 2, 168, und ebd., Index super librum Mortuorum ab Anno M.D.C.XL., sub lemma K. bzw. F. (Königsegg: zwei Kinder 1654, eines 20. März 1673); Königsegg-Rothenfels: metallene Sarginschriftentafel, derzeit im Archiv des Wiener Franziskanerklosters.
9 Ausnahmen sind teilweise in den Reichsstädten in bzw. am Rande Oberschwabens wie beispielsweise in Ulm und Biberach gegeben, zu Ulm mit der Besonderheit des Patriziats vgl. *Hans-Eugen Specker / Reinhard Wortmann* (Hg.): 600 Jahre Ulmer Münster. Stuttgart 1984, vgl. besonders die Geschlechterkapelle in Ravensburg.
10 Vgl. die entsprechenden Beiträge in *Hengerer* 2005 (wie Anm. 1).
11 Häufig war die Kirche mit einem Stift oder Kloster verbunden, womit die liturgische Memoria sichergestellt war, so bei den Waldburger Linien in Wurzach, Wolfegg, Waldsee, Zeil, aber auch bei den Königsegg in Königseggwald oder den Hohenzollern-Sigmaringen in Sigmaringen.
12 Vgl. *Andreas Dornheim*: Adel in der bürgerlich-industrialisierten Gesellschaft. Eine sozialwissenschaftlich-historische Fallstudie über die Familie Waldburg-Zeil. Frankfurt 1993, 33, 56.
13 *Hossfeld / Vogel* 1939 (wie Anm. 2), 184.
14 Zur Erhaltung beim Kirchenneubau in Waldsee siehe *Schahl* 1943 (wie Anm. 2), 31.
15 Vgl. auch die Grabmäler derer von Welden in Laupheim: *Christ / Klaiber* 1924 (wie Anm. 2), 23-25.
16 Grabmal von J.A. Feuchtmayer, vgl. den Beitrag Hosch in diesem Band.
17 Vgl. zu den Speth von Zwiefalten-Gammerting *Hossfeld / Vogel / Genzmer* 1948 (wie Anm. 2), 119f. Zu Königsegg-Aulendorf vgl. Abb. 10 im Beitrag Hosch.
18 Vgl. den Beitrag von Sylvia Schraut in diesem Band.
19 Freundliche Mitteilung von Herrn Dr. Bernd Mayer, Wolfegg.
20 Vgl. *Harald Schukraft*: Die Grablegen des Hauses Württemberg. Stuttgart 1989.
21 Zum Mausoleum vgl. *Bernd Evers*: Mausoleen des 17. – 19. Jahrhunderts. Typologische Studien zum Grab- und Memorialbau. Tübingen 1983.
22 Alexander Eusebius Reichsgraf von Königsegg-Aulendorf (†1807), Alois von Königsegg-Aulendorf, ehemaliger Domherr von Köln und Straßburg (†1840), Maria Anna Aloisia (†1836), Witwe nach Joseph Alois Bartholomäus von Waldburg-Wolfegg-Waldsee, geb. Gräfin von Königsegg-Aulendorf.
23 Nach *Matthey / Klaiber* 1936 (wie Anm. 2), 548, stand es 1936 noch in der Kirche.
24 Maria Sidonia Freifrau (†1995) und Hans Christoph Freiherr von Hornstein (†1948, *beide 1908); das Holzkreuz ist wesentlich neueren Datums als 1948.
25 Abbildung im Beitrag von Trygve Has-Ellison.
26 Vgl. *Charles J. Reid jr.*: „So it will be found that the right of women in many cases is of diminished condition": Rights and the legal equality of men and women in twelfth and thirteenth-century canon law. In: Reid_Final, http://llr.lls.edu/volumes/v35-issue2/reid.pdf, Stand 18. März 2006, 481, Anm. 67, unter Hinweis auf *Emil Friedberg* (Hg.): Corpus

Iuris Canonici, Leipzig ¹1879 (ND [Graz] 1955, 721 nr. 23.

27 Meist wird der Geburtsname der Ehefrau angegeben, mitunter die Eheverbindung („zweite Gemahlin des Fürsten Karl", „erste Gemahlin des Fürsten Karl", „in erster Ehe vermählt mit Prinz Friedrich zu Hohenzollern-Hechingen, in zweiter Ehe mit Freiherr Staeger von Waldburg").

28 Vgl. *Heck* 2002 (wie Anm. 1), zu Adel als Erinnerungsgruppe den Beitrag von Ewald Frie in diesem Band.

29 Vgl. oben den Abschnitt „Verschiebungen im Gefüge der Repräsentation im 18. Jahrhundert": In Wolfegg wurden das Doppelepitaph der Kirchenstifter Johann von Sonnenberg (†1510) und Gemahlin erhalten und das des Jacob von Waldburg-Wolfegg (†1589), welcher das Renaissanceschloss erbauen liess. Im Chor finden sich zwei Epitaphien für den Wiedererbauer von Kirche und Schloss nach dem Dreißigjährigen Krieg, Max Willibald (†1667) und den Erbauer der heutigen Kirche Ferdinand Ludwig (†1735), letztere Epitaphien wurden beide um 1738/39 errichtet.

30 Vgl. zur sehr eigenständigen Rolle der Frau in diesem Kontext *Ingeborg Schemper-Sparholz*: Grab-Denkmäler der Frühen Neuzeit im Einflußbereich des Wiener Hofes. Planung, Typus, Öffentlichkeit und mediale Nutzung. In: *Hengerer* 2005 (wie Anm. 1), 347-380, 347f., passim.

31 Die Mutterrolle wird indes häufig betont, so u.a. in Buchau bei Antonia Widmann (†1797): „CONJUX. / ET. / MATER. OPTIMA."

32 Beispiele für das 16. Jahrhundert: Epitaph für ein Zwillingspaar (†1591) und eine 7jährige Tochter der Humpis von Waltrams (Pfärrich), Epitaph für den im Alter von drei Wochen verstorbenen Hans Christoph Humpis von Waltrams (†1593); für das 17. Jahrhundert das Epitaph für einen im Alter von 23 Wochen verstorbenen Freiherrn von Hornstein (†1643) in Grüningen. Die Mehrzahl dieser Epitaphien zeigt das Wappen beider Elternteile auf, sie repräsentieren also auch das jeweilige (ansehnliche) Konnubium (von Ulm, von Welden); vielleicht motivierte auch das die Epitaphsetzung; weitere Epitaphien für Geschwister in Pfärrich und Zeil. Zum Kindstod vgl. auch den Beitrag von Clemens Joos in Band 1.

33 Vgl. dazu wieder grundlegend *Heck* 2002 (wie Anm. 1).

34 Vgl. zu teils sehr weiten frühneuzeitlichen Überführungen *Mark Hengerer*: Zur symbolischen Dimension eines sozialen Phänomens. Adelsgräber in der Residenz (Wien im 17. Jahrhundert). In: *Andreas Weigl* (Hg.): Wien im Dreißigjährigen Krieg. Wien 2001, 250-352, 273-276.

35 Nach den Sargnischentafeln sind von den Nachkommen des Franz Xaver Reichserbtruchseß Fürsten von Waldburg-Wolfegg und Waldsee (†1906) und seiner Gemahlin Sophie Leopoldine Ludovika, geb. Gräfin Arco-Zinneberg (†1909), in der Wolfegger Gruft *bestattet*: die Kinder Friedrich (†1895, 1a), Maximilian Wunibald (†1950, 2a) mit Frau (†1941) und Joseph (†1922, 3a), aus der Enkelgeneration Franz Xaver Maria Ludwig (†1989, 1b) mit Frau (†1987), Georg (†1915, 2b), Maria Sophie Franziska (†1989, 5b) und Joseph Maria Ludwig (†1972, 6b), aus der Urenkelgeneration Maximilian Willibald (†1998, 1c) mit Frau (†1987) und Maria Friedrich Maximilian (†1999, 3c). *Gedenktafeln* gibt es für Maria (†1905, 4a, ♦ Rom), Heinrich Maria (†1949, 7a, ♦ Tiefenbach i.A.), Ludwig Maria Josef (†1906, 6a, ♦ Kißlegg), dessen Kinder Maria Sophie und Hubert Maria (1b, 2b) gleichfalls nicht in Wolfegg bestattet sind, Friedrich (†1915, 3b), Johannes Nepomuk (†1966, 8b, ♦ Kißlegg), dessen Frau und Sohn gleichfalls in Kißlegg bestattet sind, Heinrich Maria Albrecht (†1972, 10b, ♦ Kapelle Heinrichsburg) und Ferdinand Ludwig (†2001, 6c, ♦ Kitzbühel). *Keine Grabdenkmäler oder Erinnerungstafeln* sind in dieser Gruft erhalten für einige verheiratete Töchter: Maria Anna, verh. Gräfin von Spreti (†1954, 4b), Marie Henriette Walburga, verh. Gräfin von Wuthenau-Hohenthurm (†1980, 7b), Elisabeth Bona, verh. Gräfin zu Stolberg-Wernigerode (†1947, 5a), Maria Elisabeth, verh. Herzogin von Hohenberg (†1993, 9b), ihre Eheleute und Nachkommen. Überführungen nach Wolfegg gab es – wohl u.a. – aus Chur 1950, Ditton Hall 1895, Kißlegg 1989, Rußland 1915, Waldsee 1922, Wasserburg 1999 (die Zahlen geben das Todesjahr an), http://pages.prodigy.net/pthereoff/gotha/waldburg.html, Stand 21. Oktober 2005.

36 http://pages.prodigy.net/pthereoff/gotha/waldburg.html; Waldburg-Zeil-Wurzach, Stand 21. Oktober 2005. Auf dem älteren Gräberfeld in Kißlegg sind bestattet: Eberhard Franz Fürst von Waldburg zu Zeil-Wurzach (†1903, 5b), seine zweite Frau Julie (†1914), zwei seiner unverheirateten Töchter (Marie Gabriele (†1941) und Franziska (†1924)), die verheiratete Tochter Xaverine (1860 – 1901) und Manfred Graf Attems, vermutlich deren Sohn (1892 – 1915). Zwei verheiratete Töchter und eine unverheiratete Tochter dürften andernorts bestattet sein.

37 *Seeliger-Zeiss* 1995 (wie Anm. 2), 379.

38 So etwa in Sigmaringen, Wolfegg, Erbach, Zwiefaltendorf (Bodman) Waldburg-Wolfegg-Waldsee.

39 *Seeliger-Zeiss* 1995 (wie Anm. 2), 379.

40 Vgl. *Eva Horn*: Trauer schreiben. Die Toten im Text der Goethezeit. München 1998.

41 Vgl. *Horst Boxler*: Die Geschichte der Reichsgrafen zu Königsegg seit dem 15. Jahrhundert, 2 Bde. Bannholz 2005, S. 878; kein Epitaph erhielt dagegen Carl Seyfried Reinhard Lucas von Königsegg-Aulendorf, der 1916 bei Lille gefallen war und der das Eiserne Kreuz II. Klasse trug (ebd.).

42 Vgl. zum Konzept der „Adeligkeit" den Beitrag von Eckart Conze, Anm. 16.

43 Vgl. die Inschriften in der Gruft in Wolfegg.

Ferdinand Graf von Zeppelin — ein adliger Unternehmer aus verletzter Ehre

Barbara Waibel

Wenn im folgenden die Biografie des Luftschiffpioniers Ferdinand Graf von Zeppelin als Beispiel für einen Angehörigen einer württembergischen Adelsfamilie vorgestellt wird, so muss dies mit einer gewissen Einschränkung geschehen, denn die Familie Zeppelin gehört ursprünglich einem norddeutschen Adelsgeschlecht an, dessen Stammheimat in Mecklenburg im namengebenden Dorf Zepelin bei Bützow liegt und dessen Stammbaum dort bis ins 13. Jahrhundert zurückverfolgt werden kann[1]. Die männlichen Abkömmlinge der Familie bekleideten standesgemäß Ämter in Militär, Verwaltung und Regierung und standen im Dienst verschiedener, zumeist norddeutscher und nordeuropäischer Staaten. Ende des 18. Jahrhunderts kamen die beiden Brüder Johann Karl und Ferdinand Ludwig von Zeppelin nach Württemberg, wo sie unter Herzog Friedrich von Württemberg, dem späteren König von Württemberg, Karriere machten. Sie schufen die Basis für die enge Verbindung der Familie Zeppelin mit dem württembergischen Königshaus, die noch rund 100 Jahre später bei den Unternehmungen des Ferdinand von Zeppelin wirksam sein sollte.

Johann Karl von Zeppelin (1767 – 1801), der ältere der beiden Brüder, war zunächst Flügeladjutant, dann Kammerherr des württembergischen Prinzen Friedrich. Nach dessen Regierungsantritt wurde Karl zum Staats- und Konferenzminister ernannt und 1792 in den Reichsgrafenstand erhoben. Sein jüngerer Bruder Ferdinand Ludwig (1771 – 1829), der Großvater des späteren Luftschiffkonstrukteurs, wurde nach dem Tod Karls von Zeppelin als Kammerherr und Flügeladjutant an den württembergischen Hof berufen.

Ferdinand Graf von Zeppelin.
Bernhard Pankok, Öl auf Leinwand, 1914. Kunsthalle Hamburg.

1806, in dem Jahr, in welchem Württemberg Königreich wurde, erfolgte Ferdinands Erhebung in den erblichen Grafenstand. Nach dem Sturz Na-

Ferdinand von Zeppelin als Jugendlicher, 1853.

poleons verhandelte er als Außenminister erfolgreich den Austritt seines Landes aus dem Rheinbund. Sein ältester Sohn Friedrich (1807 – 1886) schlug als Oberhofmarschall beim Fürsten von Hohenzollern-Sigmaringen zunächst ebenfalls eine Hofkarriere ein, zog dann aber ein Leben als Privatier und Gutsbesitzer vor, das ihm zudem Zeit für seine musischen Interessen ließ². Dessen Sohn Ferdinand von Zeppelin, der spätere Luftschiffbauer also, wählte ganz der Familientradition folgend die Offizierslaufbahn und wurde im Verlauf seiner beruflichen Karriere immer wieder in hohe Hof- und Staatsämter des Königreichs Württemberg berufen. Dass er schließlich zum Unternehmer und zum Initiator der Industrialisierung einer ganzen Region wurde, war eher einem Zufall oder doch zumindest einem unvorhergesehenen ‚Karriereknick' zuzuschreiben, als er 1890 im Alter von 52 Jahren vorzeitig in Pension versetzt wurde und sich nach einem neuen Betätigungsfeld umsehen musste. Dass er sich jedoch nicht wie sein Vater auf sein Landgut zurückzog und privaten Neigungen nachging, sondern sich mit der Entwicklung von Luftschiffen einer Zukunft versprechenden Technologie zuwandte, ist vielleicht zu einem Teil auch dem Einfluss der mütterlichen Familie zuzuschreiben³.

Die Macaires nämlich waren bürgerliche Industrielle, die aus Genf stammten und sich Ende des 18. Jahrhunderts in Konstanz niedergelassen hatten, wo sie fortan ganz wesentlich die Modernisierung der Stadt betrieben. Sie gründeten eine Baumwollfabrik im ehemaligen Dominikanerkloster, besaßen eine hauseigene Bank, betrieben die Etablierung der Dampfschiffahrt auf dem Bodensee, gründeten Firmenniederlassungen und beteiligten sich an rentablen Unternehmen in der Region. Auf diese Weise erwirtschafteten sie schon bald ein bedeutendes Vermögen. In diese Familie nun heiratete Ferdinand von Zeppelins Vater Friedrich ein, als er Amélie Macaire 1834 zur Frau nahm. Die Verbindung scheint eine Liebesheirat gewesen zu sein. Man darf aber annehmen, dass durchaus auch Interessen auf beiden Seiten bestanden hatten: Die Eltern Macaire begrüßten die Verbindung ihrer Tochter mit dem jungen Grafen, da sie ihrer Familie Prestigegewinn durch Einheirat in eine angesehene Adelsfamilie mit guten Verbindungen zum württembergischen Königshaus erbrachte. Für den Grafen, der mit acht Geschwistern offenbar keine große Erbschaft zu erwarten hatte und der als Hofbeamter eines kleinen süddeutschen Fürstenhofes über kein großes Einkommen verfügt haben dürfte, mag diese Heirat finanziell durchaus attraktiv gewesen sein. Zugleich trafen hier zwei sehr verschiedene Seiten aufeinander: einerseits der in alten Standestraditionen verwurzelte, musisch begabte, finanziell wenig potente und politisch konservative Friedrich von Zeppelin, andererseits die Tochter einer wirtschaftlich dynamischen, fortschrittsorientierten, wohlhabenden, bürgerlich-liberalen Familie. In dieser Ehe verkörperten sich somit die für das 19. Jahrhundert kennzeichnenden wirtschaftlichen, gesellschaftlichen und politischen Veränderungen und die damit verbundene fortschreitende Auflösung der alten Ständeordnung. In diesem

Spannungsfeld zwischen adliger Tradition und bürgerlichem Liberalismus wuchs Ferdinand von Zeppelin auf, und es prägte seine persönliche Entwicklung. Dennoch verstand er sich zweifelsohne als Angehöriger des Adels und fühlte sich zeitlebens den Werten dieses Standes verpflichtet. Ein offenbar häufig von ihm geäußerter Ausspruch könnte geradezu als Motto über seinem Leben stehen: „Das Privileg des Adels besteht darin, daß er das Gefühl der Pflicht gegenüber dem Gemeinwohl in besonders starkem Maße haben muß"[4]. Noblesse oblige – dieses Pflichtgefühl bildete die lebenslange Grundlage seines Handelns.

LANDIDYLLE AUF SCHLOSS GIRSBERG: KINDHEIT UND JUGENDZEIT[5]

Ferdinand Adolf August Heinrich von Zeppelin wurde am 8. Juli 1838 in Konstanz im ehemaligen Dominikanerkloster und heutigen Inselhotel geboren, wo sein Vater, Friedrich von Zeppelin, zwei Jahre zuvor in die Unternehmungen seines Schwiegervaters David Macaire eingetreten war. Finanziell versprach diese Position verglichen mit dem Hofamt in Sigmaringen durchaus attraktive Gewinnmöglichkeiten. Allerdings scheint er wenig Voraussetzungen für die Aufgaben in einer Baumwollmanufaktur mitgebracht zu haben. Hierfür spricht die Tatsache, dass ihn sein Schwiegervater in eher nachgeordneten Positionen einsetzte. Vielleicht war der musisch begabte und feinsinnige „Blumenfreund und Dichter", wie ihn seine Frau Amélie einmal bezeichnete, aber auch wenig geeignet für das harte Geschäftsleben. Jedenfalls gab Friedrich seine Mitarbeit beim Schwiegervater auf, als er von diesem 1840 das Landgut Girsberg zu Weihnachten geschenkt bekam. Er bezog mit seiner Familie das im Schweizerischen Thurgau oberhalb Tägerwilen gelegene Schloß, wo er sich fortan um die Leitung des Landguts kümmerte, Garten- und Weinbau betrieb, zur Jagd ging und sich im übrigen seiner Naturaliensammlung sowie der Dichtkunst und der Musik widmete. Man befleißigte sich auf dem Girsberg zwar einer einfachen Lebensweise, die im Gegensatz zu derjenigen der Schwiegereltern in Konstanz stand, welche „auf einem ziemlich großen und vornehmen Fuße [...] lebten"[6], im Grunde handelte es sich hierbei aber um die Rückkehr in eine traditionelle herrschaftliche Lebensweise, die paradoxerweise nur durch das Vermögen des wirtschaftlich erfolgreichen Schwiegervaters möglich war[7].

Möglich wurde dadurch aber auch, dass Friedrich sich in damals ungewöhnlicher Intensität der Erziehung seiner Kinder, d. h. vor allem seiner beiden Söhne, widmen konnte[8]. Er lehrte sie schwimmen, reiten, fechten und schießen und unternahm Bergwanderungen und Ausflüge mit ihnen. Zugleich war die Erziehung auf praktische Lebenserfahrung ausgerichtet. Die Kinder vollzogen spielerisch nach, was sie im Alltag der Erwachsenen auf dem Hofgut sahen: „Jeder hatte sein Gärtchen, das er mit eigenen Geräten in Ordnung hielt. Ich selbst zog Gemüse und hatte eine kleine Tragbutte, in der ich dann für die Verwandten und ins freundnachbarliche Schloß Castell mein selbstgezogenes Produkt zum Verkaufe trug. Wir hatten einen Dreschflegel, unserer Größe angepaßt, und haben öfters tüchtig und ausdauernd mitgedroschen. Oft habe ich auch den Senn abgelöst, wenn er zum Essen ging. [...] In späteren Knabenjahren trieben wir auch Buchbinderei und Schreinerei, wozu wir von Handwerksmeistern Anleitung bekamen, und haben uns Schränke, Bücherregale u. dgl. geschreinert"[9]. Das elterliche Erziehungskonzept enthielt also sowohl traditionell adlige als auch bürgerlich-aufgeklärte Bildungsprogramme, und „das Leben im Schweizerland und mit den Großeltern, die die Fabrik in Konstanz hatten, ließ in uns gar nicht den Gedanken aufkommen, uns sozusagen als höhere Gesellschaftsschicht zu betrachten, wie es vielfach sonst sich in Deutschland findet"[10].

Bei Reisen, Ausflügen, Verwandten- und Gaststättenbesuchen, zu denen die Kinder von den Eltern bzw. vom Vater mitgenommen wurden, lernten sie unterschiedlichste Lebenswelten und Einstellungen kennen: So pflegten die Eltern

Kontakte zum Stuttgarter Hof, zu den bürgerlichen Fabrikanten der mütterlichen Familie, zu den französischen Emigranten, die sich nach dem Sturz Napoleons auf den Schlössern rund um Girsberg niedergelassen hatten und auch zu liberalen Politikern und Pfarrern, die aus ihrer Sympathie für die Freiheitsbewegung von 1848/49 keinen Hehl machten. Friedrich von Zeppelin selbst war jedoch entschieden auf der Seite der Staatsgewalt. Insgesamt war das Verhältnis zwischen Eltern und Kindern geprägt von liebevoller Zuwendung und gegenseitigem Vertrauen, und die Erziehung ließ den Kindern viel Freiheit, denn „es war der Grundsatz meiner Eltern, möglichst wenig zu erziehen oder die Erziehung fühlen zu lassen"[11]. Fehlverhalten wurde offenbar nicht mit Prügel bestraft. Stattdessen wurde dem Kind ins Gewissen geredet, wie folgende Tagebuchnotiz des Vaters belegt: „Eberhard gegen die Großmutter unartig und ungehorsam. Er fügt sich willig und reuig meiner Zusprache ohne Zwang und Strafe"[12].

Angesichts dieser modern anmutenden Erziehung entwickelten sich die Zeppelin-Kinder zu selbständigen und selbstbewußten Persönlichkeiten: „Unter dem Einfluß der bevorzugten socialen Stellung und bei einer Erziehung, bei der die einzelne Persönlichkeit zu ihrer vollen Geltung kam, bildete sich früh eine Selbständigkeit, ein offenes, freimüthiges Wesen, und eine Sicherheit im Benehmen, die ich bewundern mußte. Der Hauptschmuck aber war bei allen die Entwicklung eines religiös sittlichen Charakters, die schon damals zu den schönsten Hoffnungen für das Mannesalter der Zöglinge berechtigte"[13]. Vikar Robert Moser, von dem dieses Zitat stammt, übernahm ab 1850 die Stelle des Hauslehrers auf dem Girsberg und setzte die Erziehung im Sinne der Eltern fort. Für den aus einem pietistischen Elternhaus stammenden Theologen stellte die Religion die Grundlage aller Erziehungs- und Bildungsarbeit dar. Entsprechend des pietistischen Gebots ständiger Gewissenserforschung versuchte er seine Schüler zu Ehrlichkeit, Treue, Verantwortungsbewusstsein und sozialem Verhalten zu erziehen. Gleichzeitig verstand er es, zwischen adligem Standesbewusstsein und bürgerlichem Emanzipationsstreben zu vermitteln:

„Ich war aristokratisch genug, um die berechtigten Traditionen des Adels zu respektieren, aber auch bürgerlich genug, um bei dem Umschwung der Verhältnisse, der sich eben damals vollzogen hatte, die Gemüter mit der neuen Zeit zu versöhnen und an die Achtung allgemeiner Menschenrechte und an die Pflege einer vernünftigen Humanität zu gewöhnen"[14].

So findet sich auch in der Person Robert Mosers das eingangs skizzierte Spannungsfeld zwischen adliger und bürgerlicher Auffassung wieder, und nicht ohne Bedeutung mag hier zudem die Tatsache sein, dass Ferdinand Graf Zeppelin und Robert Moser eine lebenslange Freundschaft verband.

GRAF ZEPPELIN ALS SOLDAT UND DIPLOMAT

Die unbeschwerte Zeit in Girsberg endete mit dem Tod der Mutter, die nach längerer Krankheit im Mai 1852 starb. Der Vater zog bald darauf mit den drei Kindern nach Stuttgart um, wo Ferdinand seine Schulausbildung mit dem Besuch der Realschule und einem weiteren Jahr an der Polytechnischen Schule abschloss. Bei der Berufswahl folgte der junge Graf der Zeppelinschen Familientradition und entschied sich für die militärische Laufbahn[15]. Nach Absolvierung der Kriegsschule in Ludwigsburg wurde er im September 1858 Leutnant im 8. Infanterie-Regiment in Stuttgart unter gleichzeitiger Kommandierung zum General-Quartiermeisterstab, einer militärischen Verwaltungsbehörde, wo man ihm topographische und verwaltungstechnische Aufgaben zuteilte. Bereits einen Monat später ließ er sich zum Besuch der Universität Tübingen kommandieren, um Vorlesungen über anorganische Chemie, mechanische Technologie, Nationalökonomie und Geschichte an der Universität in Tübingen zu hören. Dieses Studium musste er jedoch schon im Frühjahr 1859 abbrechen. Vor dem Hintergrund des Österreichisch-Italienischen Krieges bereitete sich Württemberg, das mit Österreich verbündet war, auf eine mögliche Kriegsteilnahme vor. Graf Zeppelin wurde zurückbeordert und zunächst zum Ingenieurkorps nach Ulm und dann wieder zum General-Quartiermeisterstab nach Ludwigsburg in die Ingenieurabteilung versetzt.

Nach zwei Jahren Bürodienst drängte es ihn, neue Eindrücke zu gewinnen und der „ewig gleichgestellten Dienstuhr" zu entkommen. Daher unternahm er in den folgenden drei Jahren zahlreiche Auslandsreisen, die als militärische Studienreisen unter dem Gesichtspunkt standen, sich über die Militärsysteme anderer Staaten zu orientieren. Auch für seine 1863 unternommene Reise nach Amerika als Beobachter des Sezessionskrieges lautete die Begründung des inzwischen zum Oberleutnant beförderten Grafen Zeppelin, er wolle den damals viel diskutierten Einsatz von Miliztruppen und neue Kriegstechnologie kennen lernen[16]. Die Tatsache, dass er sich hierfür ein Jahr lang beurlauben ließ und die anschließende Exkursion durch Kanada und ins damals noch wenig erschlossene Mississippi-Quellgebiet, die keinen militärischen Zweck verfolgte, sondern eine Abenteuerreise war, deuten vielleicht nicht nur darauf hin, dass er sich dem heimischen Amtstrott für eine Weile entziehen wollte, sondern möglicherweise auch auf eine grundsätzliche Auseinandersetzung mit der Frage, ob ein Leben als Soldat mit seiner ethischen Einstellung zu vereinbaren sei[17]. Nach Ablauf des Jahres kehrte Zeppelin jedoch in seine alte Stellung zurück, von wo er kurze Zeit später in die Adjutantur des Königs von Württemberg berufen wurde. Als Adjutant bekleidete er eine einflussreiche und begehrte Vertrauensstellung am Hof mit engem persönlichen Kontakt zum Monarchen. Er hatte Stellungnahmen zu politischen Fragen vorzubereiten und dem König in persönlichen Gesprächen mit Meinung und Rat zur Seite zu stehen[18]. Seinen ethischen Grundsätzen entsprechend nahm Zeppelin dieses Amt sehr ernst und äußerte seine Meinungen in einer Offenheit, die nicht immer erwartet oder gar erwünscht war.

Obwohl er aufgrund einer solchen Äußerung 1868 offenbar eine Regierungskrise mit herbeigeführt und in der Konsequenz um seine Rückversetzung in die Armee gebeten hatte[19], wurde ihm wenig später erneut ein Vertrauensamt übertragen, als ihn der König 1869 zum persönlichen Mentor des jungen Prinzen Wilhelm ernannte, welchen er für ein halbes Jahr nach Berlin begleitete. Diese Position schuf die Grundlage für eine freundschaftliche Verbundenheit mit dem späteren König Wilhelm II. von Württemberg, die dem Grafen bei seinen Luftschiffplänen noch häufig eine wichtige Unterstützung werden sollte. In diese Berliner Zeit fällt auch seine Eheschließung mit Isabella Freiin von Wolff aus dem Haus Alt-Schwanenburg in Livland, einer Kusine der Ehefrau seines Bruders Eberhard[20].

Im Herbst 1869 wurde Zeppelin wieder nach Stuttgart zurückbeordert. Von da an durchlief er eine erfolgreiche militärische Karriere in der Kavallerie mit Auszeichnungen und mit den üblichen Beförderungen, bis er 1885 mit der Ernennung zum Württembergischen Militärbevollmächtigten in Berlin in ein Staatsamt berufen wurde. Die diplomatische Tätigkeit in der Hauptstadt dauerte länger als erwartet, da Zeppelin nach dem Tod des württembergischen Gesand-

Graf Zeppelin als Offizier im Rang eines Hauptmanns, 1869 (Mitte), eines Majors, 1876 (rechts) und eines Generals, 1890 (links).

Graf Zeppelin (links) im Bundesrat, 1889.

ten am preußischen Hof, Baur-Breitenfeld, diese Funktion zunächst als Stellvertreter und schließlich als regulärer Amtsnachfolger ausübte. Obwohl er, der sich zeitlebens in erster Linie als Soldat fühlte, den Truppendienst bevorzugte, veranlasste ihn sein Pflichtgefühl, dieses Amt anzunehmen, allerdings unter der Bedingung, nach zwei Jahren wieder zum Truppendienst zurückkehren zu können.

Nach Ablauf dieser zwei Jahre schied Zeppelin im Januar 1890 vereinbarungsgemäß aus seiner Stellung als Gesandter und bevollmächtigter Minister aus. Die Zeit bis zur Übernahme des Kommandos einer Kavallerie-Brigade in Saarburg verwendete er zur Abfassung einer Denkschrift über „die gefährliche Einrichtung, daß die ganze Entscheidung über das Wohl und Wehe der württembergischen Offiziere in die Hand des von Preußen ernannten Kommandierenden Generals gelegt sei"[21] und leitete damit unerwartet eine Wende in seinem Leben ein. In diesem Memorandum heißt es u. a.: „Die Einrichtung, daß der Kommandierende General die sämtlichen Veränderungen in der Dienststellung der württembergischen Offiziere zu beantragen hat, ist weder in der Reichsverfassung, noch in der Militärkonvention begründet. Diese Einrichtung läßt besonders durch die Art ihrer Handhabung Se. Majestät den König nur noch mehr als den Bestätiger, den Kommandierenden General aber als den Bestimmenden der Geschicke der württembergischen Offiziere erscheinen. Diese werden dadurch zu ängstlicher Unterwürfigkeit unter den Kommandierenden General erzogen und ihrem König entfremdet"[22]. Zweifellos fand diese Bewertung Zeppelins bei den maßgeblichen Stellen in Berlin keine gute Aufnahme, und der Kaiser bemerkte eigenhändig: „Bin sehr erstaunt über die hier zu Tage tretenden partikularistischen Ideen!"[23] Eine ungünstige Beurteilung seiner Führungsqualitäten beim Herbstmanöver 1890 lieferte die Begründung, den Grafen seines Kommandos zu entheben. Wenige Tage später wurde er noch zum Generalleutnant befördert und dem Stab des General-Kommandos des XV. Armee-Korps in Straßburg zugeteilt. Graf Zeppelin jedoch, tief gekränkt durch diese Vorgänge, bat um seinen Abschied. Am 29. Dezember 1890 wurde er unter Belassung als General à la suite des württembergischen Königs mit Pension zur Disposition gestellt[24].

GRAF ZEPPELIN ALS LUFTSCHIFF-PIONIER UND UNTERNEHMER

Mit 52 Jahren sah sich Zeppelin also ziemlich unvermittelt in einen unfreiwilligen Ruhestand versetzt, und die Umstände, die dazu geführt hatten, hatten sein Ehrgefühl zutiefst verletzt. Äußerungen in seinem Tagebuch und in Briefen lassen vermuten, dass er in dieser Zeit eine schwere persönliche Krise durchlebte. So schreibt er etwa an seinen Freund und ehemaligen Lehrer Robert Moser: „Herzlich danke ich Dir für Deinen freundlichen Glückwunsch. Du konntest nicht ahnen, daß er schmerzlich in eine offene Wunde hineingriff. [...] Ich werde demnächst meinen Abschied einreichen und Du wirst daher fernerhin keinen Grund mehr haben, stolz auf mich zu sein. [...] Wenn es mir nun auch recht schwer wird, mich so vor der schauerlichen Leere der Berufslosigkeit zu finden, so trachte ich doch danach, dieses Schicksal als von Gott kommend ohne Murren und Bitterkeit hinzunehmen und zu versuchen, ob ich nicht da oder dort, auf diese oder jene Weise mich doch meinen Mitmenschen noch ein wenig nützlich erweisen kann"[25]. In erster Linie stellte sich die Frage, welche Aufgabe er übernehmen könnte, nachdem ihm der Staats- und Militärdienst nun verschlossen war. Ein zurückgezogenes Leben auf seinem Landgut Girsberg mit Frau und Tochter, wie es sein Vater geführt hatte, kam für ihn nicht in Frage.

Gemäß seiner eingangs zitierten Einstellung von der besonderen Verpflichtung des Adels gegenüber dem Gemeinwohl, war es ihm von großer Wichtigkeit, eine entsprechende Betätigung zu finden. Er fand sie in der Beschäftigung mit der Frage des lenkbaren Luftschiffes, von deren Lösung er sich einen wichtigen militärischen Vorteil für Deutschland versprach. Darüber hinaus aber war sein verletztes Ehrgefühl der Antrieb zur Realisierung dieser Ideen, und auch die Hartnäckigkeit, mit der er sein Projekt allen Widrigkeiten und Widerständen zum Trotz über Jahre hinweg verfolgte, resultierte aus dieser Kränkung. Er wollte den preußischen Militärs beweisen, dass er in der Lage sein würde, eine Kriegswaffe für Deutschland zu entwickeln, die alles andere in den Schatten stellen würde und damit seine Schmach auslöschen[26].

Erste Ideen für ein Luftschiff hatte Zeppelin bereits 1874 in seinem Tagebuch skizziert, nachdem er einen abgedruckten Vortrag des Generalpostmeisters Heinrich von Stephan zum Thema Weltpost und Luftschiffahrt gelesen hatte, in welchem dieser die künftige Bedeutung des Luftschiffes für den Weltverkehr hervorhob. Von diesem Zeitpunkt an beschäftigte sich Zeppelin in lockerer Folge mit diesem Thema[27]. Im Mai 1887 richtete er eine Denkschrift an den König von Württemberg, in der er grundlegende Gedanken über die Aufgaben eines Lenkluftschiffes niederlegte. Oberstes Ziel war hier die militärische Verwendung der Luftschiffe, aber auch die wissenschaftliche und die zivile Verwendung wurde angedacht[28].

Bereits ein halbes Jahr nach seiner Pensionierung trat Graf Zeppelin an verschiedene einflussreiche Personen heran, um ihnen sein Projekt vorzustellen und sie um Beurteilung und Unterstützung zu bitten. Bei dieser Aufgabe war ihm das Beziehungsnetzwerk, das er während seiner Zeit als Diplomat und Offizier aufbauen konnte,

Graf Zeppelin im Gespräch mit König Wilhelm II. von Württemberg, 1909.

Kaiserbesuch in der Luftschiff-Werft in Manzell: Graf Zeppelin stellt Kaiser Wilhelm II. seine Mitarbeiter vor, 1908.

sehr hilfreich. Als besonders wertvolle Hilfe erwies sich König Wilhelm II. von Württemberg, dessen ehemaliger Mentor Zeppelin ja gewesen war. Dieser hatte sich nicht nur für die Einberufung einer technischen Kommission der Militärverwaltung eingesetzt, sondern bekundete seine Unterstützung z. B. auch, indem er 1896 zu einem Vortrag des Grafen Zeppelin vor dem württembergischen Bezirksverein des Vereins Deutscher Ingenieure (VDI) erschien. Solche Gesten waren dazu geeignet, die Seriosität des Projektes eines technischen Laien wie Zeppelin gegenüber skeptischen Technikern zu unterstreichen. Trotz zahlreicher einflussreicher Befürworter stieß Zeppelins Projekt bei den entscheidenden Militärstellen in Berlin auf wenig Zustimmung. Die Expertenkommission der Militärverwaltung beurteilte seinen Entwurf negativ. Die Ursache lag in dem Umstand begründet, dass im preußischen Luftschiffer-Bataillon an eigenen Luftschiffplänen gearbeitet wurde und hier das unstarre System bevorzugt wurde[29]. Die Experten, die Zeppelins Projekt begutachten sollten, waren Angehörige dieses Luftschiffer-Bataillons und somit seine unmittelbaren Konkurrenten im Kampf um Finanzmittel von Seiten der Reichsregierung. Das negative Urteil durch diese Kommission ließ ihn jedoch nicht resignieren, sondern spornte ihn im Gegenteil zu noch größerer Aktivität an. Zeppelin suchte sich nun Unterstützung in Ingenieurs- und Wirtschaftskreisen und war unermüdlich darum bemüht, Überzeugungsarbeit bei potentiellen Geldgebern zu leisten. Bei der Firma Daimler drängte er auf die Entwicklung eines leichteren Motors. Von seinem bisherigen Konstrukteur Groß, der ihm aufgrund geäußerter Bedenken oft als Hemmnis erschien, trennte er sich wieder. Stattdessen suchte er nach einem jüngeren Mann, der seinen Enthusiasmus teilen würde. Mit der Anstellung des Ingenieurs Theodor Kober 1892 hatte er den Richtigen gefunden. Er rechnete die Ideen des Grafen exakt durch und setzte sie in Planskizzen um.

1898 gelang es Zeppelin schließlich, mit Hilfe des

VDI eine Aktiengesellschaft zu gründen und mit einem Grundkapital von 800 000 Mark, von denen er allerdings mehr als die Hälfte selbst beisteuern musste, sein erstes Luftschiff zu bauen. Es machte als LZ 1 am 2. Juli 1900 in der Nähe von Friedrichshafen, wo er ein Gelände vom König von Württemberg zur Verfügung gestellt bekommen hatte, seinen ersten Aufstieg. Trotz des Erfolges blieben die maßgeblichen militärischen Stellen in Berlin weiterhin zurückhaltend. Da dieser potentielle Abnehmer für Zeppelins Luftschiffe nicht von deren Leistungsfähigkeit zu überzeugen war und somit die im Vergleich zu halbstarren oder unstarren Luftschiffen deutlich höheren Ausgaben scheute, war die Aktiengesellschaft nach drei Luftschiffaufstiegen bankrott und musste liquidiert werden.

Die folgenden acht Jahre waren gekennzeichnet durch einen dramatischen Wechsel von Erfolgen und Mißerfolgen der Luftschiffe, durch finanzielle Sorgen und vor allem durch den Kampf mit den Militärstellen in Berlin. Erst LZ 3, das dritte Luftschiff des Grafen, konnte 1907 erste ernstzunehmende Leistungen aufweisen, so z.B. eine zwölfstündige Fahrt in die Schweiz, in deren Folge dem Grafen erste öffentliche Anerkennungen, Auszeichnungen und Ehrungen zuteil wurden. Die öffentliche Meinung bejubelte den bislang als „Narr vom Bodensee" verspotteten Grafen nun als Volkshelden. In dieser Situation sahen sich auch die Militärbehörden in Berlin zur Übernahme von zwei Luftschiffen genötigt, forderten aber als Leistungsnachweis eine 24-stündige Fahrt des LZ 4. Während dieser Dauerfahrt im August 1908 verbrannte das Luftschiff in der Nähe von Echterdingen und löste die bekannt gewordene Spendenaktion aus, die binnen weniger Tage mehr als 6 Millionen Mark erbrachte und den Grafen von seinen Geldsorgen befreite. Unter den Spendern war auch der württembergische König, der 20 000 Mark aus seinem Privatvermögen beisteuerte. Die höchste Auszeichnung seines Lebens erfuhr Graf Zeppelin, als der Kaiser ihm im November 1908 den Schwarzen Adlerorden verlieh und sich persönlich nach Manzell bemühte, um die Werft und das Luftschiff zu besichtigen. Jetzt wurde Zeppelin auch wieder zur Teilnahme an den jährlich stattfindenden Kaisermanövern eingeladen. Seine Ehre als Offizier war damit nach fast zwanzig Jahren wieder hergestellt.

Graf Zeppelin und der Geschäftsführer der Luftschiffbau Zeppelin GmbH Alfred Colsman, 1908.

Mit den Geldern der Echterdinger Spende wurde noch im September 1908 die Luftschiffbau Zeppelin GmbH gegründet und das Zeppelinsche Unternehmen auf professionelle Füße gestellt. Die Firmenleitung wurde in die Hände des westfälischen Kaufmanns Alfred Colsman gelegt, eines Schwiegersohns von Zeppelins Aluminiumlieferanten Carl Berg. Der bisherige Werftbetrieb in Manzell wurde zugunsten einer wohl durchdachten und gut ausgestatteten Werft nördlich von Friedrichshafen aufgegeben. Der bisherige, unter Zeppelins patriarchalischer Leitung stehende familienähnliche Betrieb wandelte sich unter Colsmans straffer Führung in eine gewinnorientierte Firma. Die Pionierzeit der Zeppelin-Luftschiffe war damit zu Ende gegangen[30].

Letzte Aufnahme Graf Zeppelins bei der Besichtigung eines Riesenflugzeugs in Staaken, 22. Feb. 1917.

Dennoch behielt sich Graf Zeppelin eine Einflussnahme auf die Geschehnisse der Firma vor. Die Gesellschafter der Luftschiffbau Zeppelin GmbH nämlich waren zum einen Graf Zeppelin selbst und zum anderen die Zeppelin-Stiftung, in die der Graf die Gelder der Echterdinger Spende eingebracht hatte. Stiftungsvorstand aber war wiederum Graf Zeppelin. Für den Fall seines Ablebens bestimmte er, dass sein Neffe, Max Freiherr von Gemmingen-Guttenberg, gemeinsam mit Konrad Freiherr von Bassus, einem seiner engsten Mitarbeiter, die Vorstandschaft der Stiftung übernehmen sollte[31]. Der Rückgriff auf das familiäre und adlige Netzwerk wurde auch bei anderen Stellenbesetzungen evident. So wurde Alfred Graf von Soden-Fraunhofen zunächst Leiter der Versuchsabteilung bei der Luftschiffbau Zeppelin GmbH und dann Geschäftsführer der 1915 gegründeten Zahnradfabrik Friedrichshafen GmbH, und ein weiterer Neffe, der namensgleiche Diplom Ingenieur Ferdinand von Zeppelin, wurde Leiter der Versuchswerkstatt in eben jener Versuchsabteilung.

Der Wandel zum professionellen Unternehmen vollzog sich häufig gegen den Widerstand des Grafen Zeppelin. So betrachtete er Colsmans Vorschlag, zur Steigerung des Absatzes für Luftschiffe eine Luftverkehrsgesellschaft, die Delag, zu gründen, als Profanierung seiner Idee von der militärischen Verwendung der Zeppeline. „Ich lehne es ab, daß meine Erfindung kommerzialisiert werden soll!", äußerte er sich in diesem Zusammenhang Eckener gegenüber[32]. Colsman kommentiert den Vorgang wie folgt: „[...] in der Verwendung seiner Schiffe zum Gelderwerb durch die DELAG sah er eine Profanierung seiner Idee, darum blieb das Unternehmen für ihn, den Feudalherren und alten Soldaten, eine Krämergesellschaft, zu deren Aufsichtsratsmitgliedern er Abstand zu halten wußte. Man muß diese Auffassung aus dem Geist einer Zeit verstehen, in der beim Militär ein Einjähriger meist von der Liste der Reserveoffiziersaspiranten gestrichen wurde, wenn sein Vater von Beruf Kaufmann war."[33] Die Zusammenarbeit von Colsman und Zeppelin gestaltete sich in verschiedener Hinsicht als schwierig: Zum einen trafen hier Angehörige zweier unterschiedlicher Stände, Adel und Großbürgertum nämlich, aufeinander, was, wenn man seine Lebenserinnerungen aufmerksam liest, offenbar auf Seiten Colsmans gewisse Minderwertigkeitsgefühle verursachte. Zum andern vertraten beide unterschiedliche Auffassungen von der Leitung einer Firma. So stand Colsman als profitorientierter Manager für eine neue Unternehmergeneration, während Zeppelin als Leiter eines familienähnlich strukturierten Betriebes eine ältere Generation repräsentierte.

Zudem stand Zeppelins ausschließlich patriotischer und militärischer Impetus den Bestrebungen Colsmans, aus dem Luftschiffbau einen soliden und leistungsfähigen Konzern zu machen, entgegen.

So kam es dazu, dass Graf Zeppelin, der sich nun mehr und mehr auf repräsentative Aufgaben verwiesen sah, sich zunehmend dem Luftschiffbau entfremdete und sich schließlich dem Konkurrenzprodukt, den Flugzeugen, widmete[34]. Er erlebte es noch, dass Luftschiffe als Kriegsmittel im Ersten Weltkrieg eingesetzt wurden, war jedoch bitter enttäuscht darüber, dass er das geforderte Kommando über eines seiner Luftschiffe nicht erhielt. Hier wirkte offenbar noch immer das Trauma seiner Entlassung von 1890 nach. Im Verlauf des Krieges entwickelte sich Zeppelin, der in militärischer Hinsicht bis 1914 durchaus gemäßigte Ansichten vertrat, schließlich geradezu zu einem Kriegsfanatiker und er forderte den massiven und uneingeschränkten Einsatz aller Luftschiffe und U-Boote. Den militärischen Erfolg der Staakener Riesenflugzeuge erlebte er jedoch nicht mehr. Graf Zeppelin starb am 8. März 1917 im Alter von 78 Jahren in Berlin-Charlottenburg.

Anmerkungen:

1. Zur Familiengeschichte vgl. *Erich Wasmansdorff*: Geschichte des Geschlechts von Zepelin (Zeppelin). Görlitz 1938.
2. *Tobias Engelsing*: Zwischen Landschloss und Fabrik. Ferdinand von Zeppelins Kindheit. In: *Wolfgang Meighörner* (Hg.): Der Graf 1838 bis 1917. Friedrichshafen 2000, 8-25.
3. Zur Biographie Ferdinand Graf von Zeppelins siehe u.a.: *Meighörner* 2000 (wie Anm. 2); *Henry Cord Meyer*: Militarismus und Nationalismus in Graf Zeppelins Luftschiff-Idee. In: Wissenschaftliches Jahrbuch des Zeppelin Museums (1998), 29-66; *Rolf Italiaander*: Ferdinand Graf von Zeppelin. Konstanz 1980; *Hugo Eckener*: Graf Zeppelin. Stuttgart 1938.
4. Zit. nach *Eckener* 1938 (wie Anm. 3), 42.
5. Siehe hierzu *Tobias Engelsing*: „Geliebter Ferdi, schreibe mir sobald Du kannst!" Vertrauliche Briefe der Familie Zeppelin. Konstanz 1988; *Ders.* 2000 (wie Anm. 2).
6. Lebenserinnerungen Graf von Zeppelins, zit. nach *Lutz Tittel*: Graf Zeppelin. Leben und Werk. Friedrichshafen 41992, 6.
7. So schenkte David Macaire nicht nur das Landgut seinem Schwiegersohn und seiner Tochter, sondern besserte auch die Einkünfte aus den landwirtschaftlichen Erträgen dieses Gutes durch Gewinnanteile aus seiner Fabrik auf.
8. Die erstgeborene Eugenie wurde ganz traditionell von einer Gouvernante auf ihr späteres Leben als Hausfrau und Mutter vorbereitet.
9. Zit. nach *Tittel* 1992 (wie Anm. 6), 10.
10. Zit. nach ebd.
11. Zit. nach ebd.
12. Archiv der Luftschiffbau Zeppelin GmbH Friedrichshafen, LZA 3/27: Tagebücher von Friedrich von Zeppelin, 23. Juli 1846.
13. *Robert Moser*: Auch ein schwäbisches Pfarrersleben. Bd. 2, 1. Täferroth 1881, 31.
14. Ebd., 30.
15. Siehe zum Folgenden *Wasmansdorff* 1938 (wie Anm. 1), 3ff.; *Eckener* 1938 (wie Anm. 3), 25ff.; *Lothar Burchardt*: Zeppelin als Soldat. In: *Meighörner* 2000 (wie Anm. 2), 127-147.
16. *Italiaander* 1980 (wie Anm. 3), 23f.
17. Siehe hierzu *Eckener* 1938 (wie Anm. 3), 28ff. In einem Brief an seine Schwester Eugenia schreibt er: „Ich durfte hoffen, den Gegenstand, den ich mir zum Hauptstudium meines Lebens wählen mußte, den Krieg, einmal mit Händen zu fassen in seiner blutigen Wahrheit, dadurch das Phantom, an dem ich mich bisher abgequält, zu einem lebendigen Wesen geworden wäre." Zit. nach ebd., 29.
18. Ebd., 40ff.
19. Ebd., 51ff.
20. *Wasmansdorff* 1938 (wie Anm. 1), 8.
21. *Eckener* 1938 (wie Anm. 3), 98.
22. Zit. nach ebd., 98.
23. Zit. nach ebd., 99.
24. Zu den Vorgängen um Graf Zeppelins Ausscheiden aus dem Militärdienst siehe *Meyer* 1998 (wie Anm. 3), 29-66.
25. Brief vom 27. November 1890, zit. nach *Wolfgang Meighörner*: „Theurer Freund". Schüler-Lehrer-Bindung durch 55 Jahre. In: *Meighörner* 2000 (wie Anm. 2), 48; siehe auch *Eckener* 1938 (wie Anm. 3), 100f.
26. Siehe *Meyer* 1998 (wie Anm. 3), 41ff.
27. Siehe zum Folgenden v. a. *Eckener* 1938 (wie Anm. 3), 104ff.; *Meyer* 1998 (wie Anm. 3), 41ff.; *Karl Clausberg*: Zeppelin. Die Geschichte eines unwahrscheinlichen Erfolges. München 1979, 29ff.; *Hans G. Knäusel*: Die große Verheißung. LZ 1 der erste Zeppelin. Bonn 2000; *Wolfgang Meighörner*:

28 *Luftschiffbau Zeppelin GmbH* (Hg.): Das Werk Zeppelins. Eine Festgabe zu seinem 75. Geburtstag. Friedrichshafen 1913, 1f.
29 Das unstarre System zeichnet sich durch eine Hülle aus, die ihre Form durch den Gasdruck behält. Im Gegensatz dazu hatte Graf Zeppelins starres Luftschiff ein festes Gerippe aus Aluminium, das mit einer Stoffhülle umkleidet war und im inneren mehrere voneinander unabhängige Gaszellen hatte.
30 Siehe hierzu *Wolfgang Meighörner*: Zirkel, Zangen und Cellon. Von „landfremden Elementen", „Weißkitteln" und Generaldirektoren. In: *Ders.* (Hg.): Zirkel, Zangen und Cellon. Arbeit am Luftschiff. Friedrichshafen 1999, 10-25; *Barbara Waibel*: Die „Zeppeliner". Arbeiter im Luftschiffbau. Ebd., 26-53.
31 Siehe Stiftungsurkunde vom 30.12.1908, Archiv der Luftschiffbau Zeppelin GmbH Friedrichshafen, LZA 6/5 und Gesellschaftsvertrag der Luftschiffbau Zeppelin GmbH, ebd., LZA 6/620.
32 Zit. nach *Thor Nielsen*: Eckener. Ein Leben für den Zeppelin. München 1954, 210.

Vorangegangener Eintrag (Fortsetzung):
Grundlage des Erfolgs. Der lenkbare Luftfahrzug. In: *Ders.* (Hg.): Luftschiffe, die nie gebaut wurden. Friedrichshafen 2002, 12-29.

33 *Alfred Colsman*: Luftschiff voraus! Arbeit und Erleben am Werk Zeppelins. Stuttgart 1933, 112.
34 Graf Zeppelins Interesse für den Flugzeugbau ist schon früh belegt. Bereits 1899 hatte er den aus Ulm stammenden Flugzeugbauer Ludwig Rüb unterstützt, er korrespondierte mit den Gebrüdern Wright und holte 1907 seinen ehemaligen Konstrukteur Theodor Kober nach Friedrichshafen zurück. In der Abteilung Manzell, die zunächst noch zum Zeppelin-Konzern gehörte, wurden unterschiedlichste Flugzeugprojekte geprüft und manche mit privatem Geld des Grafen auch gefördert. Als Kober 1912 schließlich seine eigene Firma Flugzeugbau Friedrichshafen gründete, geschah dies wieder mit finanzieller Unterstützung des Grafen. Weiterhin unterstützte er Claude Dorniers Bau von Flugbooten, und in Gotha bzw. Berlin-Staaken wurde auf seine Initiative hin eine Flugzeugwerft gebaut, in der Langstreckenbomber hergestellt wurden. Siehe hierzu v. a. *Jürgen Bleibler*: Graf Zeppelin und Ludwig Rüb. Die Anfänge des Flugzeugbaus in Friedrichshafen. In: *Meighörner* 2000 (wie Anm. 2), 177-191.

The Noble as Nietzschian-inspired Artist
The Conceptual Work of Emanuel Freiherr von Bodman

Trygve Has-Ellision

„I adhere in a spiritual sense to the tightrope walker, the circus rider, whose life is on display. When I hear circus music, then I am in my element"[1], wrote poet, dramatist, and Swabian free Imperial Knight, Emanuel Baron von und zu Bodman (1874 – 1946). Bodman's characterization of himself as a circus performer seems willfully perverse; why would a nobleman with a secure place in the social order express such a sentiment? If we shift our focus from the Baron's order of origin, to his elective caste however, the meaning behind his statement is revealed. He articulated in his written work the artistic, spiritual, and social concerns of the fin-de-siècle modernist, artistic nobility – of a hybrid elite. This paper is concerned with Bodman's conception of himself as noble and modernist artist, his interpretation of this seeming dichotomy, and how this mentality shift informs the German experience of modernity.

The history of the German nobility has recently developed into a rich and complex field of study, but scholarly acknowledgement of the participation of the nobility in the artistic development of Germany or the Habsburg Monarchy is virtually nonexistent[2]. Cultural and political historians have treated artistic nobles as individuals (valid in itself), without considering the distinct habitus that led many to an active engagement with artistic modernism[3].

My work is meant to partially address this imbalance by examining the geo-cultural landscape and janus-faced duality of the artistic nobility with the writer Emanuel von Bodman as primary example. Although his artistic work as dramatist and poet is significant in its own right, it is Bodman's distinctly Nietzsche-influenced construction of himself as noble/artist that lend importance to the study of the modernist noble, one rooted in self-overcoming rather than caste identity. Drawing on both the new noble history and cultural histories of the fin-de-siècle, this essay demonstrates that nobles (with Bodman as example) not only participated in the artistic culture of Imperial Germany, but also contributed to the theoretical development of the German avant-garde[4].

Emanuel von Bodman.
Radierung von
Walter Conz.

THE FAMILIE BODMAN AND THE SHIFTING TERRAIN OF THE NOBLES

The Counts and Barons von Bodman descended from the free Swabian nobility. Their ancestral family seat on Lake Constance in Upper Swabia was a feudal fief of the Emperor Rudolf I and is still in the possession of the family[5]. The Bodman, although not reckoned to the upper nobility of the Holy Roman Empire, were members of the Swabian Free Imperial Knights, nobles who were reichsunmittelbar on their personal lands. This intermediate status lasted until 1806 with the dissolution of the Holy Roman Empire and concurrent mediatization.

The Bodman, like other families of Imperial Knights, were faced with a revolutionary political transformation and a conceptual shift in their "geo-cultural landscape." This landscape was an overlapping series of "corporate, dynastic, local, and religious allegiances" united by a "common, cosmopolitan culture."[6] As Catholic knights, their orientation had been to the Habsburg Emperor and the prince-bishoprics of the surrounding regions. The cathedral chapters of the prince-bishoprics provided livings for younger sons and daughters of the nobility who were not allowed to marry. Membership in these organizations was based on pedigree, purely noble bloodlines up to the fourth generation. This pre-revolutionary world was not localized in Swabia, or even the other cantons of the knights, but also included current-day Belgium, France, Austria, and in some cases, the Protestant lands of North Germany and Scandinavia. Although there was a consciousness of being German, this was a purely political affiliation rather than a cultural affinity.

Under the impact of both the Enlightenment and the Napoleonic destruction of the old order, the Swabian knights became acculturated to a new mentality: one united with the cultural nation as Germans, and secondarily as subjects of the King of Wurttemberg or Grand Duke of Baden[7]. The family Bodman, unlike many of their Swabian peers (the Counts Stadion for example) elected the path of naturalization. Emanuel Bodman's grandfather and father both served in the army of Wurttemberg and were on familiar terms with the royal family. His cousin, Heinrich, was first minister of Baden under the last Grand Duke. Bodman himself served King Wilhelm II of Wurttemberg during the First World War. It would have been inconceivable for an Imperial Knight to serve the house of Wurttemberg or to have an occupation as a writer or artist without the mental shift caused by mediatization.

The destruction of the knightly universe was not the only change. By aligning themselves with the cultural nation as so-called Uradel, the nobility in the German lands also accommodated themselves to the bourgeois culture of bildung. It became normal for many male nobles, provided they had the intellectual capabilities, to take the abitur and attend university. Without the dumping ground of Catholic prebends, younger sons of the nobility chose an occupation, most often in the bureaucracy, or in the case of Bodman's grandfather and father, as military officers. It was only in the last half of the nineteenth century that philosophical and artistic careers became a possibility for a minority of noble agnates. Likely social causes were the destruction of derogation clauses with the dissolution of the society of orders, the extension of acceptable marriage partners to women (and men) of the cultivated middle-class, the co-mingling of nobles and bourgeois in school, and certainly not least, the separation of the southern German nobility from land ownership. As Dolores Augustine has theorized, when an old and new elite comes into contact, a hybrid third group develops that combines aspects of both groups[8]. The socialization of nobles and educated middle-class in the same institutions: school, military, marriage, led to a hybrid elite by the end of the nineteenth century. Most, though not all of the fin-de-siècle artistic nobility were products of a noble/bourgeois relationship. In fact, the periodic family reunions that became part of the habitus of the noble family developed from concerns over the estrangement between the landed and non-landed, traditional and professional branches of the family[9].

In der Mitte Emanuel von Bodman, links seine zweite Ehefrau Blanche de Fabrice, rechts die Freundin Grete Jehly (später verh. Gulbransson) im Garten des Weissen Hauses, 1904.

Further, as officers in the Wurttemberg army the Barons Bodman attended court. As Marcus Funck has demonstrated, the noble officer at court was expected to have a dualistic, janus-faced quality: the manly warrior who demonstrated strength on the battlefield, and the courtly cavalier who cultivated the feminine arts of dancing, polite, even witty conversation, and an interest in the arts[10]. This dichotomy, paired with the acceptance of bildung had some unforeseen consequences: the development of a generation of nobles as committed to Jahrhundertwende artistic and aesthetic renewal as their bourgeois counterparts. For example, the fellow Swabian Imperial Knight and Jugendstil artist, Ferdinand Baron Massenbach, wrote in his personal papers that the noble artist was by nature dualistic: the noble side contributed tradition, loyalty, vitality, and power while the artistic side represented creativity, cosmopolitanism, originality, and talent[11]. This was not only true for Massenbach and Bodman, it also applied to their fellow Imperial Knights: Dr. Emil Baron Gebsattel, Hugo Baron Habermann, Ferdinand Baron Hornstein, Hermine Baroness Preußen, Götz Baron Seckendorff, and Karl Baron Stetten.

Many nobles without a landed estate had abandoned the old restrictions on pedigreed marriage partners. This was also true for the greater Bodman clan. The Counts Bodman, owners of the family fideikommisse, tended to marry exclusively into the nobility, but did not restrict themselves to families of the former knights, nor did they continue to insist on their marriage partners having sixteen noble quarterings. Emanuel's own branch of the family had gone even further. His grandfather had married into the bourgeoisie, and his father had gone further by marrying a Calvinist bourgeois. Again, this trend was not confined to the Bodman family, but was reflective of the greater accommodation between the middle-class and the non-landed nobility in the late nineteenth century. Like Bodman, his artistic noble peers often came from a mixed confessional and class background: Leopold von Andrian, Hans von Gumppenberg, Götz von Seckendorff, and Ernst von Wolzogen. Therefore, both the immediate family background and the shifting terrain of his order of origin influenced the development of Emanuel von Bodman's artistic nature.

A NEW NOBLE AVANT-GARDE

These internal developments, occuring over the course of the nineteenth century, cleared the way for the explosion of creative force known by the general term Jahrhundertwende. The hothouse atmosphere of the fin-de-siècle had a powerful effect on many young men and women, noble and bourgeois alike. The Jahrhundertwende was an era of great cultural ferment, when the struggle for artistic supremacy between the German states reached its apogee, and a thousand schools of art bloomed and contended. Many nobles reacted to the cultural/social transformation of the era by intensifying their participation in the artistic realm. Before the war, art became a form of substitute

Emanuel von Bodman in seinem Arbeitszimmer im Weissen Haus.

religion for the educated classes; nobles who took part in the modernist movement were neither immune, nor aloof from the prevailing attitudes of the era[12]. As the writer Otto Baron Taube remembered, „We wished to leave behind practicality and usefulness for aestheticism; every noble that swears that he was not an aesthete, was at one time proud to be known as such."[13] Clearly, Bodman was a child of the Jahrhundertwende, and his artistic work reflects the concerns of the era.

Bodman, like Taube, was a particular type of noble – the cultural/artistic noble. This was not coincidental. As Taube noted, the only nobility that shared the cultural interests of the Baltic Barons were the families of the former Imperial Knights[14]. This new nobility distinguished itself by dedicating themselves to art and aesthetics. The nobility of culture or noble avant-garde was a fusion of individuals from across Germany and continental Europe (and there are parallel examples from Japan) that had physically, if not emotionally, severed ties with their order and chose, sometimes involuntarily, to develop a new elite based on cultural attainment[15]. In so doing, they became even more elitist than their traditional counterparts, and used art as an alternative form of aristocratic display[16]. The tension between traditional noble identity and the avant-garde epitomized the „dual-front" class, a group that attempted to escape the strictures of their social group without abandoning the privileges[17]. Basing their transformation on Friedrich Nietzsche's theory that a new aristocracy must develop to replace the old, they believed they had a role in this development[18]. This theoretical background was tempered with the reality that most were dispossessed of land and family inheritance and could be considered a noble proletariat. For example, between two-thirds and three-quarters of all nobles in Bavaria were without a landed estate[19]. This precondition only encouraged the tendency to create a new identity and to find a median position between noble and artist[20].

A CAREER BETWEEN ORDER OF ORIGIN AND ARTISTIC CALLING

Like his forebears, Emanuel von Bodman was meant to follow a traditional career in either the government or military. Oddly, resistance to his choice of career came from his sisters, not his father[21]. Like many other avant-garde nobles, Bodman had a troubled relationship with his family. His sisters did not approve of his three marriages or his profession, and the rest of the Bodman family considered him something of a renegade, with the exception of his cousins Ferdinand and Heinrich. Bodman consciously chose to estrange himself from the rest of the family in order to emancipate himself from caste consciousness[22]. After he established himself as a writer, his relationship with the family improved because of his increased literary stature. This fact also points to an interesting social change among noble families; many were opposed to artistic careers out of fear that agnates might lack talent, rather than its incompatibility with caste status. One could hide a mediocrity in the military, bureaucracy, or forestry – a public artistic career demanded excellence.

Bodman studied law and social theory at Ludwig Maximilian University in Munich. At this time, he first seriously contemplated becoming a writer. He wrote for Michael Georg Conrad's journal, „Die Gesellschaft", and sent his first collection of poems to the poet Richard Dehmel[23]. Bodman continued his studies in Berlin but kept in contact with artistic acquaintances in Munich. In 1894, he made the switch to a career in the arts, when he published his first work of poetry, „Erwachen." He moved to Munich the following year where he wrote his first librettos and dramas. Bodman, like Gumppenberg, took part behind the scenes in the Munich cabaret, „Eleven Executioners" and in Wolzogen's "Ueberbrettl" in Berlin.[24] Both Marya Delvard and Frank Wedekind performed his songs at the „Eleven Executioners,"[25] and he became a founding member of the Munich Dramatic Society. It is no accident that the Swabian Baron Bodman was involved in the artistic culture of Munich. As Thomas Mann said: „After beer, theater and art are of the highest interest in Munich. This is not true of the native population, but Munich is full of Franconians and Swabians who provide the impetus for this."[26] After 1903, his work became much more original and less derivative of his early influences.[27] This transformation from pupil to confident artist coincided with his return to the region around the Lake of Constance, which remained his permanent domicile whether in Germany or Switzerland.

Bodman's work has never received more than incidental recognition. This has less to do with his intrinsic merits, than with his choice of habitation; the Bodensee region cannot compete for historical attention with Berlin, Paris, London, or even the smaller regional capitals of the German states. Without an association with a major city, Hugo von Hofmannsthal in Vienna or Thomas Mann in Munich for example, the artist is not embedded in either the public or historical consciousness. What he or she creates is art outside the dominant canon. Like his contemporary and friend Richard Dehmel, Bodman had been marginalized because he was too closely associated with a specific cultural moment: Jugendstil. Although the dramatist never achieved the notoriety of some of his cultural noble peers, contemporaries such as Rainer Maria Rilke and Richard Strauss admired his artistry[28]. He remains relevant because he exemplifies the struggles of the artistic nobility with modernity, the spiritual conditions of the times, and their place in this new world.

Bodman's artistic work revolved around his order of origin, artistic calling, and the intersection between these two spheres. What is most important about Bodman is not his success or relative lack thereof, but his literary juxtaposition of noble/artist. Bodman, like all artistic nobles, was conscious of his order of origin, and his work grapples with this seeming dichotomy. But, was he really an artist that just happened to be born into a noble family, or a noble whose will to create was so great that he was compelled to transcend the normal limitations of his caste? Could the janus-faced noble/artist be reconciled and complementary? And if so, how was this to be accomplished? Bodman answered this question by noting that it was necessary for the noble/artist to emancipate himself from his caste of origin, so that his artistic genius could reach its full flower. Once this point had been reached however, it was permissible and even necessary to reconnect with the family so that the artist would be anchored in the secure nest of the stamm[29].

THE INFLUENCE OF NIETZSCHE AND THE CALL FOR A NEW AESTHETIC ELITE AND SPIRITUAL ARISTOCRACY

Of interest to us is Bodman's juxtaposition of noble/artist that he justified in Nietzschian terms. Bodman likely read Nietzsche under the influence of Richard Dehmel, a literary advocate of the philosopher. That Bodman would become interested in Nietzsche is not self-evident; he downplayed the influence of Nietzsche on his poetry and theatrical pieces, nor was Nietzsche privileged over contemporaries such as Rainer Maria Rilke. However, if we look at Nietzsche's cosmopolitanism and taste for classicism paired with the ideas of a new self-overcoming aristocracy, a connection with Bodman becomes apparent.

The written works of Friedrich Nietzsche dramatically altered perceptions of modernity among many Europeans in the late nineteenth century. Initially inspired by his mentor, Richard Wagner, to call for a regeneration of culture through the unification of all artistic mediums, Nietzsche later broke with Wagner and became increasingly pessimistic about the effectiveness of reform in the age of mass politics. Nietzsche's later works concentrated on calling for a new elite, a spiritual aristocracy that would rule without regard to the wishes or demands of the slave morality of the masses. This aristocracy would not be a born ruling class, but one that proved itself through intellectual attainment and physical action, or one characterized as a sophisticated combination of fastidious refinement and savagery[30]. Michael Georg Conrad, leader of the Naturalist movement in Munich, was inspired by Nietzsche, and he called for an „aristocracy of the spirit that would use the aesthetics of power."[31]

Nietzsche's call for a new aristocracy of the spirit found a response among many young Europeans during the fin-de-siècle, although rarely among the old feudal nobility. For traditional conservatives, including most nobles, Nietzsche represented revolutionary tendencies and moral bankruptcy[32]. Even many nobles who were part of the cultural fringe, like the author Wilhelm von Polenz, characterized Nietzsche as a malevolent wizard, tempting the young and impressionable[33].

Despite the hostility of the traditional elite in both Germany and Austria-Hungary, nobles like Karl Baron von Gersdorff, Heinrich Baron von Stein, and Reinhard Baron von Seydlitz were among Friedrich Nietzsche's earliest proponents[34]. These nobles were members of a generation that attempted to redefine what it meant to be part of a cultural elite. Nietzsche denounced contemporary, philistine, bourgeois culture and posited a possible antidote with an alternative set of values[35]. He believed, „The elite should act upon the basis of an ethic entirely different from that of the non-elite, every aristocratic morality springs from a triumphant affirmation of its own demands."[36] Nietzsche's critique of the bourgeoisie resonated with nobles disconnected from the feudal past and uncomfortable with the bourgeois present. Certainly, for many nobles without landed property, Nietzsche's call for a new spiritual aristocracy sounded appealing.

Das Haus des Dichters in Gottlieben 1920 – 1946 am Dorfplatz in Gottlieben.

Nietzsche, himself, claimed that he was descended from a Polish noble family on his father's side, and that his grandmother participated in the Goethe/Schiller axis in classical Weimar[37]. These two claims likely played a large role in Nietzsche's glorification of a new, cultural aristocracy that was based on aesthetic attainment and ruthlessness, rather than on birth and inherited property. If art was the new religion, Nietzsche was its high priest, and the artistic nobility could be the new elite of a reconstituted sense of cultural wholeness.

In general, Bodman's work was influenced by both Nietzsche's cosmopolitanism and his doctrine of an aesthetic elite. Nietzsche's cosmopolitanism was informed by the philosopher's knowledge of members of the German aristocracy and his tenure at the University of Basel. Nietzsche considered Switzerland's multiethnic community as the prototype for European unity, and the style of the noble was the aesthetic ideal for the spiritual aristocrat[38]. The generation that came of age in the fin-de-siècle had responded to Nietzsche's call and had begun to create art that neither reflected mass reality or idealistic sentiments. The true, the good, the beautiful was dead in the wake of this countermovement. Nietzsche's aristocratic and Swiss-inspired cosmopolitanism undoubtedly informed Bodman's particular interpretation of the philosopher.

THE ARTIST AS CIRCUS PERFORMER OR BODMAN'S CONCEPTION OF HIMSELF

During the mature phase of his career, Bodman said very little about this influence, but in his Munich years he wrote some sentences that sum up the cultural noble's interpretation of Nietzsche. He wrote, „A great poet is always and at the same time a great eclectic, they are one and the same."[39] With this sentence, the writer reflects both noble suspicion of the technocratic specialist, and the possibility of artistic achievement through hard work alone. He believed that one must be a born artist and have an innate sense for poetics, just as the noble is born into his condition or the Nietzschian aristocrat arises from his will to power. Not only was the great poet a great eclectic in the artistic realm, he necessarily must be free from the narrow and philistine enthusiasms of the masses, whether nationalist/chauvinistic or socialist. In other words, the poet stood above and beyond the fray, acting as a spiritual guide in his time and for the future.

This also bears comparison with Bodman's long-standing fascination with the circus high-wire artist who performed death-defying feats for the entertainment of the people, but was separated from the spectators by his willingness to tempt fate rather than safely watch from the sidelines. According to Bodman, „Every person must go their own way, without attention to the goals and elevation of the masses, through an original labyrinth, that can only be solved from within oneself."[40] The avant-garde noble could not be concerned about the day-to-day problems of the masses but only with the elevated concerns of the artist. The high wire artist was above and beyond the comprehension of the people; his interests, whether they entertained or not, could only be solved from within. As he noted, „The great poet must always have a higher goal in mind than mere popularity."[41] Bodman is referring to a Nietzschian inspired notion that the creative individual must break through the artistic impasse by his own innate will to power. No amount of self-cultivation and idealistic aesthetic education can create genius if it does not exist.

Widmung aus dem Gedichtband „Neue Lieder", 1902. Gestaltung von Thomas Theodor Heine.

Widmung

Wenn du ins Bild von einem fremden Leben
Dein Auge groß und still und tief versenkst,
Ist dir mit einemmal das Glück gegeben,
Zu schauen, wie du selber lebst und denkst.

across caste lines to ally himself with the avant-garde elite from other groups with the intent of establishing Nietzsche's new aristocracy. This was an old practice in the guise of a new idea; in the aristocratic salon society of the eighteenth and nineteenth centuries, an interesting and witty commoner was preferred as a guest over a stiff and stupid nobleman from the country. Or, as the writer Theodor Goering wrote about fin-de-siècle Munich society: „The artist in Bavaria possessed an officer's position in ‚society', with rank determined by the value or success of his pictures. It would not be easy for an aristocrat conscious of his social prerogatives to include a musician among his closest friends, as a painter frequently is. The latter is invited to the summer villa of the aristocracy, where he is regarded as a companion, a chum, as it were."[43] Far more than his avant-garde contemporaries, Bodman directly interpreted the thought of Nietzsche and attempted to apply it to the position of the cultural nobility through the use of an easily understood hoary trope of noble salon society.

The artist as circus performer was only so useful as a metaphor, however; Bodman remained the Imperial Baron. Again, he articulated a Nietzschian solution to the problematic situation of the avant-garde nobility, „In every social position (caste or class) there is a nobility (elite). And between the nobility of the highest position and the nobility of the lowest, there is a greater kinship than between the highest noble and the rabble within a caste."[42] In other words, he believed that the elite in every social class, particularly the artistic elite, had more in common with each other than with other members of their same caste. By divorcing himself from his feudal surroundings, the cultural noble did not embrace the masses, quite the opposite. Instead, the artistic noble cut

COSMOPOLITANISM AND SWABIAN HEIMAT: THE GOTTLIEBER ARTIST COLONY

Bodman's mature work is associated with the Gottlieber artist colony in Switzerland. His return to the Bodensee was occasioned by the break-up of his first marriage. The flight from Zurich and the culture of the city to the artist-colony did not symbolize a return to traditional themes. The artist colony developed in late nineteenth-century Europe as a refuge from the city, but also as a space of freedom where men and women artists and writers could work together in the relaxed, healthy environment of the countryside[44]. The visual artists that worked in these settings were linked with the various modernist (and urban) movements of naturalism, symbolism, art nouveau, and expressionism. Often artists would alternate

Grabmal für Emanuel und Clara von Bodman.
Friedhof Tägerwilen, Kanton Thurgau, Schweiz.

FREIHERR / EMANUEL / VON BODMAN /
1874 – 1946 / FREIFRAU / CLARA /
VON BODMAN / GEB. HERZOG / 1890 – 1982 /
ICH WERDE NICHT. / ICH BIN. SEIN IST DES /
WERDENS SINN / VERGEHENDES /
GESICHT IST WACHS / FÜR EWIGES LICHT

seasons between their city ateliers and the artist colony. Similarly, the first writer's colony in Germany, Friedrichshagen near Berlin, had all the characteristics of an artist colony, with an additional leavening of life-reform proponents, nudists, practitioners of free love and individualistic socialism (not necessarily the same people), and other faddish ideas of the Jahrhundertwende[45].

These colonies developed out of a cultural reform movement that rejected the moribund and sterile classical tradition. The German colonies wanted to renew the cultural life of the country through liberation from the true, good, and beautiful without replacing those standards with foreign, generally French fashions. It was avant-garde and chauvinistic simultaneously, and sometimes internationalist and classicist tendencies could be united in the same person depending on circumstance![46] This was particularly true for noble artists and writers who had international relationships with elites from other countries that inhibited their full naturalization into the volkisch artist community. As Harry Count Kessler said, „The goal for which we must strive today in Germany: unite the philosophical culture of Goethe with the political structure of Bismarck and fin-de-siècle aestheticism."[47]

The Gottlieber artist colony was cosmopolitan in its composition but its artistic orientation was embedded in the Swabian heimat. It was an equal mix of artists and writers: Karl Einhart, Ludwig Finckh, Hermann Hesse, Willi Hummel, Wilhelm von Scholz, Emil Thoma, Robert Weise, and Ernst Würtenberger. As Emil Thoma wrote to Bodman, „Im Ganzen bedaure ich, daß der Kreis, der sich in Emmishofen bildete, so wenig fest ist, um ein solides Zusammenhalten zu ermöglichen, nachdem er doch aus begabten Leuten besteht, deren Lebenslauf ineinandergreift und deren Interessen in künstlerischer Hinsicht die gleichen sind – es könnte ein idealer Bund sein, der dem Streben jedes einzelnen nur förderlich ware."[48] One could attribute this moderate attitude to individuals such as Hesse or Bodman, who were internationalist in orientation, and inclined to attempt to synthesize the seeming dichotomy between classicism and the modern, German nationalism and Internationalism. Bodman always considered himself to be a good Swabian, German, and European. Later, the First World War came as a terrible blow because it foreshadowed the death of the common elements of English, French, and German culture that he cherished[49].

The Gottlieber years are significant for Bodman however, because he synthesized his feudal background with his artistic career – his love of heimat with European cosmopolitanism. As Alfred Langen, publisher of „Simplicissimus" noted of his poetry, "you are grounded in the classics, yet are at the same time modern. That is no small accomplishment."[50] Or, as Bodman said of himself, „I am a mixture of old and new: a forest full of old and new trees."[51] Not only do these statements describe Bodman's literary style, it is also the quintessential description of the noble artist. Classicism not only had the patina of tradition, it was the favored style of the German sovereigns and was linked in the public mind with the cultural, didactic politics of the monarchy[52]. Grafted on to this aristocratic structure was the modern and new. Thus Langen's statement is about literature and the person; or Bodman as the synthesis of the noble thesis with the avant-garde antithesis.

BODMAN AND FRANK WEDEKIND

During the years before the World War, Bodman reflected further on the role and meaning of the artistic noble, „The worker is closer to the artist than the bourgeois with the exception of the patrician. This is true because he shows courage and is willing to fight, like us [artistic nobility]. Even though our nobility often lacks spiritual culture, and there is a divide between the noble and artist, this is still preferable to the cultural philistines that constitute our new plutocracy. No, the will of the noble from every order is based on activity and thus is the one that is right and does not take account of the majority."[53] Bodman reiterates his faith in the commonality of the elite from each order because these transcend their origins and are alike in their consciousness of artistic values. Therefore the artistic nobility did not necessarily need to originate in the feudal nobility, but was an elite from all social classes whose ideals were rooted in a similar interpretation of artistic transcendence. This idea is reflected in the Baron's own theory of dramatic tragedy, and his relationship to the brilliant but controversial fin-de-siècle playwright, Frank Wedekind.

Wedekind and Bodman had met during Bodman's years in Munich, most likely as co-writers for the cabaret, „Eleven Executioners". He remained a great, although not uncritical, admirer of Wedekind as a playwright and person. This was evident in his defense of Wedekind's play, „Frühlings Erwachen", which obviously inspired Bodman's book of poetry, „Erwachen". The similarities do not end there. Bodman's conception of tragedy and the role of the theater owe something to Wedekind as well. Wedekind's interpretation of tragedy replaced eternal verities with a dynamic and ever-changing battle between social expectation and personal inclination. The failure to compromise and synthesize the two leads to disaster. According to Wedekind, „In the modern world, marked by social change and the revaluation of values, the classical notion of the harmonious man who enjoys stable personal and social integration must give way to a dynamic balancing of inner drives and communal needs."[54] In other words, drama still acts as a medium for the creation of the whole person, but this new individual is a balance of opposites, tradition paired with revolution. Wedekind not only describes the spiritual noble, but also conceived him as the new representative of modernist wholeness. It is clear that Bodman would return to these Wedekindian themes when he attempted to articulate his notions about the proper function of the stage.

As Bodman said, „the new tragedy like all correct art will be social aristocratic, not for a particular social class, but for the elite in each order. The conflict between the old and eternal verities and the new will be resolved in the garment and rhythm of drama."[55] This statement follows his earlier thoughts, but is also informed by Wedekind's notion of the didactic function of tragedy. Later, Bodman would hail both Wedekind's „Frühlings Erwachen" and the „Lulu" plays as the beginning of a new type of ethics – oneness with nature and the exercise of the free will outside the bounds of conventional morality[56]. He said, „I don't celebrate the abnormal genius, only the supra-normal."[57] Wedekind's protagonists were not abnormal, but were closer to nature, to one's real self, no matter how perverse. Bodman extrapolated from Wedekind a continuation of his earlier Nietzschian apologetic: the philosophical/dramatic realization of the new man who seemed an abnormal monstrosity to the philistine, but was in reality the whole man who united the artist with the aristocrat.

CONCLUSIONS

Emanuel Baron v. Bodman may not be as well known as fellow fin-de-siècle nobles Harry Count Kessler and Hugo von Hofmannsthal, but his written work is much more indicative of the concerns of the cultural nobility. Bodman, unlike Kessler, was not rich, influential, peripatetic, or a parvenu. His consciousness was bound up with his order and heimat. Yet, because he was so rooted in place and caste, his thought is all the more interesting for the student of the nobility and the Jahrhundertwende. Bodman's conception of himself in Nietzschian terms, and his construction of art in Wedekindian language should give the historian of the Kaiserreich pause. His own artistic work may not be considered part of the canon of German letters, but his articulation of the values of the artistic, avant-garde nobility must be studied carefully. The Baron's work represented no less than the transformation of values that characterized the „geo-cultural landscape" of the janus-faced cultural nobility. Moreover, Bodman and other nobles like him not only chose artistic careers, but grappled with the philosophical issues of their era. They were present in the city and countryside, among the academies, art colonies, and alternative cultural venues. Their presence and philosophical stance served as a catalyst for the elitist theories of the avant-garde, and they provided a social cloak of respectability to artists and ideas that might have been marginalized in the contentious cultural terrain of fin-de-siècle Mitteleuropa. This is reason enough to study the writings of Emanuel Freiherr von Bodman and his contemporaries among the cultural, avant-garde nobility.

Anmerkungen:

1 *Emanuel von Bodman*: Vermischte Schriften. Stuttgart 1960, 83.
2 Fine political works include: *Eckart Conze*: Von Deutschem Adel. Die Grafen von Bernstorff im zwanzigsten Jahrhundert. Stuttgart 2000; *Eckart Conze / Monika Wienfort* (Hg.): Adel und Moderne. Deutschland im europäischen Vergleich im 19. und 20. Jahrhundert. Köln 2004; *Katrin Keller / Josef Matzerath* (Hg.): Geschichte des sächsischen Adels. Köln 1997; *Silke Marburg / Josef Matzerath* (Hg.): Der Schritt in der Moderne. Sächsischer Adel zwischen 1763 und 1918. Köln 2001; *Heinz Reif*: Adel und Bürgertum in Deutschland. Bd. 1. Berlin 2000; *Ders.*: Adel im 19. und 20. Jahrhundert. München 1999; *Heike W. Whelan*: Adapting to Modernity. Family, Caste and Capitalism among the Baltic German Nobility. Köln 1999.
3 *Matthew Jefferies*: Imperial Culture in Germany, 1871 – 1918. New York 2003; *Peter Jelavich*: Munich and Theatrical Modernism: Politics, Playwriting, and Performance 1890 – 1914. Cambridge Mass. 1985; *Robert Jensen*: Marketing Modernism in Fin-de-Siécle Europe. Princeton 1994; *Robin Lenman*: Artists and Society in Germany 1850 – 1914. Manchester 1997; *Beth Irwin Lewis*: Art for All? The Collision of Modern Art and the Public in Late-Nineteenth-Century Germany. Princeton 2003; *Carl Schorske*: Fin-de-Siécle Vienna. Politics and Culture. New York 1981.
4 Bodman was not an unusual exception. Although by no means a complete list of the artistic nobility of the fin-de-siècle, some important examples include the following: Leopold Baron Andrian-Werburg, Erwein Baron Aretin, Gustav Baron Bechtolsheim, Eberhard Baron Bodenhausen, Margaret von Brauchitsch, Frieda von Bülow, Angelo Count Courten, Dr. Richard Count du Moulin Eckart, Karl Baron du Prel, Gottfried Baron Falkenhausen, Clemens Baron Franckenstein, Elsa Baroness Freytag-Löringhoven, Georg von der Gabelentz, Ernst Baron Gagern, Dr. Emil Baron Gebsattel, Wolfgang Baron Gersdorff, Alexander Baron Gleichen-Russwurm, Hans Baron Gumppenberg, Hugo Baron Habermann, Hans-Albrecht Count Harrach, Norbert von Hellingrath, Ludwig von Hofmann, Ferdinand Baron Hornstein, Harry Count Kessler, Leopold Count Kalckreuth, Konrad von Kardorff, Eduard Count Keyserling, Ferdinand Baron Lamezan, Karl Adolf

Baron Levetzow, Mechtilde Princess Lichnowsky, Detlev Baron Liliencron, Bodo von der Marwitz, Ferdinand Baron Massenbach, Börries Baron Münchhausen, Thankmar Baron Münchhausen, Lucien Baron Myrbach-Rhönfeld, Helene von Nostitz-Wallwitz, Georg Baron Ompteda, Fritz Baron Ostini, Anton Baron Perfall, Wilhelm von Polenz, Tom Baron Podewils, Hermine Baroness Preuschen, Franziska Countess Reventlow, Gustav Baron Rummel, Dr. Albert Schrenck von Nötzing, Götz Baron Seckendorff, Dr. Wilhelm Baron Stauffenberg, Karl Baron Stetten, Otto Baron Taube, Eduard Baron Wangenheim, Ernst Baron Wolzogen, Ludwig von Zumbusch.
5 Genealogisches Handbuch des in Bayern immatrikulierten Adels: Band 15. Neustadt an der Aisch 1984, 76.
6 *William D. Godsey, Jr.*: Nobles and Nation in Central Europe. Free Imperial Knights in the Age of Revolution 1750 – 1850. Cambridge 2004, 13.
7 Ebd., 10.
8 *Dolores Augustine*: Patricians and Parvenus: Wealth and High Society in Wilhelmine Germany. Oxford 1994, 11, 243-245, 254.
9 *Karl von Wolff*: Götz v. Seckendorff 1889 – 1914. Hannover 1989, 46.
10 *Marcus Funck*: Vom Höfling zum soldatischen Mann. Varianten und Umwandlungen adeliger Männlichkeit zwischen Kaiserreich und Nationalsozialismus. In: *Conze / Wienfort* 2004 (wie Anm. 2), 205-235, 217.
11 Personal papers Yorck Freiherr von Massenbach, Berlin. Handwritten notes by his grandfather, Ferdinand Freiherr Massenbach.
12 *Ronald N. Stromberg*: An Intellectual History of Modern Europe. Englewood Cliffs 1975, 397.
13 *Otto Freiherr von Taube*: Wanderjahre. Erinnerungen aus meiner Jugendzeit. Stuttgart 1950, 257.
14 *Taube* 1950 (wie Anm. 13), 16.
15 *Marburg / Matzerath* 2001 (wie Anm. 2), 13.
16 *Michael Burri*: Leutnant Burda and the Combative Ethos of the Aristocrat at fin-de-siècle Vienna. In: German Studies Review 18 (1995) 1, 9, 18, 25.
17 *Norbert Elias*: The Court Society. Oxford 1983, 263.
18 *Friedrich Nietzsche*: Thus Spoke Zarathustra. In: *Walter Kaufmann* (Hg.): The Portable Nietzsche. New York 1968, 315; *Ders*: Beyond Good and Evil. New York 1966, 72f., 201.
19 Bavarian historians disagree over the exact statistics. For further information consult: *Walter Demel*: Struktur und Entwicklung des bayerischen Adels von der Mitte des 18. Jahrhunderts bis zur Reichsgründung. In: Zeitschrift für bayerische Landesgeschichte 61 (1998), 295-345; *Wilhelm Liebhart*: Bayerns Könige. Frankfurt am Main 1997; *Max Spindler* (Hg.): Handbuch der Bayerischen Geschichte. Bd. 4, 2. München 1975.
20 *Wehlan* 1999 (wie Anm. 2), 41. In Baltic noble society, the „Krippenreiter" was a noble without independent means who moved from one estate to another acting as the entertainment for the landed family.
21 Deutsches Literaturarchiv Marbach (DLA), Handschriftenabteilung: Magazin A: Bodman: Bodman, Emanuel von Manuscripte. Bodman, Clara von: Prosa „Emanuel von Bodman. Aus seinem Leben." 98.62.7.
22 Ebd., 59.
23 Ebd., 4.
24 *Emanuel Freiherr von Bodman*: Der Wandrer und der Weg. Emanuel von Bodmans Leben und Werk. Stuttgart 1960, 55.
25 DLA, *Bodman* (wie Anm. 21), 22.
26 *Thomas Mann*: Sämtliche Erzählungen. Frankfurt 1971, 210.
27 *Bodman* 1960 (wie Anm. 24), 84.
28 DLA, *Bodman* (wie Anm. 21), 12.
29 *Ders.* (wie Anm. 21), 59.
30 *Roy Pascal*: From Naturalism to Expressionism. German Literature and Society 1880 – 1918. London 1973, 37; *Walter Struve*: Elites Against Democracy. Leadership Ideals in Bourgeois Political Thought in Germany 1890-1933. Princeton 1973, 43.
31 *Jelavich* 1985 (wie Anm. 3), 30f.
32 *Steven Aschheim*: The Nietzsche Legacy in Germany 1890 – 1990. Berkeley 1992, 5-6.
33 Ebd., 25.
34 *Winfried Schüler*: Der Bayreuther Kreis von seiner Entstehung bis zum Ausgang der Wilheminischen Ära. Münster 1971, 94.
35 *William McGrath*: Dionysian Art and Populist Politics in Austria. New Haven, Conn 1974, 54.
36 *Struve* 1973 (wie Anm. 30), 43.
37 *Peter Heller*: Nietzsche über die Vornehmen und die Vornehmheit. In: *Peter Uwe Hohendahl / Paul Michael Lützeler* (Hg.): Legitimationskrisen des Deutschen Adels 1200 – 1900. Stuttgart: 1979, 311.
38 *Peter Bergmann*: Nietzsche: the Last Antipolitical German. Bloomington 1987, 113, 117.
39 DLA, *Bodman* (wie Anm. 21), 9-10.
40 Ebd.
41 Ebd.
42 Ebd.
43 *Maria Makela*: The Munich Secession: Art and Architecture in Turn-of-the-Century Munich. Princeton 1990, 16.
44 *Nina Lübbren*: Rural artists' colonies in Europe 1870 – 1910. New Brunswick 2001, 5f.
45 *Jefferies* 2003 (wie Anm. 3), 205f.
46 Ebd., 204.
47 *Peter Grupp*: Harry Graf Kessler 1868 – 1937. München 1996, 72.
48 DLA, *Bodman* (wie Anm. 21), 19.
49 Ebd., 73.
50 *Thurgauische-Bodman Stiftung* (Hg.): Emanuel von Bodman und die Gottlieber Künstlerkolonie 1902 – 1905. Frauenfeld – Stuttgart – Wien 2000, 73.
51 *Bodman* 1960 (wie Anm. 1), 102.
52 Ebd., 101. Bodman wrote about his disgust with the predominantly classical repertoire of the Court Theaters, which he labelled the „theater of the lakkeys."
53 Ebd., 85, 127.
54 *Jelavich* 1985 (wie Anm. 3), 93.
55 *Bodman* 1960 (wie Anm. 1), 11.
56 Ebd., 42f.
57 Ebd., 90.

"Es wird Zeit, dass ich das Deutsche Reich rette!" Vom Anhänger zum Attentäter – Stauffenbergs Weg in den Widerstand

Doris Muth

Die Rolle des schwäbischen Adels im Hinblick auf den Widerstand gegen den Nationalsozialismus ist bisher noch wenig erforscht. Im Rahmen seiner Studie über die Familie Waldburg-Zeil hat indes Andreas Dornheim am Beispiel des Fürsten Erich von Waldburg-Zeil einen Fall von fundamentaler Opposition gegen den nationalsozialistischen Staat untersucht[1]. Während Waldburg-Zeils Widerständigkeit im Katholizismus und Konservativismus sowie der radikalen Ablehnung nicht nur des nationalsozialistischen, sondern jedes, nicht durch göttliches Recht legitimierten Staates wurzelte, wird in diesem Beitrag der Widerstand aus dem Militär am Beispiel eines anderen schwäbischen Adligen vorgestellt: Claus Schenk Graf von Stauffenberg. Dabei geht es nicht um eine Darstellung der Ereignisse im Umfeld des 20. Juli 1944, sondern vielmehr darum, Stauffenbergs Wandel vom Befürworter und Gefolgsmann zum entschiedenen Gegner Hitlers sowie die vielschichtigen Motive, die diese radikale Wende ermöglichten, aufzuzeigen. Diese Fragen werden unter dem Aspekt zu untersuchen sein, inwiefern Stauffenbergs adlige Herkunft und ein spezifisch adliges Selbstverständnis für seinen Weg in den Widerstand handlungsleitend waren. Hierbei werden unterschiedliche biographische, erzieherische, geistige und ethische Prägekräfte beleuchtet.

DIE FAMILIE

Während die Elterngeneration noch Anspruch auf eine durch Tradition überkommene Anerkennung ihres Standes erhob, lässt sich dies auf Claus von Stauffenberg und seine Brüder nicht mehr übertragen. Ihr Habitus war zwar immer noch von ihrer adligen Herkunft geprägt, doch begründeten sie ihre Zugehörigkeit zur gesellschaftlichen Elite nicht mehr mit ihrem Adel, sondern in dem Bewusstsein, dass diese Zugehörigkeit mit einer besonderen Verantwortung gegenüber der Allgemeinheit verbunden sei: „So ist es ihm [Claus von Stauffenberg], wie uns allen, auch selbstverständlich gewesen, den Sinn des Adels darin zu sehen, daß er Verpflichtung bedeute, die Vorteile, die Erziehung, Stand, Tra-

Familiengruft der Schenken von Stauffenberg auf dem Friedhof Lautlingen. Konrad Maria war Claus' Zwillingsbruder, der unmittelbar nach der Geburt verstarb. Melitta geb. Schiller war Alexanders Frau, die als Testpilotin kurz vor Kriegsende von einem amerikanischen Jagdflugzeug abgeschossen wurde. Maria geb. Classen war Bertholds Frau, Alfred, 1937 – 1987, ihr ältester Sohn.

Schloss Lautlingen.
Aufnahme von 2002.

dition geben mochten, in den Dienst derer zu stellen, die nicht daran teilgehabt hatten. Sei es auch nur durch ein beispielhaftes Leben und Verhalten."[2] Wenn sich ein Charakterzug aufgrund von Stauffenbergs Herkunft besonders ausbildete, so waren es seine Selbstsicherheit und das Bewusstsein des eigenen Wertes, was aber von seiner Umgebung nicht als Ausdruck seiner Standeszugehörigkeit, sondern als natürlicher Ausdruck einer in sich ruhenden Persönlichkeit empfunden wurde: „Stauffenbergs Wesen war das eines geborenen Herren, der von Jugend an gewohnt ist, für sich einzustehen, aber auch zu gelten und befehlen zu können (oder zu müssen, was für ihn dasselbe war). Diese Befehlsbefugnis leitete er nicht von Dienstrang oder -stellung oder von seiner Herkunft her noch war sie im Dienst ‚erlernt'; sie war primär und ein selbstverständlicher Teil seines Wesens."[3]

Claus von Stauffenberg entstammte einer reichsritterschaftlichen Familie, deren Stammsitz in der Nähe von Hechingen lag. Seit dem 13. Jahrhundert hatten Mitglieder der Familie das Schenkenamt bei den Grafen von Zollern inne. In der Frühen Neuzeit finden sich Stauffenberger in Diensten verschiedener – geistlicher wie weltlicher – Landesherren: bei den württembergischen Herzögen, in kaiserlichen Verwaltungsdiensten oder auf Domherrenstellen an den Bischofssitzen Bamberg, Würzburg, Augsburg und Eichstätt. Einigen Domherren gelang es sogar bis zum Bischofsamt aufzusteigen. Die berühmtesten Beispiele sind die Fürstbischöfe Marquard Sebastian von Bamberg (1644 – 1695) und Johann Franz von Konstanz (1658 – 1740). 1698 erhob Kaiser Leopold I. die Schenken von Stauffenberg der Wilflinger Linie und der Amerdinger Linie in den Reichsfreiherrenstand. Aus der freiherrlichen Amerdinger Linie, die nach ihrem Stammsitz Amerdingen, einem Rittergut bei Nördlingen, benannt ist, stammte Claus von Stauffenbergs Urgroßvater Franz Ludwig Schenk Freiherr von Stauffenberg, der 1874 von König Ludwig II. in den erblichen Grafenstand des Königreichs Bayern erhoben wurde. Dessen Enkel Alfred, 1860 in Amerdingen geboren und Inhaber des Lautlinger Besitzes, war Claus von Stauffenbergs Vater. Graf Alfred, der 1880 als Fahnenjunker im württembergischen Ulanenregiment angefangen hatte, bekleidete seit 1908 als Major das Amt des Oberhofmarschalls am Stuttgarter Hof Wilhelms II. Seinem königlichen Dienstherrn blieb Graf Alfred auch nach dessen Abdankung treu und verwaltete bis zu seiner Pensionierung 1928 als Präsident der herzoglich-württembergischen Rentkammer dessen Privatvermögen. 1904 heiratete Alfred von Stauffenberg Caroline von Üxküll-Gyllenband, 1875 in Wien als Tochter des kaiserlichen und königlichen Oberstleutnants Graf Alfred von Üxküll-Gyllenband und seiner Gemahlin Valerie, geborene Gräfin von Hohenthal, geboren. Die seit dem 13. Jahrhundert im Baltikum ansässige Familie Üxküll-Gyllenband wurde 1648 in Schweden in den Freiherrenstand und 1790 im Heiligen Römischen Reich in den Reichsgrafenstand erhoben. Über seine Urgroßmutter mütterlicherseits, Gräfin Emilie Neidhardt von Gneisenau, der Mutter der Gräfin von Hohenthal, war Claus von Stauffenberg mit dem preußischen Militärreformer August Wilhelm Anton Graf Neidhardt von Gneisenau (1760 – 1831) verwandt[4]. Mit dem Sturz der Monarchie, die Claus als Elfjähriger in Stuttgart erlebte, ging für das Geschlecht der Stauffenbergs eine jahrhundertealte Familientradition zu Ende. Als Dienstadelige hatte ihre Loyalität den verschiedenen Landesherren und Monarchen, in deren Diensten sie gestanden hatten, gegolten, ihr politisch-staatliches Selbstverständnis hatte sich auf das jeweilige regionale Fürstenhaus bezogen. Der parlamentarisch-demokratischen Republik und ihren Repräsentanten aus völlig anderen Schichten wie der Arbeiterschaft, dem katholischen Kleinbürgertum oder dem linksliberalen städtischen Bürgertum standen sie mit größter Distanz gegenüber[5].

JUGENDJAHRE

Claus Schenk Graf von Stauffenberg wurde am 15. November 1907 in Jettingen geboren und war zwei Jahre jünger als seine Brüder, die Zwillinge Berthold und Alexander, mit denen ihn ein inniges Verhältnis verband. Seine Kindheit und Jugend verbrachte er in Stuttgart, wo die Familie eine weitläufige Dienstwohnung im Alten Schloss bewohnte. Beide Elternteile standen im Dienst des Hofes: der Vater Alfred als Oberhofmarschall, die Mutter Caroline als Hofdame der Königin Charlotte, deren engste Freundin und Vertraute sie war. Nach der Abdankung des Königs erhielt die Familie eine großzügig angelegte Wohnung der Herzoglichen Rentkammer in der Stuttgarter Jägerstraße. In dem aristokratischen Ambiente, in dem der junge Stauffenberg aufwuchs, nahmen aber auch bürgerliche Bildungs- und Erziehungsideale einen wichtigen Platz ein. Die Brüder besuchten das über 250 Jahre alte Stuttgarter Eberhard-Ludwigs-Gymnasium, jenes traditionsreiche humanistische Bildungsinstitut, das seit alters her als Elite-Schule des schwäbischen Bildungsbürgertums galt. Theodor Pfizer, Schulkamerad der Stauffenberg-Brüder und späterer Ulmer Oberbürgermeister, schildert den Geist des „Ebelu" so: „[...] er war von einer lebendigen Tradition bestimmt, vom Erlebnis und der Deutung der Antike, von Humanismus und Humanität und doch dem uns umgebenden Leben zugewandt. So wurden Homer und Plato neben Goethe und Shakespeare, die Geschichte des Abendlandes neben den Fragen an die Natur bestimmende Faktoren."[6]

Über die schulische Bildung hinaus förderte Gräfin Caroline, von den Kindern „Duli" (Du Liebe) genannt, die musischen Neigungen ihrer Söhne nach Kräften[7]. Alle drei Brüder spielten ein Instrument: Alexander Klavier, Berthold Violine und Claus Violoncello. In der Wohnung der Familie Stauffenberg wurden Musik- und Leseabende veranstaltet, an denen die Brüder gemeinsam musizierten oder mit Freunden klassische Dramen mit verteilten Rollen lasen. Theaterbesuche, Besuche von Ausstellungen und völkerkundlichen Vorträgen im Lindenmuseum, Spazierfahrten im Wilhelma-Park etc. gehörten ebenso zum Alltag der Jugendlichen wie die Teilnahme an Schüleraufführungen des Eberhard-Ludwigs-Gymnasiums. Im „Wilhelm Tell" deklamierte Claus in der Rolle des Stauffacher den Satz, der in seinem Leben noch große Bedeutung gewinnen sollte: „Nein, eine Grenze hat Tyrannenmacht."[8] Gräfin Caroline schuf in ihrer Familie eine Atmosphäre, in der sich die Persönlichkeit ihrer Söhne voll entfalten konnte, und in der sich auch deren Freunde und Klassenkameraden ausgesprochen wohl fühlten. Ein Schulfreund erinnert sich: „[...] im Salon der Gräfin waren zur Teestunde die Tore der Gastfreundschaft weit geöffnet; hier wurden beklemmende Schulsorgen gebeichtet, neue Bücher besprochen, Politisches erörtert – Zeitschriften und bibliophile Kostbarkeiten lagen zwischen Teetassen, Gebäck und Toasts. Hinter dem Gebäude stieg der in einen Weinberg mündende Garten an, auf dessen Stufen wir oft mit Büchern saßen oder im Gespräch, unter uns Stuttgart im flimmernden Licht des Sommers [...]."[9] Den Kontrapunkt zur urbanen Stuttgarter Lebenswelt bildeten die Ferienaufenthalte in Lautlingen, wo die Familie Stauffenberg eine von allen Dorfbewohnern anerkannte Patriarchenrolle einnahm. In der neben dem Schloss gelegenen Kirche, deren Patronat sie innehatte, besaß sie ihre eigene Empore. Zwischen der gräflichen Familie und den Dorfbewohnern bestand ein enges Verhältnis, zumal sich das Schloss inmitten des Dorfes befand.

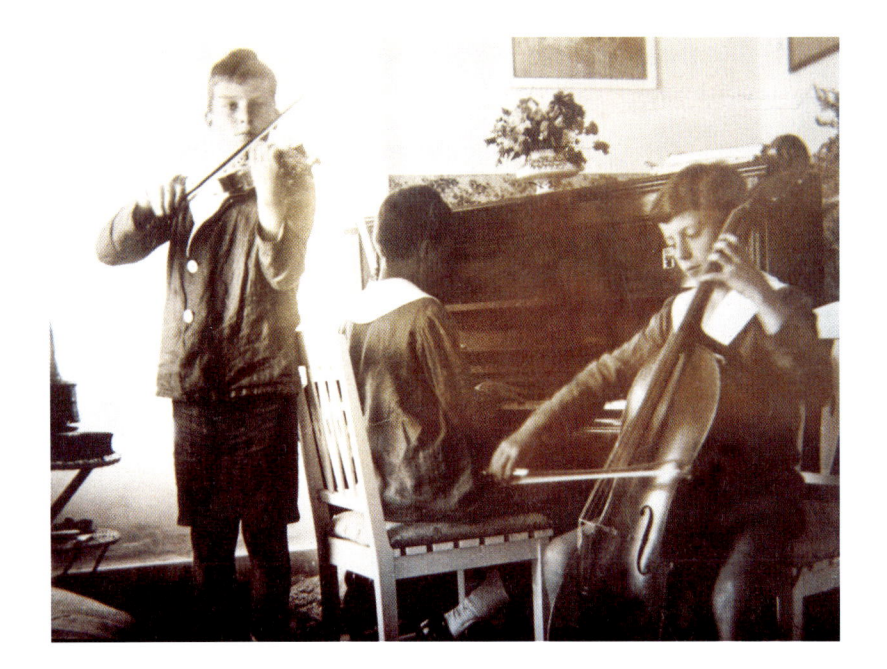

Die Stauffenberg-Brüder Alexander (Klavier), Berthold (Geige) und Claus (Cello). Aufnahme von 1917.

Vor diesem Hintergrund wuchs Claus von Stauffenberg in einer sorgenfreien, gesicherten Umgebung auf, in der sich ein Selbstvertrauen entwickeln konnte, das nicht allein auf seiner adligen Herkunft beruhte. Seine Selbstgewissheit speiste sich in ebensolchem Maße aus einer Erziehung, die darauf ausgerichtet war, dem Jugendlichen nicht nur eine umfassende und fundierte Bildung zukommen zu lassen, sondern auch die Entwicklung seiner Persönlichkeit sowie seine musischen Fähigkeiten und Talente nach Kräften zu fördern. In der kultivierten und weltoffenen Atmosphäre der elterlichen Wohnung überlagerten und ergänzten sich aristokratisches Standesbewusstsein und bürgerliches Bildungsideal zum Wohle der Kinder. Eine Abgrenzung gegenüber bürgerlichen Schulfreunden gab es nicht. Die Jugendfreundschaften entstammten bis auf einige wenige Ausnahmen dem gehobenen schwäbischen Bürgertum[10].

STEFAN GEORGE

1923 wurde Claus von Stauffenberg dem Dichter Stefan George vorgestellt. Die Zugehörigkeit zu dessen Kreis auserwählter ‚Jünger' erfüllte ihn mit Stolz. Er habe den größten Dichter seiner Zeit zum Lehrmeister gehabt, äußerte sich Stauffenberg seiner Frau Nina gegenüber[11]. Georges Verachtung der Masse und der Demokratie, sein Herrenkult und Sendungsbewusstsein ließen ihn sich in eine stilisierte Welt elitären Andersseins flüchten. In seiner Ablehnung des Massengeschmacks und des Konventionellen schrieb er seine Gedichte nur für einen Kreis von Auserwählten. Um dem Ungewöhnlichen auch äußerlich Ausdruck zu verleihen, bediente er sich einer eigenen, der Karolingerminuskel ähnlichen Schrift, die durch eine besondere Interpunktion und die Kleinschreibung von Hauptwörtern gekennzeichnet ist. George sah sich als Lehrer oder „Meister" einer auserwählten Schar von „Jüngern", die er durch ästhetische Erziehung zu einer geistigen Elite heranbilden wollte. Zum Kreis seiner Freunde und intellektuellen Bewunderer gehörten unter anderem Karl Wolfskehl, Friedrich Gundolf, Wilhelm Dilthey, Ernst Kantorowicz und Hugo von Hofmannsthal, um nur einige wenige zu nennen. Dem in seinen Augen kranken Zeitalter setzte George ein neues geistiges Reich entgegen: das „Geheime Deutschland", wie der Titel eines Gedichts aus Georges letztem, im Oktober 1928 erschienen Werk „Das Neue Reich" lautet. Das Bild, das George von diesem Reich zeichnete, war unpräzise und konturlos, zu seinen Vorbildern zählte die antike Götterwelt und das mittelalterliche Kaisertum. Um dieses Reich zu verwirklichen, schien ihm ein auserlesener Kreis von Männern geistigen Adels berufen zu sein, die ihre Pflichten von sich aus erkennen und die Taten vollbringen würden, die zur Errichtung dieses Reichs notwendig wären. Das Merkmal dieses neuen Adels, der nicht auf dem Geburtsrecht, sondern auf einem geistigen Recht beruhte, sollte die Bereitschaft zum Dienst und zur Verantwortung, die Fähigkeit zur Hingabe und zum Opfer sein[12].

Alfred Graf Schenk von Stauffenberg mit seinen Söhnen Berthold, Claus und Alexander, von links. Aufnahme von 1925.

Claus Schenk Graf von Stauffenberg, den schon von Jugend an ein ausgeprägtes sittliches Verantwortungsbewusstsein auszeichnete, sah in Georges Reichsidee ein Werk, das mitzugestalten er sich aufgefordert fühlte. 1923 schrieb er in einem Aufsatz:

„Für alle, die das Vaterland und das neue Reich erkannt haben, gibt es nur den Einen hohen Beruf, den uns die grossen Griechen und Römer durch die Tat vorgelebt haben, [...]: Des Vaterlandes und des Kampfes fürs Vaterland würdig zu werden und dann sich dem erhabenen Kampf für das Volk zu opfern; ein wirklichkeits- und kampfbewusstes Leben führen."[13]

Mit George-Gedichten verständigte man sich später auch gelegentlich im Kreis der Widerstandskämpfer, die ihre Bewegung als „Geheimes Deutschland" zu bezeichnen pflegten. Möglicherweise lauteten Stauffenbergs letzte Worte auch nicht, wie allgemein zitiert, „Es lebe das geheiligte Deutschland", sondern vielmehr „Es lebe das geheime Deutschland".

IM NATIONALSOZIALISMUS

Claus von Stauffenberg teilte die Distanz zur Weimarer Republik mit der großen Mehrheit seiner Standesgenossen der Generation um 1900, die die parlamentarische Demokratie und ihre Funktionsmechanismen ablehnten. Die Lösung der geistigen und politischen Krise der 20er Jahre sah er jedoch nicht in der Rückkehr zur Monarchie, sondern – zumal als Angehöriger des George-Kreises – in einer Gesellschaftsordnung, an deren Spitze ein geistiger Führer und Repräsentant einer sich als Avantgarde begreifenden geistigen Elite Deutschlands stehen sollte[14]. Bei der Machtübernahme der Nationalsozialisten stand Stauffenberg keineswegs im gegnerischen Lager. Hitler war zwar nicht die geistige Führergestalt, die ihm für das „Geheime Deutschland" vorschwebte, doch verkörperte er immerhin das Führerprinzip, an das Stauffenberg glaubte. Er begrüßte Hitlers Ernennung zum Reichskanzler und sah mit Enthusiasmus und großen Erwartungen dem Aufbruch der neuen Bewegung entgegen. In einem Brief vom 21. Juni 1933 an Stefan George spricht er vom neuen „Herren", der sich mächtig erwiesen habe, sich eine Ausgangsbasis zu schaffen, von der aus ihm ein umwälzendes Handeln möglich werde. Jeder, der für seine Herrschaft seinen sicheren Sockel baue, sei ob seiner Klugheit zu loben[15]. Zu den Methoden dieses umwälzenden Handelns äußerte sich Stauffenberg allerdings nicht.

Die von den Nationalsozialisten proklamierte nationale Erneuerung Deutschlands entsprach durchaus Stauffenbergs Vorstellungen für die zukünftige Gestaltung Deutschlands. Hitlers Forderungen nach Aufhebung des Versailler Friedensvertrags, der Wiederherstellung der Wehrhoheit und der Vereinigung aller Deutschen in einem Reich stießen bei Stauffenberg wie bei den

Stauffenberg auf Genesungsurlaub im Sommer 1943 in Lautlingen mit Sohn Heimeran, Tochter Valerie, Nichte Elisabeth, Neffe Alfred und Sohn Franz Ludwig von links.

meisten späteren Widerstandskämpfern auf breite Zustimmung. Über Hitlers außen- und militärpolitische Forderungen hinaus begrüßte er auch das nationalsozialistische Ideal der ‚Volksgemeinschaft', zumal für ihn eine Parteiendemokratie nach dem Vorbild der Weimarer Republik ohnehin nicht in Frage kam. Wie fern Stauffenberg und viele seiner Mitverschworenen einer demokratischen Gesellschaftsordnung standen, zeigen auch die so genannten „Lautlinger Leitsätze", jenes Grundsatzprogramm, das Claus von Stauffenberg, sein Bruder Berthold und deren gemeinsamer Freund Rudolf Fahrner während Claus' Genesungsaufenthalts in Lautlingen im Sommer 1943 erarbeiteten[16]. Ihre Vorstellung der inneren Verfasstheit Deutschlands wich deutlich von einem demokratischen Grundverständnis ab und weist eine deutliche Affinität zu dem von den Nationalsozialisten propagierten Konzept der Volksgemeinschaft auf. Ihre Überlegungen gingen dahin, „wie es möglich sei, eine Volksvertretung in Deutschland vielleicht auf ganz andere Weise als durch politische Parteien bisheriger Art zu begründen, etwa aus den politischen Realitäten von Gemeinden, Berufsgruppen und Interessengemeinschaften, die dann im Parlament öffentlich für sich selbst einstünden und nicht durch Behandlung von Parteien mit Eigeninteresse oder durch Handel mit solchen Parteien ihre Ziele umwegig verfolgten".[17] Über das Verhältnis der Brüder Claus und Berthold von Stauffenberg zum Nationalsozialismus äußerte sich Berthold beim Verhör durch die Geheime Staatspolizei einen Tag nach dem Attentat: „Der Gedanke des Führertums, der selbstverantwortlichen und sachverständigen Führung, verbunden mit einer gesunden Rangordnung und dem der Volksgemeinschaft, der Grundsatz ‚Gemeinnutz geht vor Eigennutz' und der Kampf gegen die Korruption, die Betonung des Bäuerlichen und der Kampf gegen den Geist der Großstädte, der Rassegedanke und der Wille zu einer neuen deutsch bestimmten Rechtsordnung erschien uns gesund und zukunftsträchtig."[18]

DAS SOLDATISCHE ETHOS

Wenn Stauffenbergs Charakter in hohem Maß auf einer Verknüpfung von Familientradition, aristokratischem Standesbewusstsein, humanistischer Bildung und geistiger Prägung durch den George-Kreis beruhte, so reichen diese Elemente dennoch nicht aus, um die Maximen seines späteren Handelns zu verstehen oder zu erklären. Als weiterer entscheidender Faktor kommt sein Soldatenethos hinzu, der in seiner Bedeutung für Stauffenbergs Lebensweg kaum zu überschätzen ist. Zu den Gründen, die ihn bewogen haben, Offizier zu werden, hat sich seine Frau Nina einmal so ausgesprochen: „Das erzieherische Vorbild seines Lehrers George, dessen Ethos der Tat und dessen Hoffnung auf ein neues Deutschland können Stauffenberg beeinflusst haben, sich einem Beruf zuzuwenden, bei dem er alle seine Neigungen vereinigen konnte: Exakte Planungsarbeit, Menschenerziehung, Verantwortung und Dienst an der Allgemeinheit."[19] Stauffenberg sah sich als Verfechter eines zu allen Zeiten gültigen „aristokratischen Grundgesetzes soldatischer Staats- und Lebensauffassung", das auf Pflichtbewusstsein, Ehrgefühl, Treue und Dienstbereitschaft beruhte. Ein reflektiertes Standesbewusstsein des Offiziers bildete für ihn die unabdingbare Voraussetzung dafür, dass beim Militär Recht, Gesetz und Ehre die dominierenden Wertekategorien blieben[20]. Einen Einblick in seinen Begriff des Soldatentums gibt ein Brief vom 13. März 1939: „Soldat sein, und insbesondere soldatischer Führer, Offizier sein heisst, Diener des Staats, Teil des Staats sein mit all der darin inbegriffenen Gesamtverantwortung". Sein Verantwortungsbewusstsein als Soldat beschränkte sich jedoch nicht auf den militärischen Bereich, sondern bezog das gesamte Leben mit ein und machte auch vor der Familie nicht halt: „[...] dass nur der sein Vaterland, nur der seine Armee liebt, der sich selbst mit seinem ganzen Dasein mit verantwortlich fühlt, der auch sein privates Leben, seine Familie, Kinder mit in diese Verantwortlichkeit einbezieht."[21]

1926 trat Stauffenberg, der Familientradition folgend, als Offiziersanwärter ins Reiter-Regiment 17 in Bamberg ein, bei dessen Vorläufer bereits sein Onkel Berthold Kommandeur gewesen war. Seine Karriere führte stetig und steil nach oben. Ab 1936 durchläuft er an der Kriegsakademie die Ausbildung zum Generalstabsoffizier. 1938 erfolgt die Versetzung in den Generalstab, 1940 die Ernennung zum Hauptmann i.G., 1941 zum Major i.G., 1943 zum Oberstleutnant i.G. und schließlich am 1. Juli 1944 zum Oberst i.G. Als er im Mai 1943 zum Chef des Stabes im Allgemeinen Heeresamt in Berlin ernannt wird, findet er Zugang zum bereits bestehenden Verschwörerkreis um Ludwig Beck, Friedrich Olbricht, Henning von Tresckow, Albrecht Mertz von Quirnheim, Julius Leber, Carl Friedrich Goerdeler u. a.

Über den „Generalstäbler" schrieb der mit ihm befreundete Major Dietz Freiherr von Thüngen: „Ich habe die Tür von Claus nie geöffnet, ohne ihn am Fernsprecher anzutreffen. Vor ihm Stöße von Papier, die Linke am Hörer, die Rechte mit dem Bleistift bewaffnet, die Akten ordnend. Er sprach mit lebhafter Miene, je nach dem Gesprächspartner lachend (ohne das ging's eigentlich nie) oder schimpfend (das fehlte auch selten) oder befehlend oder dozierend, gleichzeitig aber schreibend [...]. Claus gehörte zu den Menschen, die gleichzeitig mit aller Konzentration mehrere Arbeiten erledigen. [...] Er drückte sich klar aus, und seine blitzartigen, den Nagel auf den Kopf treffenden Zwischenbemerkungen brachten seinen Partner nicht selten in Verwirrung. Die angeborene gesellschaftliche Gewandtheit, die unvergleichliche Grazie militärischen Taktes des Jüngeren dem Älteren gegenüber, die Freiheit und Ungehemmtheit des Verkehrs zwischen Gleichwertigen war das Äußere von Claus' großer Persönlichkeit, die sich Achtung und Vertrauen ohne Zwang erwarb. Für das, was bei anderen zum Äußeren gehört, Kleidung, hatte er in dem ungeheuren Geschehen, das ihn bis ins Innerste bewegte, kein Verständnis."[22]

KRISEN UND KRIEGE

Trotz seiner fundierten Fachkenntnisse und seiner Fähigkeit, komplexe Zusammenhänge zu analysieren, erkannte Stauffenberg nicht die Gefahren, die von der nationalsozialistischen Herrschaft ausgingen, weder für die Menschen in Deutschland noch im Hinblick auf die drohende Kriegsgefahr. Während der Sudetenkrise war er überzeugt, dass Hitler keinen Krieg herbeiführen werde, da er bisher alles ohne Krieg erreicht habe und die Schrecken des Krieges kenne. Diese Einschätzung zeigt, wie sehr Stauffenberg sich in Hitler täuschte und dass er dessen Absichten zu diesem Zeitpunkt keineswegs durchschaute. Als er später erfuhr, wie nahe man dem Krieg gewesen war, und wie skrupellos Hitler angesichts einer nicht ausreichend gerüsteten und viel zu kleinen Armee mit dem Leben tausender Soldaten gespielt hatte, war er empört, zumal ein solches Vorgehen seinem soldatischen Ethos widersprach. Er könne sich über den Erfolg nicht freuen, da dieser ja nur auf Bluff beruhe, schrieb er seiner Mutter. Wie ambivalent seine Einstellung Hitlers Politik gegenüber aber letztlich war, geht aus einer Bemerkung zu seiner Frau hervor, wonach er die „weiche" Lösung der Sudetenkrise im Grunde missbilligte: Es sei ein merkwürdiges Gefühl, ein gezogenes Schwert wieder in die Scheide stecken zu müssen[23]. Hier zeigt sich, dass Stauffenberg primär Soldat war und dass sein Selbstverständnis als Soldat gelegentlich aufkeimende Kritik am NS-Regime in den Hintergrund rückte.

Auf die Pogrom-Nacht vom 9. November 1938 reagierte Stauffenberg zwar mit Empörung. Er, der sich stets für Recht, Anstand und Sitte einsetzte, verurteilte die Geschehnisse mit dem Hinweis auf den Schaden, der Deutschland in den Augen der Welt daraus erwachse. Insbesondere kritisierte er das brutale und menschenverachtende Verhalten der NSDAP- und SA-Leute. Als er jedoch wenige Tage später, am 20. November 1938, im Wuppertaler Industriellenklub „Concordia" einen Vortrag über den Einmarsch der deutschen Truppen in das Sudetenland hielt, bemerkte keiner der Zuhörer in Stauffenbergs Ausführungen auch nur einen kritischen Ton zu den jüngsten Ereignissen. Nach Aussage mehrerer Kameraden befürwortete Stauffenberg die Entfernung der Juden aus dem kulturellen Leben und der Publizistik ebenso wie die Ausbürgerung nichtdeutscher Juden. Obwohl er die Auswirkungen von Hitlers „Judenpolitik" in seiner unmittelbaren Umgebung an seinen Freunden aus dem George-Kreis wie Karl Wolfskehl oder Ernst Kantorowicz beobachten konnte, lassen sich keine Belege für eine Solidaritätsbekundung oder eine entschiedene Kritik an der Judenverfolgung finden. Trotz mancher privaten Kritik an Parteiführern konnten Kameraden keine Gegnerschaft Stauffenbergs zum Regime feststellen[24].

Dem Polenfeldzug, den Stauffenberg im Divisionsstab hinter der Front miterlebte, begegnete er zunächst mit Skepsis. „Der Narr macht Krieg" lautete eine durchaus ernst gemeinte Bemerkung Stauffenbergs vom Mai 1939 zu seinem Freund Rudolf Fahrner. Er bezog sich dabei auf die Gefahr, dass sich die Erfahrungen und Verluste des Ersten Weltkriegs innerhalb einer Generation wiederholten könnten. Doch letztlich siegte auch hier wieder seine vorbehaltlose Bindung an den Soldatenberuf über alle eventuellen Bedenken. Als er im August 1939, kurz vor dem Überfall auf Polen, bei seinem Buchhändler noch einige philosophische Werke kaufte, bemerkte er diesem gegenüber: „Trotz der Furchtbarkeit des Krieges ist das Ausrücken doch auch eine Erlösung. Der Krieg ist ja schließlich mein Handwerk von Jahrhunderten her."[25]

Obwohl Stauffenberg um von der SS organisierten Mordaktionen an der Zivilbevölkerung und an den Juden wußte, und obwohl ihn dies in seiner Erkenntnis des Verlusts des soldatischen Ethos bestätigte, war er als leidenschaftlicher Soldat fasziniert vom modernen Bewegungskrieg einer gut funktionierenden Militärmaschinerie. Der Blitzkrieg schlug auch ihn in den Bann und bestärkte ihn im Vertrauen auf die Leistungsfähigkeit der Wehrmacht. Dieser Euphorie konnte und wollte er sich nicht entziehen. Nach seiner Rückkehr berichtete er im Bekanntenkreis mit großer Begeisterung über den Feldzug[26].

Andere, wie Peter Graf Yorck von Wartenburg, Ulrich Graf Schwerin oder auch Stauffenbergs Onkel Nikolaus von Üxküll sahen jedoch in der Fortsetzung des Krieges eine tödliche Gefahr und schmiedeten Pläne, Hitler zu verhaften und vor Gericht zu stellen. Als sie Stauffenberg zur Teilnahme an ihren Umsturzplänen aufforderten, lehnte dieser mit der Begründung ab, dass die Zeit dafür noch nicht reif sei und Hitlers Erfolge ein Vorgehen gegen ihn unmöglich machten. Seiner Frau Nina gegenüber sagte er, er habe von hochverräterischen Umtrieben Kenntnis bekommen und hätte die Pflicht, das anzuzeigen, tue es aber nicht[27]. Mischten sich während des Polenfeldzugs noch Missbilligung wegen der dort verübten Greueltaten in Stauffenbergs Bewertung von Hitlers Kriegspolitik, so war die Begeisterung über die militärischen Erfolge während des Frankreichfeldzugs uneingeschränkt. Zwar hoffte er, dass nach dem Ende der Kämpfe bei Dünkirchen erst einmal wieder die Politik sprechen würde, doch war für ihn klar, dass man, wenn England nicht nachgab, zum „Vernichtungskampf gegen England" antreten müsse. Als er Ende Mai 1940 als Gruppenleiter in den Generalstab des Heeres versetzt wurde, was einen Karrieresprung bedeutete, bedauerte Stauffenberg es zutiefst, „mitten aus dem Krieg und den ruhmvollen Operationen meiner Division herausgerissen zu werden"[28]. Hitlers unbeirrbar vorangetriebene Lebensraumpolitik als tieferen Entstehungsgrund für den Krieg verkannte Stauffenberg immer noch als vaterländischen Existenzkampf, in dem er sich aufgerufen fühlte, nach Kräften zum Sieg beizutragen.

Während der 1930er Jahre hatte Stauffenberg kaum nennenswerte Kritik am NS-Regime geäussert. Ein erster entschiedener Kritikpunkt kristallisierte sich erst Ende der 30er Jahre im Zusammenhang mit Hitlers forcierter Heeresvermehrung heraus. Solange es in der nationalsozialistischen Militär- und Außenpolitik um das Ziel gegangen war, den als Schmach empfundenen Frieden von Versailles zu revidieren, gehörte Stauffenberg zu den Befürwortern von Hitlers militärpolitischem Kurs. Diese Zustimmung schlug jedoch angesichts der raschen Heeresvermehrung im Zuge der seit 1935/36 vorangetriebenen Wiederaufrüstung allmählich in Kritik um[29]. Durch den Zustrom aus anderen Bevölkerungsschichten veränderte sich die soziale Zusammensetzung des Offizierskorps rapide, wodurch die Exklusivität und Abgeschlossenheit dieser Kaste, die sich bis dahin zu einem hohen Prozentsatz aus dem Adel rekrutiert hatte, verloren ging. In der Veränderung der Sozialstruktur des Offizierskorps im Zuge des schnellen Aufbaus eines Massenheeres sah Stauffenberg die Gefahr einer Trivialisierung des soldatischen Ethos. Das Verschwinden traditioneller Selektionsmechanismen für die Rekrutierung des Offizierskorps führte dazu, dass Männer dort Eingang fanden, die nicht aus dem sozialen Umfeld der bisherigen Militärelite stammten. Dadurch veränderte sich das Selbstverständnis der Offiziere, die ihr Soldatentum nicht mehr als Zugehörigkeit zu einem „Stand" betrachteten, sondern lediglich als Berufsausübung. Soldatentum als „Stand" war aber eine Existenzform, die im Herkommen und der Familientraditionen verankert war und die das ganze Leben umfasste. Diejenigen, die jetzt ins Offizierskorps strömten, sahen darin lediglich eine angelernte und anbefohlene Arbeit, die sie während der Dienstzeit verrichteten, um danach wieder in die Anonymität der Massengesellschaft zu verschwinden – so sahen es jedenfalls die alten Militäreliten[30]. Hitler war das schwerpunktmäßig aus Adeligen bestehende Offizierskorps ohnehin ein Dorn im Auge. In dieser Auseinandersetzung stand letztlich auch die Exklusivität des Offiziersstandes und damit in gewissem Maße auch die Exklusivität der gesellschaftlichen Schicht, aus der sich der Offiziersstand mehrheitlich rekrutierte, zur Disposition. Eine Bedrohung des Ethos des Offiziers bedeutete – sofern sich das Standesbewusstsein des Offiziers mit dem des Aristokraten überlagerte – auch eine Gefahr für das adlige Selbstverständnis. Stauffenbergs Sorge angesichts der sukzessiven Veränderungen des Offizierskorps kann jedoch nicht als Ausdruck eines engstirnigen Standesdünkels gewertet werden, sondern vielmehr als erster Hinweis darauf, dass Stauffenberg anfing, die Absichten Hitlers und die Natur seines Krieges zu durchschauen. Er erkannte, dass der Verlust des soldatischen Ethos in Folge der veränderten personellen Zusammensetzung der militärischen Führungsschicht auch die Methoden der Kriegsführung verändern würde – hin zum Eroberungs-, Raub- und Vernichtungskrieg, der freilich längst in vollem Gange war[31]. Diese Erkenntnis brachte Stauffenberg erstmals in eine eindeutige Gegenposition zu Hitler, führte aber noch nicht zu einem grundsätzlichen Meinungsumschwung in Richtung eines aktiven Vorgehens gegen den Diktator.

DIE WENDE

Nach seiner Versetzung in den Generalstab des Heeres im Mai 1940 erkannte Stauffenberg allmählich immer deutlicher die Fehlentwicklungen in der Kriegführung. Die Besetzung Dänemarks und Norwegens, der Krieg in Nordafrika, der

Balkanfeldzug, der Überfall auf die Sowjetunion und das Scheitern der deutschen Offensive vor Moskau, das alles überstieg die personelle und materielle Leistungsfähigkeit der Wehrmacht und war aus seiner Sicht unvertretbar. Hinzu kam, dass die bereits aus Polen bekannten Verbrechen an der Zivilbevölkerung und an den Juden in Russland durch Einheiten der SS unter Zuhilfenahme regulärer Wehrmachtstruppen systematisch fortgesetzt wurden. Der Krieg im Osten zeigte sich ihm nun deutlich als jener Rasse- und Vernichtungsfeldzug, der unvergleichbar war mit allem, was er aus der Kriegsgeschichte kannte und mit seinem soldatischen Ethos nicht vereinbar war. Deutliche Kritik forderte auch das verantwortungslose Verhalten der Generäle heraus, die sich trotz besseren Wissens Hitlers militärischen Fehlentscheidungen beugten und damit tausende Soldaten in den Tod schickten. Über einen Besuch an der Ostfront schrieb Stauffenberg im Juni 1942: „[...] wo bedenkenlos der höchste Einsatz gewagt wird, wo ohne Murren das Leben hingegeben wird, während sich die Führer und Vorbilder um das Prestige zanken oder den Mut, eine das Leben von Tausenden betreffende Ansicht, ja Überzeugung zu vertreten, nicht aufzubringen vermögen"[32]. Ähnliches findet sich auch in seinen für den Tag des Umsturzes vorbereiteten Aufrufen: „Niemals in der deutschen Geschichte hat eine militärische Führung mit größerer Skrupellosigkeit die edle Einrichtung der allgemeinen Wehrpflicht und das Vertrauen missachtet, das Soldaten ihr entgegengebracht haben."[33]

1942 wurde zum Jahr der Wende. Stauffenbergs Gesinnungswandel war kein ‚Damaskuserlebnis', er beruhte nicht auf einem Augenblick plötzlicher Erkenntnis, sondern vollzog sich schrittweise. Eine Vielzahl von Informationen, Wahrnehmungen, Erfahrungen und Einsichten fügten sich allmählich wie Mosaiksteine zu einem Gesamtbild zusammen und ließen in Stauffenberg die Überzeugung reifen, dass Hitler beseitigt werden müsse. Die entscheidenden Motive, die zu seinem inneren Wandel beitrugen, waren die verantwortungslose Kriegsführung, durch die das Leben tausender Soldaten sinnlos geopfert wurde, der Verlust jeglicher ethischen Grundlagen in der Wehrmacht durch den systematischen Völkermord in den eroberten Gebieten und die Aussichtslosigkeit, den Krieg zu gewinnen und den Bolschewismus zu besiegen. Stauffenberg begriff nun, dass es hier nicht um einen die Nation erhaltenden vaterländischen Existenzkampf ging, wie er noch 1939 geglaubt hatte, sondern dass Hitlers Lebensraumpolitik zu einem verbrecherischen Raub- und Eroberungskrieg geführt hatte. Im Lauf des Jahres 1942 häuften sich Berichte von Augenzeugen, die Stauffenberg über die unmenschliche Behandlung der russischen Zivilbevölkerung, die massenhafte Ermordung von Juden und die grauenhafte Behandlung von Millionen Kriegsgefangener in Kenntnis setzten[34]. Durch diese Verbrechen war in den Augen Stauffenbergs die Ehre des Offiziers grundsätzlich in Frage gestellt. Der Niedergang traditioneller Wertekategorien des Soldatentums und der von ihm befürchtete Verlust des soldatischen Ethos zeigte seine Auswirkungen jetzt auf – im wahrsten Sinne des Wortes – breiter Front. Ein weiterer Faktor für seine innere Wende war die Beurteilung der Kriegslage. Mit dem Vorrücken der Alliierten in Nordafrika und der Offensive der Sowjets gegen Stalingrad war um die Jahreswende 1942/43 das Gesetz des Handelns bereits an mehreren Fronten von der deutschen auf die alliierte Seite übergegangen. Da Hitler der 6. Armee verboten hatte, Stalingrad preiszugeben und Generalfeldmarschall Paulus sich dem fügte – obwohl ein Ausbruch Erfolg versprechend gewesen wäre – wurde Stalingrad zur Todesfalle für die dort eingeschlossenen deutschen Soldaten. Stauffenberg sah in dieser Lage den von Clausewitz definierten Kulminationspunkt sowohl an der Ostfront als auch in Nordafrika als überschritten an[35].

Obwohl er die Aussichtslosigkeit einer siegreichen Beendigung des Krieges erkannt hatte, glaubte Stauffenberg dennoch an die Möglichkeit eines Ausgleichsfriedens mit den Westalliierten, sofern die gegenwärtige Führung beseitigt sein würde. Beim Gestapo-Verhör äußerte

Stauffenberg mit Albrecht Ritter Mertz von Quirnheim 1942 im Hauptquartier des Generalstabes in Winniza in der Ukraine.

sich sein Bruder Berthold so: „Bereits im Herbst vergangenen Jahres waren mein Bruder und ich uns darüber klar, daß der Krieg nicht gewonnen werden kann. Wir sahen deshalb die einzige Möglichkeit, zu einer einigermaßen tragbaren Lösung zu kommen, darin, mit unseren Gegnern bald Frieden zu schließen. Uns war klar, daß das mit dem bestehenden Regime nicht möglich war. Eine Ablösung des Systems war uns aber nur über den Tod des Führers denkbar."[36] Obwohl Stauffenberg jetzt von der Notwendigkeit, Hitler zu beseitigen, überzeugt war, glaubte er nach wie vor fest daran, dass ein Umsturz von der militärischen Führungsriege ausgehen müsse. Seit August 1942 sondierte er die Bereitschaft der obersten Kommandeure der Wehrmacht, der Generäle und Feldmarschälle, gegen Hitler vorzugehen, doch diese entzogen sich seinem Ansinnen mit ausweichenden, wankelmütigen oder ängstlichen Antworten. Seine Enttäuschung darüber brachte Stauffenberg gegenüber Dietz von Thüngen so zum Ausdruck: „Die Kerle haben ja die Hosen voll oder Stroh im Kopf, sie wollen nicht"[37].

„DANN IST AUCH FAMILIE SINNLOS"

Die aus dem Kriegsgeschehen resultierenden Motivationsstränge, die auf Stauffenbergs Soldatenberuf und seinem soldatischen Ethos beruhen, ergeben jedoch noch kein vollständiges Bild in Hinblick auf seinen Entschluss, Hitler zu töten. Nach seiner schweren, in Nordafrika erlittenen Verwundung – er verliert die rechte Hand, das linke Auge und zwei Finger der linken Hand – und dem anschließenden Lazarettaufenthalt in München im Frühjahr 1943 erhielt seine Haltung eine weitere Dimension, bei der andere Einflussfaktoren als die militärischen zum Tragen kamen. Im April 1944 schilderte Stauffenberg seinem Freund Ludwig Thormaehlen seine Gedanken während des nun ein Jahr zurückliegenden Lazarettaufenthalts: „Fast war ich verzweifelt an meinem Wiederaufkommen. Wir haben noch eine Aufgabe. Und ich war verzweifelt, daß diese Aufgabe, die mir zugefallen ist, von mir nicht erfüllt werden könnte. [...] Ludwig, wenn das, was im Gang ist [...] so weiter geht, kann niemand von uns mehr leben, und dann ist auch Familie sinnlos, ist Familie nicht mehr möglich, gibt es sie nicht mehr."[38] Nun erhielt also auch seine Einstellung zur Institution der Familie eine besondere Relevanz für sein Handeln. Stauffenberg hatte keinerlei Zweifel daran, dass die Familie nicht nur Kernstück adliger Existenz, sondern die Grundlage jeder menschlichen Vergesellschaftung sei. Noch während seiner Verlobungszeit hatte er erklärt, dass der Krieger eigentlich nicht heiraten solle, doch im Frieden dem Bedürfnis nach Familie und Nachwuchs Genüge tun müsse[39].

Stauffenbergs Aussage, dass Familie unter den bestehenden Bedingungen nicht mehr möglich sei, ist nicht allein als Ausdruck seiner Sorge um die eigene persönliche Familie zu deuten. Er sah vielmehr den Fortbestand des Prinzips Familie als Grundlage einer ethisch legitimierten, staatlichen und gesellschaftlichen Ordnung durch die nationalsozialistische Herrschaft in Gefahr. Aus diesen Sätzen spricht der katholische Adlige, der das einzelne Familienmitglied immer als Teil des Ganzen begreift, sowohl in der Abfolge der Generationen als auch im Kreis der Verwandten, und der die Familie als jene Keimzelle der Gesellschaft betrachtet, in der Wertekategorien tradiert werden. Ihr Erhalt müsse oberste Maxime politischen und persönlichen Handelns sein. Familie ist in seinen Augen nicht nur Ausgangspunkt für das Leben des Einzelnen, sondern die Grundlage für eine moralische und ethische Wertorientierung des eigenen Lebens in der Gesellschaft. Die ungefährdete Existenz der Familie in einer humanen Staats- und Gesellschaftsordnung sah Stauffenberg aber durch die Herrschaft Hitlers der Vernichtung preisgegeben[40]. Nur wenige Wochen vor dem Attentat, im Juni 1944, äußerte er sich noch einmal in ähnlicher Weise: „Es geht jetzt nicht um den Führer, nicht um das Vaterland, nicht um meine Frau und meine vier Kinder, sondern es geht um das ganze deutsche Volk."[41] Nun entfaltete auch Stefan Georges Ethos der Tat seine Wirkung, wonach dem Berufenen Pflichten auferlegt seien, die kein anderer für ihn erfüllen könne, die dieser aber auch nicht umgehen dürfe. Stauffenberg sah nun, wie aus den Worten zu Thormaehlen hervorgeht, seine Pflicht, seine Aufgabe vor sich. Sein Entschluss, Hitler zu töten, kam zwar spät, doch nachdem er ihn einmal gefasst hatte, handelte er entschieden, unbedingt und ohne Rücksicht auf sich selbst.

Stauffenbergs Weg vom Anhänger Hitlers zu dessen entschiedenen Gegner war lang. Am Anfang standen Zustimmung und Begeisterung für Hitlers Politik und Ideologie. Als Soldat folgte er ihm als treuer Gefolgsmann in den Krieg. Erst nach einem langwierigen Prozess des Wandels fasste Stauffenberg den Entschluss, dem von der nationalsozialistischen Herrschaft in Gang gesetzten Prozess der Zerstörung und des Verlusts jeglicher ethischen Werte sowohl im Krieg als auch im zivilen Leben durch die Beseitigung Hitlers ein Ende zu setzen.

FÜR DIE WIEDERGEBURT DES „GEHEIMEN DEUTSCHLANDS"

Die Beweggründe für diesen grundlegenden Gesinnungswandel waren vielschichtig und von unterschiedlichen Einflussfaktoren bestimmt, von denen sicherlich die vorbehaltlose Bindung an den Soldatenberuf eine dominierende, wenn auch nicht die allein handlungsleitende Rolle spielte. Trotz der Überlagerung von aristokratischen Wertvorstellungen und soldatischem Ethos kann sein Handeln nicht direkt aus einem spezifisch adligen Selbstverständnis abgeleitet werden. Der geistige Adel georgescher Provenienz, dem Stauffenberg sich verpflichtet fühlte, sowie seine durch Bildung und Erziehung bestimmte humanistische Weltanschauung waren in diesem komplexen Geflecht unterschiedlicher Motivationen, Bewusstseinslagen und Prägekräfte ebenso bestimmende Elemente. Welcher dieser Faktoren letztlich der wirkungsmächtigere war, lässt sich nur schwer beurteilen, zumal es keine persönlichen Aufzeichnungen Stauffenbergs gibt, in denen er seine Gedanken und Erwägungen niedergelegt hätte. Doch selbst wenn die militärischen und kriegsstrategischen Überlegungen die moralischen und ethischen überwogen haben sollten, mindert dies nicht die Qualität seines Widerstandes. „Es wird Zeit, daß ich das Deutsche Reich rette!", hatte Stauffenberg zu seiner Frau im Lazarett gesagt[42]. Und damit meinte er nicht nur den deutschen Staat in einer bestimmten territorialen Ausdehnung. Ihm ging es um die Wiedergeburt jenes geistigen, „geheimen" Deutschland, das zu verwirklichen er sich seit den Tagen im George-Kreis berufen fühlte, im Sinne einer staatlichen Ordnung, in der eine humane Existenz in Deutschland nach dem Nationalsozialismus wieder möglich werden sollte.

Anmerkungen:

1 *Andreas Dornheim*: Adel in der bürgerlich-industrialisierten Gesellschaft. Eine sozialwissenschaftlich-historische Fallstudie über die Familie Waldburg-Zeil. Frankfurt 1993.
2 Brief Nina von Stauffenbergs an Joachim Kramarz vom 22. Oktober 1961. Nina Schenk Gräfin von Stauffenberg, geb. Freiin von Lerchenfeld entstammte einer fränkischen Adelsfamilie. Sie war seit 1933 mit Claus Schenk Graf von Stauffenberg verheiratet. Aus der Ehe gingen fünf Kinder hervor.
3 Bernd von Pezold, Oberst i.G. a.D. im Gespräch mit Joachim Kramarz vom 17. Mai 1963. Zitiert in: *Joachim Kramarz*: Claus Graf Stauffenberg. 15. November 1907 bis 20. Juli 1944. Das Leben eines Offiziers. Frankfurt 1965, 20.
4 *Gerd Wunder*: Die Schenken von Stauffenberg. Eine Familiengeschichte. Stuttgart 1972.
5 *Peter Hoffmann*: Claus Schenk Graf von Stauffenberg und seine Brüder. Stuttgart 1992, 34.
6 *Theodor Pfizer*: „So vielfach künftige Knaben". Erinnerungen an die Jugendjahre der Brüder Stauffenberg. In: Beiträge zur Landeskunde 2 (1975), 10-16, 13.
7 Gräfin Caroline war hoch gebildet und kümmerte sich wenig um die praktischen Dinge des Lebens. Ihre Welt war die der Dichtung, Kunst und Philosophie. Mit Rainer Maria Rilke stand sie jahrelang in lebhafter Korrespondenz. Die Verwendung von Kosenamen diente in adligen Familien auch der Abgrenzung gegenüber Außenstehenden. Da diese Namen nur innerhalb der Familie bekannt waren, konnte man sich in Anwesenheit von Fremden über ein bestimmtes Familienmitglied unterhalten, ohne dass dieser wusste, um wen es sich handelte.
8 *Peter Thaddäus Lang*: Claus Schenk Graf von Stauffenberg. Prägende Kräfte in Kindheit und Jugend. In: *Zollernalbkreis Jugendring e.V.* (Hg.): Verblendung, Mord und Widerstand. Aspekte nationalsozialistischer Unrechtsherrschaft im Gebiet des heutigen Zollernalbkreises von 1933 bis 1945. Hechingen 1995, 85-91, 87.
9 *Pfizer* 1975 (wie Anm. 6), 13.
10 Enge Freunde der Stauffenberg-Brüder waren z. B. Theodor Pfizer, Sohn eines Stuttgarter Landrichters und Frank Mehnert, Sohn eines deutsch-russischen Druckereibesitzers. Unter 17 Klassenkameraden von Claus gab es nur einen Adeligen.
11 *Kramarz* 1965 (wie Anm. 3), 24.
12 *Kurt Finker*: Stauffenberg und der 20. Juli 1944. Berlin 1967, 15-22.
13 *Hoffmann* 1992 (wie Anm. 5), 54.
14 *Anselm Doering-Manteuffel*: Claus Schenk Graf von Stauffenberg. In: *Zollernalbkreis Jugendring* 1995 (wie Anm. 8), 71-84, 72.
15 *Eberhard Zeller*: Oberst Claus Graf Stauffenberg. Paderborn 1994, 27.
16 Auf Spaziergängen in der Natur wurden politische Fragen und Maßnahmen besprochen, die nach dem Sturz Hitlers zu lösen und zu ergreifen waren und die Gestaltung einer neuen staatlichen Ordnung erörtert. Rudolf Fahrner schilderte den Inhalt dieser Gespräche in einem Bericht, den er im Juli 1945 in amerikanischer Kriegsgefangenschaft auf Verlangen des Vernehmungsoffiziers niederschreiben musste. Eine weitere Niederschrift über die Lautlinger Gespräche erfolgte 1962.
17 *Zeller* 1994 (wie Anm. 15), 160.
18 *Ders.* 1994 (wie Anm. 15), 287. Berthold von Stauffenberg saß 21 Tage in Einzelhaft in der Prinz-Albrecht-Straße. Aus den Vernehmungen durch die Gestapo sind Angaben, teils in wörtlichem Zitat, in den sog. Kaltenbrunner-Berichten erhalten geblieben. Ernst Kaltenbrunner, Chef der Sicherheitspolizei, hatte die Berichte im Oktober 1944 für den Reichsleiter Martin Bormann verfasst, der sie an Hitler weiterleitete. Sie befinden sich im Bundesarchiv Koblenz. Berthold von Stauffenberg wurde am 10. August 1944 in Plötzensee hingerichtet.
19 Nina von Stauffenberg im Gespräch mit Joachim Kramarz vom 10. Oktober 1962. Zitiert in: *Kramarz* 1965 (wie Anm. 3), 287. Berthold von Stauffenberg saß 21 Tage in Einzelhaft in der Prinz-Albrecht-Straße. Aus den Vernehmungen durch die Gestapo sind Angaben, teils in wörtlichem Zitat, in den sogenannten Kaltenbrunner-Berichten erhalten geblieben. Ernst Kaltenbrunner, Chef der Sicherheitspolizei, hatte die Berichte im Oktober 1944 für den Reichsleiter Martin Bormann verfasst, der sie an Hitler weiterleitete. Sie befinden sich im Bundesarchiv Koblenz. Berthold von Stauffenberg wurde am 10. August 1944 in Plötzensee hingerichtet1965 (wie Anm. 3), 33.
20 *Doering-Manteuffel* 1995 (wie Anm. 14), 74.
21 Brief Claus von Stauffenbergs an Generalmajor Georg von Sodenstern vom 13. März 1939. Abgedruckt in: *Hoffmann* 1992 (wie Anm. 5), 458f.
22 *Eberhard Zeller*: Claus und Berthold Stauffenberg. In: Vierteljahreshefte für Zeitgeschichte 12 (1964), 223-249, 232.
23 *Hoffmann* 1992 (wie Anm. 5), 174.
24 Ebd., 172f.
25 Ebd., 182f.
26 Ebd., 192.
27 Ebd.
28 *Christian Müller*: Oberst i.G. Stauffenberg. Düsseldorf 1970, 181f.
29 Seit 1932 hatte sich das Heeresoffizierskorps von knapp 4 000 auf 22 000 Personen im Jahr 1939 vermehrt.
30 *Doering-Manteuffel* 1995 (wie Anm. 14), 74f.
31 Ebd., 76.
32 *Peter Hoffmann*: Stauffenberg und der 20. Juli 1944. München 1998, 32.
33 Ebd., 64.
34 In den ersten acht Monaten des Feldzugs gegen die Sowjetunion waren von 5,7 Millionen Angehörigen der Roten Armee, die im Lauf des Krieges in deutsche Hände geraten waren, zwei Millionen umgekommen.
35 Stauffenberg war von Clausewitz' Theorie überzeugt, wonach jede Offensive, die nicht unmittelbar zum Frieden führt, unvermeidlich einen Punkt erreicht, an dem Stärke in Schwäche umschlägt

und dies gravierende Folgen für den weiteren Kriegsverlauf hat. Dies hatte Clausewitz als Erreichen des Kulminationspunktes bezeichnet.
36 *Zeller* 1994 (wie Anm. 15), 287.
37 *Müller* 1970 (wie Anm. 28), 280.
38 *Hoffmann* 1992 (wie Anm. 5), 387. In seinen Aufzeichnungen aus dem Jahr 1946 über diesen Besuch gab Ludwig Thormaehlen diese Äußerungen Stauffenbergs als wörtliches Zitat wieder, d.h. mit dem Anspruch annähernd genauer Erinnerung des Wortlautes.
39 Ebd., 97.
40 *Doering-Manteuffel* 1995 (wie Anm. 14), 80f.
41 *Hoffmann* 1992 (wie Anm. 5), 387.
42 Interview mit Nina von Stauffenberg. In: *Dorothee von Meding*: Mit dem Mut des Herzens. Die Frauen des 20. Juli. Berlin 1992, 275.

Lust und Last der Tradition INTERVIEWS MIT
S.K.H. FRIEDRICH HERZOG VON WÜRTTEMBERG, S.D. KARL FRIEDRICH ERBPRINZ VON HOHENZOLLERN, S.D. HEINRICH FÜRST ZU FÜRSTENBERG UND S.D. CHRISTIAN ERBPRINZ ZU FÜRSTENBERG, S.D. JOHANNES FÜRST VON WALDBURG-WOLFEGG, BETTINA BERNADOTTE GRÄFIN AF WISBORG UND BJÖRN BERNADOTTE GRAF AF WISBORG

Timo John und Siegmund Kopitzki

S. K. H. FRIEDRICH HERZOG VON WÜRTTEMBERG

Wie ist es Ihnen geglückt, Tradition auf der einen Seite und ein modernes Unternehmertum auf der anderen Seite so erfolgreich miteinander zu verbinden?

Unser Unternehmertum hat sich früher auf die Bereiche Landwirtschaft, Weinbau und Forstwirtschaft erstreckt. Diese Bereiche sind auch heute noch Bestandteil unserer Unternehmungen, sind aber natürlich an heutige Verhältnisse angepasst. Wir bewirtschaften diese drei Geschäftsfelder nach modernsten Methoden und sind darauf bedacht, marktfähig zu sein und zu bleiben. Die Wertschöpfungen aus der Vergangenheit wurden in zeitgemäße Vermögensanlagen, Unternehmensbeteiligungen und internationale Liegenschaften investiert. Aber wir haben auch eine Projektentwicklung aufgebaut.

Was müssen wir uns unter Projektentwicklung vorstellen?

Wir entwickeln Projekte auf eigenem und fremden Grund und Boden. Das heißt, dass wir für den eigenen Bestand und – hauptsächlich im süddeutschen Raum – für Dritte bauen. Wir sind in der Lage, beginnend bei der Grundstückserschließung, die wir im Auftrag einer Kommune durchführen, bis hin zur schlüsselfertigen Übergabe eines Wohngebäudes, eines Bürohauses oder einer industriellen Liegenschaft die Projektleitung zu übernehmen. Es gibt ein paar schöne Beispiele unserer Aktivitäten in Friedrichshafen, wie etwa die Zeppelinhalle am Flughafen oder der Bürokomplex in der Ehlersstraße. Im Immobilienbereich sind wir auch international tätig.

Wenn es zu einer betriebswirtschaftlichen Schieflage innerhalb der Hofkammer, sprich Ihres Unternehmens kommen würde, würden Sie sich dann auch nolens volens von einem Ihrer Schlösser trennen?

Das wäre nur die allerletzte Konsequenz, aber

Schloss Friedrichshafen.
Luftbild von Albrecht Brugger.

1649 das Privatvermögen strikt vom Krongut getrennt hat. Die Schlösser in Stuttgart und Ludwigsburg besitzen eine hohe Attraktivität, aber die Bevölkerung kann sich nicht annähernd den immensen Unterhaltungs- und Instandsetzungsaufwand solcher Gebäude vorstellen. Insofern bin ich froh, dass wir diese beiden Schlösser nicht mehr unterhalten müssen. In Ludwigsburg unterhalten wir noch das Schloss Monrepos, ansonsten sind Stuttgart und Ludwigsburg Geschichte.

Sie sind wenig präsent in Stuttgart. Ist das eine Art Rückzug?

Ja und nein. Mein Vater, der Herzog, nimmt sehr viele Verpflichtungen in der Region Stuttgart und auch andernorts wahr. Schloss Altshausen ist seit vielen Jahren unser Familiensitz und soll es auch bleiben. Wir sind auch ganz glücklich mit unserem Schlösschen in Monrepos. Wir möchten das Schloss im übrigen ausbauen zu einem Ort der Begegnung für Gäste aus dem Kreis der Politik, der Wirtschaft, der Geistlichkeit, des Militärs und aus der Kultur. Unsere unternehmerischen Aktivitäten im mittleren und unteren Neckargebiet betreiben wir aus unseren Büros in Ludwigsburg und Ostfildern.

In Ihrem Familienbesitz befinden sich mehr als 70 denkmalgeschützte Gebäude. Sie zu erhalten und auch entsprechend zu nutzen ist kostspielig. Können Sie diesen Auftrag aus eigener Kraft bewältigen?

Ja, aus eigener Kraft, aber mit Unterstützung des Denkmalamts, das wir im konkreten Fall ansprechen. Es ist aber so, dass die Unterstützung stark zurück gegangen ist. Warum das so ist? Die öffentlichen Kassen sind nahezu leer und das spürt dann auch die Denkmalschutzbehörde. Wir versuchen so gut wie möglich zu erhalten. Auch auf den alten Domänen wie Rechentshofen, Einsiedel oder Lichtenfeld gibt es erhaltenswerte Gebäude.

man muss mit allem rechnen. Daher muss man immer auch fragen, auch in Zukunft, was machen wir mit unseren Immobilien. Als Beispiel nenne ich Scharnhausen oder Weil bei Esslingen. Beide Schlösser sind in Erbpacht, Grund und Boden sind noch in unserem Besitz. Schon mein Großvater hat immer gesagt, solange es uns gut geht, müssen wir auch über solche Dinge nachdenken und nicht erst, wenn es zu spät ist. Man muss vorausdenken, das ist die Verantwortung, die meine Generation gegenüber der nachfolgenden hat. Man muss vorausdenken, um der nächsten und übernächsten Generation eine Zukunft zu geben.

Im Königreich Württemberg wurde früh zwischen Krongut und Privatvermögen des Hauses Württemberg unterschieden, was eine Aufteilung der Vermögenswerte zwischen dem Staat und dem ehemaligen Königshaus nach 1918 einfach machte. Sind Sie heute froh, heute keine größeren Schlösser unterhalten zu müssen?

Es war in der Tat eine sehr vorausschauende Entscheidung von Herzog Eberhard III., der bereits

Es ist nicht alles auf einmal zu schaffen. Wir müssen und wir setzen daher Prioritäten und gehen Schritt für Schritt vor.

Man hört immer wieder von spektakulären Schloss-Auktionen. Was denken Sie darüber?
Ich finde es schade, dass es soweit kommen muss. Natürlich gibt es viele Häuser, die da und dort in ihren Archiven einige Sachen finden und sich überlegen, da sie dafür keinen Nutzen haben, das zu verkaufen. Auf der anderen Seite steht dann das Land, das ein gewisses Interesse daran hat, diese Vermögenswerte zu erfassen und transparent zu machen, ob irgendwelche Kulturgüter da sind, die dann nicht verkauft werden dürfen und dem Land oder der Region erhalten bleiben sollen.

Aber macht so ein Verkauf nicht nur dann Sinn, wenn der Gegenstand an dem Ort verbleibt, an dem er hunderte von Jahren war? Gegebenenfalls muss das Land oder der Staat eingreifen.
Der Staat hat mehrere Möglichkeiten, Kulturdenkmäler und Kulturgüter zu erhalten. Beispielsweise kann eine Stiftung dafür sorgen, dass solche Werte nicht außer Landes gehen.

Wie glauben Sie, wäre ein solches Projekt dem Mann auf der Straße zu verkaufen, der diese Idee gar nicht gut findet, dass der Staat nun auch noch in Schlossbesitzer investiert.
Das ist in der Tat schwer vermittelbar. Aber da gibt's natürlich auch noch einen anderen Weg. Dass man dem Schlossbesitzer die Möglichkeit offen lässt, ein Kulturgut an den Interessenten zu verkaufen, der den besten Preis bezahlt. Die Stiftung sollte zumindest ein Angebot abgeben können, der Verkäufer hat dann zu entscheiden, ob er zu diesem Preis verkaufen will oder nicht. Im übrigen: Es gibt hierzulande Menschen, die über Jahrzehnte hinweg eine beträchtliche Kunstsammlung angesammelt haben. Über diese Gruppe wird nicht geredet. Denn diese Kunst reist, sie ist mal in Berlin, dann in Madrid oder in New York. Die Kunst, die wir in unseren Häusern haben, die wird von Generation zu Generation weitergegeben. In manchen Häusern hängt ein Bild seit zweihundert Jahren an einem Platz. Und auf einmal muss dieses Bild Kulturgut sein. Diese Logik ist zwar nachvollziehbar, aber im Einzelfall nicht unproblematisch.

In England gibt es den „National Trust", in den Adelsfamilien ihren nur teuer zu unterhaltenden Besitz einbringen. Könnten Sie sich so etwas für Deutschland vorstellen?
Das ist eine interessante Angelegenheit. Am Anfang ging es in England allerdings nur um die Schlösser. Grund und Boden blieben dem Adel, er wurde weiterhin bewirtschaftet. Das ist jetzt anders. Der Schlossbesitzer ist nicht mehr der wirkliche Eigentümer. Er hat mit seiner Familie das Wohnrecht sozusagen auf ewig. Der Trust übernimmt als ‚Gegenleistung' den Erhalt des Schlosses, der Einrichtungen und auch der Außenanlagen. Das System funktioniert zwar, aber nicht immer reibungslos und vor allem: die Kosten für den Unterhalt all' dieser öffentlich zugänglichen Werte werden immer höher. Der Trust muss sich heute überlegen, wen er überhaupt noch ins Boot holt. Wenn überhaupt noch neue Mitglieder gezogen werden, dann nur noch Schlossbesitz mit Grund und Boden, der bewirtschaft wird und damit den Trust mitfinanziert.

Glauben Sie, dass der hiesige Adel bereit wäre, in eine solche Stiftung einzusteigen?
Ehrlich gesagt glaube ich das nicht. Man möchte sich einerseits von den Lasten trennen, andererseits aber den Besitz nicht abgeben. Meine Familie hat 1921 einen anderen Weg beschritten. Nach dem Tod des Königs 1921 haben wir aus dem Erbe alle Patronate ausgegliedert und an die Gemeinden und an die Kirchengemeinden übertragen. Der Grund war ein einfacher: wir hätten die fälligen Kosten nicht tragen können. Auf diese Weise ist zum Beispiel auch die Schlosskirche in Friedrichshafen an die Kirchengemeinde gefallen.

Lust und Last der Tradition

S. D. KARL FRIEDRICH ERBPRINZ VON HOHENZOLLERN

Ihr Haus war von der Mediatisierung 1806 nicht direkt betroffen, erst 1848/50 traten die Fürstentümer Hohenzollern-Hechingen und Hohenzollern-Sigmaringen ihre Souveränität an Preußen ab. Wie denken Sie über das geschichtsträchtige Datum 1806, wo so viele der ehemals souveränen Landesherren ihre Herrschaft eingebüßt haben, wie etwa die Fürstenberger.

Ich glaube, der Lauf der Dinge in solchen Häusern ist oft schicksalhaft. Für uns war es ein großes Glück, weil der Besitz zusammengeblieben ist, ein Besitz, der in seiner Form sehr unterschiedlich ist. Die spätere Abtretung an Preußen war eine andere Sache, die Aufgabe der Souveränität war nicht gleichgesetzt mit der Aufgabe des Eigentums und des Besitzes.

Viele Adelsfamilien versuchen heute einen Weg aus einer Verbindung von Tradition und Innovation zu finden. Beschreiten Sie diesen Weg auch?

Diesen Weg gehen wir schon seit einigen Jahrzehnten. Wo immer eine Generation aktiv war, sind Spuren vorhanden. Ich denke etwa an die Generation meines Vaters, der den Zusammenhang zwischen Forstbetrieb und modernen Touristikbetrieb früh erkannte und forcierte. Der Seilbahnbau im bayerischen Forst war ein erster, unkonventioneller Schritt dazu. Wir haben dort einen Betrieb mit einer Seilbahn und vier Skiliften, der für die Region unverzichtbare Arbeitsplätze bringt. Ein anderes Beispiel ist die Modernisierung im Industriebereich. Wir haben ein größeres Industrieunternehmen, das in den letzten 25 Jahren modernisiert wurde. Wir sind neue Wege gegangen, innovativ in dem Sinn, dass wir uns den Märkten angepasst haben. Aber im traditionellen Bereich ist der Spagat wesentlich schwieriger. Das Problem, das übrigens alle Adels-Häuser haben, ist, dass wir feste Ausgabengrößen haben für den Unterhalt von Schlössern, von Kunstsammlungen und so weiter. Auf der anderen Seite müssen wir die Ertragseite so stabil halten, dass wir das alles aufrechterhalten können. Auch hier sind wir die letzten 20 Jahre unkonventionelle Wege gegangen, indem wir verzichtbare Dinge veräußert haben. So haben wir uns von Immobilien – wie zum Beispiel vom Kloster Inzigkofen, Schloss Achberg oder Schloss Haigerloch – getrennt, die nicht im unmittelbaren Zusammenhang mit unserem Haus stehen. Das Mobiliar der Schlösser hatten wir hier zunächst in Sigmaringen auf dem Speicher gestapelt, die nicht sammlungsrelevanten Teile haben wir verkauft und das Geld in anderen Bestand investiert. Damit sind wir bisher ganz gut gefahren. Es sind ja erhebliche Lasten dabei, ich rede jetzt nicht nur vom Unterhalt, sondern auch von Pensionslasten, Ausführungsstrukturen und so weiter. Wir müssen uns auch organisatorisch dem Wandel anpassen, wir können Verwaltungsstrukturen, wie der Staat sie sich heute noch leistet, nicht mehr finanzieren. Das heißt, wir müssen schlanke Strukturen fahren und uns wie ein normales Industrieunternehmen verhalten.

Sind Sie auch karitativ oder mäzenatisch tätig?

Das aus Tradition. Mein Vater war lange Zeit Präsident des Malteserordens. Wir engagieren uns vornehmlich vor Ort karitativ. Es gibt hier ein Waisenhaus, ein Kinderheim und viele andere Dinge. Unser Engagement hängen wir aber nicht an die große Glocke.

Sie gehören zu den größten Waldbesitzern Deutschlands, die Forstwirtschaft ist ein traditioneller Erwerbszweig. Kann man davon heute noch leben oder bestehen?
Man kann, wenn man es richtig macht, ganz gut davon leben. Eine Voraussetzung ist, dass Sie eine gewisse Mindestgröße an Forst haben. Aber auch hier braucht es Augenmaß. Wir haben im vergangenen Jahr eine durchgreifende Reform in unserem Forstbetrieb durchgeführt und sind mit dem Personal stark heruntergefahren. Nur so kann es funktionieren. Man muss den Forstbetrieb heute als Wirtschaftsbetrieb führen. Man produziert Holz mit dem Ziel, das Holz zu vermarkten. Und alles andere hat eigentlich in einem solchen Forstbetrieb nichts mehr zu suchen.

Zurück zu den Immobilien: Kann man so ein Schloss wie das Schloss Sigmaringen als Privatmann überhaupt noch aus eigenen Mitteln erhalten oder sind Sie auf öffentliche Gelder angewiesen?
Den Unterhalt trägt die öffentliche Hand nicht mit. Das Einzige, was wir beanspruchen, sind Mittel für den denkmalpflegerischen Werterhalt. Wir versuchen natürlich etwas anderes, wir sind ja ein Besichtigungsbetrieb, das heißt, wir versuchen imagemäßig und marketingmäßig das Schloss einmal als Touristikbetrieb anzubieten für Besucher. Wir haben eine ordentliche Zahl von Besuchern, im letzten Jahr waren es etwa 80 000. Parallel dazu versuchen wir das Schloss auch zu vermarkten als Veranstaltungsort für hochkarätige Veranstaltungsvorträge, Kunstausstellungen und Musikveranstaltungen und ähnliche Dinge. Das gelingt uns auch ganz gut.

Vor einiger Zeit ging durch die Presse, dass Sie das Schloss Krauchenwies bei Sigmaringen veräußern wollten oder sonst den Abriss erwogen haben. Wie kam es dazu?
Das Schloss stammt aus dem 18. Jahrhundert, es wurde als Jagdschloss gebaut. Es hat viele Jahrzehnte durchgemacht in verschiedenen Verwendungen, es wurde im Krieg als Kinderheim verwendet und als Hort für Flüchtlinge. Es war nach dem Krieg nochmals Malteser-Kinderheim, dann hat es die Zollverwaltungsbehörde gemietet. Anfang der 1980er war dann Schluss damit. Wir haben in der Folgezeit vergeblich versucht, eine Nutzung für das stark renovierungsbedürftige Haus zu finden. Wir wollten hier kein großes Geld verdienen, aber auch kein weiteres Geld reinstecken – es gibt 50 andere Objekte, wo die Investition viel lohnenswerter ist. Es scheiterte alles. Wir haben uns dann dafür entschieden, das denkmalgeschützte Schloss zu konservieren und ausgekernt stehen zu lassen. Dem Haus kann nichts passieren. Wir warten auf bessere Zeiten.

Unlängst haben Sie das ehemalige Kloster Inzigkofen, das sich seit 1803 als „Säkularisationsgut" in Ihrem Besitz befindet, an die Gemeinde Inzigkofen veräußert. Aus ähnlichen Gründen?
Genau. Es gab keine vernünftige Nutzung. Das Kloster ist ein Riesengebäude in einem noch riesigeren Areal. Wir haben dieses Gebäude an die Volkshochschule vermietet, die aber nur einen Teil des Gebäudes nutzt. Das Gebäude hat sehr

Schloss Sigmaringen.

viele Räume, die nicht abgerissen werden durften. Und es hat einen enormen Renovationsstau gehabt, wie das Schloss Krauchenwies. Wir hatten einen Interessenten, der sehr viel Geld investiert hätte. Er wollte das Gebäude als sein Privathaus umbauen. Da hat dann die Gemeinde der Nutzungsänderung nicht zugestimmt. Daraufhin haben wir der Gemeinde gesagt, gut, wenn Ihr so großes Interesse habt an dem Haus, wir geben es Euch. Ihr müsst es allerdings selber richten und irgendetwas Vernünftiges damit machen.

Ihre Familie führt seit 1708 das Industrieunternehmen „Zollern", ein Eisenwerk im Laucherttal. Mittlerweile ist aus der ehemaligen Eisengießerei ein weltweit florierendes Unternehmen geworden. Ist dieses Unternehmen Ihre heutige wirtschaftliche Grundlage, aus der Sie auch das Festhalten an der Tradition letztendlich finanzieren können?

Das ist die größte Einkommensquelle, die wir haben und auch schon früher hatten. Wir haben allerdings auch schwierige Jahre in unserem Industrieunternehmen gesehen, aber zuletzt hat sich das Unternehmen enorm entwickelt, sowohl umsatzmäßig als auch personell. Wir haben Firmen dazugekauft und mit übernommen. Inzwischen haben wir sieben Werke in Deutschland, vier im Ausland und mehr als 2 400 Mitarbeiter.

Wo hört bei Ihnen die Traditionsliebe auf?

Sie meinen, wo die Schmerzgrenze ist? Mein Grundsatz ist, Gebäude, Kunstsammlungen oder sonstige Sachen, die schlussendlich die Identität des Hauses bedeuten, kommen an letzter Stelle bei den Veräußerungen. Das ist auch eine Frage der Machbarkeit. Ein Sigmaringer Schloss können Sie nicht verkaufen, selbst wenn Sie es wollten. Außerdem kann einem das auch keiner abnehmen. Eine Bibliothek ist ein so zentrales Identitätsmerkmal unserer Familie, dass das auch wirklich nur im äußersten Notfall auf den Markt geworfen werden kann.

Das gilt auch für die Sammlungen?

Das gilt genauso für die Kunstsammlungen, vor allem da, wo es eben wirklich familiär gewachsen ist. Es wird dann darauf hinauslaufen, was ich vorher schon gesagt habe: Auch wenn Gebäude noch so schön sind, noch so lange in der Familie und zur Tradition gehören, wenn sie nicht mehr finanzierbar sind, dann trenne ich mich lieber zugunsten jener Objekte, die ich unbedingt erhalten muss. Dann muss ich eben Opfer bringen und gebe ein Kloster her oder das Schloss in Krauchenwies.

Was würden Sie sich denn wünschen, um einen Ausverkauf von Kunst- und Kulturgütern, Immobilien, die einen Geschichtswert darstellen, zu stoppen? In England hilft der „National Trust" so was zu verhindern. Könnten Sie sich eine solche Institution für Deutschland vorstellen?

Das ist ein anderes Thema. Wir haben hierzulande leider eine andere Situation. So haben wir vom Gesetz her nicht die gleichen Voraussetzungen wie die Briten. Ein „National Trust" ist noch lange keine deutsche Stiftung. Eine deutsche Stiftung ist wesentlich schwieriger zu handhaben als ein englisches oder ein amerikanisches Trust-System. Ich habe solche Überlegungen auch schon im Zusammenhang mit der Burg Hohenzollern gehabt. Das wäre ein typisches Objekt für so einen Trust, sogar für eine Stiftung. Wir haben das durchgerechnet, das würde uns keine Vorteile bringen. Was ich mir wünsche, ist eine großzügigere Handhabung im steuerlichen Bereich, das heißt Absetzbarkeit von Ausgaben, die einfach da sind. Dass solche Betriebe, ich sage jetzt absichtlich Betriebe, in einer Steuerreform, in einem neuen Steuergesetz anders gestellt werden als ein normaler Wirtschaftsbetrieb, weil er wesentlich weniger Einfluss hat auf seine Kosten und Investitionen.

Ist die Erbschaftssteuer für Adelsfamilien ein Problem?

Das ist ein weiteres Thema. Die Erbschaftssteuer bricht vielen das Genick und nicht nur Adelsfamilien, das ist eine generelle Überlebensfrage bei allen Unternehmen, wo die nächste Generation ein Familienunternehmen übernimmt. Der Fall wird auch bei uns eintreten. Und auch hier würde ich mir wünschen, dass sich erbschaftssteuerlich etwas bewegt.

Zurück zur Kunst. Es gab aber auch in ihrer Familiengeschichte Momente, in denen Sammlungsteile veräußert wurden.

Ja, mein Urgroßvater lieferte in den 1920er Jahren ein Beispiel dafür, dass man in einer Notlage nicht zu schnell handeln sollte. Es gab damals einen Sturm wie bei uns in den 1990er Jahren, der sehr viel Holz vernichtete. Die Ertragslage des Vermögens stand sehr schlecht da. Die Verwaltung, angeführt von einem Hofkammerpräsidenten, geriet in Panik: Was machen wir? Die Antwort war: Wir verkaufen Kunst. Sie haben dann den großen Fehler begangen, anstelle sich selber um einen Kunstexperten zu kümmern, haben sie Rat von außen gesucht. Zum Glück konnte mein Großvater einiges wieder zurückkaufen, aber es sind über 80 unersetzliche Bilder weggegangen, nur um einer momentanen Situation auszuhelfen. Ich sage, man hätte damals Schulden machen müssen und sagen, ich gehe zu einer Bank, als Sicherheit bekommt sie die Bilder, es kommen bessere Zeiten. Das Schmerzliche damals war, dass nicht nur Teile der Sammlung weg waren, sondern man hat sich offensichtlich auch noch aufs Kreuz legen lassen, indem man viel zu wenig dafür bekommen hat. Selbst damals. Also im Prinzip bin ich sehr restriktiv, was die Kunst betrifft und zunächst einmal auf der Seite der Kultur.

S. D. HEINRICH FÜRST ZU FÜRSTENBERG UND S. D. CHRISTIAN ERBPRINZ ZU FÜRSTENBERG

In letzter Zeit sieht man ständig die Fürstenbergfahne auf dem Schloss in Donaueschingen wehen. Heißt das, dass da mittlerweile immer jemand im Schloss wohnt?

Erbprinz: Ja. Wir haben früher das Schloss hauptsächlich zu Repräsentationszwecken genutzt. Nach dem Tod meines Großvaters haben wir beschlossen, das Schloss zu beziehen, da einfach ein bisschen Leben im Schloss gefehlt hat. Es war ein reines Museum sozusagen. Häuser wie Donaueschingen und Heiligenberg – unser anderes Schloss – wenn man nicht regelmäßig drin wohnt, dann weiß man nicht, was mit der Elektrizität ist, dann weiß man zum Beispiel nicht, welche Vorhänge gemacht werden müssen usw. Und zweitens haben wir gesagt, dass es einfach wirtschaftlicher ist, anstatt drei, vier Häuser nur halb zu bewohnen, bewohnen wir lieber eines richtig. Und somit sind wir dann hier eingezogen und haben aus diesem doch etwas kühlen und museumsartigen Gebäude ein wirklich gemütliches Wohnhaus gemacht.

Schloss Donaueschingen während des „Garten-Festivals"

Wie lebt es sich in einem solchen historischen Gemäuer? Haben Sie auch all' die angenehmen Standards, die man heute braucht?
Erbprinz: Es ist wahrscheinlich nicht ganz so luxuriös, wie man sich das vorstellt, da die Standards aus dem letzten Jahrhundert stammen. Die elektrischen Leitungen sind sicherlich in Ordnung, aber schon die Wasserrohre brauchen etwas länger, bis sie aufwärmen. Das größte Problem ist, im Winter so eine Kiste warm zu halten; und da die Heizung auch aus dem letzten Jahrhundert stammt, ist es einerseits sehr kostenintensiv, und da wollen wir natürlich auch immer ein bisschen auf Sparflamme fahren und gucken dass wir nur die Räume heizen, die wir wirklich brauchen. Und wenn man dann mal auf längeren Strecken, z. B. zur Küche laufen muss, ist es schon sinnvoll, sich mal eine Jacke anzuziehen, denn es ist doch recht kalt hier im Winter.

Viele Adelsfamilien versuchen eine Verbindung zwischen Tradition und Innovation einzugehen. Sie haben sich in den letzten Jahren von vielen traditionellen Bereichen getrennt, vor allem von ihrem Sammlungsbesitz. Brechen Sie da nicht mit der Tradition?

Erbprinz: Sicherlich. Aber man muss im Auge behalten, was die Tradition in dem Sinne ist. Wir sind eines der ältesten Adelsgeschlechter in Deutschland, wenn nicht sogar in Europa. Wir wissen alle, dass es mal wirtschaftlich gute Zeiten gab und wirtschaftlich schlechte Zeiten gibt – momentan sind sie sicherlich auch nicht besonders gut – und für diese Zeiten haben Familien wie unsere Sammlungen angelegt. Diese Kunstsammlungen, von denen Sie reden, sind sozusagen nicht liquide Mittel, die dafür gedacht waren, dass, wenn's mal nicht so gut läuft, man die vielleicht liquidieren kann, um dadurch den wirtschaftlichen Betrieben ein bisschen eine Stütze zu geben. Das war sicherlich ein Ansporn neben vielen anderen, dass wir das gemacht haben.

Nach dem Verkauf der mittelalterlichen Gemäldesammlung kam die Pisces-Kollektion mit zeitgenössischer Kunst in den Museumsbau, den Karlsbau. War das ein Versuch, einen modernen Weg einzuschlagen?
Erbprinz: Wir wollten einfach mal was ganz Neues probieren und einen neuen Weg einschlagen. Es hat uns aber gezeigt, dass Donaueschingen als Standort für moderne Kunst einfach noch keinen Namen hat, und um einen Namen zu bekommen, braucht man viel zu viel Zeit, um sich da wirklich zu etablieren. Nach zwei, drei Jahren, in denen wir diese moderne Kunst hier gezeigt haben, haben wir uns dann entschlossen, doch wieder auf etwas Traditionelleres zurückzukommen.

Und was folgt jetzt in die Galerieräume?
Fürst: Wir zeigen nun eine Dauerausstellung mit dem Titel: Fürstenberg – Eine Familie stellt sich vor – Residenzstadt Donaueschingen. Da haben wir vom Beginn der Familie die Urkunde aus dem 18. Jahrhundert, wie wir gefürstet worden sind, dann in den nächsten Räumen kirchliche, militärische Sammlungsstücke – also wenn Sie so wollen, die Dienste in der Familie – dann verschiede-

ne Richtungen durch die Kunst, z.B. die Musik, dann auch Bilder, dann auch wiederum kirchliche Bilder und Statuen. So, dass es einen Überblick gibt über eine Familie, das zieht sich bis ins 20. Jahrhundert, es sind auch ein paar moderne Bilder am Ende der Ausstellung zu sehen. Unter anderem Anselm Kiefer, einer der bekanntesten und wichtigsten deutschen Künstler, der in Donaueschingen 1945 geboren ist. Wir haben uns gedacht, es wird den Normaltouristen, der nach Donaueschingen kommt, eher interessieren, so etwas zu sehen, als moderne Kunst.

Ich wollte Ihnen zwei Stichwörter geben: „Denkmalschutz" und „Liste der Nationalen Kulturgüter". Lust oder Last?

Erbprinz: Denkmalschutz hört sich für manche Familien immer wie ein Schimpfwort an, Denkmalschutz ist vielerorts eher ein Segen. Wir haben den Staat, der – man muss vielleicht sagen – ‚noch' viel Geld auf die Seite geschoben hat, um für den Erhalt alter Denkmäler und Gebäude, von denen wir unzählige haben, doch gewaltige Zuschüsse zu geben. Man ist sicherlich an gewisse Vorschriften und Vorgaben gebunden, aber ich habe gelernt, den Denkmalschutz auch zu schätzen und zu nutzen. Also, wir haben sicherlich immer wieder Probleme. Das ist manchmal ein kleiner Kampf, aber andererseits sind da wieder Situationen, wo eine Zusammenarbeit sehr angenehm ist, weil der Denkmalschutz einen finanziell unterstützt und mit seinem fachlichen Rat hilft. Und von dem her ist es ein Geben und Nehmen. Man ist bestens bedient, wenn man eng mit ihnen zusammenarbeitet, und oftmals sehen sie dann auch ein, dass wenn man eine Idee hat, wie man etwas doch modern verändern könnte.

Fürst: Um zur Liste zu kommen – da ist man natürlich weniger erfreut. Die sogenannte Liste stellt eine Einschränkung des Eigentums dar. Sie ist auf der einen Seite berechtigt, weil man ja nicht will, dass Kulturgüter, die vor allem mit dem Land verbunden sind, in alle Welt zerstreut werden. Aber es ist nicht zu Ende gedacht. Wenn ein Kunstwerk auf die Liste gesetzt wird, dann müsste auch gleichzeitig eine Möglichkeit bestehen, wenn sich eine Familie – aus welchen Gründen auch immer – von diesem Kunstwerk trennen muss, einen fairen Marktpreis erreichen kann. Das ist durch die Liste nicht möglich, weil das Verkaufsgebiet eingeschränkt ist. Da müsste dann eigentlich – wie in England – der Staat ein Vorkaufsrecht haben, unter der Bedingung, dass dann ein fairer Marktwert ermittelt wird, und dann müsste genug Zeit sein, um diesen Betrag auch aufbringen zu können – aus Stiftungen, aus Spenden, aus was auch immer. Dann würde ich es als eine sogar ganz, ganz wichtige Sache sehen.

Wo sehen Sie sich heute noch hier im Schwarzwald-Baar-Kreis in der Tradition und der Verantwortung als ehemalige Landesherren? Vielmals hört man ja den Vorwurf, es wird alles verkauft.

Fürst: Also zum Vorwurf, es wird alles verkauft, ist natürlich zu sagen, wenn eine Familie in der Lage ist, sich aus den schwierigen wirtschaftlichen Situationen selbst zu helfen, indem sie verkauft, halte ich das für sehr viel besser als andere, die den Staat um Hilfe rufen und dann im Nachhinein trotzdem pleite gehen. Also ich glaube, dass das eine ganz eindeutige Geschichte bei uns ist. Wir müssen wirtschaftlich denken, und wenn wir eben totes Kapital haben und auf der anderen Seite schwierige wirtschaftliche Situationen zu meistern haben, dann gehen wir eben dran und verkaufen das, um Arbeitsplätze zu erhalten.

Wenn man ein bisschen im Internet surft, kommt man auch auf die Seite Fürstenberg. Kann man quasi Traditionspflege auch als Geschäftsmodell verstehen?

Erbprinz: Traditionspflege als Geschäftsmodell, das hört sich so an, als ob man mit der Tradition Geld machen möchte. Zur Traditionserhaltung haben wir ein Geschäftsmodell gefunden, das von der Art her aus dem Angelsächsischen stammt, wo man sagt, man öffnet die Häuser etwas mehr, aber was nichts kostet, ist auch nichts wert. Wir sagen, wir machen das Ganze noch schöner, noch exklusiver, aber es darf dann auch was kosten, und von diesem Geld wird dann sicherlich auch in die Schlösser, in den Erhalt und die übrigen Sachen investiert. Und dazu benützen wir sicherlich auch unsere Website www.haus-fuerstenberg.de, die eine Plattform darstellt, wo man sich das einmal anschauen kann, wo man aber dann auch evtl. Kontakt mit uns aufnehmen kann, um Events zu planen, oder eben um sich über die Events, die wir planen, zu informieren.

Erzählen Sie doch etwas über die „Fürstenberg-Classics" und die „Garten-Festivals".
Erbprinz: Es war in Donaueschingen so, dass wir nach dem Tod meines Großvaters, der alles doch sehr frei gelassen hat, erst mal das Schloss und die Parkanlagen geschlossen haben. Das gab einen großen Aufschrei, aber da haben wir gesagt, wir müssen das jetzt erst mal schließen, wir müssen uns finden und ein neues Konzept zusammenstellen. Das haben wir dann gemacht und haben dann in dem Sinne wieder alles geöffnet, aber eben mit einem richtigen Konzept dahinter. Und dazu war sicherlich das Gartenfestival eine der neuen Richtungen zum Thema Event. Diese „Garten-Festivals" haben sehr großen Erfolg.

Fürst: Ähnlich hat es sich mit den „Fürstenberg-Classics" abgespielt. Man kann da gleich fragen: „Warum ein neues Festival?" Es gibt mittlerweile glaube ich 100 Sommerfestivals in Deutschland. Unser Festival wollten wir wirklich auf die Familie beziehen, auf die Musik in der Familie, und die hat ja nun wirklich eine riesige Rolle gespielt. Angefangen damit, dass Mozarts „Figaro" das erste Mal in deutscher Sprache in Donaueschingen aufgeführt wurde, bis am Ende Hindemith, Strawinsky usw. hier uraufgeführt haben.
Daraus haben sich eben dann wirklich sehr schnell die „Fürstenberg-Classics" entwickelt. Wir schauen es uns auch Jahr für Jahr an, weil wir nicht wieder ein neues großes Mäzenatentum installieren wollen, sondern wir möchten eben auch die Firmen der Umgebung daran beteiligen und ihnen klar machen, dass so etwas einen Haufen Geld kostet und dass wir bereit sind, das Risiko des Anfangs zu machen, aber in Zukunft eigentlich uns durch ein „mit ihnen" das Risiko gerne teilen werden.

Sie zählen mit zu den größten Waldbesitzern Deutschlands. Die Forstwirtschaft ist ein traditioneller Erwerbszweig des Adels. Kann man davon heute noch leben?
Erbprinz: Man kann sicherlich noch davon leben. In unserer Größe kann man sicherlich noch wirtschaftlich so arbeiten, dass man einen sehr schönen Gewinn am Ende des Tages macht. Zukunftsweisend haben wir gesagt, dass wir eigentlich weiterhin im Forstbau unseren Hauptgeschäftszweig sehen und dass wir uns durch kleinere „Downkurven" in der Forstwirtschaft jetzt nicht beeindrucken lassen.

Wenn der Wald noch soviel abwirft, dass man gut davon leben kann, konnten Sie sich deswegen von der Brauerei trennen?
Fürst: Nein. Die Brauerei war eine Größenordnung, die heute nicht mehr alleine lebensfähig ist. Die war mal kurz unter 1 Million Hektoliter, in den letzten zehn Jahren wurden die jährlich abgeschmolzen, weil einfach weniger Bier in Deutschland getrunken wird.

Es ist Ihnen sicherlich nicht leicht gefallen?
Fürst: Nein. Ganz sicher nicht. Ich bin ja damit schon länger schwanger gegangen. Ich wusste, dass wir dahin kommen, aber ich musste wirklich abwarten, bis mein Vater die Augen zugemacht hat, denn der hätte das absolut nicht mehr verstehen können. Für ihn war es noch vielmehr Familie und Tradition, es war einfach nicht denkbar. Mir war das schon früher klar, dass das irgendwann mal in diese Richtung gehen sollte. Auf der anderen Seite ist jetzt die Brauerei hier, es sind bis auf ein paar Spitzenjobs keine Arbeitsplätze verloren gegangen und insofern denke ich, haben wir das Richtige gemacht.

Ich habe Wirtschaftsprobleme angesprochen: Notverkäufe, Verkäufe etc. Worin sehen Sie die Hauptprobleme für Adelsfamilien heute, die versuchen, im 21. Jahrhundert als Haus in wirtschaftlich schwierigen Zeiten zu überstehen?
Fürst: Ich würde sagen, das größte Problem sind natürlich die Schlösser und die Gebäude, die eben aus den vorigen Jahrhunderten da sind, weil man die natürlich so gut und so schön wie möglich erhalten will. Das sehe ich als eigentlich das größte

Problem, weil natürlich über die Jahre und Jahrhunderte so ein Haus nicht besser wird. Es ist immer etwas dran gemacht worden, aber irgendwann werden die Kosten doch größer. Da muss sich die Jugend – und da habe ich meinen Sohn auch immer darauf aufmerksam gemacht – immer im Klaren sein, dass ein Großteil seines Einkommens in diese Verpflichtungen einlaufen muss.

Könnten Sie sich in Deutschland so was vorstellen, wie es in England den „National Trust" gibt, wo Sie Ihre Güter reingeben und sagen, wir bewohnen einen Teil des Schlosses und dafür öffnen wir den Rest der Öffentlichkeit.
Fürst: Das ist eine wirklich vorbildliche Geschichte, weil man da eben für beide Teile etwas tut. Man tut auf der einen Seite etwas für die Familie, man tut auch etwas für das Kulturgut und man tut etwas für die Bevölkerung. Also das ist eigentlich eine Idealvorstellung.

Würde sich in Ihrem Kreis da eine Mehrheit finden können, wenn man so etwas andächte?
Fürst: Ja. Ich könnte mir das sehr gut vorstellen. Ich bewundere ja auch vor allem Familien, die weniger Besitz haben, wie die das mit einer eisernen Disziplin durchziehen und wie wunderschön sie ihre Häuser auch erhalten und alles. Aber manchmal sieht man eben schon jetzt, dass das halt auch noch diese Generation schafft und bei der nächsten weiß man das noch nicht. Das wäre natürlich dann für die alles schon auch hilfreich. Es ist ein Umdenken, aber ich könnte mir vorstellen, dass das hilfreich wäre.

S. D. JOHANNES FÜRST VON WALDBURG ZU WOLFEGG-WALDSEE

Haben Sie unlängst auch die Welfen-Auktion in Hannover verfolgt? Da blutet einem ja schon das Herz, was da an Kunstschätzen unter den Hammer kam…
Warum blutet wem das Herz, das ist hier die Frage.

Als Kunsthistoriker und Museumsmann auf jeden Fall. Hätte es da keine andere Lösung geben können? Die Schätze sind jetzt zerschlagen, die Sammlung ist als solche verloren.
Ich sehe das nicht so mit Herzblut wie Sie, gerade in dem besonderen Fall der Welfen nicht. Das ist ja eine Immobilie, die kaum oder überhaupt nicht genutzt wurde. Da stellt sich grundsätzlich die Frage: Was machen wir mit einem ungenutzten Haus und dessen Inventar? Das kann ich verstauben lassen oder es in irgendeiner Art und Weise der Öffentlichkeit zugänglich machen. Dann ist die Frage: Wie hoch ist das Interesse der Öffentlichkeit? Man hat das ja auch bei den Fürstenberg-Sammlungen gesehen. Die Sammlung in Donau-

Schloss Wolfegg

eschingen hatte eine sehr geringe Besucherfrequenz. Da muss doch die Frage erlaubt sein, ob damit wirklich dem Bedürfnis einer großen Öffentlichkeit entsprochen wird. Ich habe das gleiche Problem auf der Waldburg auch. Die Frequenz auf einem museal genutzten Schloss ist nie so, dass man daraus auch nur annäherungsweise den Unterhalt bestreiten kann. Der Betrieb des Museums kostet wie auch der Unterhalt der Exponate und der Bausubstanz. Das Interesse der Öffentlichkeit wird manchmal überbewertet. Zum anderen können Sammlungen nicht entstehen, wenn es nichts zu erwerben gibt. Ohne entsprechende Angebote hätten nie neue Sammlungen entstehen können. Natürlich sind neue Sammlungen auch auf Objekte aus alten Sammlungen angewiesen. Insofern sehe ich das nicht so statisch. Man darf der Dynamik in den kunstsammlerischen Kreisen nicht zu viel in den Weg legen.

Nicht nur Kunsthistorikern blutet das Herz, sondern auch national gestimmten Kultur- oder Kunstfreunden, wenn solche profilierte Sammlungen auseinander brechen oder aus dem Lande gehen. Ist der Verkauf die einzige Möglichkeit, um eine Vermögens- oder Besitzsituation zu sanieren?

Es geht nicht nur um die Sanierung. Bei Verkäufen von Kunst wird immer mit Notverkäufen argumentiert. Das spiegelt nicht wider, um was es heutzutage eigentlich geht. Es geht insgesamt um eine Vermögensverwaltung. Da muss – auch durch Umgestaltung und Umschichtung – eine Vermögensstruktur erreicht werden, die den Erhalt und die Vermehrung eben dieses Vermögens ermöglicht. Da gibt es keine Tabus mehr. Ökonomisch argumentiert: Wenn ich gezwungen bin, einen Hufschmiedebetrieb auf Ewigkeit zu führen, dann könnte ich heute gar nichts mehr damit machen. Verstehen Sie? Wenn es ein Gesetz geben würde, das besagt, ich darf eine Vermögensstruktur nicht verändern, dann bin ich todgeweiht. Das ist, wie wenn Sie sagen, Sie müssen Daimler-Aktien kaufen und dürfen Sie nie mehr verkaufen.

Das war ursprünglich ja so gedacht, dass der Besitz zusammengehalten und nicht zerschlagen wird, um die Überlebensfähigkeit der Familie, des Hauses zu sichern.

Das stimmt schon, das ist nur damals wie heute etwas über das Ziel hinausgeschossen. Die Zeiten haben sich gewandelt. Nehmen wir zum Beispiel an, Sie sind in einer Branche involviert, die sich technologisch auf dem absteigenden Ast befindet. In diesem Fall müssen Sie die Möglichkeit haben, umzustrukturieren. Letztendlich muss jeder das gesamte Vermögen in einer Portfoliostruktur betrachten und sich fragen, wie ist mein Vermögen strukturiert, wie ist die Verzinsung aus meinem Gesamtvermögen, ist es eine nach meinen Kriterien angemessene Verzinsung? Jeder macht seine eigene Benchmark, bin ich zufrieden mit 0,1 oder 0,3, unter 0 kann ich nicht zufrieden sein, damit zerstöre ich das Vermögen. Ich glaube, die Annahme, sämtliche adeligen Kunstverkäufe sind aus der Not heraus geboren, greift zu kurz. Dieser Prozess hat viel mehr mit einer ganz rationalen Betrachtung der Vermögensstruktur zu tun.

Also aus rein betriebswirtschaftlichen Erwägungen?

Nein, nicht nur, auch emotionale Aspekte spielen hier eine Rolle. Jede betriebswirtschaftliche Betrachtung hat immer auch eine emotionale Dimension –, nicht nur in meinem Fall –, sondern generell. Das gilt für jeden mittelständischen Unternehmer genauso.

War das im Fall der „Waldseemüller-Karte" auch so?

Die „Waldseemüller-Karte" ist da gewiss ein gutes Beispiel. Die Amerikaner haben sich schon in den 1920er-Jahren zum ersten Mal um die Karte bemüht. Es hat dann, nachdem ich die Verantwortung übernommen hatte, noch zehn Jahre gedauert, bis die Genehmigung zur Ausfuhr der Karte erteilt wurde. Das ganze war auch ein riesiges politisches Theater. Eines ist auf jeden Fall sicher: Ich war nicht der ideale Besitzer, oder ‚ideal owner', wie das heute heißt. Ich hatte die Karte nur in einer Schublade verwahrt und dafür gesorgt, dass sie möglichst dunkel und trocken liegt. Die Kongressbibliothek in Washington gibt allein für den Bau der Vitrine eine Million Dollar aus. Und das alles, damit die Karte unter optimalen Bedingungen präsentiert werden kann. Die Rahmenbedingungen in Wolfegg sind mit denen in Washington nicht im Entferntesten zu vergleichen. Ich kann hier nicht für eine Million eine Vitrine hinstellen und die Karte rein legen. Wer würde sich dafür interessieren? Die Besucher des Automobilmuseums von Herrn Busch vielleicht? Nein, die wollen sicher nicht meine Karte anschauen. Hier komme ich wieder auf den Begriff der ‚ideal ownership' zurück. Beim Blick auf die Bedingungen in Washington bin ich zu der Überzeugung gekommen, dass ich für dieses Objekt nicht der beste Eigentümer bin. Mit dem Verkauf 2001 hat sich das geändert. Es gibt über die Jahrhunderte unterschiedliche ‚ideal ownerships'. Nicht nur auf Kunst bezogen, sondern grundsätzlich.

Was heißt das für Ihr Kupferstich-Kabinett?

Das ist auch so ein Thema: Wie abgeschlossen ist die Sache, oder wie statisch muss man denken? Noch kaufe ich Arbeiten dazu, moderne, zeitgenössische Stiche. Das Einzigartige an dieser Kupferstichsammlung ist nicht nur die Größe und die Vielzahl der Blätter, sondern auch, dass es eine nach dem Verständnis des 17. Jahrhunderts geordnete Sammlung ist, die also nicht im 19. Jahrhundert nach vollkommen anderen Gesichtspunkten wieder aufgeteilt, geordnet und neu zusammengestellt wurde und dann im 20. Jahrhundert nochmals und so weiter. Das Interessante an der Sammlung ist eben, dass die Intentionen des im 17. Jahrhundert lebenden Sammlers nachvollziehbar und erlebbar sind und damit auch die Gedankengänge, die hinter der Struktur der Sammlung stehen. Man kann sagen, das alleine ist schon ein spannender Stoff. Aber das limitiert auch etwas die Ergänzung.

Aber es wäre doch schade, wenn dieses Ordnungsprinzip zerschlagen werden würde.

Es ist sehr schwierig, diesen strukturellen Zusammenhang zu bewahren, ohne dass man es damit stört. Das hat eben diesen zusätzlichen besonderen Effekt, diese Ordnungsstruktur.

Wie arbeiten Sie damit? Verleihen Sie die Sammlung?

Da tun wir wenig. Kupferstiche scheuen ja das Licht. Arbeiten auf Papier sind sehr empfindlich.

Und dass die doch alle in einem guten Zustand sind, ist der Tatsache zu verdanken, dass sie immer ohne Lichteinstrahlungen aufbewahrt wurden. Unser Kunsthistoriker, Herr Dr. Bernd Mayer, hat da ein Auge drauf. Er verwaltet neben dem Kupferstichkabinett die ganzen Kunstsammlungen und das kulturelle Erbe mit.

Das ist ja eigentlich totes Kapital. Das leisten Sie sich? Oder können Sie sich vorstellen, die Sammlungen auch zu veräußern? Wenn Sie jetzt eine Unternehmensanalyse des Hauses machen und feststellen, dem Wald geht's schlecht, das Dach muss gedeckt werden, die Landwirtschaft wirft auch nichts ab...
Wenn Sie ein Vermögen haben, dann analysieren Sie das nach Substanz und nach Ertragskraft, natürlich auch nach emotionalen Gesichtspunkten. Das eine liegt mir näher am Herzen, das andere weniger. Wenn es wirklich hart auf hart kommt, dann müssen Sie überlegen, was veräußern Sie zuerst? Veräußern Sie zuerst das, was Einnahmen bringt oder veräußern Sie zuerst das, was keine Einnahmen bringt oder das, was Geld kostet.

Finden Sie den Zustand richtig, dass Sie einen Kunstschatz haben, der zu den wichtigen im Lande zählt, aber dass Sie etwa vom Landkreis gar keine Unterstützung erhalten. Gibt es denn eine Möglichkeit...
Die nationale Kulturgutliste wurde im Dritten Reich aufgestellt. Sie ist unvollständig und wurde nach nicht nachvollziehbaren Kriterien zusammengestellt. So ist nicht nachvollziehbar, dass es auf der Kulturgutliste kein Werk eines Künstlers des 20. Jahrhunderts gibt. Ich bezweifle, dass es im 20. Jahrhundert keine deutschen Künstler gegeben haben soll, die besonders wertvolle Gegenstände in diesem wie auch immer definierten nationalen Kunstsegment geschaffen haben. Ich besitze sechs Objekte, die auf der nationalen Kulturgutsliste stehen. Das heißt, ich habe aber nicht den entsprechenden Prozentsatz an wertvoller Kunst. Das ist wahnsinnig einseitig, willkürlich und nicht zeitgemäß. Mir hat im Zusammenhang mit dem Verkauf der Waldseemüller-Karte ein hoher Beamter in Baden-Württemberg, der in dem Gremium zur Überwachung der Kulturgutliste sitzt, gesagt, er sei gegen den Verkauf an die Amerikaner. Er wolle sich aber dafür stark machen, dass sie vom Land erworben wird. Der Preis, den er nannte, betrug aber nur 30 Prozent dessen, was die Amerikaner geboten hatten. Auf meinen Einwand, dass finanziell schon noch etwas draufgelegt werden müsse, wandte er ein, dass es dieses Gesetz schließlich deshalb gäbe, um dem Land die Möglichkeit zu verschaffen, die entsprechenden Objekte günstig zu erwerben. Wortwörtlich! Das halte ich für eine Einstellung, die unserem Rechtsstaat eigentlich unangemessen ist.

Hätten Sie es nicht lieber gesehen, für die Karte 30 Prozent weniger zu bekommen und sie wäre heute im Deutschen Historischen Museum in Berlin?
Nein, mir ist es lieber, sie ist in der Nationalbibliothek der USA. Es handelt sich immerhin um die größte deutschsprachige Bibliothek der Welt, das darf man nicht vergessen. Sie wird dort sicherlich mit mindestens genauso viel Herzblut gepflegt und gehegt als Weltkulturerbe wie bei uns. Ich finde nicht, dass diese Karte besser in Deutschland aufbewahrt wäre. Gibt es dafür stichhaltige Gründe? Ich möchte nur zwei oder drei Gründe hören, die nicht national formuliert sind. Mir geht es darum, wer ist der ‚ideal owner'? Wer pflegt die Karte am besten? Wer nutzt sie am meisten und wer hat emotional die stärkste Verbindung dazu. Und gerade bei der Waldseemüllerkarte kann doch niemand bestreiten, dass die emotionale Verbindung der Amerikaner zu diesem Dokument enorm hoch ist. Und jetzt zu argumentieren, dass sie ein Deutscher gemacht hat? Auch darüber kann man sich streiten. Waldseemüller war ein Elsässer, der die Karte in einem Kloster in St. Dié im Auftrag des lothringischen Landesherrn gemacht hat. Was ist hier deutsch? Die Karte ist dann zufällig durch die Sammlertätigkeit meines Vorfahren in Deutschland in eine Sammlung gekommen. Da können Sie die ganzen griechischen und arabischen Ausgrabungen in Berlin alle wieder nach Hause schicken. Sie können alle Tizians und alle Tintorettos Italien zurück geben.

Was fällt Ihnen zum Thema Denkmalschutz ein? Ihr Kunstverwalter hat uns an der Kirche vorbeigeführt. Das Gebäude hat den Hausschwamm und die Renovierung wird so richtig teuer.
Seit 1902 gehört die Kirche nicht mehr meiner Familie. Gott sei Dank! Für die Pfarrgemeinde ist das eine Riesenbelastung, sie kann sich eine Generalsanierung nicht leisten.

Auch das Schloss zu unterhalten kostet Sie einen Batzen Geld. Bekommen Sie dafür Unterstützung?
Nicht nennenswert. Im Prozentsatz zu dem, was es kostet, ist es wahnsinnig gering. Es gibt da noch einige steuerliche Effekte. Man kann die Sonderbelastungen aus Kulturdenkmälern in der Steuererklärung als Sonderausgaben geltend machen. Aber auch das ist zu vernachlässigen. Es stellt sich die Frage nach den Alternativen. Ich kann die Immobilien Wolfegg, Waldsee und die Waldburg ja nicht verfallen lassen. Bei der Waldburg beteiligte sich in den 1980er Jahren der Staat mit 50 Prozent an den Sanierungskosten. Dem war ein langes Ringen vorausgegangen. 50 Prozent ist gut, aber 50 Prozent ist für mich immer noch viel. Damals habe ich mich sehr aufgeregt, denn in das Protokoll der Sitzung in Stuttgart, in der beschlossen worden war, dass der Staat die Hälfte der Kosten übernimmt, hat ein Ministerialdirigent hineindiktiert: „Das Fürstliche Haus beteiligt sich an der Sanierung der Waldburg durch den Staat mit 50 Prozent".

Könnte hier eine nationale Stiftung helfen?
Es gibt ja die Deutsche Stiftung Denkmalschutz, die aus der Idee entstanden ist, einen deutschen National Trust zu kreieren. Ich bin Mitglied im Kuratorium. Das ist genau die Art, wie Denkmalschutz gemacht werden muss. Man sollte die Denkmalpflege privatisieren in Form einer solchen Denkmalstiftung und es so machen wie die Deutsche Umweltstiftung. Diese wurde mit Mitteln der Salzgitter-Privatisierung in Höhe von einer Milliarde als Stiftungskapital ausgestattet. Die Denkmalstiftung wäre dann eine Stiftung, die sich selbst verwaltet und aus ihrem Vermögen in der Art des National-Trust Denkmäler sa-

nieren hilft. Möglicherweise sogar auch welche selber übernimmt. Der einzig gangbare Weg der Denkmalpflege wäre eine Entföderalisierung. Eigentlich müsste das auf europäischer Ebene funktionieren. Vorstellbar wäre eine europäische Denkmalstiftung, die mit einem stattlichen Stiftungsvermögen ausgestattet ist und nicht von Beamten sondern von Profis verwaltet wird.

Wie wird das Schloss von der Öffentlichkeit genutzt? Sie haben es nicht für Besuchertrupps und Tourismus geöffnet.
Für einige Veranstaltungen im Jahr schon, z.B. die Internationalen Wolfegger Konzerte im Juni, die Ludwigsburger Festspiele im September und Benefizveranstaltungen. Im Rahmen dieser Veranstaltungen ist die Öffentlichkeit willkommen und erwünscht. Geld verdienen oder den Unterhalt sichern kann man mit solchen Ereignissen natürlich nicht. Das sind eher mäzenatische Aktivitäten.

Die zweite Frage passt dazu: Viele Adelsfamilien versuchen in heutigen Zeiten Verbindung aus Tradition und Innovation zu finden. Beschreiten Sie auch so einen Weg?
Was ich heute mache, ist morgen Tradition. Und Innovation ist morgen auch Tradition. Insofern können Sie das gar nicht trennen. Wenn Du nicht weißt, woher Du kommst, weißt Du nicht, wohin Du gehst. Das ist eine alte Geschichte. Das geht gar nicht anders. Tradition und Innovation sind zu eng miteinander verflochten.

Forstwirtschaft ist ein traditioneller Erwerbszweig des Adels. Wibke, Lothar, der Borkenkäfer von 2003 – bringt der Wald noch den nötigen Ertrag?
Generell kann man das natürlich nicht sagen, weil Wald ist nicht gleich Wald. Es gibt Standortsvorteile und -nachteile, die Wuchsbedingungen sind nicht überall gleich... Hier in der Gegend, wo ich meinen Wald habe, ist er noch ertragsreich umzutreiben, allerdings nur mit entsprechenden doch sehr massiven Rationalisierungsmaßnahmen, die ja jetzt auch schon seit 30 Jahren laufen.

Worin sehen Sie in den doch schwierigen Zeiten das Hauptproblem der Adelsfamilien, wirtschaftlich überleben zu können?

Da könnte man vielleicht etwas ketzerisch darauf antworten und sagen, das Problem der Adelsfamilien im Gegensatz zu jetzt anderen mittelständischen Unternehmen ist, dass sie ihren Lebensmittelpunkt nicht ins Ausland tragen können. Die Adelsfamilien sind doch sehr stark an die Scholle gebunden, wo sie herkommen.

Würden Sie denn ins Ausland gehen?

Ich habe lange im Ausland gelebt, ich habe eine italienische Frau. Ich könnte mir auch ein Leben in Kanada vorstellen. Ich bin jemand, der sich überall zurechtfinden würde. Aber Auswandern ist momentan kein Thema.

Wie denken Sie über die Erbschaftssteuer? Wenn ein Generationswechsel ansteht, dann werden doch Unsummen fällig, was vielen Familien, auch bei Mittelstandsunternehmen, das Genick bricht. Da muss etwas verkauft werden, vielmals wandert dann der Kunstbesitz ab. Thurn und Taxis hat es gemacht und so weiter…

Die Erbschaftssteuer ist vollkommen überholt. Sie ist auch aus Gründen der öffentlichen Haushalte vollkommen überflüssig. Da wird mit einem wahnsinnigen bürokratischen Aufwand erfasst und kontrolliert. Das ist ein reines, wenn ich wirklich von der Leber weg rede, Relikt des kommunistischen Gedankenguts in Europa. Aber Erben ist ja nicht nur etwas, was einem das Leben erleichtert, sondern Erben hat immer etwas mit Verantwortung zu tun. Wenn ich nichts erbe, habe ich auch keine Verantwortung.

Mit manchen Erben würde man schon gerne tauschen.

Aber auch nur aus der Sicht derer, die nicht viel haben vielleicht, der Sicht von außen. Wie Goethe schon gesagt hat: Was Du ererbt von Deinen Vätern, erwirb es, um es zu besitzen. Das heißt, ich habe die Aufgabe, es mir zu Eigen zu machen, es mir zu Herzen zu nehmen und etwas daraus machen. Insofern ist es eine riesige Herausforderung für denjenigen, der erbt. Der positive Effekt durch das Erben in Bezug auf Arbeitsplätze und Wirtschaftskraft ist ungleich größer, als der durch Einzug der Erbschaftssteuer zu erzielende volkswirtschaftliche Effekt. Denn durch die Erbschaftssteuer wird häufig genug die Fortführung eines Besitzes erschwert, wenn nicht verunmöglicht. Oft genug sind die Erben darüber hinaus gezwungen, ihr Tafelsilber zu veräußern.

Eine persönliche Frage: Haben Sie sich schon mal gewünscht, nicht adlig zu sein? Bürgerlich zu sein, was ganz Gewöhnliches?

Jedem, der im Büro sitzt, geht es so, dass ihm, wenn er andere sieht, der Gedanke kommt: manchmal wär's doch schön, wenn man tauschen könnte.

**BETTINA BERNADOTTE GRÄFIN
AF WISBORG UND BJÖRN BERNADOTTE
GRAF AF WISBORG**

In einem gewissen Sinne ist die Mainau ja ein Erlebnispark. Wie weit würden Sie mit der Vermarktung der Insel gehen?
Graf: Gestaltung und Vermarktung der Insel müssen Hand in Hand gehen. Der entscheidende Punkt ist zunächst, was man anbieten möchte und kann, daraus ergibt sich die Vermarktung. Das Angebot muss auf jeden Fall zu uns und unserem Image passen. Also zu dem, was in den letzten 50 Jahren immer weiter entwickelt wurde. Wir sind sehr naturverbunden. Deshalb sind wir seit 1998 EMAS-zertifiziert, für umweltbewusstes Verhalten unseres Unternehmens. Das alles gehört untrennbar zu unserem Erscheinungsbild, daran halten wir fest.

Gräfin: Die Vermarktung geht im Grunde auch in diese Richtung. Wir tun nichts, hinter dem wir als Unternehmerfamilie nicht stehen könnten. Das, was man mit Begeisterung betreibt, kann man auch am besten vertreten und „verkaufen". Wir sehen die Mainau vor allem als einen phantastischen Ort mit phantastischen Möglichkeiten für ein historisches Arboretum. Das möchten wir nach draußen tragen, unseren Besuchern vermitteln. Vor bald fünf Jahren haben wir unser Corporate Design komplett überarbeitet und ein aktuelles Erscheinungsbild geschaffen. Grün ist dabei die dominante Farbe. Diese Kommunikationsformel: Blumeninsel, der historische Park, aber auch das Schloss und die Anlagen wollen wir den Menschen vermitteln.

Die Immobilien der Mainau, die denkmalgeschützten Gebäude zu unterhalten kostet Geld. Können Sie das noch aus eigener Kraft leisten?
Gräfin: Wir haben mit den historischen Gebäuden eine Aufgabe, die uns in Atem hält: Wenn man hinten mit Sanierungsmaßnahmen fertig ist, muss man vorne wieder anfangen. Es ist schwierig, das aus eigener Kraft zu stemmen. Und diese Investitionen fehlen im Übrigen am Ende dem Unternehmen Mainau GmbH. Ein Beispiel: Die Renovierung der Stuck-Decken im ganzen Schloss kostete damals rund drei Millionen Mark. Von der Denkmalpflege kam ein Zuschuss von einem Fünftel der Gesamtsumme. Wenn wir aber diese Summe in produktive Bereiche des Unternehmens hätten investieren können, hätten wir einen ganz anderen „Return" erwirtschaften können. Mit Investitionen in die Sanierung von Gebäuden macht man keinen Gewinn.

Würden Sie sich im Denkmalschutzbereich ein stärkeres Engagement vom Land oder vom Staat wünschen?
Gräfin: Wünsche darf man haben. Ja, wir würden ein stärkeres Engagement der öffentlichen Hand begrüßen. Aber gegenwärtig ist das schwierig, weil zur Zeit überall die Kassen leer sind. Es könnte gelingen, wenn sich die Prioritäten zugunsten des Denkmalschutzes verschieben würden, wenn die Erhaltung von solchem Kulturgut mehr in den Fokus der Politik und der Gesellschaft geraten würde. Aber im Moment sehe ich diese Entwicklung nicht.

Können Sie eine Zahl nennen, wie viel Geld sie zurückstellen müssen, um dem Denkmalschutz gerecht zu werden?
Graf: Das ist ganz unterschiedlich. Je nachdem, was anfällt. Im Durchschnitt geben wir jährlich für Instandhaltungen – auch anderer Gebäude – eine sechsstellige Summe aus.

Lähmt ein solcher, am Denkmalschutz „gebundener" Besitz nicht andere Aktivitäten? Wir denken da an Neu- oder an Umbauten?
Gräfin: Das bindet natürlich finanzielle Mittel, wenn sie ein historisches Gebäude gut erhalten wollen. Keine Frage. Aber das ist eine Aufgabe, die zur Pflicht gehört.

Mussten sie denn schon mal mobiles Kunstgut veräußern, um zusätzlich Geld reinzukriegen?
Gräfin: Ja, schon. Wir halten das wertvolle Inventar, Möbel und Gemälde, konservatorisch auf dem besten Niveau. Um das zu finanzieren, müssen wir uns weinenden Auges und schmerzenden Herzens auch von manchem anderen Inventar trennen. Aber wirklich wertvolle Gegenstände, die etwa im Zusammenhang mit dem Deutschorden oder mit dem Schwedischen Königshaus stehen, bleiben im Haus.

Aus Sicht des Marketings: Wie wichtig ist dabei das Adelsprädikat? Wäre die Mainau-Welt eine andere, wenn hier eine Familie Meier oder Müller residieren würde?
Gräfin: Der Name Bernadotte in seiner Verknüpfung mit der Mainau macht unsere Insel unverwechselbar. Mein Vater durchlebte quasi das komplette 20. Jahrhundert und hat durch seine – später die gemeinsamen Aktivitäten mit meiner Mutter – die Mainau sehr bekannt gemacht. Dabei hat er die Tatsache, dass er adlig war, genutzt und viel Gutes und Beeindruckendes aus dieser Möglichkeit gemacht. Dabei folgte er immer seiner Maxime: „Gärtnern um des Menschen Willen". Wir „Jungen" sind nun die fünfte Generation seit dem Großherzog. Die Insel lebt natürlich von der Geschichte unserer Familie, macht sie sehr interessant. Ich denke, dass die Menschen das spüren, dass hier eine Familie lebt und arbeitet, die eine lange Tradition hat und das schätzen sie. Ob die Marke Mainau auch mit einem bürgerlichen Namen funktionieren würde – da bin ich überfragt. Aber warum eigentlich nicht. Wahrscheinlich hätte sie sich unter anderem Einfluss jedoch auch in eine unterschiedliche Richtung entwickelt.

In England gibt es eine Institution, den „National Trust", die den Adel beim Erhalt der historischen Schlösser, Parks und Burgen kräftig unterstützt. Wäre das ein Modell für Deutschland?
Graf: Allgemein denke ich ja, auf jeden Fall. Bei uns liegen die Dinge allerdings ein wenig anders. Wir nutzen die Anlagen touristisch und wirtschaftlich. Diesen Ansatz mit Stiftungen dieser Art zu vereinbaren, könnte sich schwierig gestalten. Denn da liegen auch ganz bestimmte Vorstellungen darüber vor, was etwa mit einem Park oder mit einem Schloss zu geschehen hat. In England sind alle im „Trust" organisierte Parks

und Schlösser öffentlich zugänglich, das ist in Ordnung. Aber schon in der Preisgestaltung könnte es zu Dissonanzen kommen. Da sehe ich auch für uns gewisse Probleme.

Die Mainau hat ja eine eigene Stiftung. Inwieweit werden dort Ziele formuliert, die den Denkmalschutz angehen?
Graf: Die Stiftung setzt sich zwar im Deutschen Rat für Landespflege ein, aber derzeit betreibt sie die Denkmalpflege nicht aktiv. Die Aktivitäten bewegen sich derzeit eher im kulturellen und wissenschaftlichen Bereich. Das heißt konkret, wir fördern die Deutsche Gartenbaugesellschaft sowie den Deutschen Rat für Landespflege, wir unterstützen die Lindauer Nobelpreisträgertagung und das Europäische KulturForum Mainau e.V. liegt uns sehr am Herzen sowie der Verein, der „Gärtnern für Alle" heißt. Unter dessen Dach finden sich verschiedenste Aktivitäten: Von Förderlehrgängen für lernbehinderte Jugendliche bis hin zu einem grünen Bildungszentrum mit Kursangeboten für Hobbygärtner.

Gräfin: Um den eigentlichen Denkmalschutz, die Bauerhaltung und mehr, kümmert sich das Unternehmen Mainau, sprich: die Geschäftsführung der GmbH. Um noch ein Wort zur Stiftung anzufügen: Die Lennart-Bernadotte-Stiftung, die ja Hauptgesellschafter der Mainau GmbH ist, verfolgt quasi die Non-Profit-Interessen der Familie Bernadotte. Sie wird dabei von der Mainau GmbH dergestalt unterstützt, indem diese ihre Gewinne an die Stiftung ausschüttet. Das Modell, das ich mir vorstellen könnte wäre allerdings, dass die Stiftung die GmbH u.a. beim Erhalt der historischen Gebäude unterstützt – was allerdings voraussetzen würde, dass sich die Lennart-Bernadotte-Stiftung mit einem kräftigen Kapital-Stock ausstattet, um solche Zuschüsse generieren zu können.

Haben Sie auch außerhalb der Insel Ländereien?
Graf: Wir haben noch 430 Hektar Wald und etwa 20 Hektar Feld. Das ist nicht viel. Dennoch leisten wir uns eigene Förster, die jedoch auch im Park der Mainau mitarbeiten und zum Teil die Baumpflege übernehmen.

Schloss Mainau

Autorinnen und Autoren

Monika Baumann lic. phil. hist.
Universität Bern

Rudolf Beck
Fürstlich Waldburg-Zeil'sches Gesamtarchiv
Schloss Zeil

Dr. Otto H. Becker
Landesarchiv Baden-Württemberg –
Staatsarchiv Sigmaringen

Prof. Dr. Peter Blickle
em. Professor Universität Bern
Saarbrücken

Dr. med. Horst Boxler
Facharzt für Neurologie und Psychiatrie
Bannholz

Dr. Friedrich Bratvogel
Oberstudiendirektor
Lemgo

Berthold Büchele
Oberstudienrat
Ratzenried

Prof. Dr. Eckart Conze
Universität Marburg

Dr. Kurt Diemer
Kreisarchivdirektor a. D.
Biberach

Dr. Andrea Dippel
Galerie Bodenseekreis
Friedrichshafen

Dr. Andreas Dornheim
Institut für Kultur-, Unternehmens- und
Sozialgeschichte (ifkus) Bamberg
Privatdozent Universität Erfurt

Prof. Dr. Rudolf Endres
em. Professor Universität Bayreuth
Buckenhof

Oliver Fieg M. A.
Stadtarchiv Ulm

Dr. Ewald Frie
Hochschuldozent
Universität Duisburg-Essen

Dr. Eberhard Fritz
Archiv des Hauses Württemberg
Altshausen

Dip.-Ing. Franz-Severin Gäßler
Regierungsbaumeister und Baudirektor
Augsburg

Dr. Klaus Graf
Historiker
Winningen

John Trygve Has-Ellison
Ph. D., University of Texas at Dallas

Dr. Armin Heim
Historiker
Meßkirch

Dr. Mark Hengerer
Universität Konstanz

Dr. Hubert Hosch
Oberstudienrat
Tübingen

Dr. Timo John
Kunsthistoriker
Stuttgart

Clemens Joos
Universität Freiburg

Dr. Walter Kircher
Oberstudienrat
Stuttgart

Dr. Ulrich Knapp
Kunsthistoriker
Leonberg

Dr. Bernd Konrad
Kunsthistoriker
Radolfzell

Wolfgang Kramer
Kreisarchiv des Landkreises Konstanz

Prof. Dr. Konrad Krimm
Landesarchiv Baden-Württemberg –
Generallandesarchiv Karlsruhe

Dr. Karen A. Kuehl
Kunsthistorikerin
Inzigkofen

Dr. Angelika Kulenkampff
Historikerin
Köln

Dr. h. c. Elmar L. Kuhn
Kulturamt des Bodenseekreises
Friedrichshafen

Dr. Angela Kulenkampff
Historikerin
Köln

Dr. Alfred Lutz M.A.
Historiker
Ravensburg

Dr. Esteban Mauerer
Historische Kommission bei der Bayerischen
Akademie der Wissenschaften
München

Dr. Bernd Mayer
Kunstsammlungen der Fürsten
zu Waldburg-Wolfegg
Wolfegg

Doris Muth M. A.
Historikerin
Balingen

Dr. Ludwig Ohngemach
Stadtarchiv Ehingen

Simon Palaoro M. A.
Doktorand am Promotionskolleg
der Fernuniversität Hagen

Michael Puchta M. A.
Doktorand
Universität München

Dr. Frank Raberg
Historiker und Politologe
Neresheim

Prof. Dr. Georg Schmidt
Universität Jena

Prof. Dr. Sylvia Schraut
Universität der Bundeswehr München

Prof. Dr. Klaus Schreiner
em. Professor Universität Bielefeld
München

Prof. Dr. Erno Seifriz
em. Professor Pädagogische Hochschule
Weingarten, Weingarten

Karl Werner Steim
Redakteur
Sigmaringen

Prof. Dr. Peter-Christoph Storm
Direktor und Professor a. D.
Wangen im Allgäu

Dr. Bernhard Theil
Landesarchiv Baden-Württemberg –
Hauptstaatsarchiv Stuttgart

Prof. Dr. Thierer
Arbeitskreis Heimatpflege
im württembergischen Allgäu
Leutkirch

Barbara Waibel
Archiv der Luftschiffbau Zeppelin GmbH
im Zeppelin-Museum Friedrichshafen

Dr. Edwin Ernst Weber
Stabsbereich Kultur und Archiv
im Landratsamt Sigmaringen

Prof. Dr. Hans-Georg Wehling
Universität Tübingen

Dr. Andreas Wilts
Fürstlich Fürstenbergisches Archiv
Donaueschingen

Prof. Dr. Wolfgang Wüst
Universität Erlangen-Nürnberg

Prof. Dr. Bernd Wunder
em. Professor Universität Konstanz
Konstanz

Dr. Andreas Zekorn
Kreisarchiv Zollernalbkreis
Balingen

Dr. Hartmut Zückert
Studienrat
Köln

Dr. Martin Zürn
Studienrat
Meersburg

Bildnachweis

Elmar L. Kuhn

Albstadt, Stadtarchiv: 817, 818, 820, 821
Altshausen, Archiv des Hauses Württemberg: 488, 492
Augsburg, Franz-Severin Gäßler: 440, 441, 443-445, 448, 449, 451-455
Augsburg, Staatsarchiv: 156, 158
Aulendorf, Stadtverwaltung: 710
Bad Schussenried, Josef Ege: 74
Bad Waldsee, Markus Leser: 2, 65, 720
Bad Waldee, Rupert Leser: 108-110, 113, 114, 116-119, 176
Balingen, Doris Muth M. A.: 822
Balingen, Stadtarchiv / Kreisarchiv Zollernalbkreis: 392
Balingen, Wirtschaftsförderungsgesellschaft Zollernalbkreis: 390
Bannholz, Dr. Horst Boxler: 235, 237
Berlin, Staatliche Museen: 738
Berlin, Ullstein Bilderdienst: 827
Biberach, Braith-Mali-Museum: 17
Biberach, Kreisarchiv: 518, 519, 521
Bietigheim-Bissingen, Kurt Gramer: 327, 721
Bingen, Reiner Löbe: 409
Bodman, Wilderich Graf von und zu Bodman: 569
Bregenz, Vorarlberger Landesarchiv: 193
Donaueschingen, SD Heinrich Fürst zu Fürstenberg: 837
Donaueschingen, Fürstlich Fürstenbergisches Archiv: 148, 149, 319, 325, 326, 328, 329, 334, 337, 341-343, 345, 350, 351, 353, 354, 365, 367, 370, 372, 373, 702
Ehingen, R. Trah: 576, 578
Freiburg, Dr. Ilse Fingerlin: 184
Freiburg, Dr. Wilhelm Freiherr von Hornstein: 614
Friedrichshafen, Archiv der Luftschiffbau Zeppelin GmbH im Zeppelin-Museum Friedrichshafen: 794, 797-802
Friedrichshafen, Foto Magnus: 126
Friedrichshafen, Kreisarchiv Bodenseekreis: 38, 40, 68, 76-78, 128, 134, 135, 194, 198, 202, 206, 207, 215, 217, 221, 324, 477, 491, 494, II, 546, 596, 709, 755, 758
Friedrichshafen, Sparkasse Bodensee: 26
Friedrichshafen, SKH Friedrich Herzog von Württemberg: 831
Haldenwang, Georg Freiherr von Freyberg: 159
Hamburg, Ralph Kleinhempel: 793
Heidelberg, Universitätsbibliothek: 89
Immenstadt, Fa. Kössel: 236
Inzigkofen, Dr. Karen A. Kuehl: 462
Isny, Stadtarchiv: 312
Karlsruhe, Badische Landesbibliothek: 368, 369
Karlsruhe, Generallandesarchiv: 188, 214, 230, 231, 242, 243, 475, 481, 482
Königseggwald, SE Johannes Graf von Königsegg: 79
Konstanz, Dr. Mark Hengerer: 307, 663, 777-788, 813
Konstanz, Kreisarchiv: 562, 564, 567
Konstanz, Rosgarten-Museum: 27, 80, 516
Konstanz, Städtisches Kulturamt: 805
Konstanz, Universitätsbibliothek: 86, 87, 756
Konstanz-Mainau, Insel Mainau GmbH: 847, 848
Langenstein, Douglassches Archiv: 566
Laupheim, Annemarie Frommer, Schwäbische Zeitung: 177
Leonberg, Dr. Ulrich Knapp: 678, 680, 682, 683, 685, 687-690, 692, 693, 704
Lindau, Reinfried Böcher: 532
Lindau, Marco Schneiders: 67
Lindau, Toni Schneiders: 218, 219, 339, 717, 732, 733
Meßkirch, C. Füssinger Nachf.: 359
Meßkirch, Franz King: 776
Meßkirch, Stadtarchiv: 358
München, Bayerische Schlösserverwaltung: 509
München, Bayerische Staatsbibliothek: 199
München, Dr. Graf Fischler von Treuberg: 436
München, Dr. Sylvia Schraut: 552
Neutrauchburg, Ortsverwaltung: 315
Neutrauchburg, Max Zengerle: 313
Neu-Ulm, Karl-Siegfried Mühlensiep: 726
Pliezhausen, Joachim Feist: 711
Radolfzell, Dr. Bernd Konrad: 736, 740, 741, 746
Ratzenried, Berthold Büchele: 765
Ravensburg, E. Gartze: 224, 225
Ravensburg, Stadtarchiv: 660, 671, 672
Ravensburg, Thomas Weiss: 665, 668
Regensburg, Fürst Thurn und Taxis Zentralarchiv: 249
Rheinbreitbach, Neue Darmstädter Verlagsanstalt: 174
Saarbrücken-Güdingen, EK-Foto-Service: 131
Salzburger Museum Carolino Augusteum: 217
Sigmaringen, SD Karl Friedrich Erbprinz von Hohenzollern: 834
Sigmaringen, Fürstlich Hohenzollernsche Sammlungen: 469-472, 835
- Foto Ludger Kruthoff, Beuron: 379
- Foto Reiner Löbe, Bingen: 401, 403, 406
- Foto Gerhard Riedmann, Sigmaringen: 381, 385
- Foto Jörg Ulrich, Riedlingen: 378
Sigmaringen, Kreisarchiv: 22, 466
- Foto Reiner Löbe, Bingen: 380
Sigmaringen, Staatsarchiv: 252, 388, 416-419, 421, 422, 424, 430-435
Stuttgart, Hauptstaatsarchiv: 66, 203, 573, 619, 627

Stuttgart, Landesmedienzentrum: 609-611, 613
Stuttgart, Württembergische Landesbibliothek: 88, 196, 606, 742
Stuttgart, Württembergisches Landesmuseum: 186, 246, 525
Tiengen, Museum: 189
Tiengen, Photo-Conrads: 185
Tübingen, Dr. Hubert Hosch: 716-718, 722-725, 728, 729, 731
Tübingen, Regierungspräsidium, Ref. 25 Denkmalpflege, Foto G. Bock: 582, 584
Tübingen, Universitätsbibliothek: 556
Überlingen, Achim Mende: 132, 838
Überlingen, Barbara Zoch Michel: 593, 594, 659, 662, 766, 769
Ulm, Stadtarchiv: 634, 636, 637, 639, 648, 650, 652

Wangen, Prof. Dr. Peter-Christoph Storm: 620, 621
Wien, Österreichische Nationalbibliothek, Bildarchiv: 93, 100, 101
Wien, Hannes Scheucher: 32, 33
Wolfegg, Gesamtarchiv der Fürsten zu Waldburg-Wolfegg: 262
Wolfegg, Kunstsammlungen der Fürsten zu Waldburg-Wolfegg: 141, 146, 147, 256, 257, 260, 288, 296, 303, 703, 706, 744, 763, 770, 841, 842
Zeil, SD Georg Fürst von Waldburg zu Zeil und Trauchburg: 317
Zeil, Fürstlich Waldburg-Zeil'sche Kunstsammlungen: 270, 283, 284, 285, 292, 294, 299, 300, 326, 719
Zeil, Waldburg-Zeil'sches Gesamtarchiv: 18, 265, 266, 268, 271, 272, 275, 277, 310
Zürich, Zentralbibliothek, Graphische Sammlung: 190

Publikationen:

Alb-Donau-Kreis (Hg.): Alb-Donau-Kreis. Historische Ansichten. Ulm 1985, 87, 89: 20, 21
Prinz Max von Baden: Erinnerungen und Dokumente. Stuttgart: Deutsche Verlags-Anstalt, 1927, Frontispiz: 483.
Badisches Landesmuseum Karlsruhe (Hg.): Planstädte der Neuzeit. Karlsruhe 1990, 226: 62
Franz Ludwig Baumann: Geschichte des Allgäus. Bd. 3. Kempten: Kösel, 1895, 409: 309
Rudolf Beck: Widerstand aus dem Glauben. In: Allgäuer Geschichtsfreund 93 (1993), 144: 41
Herbert Berner (Hg.): Bodman. Sigmaringen 1985, Abb. 12-13: 557
Benedikt Bilgeri: Bregenz. Geschichte der Stadt. Wien-München: Jugend und Volk, Tafel 4: 46
H. Bleckwenn (Hg.): Reiter, Husaren und Grenadiere. Dortmund: Harenberg, 1979, 22f.: 624, 625
Elmar Blessing: Mühlheim. Sigmaringen: Thorbecke, 1985, Tafel 3: 58
Peter Blickle: Memmingen. München: Kommission für Bayerische Landesgeschichte, 1967, nach 380: 51
Emanuel von Bodman: Die gesamten Werke. Bd. 1. Stuttgart: Reclam, 1960, nach 128: 811
Emanuel von Bodman: Früher Mond. Frauenfeld: Huber, 2002, 82: 812
Otto Borst: Württemberg. Konstanz: Stadler, 1978, Abb. 92: 489
Rainer Brüning / Ulrich Knapp (Hg.): Salem. Vom Kloster zum Fürstensitz 1770-1830. Karlsruhe: Förderverein des Generallandesarchivs Karlsruhe, 2002, 180: 478, 479
Albrecht Brugger: Baden-Württemberg. Stuttgart: Theiss, 1979, 27: 179
Albrecht Brugger: Der Bodensee. Stuttgart: Theiss, 1983, 92: 832
Bundesministerium für Wissenschaft und Forschung (Hg.): Maria Theresia und ihre Zeit. Wien 1980, 2: 85
Karl Heinz Burmeister: Geschichte der Stadt Tettnang. Konstanz: Universitätsverlag, 1997, 157: 538
Markus Dewald (Hg.): Der Festzug der Württemberger von 1841. Ostfildern: Thorbecke, o. J.: 26: 170

Volker Dotterweich u.a. (Hg.): Geschichte der Stadt Kempten. Kempten: Dannheimer, 1989, Tafel 19.2, Tafel 20: 506, 510
Hans Friedrich v. Ehrenkrook: Stammfolge des Geschlechts der Freiherren von Hornstein. Limburg: Starke, 1963, nach 148: 144
Otto Feger: Geist und Glanz oberschwäbischer Bibliotheken. Biberach: Thomae, o. J., 23: 760
Fritz Fischer / Ulrike Weiß (Hg.): Kunst des Klassizismus. Begleitbuch Schloßmuseum Aulendorf. Stuttgart: Württembergisches Landesmuseum, 1997, 13, 95: 234, 542
Fritz Fischer / Andreas Schaller: Biedermeier in Oberschwaben. Der Aulendorfer Maler Johann Georg Sauter. Stuttgart: Württembergisches Landesmuseum, 1999, 47: 239
Adolf Feulner: Farbige Raumkunst der Vergangenheit, Stuttgart 1930, 57: 463
Erich Franz: Pierre Michel d'Ixnard 1723-1795. Weißenhorn: Konrad, 1985, 303: 694, 695
Gemeinde Hilzingen (Hg.): Hilzingen. Bd. 1. Hilzingen 1998, vor 417: 561
Gemeinde Warthausen: Warthausen. Biberach: Biberacher Verlagsanstalt, 1985, 66: 12
Hegau-Geschichtsverein (Hg.): Hegau Impressionen – Alte Ansichten bis 1850. Singen 2005, 30: 59
Gabriele Heidenreich: Schloß Meßkirch. Tübingen: bibliotheca academica, 1998, Abb. 24a: 349
Werner Heinz: Der Lithograph Joseph Bayer und seine Zeit (1820-1879). Bergatreute: Eppe, 1993, 105: 140
Felix Heinzer: Bewahrtes Kulturerbe. „Unberechenbare Zinsen". Stuttgart: Württembergische Landesbibliothek / Karlsruhe: Badische Landesbibliothek, 1993, 145: 754
Michael Henker u.a. (Hg.): Bayern entsteht. Augsburg: Haus der Bayerischen Geschichte, 1996, 77: 599
Max Herold (Hg.): Ochsenhausen. Weißenhorn: Konrad, 1994, 448: 155
Volker Himmelein / Hans Ulrich Rudolf (Hg.): Alte Klöster – Neue Herren. Bd. 1. Ostfildern: Thorbecke, 2003, 186: 520

Erich Höll: Donaueschingen. Lindau: Thorbecke, 1954, 18: 751

Franz Hofmann: Ruhmesblätter. Barocke Wappenkalender aus Oberschwaben von Konstanz bis Ulm. Tettnang: Senn, o. J., 123: 530

Hubert Hosch: Andreas Brugger. Langenargen: Museum / Sigmaringen: Thorbecke, 1987, Abb. 38: 537

Wolfgang Jahn u.a. (Hg.): „Bürgerfleiß und Fürstenglanz". Augsburg: Haus der Bayerischen Geschichte, 1998, 239, 249, 266, 270: 497, 502, 507, 508

Kommission für geschichtliche Landeskunde in Baden-Württemberg / Landesvermessungsamt Baden-Württemberg (Hg.): Historischer Atlas von Baden-Württemberg. Karte VI, 9 (Bearb. Gerd Friedrichs Nüske). Stuttgart 1978: 884.

Elmar L. Kuhn u.a. (Hg.): Die Bischöfe von Konstanz. Bd. 1. Friedrichshafen: Gessler, 1988, 261: 554, 555

Landkreis Konstanz (Hg.): Daheim im Landkreis Konstanz. Konstanz: Stadler, 1998, 279: 849

Landkreistag Baden-Württemberg (Hg.): Vogteien, Ämter, Landkreise in Baden-Württemberg. Bd. 1. Stuttgart: Kohlhammer, 1975, nach S. 104: 885

Landratsamt Wangen (Hg.): 25 Jahre Landkreis Wangen im Allgäu. Wangen 1965, 33: 175

Friedrich Metz (Hg.): Vorderösterreich. Freiburg: Rombach, 1967, 685: 232

Hermann Mildenberger: Der Maler Johann Baptist Seele, Tübingen: Wasmuth, 1984, Tafel 12: 727

Max Miller / Robert Uhland (Hg.): Lebensbilder aus Schwaben und Franken. Bd. 9. Stuttgart: Kohlhammer, 1963, nach 224: 612

Wolf-Christian von der Mülbe: Kunst-Landschaft Oberschwaben. Würzburg: Stürtz, 1986, 141, 196: 681, 684

Birgit Nübel (Hg.): Adolph Freiherr Knigge in Kassel. Kassel: Stadtsparkasse, 1996

Hans Radspieler: Christoph Martin Wieland. Weißenhorn: Konrad, 1983, Farbtafel 7: 19

Werner Schiedermair: Klosterland Bayerisch Schwaben. Lindenberg: Fink, 2003, 252: 161

Sylvia Schraut: Das Haus Schönborn. Paderborn: Schöningh, 2005, 286: 548

Gebhard Spahr: Oberschwäbische Barockstraße. Bd. 2. Weingarten: Beerbaum, 1978, Abb. 65, Abb. 75: 259, 707

Hans Eugen Specker (Hg.): Die Ulmer Bürgerschaft auf dem Weg zur Demokratie. Ulm: Stadtarchiv, 1997, 196: 644

Stadt Laupheim (Hg.): Laupheim. Weißenhorn: Konrad, 1979, Abb. 53: 52

Heiner Stauder: Karl August von Bretzenheim, kurzzeitiger Fürst von Lindau. In: Jahrbuch des Landkreises Lindau 19 (2004), 161: 154

Klaus Stopp: Die Handwerkskundschaften mit Ortsansichten. Stuttgart 1983. Bd. 4, 968; Bd. 5, 1043, 1151: 252, 643, 657

Stuttgarter Auktionshaus Dr. Fritz Nagel (Hg.): Auktion auf Schloss Osterberg. Stuttgart 1995, Nr. 2061: 162

Stuttgarter Auktionshaus Dr. Fritz Nagel (Hg.): Versteigerung des gesamten Inventars von Schloss Orsenhausen ... Stuttgart 1997, Nr. 981, 987: 550, 628

Thurgauische Bodman-Stiftung (Hg.): Emanuel von Bodman und die Gottlieber Künstlerkolonie 1902–1905. Frauenfeld 2000, 20, 69: 807, 808

Georg Tumbült: Das Fürstentum Fürstenberg ... Freiburg: Bielefelds, 1908. Stammtafel: 320

Michael Wenger / Angelika Barth / Karin Stober: Tettnang. Neues Schloss und Stadt. München-Berlin: Deutscher Kunstverlag, 2004, 45: 708

Württembergisches Landesmuseum Stuttgart (Hg.): Baden u. Württemberg im Zeitalter Napoleons. Stuttgart 1987, Bd. 1, 1, 29, 264, 353: 35, 102, 103, 400

Elsbet Zumsteg-Brügel: Die Tonfiguren der Hafnerfamilie Rommel. Ulm: Süddeutsche Verlagsgesellschaft, 1988, 29, 41, 58, 122: 631, 633, 640

ORTSREGISTER (ohne Anmerkungen)

Mark Hengerer

Aach 561, 563
Aachen 723
Aachtal 260, 263
Aahaus 534
Achberg *214*, 402, 416, 834
Achstetten 610, 696
Achthal-Hammerau 422
Adelegg 311
Afrika 705, 826, 827
Aichstetten 267, 278, 279
Aitrach 134, 278
Alb-Donau-Kreis 177
Allgäu 51, 178, 194, 225, 238, 241, 244, 309-311, 313, 314, *593*, 744, 745
Allgäu-Bodensee 591, 592, *592*, *593*, 594, 597-600, 696
Allgäu-Oberschwaben 310
Allmendingen 132, 745
Alpeck 605
Alpen 49, 350, 360
Altdorf 31, 218, 219, 233, 234, 429
Altdorfer Wald 250
Altenklingen 679
Altmannshofen 278, 279, 679
Altshausen *109*, 177, 181, 248, 487-495, *488*, *492*, 672, 677, 685, 686, 697, 744, 745, 771, 772, 782, 832
Amberg 679, 743
Amerdingen 818
Amerika 705, 743, 797, 836, 843
Amsterdam 365
Amtenhausen 344
Amtzell 679, 778
Angel *417*, 417
Ansbach 35, 584, 592, 681
Antonswald 420, 421
Antwerpen 752
Appenzell 47, 48, 54
Arad 237
Arenenberg 406, 410, 476
Argen 53, 61, 66, *202*, *203*, 213, *214*, 218-220, 223, 224, 310, 546
Argenbühl 177
Arnetsreute 488, 490
Aschaffenburg 153, 682
Asien 19, 468, 705

Attenhof bei Unterzeil 133
Auerstedt 401
Augsburg 31, 48, 73, 75, *76*, 77, 79, 80, 165, 195, 206, 258, 261, 267, 366, 432, 515-517, 519, 520, 522-524, 546, 548, *550*, *552*, 554, *555*, 558, 616, 625, 634, 635, 638, 639, 653, 666, 677, 685, 703, 739, 747, 764, 767, 777, 818
Aulendorf 124, *129*, 177, 229, *231*, 233-235, 239, 240, 492, 679, 694, 701, 710, *710*, *711*, 712, 724, 745, 746, 755, 756, 765, 778, 781, 785, 787, *787*, 789
Austerlitz 104, 600
Australien 712

Baar 67, 321, 350
Babenhausen 739, 772
Bächingen 679
Bachzimmern 344
Backnang 60
Bad Buchau 78, *129*, 145, 156, 261, 529, *530*, 530, 531, 533-540, *536*, *538*, *542*, 542, 622, 677, 695, 716, 724, 725
Bad Kreuznach 154
Bad Schussenried 51, *74*, 125, 131, 153, 371, 417, 539, 683, 684
Bad Waldsee *129*, *133*, *143*, 176, 177, *243*, 244, 250, 251, 265, 269, 278, 304, 310, 605, 679, 687, 758, 775, 776, 778, 845
Bad Wurzach *18*, *65*, 129, 177, 267-270, 275, 278, 279, 285, 294, 310, 687-, 691, *689*, *690*, 694, 695, 701, 705-708, *707*, 710, 712, 717, 720, *720*, 722, 727, *728*, 763, 767-772, 776, 779, 781, 780, 787, 788
Baden 22, 35, 37, 75, 93, 104, 124, 153, 157, 163, 171, 181, 182, 189, 273, 274, 305, 333-338, 344, 351, 355, 357, 358, 364, 370, 402, 407, 410, 417, 419-421, 424, 430, 464, 479, 481, 483, 484, 492, 548, 584, 585, 599, 605, 721, 735, 740, 759, 761, 806, 347, 355
Baden-Baden 34, 467, 477, 483, 625, 677, 741
Baden-Durlach 624, 625, 677
Baden-Württemberg 178, 183, 549, 550, 619, 721, 737, 741, 745, 746, 749, 754, 758, 761, 844
Baienfurt 41, *134*, 134, 309
Baindt 125, 153, 501, 622
Baldern 75
Balgheim 279
Balingen 391, *392*, 739
Balkan 28, 826
Baltikum 24, 807, 818
Baltringen 125
Balzheim 635

Bamberg, 261, 364, 515, 550-552, 554, 592, 595, 598, 613, 689, 768, 818, 823
Bärenweiler 490
Basel 144, 233, 401, 515, 550, 552, 584, 810
Bauhof 451, 452
Bayerisch Eisenstein 419, 425
Bayern 14, 22, 24, 35, 36, 37, 38, 39, 40, 42, 45, 77, 86, 99, *100*, 103, 104, 108, 118, 123, 124, 131, 135, 137, 142, 144, 153-158, 160, 161, 163-165, 173, 199, 205, 218, 223-226, 237, 244, 259, 273, 274, 278, 279, 281, 291, 311, 323, 325, 333, 334, 351, 365, *379*, 411, 415, 417, 420, 421, 424, 434-437, 487, 488, 516, 530, 546, 558, 584, 598, 600, 609, 619, 636, 639, 640, 641, 646, 650-652, 661, 667, 669, 670, 674, 677, 681, 721, 723, 728, 735, 739, 743, 744, 755, 771, 780, 781, 807, 812, 818, 834
Bayreuth 35, 584, 722
Bebenhausen 478, 494, 745
Beilstein 60
Belgien 806
Belgrad 236
Bergatreute 765, 766, 770, 771
Bergh 415, *416*
Berlin 148, 287, 297-300, 343, 406, 422, 424, 463, 465, 471, 529, 600, 611, 640, 647, 723, 726, 788, 797, 798, 801, 809, 813, 823, 833, 844
Berlin-Charlottenburg 803
Bern 49, 54, 491
Bernbeuren 164
Bernstadt 638, 679
Besançon 323
Bethlehem 201
Bettenreute 491
Beuron 58, 306, 458, 401, 415, *417*, *424*, 424
Beutnitz 418, 419, 421, 422, 423
Biberach 49, 54, 57, 77, *133*, *143*, 173, 180, 304, 363, 366, 375, 525, 579, 584, 605, 611, 615, 632, 636, 674, 718, 725, 747, 757
Biberach-Leutkirch: Wahlbezirk 130
Biberach-Leutkirch-Waldsee-Wangen: Wahlkreis 172, 297, 304, 611
Bielefeld 359
Bierfäßchen 419
Bierlingen 745
Binzwangen 493
Birnau 475
Birnbaum 420
Bistritz an der Angel 417, *417*
Blatten 232
Blaubeuren *143*, 745, 605
Blochingen *251*
Blumberg 321, 350
Blumeneck 184, 188, 225
Blumenfeld 561
Boblitz 420
Böckingen 300
Bodanrück 696
Bodensee 194, *202*, 215, 223-225, 232, 321, 363, 402, 415, 475, 476, 478, 480, 482, 483, 485, 487, *490*, 491, 493, *593*, 599, 619, 685, 715, 716, 736, 746, 794, 801, 806, 809, 812
Bodenseekreis 605
Bodman 562, *569*, 563, *567*, 569-571, 746
Bogenhausen 104, 600
Böhmen 14, 18, 22, 99, 142, 155, 236, 321, 326, 344, 364, 368, 371-374, 410-412, 415, 417-421, 449, 534, 553, 748, 757, 767, 771
Bologna 49, 788
Boros Sebes 237
Bozen 533
Brabant 490
Braunau 579
Brandenburg 45, 54, 389, 411, 415, *418*, 418-421, 423, 424, 529, 530, 542, 722, 737
Brandenburg an der Iller 679
Brandenburg-Preußen 100, 591
Bregenz *46*, 48, *193*, 193, 194, 204, 223, 501, 569
Breisgau 671
Brenzkoferberg 440, 444, 447, 449
Brixen 552
Bromberg 420
Bruchsal 689, 691, 706, 717
Bruderhof 561
Brünn 747, 788
Brunnenberg 449
Brüssel 365, 788
Bublitz 420
Buchau, siehe Bad Buchau
Buchhorn, siehe Friedrichshafen
Bückeburg 365
Budapest 18, 240
Burgau 64, 160, 165, 274
Burgfelden 391
Burgund *378*
Burgwalden 679
Burtenbach 679
Bussen 244, 245, *246*, 246, 247, 250, 251
Bußmannshausen 614
Bußmannshausen-Orsenhausen 517, 518
Bützow 793
Buxheim 153
Byzanz 535

Calw 300, 364
Cannes 788
Capustigall 269
Carlshof 344
Castell 795
Chiemsee 259, 267, 310, 691, 717, 719
Chile 784
Chur 515, 552
Clemenswerth 722
Comburg 511
Crämersborn 419

Crange 420
Cremona 363, 364
Crossen *418*, 423
Cunersdorf 418, 419
Czarnikau 420, 421

Dachau 42
Dänemark 825
Danketsweiler 491
Darmstadt 717
Deffernik 419
Delft 431
Den Haag 269, 366
Dettinger Berg 447
Deutschbrod 417
Diepoldshofen 279
Diessenhofen 565
Dijon 365, 726
Dillingen 323, 366, 516, 517, 522, 524, 595
Dinkelsbühl 488
Dischingen 772
Döbbernitz 419
Dobbertin 529
Donau (Fluß, auch Kanton) 31, 35, 36, 52, 81, 104, 245, 248-250, 253, 363, 399, 405, *424*, 439, *440*, 441, 442, 442, 444, 446, 449, 462, 549, 552, 561, 573-575, 577, 583-585, 597, 599, 635, 679, 736, 746
Donaueschingen 63, 67, 165, 177, 197, 206, 329, *330*, 333, *337*, 339, 340, 342-344, *342*, 346, 351, 352, 354, 355, 357, 358, 363-370, *366*, 369, 372, *373*, 373-375, 411, 719-721, *721*, 736-738, 751-754, 758-761, 763, 767, 772, 837, *837*, 840, 841
Donaugebiet *246*, *525*
Donaukreis 137, *142*, 170, 290, 605-613, 615, 616
Donaurieden 694
Donaustädte 247, 253
Donauwörth 157
Donzdorf 679
Dratzig 420, 421
Dresden 325, 363, 430
Duisburg 416
Dünkirchen 824
Dürmentingen 51, 249, 719, 776, 780
Düsseldorf 411, 465, 466, 467, 738, 739

Ebenweiler 229
Echterdingen 494, 801, 802
Edelstetten 102, 155, 160, *161*, 161, 162, 164
Egga 229
Eggenweiler 371
Eglingen 155
Eglofs 34, 102, 124, 131, 144, 153, 155, 250
Ehingen *133*, *143*, 180, 205, 207, 291, 573-578, *573*, *576*, 580-583, 585, 586, 605, 611
Ehrenbreitstein 523
Eichstätt 206, 311, 515, 550, 552, 554, 555, 558, 818

Eidgenossenschaft 47, 54, 80, 183, 189, *553*, *554*
Einsiedel 832
Eisenburg 40
Eisenstadt 162
Elba (Insel) 269
Elbe 112
Elchingen *158*, 158
Ellingen 516, 695
Ellmannsweiler 125
Ellwangen 250, 304, 511, 519, 520, 523, 653
Elsaß 45, 49, 75, 229, 233, *378*, 479, 533, 584, 686, 696, 844
Elten 534
Emerkingen 124
Emmental 49
Emmingen ab Egg 357
Emmishofen 813
Engelswies 377
England 18, 22, 23, 24, 85, 88, 92, 94, 95, 103, 165, 467, 639, 722, 813, 825, 833, 836, 839, 841, 848
Ennetach *251*
Erbach *21*, *38*, 679, 747, 748, 775, 778, 780, 784, 785
Ermland 431
Erolzheim 679
Espasingen 569
Essen 468, 531, 534, 535, 537, 538, 540, 542
Esslingen 79, 478, 608, 622, 628, 832
Ettenkirch 371
Europa 17, 18, 19, 20, 23, 25, 27-29, 34, 49, 85, 103, 109, 130, 140, 143, 159, 161, 163, 238, 273, 335, 372, 412, 705, 705, 735, 737, 739, 740, 807, 810, 812-815, 845, 849

Falkenstein 349
Federsee 529-531, 542
Feldkirch 48, 304, 323, *757*
Felldorf 417
Ferthofen 278
Filehne 420
Flandern 463
Florenz 49, 435
Forchheim 679
Franken 36, 90, 198, 202, 289, 433, 516, 809
Franken-Brandenburg 407
Frankfurt / Oder 418
Frankfurt 40, 79, 130, 172, *270*, 293, 365, 407, 508, 519, *556*, *596*, 615, 634, 726, 739, 758
Frankreich 22, 23, 25, 28, 31, 49, 62, 73, 75, 77-79, 81, 82, 87, 90, 91, 94, 99-104, *100*, 111, 130, 157, 165, 172, 189, 244, 248, 252, 269, 273, 293, 324, 327, 333-335, 352-354, 371, 401, 402, 410, 415, 432, 433, 453, 462, 464, 467, 468, 479, 483, 523, 583, 584, 586, 597, 600, 622, 633, 645, 646, 661, 665, 706, 710, 727, 728, 756, 771, 806, 813, 824
Frauenberg *567*, 746
Frauenfeld 761
Freiburg 82, 205, 265, 305, 336, 359, 371, 385, 419, 483, 517, 520, 567, 577, 580, 743, 788

Freising 267, 518, 522-524, 552, 555, 768
Freudenstadt 679
Freudental 696
Fribourg 293
Friedberg 244
Friedberg-Scheer 34, 51, 124, 219, 222, 226, 244, 245, 247-251, 718
Friedenweiler 344
Friedingen 747
Friedlingen 626
Friedrichshafen *26*, 145, 177, 181, 224, 296, 476, 488, 489, 491, 493, *494*, 494, 661, 745, 801, 802, 831, *832*, 833
Friedrichshagen 813
Friedrichsthal 436, 722
Frier 523
Friesenhofen 174
Fulda 508
Fürstenberg (Berg) 350
Fürstenberg 67, 68, 70, 77, *319*, 321, 333, 335, 336, 355, 401, 540, 561, 624, 626
Füssen *157*, 161, 164, 256, 259, 325, 704

Gammertingen 402, 416, 417, 695
Ganterhof 493
Gartow 107
Gasthausen 788
Geisingen 433
Geislingen *143*, 364, 605
Geldern 145
Genf 49, 147, 365, 406, *757*, 794
Gerlachsheim 434
Germanien 197
Geroldseck 37
Geulle 432
Gießen 26
Girsberg 795, 796, 799
Glarus 47
Glatt 401, 415
Glosau 417
Göffingen 517, 520, 522, 523, *525*, 613
Gondelsheim 477
Göppingen 605, 755
Gorheim 380, 400, 440, 441, 443, 449, 453
Görlitz 436
Göttingen 266, 406, 640, 653
Gottlieben *810*
Gottmadingen 562, 565, *566*, 566, 568, 570
Grafeneck 63
Gräfenhausen 364
Graz 765
Griesel *418*, 419, 422, 423
Grindelwald 49
Großallmendingen 679
Großbritannien 28
Groß-Gandern 419, 422

Großholzleute 279
Großlaupheim *52*, 52, 57, 58, 64
Groß-Quäsdow 420, 424
Grüneberg 769
Grünhof 420
Grünigen 777, 778, *778*, 782, 783, *783*, 785, *786*, 787, 789
Gundelfingen 321, 350
Günzburg 578
Gutenzell 125, 155, 501
Gutenzell-Hürbel 177
Güttingen 569

Haag 236
Haardt 478
Habsthal 402, 405, 408, 416, 516
Hahnensteig bei Kißlegg 134
Haigerloch 400, 467, 721, 723, *723*, *725*, 779, 834
Hainhofen 679
Haldenwang 160, 165, 166
Hall 76
Hamborn 416
Hammerau 422
Hammereisenbach 344
Hanfertal 449
Hannover 181, 726, 841
Harthausen 157, 160, 163, 165
Hauerz 134, 767
Hausach 344
Hausen vor Wald 353
Häuserhof 638
Hayingen 350
Hechelfurt 493
Hechingen 60, 65, 204, 365, 382-384, 386, 388-390, 399, 400-402, 407, 410, 418, 427-436, 448, 465, 466, 680, 694, 721-723, *722*, 763, 772, 775, 776, 779, 788, 818
Hedingen *440*, 440, 441, 443, 444, *444*, 447-450, *449*, 452, 453, 456, 782, 784, 789
Hegau 81, 561, 562, *562*, 563, 564, 569, 571, 591, *593*, 746
Hegau-Allgäu-Bodensee (Kanton) 31, 33, 34, 36, 81, 549, 550, 561, *562*, 574, 591, 593, 594
Heggbach 125, 153, 154, 304
Heidelberg 148, 327, 635, 739
Heilbronn 76, 364, 574, 611, 636
Heilig Kreuz 157
Heiligenberg 84, 204, 312, *327*, 329, *338*, 350, 356, 476, 481, 680, 681, 701-703, *702*, 711, 712, 736, 737, 776, 837
Heiligkreuztal 493, 516
Heilsberg 562, 565, *566*, 568
Hemigkofen 218
Herbertingen 248, *249*, 251
Hermentingen 59
Herrenberg 493
Herrenchiemsee 469
Hessen 108, 127

Hessen-Kassel 268, 591
Hesslingen 76
Hettingen 59, 402, 416, 417
Hewen 321, 561
Hildesheim 552
Hilzingen *561*, 563-565, 580
Hinterpommern *419*, 419-421, 423, 424
Hirschlatt *214*
Hl. Römisches Reich Deutscher Nation 73, 126, 158, 178, 196, 319, 326, 383, 389, 399, 439, 441, 499, 550, 558, 561, 586, 620, 629, 633, 635, 643, 654
Hochberg 490
Hochgrat 309
Höchstädt 248, 679
Hofen 125, 476, 491, 697
Hohenasperg 40, 130, 284, 745
Hohenberg *378*
Hohenbregenz 200
Hohenems 47, 225, 682
Hohenfels 402, 416
Hohenheim 142
Hohenlohe 163, 229
Hohenstoffeln *59*
Hohentengen 247, 248
Hohentwiel 561
Hohenzollern (Berg) *409*
Hohenzollern 52, 65, 124, 229, 335, 381-384, 386-391, *391*, *392*, 393, 399-403, 406-408, 410, 412, 415, 419-421, 424, 425, 427, 428, 430-432, 465, 466, 836
Hohenzollern-Sigmaringen 37, 335, 377, 379-384, 386, 387, 389-393, 405, 408, 416, 427, 442, 447, 775, 834
Hohenzollern-Hechingen 33, 34, 37, 51, 60, 68, 70, 379, 388, 389, 427, 429-432, 442, 834
Hohlstein 418, 419
Holland 431, 432, 463, 468, 726, 739
Holzen 401, 415
Horb 745
Hubertusburg 517
Hüfingen 338, 350, 363
Hürbel 679
Hurkenthal 419
Hurlach 679

Illava 238
Iller 50, 124, 157, 166, 222, 599, 679
Illerbeuren 50
Illereichen 34, 163
Illergau 512
Illertissen 158, 160
Immendingen 346, 421, 422, 747
Immenstaad *477*, 478
Immenstadt 48, 155, 234, 237, 267, 773
Indien 213, 748
Ingolstadt 198, 199
Innsbruck 52, 64, 78, 82, 199, 245, 247, 249, 259, 379, 380, 384, 387, 575, 576, 717

Inzigkofen 386, 401, 410, 415, 446, 738, 834, 835
Isny 60, 76, 125, 134, 145, 153, 156, 177-179, *179*, 194, 244, 250, 278, 294, 300, 310-316, *311*, 666, 669, 719, 757
Italien 23, 37, 49, 94, 103, 201-202, 223, 317, 323, 363, 368, 471, 536, 633, 681, 682, 706, 764, 771, 844

Jägerhof 411
Jagst 619
Jagstkreis 605
Jannewitz *419*, 420, 422, 424
Japan 467, 807
Jebenhausen 755
Jena 87, 401, 653
Jerusalem 201
Jettingen 819
Josfsberg 440, 443, 444, 449
Jungingen 384
Jungnau 321, 350, 402, 416
Jura 49

Käferham 422
Kallenberg 51, 244, 245, 246, 248
Kanada 299, 788, 797, 846
Karlshorst/Berlin 343
Karlsruhe 340, 342, *348*, 355, 358, 364, 373, 374, 430, 439, 476, 477, 479, 483, 484, 565, 677, 740, 741, 754, 759, 761
Karlstal 417
Kärnten 103, 104, 534
Kaufbeuren 49, 653
Kaufungen 631
Kehl 622
Kellmünz 34, 124, 163
Kemnat 508
Kempten 50, 51, 60, 65, 67-69, 75, 76, 165, 194, 241, 497, 498-513, *502*, *506*, *508*, *509*, *536*, 592, 593, 595, 667, 677, 767, 768
Kirchberg 124, 204, 206, 475, *477*, 477, 478, 484, 679, 695
Kirchheim an der Mindel 702, 703, 739, 740
Kirchheim im Ries 157
Kirchheim unter Teck 605
Kißlegg 60, 134, 176, 177, 204, 244, 250, 255, 256, *260*, 261, 278, 310, *678*, 679, 687, *687*, *688*, 691, 701, *704*, 704, 705, 712, 718, 776, 778, 779, *779*, 782, 783, 785, 787-789
Klarenwerdet 420
Kleinhohenheim 491
Kleinlaupheim 52, *52*, 53, *57*, 58, 696
Klein-Quäsdow 424
Klettgau 51, 183, 184-190
Knöringen 160
Koblenz 419, 523
Kocher 36, 574, 585, 635
Köln 23, 45, 80, 81, 236, 238, 245, 305, 323, 324, 365, 372, 508, 516, 523, 534, 542, 691, 694, 737, 738, 739
Königgrätz 788, 789

Königinhof 788
Königsberg 269, 432
Königsbronn 478
Königsegg 124, *231,* 233, 745
Königsegg-Rothenfels 234
Königseggwald 176, 240, *694,* 694, 710, 724, 745, 746, 756, 778
Königshofen 611
Königswart 757
Konstanz 48, 61, 62, 63, 73, 75, 77, *80,* 81, 82, 184, 194, 199, 200, 206, 217, 219, 234, 248, 261, 271, 358, 358, 363, 371, 467, 478, 501, 504, 511, 515-517, 520, 524, 532, 533, 535, 537, 546, 548, 550, *550,* 552, 554, 555, *555,* 558, 561, 562, 677, 683, 685, 716, 722, 740, 741, 746, 755, *756,* 764, 766, 768, 769, 775-777, 794, 795, 818
Korntal 490
Köslin 420, 424
Kozel 757, 772
Kraichgau 36, *530,* 542, *574,* 585
Krauchenwies 417, 440, 455, 461, 464, 467, 695, 696, 723, 835, 836
Kreuzlingen 205, *214*
Kriegertal 344
Kroatien 24
Kronburg 50, *51,* 204
Krumbach 161
Kruschowitz 326
Künzelsau 300, 737
Kurpfalz 79, 372, 653, 718
Kurwalchen 195
Küssenberg 184, 189, *190*
Kutzenhausen 479

Laiz 380, 400
Lampertsried 133
Lana 326, 344
Landau 323
Landsberg 536, 788
Landshut 681
Langenargen 61, 66, 202, 204, 218, 223, 224, 685, 697, 715-717
Langenegg 593, 594
Langenenslingen 177, 723
Langenstein 475, 477-479, 482
Langnau 199
Lantow 420, 424
Laucherthal 417, 421, 422, 836
Lauffen 422
Laupheim 45, *52,* 52, 54, 57, 59, *133, 143,* 144, 177, 180, 605, 610, 614, 615, 672, 674
Lauterach 593
Lautlingen *817, 818,* 818, 819, 822, *822*
Lavant 323
Laxenburg 74
Lech 619, 788
Leichholz-Barschsee 419
Leichholz-Cunersdorf 418

Leipzig 39, 374, 430, 437
Leiterberg 229
Leitersdorf 418, 419
Lengeweiler 490
Leonberg 60
Leonen 145
Lerchenhof 417
Leupolz 180
Leutkirch 76, 130, *133, 143,* 174, 177, 207, 233, 244, 291, 293, 294, 315, 605, 744
Leutstetten / Bayern 432
Lichtenfeld 488, 490, 832
Liebenau 218, 757
Liebtenthann 503
Liechtenstein 37
Lindau 48, 49, 99, 101, 102, 104, 153, *154,* 154, *214,* 223, 225, 271, 276, 531, *532,* 597, 659, 665, 669, 674, 849
Linderhof 469
Lindich 60, 436, 722
Linz 367, *368,* 600
Lippe 91
Lippe-Detmold 90
Lippertsweiler 490
Lippstadt 91
Liptingen 333, 334
Lissabon 729
Livland 797
Löffingen 350
Lombardo-Venetien 24, 612
London 267, 365, 720, 726, 737, 778, 809
Loreto 260
Lothringen 743, 844
Löwenberg 418
Löwental 491
Ludwigsburg *35 , 57,* 60, *62,* 63, 365, 433, 638, 677, 690, 796, 797, 832, 845
Lunéville 102, 103, 104, 237, 269, 646
Luxemburg 75
Luzern 54, 500, 501, 503, 504
Lyon 365, 722

Maastricht 534
Madach 562
Madrid 833
Mähren 238
Mailand 375
Mainau *27,* 267, 475-478, *482,* 482, 561, 677, 686, 689, 847-849, *849*
Mainz 45, 229, 261, 305, 511, 515, 545, 547, 550-552, *554,* 558, 584, 689, 716
Mannheim 88, 220, 363, 365, 372-375
Manow 420, 422, 423
Manzell 490, *490,* 491, 494, *800,* 801
Marbach 360
Märbottenweiler 493
Marchtal 76, 79, 156, 241

Mariabrunn 717
Marienhof bei Zeil 133
Markt Eisenstein 419
Marstetten 233
Maulbronn 60, 478
Maurach 692
Mechensee = Neutrauchburg 310
Mecklenburg 54, 159, 529, 530, 542, 793
Meersburg 677, 683, *685*, 685, 686, 695, 708
Mehrerau *193*, 194
Memmingen 49, 50, 54, 65, 76, 153, 162, 244, 276, 281, 579, 591, 632, 667, 673, 674, 696, 767, 772
Menelzofer Berg 311
Mengen 244, 245, 246, 358, 441, 467
Mergentheim 516
Meßkirch 34, 245, 321, *328*, 329, 347, *348*, *349*, 349-356, *350*, *351*, *353*, 358-361, *359*, 366, 371, 374, *680*, 680, 682, 701, 703, 706, 708, 711, 736, 737, 739, 746, 773, 775, 776, *776*, 777
Miala 420, 421
Miesbach 681
Mietingen 125
Miletiz 417
Mimmenhausen 728
Mindel 702
Mirabell 694
Mississippi 797
Mittelbiberach 636, 679
Mödritz 747
Möggingen 569
Möhringen 321, 350, 736
Mömpelgard 364
Monrepos 63, 722, 832
Montpellier 722
Moosbeuren 124
Mooshausen 267
Morgarten 47
Moskau 18, 236, 826
Moustiers 433
Mühlberg 440, 442, 444
Mühlbruck 232
Mühlheim an der Donau *58*, 58, 59, 64
Mühlingen 568
München 43, 153, 154, 156, 165, 205, 261, 272-275, 278, 287, 290, 291, 305, 333, 349, 352, 353, 364, 365, 375, *379*, 434, 437, 452, 462, 471, 472, 520, 530, 592, 594, 595, 597-600, 667, 677, 745, 767, 772, 788, 809, 810-812, 814
Munderkingen 234, 244, 246, 573
Münsingen *143*, 144, 605
Münster 23, 114, 364
Murbach 503, 504
Murg 605
Muri 401, 788
Murrhardt 60

Nagoldgau 715
Namedy 788
Naumburg / Sachsen 437
Neckar 183, 399, 415, 653, 745, 832
Neckarhausen 788
Neckarkreis 605, 609
Neckar-Schwarzwald 36, *545*, *574*, 585
Nellenburg 33, 249, *561*, *562*, 564, 566
Neresheim 156
Neuburg 614
Neudingen 344
Neueberstein 477, 478, 483
Neufra 147, 350, 353, 775
Neuravensburg 124, 131, *214*, 267
Neusiedlersee 162
Neustadt 346
Neutann 256, 260
Neutrauchburg 134, 181, 293, 295, 309-315, *310*, *311*, *315*, 696
New Haven 754
New York 739, *755*, 833
Nibelgau 244
Niederlande 28, 49, 145, 223, 363, 364, 374, *416*, 418, 420, 421, 738
Niederösterreich 321, 324, 326, 333, 350
Niederrhein 416
Niederschlesien 418
Niederstotzingen 755
Nohl 189
Nordafrika 826, 827
Nordamerika 743
Nördlingen 49, 76, 818
Nordrhein-Westfalen 19
Norwegen 826
Nothwendig 420, 421
Nürnberg 579, 634, 635, 666, 670, 706, 759
Nürtingen 607
Nymphenburg 677

Obercerekwe 17
Oberdischingen 691, 695
Oberdonaukreis 160
Obergünzburg 503
Oberherrlingen 758
Obermarchtal *74*, *129*, 366, 583
Oberösterreich 245, 385
Oberpfalz 743
Oberriet 232
Oberschlesien 313
Oberspringen 490
Oberstadion 124
Oberstaufen 237, 309
Oberstein 523
Oberstenfeld 530, 531, 533, 542
Obersulmentingen 102, *129*

Obertalfingen *637*, 637
Oberungarn 237
Oberzeil *129*, 293
Ochsenhausen 51, 65, 75, 125, 102, 125, 131, 153, 155, *155*, 180, 274, 294, 757, 768, 772
Odenwald 36, 88, *89*, 585
Odessa 18
Oettingen-Wallerstein 157
Offenhausen 679
Offingen *159*, 160
Oliva 431
Orsenhausen 614, 748
Ortenau 36
Osmanisches Reich 410
Osnabrück 552
Osterberg 161, *162*, 166, 748
Österreich 31, 33, 42, 52, 58, 59, 62, 64, 75, 99, 100, *100*, 101-104, 131, 135, *143*, 143-145, 154, 157, 160, 165, 205, 213, 217-219, 222-226, 231, 233, 237, 239, 241, 244, 248, 250-253, 267, 269, 274, 281, 282, 297, 317, 325, 326, 333, 336, 351, 353, 371, 377-388, *380*, 390-393, 400-402, 476, 517, 520, 534, 547, 548, 556, 558, 561, 562, 565, *575*, 578-581, 584, 585, 594, 598-600, 612, 709, 717, 797, 806
Österreich-Ungarn 142, 244, 810
Ostfildern 832
Ostpreußen 23, 142, 229, 232, 269, 432
Ostrach 402, 416
Ostsee 415
Ottobeuren 51, 767
Ow 417

Paderborn 23, 552
Padua 633
Paris 274, 275, 292, 333-335, 365, 366, *366*, 371, 375, 401, 416, 437, 461, 462, 468, 471, 591, 748, 809
Passau 546
Pegnitz 670
Persien 748
Petershausen 194, 477-480, 565, 740, 741, 747
Pfalz 88, 248, 628
Pfalz-Bayern 99, 102, 591, 592, 594, 595, 597, 598-600
Pfannberg 204
Pfersee 679
Pforzheim 613
Pfrungen 487
Pfullendorf 492
Pilsen 772
Polen 18, 22, 24, 25, 28, 85, 236, 324, 412, 810, 824, 826
Polling 522
Pommern 54, 159, 411, 415, 419, 420, 422, 423, 737, siehe auch Hinterpommern
Pommersfelden 689, 706
Portual 410, 472
Posen 419, 420, 421
Potsdam *144*, 343, 353
Prag 245, 326, 344, 364, 372-375, 433, 521, 634, 689, 690, 696, 757, 758, 777, 782
Pressburg *102*, 104, 237, 274, 384, 585, 600
Preußen 21, 23-25, 35, 40, 86, 95, 99, 100, 102, 108, 114, 119, 123, 130, 144, 145, 159, 229, 233, 250, 269, 272, 274, 282, 297, 363, 372, 384, 387, 389, 390, *391*, 399, 401, 407-412, 415-421, 428, 431, 434, 442, 446, 448, 452, 465-467, 469, 470, 480, 517, 529, 584, 619, 759, 798, 799, 800, 834
Princeton 758
Provence 433
Pruska 238
Pürglitz 326

Quito 299
Quitzow 529

Ráckeve 689
Radolfzell 561, *562*, 574, 591
Ranckweil 200
Rancourt 789
Randegg 563
Randen 183
Rangendingen 66
Rastatt 406, 677, 765
Ratzenried 778, 780, 782, *782* , 782, 785
Rauhenzell 592
Ravensburg 54, *143*, 176, 195, 207, 224, 232-234, 294, 297, 303, 305, 363, 605, 607, 615, 635, 657, *657*, 658, *659, 660*, 661, 662, 664-670, *665, 671*, 672-674, 755, 756
Ravensburg-Bodensee (Wahlkreis) 173
Ravensburg-Riedlingen-Saulgau-Tettnang (Wahlkreis) 172, 297
Razerfeld 189
Rechentshofen 832
Regensburg 37, 75, 76, 82, 99, 155, 156, 165, 270, 271, 323, 349, 406, 518, 519, 522, 530, 552, 555, 584, 585, 591, 599, 600, 720
Reichenau 194, 364, 738
Reichenhall 661
Rettenbach 160
Reute 251, 304
Reutlingen 76
Rhätien 200, 201, 204, 206
Rhäzüns 520
Rhein 104, 183, 232, 345, 352, 415, 556, 561, 583, 591, 619, 646
Rheinau 184
Rheinbundstaaten 34, 105, 126
Riedern 344
Riedheim 165
Riedlingen *133*, *143*, 244, 246, 291, 350, 350, 353, 441, 605, 611, 613, 765, 775
Riga 372, 374
Rimpach 181, 310, 691-693, *692, 693*, 719, 768
Rißtal 747
Rißtissen 20, 40, 132, 611
Rißtorf 344

Rom 195, 197, 201, 287, 289, 291, 295, 305, 306, 323, 500, 501, 523, 545, 648, 649, 653, 680, 739, 778
Roßnow 420, 424
Rot an der Rot 51, 125
Rötenbach 765
Rothenfels 51, 155, *156*, *231*, 225, 233, 234, 237,
Rottenburg 205, 207, 284, 288, 290, 294-296, 300, 304-306, 493, 614, 615, 745
Rottenburg-Ehingen 296
Rottweil 171, 183, 247
Rugetsweiler 490
Ruhr 345
Rumänien 240, 410, 412
Rußland 22, 23, 24, 28, 103, 104, 520, 789, 826

Saar 345
Saarburg 798
Sachsen 179, 324, 325, 328, 436, 437, 517, 584, 599, 628
Säckingen 516, 520, *520*, *521*, 521, 522, 523, *533*
Salem *68*, 76, 177, 181, 223, 232, 229, 250, *475*, 475-484, 501, 677-679, 688, 692, 694-696, 718, 728, 732, 740, 741, 746
Salzburg 215, 216, 225, 238, 266, 267, 323, 365, 366, 375, 422, 546, 552, 677, 691, 693, 696, 715, 716, 766
Salzgitter 845
Samter 420, 421
San Marino 758
Sardinien 145
Saulgau 244, 246, 291, *488*, 488, 605, 610, 739, 775
Schäferhof 490
Schaffhausen 183, 184, 189, 365, 371, 561, 737
Schalksburg 382, 391, *392*
Schänis 516
Scharnhausen 832
Schatzberg 436, 437
Scheer *129*, 22, 244-252, *251*, *252*, 363, 364, 679, 717-719, 773, 776, 778
Schellenberg 184, 188
Schemmerberg 156
Schlatt unter Krähen 747
Schlaw 424
Schlawe *419*
Schleißheim 677
Schleitheim 183
Schlesien 22, 23, 142, 312, 363, 410, 411, 415, 417-421, 423, 424, 449, *465*, 553
Schmalkalden 632, 644, 646
Schnürpflingen 635
Schomburg 61, 213, *214*, 216, 218-220
Schönenberg 440
Schottland-Irland 534
Schrittenz 417
Schussen *214*
Schussenried, siehe Bad Schussenried
Schwabbruck 164
Schwäbisch Gmünd 574
Schwäbisch Hall 607, 737

Schwarzenau 194, 321, 402, 436
Schwarzwald-Baar 839
Schwarzwaldkreis 605, 613
Schweden 229, 430, 743, 848
Schweinert 420
Schweiz 28, 47, 48, 49, 54, 80, 81, 104, 137, 183, 223, 224, 241, 244, 317, 363, 371, 374, 417, 418, 424, 425, 430, 467, 483, 487, 491, 503, 614, 628, 661, 783, 788, 795, 801, 809, 810, 812, 813
Schwendi 180
Schwenningen 232
Schwyz 47
Seewaldgut 491
Seibranz 133
Sempach 47
Seydel 420, 424
Seyfriedsberg 755
Siena 201
Siggen 34, 124, 153
Sigmaringen 177, 204, 206, 360, 361, 363, 364, 377-393, *378-381*, *385*, *388*, 399-409, 411-412, 417, 418, 420-422, 427, 428, 437, 439, 440, *440*, *441*, 442, *443-445*, 446-449, *448*, *451*, *452*, 454, *454*, *455*, 457, 461, 462, 464-469, *470*, *472*, 476, 712, 721, 723, 737-739, 764, 772, 782, 785, *785*, 787, 788, 795, 834, *835*, 835
Sigriz 434
Simmern 523
Sindringen 671
Skandinavien 806
Slowakei 238
Solitude 63, 722
Solothurn 80, 81
Sonnenberg 48, 271
Sonthofen 520, 591
Sorge 419
Sowjetunion 826
Spaichingen 613
Spanien 22, 130, 248, 410, 659
Speyer 216, 217, 247, 550, 552, 554, 743
Spirow 344
St. Blasien 477, 722
St. Dié 743, 844
St. Gallen 47, 48, 125, 206, *214*, 232, 296, 417
St. Georgen 436
St. Gerold 225
St. Petersburg 18, *519*, 520
Staaken *802*, 803
Stalingrad 826
Starkenberg *195*
Starzach 177, 417, 745
Staufen 53, 234
Staufen-Hilzingen 51, 563
Stecken 417, 424
Steiermark 103, 104
Sternberg 419
Stetten 738
Stetten o. Lontal 679

Stockach 259, 358, 385, 562, 564, 566
Stolzenberg 431
Stoß 47
Strahov 777
Straßberg 402, 416, 417
Straßburg 49, 78, 238, 265, 267, 323, 323, 324, 364, 462, 633, 635, *694*, 717, 722, 798
Strohdorf 456
Stühlingen 184, 321
Stuttgart 37-40, 42, 57, 60, 62, 68, 73, 127, 131, 140, 153, 166, *171*, 171, 206, 244, 272, 278, 280-282, 284, 287-289, 291, 295, 300, 302, 304, 305, 333, 342, 363-365, 367, 371, 435, 439, 469, 488, 489, 494, 495, 599, *606*, 609, 611, 616, 677, 693, 703, 722, 728, 737, 741, 748, 753, 754, 761, 769, 796, 797, 818, 819, 832
Suckow 420, 423
Südamerika 743
Sudeten 823, 824
Sülchgau 745
Sulmingen 125
Sulz 183
Sulzberg 507, 508
Sulzemoos 679
Syrien 639

Tägerwilen 783, 795, 813
Tanne 244, 260
Tannegg 48
Tannheim 12*5*, 177
Tengen 561
Teschen 104
Tettnang 61, 66, *67, 78, 143*, 193, 197, 199-202, *203*, 204, 207, 213, *214*, 216, 218-220, 222, 224, *225*, 225, 226, 294, 310, 316, 371, 546, 591, 605, *682, 683, 684*, 683, 685, 694, 701, 708-710, *708, 709*, 715-718, *716- 718*, 763, 765, 767, 773
Thannhausen 162
Thiergarten 344
Thingau 507
Thorn bei Maastricht 534
Thurgau 81, 476, 565, 679, 736, 761, 783, 795, 813
Tiefenbach 638
Tiengen 184, *184, 185*
Tiergarten 488, 490
Tingau 508
Tirol 45, 48, 103, 104, 223, 259, 434, 532, 533, 553, 554, *558*, 565, 584
Toskana 94, 156, 269
Trauchburg 53, *242*, 243, 244, 246, 247, 250, 266, 267, 271, 279, 310, 687, 719
Treherz *132*, 134
Trient 501, 504, 510, 552
Trier 508, 519, 522, 523, 524, 551, 552, 554
Trochtelfingen 147, 321, 350, 402, 416
Troja 195, 200
Tschecheslowakei 240, 412, 415, *417*, 424, 425
Tübingen 64, 65, 130, 201, 291, 294, 406, 417, 492, 494, 607, 610, 611, 613, 633, 679, 683, 715, 759, 788, 796
Turin 269
Türkei 31, 38, 75, 284, 522, 622, 623, 767, siehe auch Osmanisches Reich
Türkheim 705
Tuscien 200, 201

Überlingen 478, 561, 740
Ukraine *827*
Ulm 49, 75-77, *77*, 132, 141, *143*, 163, 195, 233, 292, 300-304, 366, 502, 504, 545, *546*, 573- 575, 578-580, 585, 605, 607, 608, 611-613, 615, 625, *627*, 631-641, *631, 633*, 643-654, *643, 644, 650*, 667, 670, 673, 679, 681, 739, 754, 758, 797, 819
Umkirch 419, 424, 425
Ummendorf 679
Ungarn 14, 22, 25, 125, 142, 145, 154, 155, 225, 238-240, 267, 363, 628
Unterknöringen 160
Untermarchtal 679
Unterrauhen 490
Unterwalden 47
Unterzeil 181, *265*, 779
Urach 679
Urachtal 334
Uri 47
Ursberg 162, 669
Urspring 516
USA 436, 739, 817, 844

Vaduz 184, 188
Vaduz-Schellenberg 226
Vaihingen/Enz 60
Veitsburg 233
Venedig 363, 430, 640
Veringen 377-379, *378*, 382-387, 392, 393, 400
Versailles 23, 75, 245, 363, 821, 825
Vichy 453
Vierwaldstättersee 47
Vieverow 420, 424
Villingen 758, 759
Vollmaringen 279
Völs 533
Vorarlberg 104, 154, 213, 222, 223, 225, 236, 244, 553, *554*, 566
Vorderösterreich 103, 154, 218, 220, 223, 225, 237, 321, 377, 385, 386, 387, 520, 567, 577, 581, 584, 585, 671
Vreden 534

Wachendorf 745
Wain 177, *177*, 696
Wald 359, 402, 416, 501, 746
Waldburg (Ostpreußen) 269
Waldburg 145, 177, 243, 255, 257, 271, 677, 765, 779, 842, 845
Waldkirch 671
Waldsberg 349

Waldsee, siehe Bad Waldsee
Waldshut 671
Waltrams 594
Wangen 49, 76, *133*, *143*, 144, 174, 180, 207, 255, 294, 310, 591, *593*, 594, 597, 605, 669, 696, 703, 729, 775
Warschau 18
Wartha 359
Warthausen *12*, *19*, 124, 131, 177, 635, 636, 725, *726*, 747, 748, 751, 757, 772
Wartstein im Lautertal 233
Warzenke 431
Washington 843
Wasserburg 218, 222, 223, 224
Wehrstein 400
Weikersheim 702
Weil 832
Weiltingen 488
Weimar 40, 41, 108, 110, 111, 173, 174, 304, 412, 423, 612, 760, 810
Weinburg 416, 418, 424
Weingarten 76, 125, 171, 188, 194, 195, 225, 261, 306, 363, 364, 429, 488, 491, 499, 504, *660*, 690, 696, 728, 764
Weissenau 125, 131, 153, 194, 225, 417, *660*, 757, 767
Weißenhorn 728, 773
Weißenstein 689
Weiterdingen *59*, 59
Weitra 321, 326, 333, 350
Wellenburg 165
Wendland 107
Werenwag 356
Westfalen 21, 24, 108, 114, 115, 135, 153, 159, 410, 430, 542, 585, 760, 801
Wetzlar 163, 312, 323, 349, 716
Wezil 771
Wiblingen 605, 615, 726, *731*
Wien 18, 20, 23, 24, 32, 33, 40, 51, 64, 75, 82, 85, 86, 88, 95, 100, 102-104, 131, 135, 144, 170, 205, 206, 219, 225, 234, 236-238, 245, 252, 259, 265, 267, 269-271, 281, 282, 288, 319, 323-325, 336, 337, 341, 343, 352, 367, 371, 372, 374, 375, 387, 442, 450, 462, 463, 503, 517, 521, 523, 532, 546, 547, 557, 591, 598-600, 646, 683, 689, 690, 693, 696, 710, 715-717, 727, 747, 754, 777, 778, 809, 818
Wiener Neustadt 324
Wiesensteig 350, 752
Wihorau 417
Wildbad 611
Wildenstein 349, 359
Wilfingen 436, 611, 679
Wilhelmsdorf 490, 491
Wimpfen 60

Windach 679
Windischgrätz 124
Winniza *827*
Winterstetten 250
Wittichen 344
Wolfegg 53, *129*, 176, 177, 204, *243*, 245, 250, 255, 256, *257*, 258-263, *259*, 265-270, *266*, 275, 278, 279, 285, 296, 304, 306, 680, 682, 691, 701-703, *703*, 705, *706*, 706, 708, 711, 720, 743, 756, 763-765, 767-771, 776, 778-781, 785, 787-789, *842*, 843, 845
Wolfem 145
Wolfenweiler 743
Wolkenberg *507*, 508
Wolmuts 592
Worblingen 437
Worms 554, 550
Wuppertal 824
Würburg 515
Württemberg 14, 22, 35, 36-41, 53, 57, 60, 62, 63 , 65, 67-69, 75-79, 104, 108, 123, 124, 126, 127, 129, 130-132, 137, 139, 140-145, *143*, 153-157, 163, 169-173, *171*, 178, 181, 198, 202, 207, 244, 246, 251, 253, 267, 269, 271, 273, 274, 277-285, *284*, 288-293, 295, 297, 300-305, 321, 333-336, 351, 368, 371, 377, 382, 391, 399, 402, 407, 417, 420, 421, 424, 425, 429, 433, 435, 452, 475, 476, 481, 487-493, *489*, 495, 530, 548, 561, 591, 598, 599, 605, 607-609, 611-616, 620, 622-626, 639-641, 651, 653, 669, 670, 673, 677, 703, 719, 721, 722, 741, 744, 748, 758, 761, 775, 780-782, 793, 794, 797, 798, 800, 806, 807, 818, 832
Wurzach, siehe Bad Wurzach
Würzburg 156, 511, 524, 530, 547, 550-552, 554, 592, 595, 689, 706, 767, 818
Wutach 183
Zeil 42, 53, *131*, 133, 181, 204, *242*, 244, 245, *265*, 266-270, *270*, *272*, 275, 278, 279, 285, *294*, 297, 301, 306, *307*, 538, 681, *681*, 682, 708, *719*, 719, 729, 744, 756, 757, *760*, 764, 768-770, 776, 778, 779, 781, *781*, 786, 789

Zepelin 793
Zimmern 279
Zizenhausen 344
Zollern 382, 409
Zuben 493
Zug 47
Zuitphen 145
Zürich 47, 48, 54, 183-187, 189, 365, 371, 812
Zusmarshausen 517
Zußdorf 491
Zwiefalten 371
Zwiefaltendorf 778, 783-785, *784*, 787, 789

PERSONENREGISTER (ohne Anmerkungen)

Benedikt Kuhn, Elmar L. Kuhn, Monika Lubczyk, Eva Schnadenberger

Abel, Carl von 291
Abensperg und Traun 34
Abs, Hermann Josef *108*
Adams, Leopold 147
Adelmann von Adelsmannsfelden 755
Adenauer, Konrad 112
Adorno, Adolf Oskar 132
Agilolfinger 165
Albert, König von Belgien 410
Albrecht, Adam *338*
Albrechtsberger, Johann Georg 371
Alliprandi, Giovanni Battista 690
Altemps 201, 202
Altensumerau, siehe Vogt von Altensumerau
Altmannshausen, Johann Ernst von 261
Altshausen-Veringen 744
Amigoni, Giacomo 706
Andrian, Leopold von 807
Ankenreute 658
Aphrodite 707
Appiani, Joseph Ignaz 686
Arand, Johann Baptist Martin von 234
Archenholz 90
Arco-Zinnenberg 304
- Sophie Gräfin von 298, *303*, 303
Arenberg, Clara Isabella Herzogin von 743, 764
Ariadne 711, *711*
Arnold, Jonas *644*, *763*
Arnold, Joseph *77*
Artemis 707
Arzet, Andreas 199, 200, 201, *202*, 202, 204, 206
Asam 349
- Cosmas Damian *260*, 261, 726
Aspremont-Linden 99, 125, 153
Athene 707
Au, Andreas Meinrad von 723, *725*
Aubin, Hermann 20
Auerbach, Chaila 435
Auerbach, Kieve 435
Aufseß, Karl von 759
August der Starke, König von Polen 324
Augustine, Dolores 806
Aurora *707*, *726*

Bacchus 711, *711*
Bach 248
Bach, Johann Christoph Friedrich 365
- Johann Sebastian 365
- Karl Philipp Emanuel 363
Bachmann, Josef Sigmund Eugen 366
- Sixtus 366

Baden *27*, 82, 181, 195, 338, 475, 478, 483, 484, 740, 806
- Amalie Prinzessin von *338*, *370*, 370, 371, 373, 375
- Berthold Markgraf von 484
- Carl Friedrich Markgraf bzw. Großherzog von 153, 338, 475, 479, 480, 740, 741
- Friedrich I. Großherzog von 478
- Friedrich II. Großherzog von *482*, *483*
- Friedrich Markgraf von 740, 475, *478*, 479, 480
- Hilda Großherzogin von *482*
- Josephine Prinzessin von 402, 406
- Karl Großherzog von 740
- Karoline Luise Markgräfin von 480
- Leopold Großherzog von 478, 480
- Ludwig, Markgraf bzw. Großherzog von 475, 476, 479, *479*, *480*, 740, 741
- Ludwig Wilhelm Markgraf von 620, 626
- Luise Großherzogin von *482*, 482, 483
- Max Markgraf von 480, 741
- Max Prinz von 482, *483*, 483, 484
- Rosina Markgräfin von 745
- Wilhelm Markgraf von 476, 477, 480-482, *481*, 482, 741
Baden-Baden 626
Baden-Durlach 626
- Carl Gustav Markgraf von 626
Bader, Karl Siegfried 33, 50
Bagnato, Franz Anton 686, 695, 696
- Johann Kaspar 349, 350, 688, 690, 695, 696, 706
Baldinger 633, 647
- Albrecht Friedrich von *648*
- Friedrich Albrecht 640
- Johann Albrecht von 653
Ballestrem, Franz Graf von 298
Bamberger 298
Bannhard, Josef Meinrad 767
Barack, Karl August 341
Barbara, Hl. *716*
Barnhelm, Minna von 722
Barweisch, Ferdinand 765
Bassus, Konrad Freiherr von 802
Bauhoffer, Marx 566
Bauknecht, Bernhard 178
Baumann, Franz Ludwig 340
- Hans 564, 565
Baumgartner von Baumgarten, Hans Georg 678
Baumgartner, Johann Wolfgang *650*
Baur, Fidelis 383
- Johann Felix 352, 353
Bayer von Ehrenberg, Ernst 429
- Friedrich 429
- Karl 429

- Konstantin 429
- Theodor 429
- Wilhelm 429
Bayer, Johann Georg 429
- Joseph *140*
Bayern 223, 244. Vgl. auch Wittelsbach
- Clemens August Kurfürst von 516
- Elisabeth Herzogin in *118*
- Johann Theodor Kardinal von 522
- Karl Prinz von 434
- Ludwig I. König von 291
- Ludwig II. König von 818
- Ludwig III. König von 40
- Ludwig X. Herzog von 681
- Max I. König, vorher Max IV. Joseph Kurfürst von *100*, 153, 156, 161, 592-597, 599, 600, 646, 651
- Max II. König von 156
- Maximilian I. Kurfürst von 379
Beauharnais 476
- Alexandre Vicomte de 437
- Eugénie von 723
- Hortense de 406, 410
- Josephine de 274, 401, 402, 724
- Stephanie de 402, 406
Bechtold von Ehrenschwerdt, Anton 430, 431
- Joseph 431
Bechtold, Bernhard 430
Beck 666, 669, 672
- Franz Heinrich 523
- Johann Jakob von 664, 667
- Leonhard von 672, 674
- Ludwig 823
- Peter Paul 493
Beckmann, W. *463*
Beer von Bleichten, Franz II.
Beethoven, Ludwig van 371, *375*
Bellini, Vincenzo 375
Benda 372
Benedikt XV., Papst 304
Benedikt, Hl. *497*, 499, *506*, 509, 510
Benk, Hubert 179
Bentele 672
- Amalie von 674
- Franz Joseph von 664, 665, 669, 671, 674
Berg 573
- Carl 801
Bergh und Bergheim, Gottfried Hermens van den
Bergmüller, Johann Georg 52
Berlichingen *126*
Bernadotte, siehe Wisborg
Bernhardt, Joseph *162*
Bernstorff 107
- Andreas Graf von 107
- Anna Gräfin von 107
Beroldingen 782, *782*, 785
- Maria Ursula von *780*
Berthier 600
Bertoli *32*
Besold 200
Besserer 631, 633, 635, 637-639, 641, 647
- Albrecht 641
- Christoph Heinrich 641
- Daniel 640
- Eitel Eberhard 637

- Hans 635
- Johann Georg 640
- Marx Christoph 638, 640
- Marx Conrad 639
- Sebastian 632
Besserer von Oberthalfingen, Albrecht Freiherr 144
- Maximilian Freiherr 144
Beuttel, Johann Kaspar 637, *637*
Bezerini, Johann Georg 539
Biecheler, Franz Xaver 721
Biedermann, Johann Jakob *27*
Billing von Treuburg, Gustav 434
Binder, Helmut *757*
Biron, Pauline Fürstin von 723
Bismarck, Otto von 298, 300, 410, 813
Bissingen-Nippenburg 606, 609, 611
- Cajetan Graf von *610*, 611, 612
- Ernst Graf von 611
Blickle, Peter 70, 129, 196
Bode, Karoline Elisabeth 431
Bodin, Jean 130
Bodman 33, *515*, 556, 568, 627, 746, *784*
- Blanche von 807
- Clara von *813*
- Emanuel Freiherr von 13, 783, 805-815, *805, 807, 808, 813*
- Franz Freiherr von und zu 746
- Hans Georg Freiherr von 568
- Heinrich von 806
- J. Franz Freiherr von 789
- Johann Adam Freiherr von *557*
- Johann Baptist Freiherr von 64
- Johann Evangelist Freiherr von 568
- Johann Sigmund Freiherr von *567*, 569
- Johann Wolfgang Freiherr von 81
- Johannes Graf von *569*
- Leopoldine Freifrau von 569
- Maria Eva Freifrau von *557*
- Maria Gräfin von *569*
- Rudolf J. Freiherr von 789
- Rupert Freiherr von 505, *506, 507*, 507
- Ruprecht Freiherr von 74
- Vincenz zu 747
Bodman-Kargegg, Johann Adam von 568
Bodman-Wiechs, Johann Baptist von 508
- Johann Franz Joseph Leopold Freiherr von *507*, 507
- Johann Franz von 508
- Johann Rupert Landolin von 508
Bodmer, Martin *757*
- R. *22*
Boek, Kaspar 162
Bogner, Hans 116
Böhm, Adolf 493
Böller 352
Bollius, Daniel 772
Bömmelberg 145, 606, 614
- Bernhard Freiherr von 614
Börner 278
Bosch, Johann Wilhelm Ritter 778
Bosse, Abraham de *770*
Bourdieu, Pierre 25, 109, 119
Bourgeauville 73, 74, 75, 76, 78, 79, 82
Bowart de Gomegnies, Maria 752
Brandenstein 627, 635
Brandes, Ernst 92

Brandis, Verena Freifrau von 184
Branz, Kreszentia 296
Brauer, F.W 467, 469, 541
Braun, August *131*
- Rudolf 23, 24
Bregenz 193
- Elisabeth Gräfin von *193*
- Rudolf Graf von *193*
- Ulrich Graf von *193*
- Wulfhilde Gräfin von *193*
Breiten-Landberg, Sophie Freiin von 746
Brelot, Claude-Isabelle 28
Bremgartner, Johann Georg *353*, 355
Bretzenheim 99, 101, 153, 154, 225
- Friederike Karolina von *154*, 532
- Karl August Fürst zu *154,* 154
Breuner, Maria Antonia Gräfin von 238
Brissot 273
Brix, Johann Georg 350
Brixi, Franz Xaver 765
Brodorotti von Treuenfels, Karl Bernhard 430
- Karl Leonhard 430
Bröm, Gottfried 444
Brüch, G. *344*
Brugger, Alfred *832*
- Andreas *4*, *65*, *67*, *219*, *536*, *542*, *685*, *691*, *708*, *709*, *720*, *727*, *728*
Brun, August 729
Brunetti, Therese 373
Brunner, Otto 27
Bruschius, Caspar 200
Bucelin, Gabriel 206
Bücheler, Erasmus 377
Buchner, Hans 363
Buechmiller 577, 582
- Anton Franz 576, 582
-Johann 576
Bumiller, Casimir 790
Buol 558
Burgermeister, Johann Stephan 545, *546*
Burgkmair, Hans 258, 703
Burkard, Heinrich 343, 375
Burnitz, Rudolf 444, 696
Busse, Fritz *760*

Caesar, Gaius Julius *545*, 688
Cammerer, J. Anton 767
Carlone, Carlo 690
Carsten, Francis L. 70
Carstens, Asmus Jakob 726
Castell 102, 515
Cathiau *358*, 358
Christian, Johann Josef 350, 357
Chronos *704, 705, 707*
Cicero 197
Classen, Maria *817*
Clausewitz, Carl von 826
Clemens non Papa 764
Clemens VIII., Papst 501
Cobenzl, Ludwig von 100
Colloredo, Franz Gundaker Fürst von 271
- Hieronymus Graf von 267
Colsman, Alfred 801, *801*, 802
Conrad, Michael Georg 809, 810

Conz, Walter *805*
Conze, Eckart 13, 165, 484
Cotta 614
Cotto 579, 580, 586
Coudenhove-Kalergi 116
Cramer, Johann Georg *552,* 634
- Johann Ulrich Freiherr von 163
- Julius 388, 390
Cranach, Lucas 737
Crayer, Caspar de 720
Crusius, Martin 200, 201

Dalberg, Karl Theodor von 105, 271, 598
Dangel, Josef 132
Dannecker, Johann Michael *380*
Danzi, Franz 371
Darré, Walther 117
Daun 238
Decker, Paul 706
Degenfeld *126*, 606
Dehmel, Richard 809
Delafosse, Jean Baptist *366*
Deloose, Daniel *462*
Delvard, Marya 809
Denner, Franz Joseph Denner 686
Deuring, Franz Joseph Chrysostomos von 566
- Johann Ulrich von *663*
Deuring von Mittelweiherburg 566, 570
Dietrich, Sixt 363
Dietrichstein, 39, 99, 125, 144, 155
- Franz Josef Fürst von 144
- Theresia von 534
Diezel, Giuseppe 767, 771
Dilthey, Wilhelm 820
Dinckmut, Konrad 195
Dirr, Franz Anton 685
- Johann Georg 685, 692, 694, 709, 710, *711*, 717, 728, *732*
- Johann Sebastian *477*
Ditters von Dittersdorf, Carl 375
Dixnard, siehe Ixnard
Donoso Cortés, Juan 130
Dorner, Marx L. *633*
Dornheim, Andreas 40, 42, 177, 178
Dorothea, Hl. 745
Dorst von Schatzberg, J.G. Leonhard 436
Dreselly, Johann Baptist *147*
Dreyer, Martin *731*
Drusus 201
Dülmen, Richard van 86
Dunkler, Nepomuk 765, 769

Eberle von Gnadenthal, Karl Theodor Freiherr 432
Eberlein, Georg *409*, *722*
Eckher, Christoph 524
Eckoldt von Eckoldtstein, Christian 430
Egli, Jakob, *20*
Ehinger 633, 635, 638
- Franz Anton 635
- Jakob 638
Ehinger von Balzheim, Helena 779
Eichert 315
- Christoph 179
Einhart, Karl 813
Eisele, Friedrich 386

Eisenburg 49
Ekker 357
Elias, Norbert 701
Ellenrieder, Marie *370, 479*
- Rudolf *644*
Ellerbach 48
Ellrichshausen *126*
Elsässer 248
Elsner, Heinrich 292
Emele, Jakob 683, 684, 709
Emminger, Eberhard *38, IV*
Engerd, Johannes 198, 199, 202
Enzberg *58, 58*
- Nikolaus Freiherr von 627
Erbach 125
Erbach-Donaurieden, Maximilian Johann Freiherr von 784
Erbach-Wartenberg-Roth 133
Erhart, Michel 739
- Walter 757
Erler, Franz Anton *259*
Ertel, Wilhelm Anton 583
Esperlin, Joseph *217, 326, 716, 718*, 719, 721
Essrich, Wilhelm 470
Esterházy 102, 125, 155, 161, 162, 239, 476
Esterházy von Galántha, Nikolaus Fürst von 162, 363
Esther *687*
Euchar, Johann 499, 501
Eurystheus, König 705
Ewald, Johann Ludwig 91

Faber, Carl 467
Fabri, Felix 195, 632, 635, 638
Fabrice, Blanche de *807*
Fahnenberg 100
Fahrner, Rudolf 822, 824
Falkenstein, Franz Leopold Marquard von 686
Färber, Wolfgang 638
Farny, Oskar 132
Feger, Otto 760
Feilmayr, Franz 132
Ferdinand I., Kaiser 378, 383
Ferdinand III., Kaiser 11
Ferdinand III., Kaiser 634, 636
Ferdinand IV., König 780
Ferroni, H. *32*
Festeticz von Tolma, Josephine Gräfin 433
Feuchtmayer, Johann Michael 520
- Joseph Anton *684, 685, 688, 692, 693, 696, 704, 709, 717-719, 746*, 748
Filbinger, Hans *108*
Finckh, Ludwig 813
Firmas-Perrier 266
Fischer, Johann Georg 256, 259, *259*, 261, 687, 704
- Johann Michael 694
- Joseph 743
Fischer von Erlach, Johann Bernhard 689, 690
Fischer-Schwaner, Ludwig 359
Fisches, Isaac *32*
Flandern, Philipp Graf von 410
Fontane, Theodor 529, 542
Forcher, Rudolf *176*
Forstner 78
Frank von Fürstenwerth, Adolf 428

- Albert 428
- Franz Anton Freiherr 428, 429
- Gustav 428
- Wilhelm 428
Frank, Johann Daniel Marianus 428
Franz I., Kaiser 325
Franz I., Kaiser von Österreich 99, *100*, 104, 205, *239*, 269, 281, 336, 338, 585
Franz II., Kaiser 11, 37, 99, *100*, 205, 270, *270*, 275, 334, 480, 598
Freyberg 160, 165, 515
- Johann Christoph von 80
Freyberg-Allmendingen *38, IV*
Freyberg-Eisenberg 606, 745
- Albrecht Freiherr von 132
- Maximilian Prokop von 165
Freyberg-Eisenberg-Allmendingen, Georg Baron von 166
Friedrich I. Barbarossa, Kaiser 747
Friedrich, Jacob Andreas *650, 657*
Frischlin, Jakob 381
Frisoni, Donato 690, 696
- P.C. *62*
Fronhofen 229, 749
Fronhofen-Königsegg, Berthold II. von 231
Fronhofen-Königsegg-Stuben, Eberhard III. von 232
- Ulrich II. von 232
Fugger 34, 39, 40, 42, 79, 124, 134, 165, 198, 238, 267, 274, 515, 534, 626, 728, 739, 740, 773
- Anton Graf 739
- Jakob 739
- Johann Jakob Alexander Graf 536
- Katharina 198
- Raimund 739
Fugger-Babenhausen 34, 274, 354, 739
- Anselm Maria Graf bzw. Fürst von 267, 273
- Maria Josepha Gräfin 266
- Maria Walburga Gräfin 267
- Markus Graf 739
Fugger-Boos, Maria Anna Gräfin von 536
Fugger-Glött 34, 40, 740
- Anton Ignaz Graf 519
Fugger-Kirchberg-Weissenhorn 34, 124, 133
Fugger-Wellenburg 222, 223
Fürstenberg 34, 40, 42, 76, 124, 133, 134, 142, 165, 180, 181, 204, 205, 222, 238, 274, 306, 319-323, 325, 327-330, 333-339, 342, 346, 347, 349, 354, 364, 371, 483, 515, 532-534, 701, 720, 752, 754, 775, 834, 838, 840
- Amalie Fürstin zu *370*, 370, 371, 373, 375
- Anton Egon Fürst zu 323, 324, 328, 329
- Christian Erbprinz zu 837
- Elisabeth Fürstin zu 333-337, *334*, 340
- Franz Egon Fürst zu 323, 324, 327
- Friedrich Graf von 187
- Friedrich II. Graf von 321
- Heinrich Fürst zu 837
- Hermann Egon Fürst zu 323, 327
- Joachim Egon Erbprinz bzw. Fürst zu 360, 737
- Joseph Maria Benedikt Fürst zu 325, *367, 369*
- Joseph Wenzel Fürst zu 63, 325, *326*, 353, 364, *365*, *365, 536*, 721
- Joseph Wilhelm Ernst Fürst zu 63, 323, 325, *325*, 326, 329, 351, *354*, 364, 720
- Karl Aloys Fürst zu 333, *334*, 334

- Karl Egon II. Fürst zu 147, 333, 334, 336, *338*, 339, 340, 344, 346, 356, 357, 370, 372, 374, 409, 721, 736, 759
- Karl Egon III. Fürst zu 147, *149*, 340, *341*, 341, 342, 344, 345, 346, 721, 736
- Karl Egon IV. Fürst zu 342, 343, 346
- Karl Friedrich Fürst zu 329, 351
- Karl Joachim Fürst zu 333-335, 352, 353, 370
- Karoline Fürstin zu 335
- Maria Anna Fürstin zu 351, *354*, 364, 720
- Maria Antonia Fürstin zu 364, *367*, *369*, *375*
- Max Egon II. Fürst zu 343, *344*, 344, 346, 347, *375*
- Max Egon Prinz zu 359, 737
- Wilhelm Egon Fürst zu 323, 324, *324*, 327
Fürstenberg-Baar, Heinrich VIII. Graf von 364
Fürstenberg-Heiligenberg 320, 626
- Joachim Graf zu 680, 701, 702
- Maria Karolina Gräfin zu 540
Fürstenberg-Meßkirch 82, 320, 322, 323, 349, 626
- Franz Christoph Graf von 322, 327
- Friedrich Christoph Graf von 322, 323, 753
- Froben Ferdinand Graf bzw. Fürst zu 323, 325, 328, 349, *758*
- Froben Maria Graf von 322, 324, 327
- Karl Egon Graf von 322, 323, 326, 626
- Karl Friedrich Fürst zu 776, 777
- Maria Theresia Gräfin von 322
- Maria Theresia Johanna Waldburga Gräfin von 541
- Philipp Karl Graf von 323
- Wratislaus II. Landgraf zu 321, 350
Fürstenberg-Möhringen, Wratislaus I. Graf von 327
Fürstenberg-Purglitz, Karl Egon Landgraf zu 326
- Karl Gabriel Landgraf zu 326
- Philipp Neri Landgraf zu 326
Fürstenberg-Stühlingen 320, 626
- Anton Maria Friedrich Graf von 323
- Ludwig Landgraf von 628
- Maximilian Franz Graf von 321
- Prosper Ferdinand Graf von 323, 627, 718
Fürstenberg-Weitra 326
- Joachim Egon Landgraf zu 333, 334, 336
- Ludwig August Egon Landgraf zu 326, 351
Furtenbach 665, 666, 672
- Jacob von 663
- Jakob Wilhelm von 663, 664, 668. 670. 671
Füssli, Johann Melchior *190*

Gabelkover, Oswald 198
Gabriel, Eustachius 720
Gagg 355
Gaisberg-Schöckingen, Friedrich Freiherr von 613, *613*
Gallus, Hl. *718*
Gandhi, Mahatma 748
Gasser 578, 579, 585
Gebsattel, Emil 807
Gemmingen-Bürg 614
Gemmingen-Guttenberg, Max Freiherr von 802
Gemmingen-Guttenberg-Bonfeld, Moritz Freiherr von 608, 613
Gemmingen-Hornberg, Otto Heinrich Freiherr von 88, 89, *93*
Gendt von Gendtedel, Wilhelm Freiherr 432
Genovefa, Hl. 745

Georg, Hl. 704, *723*, *725*
George, Stefan 820-822, 824, 828
Gerbert, Martin II. 722
Gerhard, Elisabeth 640
- Johann Andreas 640
Gerlich, Fritz Michael 42, 130
Geroldseck 183
Gersdorff, Karl Baron von 810
Gessinger, Christoph 683-686, *685*, 696, 708
Geßler 633
Geyer, Albert 452, 471
Geyer von Geyersberg Gräfin von Hochberg, Louise Karoline 338, 741
Gfrörer, Anton 436
Gfrörer von Ehrenberg, Adolf 436
- Rudolf 435, 436
Giegling, Franz Josef 429
- Hermann 429
Giegling von Ehrenwerth, Johann Nepomuk 429
Giel von Gielsberg, Roman *502*, 503-506
Gienger 638
Gieseke, Lothar 790
Gigl, Johann Caspar 685, 709
Gilsa zu Gilsa, Auguste Amalie von 631
Gimmi, Joachim Fidel von 267, 274
Glanz 352
Gneisenau, August Wilhelm Anton Neidhardt Graf von 818
- Emilie Neidhardt von 818
Gockelius, Ernest *76*, *77*
Godsey, William D. 86
Goerdeler, Carl Friedrich 823
Goering, Theodor 812
Goethe, Johann Wolfgang von 406, 722, 723, 819, 846
Gollwitzer, Georg 165
- Heinz 107, 127
Görtz 99, 100
Göser, Karl Friedrich 284
Gosner, Elisabeth
Goyaz, Isabella Duquesa de 436
Graf, Klaus 195, 196, 208, 735
Graun, Carl Heinrich 772
Gravenreuth 103
Gregk 639
Gregor XV., Papst 501
Grcipcl, Johann Franz *85*
Grembach 695
Gretz, Xaver 765, 769
Gronmayer, Joseph Fidelis Mathias *578-580*, *585*
Gropius, Paul 463
Groß 623
Grube, Heinrich 452, 454
Grüeb, Joseph Martin 539
Guibal, Nicolas 728
Guillimann 200
Gulbransson, Grete *807*
Guldinast, Johann Leopold von 536
Gullath, Brigitte 208
Gumppenberg 809
- Hans von 807
Gundelfingen 533
Gundolf, Friedrich 820
Günther, Hans 117
- Jörn 755

Güntzburger 633
Gutekunst, G. *567*

Habermann, Hugo Baron 807
Haberstro, Caspar I. 194
Habsburg 14, 31, 32, 45, 47, 82, 135, 144, 183, 219, 229, 233, 234, 241, 244, 247, 322, 323, 324, 334, 381, 473, 534, 573, 574, 578, 585, 747, 805. Vgl. auch Österreich
- Otto von 135
Habsburg-Laufenburg, Johann IV. Graf von 183
- Rudolf III. Graf von 183
- Ursula Gräfin von 183
Hachenburg, Max 479
Hacke-Schweinspaint, Maria Eva Freiin von *557*
Hafner 769, 771
- Amabilis 675, 766, *766*
Hahn, Kurt 484
Hähnisch, Anton *481*
Haider, Michel 741
Hailbronner 647
Hailer 357
Hakelberg, Dietrich 759
Haller, Karl Ludwig von 614
Hamilton, Ferdinand Philip 747
Hammer, Carl Anton 767
- Johann Anton 772
Hampeln, Karl Joseph von 365
Hampp, Joseph 768
Hannover 181
Hardenberg, Karl August Freiherr bzw. Fürst von 592
Hauber, Joseph *599*
Hauff, Wilhelm 391
Hauntinger, J.G. 771
Hautt, N. 202
Haydn, Joseph 363, 375, 772
- Michael 375
Hebe 707
Hebeisen, Gustav 386
Heck, Karl Wilhelm 312
Hefele, Carl Joseph von 295, 302, 303
Hegenauer, Johann Wilhelm *256*, 705
Heidegger, Martin 359
Heimenhofen 48
Heine, Thomas Theodor *812*
Heinel, Andreas 765, 769
Heinrich II., Kaiser 183
Heinzer, Felix 208
Held, Michael 368
Helfenstein 195, 196, 752, 754, 758
- Georg Graf von 752, 775
- Maria Gräfin von 752
- Rudolf Graf von 187
- Schweikhart Graf von 752
Helfenstein-Gundelfingen 350
Hengerer, Adele 775
- Carla 790
Hera 707
Herkommer, Johann Jakob 257, 261
Herkules 705-707, *706-708*, 709
Herman, Benedikt-Joachim Freiherr von 177, *177*
- Benedikt Freiherr von 696
- Franz *497*
- Franz Georg 74, *502, 506, 509*, 705
- Johann Georg 257

Hermes 707
Herold, Johann Basilius 381
Herrmann, Menrad 350
- Susanne 213
Hertling, Friedrich Wilhelm Freiherr von 592, 593, 595-597, 599, 667
Herzog, Clara *813*
Hesse, Hermann 813
Hessen, Joseph Prinz von 517, 522
Hessen-Darmstadt, Caroline Luise von 726
Hildebrandt, Johann Lukas von 689, 690
Hildegard, Kaiserin *494*, 503, 504, 511, 512
Hillneder, Johann Friedrich *68*
Hindelang, Eduard 715
Hindemith, Paul 343
Hiroth, Nikolaus, 76
Hobbes, Thomas 69
Höbel, Matthäus 679
Hoechle, Johann Baptist *154*
Hoensbroech-Geulle, Hermann Otto Graf von 432
Hofmannsthal, Hugo von 809, 815, 820
Hoggelmann, Matthäus 765
Hohberg, Wolff Helmhard von 263
Hohenems 79, 188, 222, 236
- Eleonore Gräfin von 233
- Hannibal Graf von 682
Hohenfeld, Christoph Willibald von 523
Hohenheim, Franziska Gräfin von 368
Hohenlohe 42, 229, 274, 306
Hohenlohe-Bartenstein-Jagstberg, Johannes Fürst zu 301
Hohenlohe-Langenburg 238
Hohenlohe-Öhringen *126*
- Christian Kraft Fürst zu 346
Hohenlohe-Schillingsfürst 82
Hohenlohe-Waldenburg, Friedrich Karl Fürst von 295
Hohentengen 779
Hohenthal, Valerie Gräfin von 818
Hohenzollern 42, 274, 306 473, 515, 534, 627, 721, 724, 737, 775, 779, 818. Siehe auch Zollern
- Anton Egon Carl Josef Prinz von 789
- Christoph Graf von 533
- Karl Friedrich Erbprinz von 834-837
- Karl I. Graf von *378*, 378, 381-383
- Karl II. Graf von 378, 379
- Leopold, Fürst von 738, 739
- Margarita Fürstin von 784, *785*
- Wilhelm Fürst von 739
Hohenzollern-Berg, Johanna von 723
Hohenzollern-Haigerloch 721
Hohenzollern-Hechingen 34, 235, 354, 427, 428, 721, 739, 834
- Anna Gräfin von 432
- Eitel Friedrich IV. Graf von 34, 680, 721
- Eugénie Fürstin von *722*
- Franz Xaver Graf von 432
- Friedrich Fürst von 433, 722
- Friedrich Hermann Otto Fürst von 431, 722, *722*
- Friedrich Wilhelm Constantin Fürst von 402, 435, 436, 723
- Hermann Friedrich Otto Fürst von 427-429, 433, 722
- Joseph Friedrich Wilhelm Fürst von 694, 722
- Joseph Wilhelm Prinz von 431
- Maria Antonia Fürstin von *367, 369*

- Maria Antonia Prinzessin 269
Hohenzollern-Sigmaringen 34, 174, 180, 181, 238, 274, 354, 389, 390, 392, 427, 461, 536, 626, 757, 784, 794
- Amalie Zephyrine Fürstin von 401, 402, 406, 437, 442, 461-464
- Antoinette Fürstin von 402-404, 406, 464
- Anton Aloys Fürst von 381, 387, 399, *401*, 402, 403, 428, 436, 442, 461-464, 723
- Anton Franz Graf von 626
- Friederike Wilhelmine Prinzessin von 402
- Friedrich Fürst von 412, 415
- Johann Graf bzw. Fürst zu *379*, 379, 384, 390
- Joseph Friedrich Ernst von 379, 385, 723, *723*, 725
- Karl Anton Fürst von 399, 402, 403, 406-411, 442, 447, 449, 451, 452, 454, 465-471, 738, 759, 760
- Karl Erbprinz bzw. Fürst von 399, 402-406, 410, 436, 442, 449, 450, 455, 464, 465, 724, 738
- Karl Friedrich Fürst von 385, 461, 723
- Leopold Fürst von 410, 452, 454, 467, 468, 471
- Maria Anna Elisabeth Gräfin von 537
- Maria Kreszentia Prinzessin von 436
- Maria Theresia Gräfin von 536
- Marie Gräfin von 410
- Stephanie Prinzessin von 410
- Wilhelm Fürst von 412, 415, 452, 453, 461, 472
Hohl, Karl von 609
- Petrus *259*
Höhnstett 627
Holbein, Hans d.Ä. 736
Holl, Leonard 651
Holz, Georg Friedrich vom 626
Holzingen, Heinrich Ludwig von 779
- Johann Heinrich Ignaz von 779
Homburg, Wolf von 568
Homer 819
Hontheim, Johann Nikolaus von 523
Hoogstraten, Samuel von *744*
Hops, Frnz Magnus 723
Hörmannn de Gutenberg, Christoph Friedrich *643*
Hornstein 33, 40, 48, *59*, 515, 516, 607-609, 611, 614-616, 778, 782, 785, 787, 789,
- August Freiherr von 289, 606, 613-616, *614*
- Balthasar Ferdinand Freiherr von 59
- Edwin Freiherr von *144*
- Ferdinand Baron 807
- Gotzwin von 515
- Hans Christoph Freiherr von *786*
- Hermann Freiherr von 746
- Leopold Josias Freiherr von 789
- Maria Antonie Freiin von 519
- Maria Sidonia Freifrau von *786*
- Maria Victoria Freiin von 516
- Rorwolf von 515
- Walburga Freiin von 610
Hornstein-Binningen, Josef Freiherr von 63
- Joseph Anton Freiherr von 521
Hornstein-Bußmannshausen, Clemens Franz Freiherr von 525
Hornstein-Göffingen 515, 748
- Adam August von 524
- Bernhard Josef Freiherr von 524
- Carl Alexander Freiherr von 524
- Franz Bernhard Freiherr von 517-520, 522, 524
- Franz Constantin Freiherr von *518*
- Franz Eustach von Freiherr von 517, 522-524
- Franz Marquard Freiherr von 516, *518* 520, 522, 524
- Friedrich Freiherr von 524
- Johann Baptist Freiherr von 523, 524
- Josef Engelbert Freiherr von 524
- Marianna Franziska Freiin von 517, *520*, 520, *521*, 522, 524
- Marquard Eustach Freiherr von 517, 524
Hornstein-Grüningen, Christoph von 777
- Hans Christoph Freiherr von 777, *778*
- Honorius Freiherr von *783*
- Rudolf Freiherr von *783*
- Sidonia Freifrau von *783*
Hornstein-Hornstein, Karl Heinrich Freiherr von 516
- Sigmund Friedrich Freiherr von 516
Hornstein-Weiterdingen, Johann Nepomuk Freiherr von *516*
Hövel 446, 447
Huber, Anna 371
- Herbert 773
- Konrad 728, *729*
Hug, Nikolaus *249*
Humboldt, Alexander von 406
Humbracht, Johann Maximilian 556
Hummel, Franciscus Quirinus 540
- Willi 813
Humpis 658, 778, 780
Humpis von Ratzenried, siehe Ratzenried
Humpis von Waltrams, Johann Adam Freiherr von 777
Hutten, Ulrich von 90

Isaac, Heinrich 363
Isque von Schatzberg, Helene 437
Ittner, Albert Joseph von 428
Ixnard, Pierre Michel d' 60, 691, 693, *694*, 695, 710, 722, 724-726,

Jäger, Christian 695
- Johannes 695
Jähns, Max 628
Jaumann, Ignaz von 290, 745
Jehly, Grete *807*
Jenkesheim, Jenko von 577
Johannes Baptista, Hl. 746
Johler, Ernst Georg 382
Jomelli, Niccolò 772
Jordan, David Matthäus 670
Jörger, Carolina von 534
Joseph II., Kaiser 32, *33*, 63, 86-89, 94, 219, 266, 380, 400, 520, 521, *585*, 646
Joseph, Hl. 745
Josephine, Kaiserin 335
Josquin 764
Juan Carlos, König von Spanien *110*
Jung, Edgar J. 116
Jungen, Johann Maximilian zum 634
Justi, Johann Heinrich Gottlob von 69, 93

Kallenberg, Fritz 174
Kalliwoda, Franz 373
- Johann Wenzel 364, 372, *373*, 373, 374
Kantorowicz, Ernst 820, 824
Kappeler, Friedrich 753
Karl der Große, Kaiser 11, 198, 205, *497*, 511, 512

Karl V., Kaiser 50, 94, *307*, 381, 383, 384, 632, 635, 636, 644, 646, 658
Karl VI., Kaiser *32*, 86, 637
Karl VII., Kaiser 32, 325, 508, 716, 723
Karolinger 213
Kastner, Adolf 213
Kauffmann, Angelika 716, 717
- Johann Joseph *225*, 557
Kaulla, Alfred von 435
- Joseph Wolf von 435
- Wolf 435
Kaunitz-Rietberg, Wenzel Anton Fürst von 102, 223
Keim, Christian 367
Keller, Carl 375
- Johann Baptist von 288-291, 615
Kempf, Peter 790
Keppler, Paul Wilhelm von 304, 305
Kerner, Johann Georg 90
Kerpen, Franz Josef Freiherr von 519
- Philipp Lothar von 519
Kesselstatt, Johann Franz Philipp von 524
Kessler, Harry Graf 813, 815
Khomeni 748
Kiechel 638
Kiefer, Anselm 839
Kienlin 664, 666
- Tobias Ludwig 664, *664*, 665
Kilian, Philipp *80*
- Wolfgang *634*
Kirchberg 197, *198*, 754
Kirchberg *477*
Kircher, Walter-Siegfried 790
Kittler 578
Kleiser von Kleisheim, Joseph 274, 334-336, 353
Klempner 771
Klingen 48
Klingenberg 48
Kloss, Georg 758
Knecht, Justin Heinrich 363, 375
Knigge, Adolph Freiherr 95, *95*
Knoll 666, 672
- Eitelfriedrich 696
- Johann Baptist von 661, *664*, 665-667, *665*, 669, 671
- Johann David von *663*
Knötel, Richard 628
Kober, Theodor 800
Koch, Joseph Anton 728
Kolborn, Karl *11*
Kollmann 609
Kollowrat-Krakowsky, Antonia von 534
König 609, 611
- Elise von 748
- Friedrich August Karl von 748
König von Königshofen, Wilhelm Freiherr 608, 611, 612
König-Warthausen *19*
- Richard Freiherr von 611, 612, *757*
Königsegg 34, 40, 48, 99, 155, 222, 229, 232, 233, 236, 238, 306, 515, 533, 534, 626, 678, 694, 710, 711, 745, 755, 777, 778, 787
- Georg II. Freiherr von 233, 235
- Hugo II. Graf zu 235, 238
- Johann Jakob I. Freiherr von 235
- Johann Marquard I. Freiherr von 233
- Joseph Lothar Graf zu 623

- Leuthold Junker von 756
- Sigismund Wilhelm von 236
- Ulrich I. Ritter von 229
- Ulrich IV. Freiherr von 232, 233
- Ulrich V. Freiherr von 233
- Walter II. Freiherr von 233
Königsegg-Aulendorf 82, 124, *129*, *133*, 134, 145, 146, 233, 235, 238, 239, 240, *694*, 746, 756, 780, 781, 785
- Alexander Eusebius Graf zu 787
- Anton Eusebius Graf zu 79, *79*, 233, 238
- Carl Seyfried Euseb Graf zu 234, *234*, *238*, 786
- Carl Seyfried Franz Xaver Graf zu *787*
- Elisabeth Gräfin zu *147*
- Ernst Graf zu 234, *235*, *238*, 786
- Franz Fidelis Graf zu *4*
- Franz Maximilian Euseb Graf zu 233, 234, 238, 786
- Franz Xaver Josef Euseb Graf zu 145, 238, *239*, 240
- Hermann Friedrich Graf zu 234, 238, 710, 694, 724, *725*, 786, 787
- Johann Ernst Graf zu 724
- Johann Georg II. Graf zu 235, 238
- Johann Marquard Freiherr von 756
- Joseph Hermann Graf zu 786
- Maria Eleonore Gräfin zu 4
- Max Erbgraf zu 176
Königseggerberg 229, 233
Königsegg-Hatzenthurm 232
Königsegg-Rothenfels 225, 235, 236, 237, 239, 240, *694*, 777
- Carl-Fidel Graf von 234
- Christian Moritz Graf von 237, 767, 771
- Ernst Franz Joseph Anton Graf von 694
- Franz Fidel Anton Graf von *237*, 237, 267
- Joseph Graf von 777
- Leopold Wilhelm Graf von 236, *236*
- Maria Carolina Gräfin von 538, *542*, 694, 725
- Marie Elenore Gräfin von 694
- Maximilian Friedrich Graf von 236, 523, 694
- Sigismund Wilhelm Graf von 236
Konstantin, Kaiser 703
Koschig 635
Koselleck, Reinhart 111, 205
Kötzschke, Rudolf 20
Kraf, Michael 363
Krafft 633, 639, 647
- Hans Ulrich 639
Krafft von Dellmensingen, Johann Jakob 635
- Joseph Wunibald 635
Kraus, Benedikt 767
Kremer, Joseph 444
Kreutzer, Conradin 371, *372*, 372, 373, 374
- Johann Baptist 371
- Marie 372
Krieg, Dietmar 790
Kriehuber, Joseph *372*
Krimmer, Balthasar 255, 258, 703
Krupp 468
Küchlin, J.J. *564*
Kuen, Franz Martin 685, 717, 728
Kugler, F. 469, 470
Kuhn, Elmar L. 208, 790
Kulenkampff, Angela 223
Kulpis, Johann Georg von 620
Künel, Elias 637

Kuntz, Carl 475
- Jacob 710
Kurio 195
Küstner, Gottfried *491*
Kutter, Abraham 668
- Elias 663, 664
- Jacob 664
- Johann G. 664
- Johann Jakob 663, 664
Kyburg 47

La Roche 747
- Georg Michael von 523
- Sophie von 725
Lacher, Josef 767
Lairesse, Gerard de 258
Lambert 468
Lamey 356
Lamprecht, Karl 20
Landau 50
Landsberg, Lothar Karl Friedrich von 249
Landsee 80
- Johann Michael Joseph von 536
Langenstein, Ludwig Graf von 477
Langewiesche, Dieter 88
Läpple, H. 300
Larmessin, Nicolas de *324*
Laßberg, Friedrich von 437
- Helene von 437
- Joseph Freiherr von 205, 206, 736, 756, *757*, 759
Lasso, Orlando di 363, 364, 764
Lassolaye 63
Lauchert, Richard *403*, 407
Laur, Joseph 444, 450, 451, 453, 454
- Wilhelm 444, 450-452
Lauterwasser, Siegfried *751*
Lazius 200, 206
Leber, Julius 823
Lebetgern 600
Lehner, Friedrich August 738
Leiprecht, Carl Joseph 306
Lenz 358
Leo XIII., Papst 296
Leon, Johann Michael von 498, 504
Leopold I., Kaiser 31, *32*, 324, 818
Leopold II., Großherzog von Toskana bzw. Kaiser 94, *270*, 646
Lesker, Ludwig 469
Leuchtenberg 434
- Eugenie Prinzessin von 402
Leuthold, Gabriel 539
Leutrum, Clemens Graf 177
Leutrum-Ertringen, Victor Karl Graf von 145
Leyen, von der 37
Leyendecker, August
Lichtenstein, Karl 290, 293, *294*, 295, 615
Liebenstein, Ludwig von 755
Lieber 633
Liebherr 180
Liebsteinsky von Kollowrat, Ernestine von 534
Liechtenstein 226
Lienhard, Meister 245
Linden, Joseph Freiherr von 608, 612, *612*, 613
Linkenheil, Rudolf 450

Linsenmann, Franz Xaver 609
Liotard, Jean Étienne 726
Lipp, Joseph von 291, 294, 295
Lippe *126*
Lipsius, Justus 263
Lirer, Thomas *194*, 195, 196, 200, 206, 754
Liszt, Franz 373
Locher, H. *22*
- Sebastian 385, 386
Loen, Johann Michael von 61
Loewe, Carl 371
Löffler, J.G. 768
Longo, Martin 682
Lortzing, Albert 371
Löschenhohl, Johann Hieronymus *93*
Loscher, Sebastian 747
Lothringen, Karl Herzog von 248
- René II. Herzog von 743
Löw 633
Löwenstein-Wertheim 82
Ludwig der Bayer, Kaiser 199
Ludwig der Fromme, Kaiser *497*
Ludwig XIV., König von Frankreich 60, 73-75, *74*, 78-82, 85, 323, 324
Ludwig XVI., König von Frankreich 365
Lünig, Johann Christian 61, 549
Lütz, Eduard *722*
Lützow 430

Macaire, Amélie 794, 795
- David 795
Mack, Eugen *40*
- Joseph Martin 291
Mack von Leiberich, Karl Freiherr von 585
Madruzzo, Ludowico 500
Maier *38*
- Popolius 747
Maisonneuve, Rose de *294*
Majer, C.J. 87
Majunke, Paul 298
Maldeghem *38*
Malinowski, Stephan 42
Mallinkrodt, Hermann von 298
Malsen-Ponickau 748
Manderscheid-Blankenheim, Anna Salome von 538
Mandry, J.B. 767, 769
Mang 354
Mann, Golo 484
- Thomas 809
Mannesmann 468
Mannlich, Conrad *628*
Marck, Johanna von 752, 753
Maria Amalia, Kaiserin 508
Maria Theresia, Kaiserin 32, *33*, 82, 86, 219, 238, 380, 400, 520, 521, 578, 585, 747
Mars *704*, 705
Marschall von Bieberstein, Karl Freiherr 147, 148
Martelli, Franz Anton 364
Martin 356
Martin V., Papst 531
Martin, Hl. 736
Masek, Petr 758
Massenbach *126*
- Ferdinand Baron 807

Mast, Joseph 295
Matthias, Kaiser 747
Maucher 355
Maucler 278
- Eugen von 758
Mauerer, Esteban 753
Maulbertsch, Franz Anton 716, 717, 726
Maunz, Gerhard 132
Maurer, Johann Bernhard 488
Maximilian I. Kaiser 50, 94, 124, 194, 197, 532, 638, 705, 739
Maxlrain, Regina 779
Mayenfisch, Karl Freiherr von 738
Mayer, Arno J. 28
- Bernd 208, 790. 844
Mayr, J. B. 767
Mazarin, Jules 82
Mechel, Christian von *478*
Mecklenburg-Schwerin 469
Meiners 93
Meißner, Joseph Nikolaus 365
Mellinger, Christian 576
Memminger, Johann Daniel Georg 207
Mendelssohn-Bartholdy, Felix 375
Mengel, Georg 768
Mennel, Jakob *193*, 194, 195
Menrad, Martin *327*, 328
Menzingen, von 80
Merian, Matthias *392*
Merkel, Johann Jakob 668, 670
- Franz Balthasar von *659*,661-664, *662*, 667, 668
- Johann Balthasar von 664
- Johann Hermann Emanuel von *668*
- Joseph Ferdinand Ulrich von 667, *668*
- Maximilian Balthasar Ludwig von 664, 667, *668, 669*
Mesner, Meinrad 756
Metternich-Winneburg 39, 125, 153, 274, 282, 354
- Clemens Wenzeslaus Fürst von 155, 614, 757
- Franz Georg Graf von 102, 155
Meytens, Martin van *33*, 85
Mezler, Franz Xaver 463
Michal, Jacques de *214, 231, 242, 243*
Miné von Dietfurt, André Emil 437
Mittnacht, Hermann Freiherr von 302
Mohl, Robert von 127, 129
Mohr, Georg 433
Mohr de Sylva, Friederike 433
- Wilhelm 433
Möhrlin, Lorenz *664*
Mone, Franz Josef 759
Montgelas, Maximilian Joseph Freiherr bzw. Graf von 592, 595, 597-600, 646, 651, 667, 669
Montfort 45, 48, 51, 53, 76, 193-208, *203*, 213-226, *214, 215, 225*, 235, 238, 533, 546-548, 626, 701, 709, 715, 718, 754
- Anton II. Graf von 204
- Anton III. Graf von 60, 61, 204, 215, *216*, 222, 683, 684, 691, 969, 708, 709, 715, 717
- Anton IV. Graf von 193, *219*, 219, *718*
- Arbon von 202
- Ernst Graf von *66*, 204, 216, *217*, 217, 537
- Franz Xaver Graf von 217-220, *218*, 224, 708, 716-719, *717*, 724
- Heinrich von 202

- Jerôme Fürst von 220
- Johann Nepomuk Graf von 217
- Johann V. Graf von *78*, 78, 202, 204, 213
- Johanna Katharina Gräfin von 440, *538*
- Johannes von 199, 204, 717
- Joseph Graf von 204
- Maria Antonia Gräfin von *716*
- Maria Eleonore Gräfin von 539
- Maria Franziska Gräfin von 537, 538, 540
- Maria Isabella Gräfin von 683
- Maria Theresia Gräfin von 78, 536, 539, 547, *548,*
- Rudolf I. Graf von 204
- Wolfgang III. Graf von 199
Montfort-Bregenz, Hugo XII. Graf von 206, 715
- Jakob I. Graf von 198, 199
- Wilhelm III. Graf von 204
Montfort-Feldkirch 232
Montfort-Tettnang, Heinrich IV. Graf von 199, 204
- Hugo XIII. Graf von 196
- Hugo XVI. Graf von 196
- Johann II. Graf von 199
- Johanna Gräfin von 752
- Jörg Graf von *198*
- Magdalena Gräfin von 755
- Rudolf VI. Graf von 199
- Ulrich VII. Graf von 202
- Ulrich IX. Graf von 204, 715
- Wilhelm II. Graf von 199
- Wilhelm VI. Graf von 199
- Wolfgang I. Graf von 199
Montmartin 63
Moosbrugger, Andreas 685, 709, 717
Moreau, Jean Victor 583
Morinck, Hans 702
Mörsberg, Maria Eleonora von 533
Moser, Friedrich Carl von 92
- Georg *119*
- Johann Jacob 62, 69, 321, 549
- Robert 796, 798
Möser, Justus 69, 92, 93
Mötteli 658
Mozart, Anna Maria 365, *366*
- Leopold 365-367, *366*, 765
- Wolfgang Amadeus 365-369, *366*, 375, 721, 840
Müller 356
- F. *38, IV*
- Franz Xaver *21*
- Heinrich 90
- Johann Baptist 759
- Tobias Samuel 767
Multscher, Hans 267, 743
Multz, Jakob Bernhard 634
Münch, Christian Freiherr von 437
- Walter 175
Mündler, Johann G. *633*
Muntprat 658
Murat, Antoinette 402-404, 406, 464
- Joachim 402, 403
Murer, Jakob 757
Myler von Ehrenbach 69

Nagel, Fritz 166, 753
Napoleon I., Kaiser von Frankreich 35, *35*, 36, 39, 51, 100-105, *100-102*, 269, 273-275, 278, 333-336, 399,

401, 402, 600, 722-724, 793, 796, 806
Napoleon III., Kaiser von Frankreich 410
Napoleon, Louis 476
Nassau-Oranien 125, 153
Needham, Paul 758
Neff, K.F. 90
Neher, Marie 296
Nehru, Pandit 748
Neidegg 658
Neidhard 633
Neidinger 566
Neipperg 42, *126*
Nessos 707
Neubauer, Franz Christoph 364, 767
Neubronner 638, 647
- Karl Felizian von 653
- Rudolph Freiherr von 608, 612
Neuenstein 627
Neumann, Balthasar 691
Nicolai, Friedrich 647
- Otto 371
Nietzsche, Friedrich 805, 808-812, 815
Nike *704, 705*
Nikolaus, Johann 767
Noel, Alexandre Jean 741
Nolte, Josef *752*, 758
Nördlinger, Wenzel 364
Normann-Ehrenfels 144, 606
- Karl Friedrich Graf von 280, 282, 466

Obach, Caspar *18*, *265, 266*, *309*, 311, *492*, 693
Oelenhainz, Friedrich *334*
Olbricht, Friedrich 823
Oltramare, George 439
Orléans und Braganza, Diane Prinzessin von *110*
Orth, Friedrich 635
Ortlieb 672, 673
- Joseph Emanuel von 668, 670, 671, *671*, 674
Ostein 153
Österreich, Andreas Erzherzog von 500
- Leopold Herzog von 47
- Louise Erzherzogin von 278
- Maria Antoinette Erzherzogin von 365
- Maximilian Erzherzog von 532
- Sigismund Erzherzog von 233, 244
Ostfriesland 628
Ostler, Ignaz 580
Öttingen *38*, 76, 204, *IV*, *533, 534*, 626
Öttingen-Baldern 82
- Ferdinand Maximilian Graf von 75
Öttingen-Öttingen, Friedrich Kraft Heinrich Fürst von 157
Öttingen-Spielberg 274, 354
- Johanna Karolina Prinzessin von 522
- Walburga Josepha Fürstin von *154*
Öttingen-Spielberg-Schwendi, Johann Alois II. Fürst von 728
Öttingen-Wallerstein 87, 157, 164, 354, 755
- Ludwig Fürst von 291
Otto 273
Ow, Anna Maria von 745
- Hans Karl von 745
- Hans Otto von 745
- Hans von 745

- Johann Rudolf von 745
- Josef von 745
- Maximilian Freiherr von 745
- Rosina von 745
Ow-Wachendorf, Anna Maria Freifrau von 745
- Burkhard Freiherr von 177
- Johann Rudolf Freiherr von 745
Oxner, Franz 768

Pallmann, Helene 775
Palm 219, 609
- Eberhard Freiherr von 609
- Ernst Freiherr von 609, *609*
Pappenheim 50, 274
- Albert Graf von 165
- Karl Graf von 491
- Maria Elisabeh Gräfin von 517
- Matthäus Marschalk von 195, 258
Pappus 593, 595
Pappus von Trazberg, Aemilianus Freiherr *510*
- Karl Anton Remigius von *594*
Partenschlager Edler von Sonnenthal, Johann Baptist 266, 271, 274, 275
Paulcke, Wilhelm 484
Paulmann, Johannes 27
Paulus Diaconus 200
Paulus, Friedrich 826
Pay, Johannes de 452, 471
Pedro I., Kaiser von Brasilien 436
Pepoli, Joachim Napoleon Marquis 402
Pergolesi, Giovanni Battista 772
Peter der Große, Zar 23, 236, 627
Petershagen, Wolf-Henning 649
Pfaffenhofen 340, 736
Pfähler, R. 470
Pfalz, Karl Theodor Kurfürst von der 154
Pfalz-Neuburg 80
- Alexander Sigismund von 80
- Friedrich Wilhelm von 80, 81
Pfalz-Zweibrücken 628
Pfann, C. *612*
Pfister, Gottfried 384
Pfizer, Theodor 819
Pflug, Johann Baptist *17*, 748
Pflummern, Franz Joseph Adam Karl Freiherr von 587
Phaeton 704
Phull 628
Piatoli von Treuenstein, Friedrich Alexander Freiherr 435
Pius IX., Papst 296
Pius XII., Papst 305
Plassmann, Max 73
Plathner, Karl 386
Plato 819
Plätsch, Konrad Vintler von 565
Plessen, Elisabeth 112
Plettenberg 125, 153
Plettenberg-Mietingen 125
Plinius 200
Podatzky, Aloys Ernst von 517
Ponickau 166, 635
- Christoph Friedrich Freiherr von 157, *162*
- Friedrich Freiherr von 160
Popp-Grilli, Magdalene 208

Portia 500
Portugal, Don Pedro V. König von 410
Poseidon 707
Pozzi, Francesco 685, 690
Pozzo, CarloLuca 686
Prager, Lorenz 673
Praun, Michael 634
Precht von Hohenwart 672, 673
- Maximilian Dismas 669, 671
Pregitzer, Johann Ulrich 381
Press, Volker 13, 107, 213, 220
Prestinari, Johann Nepomuk 148, *149*, 346
Preußen, Friedrich II. König von 363, 385, 619
- Friedrich Wilhelm IV. König von 407, *409*, 410, 448
- Hermine Baroness 807
- Luise Königin von 430
- Wilhelm I. König von 406, 466
Preysing, Anna Gräfin von 291
Probst, Franz Rudolf 297
Pütter, Johann Stephan 69

Quadt 40, 42, 125, 133, 153, 156, 173, 178, 179, 306
Quadt-Wykradt, Alexander Graf von 179
- Eugen Graf von 173
- Friedrich Graf von 173
- Paul Fürst von 179
Quadt-Wykradt-Isny, Otto Graf bzw. Fürst von *141*, 141, 145, 156, 175
- Wilhelm Otto Graf von 145
Quaglio, Lorenzo 696
Quarthal, Franz 33
Quirnheim, Albrecht Mertz Ritter von 823, *827*
Raihing 633
Raimund, Ferdinand 372
Rammingen, Jakob von 196
Randegg 48
- Johann von 47
Raphael, Chaila 435
Rappenegger 352
Raßler, Eduard Freiherr von 608
Ratgeber, Valentin 715
Rath, E.E. 645
Ratzenried 780, 782
- Franz Konrad Freiherr von *594*
- Johann Philip Freiherr von 780, *780*
- Konrad Joseph Xaver Freiherr von *780*
- Maria Ursula Freifrau von *780*
Rauch, Johann Andreas 257, 680
Rechberg 45, 48, 50, 274
- Albert Graf von 289-292
- Otto Graf von 301, 302, 303
Reding von Biberegg, Anton Sebastian 81
Rehm 633
Rehmann, Emil 340
Reichhardt, Pankraz 164
Reichlin von Meldegg 595
- Anselm Freiherr *508*, 508, *509*
- Johann Christian Anselm Freiherr *594*
Reif, Heinz 24, 28, 107, 114, 123
Reigersberg 163
Reinauer 359
Reiner, Jakob 363, 364, 764
Reinhold, Karl Leonhard 87
Reintrie, La 628

Reisach, Kardinal 295
Reischach 33, *126*, 627, 746
- Eberhard Albrecht von 628
- Joseph von 746
- Werner Freiherr von 741
Reischach-Stoffeln, Hans Werner 747
Reiser, Wilhelm von 296, 300
Renlin, Philipp *246*, 525
Reuß, Heinrich XLII. Fürst 279
Reuß-Greitz, Elisabeth Prinzessin von 148
Reutter, Jörg 681
Reuttner von Achstetten, Graf *38*, IV
Reuttner von Weyl 144, 180
- Beat Konrad 695
- Karl Viktor 610
Rhaeto, Herzog 200, 201
Rheinfelden, Bertha von *193*
Ribeaupierre, Karl Roger von 650
Richelieu, Armand Jean du Plessis, Herzog von 82
Richter 298
- Jürgen 222, 247
Riedele, Joseph 161
Riedheim 165
- Carl Theodor Freiherr von 165
Riedinger, Georg 682
Riezler, Sigismund von 165, 340
Rilke, Rainer Maria 809
Ringingen 48
Ritter-Groenesteyn, Anselm Franz Freiherr von 691
Roddo *469*
Rodt 515, 627
- Franz Christoph Joseph von 517, *628*
- Franz Conrad Kardinal von 217, 517-520, 522, 524, 677, 686
- Marquard Rudolf von *80*, 81
- Maximilian Christoph von 516, 517, *536*, *550*, *677*, *686*
Roggerius, Ambrosius 11, 15
Romano, Giulio 681
Rommel 38
- Septimus *631*, *633*, *640*
Roos 747
Rosinack, Franz Joseph 368
Rösner, Hermann 313, 316
Rossini, Gioacchino 375
Rotenfahn *194*, 195, 200, 201, 202
Rotfelder *38*
Roth 633, 638
- Franz Gabriel *687*, *688*
- Johann Gabriel *288*, 688
Roth von Schreckenstein *756*
- Carl Freiherr von 338
- Honorius Freiherr 536
Rothschild 155
Rotteck, Karl von 481
Rottenkolber, Joseph 513
Rousseau, Jean Jacques 726
Rudolf I., König 183, 230, 320
Rudolf II., Kaiser 204, 378, 500, 778
Ruef 583
Ruegger, Johann 147, *148*
- John *338*
Ruez, Jakob 722
- Johann Willibald 691
Rühle 79

Ruösch 576
Rüpplin *126*
Ruprecht, König 48
Rüscher, Jakob 692
Rüttel, Andreas d. J.202

Sachsen, Clemens Wenzeslaus Kurfürst von 517-519, 522-524
Sachsen-Weimar *126*
Sailer, Sebastian 366
Saint-Martin, Monique de 25
Salm *38, IV*
Salm-Dyk, Franz Graf von 765
Salm-Kyrburg 437
- Amalie Zephyrine Prinzessin zu 401, 402, 406, 437, 442, 461-464, 724
Salm-Reifferscheid, Marie Ernestine Gräfin 258
Salm-Reifferscheid-Bedbur, Maria Walburga Eleonore, Gräfin von 727
- Sigmund Graf von 725, 727
Salm-Reifferscheid-Dyck 125, 153
Salm-Salm 125
Salzmann, Franz Joseph 721
Sarwey 302
Sauter, Johann A. *633*
- Johann Georg *239*, 488
Sayer, Lorenz 358
Sayn-Wittgenstein, Haus 628
Schad 631, 633, 635, 636, 638, 647
- Adolph Benoni 640, 653
- Berthold 631
- Christoph Erhard *636*
- Franz Daniel 641
- Gustav Benoni *636*
- Hans 636, 747
- Heinrich Friedrich 640
- Irenaeus *636*
- Jakob 636
- Johann Jacob 633, 634, *634*, *636. 640, 653*
- Johann Ulrich 640
Schad von Mittelbiberach 631, 647, 651, 652
- Franz Daniel 613
- Hans 632
- Moriz 607, 608, 612
Schaesberg 125, 133
Schäffer 79
Schaffler, Josef Anton 768
Schall zu Bell, Elisabeth Augusta Gräfin von 220
Scheffel, Josef Victor von 341
Schellenberg 48, 233, 778
- Gebhard II. von 564, 565
- Hans I. von 563, 564
- Hans II. von 565
- Hans Ulrich von 261
- Heinrich von 47
- Maria Anna von 255, 256, 261, 263
- Regina von *779*
- Wolf von *779*
Schellhammer 386
Schelsky, Helmut 118
Schenk von Castell, Franz Ludwig Graf 695, 772
Schenk von Limburg, Agnes Freiin *184*
Schenk von Stauffenberg *20, 38*, 40, 42, 515, 627
- Alexander Graf *817, 819*, 820, *821*
- Alfred Graf *817*, 818, 819, *821*, 822
- Berthold 612, *817*, 819, *820*, *821*, 822, 823, 827
- Caroline Gräfin 819
- Claus Graf 13, 612, 817-828, *820-822*, 827
- Elisabeth Gräfin *822*
- Franz Freiherr 132, 173, 177, 611, 612
- Franz Ludwig Graf 818, *822*
- Heimeran Graf *822*
- Johann Franz 818
- Konrad Maria Graf *817*
- Maria Gräfin *817*
- Marquard Sebastian 818
- Melitta Gräfin 817, *817*
- Nina Gräfin 820, 822, 824, 828
- Valerie Gräfin *822*
Schenk von Schweinsberg, Wilhelm 405, 448
Schenker *100*
Scherer, Ludowika Sophia 436
Schermar 633, 647
- Anton Paul 638, *639*
Scheucher, Hannes *32, 33*
Scheuchzer, Wilhelm *337*
Schickhardt, Heinrich 679
Schiller, Melitta *817*
Schindele, Johann Michael 772
Schinnagel, Marcus 741, *742*
Schlaier, Bernd 644
Schlayer 610
Schlegel, Friedrich *757*
Schlenk, Christian *177*
Schlicht, Katharina von 779
Schlick, Gustav *373*
Schlosser, Johann Georg 93, 94
Schlözer, August Ludwig von *88*, 90, 91
Schmalegg, Heinrich von 231
Schmid, Alois 765
- Georg 765, 770
Schmitner, F.L. *33*
Schnadenberger, Eva 15, 790
Schneider, Johann Leonhard *648*
- Joseph Anton 294
Schnell, Eugen 385, 462
Schnizer, Franz Xaver 767
- Joseph Joachim *171*
Scholl, Joachim Johann 695
Scholz, Wilhelm von 813
Schönberg, Arnold 343
Schönborn 216, 546, 715
- Anselm Franz Graf von *548*
- Damian Hugo Graf von 216, 217, 222, 677, 686
- Johann Philipp Franz Graf von 545, 547
- Lothar Franz Graf von 261, 545, 689
Schönborn-Buchheim 124
Schönfeld, Johann Heinrich 726
Schongauer, Ludwig *740*, 741
- Martin 744
Schöppl, Matthias *12*
Schramm, Melchior 363, 772
Schreckenstein, siehe Roth von Schreckenstein
Schreiber 295
Schreiner, Klaus 194
Schubert, Franz 375
Schuch, Andreas *634*
Schulenburg, Fritz-Dietlof von der 117

Schulte, Aloys 340
Schultheiß von Sindringen 672
- Johann Erasmus 671
Schumann, Clara 373
- Robert 373
Schumpeter, Joseph 109, 119
Schuoler, Adam 681
Schupp, Volker 206
Schütz, Johannes 257
Schwab 356
- Anselm II. 694, 728
- Gustav 391
- J.C. *33*
Schwanzer 305
Schwartzenberger, Georg 680, 701
Schwarz, Hans 701
Schwarzenberg 34, 39, 40, 124, 163, 189, 354
- Ferdinand Fürst von 189
- Ferdinand Wilhelm Fürst von 79
- Josef Fürst von 189
Schwarzmann, Eduard 383, 391
Schweden, Viktoria Königin von *482, 483*
Schwendi, Lazarus von 45
Schwenningen, Elisabeth von 232
- Heinrich von 232
Schwenterley, H. *88*
Schwerin, Ulrich Graf von 824
Scotti, Pedro 690, 706
Seckendorff *126*
- Götz Baron 807
Seekatz, Johann Conrad 717
Seele, Johann Baptist 725, *727*
Seidl, Emanuel von 452, 455, 471, 472
Sell, Karl 310, 313, 316
Senfl, Ludwig 363
Servandoni, Giovanni 693
Seutter 647
Seydlitz, Reinhard Baron von 810
Seyfried 480
Shakespeare, William 819
Sickingen *725*
- Anna Sophia von 517
- Ferdinand Hartmann von 517
- Franz von 90
- Kasimir Anton von 517
- Maria Elisabeth von 517
- Theresia Benedicta von 517
Sigismund, Kaiser 48, 636
Sigriz, Friedrich 434
- Heinrich 434
- Joseph 434
Silcher, Friedrich 371
Simmel, Georg 25
Singer, Franz 352
Sirgenstein 778
Sixt, Johann Abraham 364
Sloterdijk, Peter 111
Sobieski, Jan, König von Polen 236
Söckler, J. Mich. *516*
Soden-Fraunhofen, Alfred Graf von 802
Solari, Francesco 688
Solms-Laubach 205
Solms-Lich, Josefine Gräfin zu 236
Solomé von Remberviller, Anton 433

- August Peter 434
Sonner von Sonnenberg, Barbara Juliana 566
Spangenberg, Johann Georg Freiherr von 523
Spät, Margarete 741
Spaur, Marie Therese Gräfin von *12*
Spaur-Plumb-Valor, Katharina von 533, 535
Specht, Johann Georg 692, 693, 696
Specker, Hans Eugen 653
Speidl, Heinrich Eberhard Baron 575, 576
Spengler, Oswald 116
Sperges, Joseph von 717
Speth 515, 584, 606, 725, 780
- Marquard Carl Anton Freiherr 695
Speth-Ehestetten-Zwiefaltendorf, Mathilde Freifrau von 784
- Max Josef Freiherr von 784
- Maximilian Freiherr von 784
Speth-Untermarchtal 145
Speth-Zwiefaltendorf *38, 59*
Spiegler, Franz Joseph 257, 726
Spieler, Andreas 663, 664
Spitzemberg *126*, 287
Spreti, Rudolf Graf 180
Sprißler, Josef 405
Sproll, Johannes Baptista 305, 306
Staader, Johann Baptist 428
Staader von Adelheim 779
Stadion *19*, 34, 39, 40, 42, 124, 133, 155, 515, 725, 747, 757, 772
- Eduard Graf von 748
- Franz Konrad Graf von *12*
- Friedrich Graf von 716, 717, 725, *726*
- Friedrich Lothar Graf von *12*, 99
- Johann Philipp Graf von *12*, 162
- Maria Ludovika Gräfin von *12*
- Maria Maximiliana Gräfin von *536*
- Marie Therese Gräfin von *12*
- Maximiliane Gräfin von *725*
Stain 606
Stamitz 372
- Johann 772
Stammler 633
Stampart, Frans van *216*, 715
Starhemberg 236
Starkenberg 200
Staubwasser 165
Staufen, Barbara Freiin zu *184*
Staufer 47, 229, 230
Stauffenberg, siehe Schenken von Stauffenberg
Stauffer von Ehrenfels 165
Steffelin, Aloys von 269
Stein 48, 357
- Heinrich Baron von 810
- Karl Freiherr vom 90, 95, 205
- Wolf Heinrich von 503
Steinbach, Franz 20
Steinbeis, Ferdinand 344, 345
Steinküll 274
Steinle, Leonhard 162
Stekl, Hannes 143
Stengel, Georg von 165
Stephan, Heinrich von 799
Sternberg 99
- Maria Josepha Gräfin von 326

Sternberg-Manderscheid 39, 125, 155
Stetten, Karl Baron 807
Steußlingen 48
Stieler *100*
Stillfried 407
Stimmer, Tobias *736, 737*
Stocker, Jörg 745
Stockmaier, Emil 490
Stoffeln 195
Stöhr 357
Stölzlin, David 634
Störcklein, Johann Heinrich *288*
Storer, Christoph 720
Stoß, Andreas *657*
Strauss, Richard 809
Strauss-Nemeth, Laszlo 373
Strigel, Berhard 740, 741, 744
Strölin, Ulrich 635
Ströllen 633
Strüb, Hans 739
- Peter 739
Stubenrauch 64
Stüler, Friedrich August 446, 450
Sulz 51, 76, 82, 183, 184, 189, 190, 204, 235, 533
- Agnes Gräfin von *184*
- Alwig VIII. Graf von 184, 185
- Barbara Gräfin von *184*
- Carl Ludwig Graf von 184, *186,187, 188,*190
- Johann Ludwig II. Graf von 78, 79, 189, *189*
- Maria Anna Gräfin von 189
- Rudolf Graf von 183, *184,*184-187, 190
- Rudolf III. Graf von 183
- Theresia Felicitas Gräfin von 323
Sulzer, Johann Georg 726
Sunthaym, Ladislaus 195
Suter, J. *26*
- Johann Georg 746

Tacitus 200
Talhofer, Hans 756
Talleyrand-Perigord, Charles Maurice Herzog von 100, 273, 343, 401
Tanne, Werner von 703
Taube, Otto Baron 808
Taubenheim *126*
Taumann 79
Teck 195
Telemann, Georg Philipp 772
Tessin 627
Teufel, Edeltraut *118*
- Erwin *118*
Thalberg, Sigismund 373
Thannheim, Michael von 177
Theer, R. *100*
Thoma, Emil 813
Thormaelen, Ludwig 827, 828
Thourneyser, Joh. Jac. *32*
Thümmel, Moritz August von 90
Thun 216
- Johann Ernst Graf von 215
Thun-Hohenstein 238 hun, Maria Anna Gräfin von 204
Thüngen, Dietz Freiherr von 823, 827
Thurn und Taxis *22,* 34, 39, 40, 102, 124, *129,* 129, 133, 134, 142, 155-157, 219, 222, 226, *249,* 253, 300, 306, 354, 530, 719, 846
- Elisabeth Prinzessin von 334
- Henrica Carolina von 728
- Karl Anselm Fürst von 156, 250, 251, 252
Tiberius 201
Tiepolo, Giovanni Battista 685
Tischbein, Johann Heinrich *12, 19,* 725, *726, 747*
Törring, Maria Katharina Gräfin von 536
Törring-Gutenzell 273, 274
Törring-Jettenbach 40, 42, 125, 133, 145, 155
Törring-Seefeld 125
Trauttmannsdorff, Ferdinand Graf bzw. Fürst von 102
Trazberg, siehe Pappus von Trazberg
Treitler, Ferdinand 493
Tresckow, Henning von 823
Treuberg, Ernst Graf von 436
- Franz Xaver Nikolaus Fischler Graf von *436,* 436
Trugenberger, Volker 15
Tschachtlan, Bendicht *46*
Tschudi. Ägidius 200
Tübingen *193,* 201, 206, 683
- Hugo Pfalzgraf von *193*

Uhland, Ludwig 371, 613
Ulm 515, 558, 606, 778, 784
- Bertha von 784
- Eberhard von 784
- Hans-Ludwig von 747
- Heinrich von 501
Ulm-Erbach *21, 38,* 747, 780, 785
- Bertha Freifrau von 785
- Constantin Freiherr von 177
- Eberhard Freiherr von 785
- Franz Freiherr von 748
- Helene Freifrau von 785
- Karl Freiherr von 38, IV
- Ludwig Freiherr von 747
- Max Marquard Freiherr von 35, IV, 785
- Maximilian Freiherr von 785
- Philippine Freifrau von 785
Ulm-Erbach-Mittelbiberach, Maximilian Freiherr von 608
Ulm-Erbach-Werenwag, Carl Freiherr von 694
Ungelter 633
Ungelter von Deisenhofen, Johann Nepomuk 522
Üxküll, Nikolaus von 824
Üxküll-Gyllenband 818
- Alfred Graf von 818
- Caroline Gräfin von 818
- Valerie Gräfin von 818
Valois *126*
Vanotti, Ignaz 205
- Johann Nepomuk von 60, 205, 206-208, 213
Veauchoux 628
Verschuer, Ernst von *338*
Vetter, Vinzenz 765, 769
Vivier 628
Vochezer, Joseph 165, 247
Vogel, Josef 493
Vogt von Altensumerau, Franz Johann Freiherr 80, 81
- Joseph Thaddäus Freiherr 581
Vöhlin 158
Voit von Salzburg, Melchior Otto 768

Vollgraff, Carl 129
Völs, Ursula Catharina Colonna von 533, 538
Voumard von Wehrburg, Karl 437
Vreneberg 164

Wächter 769
Waechter-Spittler, Felix Freiherr von 607
Wagner, Ferdinand Friedrich *491*
- Richard 810
- Theodor *171*
Wahl, Maria Anna Gräfin von 351, *354*
Waibel 355
Walberg, Petrus von 628
Walburga, Hl. 719
Waldbott, Friedrich Carl Graf von154
Waldbott-Bassenheim 99, 125, 154
Waldburg 34, 45, 48, 51, 53, 79, 102, 144, 165, 195, 196, 200, 207, 219, 222, 229, 230, 232, 238, 241-245, 247-253, 255, 257-259, 263, 265, 267, 269-273, 271, 275, 276, 278, 280, 281, 283, 288, 291, 293, 307, 309, 310, 515, 533, 534, 677, 678, 687, 703, 705, 717, 720, 756, 776, 778, 779
- Georg I. Truchseß von 775
- Georg III. Truchseß von 244, 258, 703, 744
- Jacob Truchseß von 680, 776, 778, 779
Waldburg-Capustigall 250, 269
- Friedrich Ludwig II. Graf von 269
- Friedrich Ludwig III. Graf von 269, 281
Waldburg-Friedberg-Scheer 78, 627, 716, 721, 722
- Christoph Graf von 532
- Christoph Karl Graf von 246
- Maximilian Wunibald Graf von 718
- Otto Graf von 246
- Wilhelm Heinrich Graf von 246
Waldburg-Friedberg-Scheer-Dürmentingen
- Josef Wilhelm Graf von 247, 249, 718, 780
- Leopold August Graf von 719
- Maria Elenore Gräfin von 718
Waldburg-Sonnenberg, Johann Graf von 779
Waldburg-Syrgenstein, Carl Graf von *294*
Waldburg-Trauchburg 241, 246, 247, 248, 250, 252
- Christoph Truchseß von 245, 247
- Gebhard Truchseß von 245, 250
- Karl Truchseß von 245, 250
- Otto Kardinal von 45, *307*, 720
- Otto Truchseß von 47
- Wilhelm d.Ä. Truchseß von 245
Waldburg-Trauchburg-Dürmentingen, Christoph Franz Graf von 246, 718
Waldburg-Trauchburg-Kißlegg 222
- Franz Carl Eusebius Graf zu 250, 310, 691, 719
- Johann Ernst I. Graf von 246
- Johann Ernst II. Graf von 60, 250, 687, 704, 705
Waldburg-Wildenhoff-Landsberg, Friedrich Truchseß von 269
Waldburg-Wolfegg 34, *38,* 40, 134, 157, 180, 181, 197, 255, 261-263, 266, 269-271, 275, 281, 283, 285, 293, 303, 304, 306, 533, 626, 627, 705, 764, 767, 769, 775, 781, 789
- Carl Eberhard Graf von 265
- Clara Isabella Gräfin von 743
- Ferdinand Ludwig Graf von 255, *256,* 258-261, 263, 780
- Ferdinand Maria Graf von 267, 765
- Franz Xaver Fürst von 788
- Friedrich Graf von 789
- Jakob Truchseß von 703, 743
- Johann Ferdinand Graf von 261
- Johann Graf von 764
- Johann Truchseß von 764
- Johannes Nepomuk Graf von 789
- Joseph Franz Graf von 260, 262, 705
-, Maria Anna Gräfin von 255, 256, 261, 263, 267
-, Maria Antonia Gräfin von 261
- Max Willibald Graf von *119,* 271, 568, 720, 743, *744, 756,* 760, 764
Waldburg-Wolfegg-Waldsee 34, 41, 42, 124, *129,* 133, 142, 222, 250-252, 265, 301, 354, 705, 720, 743, 785, 787
- Adelheid Fürstin von *176,* 176
- Anton Willibald Graf von 266
- August Friedrich Graf von 145, 294-296, *296,* 304
- Carl Maximilian Graf von 265
- Elisabeth Fürstin von *147*
- Elisabeth Gräfin von 285
- Franz Erbgraf bzw. Fürst von *38,* 176, 301, 303, 304, *IV*
- Franziska Gräfin von 785
- Friedrich Fürst von *147*
- Friedrich Graf von *303,* 304, 789
- Georg Graf von 789
- Johannes Fürst von 176, 841-846, *841*
- Johannes Graf von 176, 783, 785
- Joseph Anton Graf bzw. Fürst von 265, 266, 274, *275*
- Joseph Graf von *303*
- Maria Theresia Gräfin von 694
- Marie Sophie Gräfin von 788
- Maximilian Erbgraf bzw. Fürst von 303, *303,* 304, 306
- Maximilian Willibald Fürst von 176
- Michaela Gräfin von 176
- Sophie Fürstin von 298, *303,* 303
- Walburga Gräfin von *765*
Waldburg-Zeil 34, 35, 38, *38,* 40-42, 123, 124, *126, 129,* 133-135, 142, 157, 171, 172, 180, 181, 222, 265, 266, 269, 270, *272,* 274, 275, 283, 285, 293, 294, 297, 301, 306, 316, 354, 626, 627, 705, 744, 775, 781, 782, 785, 817
- Alexandrine Gräfin von *294*
- Alois Graf von 127, 135, 172, 173, *174,* 175
- Anna Gräfin von *294*
- Anton Graf von 310
- Clemens Graf von 267
- Constantin Erbgraf bzw. Fürst von *38,* 39, 40, 130, 141, 172, 284, *284,* 285, 287, 289-293, *292, 294,* 297, 298, *299,* 300, *IV, 615,* 781, *781,* 789
- Constantin Graf von 297-300, *299*
- Erich Erbgraf von *113, 114,* 285
- Erich Fürst von 42, 130, 135, 173-175, *175,* 306, 313, 316, 729, 817
- Ferdinand Graf von 267
- Franz Anton Graf von 250
- Franz Ernst Graf von 247
- Franz Fürst von *757*
- Franz Thaddäus Erbgraf bzw. Fürst von 269, 273, 276, 281, 283, *283,* 287, 289
- Froben Truchseß von 681, 744
- Georg Fürst von *113,* 174, *175,* 175, 178, 309, 311, 313, 314, 316, 317, *317*
- Georg Graf von 287, 291, 293, 757
- Johann Christoph Graf von 683

- Joseph Graf von 313
- Konstantin Leopold Graf von 172
- Leopoldine Gräfin von 298
- Ludwig Bernhard Graf von 144
- Maximilian Wunibald Erbgraf bzw.Fürst von 37, 266, 267, 270, *270*, 273, 275, 276, 278-283, 287, 434
- Maximiliane Fürstin von 293, *294*
- Mechthild Gräfin von 287
- Ottoline Gräfin von *294*
- Rosina Amalia Gräfin von 538
- Sigmund Christoph Graf von 267, 273, 276
- Therese Fürstin von 306
- Therese Gräfin von 174
- Wilhelm Erbgraf bzw. Fürst von 145, 172, 294, *294*, 295, 297, *300*, 302, 303

Waldburg-Zeil-Hohenems, Clemens Graf von 269
Waldburg-Zeil-Wurzach 4, *18*, 34, *65*, 124, *129*, 250, 265-267, 269, 270, 272, 275, 283, 285, 621, 694, 705-707, 787, 788
- Carl Maria Wunibald Thaddäus Graf von 720
- Eberhard Ernst Graf bzw. Fürst von *4*, 267, 268, 783
- Eberhard Graf von 267
- Ernst Jakob Graf von 688, 706
- Franz Ernst Graf von 691
- Joseph Graf von *4*, 267, 689, 691, 694
- Leopold Erbgraf von *4*, 267
- Maria Antonia Gräfin von 267
- Maria Antonie Gräfin von 722
- Maria Franziska Gräfin von 534
- Maria Katharina Gräfin von *4*
- Maria Kunigunde Anna Gräfin von 538
- Maria Walburga Eleonore Gräfin von *725*, *727*
- Sebastian Wunibald Graf von 247
- Therese Gräfin von 722
Waldseemüller, Martin 743
Waldstein 777
Waldstein-Wartenberg, Maria Anna Teresa Fürstin von 720
Walk, Eustach 155
Wallis, Theresia Olivier von 534
Walter, Franz 368, 375
- Georg Friedrich von 432
Wangenheim 282
Wannenmacher, Christian 66
Wartenberg 320
Wartenberg-Roth 125, 273
Watteau, Jean Antoine 717
Weber *38*, *IV*
- Carl Maria von 373
- Hermann A. 450
- Johann Baptist *351*, 352
- Reinhold 173
Weckenmann, Johann Georg *723*
Wedekind, Frank 809, 814
Wegelin, Georg 499
Wegscheider, Josef Ignaz 350
Wehling, Hans-Georg 15
Weidenbach, Christoph von 437
- Gustav von 437
- Karl von 437
Weil *38*
Weinrauch, Ernestus 371
Weise, Robert 813
Weishaupt 180

Weiss, Franz Joseph *326*, *365*
- Josef 739
- Marx 739
Weißenstein *126*
Weißhaar 355
Wekhrlin, Wilhelm Ludwig 69, 213
Welden 45, 52, 53, 57, 59, 145, 515, 558, 579, 606, 610, 672, 674
- Carl Albrecht Freiherr von 610
- Carl Freiherr von 52, 609
- Franz Freiherr von 608-610, 612
- Franz Philipp Freiherr von 57
- Konstantin Freiherr von 609
- Ludwig Joseph Freiherr von 522
Welfen 841
Welsberg 558
- Katharina Helena von 533
Welsch, Maximilian von 689, 691
Welser 647, 653
- Max Theodosius Freiherr von 653
Welz 672
- Christoph Heinrich von 671-674
- Georg Christoph von 665, 666, 669
- Johann Philip von 665
- Julie von 674
Wenige, Therese Freiin von 287
Wening, Michael 204
Werdenberg 48, 195, 204, 206, 532
- Hugo Graf von 233
Werdenberg-Heiligenberg, Agnes Gräfin von 197
- Kunigunde Gräfin von 197
Wernhammer, Johann Georg 772
Westernach 50, 515
Wetzel, J.J. *26*
Weyden, Rogier van der *738*
Weyer. Johann Peter 738
Weyl 180
Widukind 198
Wied, Marie Prinzessin von *116*, *117*
Wiedemann, Michael 696
Wiedmann 356
Wieland, Christoph Martin 725, *747*, *757*, 772
- Johann Georg 718, *718*, *725*
Wienfort, Monika 114, 165
Wierith, Nikolaus *74*
Wiest, Andreas *290*, *291*, 610
Wild, Bernhard 160
Wild- und Rheingrafen 235
Wilhelm II., Kaiser 343, 346, 347, *800*
Wilhelm, August 340
Willi von Langfeld, Franz Freiherr 434
Willibald, Hl. 719
Wilts, Andreas 208
Windischgrätz 42, 102, 124, 131, 133, 144, 153, 155
- Alfred Fürst von 41, 144
- August Fürst von 144
- Ludwig Fürst von 144
Windthorst, Ludwig 298
Winter, Sebastian 365, 366
Winterstetten 207
Wirth, Paul 467
Wisborg, Bettina Bernadotte Gräfin af 847
- Björn Bernadotte Graf af 847
- Lennart Graf af 482

Wittelsbach 32, 40, 158, 162, 244, 322. Vgl. auch Bayern
Wocher, Friedrich *516*
Wöhrstein (Wehrstein), Karl Friedrich Wilhelm Freiherr von 431
Wolbach, Christoph Leonhard 640, 653
Wolcker, Matthäus 747
Wolff, Isabella Freiin von 797
Wolffskeel 156
- Johann Karl Alexander von 156
Wolfgang, Georg Andreas *497*
Wölfle, Johann *488*
Wolfskehl, Karl 820, 824
Wolfurt, Johann Euchar von 499, 501
Wölkern 647
- Christoph Karl Leopold von 640, 641
- Ludwig Christoph Karl Leopold von 653
Woller, Michael *338*
Wolzogen, Ernst von 807
Wunibald, Hl. 719
Würtenberger, Ernst 813
Würth, Karl Otto 405, 406
-, Reinhold 737
Württemberg *26*, 53, 57, 126, 181, 195, 244, 285, 495, 626, 645, 747, 754, 782, 806
- Carl Herzog von 744
- Carl Alexander Herzog von 69, 306
- Carl Eugen Herzog von 62-64, 69, 363, 368, 721, 728
- Charlotte Königin von 494, 819
- Christoph Herzog von 62
- Diane Herzogin von *110*, 113
- Eberhard Herzog von 62
- Eberhard III. Herzog von 832
- Eberhard Ludwig Herzog von 60, 626
- Eleonore Fleur Herzogin von *110*
- Elisabeth Herzogin von 476, 741
- Eugen Prinz von 744
- Friedrich Herzog von *116*, 831-833
- Friedrich Karl Herzog von 78
- Friedrich Prinz von *126*
- Friedrich Prinz, Herzog, Kurfürst bzw.König von 35-39, *35*, 127, 129, 144, 153, 155, 156,170, 220, 276, *277*, 278, 280, 282, 283, 371, 487-489, 585, 598, 653, 670, 744, 793
- Heinrich Graf von 754
- Karl Kronprinz bzw. König von *126*, 493, 612
- Ludwig Eugen Prinz von 523
- Mathilde Herzogin von 113, 114, 285
- Odo von 305, 306
- Olga Königin von 493, *494*
- Philipp Herzog von *108*, *109*
- Ulrich Graf von 631
- Wilhelm Graf von *126*
- Wilhelm I. König von 39, *126*, 129, 171, *171*, 205, 283, 284, 290, 410, *489*, 489-491, 606, 610, 744
- Wilhelm II. Prinz bzw. König von 493, *494*, 494, 797, *799*, 800, 801, 818
Würz von Rudenz, Christoph Rudolph 628
Yorck von Wartenburg, Peter Graf 824
Zacharia, Cesare de 363, 364
Zeiller, Johann Jakob 726
Zeller, Johann Martin 164
Zelling 672
- Johann Michael von 671
- Michael Felician von 674
Zentner, Georg Friedrich von 595
Zeppelin, Eberhard Graf von 797
- Ferdinand Graf von 13, 494, 793-803, *793*, *794*, *797-802*
- Ferdinand Ludwig von 793
- Friedrich Graf von 794-796
- Johann Karl von 793
Zeus 705, 707, *707*, *708*, 709
Zick, Januarius 717, 726, *731*
Ziegler 430
Zimmermann, Wilhelm 293
Zimmern 48, 196, 204, 350, 563, 736, 752, 753, 775, 776
- Anna Gräfin von 702
- Froben Christoph Graf von 195, 197, 245, 680, 754
- Gottfried Graf von 564
- Gottfried Werner Graf von 775, 776
- Wilhelm Werner Graf von 197, *198*, 754, *754*, 756
Zingeler, Karl Theodor 383, 390
Zobel zu Giebelstadt, Maria Ludovika Freiin von *12*
Zollern 47, 195, 196, 533. Siehe auch Hohenzollern
- Eitelfriedrich Graf von 775
Zollern-Schalksburg, Mülli Graf von 391
Zollikofer, Leonhard 679
Zucchi, Andreas *32*
Zürn, Jörg 747
- Martin 790
Zweifel, Johann Benedikt von *663*
Zwerger, Franz von 671

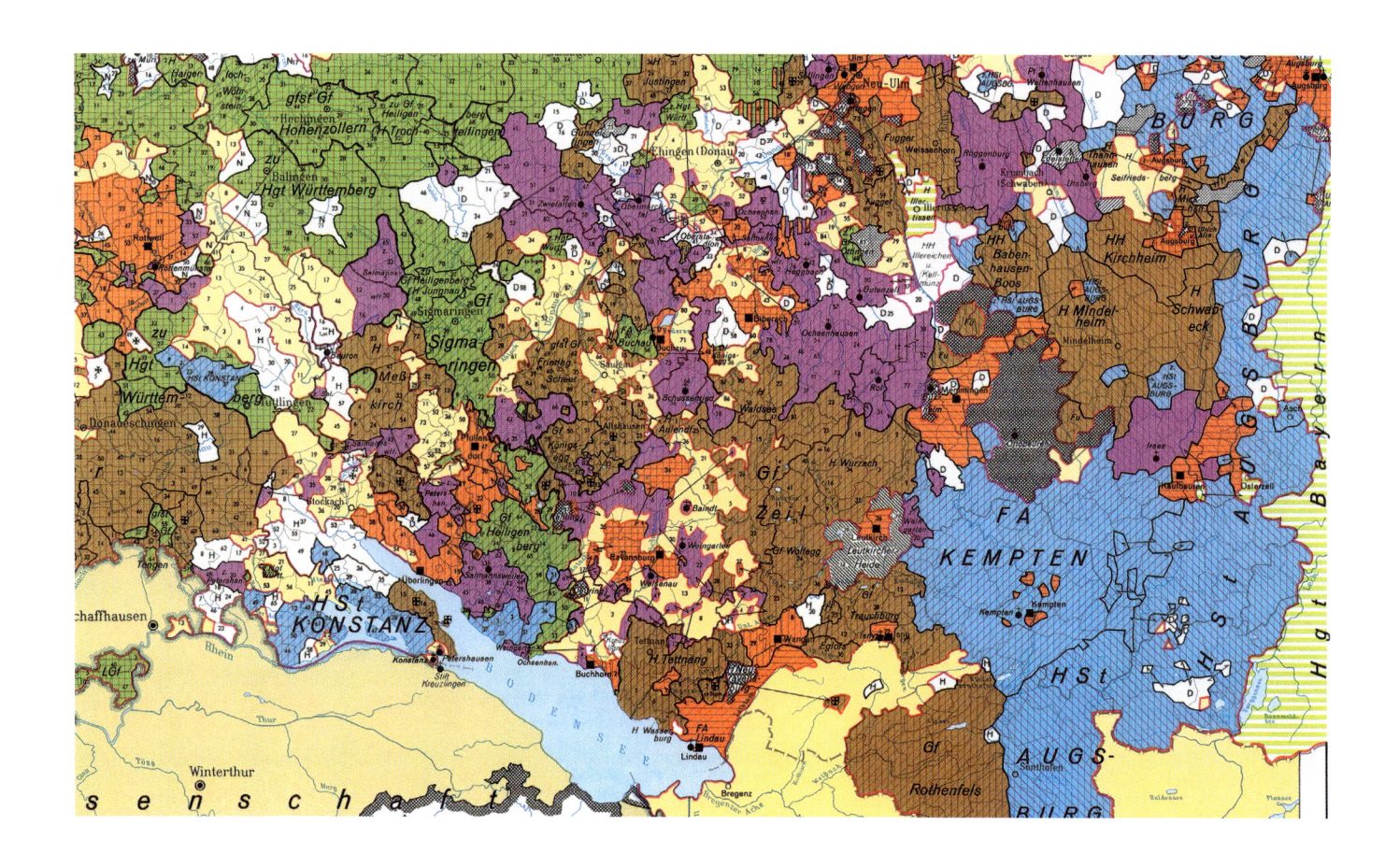

Landesherrschaften in Oberschwaben um 1800. Karte bearbeitet von Gerd Friedrich Nüske.

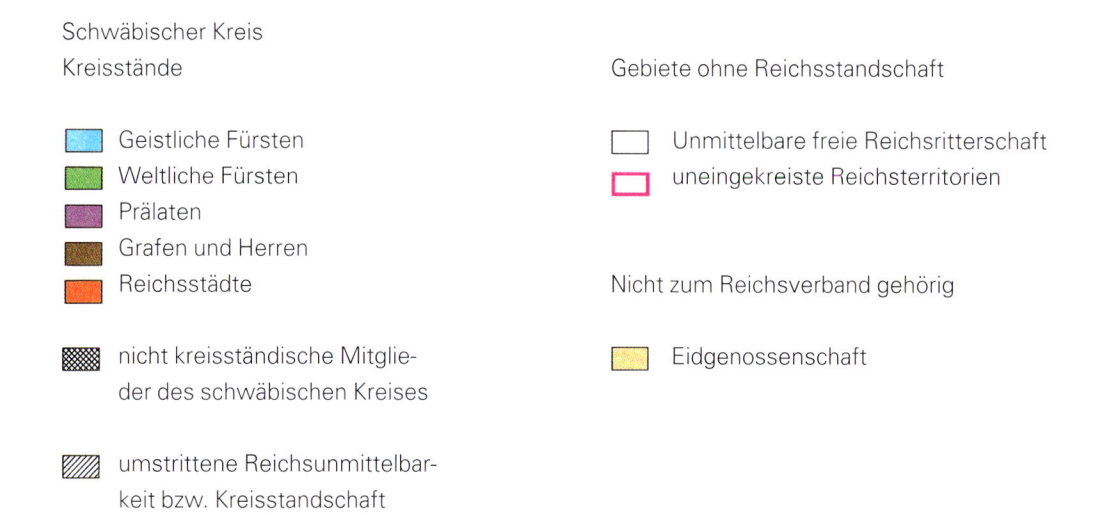

Schwäbischer Kreis
Kreisstände

- Geistliche Fürsten
- Weltliche Fürsten
- Prälaten
- Grafen und Herren
- Reichsstädte

- nicht kreisständische Mitglieder des schwäbischen Kreises

- umstrittene Reichsunmittelbarkeit bzw. Kreisstandschaft

Gebiete ohne Reichsstandschaft

- Unmittelbare freie Reichsritterschaft
- uneingekreiste Reichsterritorien

Nicht zum Reichsverband gehörig

- Eidgenossenschaft

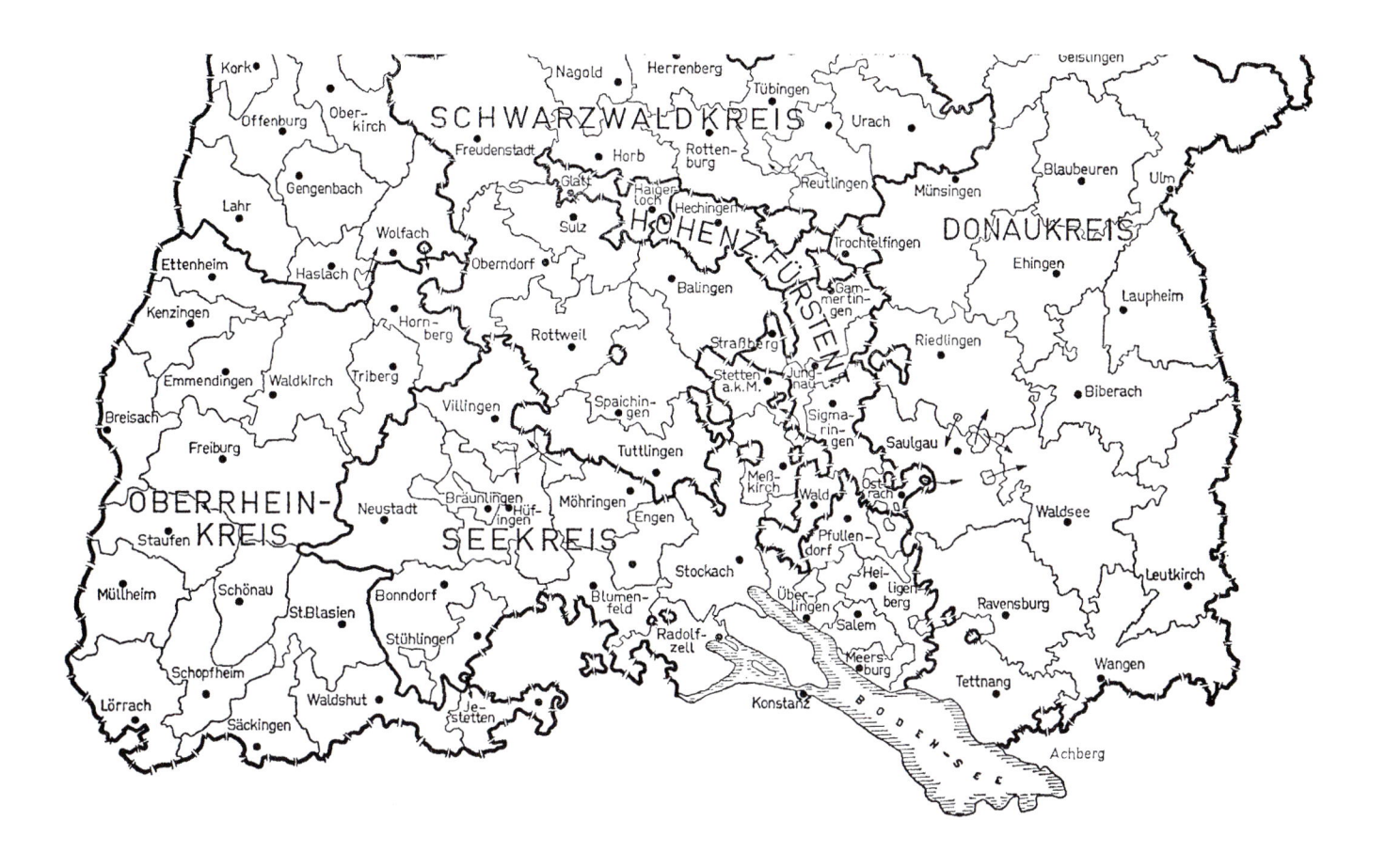

Verwaltungseinteilung der südlichen Teile des Königreichs Württemberg und des Großherzogtums Baden sowie der Fürstentümer Hohenzollern-Sigmaringen und Hohenzollern-Hechingen um 1835.

Die Gesellschaft Oberschwaben

Geschäftsstelle
Kreisarchiv Bodenseekreis,
Albrechtstr. 75,
88045 Friedrichshafen
Tel. +49 (0) 75 41 / 204 – 58 73,
Fax +49 (0) 75 41 / 204 – 58 75
kreisarchiv@bodenseekreis.de
www.gesellschaft-
oberschwaben.de

Die Kulturlandschaft Oberschwaben mit ihren vielen mittelalterlichen Städten, den Burgen und Schlössern, den barocken Kirchen und Klöstern, den behäbigen Dörfern und verstreuten Höfen ist der ästhetische Abdruck der Geschichte, die geprägt wurde durch die Kleinheit der politischen Räume und eine gewisse Gleichwertigkeit der Stände Adel, Geistliche, Bürger und Bauern. Geschützt durch Kaiser und Reich, entwickelte sich aus Zusammenarbeit und Konkurrenz adliger und geistlicher Herrschaften, kleiner städtischer und bäuerlicher Republiken ein an Formen reiches wirtschaftliches und kulturelles Leben.

Die Bürger gewannen im Mittelalter als Handwerker und Kaufleute eine Führungsstellung in der europäischen Wirtschaft und in der Kunst.

Die Bauern erprobten in der Reformationszeit praktisch und theoretisch das Modell eines republikanischen Deutschlands und schufen trotz der Niederlage im Bauernkrieg von 1525 dauerhafte parlamentsähnliche Formen politischer Repräsentation.

Die Äbte machten aus der Region eine der dichtesten Barocklandschaften des katholischen Europas.

Der Adel sicherte durch Verbindungen zum Wiener Kaiserhof die politische Autonomie gegenüber Begehrlichkeiten benachbarter Fürsten.

Wachsamkeit gegen Machtpolitik hat sich so in der oberschwäbischen Geschichte eingeprägt.

Napoleon machte der politischen Kleinräumigkeit und der kulturellen Vielfalt ein Ende. Oberschwaben, der Raum zwischen Lech und Schwarzwald, Schwäbischer Alb und Bodensee, wurde zwischen Württemberg, Bayern, Baden und Hohenzollern aufgeteilt und rückte damit, wie nie zuvor in seiner Geschichte, politisch, kulturell und wirtschaftlich an die Peripherie.

Was aus der Perspektive des bürokratischen Staates und einer industriekapitalistischen Wirtschaft im 19. Jahrhundert als provinziell erschien, erweist sich heute als glückhafte Rückständigkeit. Mit seinen alten republikanischen Traditionen, Bürger zur Kritik am öffentlichen Leben zu ermuntern und sie an Problemlösungen zu beteiligen, bietet Oberschwaben historische Modelle, die für eine moderne Gesellschaft in Deutschland und der Europäischen Union nutzbar gemacht werden können. (Peter Blickle)

Ziele

Solche Traditionen regionaler Identität durch wissenschaftliche Forschung und öffentliche Darstellung bewusst und sichtbar zu machen, Oberschwaben wieder als Kultur-, Geschichts- und politische Landschaft zu begreifen, ist die Zielsetzung der Gesellschaft Oberschwaben.

Oberschwaben hat viel zu bieten – nur entdeckt und erforscht muss es werden!

Die Gesellschaft unterstützt den Informationsaustausch und die Zusammenarbeit unter allen, die sich mit oberschwäbischer Geschichte und Kultur befassen. Als Mitglied der Gesellschaft Oberschwaben werden Ihnen regelmäßige Einladungen zu Veranstaltungen, Exkursionen, Tagungen und Ausstellungen zugesandt. Kostenlos erhalten Sie das Mitteilungsblatt der Gesellschaft, das Sie über laufende Vorhaben und Termine informiert und in dem Sie die Vorträge auf Veranstaltungen der Gesellschaft nachlesen können. Ab 2007 gibt die Gesellschaft zusammen mit dem Verein für Kunst und Altertum in Ulm und Oberschwaben das renommierte Jahrbuch „Ulm und Oberschwaben" mit grundlegenden Beiträgen zur Geschichte Oberschwabens heraus. Die von der Gesellschaft herausgegebenen Bücher werden Ihnen zu einem ermäßigten Preis angeboten, die Ausstellungen können Sie zu einem ermäßigten Eintrittspreis besuchen.

Die Gesellschaft ist offen für alle, die sich professionell oder aus persönlichem Interesse mit der Geschichte und Kultur befassen. Privatpersonen, Behörden, Organisationen und Firmen sind eingeladen, die Gesellschaft Oberschwaben zu unterstützen und ihr beizutreten.

Mit Ihrer Mitgliedschaft stellen Sie sich in die große kulturelle Tradition dieser Landschaft mit dem Ziel der Bewahrung und Fortentwicklung, stärken das regionale Profil Oberschwabens und unterstützen die historischen und kulturellen Projekte und Ziele der Gesellschaft Oberschwaben.